KB251851

리더의 교양

THE LEADER'S

100가지 키워드로 정리한 불변의 경영 원칙

리더의 교양

이동우 지음

WISDOM

INFLUENTIAL
인플루엔셜

"경제는 변해도 경영은 변하지 않는다."

이나모리 가즈오

머리말

우리는 지금 역사의 전환점에 서 있다. 세계화라는 이름의 거대한 파도가 서서히 힘을 잃어가고 있고, 그 아래에서 드러난 암초는 생각보다 거칠고 위험하다. '탈세계화'는 이제 경영자의 일상 언어가 되었다. 가령 2023년의 전 세계 상품 교역 증가율은 1퍼센트에도 미치지 못했다. 수십 년 동안 세계무역은 경제성장의 엔진이었고, 모든 보고서는 더 넓은 시장과 더 큰 규모를 전제로 짜였다. 그런데 이제 그 엔진이 힘을 잃고 있다. 질문은 하나다. "세계화의 시대가 끝나는 문턱에서, 당신의 기업은 어떤 지도를 들고 있는가."

관세전쟁은 새로운 전면전의 서막이다. 오늘날 관세는 산업 정책의 수단을 넘어 안보 정책의 연장선에 놓여 있다. 반도체, 배터리, 핵심 광물, 통신 인프라 같은 전략자원은 더 이상 단순한 상품이 아니다. 국가의 생존과 직결된 안보 자산이다. 이런 시대에는 국가의 이익과 기업의 이익이 정면으로 충돌하는 순간을 피할 수 없다. 국가가 안보를 이유로 특정 국가와의 거래를 제한할 때, 그곳에서 막대한 매출을 올리던 기업은 어떤 선택을 해야 하는가. 기업은 국경과 상관없이 최적지를 찾아 움직이고 싶어 한다. 이 간극 속에서 경영자는 전혀 새로운 종류의 딜레마를 맞닥뜨리게 된다.

관세전쟁이 끝나면, 그다음은 환율전쟁이 될 것이다. 이미 거대한 흐름이 시작되었다. 환율은 외환 딜러의 손을 벗어나, 기업의 손익계산서, 투자 계획, 유동성 전략 전체를 뒤흔드는 정치 변수가 되었다. 경영자는 이제 매출과 비용만이 아니라, 통화와 금리, 국제 정세까지 동시에 읽어야 한다.

탈세계화와 공급망 붕괴, 관세전쟁과 환율전쟁만이 경영자의 어깨를 짓누르는 것은 아니다. 더 거대한 변수가 있다. 바로 AI다. AI는 단순한 효율화 도구가 아니다. AI의 등장은 경영학의 전제 자체를 다시 쓰게 할 사건이다. 어떤 산업이 가장 먼저 재편될지, 어떤 직무가 가장 먼저 사라질지, 어떤 역량이 가장 소중한 자산이 될지, 그 누구도 확신하지 못한다. 과거 데이터에 기반한 예측은 AI의 자기증폭 속도 앞에서 힘을 잃어가고 있다.

미래학자가 책을 쓰지 못하는 시대라는 말은 과장이 아니다. 오늘날 세계는 변수가 너무 많고, 속도가 너무 빠르며, 서로 다른 시스템들이 예상치 못한 방식으로 얽힌다. 세계경제포럼에 따르면, 경제 개선을 전망하는 전문가의 비율이 20퍼센트도 되지 않는다. 낙관이 사라졌다는 말은 곧 확신이 사라졌다는 말이다.

그럼에도 경영자는 앞으로 나아가야 한다.

경영자를 바라보는 수십, 수백, 수천의 눈빛은 답을 원한다. "우리는 어디로 가야 합니까?", "이 길이 맞습니까?" 물론 경영자도 확실히 알 수 없다. 세계화가 정말 끝나고 있는지, AI가 어떻게 기존 질서를 뒤집을지, 확실한 것은 하나도 없다. 그래도 그는 결정해야 한다. 투자를 집행해야 하고, 인력을 채용하거나 줄여야 하고, 새로운 사업에 진입할지 말지 선택해야 한다. 그것이 경영자의 일이기 때문이다.

이 책은 그런 경영자를 위한 등대가 되고자 한다.

등대는 목적지를 알려주지 않는다. 단지 빛을 비출 뿐이다. 선장은 여전히 스스로 항로를 정해야 한다. 그러나 빛이 있는 것과 없는 것은 천지차이다. 이 책이 제공하려는 것은 바로 그 빛이다. 100가지 개념으로 이루어진 지식의 지도. 그것은 완성된 답안지가 아니라, 경영자가 자신의 위치를 파악하고 다음 발걸음을 내딛을 수 있게 해주는 좌표계다.

나는 지난 590주, 11년 반이라는 시간 동안 한 주도 빠짐없이 경제경영서를 읽고 정리했다. 휴가도, 명절 연휴도, 코로나19 팬데믹도 이 루틴을 멈추게 하지 못했다. 어떤 이들은 왜 그렇게까지 하느냐고 묻는다. 이유는 단순하다. 결정의 순간 경영자가 느끼는 고독함과 무게를 알기 때문이다. 그들에게 필요한 것은 장황한 말잔치가 아니라 견고한 사고의 틀이다. 트렌드 키워드 몇 개가 아니라, 어떤 상황에서도 다시 꺼내 쓸 수 있는 지식의 뼈대다.

SERICEO 비즈니스 북클럽에서 3년 동안 약 100권의 경제경영서를 강의하면서 나는 한 가지 사실을 확인했다. 경제경영 지식은 고립된 섬들의 군도가 아니라 완벽히 연결된 거대한 대륙이라는 것이다. 가령 이타마르 시몬슨Itamar Simonson의 소비자 행동 이론과 탈레스 테이셰이라Thales Teixeira의 디커플링 전략은 서로 다른 시대, 다른 문제를 다루고 있지만 결국 하나의 질문으로 수렴된다. "고객은 무엇을 가치 있다고 느끼는가." 클레이튼 크리스텐슨Clayton Christensen의 파괴적 혁신 이론과 김위찬 교수의 비파괴적 창조 이론도 표면적으로는 상반된 듯 보이지만, 둘 다 "새로운 가치는 어디에서 오는가"라는 동일한 질문에 답한다. 이처럼 수많은 개념을 공부하다 보면, 이들을 연결하는 공통된 축이 서서히 드러난다. 이 책에 담은 100가지 개념이 바로 그 축이다.

이 책은 '철학', '리더십', '인간', '문화', '과학', '세계'라는 여섯 개의 큰 주제로 구성되어 있다. 각각은 서로 다른 주제처럼 보이지만, 절묘하게 연결되며 경영이라는 거대한 세계를 완성한다.

'1부 철학'은 경영의 뿌리를 파고든다. 오늘의 디지털 혁신도, 플랫폼 전략도 결국 이 기초 위에서 다시 해석되어야 한다. 혁신의 역사를 모른 채 혁신을 말하는 것은 위험한 자기기만이다. '2부 리더십'은 화려한 퍼포먼스나 카리스마가 없더라도 조직을 능숙하게 통솔하는 리더들의 비법을 전한다. 아무리 뛰어난 전략이 있더라도 리더십이 없다면, 핸들 없는 자동차와 같다. '3부 인간'은 숫자와 그래프 뒤에 숨은 사람을 다시 보게 한다. 구성원의 마음, 인식, 관계를 모르면 전략은 비틀리게 마련이다.

'4부 문화'는 단단한 조직의 비밀을 밝힌다. 위기가 닥쳐도 결국 버티는 조직은 문화가 탄탄한 조직이다. 조직문화의 진화와 그 원리를 이해하지 못하면, 한때의 유행을 좇다가 쉽게 지치고 만다. '5부 과학'은 경영자가 첨단 기술을 어떻게 이해하고 활용해야 할지에 답한다. 경영자는 기술자가 아니지만, 기술이 전략의 전제가 되는 시대에 기술을 모르는 경영자는 더 이상 설 자리가 없다. '6부 세계'는 국가와 국가, 블록과 블록, 자원과 자원이 충돌하는 새로운 세계의 모습을 내다본다. 시대의 흐름에 휘말리지 않기 위해서는 그 시대를 제대로 파악하는 일부터 시작해야 한다.

철학부터 세계까지, 여섯 가지 주제로 아우른 100가지 개념은 이 시대 경영자에게 요구되는 '지적 최소 단위'다. 각 개념은 따로 떼어 봐도 의미 있지만, 함께 봐야 비로소 하나의 큰 그림이 된다.

오늘날 경영자는 '실무형 CEO'에 머물러선 안 된다. 혁신의 역사를 꿰뚫고, 조직문화의 진화를 이해하며, 새로운 국제 정세와 기술의 파급 효과를 예측할 수 있어야 한다. 알아야 할 것이 너무나 많다! 이것이 경영자의 비극이자 특권이다. 누구도 대신해주지 않지만, 누구보다 먼저 볼 수 있기 때문이다.

안개는 여전히 짙다. 세계화가 다시 회복될지 탈세계화가 더 심화될지, AI가 인류를 풍요롭게 할지 대규모 실업을 초래할지, 알 수 없다. 그렇지만 경영자는 오늘도, 내일도, 모레도 결정을 내려야 한다. 온갖 결재 서류에 서명해야 하고, 책임져야 한다.

이 책은 그런 경영자를 위한 것이다. 안갯속에서도 방향을 잃지 않게 하는 나침반, 거친 바다에서도 암초를 피할 수 있게 하는 등대, 불확실한 시대에도 한 걸음씩 앞으로 나아갈 수 있게 하는 지식의 지도다. 이 책을 통해 경영자는 경제경영의 큰 그림을 한눈에 보게 될 것이다. 또한 그 속에서 자신의 비즈니스가 어디에 위치하는지도 파악하게 될 것이다.

지금 우리는 분명 역사적 전환점에 서 있다. 과거의 질서가 무너지고, 새로운 질서가 아직 모습을 드러내지 않은 혼돈의 시기다. 이런 불확실성 속에서도 경영자는 전진해야 한다. 이 책이 그 전진을 위한 지도가 되기를 바란다.

이 지도가 있으면, 최소한 어느 방향으로 가면 안 되는지는 알 수 있다. 암초가 어디에 있는지, 수심이 얕은 곳은 어디인지, 폭풍이 자주 몰아치는 바다가 어디인지 짐작할 수 있다. 나머지는 경영자 여러분의 몫이다. 이 지도를 들고 각자의 항해를 계속해야 한다. 거친 바다를 헤쳐나가야 한다. 그것이 이 시대 경영자의 숙명이다. 건투를 빈다.

2025년 12월
광화문 연구실에서
이동우

차례

2부 리더십 │ 비전을 현실로 바꾸는 능력과 기술

4부 **문화** | 이기는 조직, 단단한 조직, 오래가는 조직의 비밀

철학

문제 해결의 실마리가 담긴 이론과 전략

"지구는 도서관과도 같은 곳이어서, 거기서 책을 읽고
저자의 새로운 이야기로 정신을 풍요롭게 한 후에는,
그곳을 손대지 않은 채 그대로 잘 남겨두어야 한다."

자크 아탈리

변화의 속도가 빨라질수록, 기본기는 더욱 중요해진다. 혁신이 난무하는 시대일수록, 불변의 원칙을 아는 사람이 더 큰 힘을 발휘한다. 이 때문에 경영의 기본을 다루는 내용으로 이 책을 시작한다. 혁신을 이해하기 위해서는 먼저 혁신의 역사와 맥락, 그리고 그 근본 원리를 파악해야 한다.

경영학의 출발점에는 막스 베버, 프레더릭 윈슬로 테일러, 헨리 포드라는 세 명의 거인이 서 있다. 이들의 사상을 이해하지 않고서는 현대 경영의 본질을 파악할 수 없다.

베버는 합리성과 효율성을 바탕으로 한 관료제를 통해 조직이 체계적으로 운영될 수 있음을 보여주었다. 오늘날 구글이나 아마존 같은 거대 기업들이 수만 명의 직원을 효과적으로 관리할 수 있는 것도 베버의 이론적 기반 위에서 가능한 일이다. 물론 현대의 조직들은 베버가 제시한 경직적 관료제를 유연하게 발전시켜 창의성과 혁신을 촉진하는 방향으로 나아가고 있지만, 그 기본 틀은 여전히 베버의 것이다.

테일러의 과학적 관리법은 작업 과정을 체계적으로 분석하고 최적화하여 생산성을 극대화하는 방법론을 제공했다. 아마존의 물류 시스템이나 맥도날드의 표준화된 서비스는 모두 테일러의 아이디어를 현대적으로 발전시킨 것이다. 빅데이터와 AI를 활용한 오늘날의 경영 의사결정 시스템 역시 테일러가 추구한 과학적 관리의 연장선이다.

포드는 컨베이어벨트를 활용한 대량생산 시스템으로 제조업의 패러다임을 바꾸었다. 중산층도 자동차를 구매할 수 있게 해 대중 소비 시대를 열었고, 노동자의 임금을 올려 구매력을 높임으로써 선순환 경제 구조를 만들어냈다. 현대의 글로벌 공급망과 대량 맞춤 생산 시스템은 모두 포드의 아이디어를 기반으로 발전된 것이다.

이 세 사상가의 업적이 중요한 이유는 그들이 단순히 기술적 혁신을 이뤄낸 것이 아니라, 경영의 사고 체계 자체를 바꾸었기 때문이다. 그들은 경험과 직관에 의존하던 전근대적 경영 방식을 과학적이고 체계적인 방법론으로 전환시켰다. 이는 20세기 산업 발전의 토대가 되었을 뿐 아니라, 21세기 디지털 혁명의 기초가 되기도 했다.

더 나아가, 이들의 사상은 현재진행형이다. AI와 자동화 기술의 발전으로 테일러의 과학적 관리법은 새로운 차원으로 진화하고 있다. 원격근무와 플랫폼 경제의 확산으로 베버의 관료제 이론은 새로운 조직 형태를 탐색하고 있다. 3D 프린팅과 맞춤형 생산 기술의 발달로 포드의 대량생산 시스템은 개인화 시대에 맞춤한 새로운 모습으로 변화하고 있다.

비즈니스 혁신의 변화를 제대로 이해하려면 그 변화의 뿌리와 맥락을 파악해야 한다. 새로운 것에 현혹되기 전에 기본기를 다져야 한다. 혁신의 역사를 알아야 혁신의 미래를 그려낼 수 있다.

001 과거에서 배우고 재해석하라

베버, 테일러, 포드의 사상

현대 경영학의 기초를 닦은 세 거인, 막스 베버Max Weber, 프레더릭 윈슬로 테일러Frederick Winslow Taylor, 헨리 포드Henry Ford의 업적과 그들이 비즈니스 세계에 미친 영향을 살펴보는 것은 리더학의 시작점으로 매우 중요하다. 이들의 사상과 실천은 기업 경영의 근간을 이루었으며, 오늘날의 리더들이 알아야 할 역사적 맥락을 제공한다.

현대 경영의 기반을 마련한 세 사람

베버는 19세기 말에서 20세기 초에 활동한 독일의 사회학자로, 그의 관료제 이론은 현대 조직 구조의 기초가 되었다. 베버는 합리성과 효율성을 강조하며, 명확한 규칙과 절차, 계층 구조, 전문화된 업무 분담 등을 통해 조직이 효과적으로 운영될 수 있다고 주장했다. 그의 이론은 대규모 조직 관리 방식에 큰 영향을 미쳤으며, 오늘날 많은 기업과 정부 기관의 구조에서 여전히 그 흔적을 찾아볼 수 있다.

테일러는 과학적 관리법의 창시자로 알려져 있다. 그는 작업 과정을 체계적으로 분석하고 최적화하여 생산성을 극대화하는 방법을 연구했다. 테일러의 접근 방식은 시간 동작 연구, 표준화된 작업 방식, 성과에 따른 보상 체계 등을 포함하며, 이는 현대 생산 시스템의 기초가 되었다. 그의 이론은 초기에 많은 비판을 받았지만, 생산성 향상과 효율성 증대에 크게 기여했다는 점에서 그 가치를 인정받고 있다.

포드는 자동차 산업의 혁명가로, 대량생산 시스템을 통해 제조업의 패러다임을 바꾸었다. 그는 조립라인 생산 방식을 도입하여 생산 시간을 획기적으로 단축했고, 이를 통해 자동차의 가격을 낮추어 중산층도 구매할 수 있게 만들었다. 포드의 혁신은 단순히 생산 방식의 변화에 그치지 않고, 노동자들의 임금 인상, 근무 시간 단축 등 노동 환경의 개선으로도 이어졌다. 이는 근로자들의 구매력 향상과 중산층 형성에 기여함으로써 현대 소비 사회의 기반을 마련했다.

이 세 인물의 사상과 실천은 서로 밀접하게 연관되어 있다. 베버의 관료제 이론이 조직의 구조적 틀을 제공했다면, 테일러의 과학적 관리법은 그 틀 안에서 효율성을 극대화하는 방법을 제시했다. 포드는 이 두 사상을 실제 산업 현장에 적용하여 혁명적인 성과를 이뤄냈다. 이들의 아이디어는 20세기 초반 미국을 중심으로 빠르게 확산했고, 전 세계 기업들의 경영 방식에 지대한 영향을 미쳤다.

구글과 아마존, 토요타의 재해석

베버의 관료제 이론은 조직의 규모가 커질수록 더욱 중요해졌다. 대규모 조직에서는 명확한 규칙과 절차, 계층 구조가 없다면 효율적인 운영이 불가능하기 때문이다. 그러나 동시에 관료제의 경직성과 비인간화에 대한 비판도 제기되었다. 이는 후대의 경영학자들이 유연성과 창의성을 강조하는 새로운 조직 이론을 발전시키는 계기가 되었다.

테일러의 과학적 관리법은 생산성을 향상하는 데 크게 기여했지만, 노동자를 기계의 부속품처럼 취급한다는 비판을 받았다. 이러한 비판은 인간관계론과 같은 새로운 경영 이론의 등장으로 이어졌다. 엘턴 메이요Elton Mayo를 비롯한 학자들은 1930년대부터 노동자의 심리적·사회적 조건이 생산성에 미치는 영향을 연구하기 시작했다. 이는 현대 인적 자원 관리의 기초가 되었다.

포드의 대량생산 시스템은 20세기 제조업의 표준이 되었다. 그러나 시간이 지나면서 이 시스템의 한계도 드러났다. 획일화된 제품과 경직된 생산 방식은 다양한 소비자 욕구를 충족시키기 어려웠다. 이에 대한 대안으로 토요타의 린Lean 생산 방식, 즉 유연 생산 시스템 등이 등장했다. 이들은 포드의 시스템을 기반으로 하되 더 높은 유연성과 품질을 추구했다.

리더학을 공부하는 이들에게 이 세 인물의 사상을 이해하는 것은 단순히 역사적 지식을 쌓는 것 이상의 의미를 지닌다. 이는 현대 경영의 근간을 이루는 핵심 원리들을 파악하고, 이를 바탕으로 미래의 경영 패러다임을 구상할 수 있는 기반을 마련하는 것이다.

베버의 관료제 이론은 조직의 구조와 운영에 관한 기본적인 틀을 제공한다. 현대의 리더들은 이를 바탕으로 조직의 효율성과 안정성을 추구하면서도, 동시에 유연성과 창의성을 촉진하는 방안을 모색해야 한다. 예컨대 구글이나 애플과 같은 혁신 기업들은 베버의 관료제 원리를 기본으로 하되 수평적 의사소통과 자율적인 업무 환경을 통해 창의성을 촉진하는 새로운 조직문화를 만들어냈다.

테일러의 과학적 관리법은 데이터 기반의 의사결정과 지속적인 프로세스 개선의 중요성을 강조한다. 현대의 리더들은 이를 바탕으로 빅데이터와 AI를 활용한 고도화된 의사결정 시스템을 구축하고 있다. 아마존의 물류 시스템이나 넷플릭스의 콘텐츠 추천 알고리즘은 테일러의 아이디어를 현대적으로 발전시킨 좋은 예라고 할 수 있다.

포드의 대량생산 시스템은 규모의 경제를 통한 비용 절감과 품질 향상의 기초가 되었다. 현대의 리더들은 이를 바탕으로 글로벌 공급망을 구축하고, 맞춤형 생산을 통해 다양한 소비자 요구에 대응하고 있다. 토요타의 린 생산 방식이나 아디다스의 스피드 팩토리Speed Factory는 포드의 아이디어를 현대적으로 재해석한 사례로 볼 수 있다.

리더학의 변함없는 출발점

이들의 사상을 현대적 맥락에서 재해석하고 적용하는 것은 단순히 기업 경영에만 국한되지 않는다. 정부 조직, 교육 기관, 의료 시스템 등 사회의 모든 영역에서 이들의 아이디어를 창의적으로 적용할 수 있다. 예컨대 에스토니아의 전자 정부 시스템은 베버의 관료제 이론을 디지털 시대에 맞게 재해석한 것으로 볼 수 있다.

또한 이들의 사상은 21세기 글로벌 리더십의 기초가 된다. 다국적 기업의 리더들은 베버의 관료제 이론을 바탕으로 복잡한 글로벌 조직을 관리하고, 테일러의 과학적 관리법을 활용해 전 세계 사업장의 효율성을 높이며, 포드의 대량생산 시스템을 기반으로 글로벌 공급망을 최적화한다.

그러나 동시에 현대의 리더들은 이들 이론의 한계점도 인식해야 한다. 베버의 관료제가 가진 경직성, 테일러의 과학적 관리법이 간과할 수 있는 인간적 요소, 포드의 대량생산 시스템이 초래할 수 있는 환경 문제 등을 고려하여 이를 보완하고 발전시켜나가야 한다.

특히 이들의 사상을 기반으로 하되 디지털 혁명, 글로벌화, 지속가능성 등 현대의 핵심 이슈들을 통합적으로 고려해야 한다. 예컨대 블록체인 기술을 활용한 탈중앙화된 조직 구조, AI를 활용한 고도화된 의사결정 시스템, 3D 프린팅을 활용한 맞춤형 대량생산 등은 이들의 사상을 현대적으로 발전시킨 형태라고 할 수 있다.

———

베버, 테일러, 포드의 사상은 현대 경영학의 근간을 이루는 핵심 이론이며, 이를 이해하는 것은 리더학의 출발점이 된다. 이들의 사상은 시대의 변화에 따라 지속적으로 재해석되고 발전되어왔으며, 앞으로도 그럴 것이다. 현대의 리더들은 이들의 사상을 깊이 이해하고, 이를 바탕으로 현대 사회의 복잡한 문제들에 대한 창의적인 해법을 찾아나가야 한다. 동시에 이들 이론의 한계점을 인식하고, 현대의 기술과 가치관을 반영하여 더욱 발전된 경영 패러다임을 만들어나가는 것이 오늘날 리더들의 중요한 과제라고 할 수 있다.

002 상황이 바뀌면 전략도 달라져야 한다

마이클 포터의 경쟁요인 모델

현대 경영학의 발전 과정에서 마이클 포터Michael Porter의 공헌은 매우 중요하다. 특히 1979년에 발표한 '경쟁요인Five Forces' 모델은 산업 구조 분석의 기초가 되었으며, 이는 기업 전략 수립에서 핵심적인 도구로 자리 잡았다. 포터의 이론이 등장한 시기와 그 이후의 경영 패러다임 변화를 이해하는 것은 리더들에게 매우 중요한 과제다.

경쟁요인 모델은 산업 내 경쟁의 강도와 수익성을 결정하는 다섯 가지 힘을 제시했다. 이는 기존 경쟁자들의 경쟁, 신규 진입자의 위협, 대체재의 위협, 공급자의 교섭력, 구매자의 교섭력이다. 이 모델은 기업이 자사의 산업 환경을 체계적으로 분석하고 전략을 수립하는 데 큰 도움을 주었다.

실적이냐, 지속가능성이냐

그러나 해당 모델이 발표된 1979년에는 고객의 중요성이 상대적으로 간과되었다는 점에 주목해야 한다. 이는 당시의 경영 환경이 공급자 중심이었음을 반영한다. 예컨대 1970년대 자동차 산업에서 포드나 제너럴모터스와 같은 기업들은 대량생산을 통한 원가 절감에 초점을 맞추었고, 고객의 다양한 요구를 충족하기보다는 규모의 경제를 통한 비용 우위를 확보하는 데 주력했다. 한마디로 고객은 관심의 대상이 아니었다는 이야기다.

이러한 상황은 1980년대 들어 일본 기업들이 부상하면서 변화하기 시작했다. 토요타는 린 생산 방식을 통해 고객의 요구에 신속하게 대응할 수 있는 유연한 생산 시스템을 구축했고, 이는 미국 기업들에 큰 위협이 되었다. 이 시기에 고객 중심 경영의 중요성이 부각되기 시작했는데, 이는 포터의 모델에 대한 보완적 시각을 제공했다.

1980년대에 들어서면서 주주혁명이 일어났다. 이로써 기업의 주요 목적이 '주주 가치 극대화'라는 인식이 확산되었다. 이 시기에 잭 웰치 Jack Welch가 이끄는 제너럴일렉트릭은 주주 가치 극대화를 위한 다양한 전략을 구사했고, 이는 많은 기업의 벤치마킹 대상이 되었다.

주주혁명은 기업에 단기 실적에 대한 압박을 높였고, 이는 기업들의 전략 수립에 큰 영향을 미쳤다. 예컨대 많은 기업이 단기 이익을 위해 R&D 투자를 줄이거나, 구조조정을 통해 비용을 절감하는 전략을 채택했다. 이는 포터의 경쟁요인 모델에서 강조하는 장기적인 산업 구조 분석과는 다소 상충되었다.

그러나 2000년대 들어 지나친 주주 중심주의에 대한 비판이 제기되기 시작했다. 엔론Enron이나 월드컴WorldCom 등에서 대형 회계 부정 사건들이 발생하면서, 단기 실적에 대한 과도한 집착이 기업의 지속가능성을 해칠 수 있다는 인식이 확산되었다. 이에 따라 '기업의 사회적 책임

Corporate Social Responsibility, CSR'이나 '이해관계자 자본주의_{Stakeholder Capitalism}'와
같은 개념이 주목받기 시작했다.

새로운 환경, 새로운 요구, 새로운 경쟁

이러한 변화는 포터의 이론에도 영향을 미쳤다. 포터는 2011년 '공유
가치창출_{Creating Shared Value, CSV}' 개념을 제시하며, 기업이 사회적 가치와
경제적 가치를 동시에 추구해야 한다고 주장했다. 이는 기업의 경쟁력
과 사회의 발전이 상호 의존적이라는 인식에 기반을 둔 것이다. 예컨대
네슬레는 공유가치창출 개념을 적극적으로 도입한 기업 중 하나다. 네
슬레는 커피 농가의 생산성을 높이고 품질을 개선하는 프로그램을 통
해 자사의 원료 공급을 안정화하는 동시에 농가의 소득을 증대시키는
전략을 펼쳤다. 이는 기업의 경쟁력 강화와 사회적 가치 창출을 동시
에 달성한 사례로 평가받고 있다.

디지털 기술의 발전은 포터의 이론에 새로운 차원을 더했다. 인터넷
과 모바일 기술의 발전으로 고객의 힘이 크게 강화되었고, 이는 경쟁
요인 모델에서 구매자의 교섭력 증대로 이어졌다. 예컨대 아마존과 같
은 온라인 플랫폼의 등장으로 고객들은 더 많은 정보와 선택권을 갖
게 되었고, 이는 기업들의 전략 수립에 큰 영향을 미쳤다.

또한 디지털 기술은 새로운 형태의 경쟁을 야기했다. 예컨대 우버나
에어비앤비와 같은 플랫폼 기업들의 등장은 기존 산업의 경계를 허물
고 새로운 형태의 경쟁을 만들어냈다. 이는 경쟁요인 모델을 적용할 때
산업의 경계를 어떻게 정의할 것인지에 대한 새로운 과제를 제시했다.

AI와 빅데이터의 발전은 기업의 경쟁력 원천을 변화시켰다. 예컨대 구
글이나 페이스북(현 메타)과 같은 기업들은 방대한 사용자 데이터를 바

탕으로 강력한 경쟁 우위를 확보했다. 이는 포터가 제시한 전통적인 경쟁 우위 원천(원가 우위, 차별화)에 새로운 차원을 더했다. 이러한 변화 속에서 포터의 이론은 지속적으로 진화하고 있다. 예컨대 포터는 2014년 '스마트 커넥티드 제품Smart Connected Products'에 대한 논문을 통해 사물인터넷Internet of Things, IoT 시대의 전략 수립 방향을 제시했다. 이는 기존의 경쟁요인 모델을 디지털 시대에 맞게 재해석한 것으로 볼 수 있다.

다섯 가지 힘의 뛰어난 범용성

포터의 이론은 다양한 산업에서 적용되고 있다. 예컨대 제약 산업에서는 경쟁요인 모델을 활용해 신약 개발 전략을 수립한다. 제네릭 의약품의 위협(대체재의 위협), 바이오 기업들의 진입(신규 진입자의 위협), 보험사나 정부의 가격 압박(구매자의 교섭력) 등을 종합적으로 고려하여 전략을 수립하는 것이다.

포터의 이론은 국가 경쟁력 연구에도 적용되었다. 포터는 1990년 《국가의 경쟁 우위The Competitive Advantage of Nations》라는 저서를 통해 국가 경쟁력의 원천을 분석했다. 이는 기업 전략 이론을 국가 수준으로 확장한 것으로, 많은 국가의 산업 정책 수립에 영향을 미쳤다. 예컨대 싱가포르는 포터의 이론을 바탕으로 국가 경쟁력 강화 전략을 수립했다. 싱가포르는 자국의 지리적 이점(요소 조건), 글로벌 기업 유치(관련 및 지원 산업), 고급 인력 양성(수요 조건), 투명하고 효율적인 정부(기업의 전략 구조 및 경쟁)를 통해 글로벌 금융 허브로 성장했다.

포터의 이론은 비영리 조직이나 공공 부문에도 적용되고 있다. 예컨대 의료 서비스 분야에서 포터는 '가치 기반 의료Value-Based Healthcare' 개념을 제시했다. 이는 의료 서비스의 질을 높이면서도 비용을 낮추는

 1부 철학

방안을 모색하는 것으로, 많은 국가의 의료 정책에 영향을 미쳤다.

하지만 포터의 이론에 대한 비판도 있다. 일부 학자는 포터의 모델이 너무 정적이며, 따라서 급변하는 현대 비즈니스 환경을 제대로 반영하지 못한다고 지적한다. 예컨대 클레이튼 크리스텐슨의 '파괴적 혁신' 이론은 기존 산업 구조를 완전히 뒤흔드는 혁신의 중요성을 강조하는데, 이러한 혁신은 포터의 모델로는 충분히 설명되지 않는 현상이다. 또한 포터의 이론이 협력의 중요성을 간과한다는 비판도 일부 있다. 예컨대 제임스 무어James Moore의 '비즈니스 생태계Business Ecosystem' 개념은 기업 간 협력과 공생의 중요성을 강조하며, 이는 포터의 경쟁 중심 모델과는 다소 다른 시각을 제시한다.

그럼에도 포터의 이론은 여전히 현대 경영학의 핵심을 이루고 있다. 많은 기업이 전략 수립 과정에서 포터의 모델을 활용하고 있으며, 경영학 교육에서도 중요한 부분을 차지하고 있다. 예컨대 하버드대학교 경영대학원의 전략 수업에서는 여전히 포터의 이론이 중요한 교육 내용으로 다뤄지고 있다.

현대 경영학의 근간

포터의 이론을 이해하는 것은 현대 경영학을 이해하는 데 매우 중요하다. 특히 포터의 경쟁요인 모델은 산업 구조를 체계적으로 분석하는 도구를 제공했으며, 수많은 기업의 전략 수립에 큰 영향을 미쳤다. 그러나 현대의 복잡한 비즈니스 환경에서는 추가적인 고려사항이 필요하다. 예컨대 디지털 기술의 발전으로 인한 산업 경계의 모호화, 플랫폼 비즈니스의 등장, 그리고 기업의 사회적 책임에 대한 요구 증가 등은 포터의 모델을 적용할 때 함께 고려해야 할 요소들이다.

빅데이터, AI, 사물인터넷 등의 기술은 기업들에 새로운 기회와 도전을 제공하고 있다. 이러한 환경에서 포터의 이론은 지속적으로 진화하고 있으며, 디지털 시대의 전략 수립 방향을 제시하고 있다.

포터의 이론은 현대 경영학의 근간을 이루는 중요한 개념들을 제공했으며, 여전히 많은 기업의 전략 수립에 활용되고 있다. 그러나 현대의 리더들은 포터의 이론을 기반으로 하되, 변화하는 경영 환경에 맞춰 이를 창의적으로 재해석하고 적용할 수 있는 능력을 갖추어야 한다. 이를 통해 기업은 지속 가능한 경쟁 우위를 확보하고, 동시에 사회적 가치를 창출할 수 있을 것이다.

1부 철학

003 주주의 이익을 추구하되 휘둘리지 말라

레이거노믹스

1980년대 레이거노믹스는 현대 비즈니스 세계의 근간을 형성한 경제 정책으로, 비즈니스 리더들이 반드시 이해해야 할 핵심 개념이다. 미국의 제40대 대통령 로널드 레이건의 이름을 딴 이 경제 정책은 공급 측 경제학을 기반으로 하며, 감세, 규제 완화, 정부 지출 축소, 통화 공급 관리 등을 주요 골자로 한다. 이는 오스트리아학파의 경제 이론과 밀접한 관련이 있으며, 후에 신자유주의학파로 발전하게 된다.

레이거노믹스의 등장은 1970년대의 경기 침체와 높은 인플레이션에 대한 대응책으로 볼 수 있다. 당시 미국 경제는 스태그플레이션에 시달리고 있었으며, 기존의 케인스주의 경제 정책으로는 이를 해결하기 어려웠다. 이러한 배경에서 레이건 행정부는 공급 측 경제학을 채택하여 경제성장을 촉진하고자 했다.

왜 주주 가치가 중요한가

레이거노믹스의 핵심 원칙 중 하나는 감세 정책이다. 이는 개인과 기업의 세금 부담을 줄임으로써 경제 활동을 촉진하고 투자를 늘리려는 시도였다. 예컨대 1981년 경제회복세법Economic Recovery Tax Act을 통해 개인소득세율의 상한을 70퍼센트에서 50퍼센트로 낮추었고, 1986년 세제개혁법Tax Reform Act을 통해 다시 28퍼센트로 낮추었다. 이러한 감세 정책은 기업들의 투자 여력을 높이고 경제성장을 촉진하는 데 기여했다.

규제 완화 역시 레이거노믹스의 중요한 축이었다. 정부의 과도한 규제가 기업의 활동을 제한하고 경제성장을 저해한다는 인식에 따라 다양한 산업 분야에서 규제를 완화했다. 이는 기업들의 자유로운 활동을 보장하고 시장의 효율성을 높이는 데 기여했다. 예컨대 항공, 통신, 금융 등 다양한 산업에서 규제 완화가 이루어졌고, 이는 해당 산업의 경쟁력 강화로 이어졌다.

레이거노믹스의 영향으로 '주주 가치 극대화'라는 개념이 부상하게 되었다. 이는 기업의 주요 목적이 주주들의 이익을 최대화하는 것이라는 인식이다. 이러한 패러다임 변화는 기업 경영의 방식을 크게 바꾸어놓았다. 예컨대 단기적인 주가 상승과 배당 증대에 초점을 맞춘 경영 전략이 널리 채택되었고, 이는 기업의 의사결정 과정에 큰 영향을 미쳤다.

'최고경영자Chief Executive Officer, CEO'라는 용어가 널리 사용되기 시작한 것도 이 시기다. 레이거노믹스의 영향으로 CEO의 역할과 책임이 더욱 강조되었고, 이에 따라 CEO의 위상과 권한이 크게 높아졌다. CEO들은 주주 가치 극대화라는 목표 아래 기업을 운영하게 되었고, 이는 기업 지배구조와 경영 방식의 변화로 이어졌다.

레이거노믹스의 이론적 기반이 된 오스트리아학파의 경제 이론은 자유시장 경제와 개인의 자유를 강조한다. 프리드리히 하이에크Friedrich Hayek와 루트비히 폰 미제스Ludwig von Mises 등이 주도한 이 학파는 정부의 개입을 최소화하고 시장의 자율적인 조정 능력을 신뢰해야 한다고 주장했다. 이러한 사상은 레이거노믹스의 근간을 이루었고, 후에 신자유주의학파로 발전하게 된다.

신자유주의학파는 오스트리아학파의 사상을 계승하면서도 현대 경제 상황에 맞게 발전시켰다. 밀턴 프리드먼Milton Friedman을 중심으로 한 시카고학파가 이를 주도했으며, 자유시장, 규제 완화, 민영화 등을 강조했다. 이러한 사상은 레이거노믹스뿐 아니라 영국의 대처리즘에도 큰 영향을 미쳤다.

레이거노믹스의 영향은 비즈니스 세계 전반에 걸쳐 나타났다. 예컨대 월마트와 같은 기업은 레이거노믹스 시대의 규제 완화와 자유시장 정책을 적극적으로 활용하여 급속한 성장을 이루었다. 월마트는 효율적인 공급망 관리와 저가 정책을 통해 시장을 장악했는데, 이는 레이거노믹스가 추구한 기업의 자유로운 활동과 경쟁의 결과물이라고 볼 수 있다. 또한 레이거노믹스 시대에 성장한 마이크로소프트나 애플 같은 기술 기업들은 규제가 완화된 환경에서 혁신을 추구하며 급속한 성장을 이루었다. 이들 기업의 성공은 레이거노믹스가 추구한 기업가 정신과 혁신의 중요성을 잘 보여주는 사례다.

그러나 레이거노믹스에 긍정적인 측면만 있는 것은 아니었다. 소득 불평등의 심화, 정부 부채의 증가, 금융 시장의 불안정성 증대 등의 부작용도 나타났다. 예컨대 1987년의 주식 시장 붕괴는 레이거노믹스 시대의 과도한 금융 자유화로 인한 결과로 볼 수 있다.

레이거노믹스와 신자유주의의 사상적 기반을 형성하는 데 중요한 역할을 한 오스트리아학파는 19세기 말에서 20세기 초에 오스트리아 빈을 중심으로 형성된 경제학파로, 방법론적 개인주의를 엄격히 고수하며, 경제 현상을 개인의 동기와 행동에서 비롯된 것으로 설명하려 했다.

오스트리아학파의 사상은 20세기 중반 하이에크와 미제스에 의해 더욱 발전했다. 특히 하이에크는 1974년 노벨경제학상을 수상하며 오스트리아학파의 영향력을 높였다. 이들은 자유시장 경제를 옹호하고 정부 개입을 비판했는데, 이는 후에 신자유주의 정책의 이론적 기반이 되었다.

오스트리아학파는 시장의 자율성, 개인의 자유와 선택, 화폐 정책에서의 통화 공급 안정성, 그리고 정부 역할의 최소화 등을 주장했다. 그러나 오스트리아학파가 신자유주의와 레이거노믹스의 유일한 이론적 기반은 아니었다. 시카고학파의 프리드먼과 같은 경제학자도 중요한 역할을 했다. 프리드먼의 통화주의 이론은 레이건 행정부의 경제 정책에 큰 영향을 미쳤다. 오스트리아학파와 시카고학파는 모두 자유시장을 옹호하고 정부 개입을 비판한다는 점에서 유사하지만, 방법론과 일부 이론에서 차이가 있다.

레이거노믹스와 신자유주의는 이 두 학파의 영향을 모두 받았지만, 오스트리아학파의 사상이 그 근간을 이루었다고 볼 수 있다. 오스트리아학파의 자유시장 옹호와 정부 개입 비판은 신자유주의 정책의 핵심 원칙이 되었고, 이는 레이건 행정부의 경제 정책으로 구체화되었다. 그러나 오스트리아학파의 이론과 레이거노믹스가 실제 경제에 미친 영향에 대해서는 여전히 논란이 있으며, 그 영향과 평가에 대한 논쟁은 계속되고 있다.

글로벌 비즈니스 환경을 바꾸다

레이거노믹스의 영향은 세계경제 전반에 걸쳐 나타났다. 예컨대 일본의 아베노믹스나 영국의 대처리즘과 같은 경제 정책들도 레이거노믹스의 영향을 받았다고 볼 수 있다. 이는 레이거노믹스가 단순히 미국 내 경제 정책에 그치지 않고, 세계경제 패러다임의 변화를 이끌었음을 보여준다.

레이거노믹스 시대에 성장한 기업들의 사례를 살펴보면 그 영향력을 더욱 분명히 알 수 있다. 예컨대 제너럴일렉트릭의 웰치는 주주 가치 극대화를 추구하며 기업의 가치를 크게 높였다. 웰치는 비핵심 사업을 과감히 정리하고 효율성을 극대화하는 경영 전략을 펼쳤는데, 이는 레이거노믹스가 추구한 기업 경영의 전형적인 모습이었다.

또한 레이거노믹스 시대에 금융 산업이 크게 성장했다는 점도 주목할 만하다. 규제 완화와 자유시장 정책은 월스트리트의 급속한 성장을 가능케 했다. 예컨대 골드만삭스나 모건스탠리 같은 투자은행은 이 시기에 급성장하며 세계 금융 시장을 주도하게 되었다. 그러나 레이거노믹스의 부작용도 간과할 수 없다. 소득 불평등의 심화는 레이거노믹스의 대표적인 부작용 중 하나다. 토마 피케티Thomas Piketty가 《21세기 자본》에서 지적한 바와 같이, 1980년대 이후 소득 상위 1퍼센트의 부가 급격히 증가했다. 이는 레이거노믹스가 추구한 낙수효과가 기대만큼 효과적이지 않았음을 보여준다. 또한 레이거노믹스 시대에 형성된 단기실적주의도 문제점으로 지적된다. 주주 가치 극대화에 집중한 나머지 기업들이 장기적인 투자와 혁신을 소홀히 하는 경향이 나타났다. 이는 기업의 지속 가능한 성장을 저해하는 요인이 되었다.

현대 비즈니스의 출발점

이러한 한계점들에 대한 인식이 확산되면서, 최근에는 레이거노믹스를 넘어서는 새로운 경제 패러다임이 모색되고 있다. 예컨대 조지프 스티글리츠Joseph Stiglitz나 폴 크루그먼Paul Krugman 같은 경제학자들은 불평등 해소와 지속 가능한 성장을 위한 새로운 경제 모델을 제시하고 있다.

기업 경영 측면에서도 변화의 움직임이 나타나고 있다. 예컨대 블랙록BlackRock의 회장 래리 핑크Larry Fink는 주주뿐 아니라 모든 이해관계자의 이익을 고려하는 '이해관계자 자본주의'를 주창하고 있다. 이는 레이거노믹스 시대의 주주 중심 경영에서 벗어나 더욱 균형 잡힌 경영을 추구하는 움직임이라고 볼 수 있다.

ESGEnvironmental, Social and Corporate Governance 경영의 부상도 주목할 만하다. 많은 기업이 환경, 사회, 지배구조 측면에서의 책임을 강조하며, 이를 경영의 핵심 가치로 삼고 있다. 예컨대 유니레버Unilever는 '지속 가능한 생활 계획Sustainable Living Plan'을 통해 ESG 경영을 실천하고 있으며, 이는 레이거노믹스 시대의 단순한 이윤 추구를 넘어서는 새로운 경영 패러다임을 보여준다.

그러나 이러한 변화의 움직임에도 불구하고, 레이거노믹스의 영향력은 여전히 강하게 남아 있다. 많은 기업이 여전히 주주 가치 극대화를 중요한 경영 목표로 삼고 있으며, 규제 완화와 자유시장 정책에 대한 지지도 여전히 높다. 따라서 비즈니스 리더들은 레이거노믹스의 유산을 이해하면서도, 동시에 새로운 경제 환경에 맞는 경영 전략을 모색해야 하는 과제를 안고 있다.

레이거노믹스는 현대 비즈니스의 출발점이라고 해도 과언이 아니다. 여전히 많은 기업이 레이거노믹스가 추구한 가치와 원칙들을 경영 철학의 근간으로 삼고 있다. 그러나 동시에 그 한계와 부작용에 대한 인식도 확산되고 있으며, 이를 극복하기 위한 새로운 경제 패러다임과 경영 철학이 모색되고 있다.

비즈니스 리더들은 이러한 변화의 흐름을 주시하며, 레이거노믹스의 교훈을 바탕으로 미래를 준비해야 한다. 레이거노믹스가 추구한 효율성과 혁신의 가치는 여전히 중요하지만, 동시에 지속가능성, 사회적 책임, 윤리 경영 등의 가치도 함께 고려해야 한다. 이는 단순히 기업의 이미지 제고를 위한 것이 아니라, 장기적인 성장과 생존을 위해 필수적인 요소다.

004 통찰 없는 빅데이터는 무용지물이다

빅데이터 기반 경영

자크 아탈리Jacques Attali가 지적한 바와 같이 경영의 발전은 수학의 발전과 밀접한 관련이 있으며, 이는 날씨 예측부터 시나리오 플래닝Scenario Planning까지 다양한 분야에서 확인할 수 있다. 경영은 본질적으로 예측 기반의 문화라고 할 수 있으며, 이러한 특성이 경영학의 발전을 이끌어왔다. 날씨 예측은 인류 역사상 가장 오래된 예측 활동 중 하나로, 경영학적 사고의 초기 형태를 보여준다. 고대 문명에서도 농업과 무역을 위해 날씨를 예측하려는 노력이 있었으며, 이는 현대적 예측 모델의 원형이라고 볼 수 있다.

예측의 역사 1: 수학과 통계

18세기 말, 피에르시몽 라플라스Pierre-Simon Laplace는 결정론적 우주관을 바탕으로 한 예측 이론을 제시했다. 그는 충분한 정보와 계산 능력이 있다면 모든 것을 예측할 수 있다고 했다. 이러한 사고는 경영학에서 과학적 관리론으로 이어졌다. 테일러의 과학적 관리론은 라플라스의 결정론적 사고를 경영에 적용한 대표적인 사례다. 테일러는 노동 과정을 세밀하게 관찰하고 측정하여 최적의 작업 방식을 도출하고자 했다. 이는 수학적 모델을 통해 경영을 최적화하려는 시도였다.

19세기 말부터 20세기 초에 걸쳐 확률론과 통계학이 발전하면서 경영학에도 큰 변화가 일어났다. 프랜시스 골턴Francis Galton과 칼 피어슨Karl Pearson의 연구는 통계적 방법론을 발전시켰고, 이는 경영 의사결정에 큰 영향을 미쳤다. 예컨대 월터 슈하트Walter Shewhart는 '통계적 품질 관리' 기법을 개발하여 제조업의 품질 향상에 기여했다. 이는 후에 에드워즈 데밍Edwards Deming에 의해 더욱 발전되어 일본의 품질혁명을 이끌었다. 토요타의 린 생산 방식은 이러한 통계적 접근의 대표적인 사례라고 할 수 있다.

제2차 세계대전 중 발전한 '운영 연구Operations Research'는 전후 경영학에 큰 영향을 미쳤다. 조지 댄치그George Dantzig가 개발한 '선형계획법Linear Programming'은 자원 할당 문제를 해결하는 데 큰 도움을 주었다. 예컨대 아메리칸에어라인American Airlines은 1985년 항공 예약 시스템인 세이버SABRE를 도입하여 선형계획법을 활용한 수익 관리 시스템을 구축했다. 이를 통해 항공권 가격을 최적화하고 수익을 극대화할 수 있었다.

존 폰 노이만John von Neumann과 오스카 모르겐슈테른Oskar Morgenstern이 발전시킨 게임 이론은 경영 전략 수립에 큰 영향을 미쳤다. 포터의 경쟁 전략 이론은 게임 이론의 개념을 경영 전략에 적용한 대표적인 사례다. 예컨대 코카콜라와 펩시의 가격 경쟁은 게임 이론의 관점에서 분석될 수 있다. 두 기업은 지금도 서로의 전략을 예측하며 최적의 가격 정책을 수립하고 있다.

1950년대 말 컴퓨터공학자 제이 포레스터Jay Forrester가 개발한 '시스템 다이내믹스System Dynamics'는 복잡한 시스템의 동태적 변화를 모델링하고 시뮬레이션하는 방법론을 제공했다. 이는 경영 의사결정에서 장기적이고 전체적인 관점을 제공했다. 예컨대 세계적인 맥주 제조 업체인 하이네켄은 시스템 다이내믹스를 활용하여 공급망 관리를 최적화했다. 이를 통해 재고 관리와 생산 계획을 개선할 수 있었다.

예측의 역사 2: 빅데이터와 AI

1960년대 미국의 수학자 에드워드 로렌즈Edward Lorenz가 발견한 카오스 이론은 경영학에도 큰 영향을 미쳤다. 카오스 이론은 작은 초기 조건의 변화가 큰 결과의 차이를 낳을 수 있다는 나비효과를 설명한다. 이는 경영 환경의 불확실성과 예측의 한계를 인식하게 했다. 복잡계 과학의 발전은 기업을 '복잡 적응 시스템Complex Adaptive System'으로 바라보는 관점을 제공했다. 이는 기업의 유연성과 적응력을 강조하는 경영 패러다임의 변화를 가져왔다. 예컨대 구글은 복잡계 과학의 원리를 조직 운영에 적용하고 있다. 구글의 '20퍼센트 시간' 정책은 직원들의 자율성을 보장하여 혁신을 촉진하는 복잡적응시스템의 특성을 반영한 것이다.

21세기 들어 빅데이터와 AI 기술의 발전은 경영학에 새로운 지평을 열었다. 방대한 양의 데이터를 실시간으로 분석하고 예측할 수 있게 되면서, 데이터 기반의 의사결정이 더욱 중요해졌다. 예컨대 아마존은 빅데이터와 AI를 활용한 추천 시스템을 통해 고객의 구매 행동을 예측하고 있다. 이를 통해 아마존은 개인화된 마케팅을 실현하고 매출을 크게 증대시켰다.

불확실성이 높아지는 현대의 경영 환경에서는 시나리오 플래닝의 중요성이 커지고 있다. 시나리오 플래닝은 다양한 미래 상황을 가정하고 이에 대한 대응 전략을 수립하는 방법론이다. 로열더치쉘Royal Dutch Shell(2002년에 사명을 쉘로 변경)은 시나리오 플래닝을 적극적으로 활용한 대표적인 기업이다. 1970년대에 시나리오 플래닝을 통해 오일쇼크를 예측하고 대비함으로써 위기를 기회로 전환할 수 있었다.

그러나 빅데이터 경영에 대한 비판적 시각도 존재한다. 아탈리를 비롯한 여러 학자들은 빅데이터에 지나치게 의존하는 경영 방식의 한계를 지적하고 있다.《대량살상 수학무기》의 저자인 캐시 오닐Cathy O'Neil은 빅데이터와 알고리즘이 오히려 불평등을 심화시키고 편견을 강화할 수 있다고 경고한다. 그녀는 빅데이터 모델이 종종 현실의 복잡성을 제대로 반영하지 못하고, 기존의 편견을 재생산할 수 있다고 주장한다.

데이터 리터러시가 필요하다

빅데이터가 경영에서 완전히 사라질 가능성은 낮아 보이지만, 리더의 인과관계 분석에 대한 통찰은 더욱 중요해질 것으로 예상된다. 빅데이터는 상관관계는 보여줄 수 있지만, 인과관계를 설명하는 데는 한계가 있기 때문이다. 리더는 데이터가 제공하는 정보를 활용하되, 거기에 자신의 경험과 직관, 그리고 비즈니스에 대한 깊은 이해를 바탕으로 한 통찰력을 결합해야 한다.

넷플릭스의 성공은 빅데이터 분석과 리더의 통찰력이 결합된 좋은 사례다. 넷플릭스는 방대한 사용자 데이터를 분석하여 콘텐츠 추천 시스템을 개발했지만, 〈하우스 오브 카드〉와 같은 자체 콘텐츠 제작 결정은 데이터 분석과 함께 경영진의 창의적 판단이 결합한 결과였다. 또한 테슬라의 일론 머스크는 빅데이터와 AI를 적극적으로 활용하기도 했지만, 특히 직관적 통찰력을 바탕으로 한 과감한 의사결정으로 유명하다. 그의 전기차 시장 진출 결정은 데이터만으로는 설명하기 어려운 선견지명이었다.

앞으로의 경영 활동에는 빅데이터와 AI의 활용에 더해, 리더의 통찰력과 창의성이 더욱 중요해질 것이다. 데이터는 의사결정의 중요한 근거가 되겠지만, 그것을 해석하고 활용하는 것은 여전히 인간의 몫이다. 따라서 미래의 리더들은 데이터 리터러시Data Literacy와 함께 비판적 사고, 창의성, 그리고 인간에 대한 깊은 이해를 갖추어야 할 것이다.

————

경영학의 발전 과정을 살펴보면, 수학적 모델과 예측 기법의 발전이 경영 실무에 큰 영향을 미쳤음을 알 수 있다. 초기의 결정론적 모델에서 시작하여 확률론, 게임 이론, 카오스 이론 등을 거쳐 현재의 빅데이터와 AI에 이르기까지, 경영학은 끊임없이 더 나은 예측과 의사결정을 추구해왔다. 그러나 동시에 예측의 한계와 불확실성에 대한 인식도 높아졌다. 이는 시나리오 플래닝이나 복잡계 과학 등의 방법론을 통해 불확실성을 관리하려는 노력으로 이어졌다.

현대 경영학은 이러한 다양한 접근 방식을 통합하여 더욱 정교하고 유연한 예측과 의사결정 모델을 발전시키고 있다. 빅데이터와 AI 기술의 발전은 이러한 노력에 새로운 가능성을 제시하고 있다. 그러나 동시에 이에 대한 비판적 시각도 존재한다. 빅데이터에 지나치게 의존하는 경영 방식이 오히려 현실의 복잡성을 간과하고 편견을 강화할 수 있다는 우려가 제기되는 것이다.

이러한 상황에서 리더의 역할이 더욱 중요해지고 있다. 리더는 빅데이터와 AI가 제공하는 정보를 활용하되, 이를 비판적으로 해석하고 자신의 통찰력과 결합하여 의사결정을 내려야 한다. 또한 데이터가 보여주지 못하는 인간적 요소와 윤리적 측면을 고려할 수 있어야 한다. 경영학의 미래는 기술과 인간의 조화에 달려 있다고 할 수 있다.

005 미래를 예견하지 말고
예측하라

시나리오 플래닝

비즈니스 리더들에게 미래를 예측하고 준비하는 능력이 그 어느 때보다 중요해지고 있다. 특히 시나리오 플래닝은 조직의 생존과 성장에 필수적인 도구가 되었다. 이러한 미래 예측 기법들은 단순히 미래를 알아내는 것이 아니라, 다양한 가능성에 대비하고 조직의 전략적 유연성을 높이는 데 그 목적이 있다.

오일쇼크를 내다본 로열더치쉘

미래 예측 기법 중 가장 널리 사용되는 것 중 하나가 바로 시나리오 플래닝이다. 시나리오 플래닝은 다양한 미래 상황을 가정하고 각 상황에 맞춘 대응 전략을 수립하는 과정이다. 이는 단순한 예측을 넘어 조직이 다양한 미래 상황에 대비할 수 있게 해준다. 프로픽스$_{Prophix}$의 보고서에 따르면, 시나리오 플래닝은 특정 비즈니스 과제 해결, 시장 변화 예측, 잠재적 혼란에 대한 준비 등 다양한 목적으로 활용될 수 있다.

시나리오 플래닝의 과정은 일반적으로 다음과 같은 단계를 거친다. 먼저 목표를 정의하고 관련 데이터를 수집한다. 그다음 핵심 동인을 파악하고, 이를 바탕으로 다양한 시나리오를 개발한다. 각 시나리오를 분석한 후 이에 대한 전략을 수립하고, 지속적으로 모니터링하며 업데이트한다. 이러한 과정을 통해 조직은 불확실한 미래를 더 체계적으로 대비할 수 있다.

시나리오 플래닝의 성공적인 사례로 로열더치쉘을 들 수 있다. 1970년대에 로열더치쉘은 시나리오 플래닝을 통해 오일 쇼크를 예측하고 대비했다. 이를 통해 위기 상황에서 경쟁사들보다 빠르게 회복할 수 있었고, 업계 선두 기업으로서의 위치를 공고히 할 수 있었다. 이는 시나리오 플래닝이 단순한 예측 도구를 넘어 조직의 전략적 의사결정과 리스크 관리에 큰 도움이 될 수 있음을 보여주는 사례다.

미래 예측의 다양한 도구

또 다른 미래 예측 기법으로는 트렌드 분석이 있다. 트렌드 분석은 과거의 데이터를 바탕으로 미래의 추세를 예측하는 방법이다. 이는 특히 안정적이고 예측 가능한 환경에서 유용하게 사용될 수 있다. 예컨대 계절성이 있는 제품의 수요 예측이나 연간 매출 주기 예측 등에 활용될 수 있다. 어도비의 보고서에 따르면, 트렌드 분석은 비즈니스 리더들이 장기적인 전략을 수립하는 데 도움을 줄 수 있다.

회귀 분석은 더 복잡한 환경에서 사용되는 예측 기법이다. 이는 여러 변수 간의 관계를 분석하여 미래를 예측하는 방법이다. 예컨대 마케팅 지출, 가격 책정, 거시경제적 요인 등이 매출에 미치는 영향을 분석하여 미래 매출을 예측할 수 있다. 이러한 방법은 다양한 요인들이 복잡하게 얽혀 있는 현대 비즈니스 환경에서 특히 유용하게 활용될 수 있다.

시계열 분석은 시간의 흐름에 따른 데이터의 패턴을 분석하여 미래를 예측하는 방법이다. 이는 특히 일정한 패턴이 반복되는 데이터에 유용하게 사용될 수 있다. 예컨대 특정 시기에 잘 팔리는 제품의 수요 예측이나 경제 지표의 변화 예측 등에 활용될 수 있다.

인과 모델은 가장 복잡하고 정교한 예측 도구 중 하나다. 이는 관련 비즈니스, 경제력, 사회적 요인 등 다양한 변수 간의 인과관계를 수학적으로 모델링하여 미래를 예측하는 방법이다. 《하버드 비즈니스 리뷰》에 따르면, 인과 모델은 특히 전환점을 예측하고 장기 예측을 준비하는 데 가장 효과적이다.

이러한 다양한 미래 예측 기법들은 각각의 장단점이 있으며, 따라서 상황에 맞춰 적절히 선택되어야 한다. 예컨대 단기적이고 안정적인 환경에서는 시계열 분석이나 이동 평균법이 효과적일 수 있지만, 장기적이고 불확실한 환경에서는 시나리오 플래닝이나 인과 모델이 더 적합할 수 있다. 따라서 비즈니스 리더들은 자신의 조직이 처한 상황과 예측의 목적을 명확히 인식하고, 이에 맞는 적절한 예측 기법을 선택해야 한다.

불확실성을 인정하라

미래 예측 기법을 효과적으로 활용하기 위해서는 몇 가지 주의해야 할 점이 있다. 첫째, 예측은 항상 불확실성을 내포하고 있다는 점을 인식해야 한다. 아무리 정교한 예측 기법을 사용하더라도 미래를 100퍼센트 정확하게 예측하는 것은 불가능하다. 따라서 예측 결과를 절대적인 것으로 받아들이기보다는 의사결정을 위한 하나의 도구로 활용해야 한다.

둘째, 예측 결과를 지속적으로 모니터링하고 업데이트해야 한다. 비즈니스 환경은 끊임없이 변화하므로, 한번 수립된 예측이 계속해서 유효할 것이라고 기대해서는 안 된다. 컨설팅 기업 클라우드두잉굿Cloud Doing Good의 보고서는 시나리오 플래닝이 일회성 작업이 아니라 지속적인 과정이어야 함을 강조한다. 내부 및 외부 변수를 지속적으로 모니터링하고, 이에 따라 예측과 전략을 조정해나가는 것이 중요하다.

셋째, 다양한 예측 기법을 조합하여 사용하는 것이 효과적일 수 있다. 각각의 예측 기법은 고유한 장단점을 가지고 있으므로, 여러 기법을 함께 사용함으로써 더 균형 잡힌 예측을 할 수 있다. 아지캡Agicap의 보고서에 따르면, 정성적 방법과 정량적 방법을 결합하는 것이 더 정확한 예측을 가능하게 한다. 예컨대 전문가의 의견과 데이터 기반 모델을 결합하여 사용하는 것이 좋은 방법이 될 수 있다.

넷째, 예측 과정에 다양한 이해관계자를 참여시키는 것이 중요하다. 예측은 단순히 숫자를 계산하는 것이 아니라, 조직의 다양한 측면을 고려해야 하는 복잡한 과정이다. 따라서 재무, 마케팅, 운영 등 다양한 부서의 의견을 수렴하고, 이를 예측 과정에 반영하는 것이 중요하다. 이는 예측의 정확성을 높일 뿐 아니라, 조직 전체의 합의와 지지를 얻는 데도 도움이 될 수 있다.

미래 예측 기법의 효과적인 활용을 위해서는 조직문화의 변화도 필요하다. 불확실성을 인정하고, 다양한 가능성을 열린 마음으로 검토하며, 필요에 따라 빠르게 전략을 수정할 수 있는 유연성이 필요하다. 이를 위해 리더는 조직 내에서 지속적인 학습과 적응을 장려하고, 실험과 실패를 두려워하지 않는 문화를 조성해야 한다.

———

미래 예측 기법은 비즈니스 리더들에게 강력한 도구가 될 수 있다. 이를 통해 리더들은 불확실한 미래에 대비하고, 변화하는 환경에 선제적으로 대응할 수 있다. 그러나 이는 단순한 기술적 도구가 아니라 전략적 사고의 한 방식이며, 조직 전체의 참여와 지속적인 노력이 필요한 과정이다. 이를 통해 조직은 불확실한 미래에 대한 준비성을 높이고, 지속 가능한 성장을 이룰 수 있을 것이다.

006 조직 관리의 시작은 시간 관리다

시간 기반 관리

경영학은 예측 기반 문화에서 발전해왔지만, 동시에 '시간 기반 관리Time-Based Management'라는 개념 또한 경영의 핵심을 이루고 있다. 이는 경영의 근간이 되는 돈이 시간과 밀접하게 연관되어 있기 때문이다. 돈의 가치는 시간에 따라 변화하며, 특히 이자 때문에 시간의 흐름에 따른 가치 변화가 명확히 드러난다. 따라서 시간은 경영에서 매우 중요한 요소로 작용한다.

우리는 '시간'을 모른다

시간 기반 관리는 린 생산 방식의 한 측면으로, 시간의 중요성을 인식하고, 이에 따라 생산 과정에서 낭비되는 시간을 줄이는 것을 목표로 한다. 이는 시장과 고객의 변화하는 요구에 빠르게 대응하고, 새로운 제품 개발 속도를 높이며, 낭비를 줄여 효율성을 증대시키는 등의 이점을 제공한다. 예컨대 토요타는 이러한 시간 기반 관리를 통해 생산 효율성을 크게 향상시켰는데, 이는 그들의 경쟁력 강화에 크게 기여했다.

필립 짐바르도Philip Zimbardo의 연구에 따르면, 인간이 시간을 체계적으로 연구하기 시작한 것은 불과 200년 정도밖에 되지 않았다. 짐바르도는 시간 관점 심리학 연구를 통해 개인이 과거, 현재, 미래라는 시간대로 개인적 경험의 흐름을 나누는 방식에 주목했다. 그의 연구는 이러한 시간적 편향이 상황과 맥락에 따라 적절히 균형을 이루지 못하고 과도하게 사용되거나 충분히 활용되지 않는 경우가 있음을 밝힌다.

이러한 맥락에서, 현대의 리더들 역시 시간 개념을 정확히 이해하고 있어야 하는데도 많은 경우 깊은 이해가 부족한 실정이다. 시간 관리는 단순히 일정을 효율적으로 관리하는 것을 넘어, 조직의 문화와 성과에 깊은 영향을 미치는 중요한 요소다.

효과적인 시간 관리는 직원들의 집중도를 높이고, 생산성을 향상시키며, 업무 스트레스를 줄이는 등 직장 문화를 긍정적으로 변화시킨다. 예컨대 구글은 '20퍼센트 시간' 정책을 통해 직원들에게 근무 시간의 20퍼센트를 자신의 관심 프로젝트에 할애할 수 있도록 함으로써, 창의성과 혁신을 촉진하는 동시에 시간 관리의 중요성을 강조하고 있다.

리더의 시간 관리 능력은 단순히 개인의 생산성 향상을 넘어 조직 전체의 문화를 형성하는 데 영향을 미친다. 효과적인 시간 관리는 의사결정의 질을 높이고, 팀원들과의 소통을 개선하며, 스트레스를 줄이는 데 기여한다. 또한 업무와 삶의 균형을 개선하고, 직원들의 만족도와 생산성을 높임으로써 궁극적으로 조직의 성과를 향상시킨다. 예컨대 아마존은 '투피자팀Two-Pizza Team' 규칙을 도입하여 회의의 효율성을 높이고 시간 낭비를 줄이는 데 성공했다. 이는 팀의 규모를 피자 두 판으로 배불리 먹을 수 있는 인원(대략 여섯 명)으로 제한하여 의사소통의 효율성을 극대화하는 것이다. 또한 마이크로소프트 일본 지사의 경우 주 4일 근무제 실험을 통해 생산성이 40퍼센트 향상되는 결과를 얻기도 했다.

그러나 많은 리더가 시간의 본질과 그 관리의 중요성을 충분히 인식하지 못하고 있다. 이는 단기적 성과에 치중하거나, 시간을 단순히 양적인 측면에서만 바라보는 경향 때문일 수 있다. 짐바르도의 연구는 시간에 대한 개인의 관점이 과거, 현재, 미래 중 어디에 치우쳐 있는지에 따라 의사결정과 행동 패턴이 크게 달라질 수 있음을 보여준다.

시간 관리의 기술

효과적인 리더십을 위해서는 시간에 대한 균형 잡힌 시각이 필요하다. 과거의 경험에서 배우고, 현재의 상황을 정확히 인식하며, 미래를 위한 준비를 동시에 할 수 있어야 한다. 예컨대 애플의 스티브 잡스가 대표적인데, 그는 과거의 실패에서 배우면서도 현재의 기술 트렌드를 정확히 파악하고 미래를 예측하는 능력을 통해 혁신적인 제품을 연이어 출시했다.

리더들이 시간 개념과 그 관리의 중요성을 제대로 이해하지 못하는 이유 중 하나는 경영 교육에서 이에 대한 체계적인 접근이 부족했기 때문일 수 있다. 전통적인 경영 교육은 재무, 마케팅, 전략 등에 초점을 맞추어왔으며, 시간 관리는 개인의 역량 개발 차원에서 다루어지는 경향이 있었다. 그러나 시간 관리는 개인의 생산성을 넘어 조직의 전략적 자원 관리의 핵심 요소로 인식되어야 한다.

효과적인 시간 관리를 위해서는 우선순위 설정, 위임, 효율적인 회의 운영 등의 기술이 필요하다. 예컨대 '아이젠하워 매트릭스Eisenhower Matrix'는 업무의 중요성과 긴급성을 기준으로 우선순위를 설정하는 유용한 도구로, 많은 성공적인 리더들이 활용하고 있다. 또한 '파레토 법칙Pareto Principle'을 적용하여 20퍼센트의 핵심 활동에 80퍼센트의 시간과 에너지를 집중하는 전략도 효과적이다.

리더들은 또한 시간 관리가 단순히 더 많은 일을 하는 것이 아니라 중요한 일에 집중하는 것임을 이해해야 한다. 이는 '바쁨'과 '생산성'을 구분하는 능력을 요구한다. 예컨대 넷플릭스는 무제한 휴가 정책을 도입하여 직원들이 결과에 집중하도록 하고, 불필요한 회의나 보고를 줄이는 등 시간을 효율적으로 사용하는 문화를 만들었다.

시간 관리의 중요성은 글로벌 비즈니스 환경에서 더욱 부각된다. 다양한 시간대에 걸쳐 있는 팀을 관리해야 하는 리더라면 시간을 더욱 섬세하게 이해해야 한다. 예컨대 IBM과 같은 글로벌 기업은 '팔로 더 선Follow the Sun' 전략을 통해 24시간 연속적인 업무 처리를 가능하게 하여 시간의 효율적 활용을 극대화하고 있다.

리더들은 또한 시간 관리가 단기적 성과와 장기적 비전 사이의 균형을 잡는 데 중요한 역할을 한다는 점을 인식해야 한다. 단기적 성과에만 집중하다 보면 장기적인 혁신과 성장을 위한 시간 투자가 소홀해질 수 있다. 예컨대 3M은 직원들에게 근무 시간의 15퍼센트를 자유 연구에 사용할 수 있도록 하는 '15퍼센트 룰'을 통해 장기적 혁신을 위한 시간 투자의 중요성을 강조하고 있다.

리더들이 시간 개념과 그 관리의 중요성을 제대로 이해하지 못하는 또 다른 이유는 시간에 대한 문화적 차이를 간과하기 때문일 수 있다. 에드워드 홀Edward Hall의 연구에 따르면, 문화권에 따라 시간을 바라보는 관점이 단일시간적Monochronic이거나 복합시간적Polychronic일 수 있다. 글로벌 리더라면 이러한 문화적 차이를 이해하고 이에 적절히 대응할 수 있어야 한다.

아날로그 시간에서 디지털 시간으로

마지막으로, 디지털 시대가 도래하면서 시간 관리의 개념이 변화하고 있음을 인식해야 한다. 초연결, 원격근무, AI와 자동화 등은 시간 관리에 새로운 도전과 기회를 제공하고 있다. 리더들은 이러한 변화에 적응하고, 새로운 기술을 활용하여 시간을 더욱 효과적으로 관리하는 방법을 모색해야 한다. 예컨대 슬랙Slack과 같은 협업 도구는 실시간 의사소통을 가능하게 하여 시간 효율성을 높이고 있지만, 동시에 '항상 연결되어 있어야 한다'는 압박을 줄 수 있어 이에 대한 적절한 관리가 필요하다.

디지털 시대의 도래로 시간 관리의 개념이 크게 변화하고 있으며, 이는 2000년을 기점으로 더욱 가속화되고 있다. 더글러스 러시코프Douglas Rushkoff가 《현재의 충격》에서 언급한 바와 같이, 2000년대 이후 시간 개념은 급격히 변화하고 있다. 디지털 기술의 발전으로 인해 시간과 공간의 경계가 모호해지면서, 전통적인 근무 시간 개념도 무너지고 있다. 이는 유연한 근무 형태를 가능하게 하는 동시에, 일과 삶의 경계를 흐리게 만드는 양면성을 지니고 있다.

시간 관리 도구의 진화는 이러한 변화를 잘 반영하고 있다. 예컨대 클라우드 기반의 프로젝트 관리 소프트웨어와 시간 추적 앱의 통합은 업무 시간을 더욱 효율적으로 관리할 수 있게 해준다. 이러한 도구들은 실시간 데이터 분석을 통해 개인과 팀의 생산성을 향상시키는 데 기여하고 있다.

AI 기술을 활용한 시간 관리 도구의 등장은 또 다른 혁신을 가져오고 있다. 맥킨지McKinsey의 연구에 따르면, 디지털 도구와 기술을 전면적으로 도입한 기업들은 평균 25퍼센트의 생산성 향상을 경험했다. AI 기반의 시간 관리 도구는 개인의 업무 패턴을 분석하고 최적화된 일정을 제안함으로써, 시간 관리의 효율성을 크게 높이고 있다.

《하버드 비즈니스 리뷰》의 연구는 시간 관리를 위한 기술 도구의 사용이 생산성을 최대 25퍼센트까지 향상시킬 수 있다고 보고하고 있다. 이는 기술을 적절히 활용한 시간 관리가 개인과 조직의 성과에 큰 영향을 미칠 수 있음을 보여준다. 디지털 시대의 시간 관리는 단순히 일정을 효율적으로 관리하는 것을 넘어, 기술과 인간의 조화를 통해 더 나은 삶을 추구하는 것으로 진화하고 있다. 새로운 기술을 효과적으로 활용하면서도 디지털 디톡스의 필요성을 인식하고 균형을 유지하는 것이 중요하다. 이를 통해 우리는 디지털 시대의 도전을 기회로 전환하고, 시간을 더욱 가치 있게 활용할 수 있을 것이다.

마지막으로, 시간 관리가 윤리적 의사결정과도 밀접한 관련이 있음을 인식해야 한다. 시간 압박을 받는 상황에서는 윤리적 고려사항이 간과되기 쉬우므로 중요한 의사결정을 위한 충분한 시간을 확보하고 이를 통해 더 나은 판단을 내릴 수 있도록 해야 한다.

시간은 유한하고 되돌릴 수 없는 자원이다. 따라서 리더들은 시간의 가치를 깊이 이해하고, 이를 효과적으로 관리하는 능력을 지속적으로 계발해야 한다. 이는 개인의 성공뿐 아니라 조직의 성공을 위해서도

필수적인 요소다. 시간에 대한 깊은 이해와 효과적인 관리는 21세기 리더십의 핵심 역량 중 하나로, 이를 통해 리더들은 더 나은 의사결정을 내리고, 조직의 성과를 높이며, 궁극적으로는 지속 가능한 성장을 이끌어낼 수 있다.

007 바쁠수록 여유가 필요하다

슬랙

시간을 사분면으로 가르는 발상은 간단하지만 리더의 하루를 통째로 바꿔놓는 발명에 가깝다. 흔히 이 틀을 스티븐 코비Stephen Covey의 개념으로만 기억하지만, 뿌리는 드와이트 아이젠하워Dwight Eisenhower가 남긴 간명한 원칙에 있다. 그는 "중요한 것은 드물게 긴급하며, 긴급한 것은 드물게 중요하다"라는 말을 통해, 일을 긴급성과 중요성이라는 두 축으로 분류해야 한다는 직관을 제시했다. 이후 코칭 기업인 프랭클린코비FranklinCovey가 이를 체계화해 '아이젠하워 매트릭스', 또는 '시간 관리 매트릭스Time Management Matrix'로 정식 도구화했고, 교육과 컨설팅 현장에서 행동 지침으로 정착시켰다.

시간의 사분면

사분면의 작동 원리는 명확하다. 1사분면은 긴급하고 중요한 일로, 시스템 장애, 법정 기한, 안전 및 보안 관련 이슈처럼 지연 시 손실이 발생하는 항목이 해당한다. 2사분면은 긴급하지 않지만 중요한 일로, 전략 수립, 인재 육성, 고객 통찰, 표준화·자동화, 예방적 리스크 관리가 해당한다. 3사분면은 긴급하지만 중요하지 않은 일로, 타인의 우선 순위나 절차적 소음이 주로 해당하며 위임과 축소를 통해 해결하는 것이 정석이다. 4사분면은 긴급하지도 중요하지도 않은 일로, 제거와 무시가 원칙이다. 이 간단한 사분면이 경영에서 의미를 갖는 이유는, 성과의 대부분이 2사분면에서 나오는 데 반해 인간의 기본 설정은 1·3사분면으로 끌려가기 때문이다. 프레임의 실천은 곧 2사분면을 의식적으로 '달력에 먼저 기재하는 일'로 시작한다는 점에서, 리스트의 미끄럼을 통제하는 달력 중심의 시간 설계로 이어진다.

도구는 단순해 보이지만 실천하기는 쉽지 않다. 이 도구가 현장에서 무너지는 이유는 인지의 역학 때문이다. 작업이 반복적으로 중단될 경우 집중을 복구하는 데 평균 23분 남짓의 시간이 필요하다. 게다가 완료되지 못한 업무의 흔적은 다음 업무에 '주의의 잔여'를 남겨 성과를 갉아먹는다. 결국 2사분면의 계획은 쪼개진 주의력의 파편 속에 증발한다. 이러한 방해가 작업자의 스트레스를 높이고 작업 결과물의 품질을 낮춘다는 실험과 연구가 수없이 많다. 따라서 아이젠하워 매트릭스의 진짜 가치는 분류 그 자체보다 '분류 → 캘린더 예약 → 보호 → 리뷰'라는 습관 루프를 통해 '중요하지만 긴급하지 않은 일'이 시간을 점유하게 만드는 운영 체계에 있다.

실패하는 패턴도 분명하다. 첫째, 분류의 정의가 흐리다. 긴급을 '누군가가 지금 원한다'로 오인하면 3사분면이 1사분면으로 위장한다. 긴급은 '지연 시 명시적 손실'로 엄격히 좁혀야 하고, 중요는 '전략·가치·장기 생산성 기여'로 정의해야 한다. 둘째, 해야 할 일이 달력에 기재되지 못한다. 2사분면이 할 일 목록에만 머물면 1·3사분면의 소음에 항상 밀린다. 즉 달력 선점과 방해 차단이 핵심이다. 셋째, 리뷰가 없다. 리뷰를 통해 개인과 팀의 사분면 분포를 시각화하고, 왜곡을 찾아 정의와 규칙을 교정해야 한다. 넷째, 문화가 상충한다. '불 끄는 영웅'만 칭찬하면 3사분면만 늘어난다. 2사분면의 조용한 성취도 보상해야 한다. 다섯째, 리더가 예외를 만든다. 리더의 달력과 알림 규칙은 조직의 헌법이다. 예외는 규범을 파괴한다.

시스템화된 여유

사실 사분면은 한 장짜리 전략이다. 1사분면은 어제의 미숙함이 남긴 청구서고, 2사분면은 내일의 이자를 낳는 적금이며, 3사분면은 타인의 알림이 만든 착시, 4사분면은 죄책감을 동반한 달콤함이다. 좋은 리더는 청구서를 줄이고 적금을 불리며, 착시를 해소하고 달콤함을 끊는다. 방법은 단순하다. 중요한 것을 먼저 달력에 기재하고, 급한 것을 덜 급하게 만들고, 남의 급함을 남의 일정으로 되돌리며, 아무것도 아닌 것을 아무것도 아닌 채로 둔다. 아이젠하워가 한 문장으로 정리한 이 원칙을 프랭클린코비가 꼼꼼히 체계화한 덕분에, 오늘의 리더는 시간의 사분면을 단순한 선택지가 아니라 생활 습관으로 삼을 수 있다. 그리고 그 습관이 조직의 전략이 되는 순간, 시간은 더 이상 흘러가는 자원이 아니라 모이는 자산이 된다.

물론 리더는 언제나 결핍에 빠질 수 있다. 결핍의 덫은 의지가 아니라 인지와 관련된다. 무엇이 부족하다고 인지하는 순간 거기에만 신경 쓰게 된다. 그 대가로 실행 기능과 유동 지능이 갉아먹힌다. 센딜 물라이너선Sendhil Mullainathan과 엘더 샤피르Eldar Shafir는 결핍이 당장의 과제에 초점을 몰아주는 동시에, 판단·억제·계획 능력을 떨어뜨린다고 꼬집었다. 결핍을 느낄 때 각종 능력이 유의미하게 하락하는 실험 결과는 가난, 시간 부족, 칼로리 제한, 외로움 등 상황이 달라도 결핍의 메커니즘은 동일함을 보여준다. 이때 결핍을 이기는 도구는 여유, 즉 슬랙인데, 슬랙을 만들려면 단기적으로 뭔가를 덜 해야 하므로 처음에는 더 아프다. 바로 그 초기 비용을 감당하기 어려운 것이 결핍의 심리이며, 그래서 슬랙은 의지가 아니라 설계의 문제로 다뤄져야 한다.

'잠깐 멈춰 슬랙부터 만들자'

슬랙은 안전판이자 복잡도 제거제다. 물라이너선과 샤피르는 슬랙을 "실수의 비용을 흡수하고, 충격을 완충하며, 모든 선택에 대한 기회비용 계산을 줄여주는 완충제"로 정의한다. 반대로 슬랙이 없으면 작은 오류가 확대되며 '실수→벌→더 큰 결핍'의 악순환이 강화된다.

하지만 결핍 상황에서 '잠깐 멈춰 슬랙부터 만들자'는 주문을 내뱉기란 정말 힘들다. 터널 안에 있는 사람은 멀리 있는 것을 볼 수 없다. 시간이 없는 사람은 '시간 대출'을 반복해 내일의 여유마저 깎아먹는다. 여기에 작업 환경의 파편화가 기름을 붓는다. 캘리포니아대학교 정보학 교수 글로리아 마크Gloria Mark는 정보 노동자가 평균 약 11분마다 과업을 전환하고, 작업의 57퍼센트가 방해를 겪으며, 한 번의 방해 후 원래 과업에 대한 몰입을 회복하는 데 평균 23분 15초가 든다고 보고했다. 워싱턴대학교 경영대학 교수 소피 르루아Sophie Leroy의 '주의 잔여Attention Residue' 개념처럼, 미완료 과업의 흔적은 다음 과업에 끈적하게 달라붙어 집중을 훼손하고, 그 결과 2사분면 활동(계획)은 늘 내일로 밀린다. 이런 환경에서 슬랙을 만들려면 개인의 결심이 아니라 환경과

제도의 변경, 그리고 초기 비용을 외부가 함께 분담하는 구조가 필요하다.

개인 차원에서 할 수 있는 일들을 살펴보자. 첫째, '작은 슬랙'을 일 단위로 확보한다. 매일 첫 90분은 고립되어 전략 도출, 표준화, 학습 같은 긴급하지 않지만 중요한 일을 한다. 이는 터널 바깥의 사물을 시야에 들이는 과정이다. 둘째, 전환 비용을 줄인다. 과업 종료 시 세 줄 기록(끝낸 것, 남은 것, 다음 첫 행동)을 남기고, 회의는 25분, 또는 50분제로 마감한다. 셋째, 방해 시도를 꺾는다. 푸시 알림은 끄고, 메일과 메신저 확인은 하루 두 번만 하며, 달력에 '집중 시간'을 기록하고 공개해 타인의 긴급함이 내 일정을 납치하지 못하게 한다. 넷째, 장기 과업을 단기 보상으로 재구성한다. '90일 과업→주간 이정표→일일 첫 행동'으로 단계를 세분화하고, 각 단계에 작은 보상을 연결하면 추진력이 붙는다. 다섯째, 유사 사례를 참고한다. 즉 유사 사례의 평균 기간과 비용, 실패율을 참고하면 시간 대출의 악순환을 끊을 수 있다.

조직은 더 크고 거친 도구를 써야 한다. 첫째, '슬랙 예산'을 제도화한다. 가용·회수·잠재 슬랙을 구분해 KPI Key Performance Indicator 로 관리하고, 일정 비율을 표준화, 자동화, 설비 정비, 데이터 품질 향상, 인재 육성에 배분한다. 자원에 여유가 있을 때만 전략적 모험이 가능하고, 위기에도 흔들리지 않는다. 둘째, 작업 과정을 덜 끊기게 설계한다. 회의 최소화, 사전 서면 입력, 회의 내 결정권자 배치로 작업이 덜 전환되게 한다. 셋째, '불 끄는 영웅' 대신 '불 안 나게 하는 설계자'를 칭찬한다. 보상과 승진의 초점을 예방, 표준화, 고객 불편 감소, 재작업 감소, 데이터 품질 향상 같은 2사분면의 성과에 맞출 때, 조직문화는 긴급성이 아니라 중요성을 숭배하게 된다. 넷째, 리더의 달력이 헌법임을 인정한다. 리더가 자신의 달력에서 2사분면의 점유율을 공개하고, 조직원의 '집중 시간'을 침범하지 않을 때, 슬랙의 가치가 상승한다. 다섯째, 레드팀, 사전 모니터링을 도입한다. 즉 결정을 '한 번에 끝내는 행위'가 아니라 '여러 창으로 동시에 보는 행위'로 재정의한다.

———

결핍에서 벗어나는 데 '특별한 의지'가 필요하다는 건 오해다. 물라이너선과 샤피르는 "사람은 나빠서가 아니라 바빠서 실수한다"라고 말한다. 그러니 의지가 아니라 의식, 곧 환경과 절차의 의식화가 답이다. 기본값을 바꾸고, 여유를 예산화하고, 방해를 정책화하고, 프레임을 언어화하면, 평균적인 사람도 평균 이상의 결정을 내린다. 슬랙은 시스템으로 결핍에서 사람을 지키는 방식이다. 여유는 사치가 아니라 안전 장치이며, 잠시 늦추는 것이 장기적으로는 가장 빠르다. 그러니 한 걸음 여유를 두고, 한 줄 기록으로 잔여를 씻고, 한 번 거절로 알림을 끄고, 한 번의 침묵으로 아침을 비워라. 그 작은 슬랙이 터널을 벗어나게 한다.

008 상품 넘어 시장을 혁신하라

파괴적 혁신

파괴적 혁신 이론은 현대 경영학에서 가장 영향력 있는 개념 중 하나인데도 많은 리더가 이를 제대로 이해하지 못하고 있다. 이 이론은 단순히 파괴를 의미하는 것이 아니라, 기업 간 경쟁을 새로운 관점에서 바라볼 수 있게 해주는 중요한 틀을 제공한다. 파괴적 혁신 이론을 올바르게 이해하는 것은 기업의 전략 수립과 미래 예측에 매우 중요하다.

파괴적 혁신 이론은 1995년 하버드대학교 경영대학원 교수인 크리스텐슨이 처음 제시했다. 그는 〈파괴적 기술: 물결을 타다Disruptive Technologies: Catching the Wave〉라는 논문에서 이 개념을 소개했으며, 1997년 출간된 저서 《혁신기업의 딜레마》를 통해 이를 더욱 체계화했다. 처음 소개된 이후부터 지금까지 줄곧 실제 경영 현장에서 수많은 혁신을 이끌며 그 유용함을 입증해왔다.

파괴적 혁신과 지속적 혁신

크리스텐슨에 따르면, 파괴적 혁신은 시장의 주류 고객들이 외면하는 단순하고 저렴한 제품이나 서비스가 점차 성능을 개선해나가면서 결국 시장을 장악하는 과정을 의미한다. 이는 단순히 혁신적인 기술이나 제품을 의미하는 것이 아니라, 시장의 구조를 근본적으로 변화시키는 프로세스를 말한다.

파괴적 혁신의 특징은 다음과 같다.

1. **저가 시장 또는 미개척 시장에서 시작**: 파괴적 혁신은 대개 기존 기업들이 관심을 두지 않는 저가 시장이나 새로운 시장에서 시작된다.
2. **초기의 열등한 성능**: 파괴적 혁신 제품은 처음에는 기존 제품보다 성능이 떨어지는 경우가 많다.
3. **점진적 개선**: 시간이 지나면서 성능과 품질이 개선되어 주류 시장의 요구를 충족시키게 된다.
4. **시장 변혁**: 궁극적으로 기존 시장 구조를 변화시키고 주류 고객층을 흡수한다.

크리스텐슨은 파괴적 혁신을 지속적 혁신과 구분했다. 지속적 혁신은 기존 제품의 성능을 점진적으로 개선하는 것을 의미하며, 대부분의 기존 기업들이 추구하는 혁신 방식이다. 반면 파괴적 혁신은 기존 시장의 가치 기준을 완전히 바꾸는 혁신을 말한다.

크리스텐슨이 파괴적 혁신 개념을 소개한 세 이론서

1. 《혁신기업의 딜레마》

파괴적 혁신 이론을 통해 우수한 기업이 왜 실패하는지, 또 다크호스가 어떻게 혜성처럼 등장하는지 설명한다. 파괴적 혁신의 본질은 기존 시장을 재정의하고 새로운 시장을 창출하는 것이다. 디지털카메라가 필름카메라 시장을 파괴하고, 개인용 컴퓨터가 메인프레임 컴퓨터를 대체한 사례가 대표적이다.

2. 《성장과 혁신》

첫 번째 책에서 제기된 딜레마를 해결하고 지속 가능한 성장을 창출하는 방법을 제시한다. 기업들이 충족되지 않은 니즈를 만족시키거나 간과된 세그먼트를 서비스하는 데 집중해야 한다고 강조한다. 기존 대안보다 더 단순하고 저렴하며 접근 가능한 솔루션을 제공함으로써 새로운 시장을 포착하고 기존 시장을 파괴할 수 있다는 논리다.

3. 《미래 기업의 조건》

혁신 이론을 활용하여 산업 변화를 예측하는 프레임워크를 제공한다. 크리스텐슨은 모든 산업에서 결과를 예측 할 수 있는 획기적인 프레임워크를 제시한다. 이는 앞선 두 권의 저서에서 입증된 이론을 기반으로 한다.

PC와 전기차

파괴적 혁신의 대표적인 사례로는 개인용 컴퓨터, 즉 PC를 들 수 있다. PC는 초기에 성능이 떨어지고 사용이 불편했지만, 저렴한 가격으로 새로운 시장을 창출했다. 시간이 지나면서 성능이 개선되어 결국 메인프레임 컴퓨터 시장을 대체하게 되었다. 또 다른 예로 넷플릭스를 들 수 있다. 넷플릭스는 처음에 DVD 대여 서비스로 시작했지만, 점차 스트리밍 서비스로 전환하면서 기존의 비디오 대여점과 케이블 텔레비전 시장을 크게 위협하게 되었다.

그러나 모든 혁신적인 기업이 파괴적 혁신 기업인 것은 아니다. 예컨대 크리스텐슨은 테슬라가 파괴적 혁신 기업이 아니라고 주장한 바 있다. 테슬라는 고가의 전기차로 시장에 진입했기 때문에, 저가 시장이나 미개척 시장에서 시작한다는 파괴적 혁신의 정의에 부합하지 않는다는 것이다. 크리스텐슨은 테슬라를 '고급 시장 진입High-End Encroachment' 전략을 사용한 지속적 혁신의 사례로 보았다. 이는 기존 자동차 시장의 고급 세그먼트에서 시작하여 점차 대중 시장으로 확장해 나가는 전략을 의미한다.

이러한 크리스텐슨의 견해는 많은 논란을 불러일으켰다. 일부 전문가는 테슬라가 전기차라는 새로운 시장을 창출하고 자동차 산업의 패러다임을 변화시켰다는 점에서 파괴적 혁신의 사례로 볼 수 있다고 주장한다. 이는 파괴적 혁신 이론이 모든 혁신 사례를 완벽하게 설명할 수 없으며, 현실의 복잡성을 고려해야 한다는 점을 시사한다.

파괴적 혁신 이론은 기업들이 혁신에 접근하는 방식을 근본적으로 변화시켰다. 많은 기업이 이 이론을 바탕으로 새로운 시장 기회를 모색하고 있으며, 기존 기업들은 파괴적 혁신의 위협에 대비하기 위해 노력하고 있다.

반면 코닥은 디지털카메라 기술을 최초로 개발했음에도 기존의 필름 사업을 보호하기 위해 이를 적극적으로 추진하지 않았다. 결과적으로 코닥은 디지털카메라 시장의 성장에 뒤처지게 되었고, 결국 파산했다. 이는 파괴적 혁신에 제대로 대응하지 못한 대표적인 사례로 꼽힌다.

성장의 세 가지 엔진

파괴적 혁신 이론은 기업들이 미래를 예측하고 전략을 수립하는 데 중요한 통찰을 제공한다. 그러나 이 이론을 맹목적으로 적용하는 것은 위험할 수 있다. 모든 산업과 기업이 같은 방식으로 혁신을 경험하는 것은 아니며, 각 기업의 상황과 산업의 특성을 고려해 신중하게 접근해야 한다. 예컨대 애플의 아이폰은 고가의 제품으로 시장에 진입했지만, 스마트폰 시장을 근본적으로 변화시켰다. 이는 파괴적 혁신의 전형적인 패턴과는 다르지만, 결과적으로 시장을 파괴했다고 볼 수 있다.

파괴적 혁신 이론은 또한 기업의 인재 관리 전략에도 영향을 미친다. 많은 기업이 혁신적인 아이디어를 가진 인재를 영입하고 육성하기 위해 노력하고 있으며, 이를 위해 다양한 프로그램을 운영하고 있다. 예컨대 3M의 '15퍼센트 룰'은 직원들이 근무 시간의 15퍼센트를 자신의 아이디어를 계발하는 데 사용할 수 있도록 하는 제도로, 파괴적 혁신을 촉진하기 위한 인재 관리 전략의 한 예라고 볼 수 있다.

파괴적 혁신 이론은 기업의 성장 전략에도 중요한 시사점을 제공한다. 크리스텐슨은 '성장의 세 가지 엔진Three Engines of Growth' 이론을 통해 기업이 지속적으로 성장하기 위해 어떤 전략을 채택해야 하는지 설명했다. 이 이론에 따르면, 기업은 기존 시장에서의 점진적 개선, 저가 시

1부 철학

장 진입을 통한 파괴적 혁신 그리고 새로운 시장 창출의 세 가지 전략을 균형 있게 추구해야 한다.

파괴적 혁신 이론은 또한 기업의 리스크 관리 전략에도 영향을 미친다. 기존 기업들은 파괴적 혁신의 위협에 대비하기 위해 다양한 리스크 관리 전략을 수립하고 있다. 예컨대 일부 기업은 잠재적인 파괴적 혁신 기업들을 인수하거나 이들과 전략적 제휴를 맺는 방식으로 리스크를 관리하고 있다.

파괴적 혁신 이론은 기업의 지속가능성 전략에도 영향을 미치고 있다. 많은 기업이 환경 문제나 사회적 문제를 해결하는 과정에서 파괴적 혁신의 기회를 발견하고 있다. 예컨대 테슬라의 전기차는 환경 문제 해결과 파괴적 혁신을 동시에 추구한 사례로 볼 수 있다.

파괴적 혁신 이론에 대한 비판도 존재한다. 일부 학자는 이 이론이 모든 산업과 상황에 적용될 수 없다고 지적한다. 또한 파괴적 혁신에 지나치게 집중하다 보면 기존 사업의 개선과 효율화를 소홀히 할 수 있다는 우려도 제기된다. 이러한 비판에 대해 크리스텐슨은 파괴적 혁신 이론은 하나의 도구일 뿐이며, 모든 상황에 맞는 해답을 제공하는 것은 아니라고 강조했다. 그는 기업들이 자신의 상황과 산업의 특성을 고려하여 이 이론을 적절히 활용해야 한다고 주장했다.

앞으로 기업들은 파괴적 혁신의 기회를 모색하는 동시에, 기존 사업의 경쟁력을 유지하는 균형 잡힌 전략을 추구해야 할 것이다. 또한 파괴적 혁신 이론을 단순히 기술 혁신의 관점에서만 바라보는 것이 아니라, 비즈니스 모델, 조직문화 등 다양한 측면에서 적용할 방안을 모색

해야 할 것이다. 파괴적 혁신 이론은 계속해서 진화하고 있으며, 새로운 기술과 시장 환경의 변화에 따라 그 적용 방식도 변화하고 있다. 따라서 기업 리더들은 이 이론의 기본 개념을 이해하는 것뿐 아니라, 지속적으로 이 이론의 발전과 적용 사례를 학습하고 자신의 기업 상황에 맞게 적용하려는 노력을 기울여야 한다.

선택은 언제나
고객이 한다

고객중심주의

현대 경영 환경에서 고객중심주의의 부상은 기업의 전략과 운영 방식에 큰 변화를 가져오고 있다. 이는 '디커플링'과 '절대 가치' 개념의 등장과 밀접한 관련이 있다. 디커플링은 기존에 연결된 시스템을 분리하는 것을 의미하는데, 이는 기업이 고객의 다양한 니즈에 더 유연하게 대응할 수 있게 한다. 절대 가치는 고객이 제품이나 서비스에서 진정으로 원하는 본질적인 가치를 의미하며, 이를 파악하고 제공하는 것이 기업의 핵심 과제가 되고 있다.

기술보다 중요한 고객

이러한 맥락에서 세계적인 마케팅 전략가인 탈레스 테이셰이라의 주장은 주목할 만하다. 테이셰이라는 크리스텐슨의 파괴적 혁신 이론을 강하게 부정하며, 시장에서의 선택은 결국 고객이 한다는 점을 강조했다. 이는 기술 중심으로 혁신을 보는 관점에서 벗어나 고객의 니즈와 행동을 중심으로 비즈니스를 재구성해야 한다는 주장으로 해석될 수 있다.

테이셰이라의 관점은 많은 기업의 사례를 통해 뒷받침된다. 예컨대 아마존의 제프 베이조스는 '고객 집착Customer Obsession'이라는 철학을 바탕으로 기업을 성장시켰다. 아마존은 고객의 니즈를 깊이 이해하고 이를 충족시키기 위해 지속적으로 혁신을 추구했으며, 이는 아마존이 전자상거래를 넘어 클라우드 컴퓨팅, AI 등 다양한 분야로 사업을 확장할 수 있게 한 원동력이 되었다.

고객중심주의의 중요성은 '고객가치창출Customer Value Creation, CVC' 개념의 부상으로 이어졌다. 고객가치창출은 고객에게 제공하는 가치를 창출하고 극대화하는 것을 기업의 핵심 목표로 삼는 접근 방식이다. 단순히 제품이나 서비스를 판매하는 것을 넘어, 고객의 문제를 해결하그 그들의 삶을 개선하는 것에 초점을 맞춘다.

고객가치창출의 실천 사례로 넷플릭스를 들 수 있다. 넷플릭스는 고객의 시청 패턴과 선호도를 분석하여 개인화된 콘텐츠 추천 시스템을 구축했다. 이는 단순히 영화나 드라마를 제공하는 것을 넘어, 고객 각자에게 최적화된 엔터테인먼트 경험을 제공하는 것을 목표로 한다. 이러한 접근은 넷플릭스가 전통적인 미디어 기업들과의 경쟁에서 우위를 점할 수 있게 한 핵심 요인이 되었다.

직접 소통하며 관계 맺어라

고객중심주의의 심화는 D2C 혁신으로 이어지고 있다. D2C는 기업이 중간 유통 단계를 거치지 않고 소비자에게 직접 제품이나 서비스를 제공하는 비즈니스 모델을 의미한다. 이는 기업이 고객과 직접 소통하고, 그들의 니즈를 더 정확히 파악할 수 있게 해준다.

D2C 모델의 성공 사례로 안경 브랜드 워비파커Warby Parker를 들 수 있다. 워비파커는 온라인으로 안경을 판매하면서도, 고객이 집에서 여러 안경을 시착해볼 수 있는 서비스를 제공했다. 이는 안경 구매 과정에서 고객이 겪는 불편함을 해소하고, 더 나은 구매 경험을 제공하는 것에 초점을 맞춘 접근 방식이다.

고객중심주의와 D2C 모델의 결합은 기존 산업 구조를 크게 변화시키고 있다. 예컨대 달러셰이브클럽Dollar Shave Club은 면도기 시장에서 D2C 모델을 통해 기존 대기업들의 점유율을 위협했다. 이들은 고객의 실제 니즈, 즉 저렴하고 편리한 면도기 구매에 초점을 맞춘 서비스를 제공함으로써 빠르게 시장을 장악할 수 있었다.

이러한 변화는 기업의 마케팅 전략에도 큰 영향을 미치고 있다. 최근에는 전통적인 매스 마케팅에서 벗어나, 개인화된 마케팅과 콘텐츠 마케팅이 중요해지고 있다. 예컨대 화장품 브랜드 글로시에Glossier는 소셜미디어를 통해 고객과 직접 소통하며 브랜드를 구축했다. 이들은 고객의 피드백을 적극적으로 수용하여 제품 개발에 반영함으로써, 고객과의 강력한 유대관계를 형성했다.

고객 중심으로 재편되는 경영 패러다임

고객중심주의의 부상은 기업의 조직 구조와 문화에도 변화를 가져오고 있다. 많은 기업이 고객경험Customer Experience, CX 전담 조직을 신설하고, 최고고객책임자Chief Customer Officer, CCO 직책을 도입하고 있다. 이는 고객의 목소리를 기업 전략의 중심에 두려는 노력의 일환이다.

예컨대 에어비앤비는 고객중심설계 원칙을 조직 전체에 적용하고 있다. 이들은 고객의 여행 경험 전체를 고려한 서비스 설계를 통해 단순한 숙박 예약 플랫폼을 넘어 종합적인 여행 경험을 제공하는 기업으로 성장할 수 있었다.

고객중심주의의 심화는 기업의 혁신 방식에도 영향을 미치고 있다. 전통적인 R&D 중심의 혁신에서 벗어나, 고객의 니즈를 깊이 이해하고 이를 바탕으로 혁신을 추구하는 '고객주도혁신Customer-Driven Innovat.on, CDI' 개념이 주목받고 있다. 이는 크리스텐슨의 '완수해야 할 작업Jobs to be Done' 이론과도 맥을 같이한다.

고객중심주의의 부상은 기업의 데이터 활용 방식에도 변화를 가져오고 있다. 빅데이터와 AI 기술의 발전으로 기업들은 고객의 행동과 선호도를 더욱 정교하게 분석할 수 있게 되었다. 이는 개인화된 제품과 서비스 제공을 가능하게 하며, 고객경험을 한층 더 개선할 수 있게 한다. 스포티파이는 사용자의 음악 청취 데이터를 분석하여 개인화된 플레이리스트를 제공한다. 이는 단순히 음악을 재생하는 것을 넘어, 각 고객의 취향에 맞는 새로운 음악을 발견할 수 있게 해주는 가치를 제공한다.

고객중심주의는 기업의 윤리와 사회적 책임에 대한 인식도 변화시키고 있다. 현대의 소비자들은 단순히 좋은 제품이나 서비스를 넘어, 기업의 가치관과 사회적 책임 이행에도 관심을 가진다. 이에 따라 많은 기업이 지속가능성, 윤리적 생산, 사회 공헌 등을 경영 전략의 핵심 요소로 삼고 있다. 예컨대 파타고니아는 환경보호와 지속가능성을 기업의 핵심 가치로 삼고 있다. 이들은 제품의 수명을 연장하고 재활용을 장려하는 등의 노력을 통해 환경 의식이 높은 고객들의 지지를 얻고 있다.

고객중심주의의 심화는 기업 간 경쟁의 양상도 변화시키고 있다. 과거의 단순한 제품 경쟁이나 가격 경쟁을 넘어, 최근에는 고객경험과 가치 제공을 중심으로 한 경쟁이 이루어지고 있다. 이에 따라 기업들은 자사의 핵심 역량을 재정의하고, 새로운 협력 모델을 모색하는 중이다. 예컨대 애플은 단순한 기기 제조 업체를 넘어 종합적인 디지털 생태계를 제공하는 기업으로 변모했다. 이들은 하드웨어, 소프트웨어, 서비스를 유기적으로 연결함으로써 고객에게 통합된 경험을 제공하고 있다.

고객중심주의의 부상은 기업의 성과 측정 방식에도 변화를 불러왔다. 전통적인 재무적 지표 외에도 '고객생애가치$_{\text{Customer Lifetime Value, CLV}}$', '순추천지수$_{\text{Net Promoter Score, NPS}}$' 등 고객 중심의 지표들이 중요해지고 있다. 이는 단기적인 매출이나 이익보다 장기적인 고객 관계 구축의 중요성을 반영한 것이다. 예컨대 아메리칸익스프레스$_{\text{American Express}}$는 순추천지수를 KPI로 삼고 있다. 고객의 추천 의향을 높이는 것이 장기적인 기업 성장의 핵심이라고 보고, 이를 위한 다양한 노력을 기울이는 것이다.

고객중심주의의 부상은 기업의 혁신 프로세스에도 변화를 가져오고 있다. 전통적인 단계적 제품 개발 방식에서 벗어나, 고객의 피드백을 지속적으로 반영하는 애자일$_{\text{Agile}}$ 방식의 개발이 주목받고 있다. 이는 빠르게 변화하는 고객의 니즈에 더 유연하게 대응할 수 있게 해준다. 예컨대 테슬라는 소프트웨어 업데이트를 통해 차량의 기능을 지속적으로 개선하고 있다. 이는 고객의 피드백을 실시간으로 반영하여 제품을 발전시키는 고객 중심적 혁신의 좋은 사례라고 할 수 있다.

고객중심주의의 부상은 기업 경영의 모든 측면에 영향을 미치고 있다. 이는 단순히 고객 서비스를 개선하는 차원을 넘어, 기업의 전략, 조직 구조, 문화, 성과 측정 방식 등 전반적인 경영 패러다임에 변화가 찾아옴을 의미한다. 앞으로 기업들은 고객의 니즈와 가치를 더욱 깊이 이해하고, 이를 바탕으로 혁신적인 제품과 서비스를 제공하며, 고객과의 장기적인 관계를 구축하는 데 주력해야 할 것이다. 그래야만 지속 가능한 성장성과 경쟁력을 확보할 수 있다.

010 경제적 이익만큼
사회적 이익도 중요하다

비파괴적 창조

프랑스 인시아드에서 전략학을 가르치는 김위찬 교수는 《비욘드 디스럽션, 파괴적 혁신을 넘어》에서 '비파괴적 창조' 개념을 제시, 경영학계에 새로운 시각을 제공했다. 파괴적 혁신 이론과 대비되는 이 개념은 혁신이 반드시 파괴를 동반할 필요가 없다는 내용을 담고 있다. 즉 기존 산업을 파괴하지 않고도 새로운 시장이나 제품, 서비스를 창출할 수 있다는 것이다. 이는 기업이 경제적 이익과 사회적 이익을 동시에 추구할 수 있는 방안을 제시한다는 점에서 주목할 만하다.

넷플릭스를 바라보는 두 가지 관점

시장을 바라보는 김위찬 교수의 관점, 특히 넷플릭스가 블록버스터를 파괴하기 위해 등장했다는 해석에는 동의하기 어려운 부분이 있다. 이는 테이셰이라의 입장과 상충되는 지점이다. 테이셰이라는 시장에서의 선택은 결국 고객이 한다는 점을 강조하며, 기술 중심의 혁신 관점

에서 벗어나 고객의 니즈와 행동을 중심으로 비즈니스를 재구성해야
한다고 주장한다.

넷플릭스의 사례를 자세히 살펴보자. 이 기업은 블록버스터를 파괴
하려는 의도로 시작되지 않았다. 오히려 넷플릭스는 고객들의 불편함
을 해소하고 새로운 가치를 제공하려는 노력에서 시작되었다. 넷플릭
스의 공동 창업자 리드 헤이스팅스Reed Hastings는 블록버스터에서 DVD
를 대여한 후 연체료를 물게 된 경험에서 영감을 얻어 사업을 시작했
다. 이는 고객의 불편함을 해소하려는 시도였지, 블록버스터를 파괴하
려는 의도는 아니었다.

테이셰이라의 관점에서 보면, 넷플릭스의 성공은 고객들의 선택에
따른 결과라고 볼 수 있다. 넷플릭스가 제공한 편리성, 다양한 콘텐츠,
그리고 나중에 도입된 스트리밍 서비스 등이 고객의 니즈를 더 잘 충
족시켰기 때문에 시장에서 선택받은 것이다. 이 때문에 파괴적 혁신이
나 비파괴적 창조의 관점보다는 고객 중심의 가치 창출이 기업의 성
공을 이끌었다는 해석이 더 적절해 보인다.

그럼에도 김위찬 교수가 제시한 비파괴적 창조의 개념을 이해하는
것은 여전히 중요하다. 이 개념은 특정 현상을 설명하는 데 유용한 틀
을 제공하기 때문이다. 예컨대 한국의 김치냉장고 사례는 비파괴적 창
조의 개념으로 잘 설명될 수 있다. 김치냉장고는 기존의 일반 냉장고
시장을 파괴하지 않으면서도 새로운 시장을 창출했다. 이는 한국인의
식문화와 라이프스타일 변화에 맞춰 새로운 가치를 제공한 것으로, 기
존 산업을 파괴하지 않고도 혁신을 이룬 대표적인 예시다.

또 다른 예로, 반려동물 산업의 성장을 들 수 있다. 반려동물 용품,
의료 서비스, 보험 등의 산업은 기존의 어떤 산업도 파괴하지 않으면

서 새로운 시장을 창출했다. 이는 사회 변화와 사람들의 니즈 변화에 따라 자연스럽게 생겨난 시장으로, 비파괴적 창조의 개념으로 잘 설명될 수 있다.

파괴적 혁신과 비파괴적 창조의 경계

비파괴적 창조는 지속가능성과 사회적 책임이 강조되는 현대 경영 환경에서 중요한 의미를 가진다. 기업들이 단순히 이윤 추구를 넘어 사회와 조화를 이루는 비즈니스 모델을 추구해야 한다는 요구가 커지고 있는 상황에서, 비파괴적 창조는 이러한 요구에 부합하는 혁신 방식을 제시한다.

예컨대 재생에너지 산업의 성장은 비파괴적 창조의 좋은 예시다. 태양광, 풍력 등의 재생에너지 산업은 기존의 화석연료 산업을 즉각적으로 대체하거나 파괴하지 않으면서도 새로운 시장을 창출하고 있다. 이는 환경 문제에 대한 사회적 요구와 기술의 발전이 만나 새로운 가치를 창출한 사례로, 경제적 이익과 사회적 이익을 동시에 추구하는 비파괴적 창조의 특성을 잘 보여준다.

그러나 비파괴적 창조 개념에 대한 비판적 시각도 존재한다. 일부 학자는 모든 혁신이 어느 정도의 파괴를 동반할 수밖에 없다고 주장한다. 예컨대 김치냉장고의 등장이 일반 냉장고 시장에 전혀 영향을 미치지 않았다고 보기는 어렵다. 또한 재생에너지 산업의 성장이 장기적으로는 화석연료 산업에 상당한 영향을 미칠 것이라는 점도 고려해야 한다.

이러한 비판은 비파괴적 창조와 파괴적 혁신 사이의 경계가 항상 명확하지 않을 수 있다는 점을 시사한다. 많은 경우, 혁신은 단기적으로는 비파괴적으로 보일 수 있지만, 장기적으로는 기존 산업에 상당한 영향을 미칠 수 있다. 따라서 비파괴적 창조 개념을 적용할 때는 시간의 흐름에 따른 영향도 고려해야 한다.

또한 비파괴적 창조가 모든 상황에 적용 가능한 해법은 아니라는 점도 인식해야 한다. 때로는 기존 산업에 근본적인 변화가 필요한 경우도 있으며, 이런 경우에는 파괴적 혁신이 더 적절할 수 있다. 예컨대 기후변화에 대응하기 위해 화석연료 산업의 급격한 축소가 필요한 상황에서는 비파괴적 접근만으로는 충분하지 않을 수 있다.

그럼에도 불구하고, 비파괴적 창조는 기업들에 혁신에 대한 새토운 시각을 제공한다는 점에서 의의가 있다. 이 개념은 기업들이 기존 산업과의 충돌을 최소화하면서도 새로운 가치를 창출하는 방안을 모색하도록 유도한다. 이는 특히 사회적 책임과 지속가능성이 강조되는 현대 경영 환경에서 중요한 의미를 가진다.

기업과 사회의 상생을 촉진하다

비파괴적 창조의 또 다른 중요한 측면은 기업과 사회의 상생을 추구한다는 점이다. 김위찬 교수는 비파괴적 창조가 '포지티브섬positive-sum' 성장을 가능하게 한다고 주장한다. 즉 기업의 성장이 사회의 발전과 함께 이루어질 수 있다는 것이다. 이는 기업의 사회적 책임이 강조되는 현대 사회에서 중요한 의미를 가진다. 예컨대 마이크로파이낸스Microfinance 산업의 성장은 비파괴적 창조의 좋은 예시다. 방글라데시의 그라민은행Grameen Bank에서 시작된 마이크로파이낸스는 기존 금융 산업을 파괴하지 않으면서도 새로운 시장을 창출했다. 이는 저소득층에게 금융 서비스를 제공함으로써 경제적 포용성을 높이고, 동시에 새로운 비즈니스 기회를 창출한 사례다.

비파괴적 창조는 또한 기업의 리스크 관리 측면에서도 중요한 의미를 가진다. 기존 산업을 파괴하거나 대체하려는 시도는 종종 기존 기업들의 강한 저항에 부딪히곤 한다. 이는 법적·제도적 장벽으로 이어질 수 있으며, 신생 기업에는 큰 리스크가 될 수 있다. 반면 비파괴적 창조는 이러한 저항과 리스크를 최소화하면서 새로운 가치를 창출할 방안이 된다.

예컨대 테슬라의 사례를 살펴보면, 초기에는 비파괴적 창조의 특성을 보였다고 할 수 있다. 테슬라는 처음에 고급 전기차 시장을 목표로 삼아 기존의 내연기관 자동차 시장과 직접적인 경쟁을 피했다. 이는 새로운 시장을 창출하면서도 기존 자동차 산업의 즉각적인 저항을 피할 수 있는 전략이었다. 물론 이후 테슬라의 성장과 함께 전기차 시장이 확대되면서, 장기적으로는 내연기관 자동차 산업에 상당한 영향을 미치게 되었다.

우버나 에어비앤비 같은 공유경제 플랫폼들도 초기에는 비파괴적 창조를 지향했다. 이들은 기존의 택시 산업이나 호텔 산업을 즉각적으로 파괴하지 않으면서도, 유휴 자원을 활용한 새로운 서비스를 제공함으로써 새로운 시장을 창출했다. 물론 이후 이들 기업의 성장이 기존 산업에 미친 영향을 고려하면, 장기적으로는 파괴적 성격을 지니게 되었다고 볼 수 있다. 이는 비파괴적 창조와 파괴적 혁신 사이의 경계가 시간에 따라 변할 수 있음을 보여주는 사례다.

비파괴적 창조와 파괴적 혁신, 그리고 고객 중심 접근은 각각의 상황과 맥락에 따라 적절히 적용되어야 한다. 어떤 경우에는 비파괴적 창조가, 또 다른 경우에는 파괴적 혁신이 필요할 수 있다. 물론 모든 경우 고객 중심적 사고가 바탕이 되어야 한다.

결국 기업의 성공은 이러한 다양한 접근 방식을 상황에 맞게 적절히 활용하면서, 고객에게 진정한 가치를 제공하는 데 있다. 따라서 리더라면 비파괴적 창조, 파괴적 혁신, 고객 중심 접근 등 다양한 전략적 도구를 이해하고 활용하는 능력을 키워야 할 것이다.

011 자기 자신을 알라

에지 전략

에지Edge 전략은 기업이 현재의 사업 모델을 기반으로 점진적이고 실용적인 혁신을 추구하는 방법론으로, 파괴적 혁신이나 비파괴적 창조와는 다른 접근 방식을 제시한다. 이 전략은 기업이 이미 보유하고 있는 자산과 역량을 활용하여 새로운 가치를 창출하는 데 초점을 맞춘다. 에지 전략은 제품에지, 여정에지, 사업에지의 세 유형으로 구분되며, 각각의 에지는 기업이 혁신을 추구할 수 있는 다양한 방향을 제시한다.

에지 전략이란 무엇인가

첫째, 제품에지는 기업이 제공하는 기존 제품이나 서비스를 확장하거나 개선하는 전략이다. 이는 고객의 니즈를 더 깊이 이해하고, 그에 맞춰 제품의 기능이나 특성을 조정하는 것을 의미한다. 예컨대 애플이 아이폰에 다양한 저장 용량 옵션을 제공하는 것은 제품에지 전략의

한 예다. 고객들은 자신의 필요에 따라 더 많은 저장 공간을 선택할 수 있고, 기업은 이를 통해 추가적인 수익을 창출할 수 있다. 또 다른 예로, 자동차 제조 업체들이 기본 모델에 다양한 옵션을 추가할 수 있게 하는 것도 제품에지 전략이라고 볼 수 있다.

둘째, 여정에지는 고객의 전체 경험 여정을 고려하여 추가적인 가치를 제공하는 전략이다. 이는 제품이나 서비스의 사용 전후에 발생하는 고객의 니즈를 파악하고, 이를 충족시키는 새로운 제품이나 서비스를 제공하는 것을 의미한다. 예컨대 아마존이 제품 구매 후 보험이나 설치 서비스를 제공하는 것은 여정에지 전략의 좋은 예시다. 또한 애플이 아이폰 구매 고객에게 애플케어AppleCare 서비스를 제공하는 것도 여정에지 전략이라고 볼 수 있다. 이러한 전략은 고객의 전체 경험을 개선하고, 기업에는 추가적인 수익원을 제공한다.

셋째, 사업에지는 기업이 보유한 자산이나 역량을 활용하여 새로운 시장이나 사업 영역으로 확장하는 전략이다. 이는 기업의 핵심 역량을 새로운 맥락에서 활용하여 가치를 창출하는 것을 의미한다. 예컨대 아마존이 자사의 클라우드 인프라를 바탕으로 아마존웹서비스Amazon Web Services, AWS를 출시한 것은 사업에지 전략의 대표적인 사례다. 아마존은 자사의 전자상거래 운영을 위해 구축한 클라우드 인프라를 다른 기업들에 서비스로 제공함으로써 새로운 수익원을 창출했다. 또 다른 예로, 구글이 자사의 검색 기술을 바탕으로 다양한 서비스(지도, 이메일, 클라우드 스토리지 등)를 개발한 것도 사업에지 전략으로 볼 수 있다.

에지 전략은 기업들에 여러 가지 측면에서 영향을 미친다. 첫째, 기업이 현재의 사업 모델을 기반으로 점진적인 혁신을 추구할 수 있게 해준다. 이는 대규모 투자나 급격한 변화 없이도 새로운 가치를 창출할 수 있는 방법을 제시한다. 둘째, 기업이 고객의 니즈를 더 깊이 이해하고 이에 대응할 수 있게 해준다. 특히 여정에지 전략은 고객의 전체 경험을 고려함으로써 더 포괄적인 가치 제안을 가능하게 한다. 셋째, 기업이 보유한 자산과 역량을 최대한 활용할 수 있게 해준다. 이는 기업의 효율성을 높이고, 새로운 수익원을 창출하는 데 도움이 된다.

기업들이 에지 전략을 통해 사업을 발전시켜나가기 위해서는 다음과 같은 접근이 필요하다. 첫째, 고객의 니즈를 지속적으로 모니터링하고 분석해야 한다. 이를 통해 제품에지나 여정에지에서 새로운 기회를 발견할 수 있다. 둘째, 기업의 핵심 역량을 명확히 파악하고, 이를 새로운 맥락에서 활용할 수 있는 방안을 모색해야 한다. 이는 사업에지 전략을 통한 새로운 사업 영역 발굴에서 특히 중요하다. 셋째, 데이터 분석과 고객 피드백을 적극적으로 활용해야 한다. 이를 통해 에지 전략의 효과를 측정하고, 지속적으로 개선해나갈 수 있다.

에지 전략의 우수 사례 1: 스타벅스, 나이키, 월마트

에지 전략의 실제 적용 사례를 살펴보면, 그 효과와 중요성을 더욱 명확히 알 수 있다. 예컨대 스타벅스는 여정에지 전략을 효과적으로 활용한 기업이다. 스타벅스는 단순히 커피를 판매하는 것을 넘어, 고객의 전체 경험을 고려한 서비스를 제공한다. 모바일 주문 및 결제 시스템, 리워드 프로그램, 매장 내 무료 와이파이 제공 등은 모두 고객의 커피 구매 전후 경험을 개선하는 여정에지 전략의 일환이다. 이를 통해 스타벅스는 고객의 충성도를 높이고, 추가적인 수익을 창출할 수 있었다.

또 다른 예로, 나이키의 사례를 들 수 있다. 나이키는 제품에지와 여정에지 전략을 효과적으로 결합했다. 나이키는 기존의 운동화와 운동복 제품 라인에 스마트 기술을 접목시켜 제품에지를 확장했다. 스마트 운동화는 '나이키 플러스 러닝Nike+ Running' 앱(현 '나이키 런 클럽Nike Run Club' 앱)과 연동되어 사용자의 운동 데이터를 수집하고 분석할 수 있게 해주는 신발이다. 이는 단순한 제품 개선을 넘어 고객의 운동 경험 전체를 관리하는 여정에지 전략으로 확장된 결과물이다. 나이키는 이를 통해 고객과의 접점을 늘리고 브랜드 충성도를 높일 수 있었다.

에지 전략의 또 다른 중요한 측면은 기업의 리스크 관리에도 도움이 된다는 점이다. 대규모 투자나 급격한 변화 없이 점진적인 혁신을 추구할 수 있기 때문에, 실패의 위험을 줄이면서도 새로운 기회를 모색할 수 있다. 예컨대 월마트가 자사의 물류 네트워크를 활용하여 배송 서비스를 시작한 것은 사업에지 전략의 좋은 예다. 월마트는 이미 보유하고 있던 자산과 역량을 활용하여 새로운 서비스를 제공함으로써, 상대적으로 적은 리스크로 새로운 시장에 진입할 수 있었다.

에지 전략의 우수 사례 2: 파타고니아, 넷플릭스, 테슬라

에지 전략은 기업의 지속가능성과 사회적 책임 측면에서도 중요한 의미를 가진다. 기존의 자산과 역량을 최대한 활용하는 에지 전략은 자원의 효율적 사용을 촉진함으로써 환경적 지속가능성에 기여할 수 있다. 예컨대 파타고니아의 '원웨어Worn Wear' 프로그램은 제품에지와 여정에지 전략을 결합한 사례로, 지속가능성을 추구하면서도 새로운 가치를 창출하고 있다. 고객들이 사용하던 파타고니아 제품을 수리하거나 재판매할 수 있게 해주는 이 프로그램은 제품의 수명을 연장하고 환경 영향을 줄이는 동시에 새로운 고객경험을 제공한다.

1부 철학

에지 전략을 성공적으로 실행하기 위해서는 조직문화와 리더십의 변화도 필요하다. 에지 전략은 기존 사업 모델의 경계에서 새로운 기회를 찾는 것이므로, 조직 구성원들이 창의적이고 유연한 사고를 할 수 있는 환경이 조성되어야 한다. 또한 고객의 니즈와 시장 변화에 민감하게 반응할 수 있는 민첩성도 필요하다. 이를 위해 리더들은 조직 내 다양한 부서 간의 협력을 촉진하고, 실험과 학습을 장려하는 문화를 만들어야 한다.

에지 전략의 또 다른 중요한 측면은 디지털 기술의 활용이다. 디지털 기술은 에지 전략을 더욱 효과적으로 실행하게 할 수 있다. 예컨대 빅데이터 분석은 고객의 니즈를 더 정확히 파악하고 예측하는 데 도움이 되며, 이는 제품에지와 여정에지 전략의 성공적인 실행에 핵심적이다. 또한 AI와 머신러닝 기술은 개인화된 서비스 제공을 가능하게 하여 여정에지 전략을 강화할 수 있다.

디지털 기술을 활용한 에지 전략의 성공 사례로 넷플릭스를 들 수 있다. 넷플릭스는 고객의 시청 데이터를 분석하여 개인화된 콘텐츠 추천 시스템을 구축했다. 이는 여정에지 전략의 일환으로, 고객의 콘텐츠 소비 경험을 개선하고 만족도를 높이는 데 기여했다. 더 나아가 넷플릭스는 이 데이터를 바탕으로 자체 콘텐츠 제작에도 나섰는데, 이는 사업에지 전략으로 볼 수 있다. 넷플릭스는 스트리밍 서비스 제공 업체에서 콘텐츠 제작사로 사업 영역을 확장함으로써 새로운 가치를 창출했다.

에지 전략은 기업의 혁신 프로세스에도 영향을 미친다. R&D 중심으로 이루어지는 전통적인 혁신 방식과 달리, 에지 전략은 현재의 사업 모델을 기반으로 한 점진적이고 실용적인 혁신을 추구한다. 이는

'린스타트업Lean Startup' 방법론과도 일맥상통하는 부분이 있다. 빠른 실험과 학습을 통해 고객의 니즈에 맞는 제품이나 서비스를 개발하는 것이다. 예컨대 테슬라는 소프트웨어 업데이트를 통해 차량의 기능을 지속적으로 개선하고 있는데, 이는 제품에지 전략의 좋은 예시다.

에지 전략은 기업의 경쟁 전략에도 새로운 시각을 제공한다. 전통적인 경쟁 전략이 주로 산업 내 포지셔닝에 초점을 맞췄다면, 에지 전략은 기업이 보유한 자산과 역량을 활용하여 새로운 가치를 창출하는 데 중점을 둔다. 이는 기업이 경쟁 우위를 확보하는 새로운 방식을 제시한다.

에지 전략을 실행할 때 중요한 것은 기업의 핵심 역량을 정확히 파악하고, 이를 새로운 맥락에서 활용할 수 있는 방안을 모색하는 것이다. 이를 위해서는 조직 내 다양한 부서 간의 협력과 지식 공유가 필수다. 에지 전략이 모든 상황에 적합한 해법은 아니다. 때로는 파괴적 혁신이나 비파괴적 창조와 같은 더 급진적인 접근이 필요할 수 있다. 따라서 기업은 자신의 상황과 시장 환경을 정확히 파악하고, 이에 맞는 전략을 선택해야 한다.

012 단순함이 복잡함을 이긴다

단순화 전략

단순화 전략은 현대 비즈니스 혁신에서 핵심적인 개념으로, 크게 가격단순화와 상품단순화로 나눌 수 있다. 이 두 가지 전략은 기업이 시장에서 경쟁 우위를 확보하고 고객에게 더 나은 가치를 제공하는 데 중요한 역할을 한다.

가격의 단일화, 상품의 단순화

가격단순화 전략은 제품이나 서비스의 가격을 대폭 낮춤으로써 새로운 시장을 창출하거나 기존 시장을 확장하는 방식이다. 이 전략은 주로 기존 시장의 90퍼센트 이상을 차지하는 대중 시장을 타깃으로 한다. 가격단순화 전략의 대표적인 사례로 포드의 모델 T를 들 수 있다. 20세기 초에 자동차의 가격은 1,000달러에서 2,000달러 사이였으나, 포드는 1914년 모델 T의 가격을 550달러로 책정했다. 이는 당시 노동자 평균 연봉의 약 2.4배에 불과한 금액이었다. 이러한 가격 전략 덕에 1920년대에는 모델 T의 가격이 더욱 낮아져 125달러까지 떨어졌고, 이는 자동차의 대중화를 이끌었다.

가격단순화 전략은 단순히 가격을 낮추는 데 그치지 않는다. 이 전략을 성공적으로 구현하기 위해서는 생산 과정의 혁신, 유통 채널의 최적화, 그리고 규모의 경제 달성 등 다양한 요소가 뒷받침되어야 한다. 예컨대 포드는 조립라인 생산 방식을 도입하여 생산성을 크게 향상시켰고, 이를 통해 가격을 낮출 수 있었다.

현대의 기업들도 가격단순화 전략을 활용해 성공을 거두고 있다. 예컨대 저가 항공사들은 기존 항공사들보다 훨씬 낮은 가격으로 항공 서비스를 제공함으로써 새로운 고객층을 확보하고 시장을 확대했다. 라이언에어Ryanair나 이지젯EasyJet 같은 유럽의 저가 항공사들은 불필요한 서비스를 줄이고 운영 효율성을 극대화하여 낮은 가격을 실현했다.

한편 상품단순화 전략은 제품이나 서비스의 기능을 단순화하거나 사용 편의성을 높임으로써 고객에게 더 나은 가치를 제공하는 방식이다. 이 전략은 주로 시장의 상위 40퍼센트 정도를 차지하는 프리미엄 시장을 대상으로 한다. 상품단순화 전략은 복잡한 제품이나 서비스를 단순화하여 고객의 사용 경험을 개선하고, 이를 통해 높은 가치를 창출한다.

상품단순화 전략의 대표적인 사례로 애플의 아이팟을 들 수 있다. 아이팟이 출시되기 전 MP3 플레이어 시장은 복잡한 인터페이스와 사용법으로 인해 일반 소비자들이 접근하기 어려웠다. 그러나 애플은 단순하고 직관적인 인터페이스와 사용하기 쉬운 디자인으로 아이팟을 제작했고, 이는 MP3 플레이어 시장을 크게 확장했다.

단순화 전략의 기준, 고객

단순화 전략의 성공적인 구현을 위해서는 기업의 전략적 선택이 중요하다. 가격단순화 전략과 상품단순화 전략 중 어떤 것을 선택할지, 또는 두 전략을 어떻게 조합할지는 기업의 상황과 목표, 그리고 시장 환경에 따라 달라질 수 있다. 예컨대 일본의 유니클로는 가격단순화와 상품단순화 전략을 동시에 추구하여 성공을 거두었다. 유니클로는 기본적인 의류 아이템에 집중하면서도 품질은 높이고 가격은 낮춤으로써 글로벌 패스트 패션 시장에서 강력한 경쟁력을 확보했다.

단순화 전략은 기업의 혁신 과정에서 중요한 역할을 한다. 복잡한 제품이나 서비스를 단순화함으로써 새로운 시장을 창출하거나 기존 시장을 확장할 수 있기 때문이다. 예컨대 에어비앤비는 복잡한 숙박 예약 과정을 단순화하고, 개인 간 거래를 가능하게 함으로써 숙박 산업에 혁신을 가져왔다.

하지만 단순화 전략이 모든 상황에서 적합한 것은 아니다. 일부 산업에서는 복잡성이 오히려 가치를 창출할 수 있다. 예컨대 고급 시계 시장에서는 복잡한 기계식 무브먼트가 오히려 제품의 가치를 높이는 요소가 된다. 따라서 기업은 자사의 제품이나 서비스, 그리고 목표 시장의 특성을 정확히 파악하고 이에 맞는 전략을 선택해야 한다.

단순화 전략을 구현할 때 중요한 것은 고객 중심의 사고다. 가격을 낮추거나 제품을 단순화하는 것 자체가 아니라, 고객에게 더 나은 가치를 제공하는 것을 궁극적인 목표로 삼아야 한다. 이를 위해서는 고객의 니즈를 정확히 파악하고, 이를 바탕으로 제품이나 서비스를 재설계하는 과정이 필요하다.

예컨대 넷플릭스는 복잡한 케이블 텔레비전 시스템을 단순화하여 고객들에게 더 나은 시청 경험을 제공했다. 넷플릭스는 월정액 구독 모델과 사용하기 쉬운 인터페이스, 그리고 개인화된 콘텐츠 추천 시스템을 통해 텔레비전 시청 방식을 혁신했다. 이는 상품단순화 전략의 좋은 예시라고 할 수 있다.

이케아는 왜 전 세계적으로 사랑받을까

단순화 전략은 기업의 내부 프로세스에도 적용될 수 있다. 복잡한 의사결정 과정이나 조직 구조를 단순화함으로써 기업의 효율성을 높이는 것이다. 예컨대 아마존은 '투피자팀' 규칙을 도입하여 팀의 규모를 제한하고 의사결정 과정을 단순화했다. 이는 기업 내부의 심플화 전략이라고 볼 수 있다.

단순화 전략의 성공적인 구현을 위해서는 기술의 활용도 중요하다. 디지털 기술의 발전은 제품이나 서비스를 단순화하는 데 큰 도움을 준다. 예컨대 모바일 뱅킹 앱은 복잡한 은행 업무를 스마트폰으로 쉽게 처리할 수 있게 만들었다. 이는 상품단순화 전략을 통해 금융 서비스의 접근성을 높인 사례라고 할 수 있다.

단순화 전략은 기업의 브랜드 전략과도 밀접한 관련이 있다. 단순하고 명확한 브랜드 메시지는 고객들에게 더 쉽게 전달되고 기억된다. 예컨대 나이키의 '저스트 두 잇Just Do It'이라는 슬로건은 간단하면서도 강력한 메시지로 브랜드의 정체성을 효과적으로 전달한다.

단순화 전략의 또 다른 중요한 측면은 지속가능성이다. 제품이나 서비스를 단순화함으로써 자원 사용을 줄이고 환경 영향을 최소화할 수 있다. 예컨대 파타고니아는 제품 라인을 단순화하고 내구성 있는 제품을 만듦으로써 환경 친화적인 비즈니스 모델을 구축했다.

단순화 전략은 세계 시장 진출에도 도움이 될 수 있다. 단순하고 직관적인 제품이나 서비스는 문화적 차이를 넘어 더 쉽게 받아들여질 수 있기 때문이다. 예컨대 이케아의 단순하고 기능적인 가구 디자인은 전 세계적으로 인기를 얻고 있다.

단순화 전략은 또한 기업의 혁신 문화와도 연관이 있다. 복잡한 문제를 단순화하여 해결하는 능력은 혁신의 핵심이다. 예컨대 테슬라는 전기차의 충전 과정을 단순화하여 사용자경험을 개선했고, 이는 전기차 시장의 확대에 기여했다.

단순화 전략은 리스크 관리 측면에서도 중요하다. 복잡한 제품이나 서비스는 더 많은 오류 가능성을 내포하고 있으며, 이는 기업에 리스크가 될 수 있다. 단순화를 통해 이러한 리스크를 줄일 수 있다.

마지막으로, 단순화 전략은 기업의 장기적인 성장 전략의 일부가 되어야 한다. 단기적인 이익을 위해 제품이나 서비스를 복잡하게 만드는 것이 아니라, 장기적인 고객가치창출을 위해 지속적으로 단순화를 추구해야 한다. 이는 기업의 지속가능한 성장을 위한 핵심 요소가 될 것이다.

단순화 전략을 성공적으로 구현하기 위해서는 고객 피드백의 지속적인 수집과 분석이 필요하다. 고객들이 실제로 어떤 부분에서 복잡성을 느끼는지, 어떤 기능을 가장 중요하게 여기는지를 파악해야 한다. 이를 위해 많은 기업이 사용자경험 연구에 투자하고 있다.

단순화 전략을 구현하는 과정은 결코 단순하지 않다. 복잡한 것을 단순화하는 것은 오히려 더 많은 노력과 창의성을 요구한다. 잡스는 "단순함이 궁극의 정교함"이라고 말했는데, 이는 단순화 전략의 본질을 잘 보여준다.

단순화 전략이 현대 비즈니스 환경에서 중요한 혁신 도구로 자리 잡고 있다는 사실은 분명해 보인다. 가격단순화와 상품단순화 전략을 통해 기업은 고객에게 더 나은 가치를 제공하고, 시장에서의 경쟁력을 강화할 수 있다. 이 전략은 단순히 제품이나 서비스를 단순화하는 것을 넘어, 기업의 전반적인 운영 방식과 문화에도 영향을 미친다.

단순화 전략의 성공적인 구현을 위해서는 고객 중심의 사고, 기술의 효과적인 활용, 지속적인 혁신 그리고 장기적인 관점이 필요하다. 또한 기업은 자사의 상황과 목표 시장의 특성을 정확히 파악하고, 이에 맞는 전략을 선택해야 한다. 단순화 전략은 모든 상황에 적합한 해법은 아니지만 많은 산업에서 혁신을 이끌어내는 강력한 도구가 될 수 있다. 복잡성이 증가하는 현대 사회에서, 단순함을 추구하는 전략은 기업에 중요한 경쟁 우위를 제공할 수 있다.

고객의 라이프스타일에 침투하라

013

구독 모델

"설정하고 잊어버려라Set It And Forget It."

마크 저커버그Mark Zuckerberg가 언급한 이 간결한 문구는 구독경제의 본질을 정확히 표현한다. 'SIAFI'라는 약어로도 알려진 이 개념은 소비자가 한 번 결정하면 지속적으로 서비스나 제품을 받을 수 있는 구독 모델의 편리함을 강조한다. 구독을 설정한 소비자는 이후의 과정에 신경 쓸 필요가 없으며, 기업은 안정적인 수익을 확보할 수 있는 윈윈 전략이 바로 구독경제의 핵심이다. 2011년부터 본격적으로 주목받기 시작한 구독경제는 단순한 트렌드를 넘어 비즈니스 패러다임의 근본적인 변화를 대표한다. 사실 구독 모델의 역사는 생각보다 오래되었다. 신문과 우유 배달 서비스가 초기 형태의 구독 모델이었고, 이후 소프트웨어 산업에서 '서비스로서의 소프트웨어Software as a Service, SaaS' 모델로 진화했다. 마이크로소프트는 2017년 7월 기존의 CD 기반 소프트웨어 판매 방식에서 구독 기반 서비스로 전환했으며, 이는 비즈니스 모델의 중요한 변화를 상징했다. 마이크로소프트뿐 아니라 제너럴일렉트릭, 어도비 등 많은 기업이 구독 모델로 전환하면서 구독경제는 더욱 확산되었다.

구독경제의 세 가지 핵심 원리

구독경제의 성공은 비즈니스 모델의 근본적인 변화와 더불어 몇 가지 핵심 원리에 기반을 두고 있다. 첫째는 '고객생애가치'의 극대화다. 전통적인 일회성 판매 모델에서는 제품 구매 시점에서 고객과의 관계가 종료되는 경우가 많았지만, 구독 모델에서는 고객과의 관계가 지속적으로 유지된다. 이는 기업이 단기적인 판매보다 장기적인 고객 관계 관리에 집중하게 만든다. 구독경제 전문가 티엔 추오Tien Tzuo에 따르면, 구독 모델에서는 '고객획득비용Customer Acquisition Cost, CAC'보다 고객 유지가 더 중요한 지표가 된다. 고객획득비용이 고객생애가치보다 낮을 때 비즈니스는 수익성을 확보할 수 있으며, 고객 유지율이 높을수록 고객생애가치는 증가한다. 넷플릭스의 경우 초기에는 DVD 대여 서비스로 시작했지만, 구독 모델로 전환한 후 고객생애가치를 극대화하는 전략을 통해 2018년에는 130개 나라에서 약 1억 3000만 명의 구독자를 보유하게 되었다. 넷플릭스는 고객의 시청 패턴과 선호도를 분석하여 개인화된 콘텐츠 추천 시스템을 개발했고, 이는 고객 유지율 향상에 크게 기여했다.

두 번째 핵심 원리는 예측 가능한 수익 흐름이다. 구독 모델은 기업에 안정적이고 예측 가능한 수익을 제공한다. 《하버드 비즈니스 리뷰》의 연구에 따르면, 2012년에서 2016년 사이 구독 기반 기업들은 전통적인 기업들보다 훨씬 빠른 성장률을 보였다. 일부 기업은 48개월 동

 1부 철학

안 매출이 80배 이상 증가하는 놀라운 성과를 기록하기도 했다. 어도비의 사례는 이러한 성장 잠재력을 잘 보여준다. 어도비는 2012년에 패키지 소프트웨어 판매 방식에서 클라우드 기반 구독 모델로 전환했다. 이후 어도비의 주가는 2012년 10월 24일 23.23달러에서 2013년 9월 5일 42.66달러로 크게 상승했으며, 2016년 5월에는 약 120개 나라에서 3500만 명의 구독자를 확보했다. 구독 모델은 기업의 수익 예측을 용이하게 함으로써 투자자들에게도 매력적인 요소로 작용한다. 맥킨지의 보고서에 따르면, 구독 기업의 투자자들은 안정적인 수익 흐름과 높은 고객 유지율로 인해 더 높은 기업 가치를 부여하는 경향이 있다.

세 번째 핵심 원리는 고객 데이터의 활용이다. 구독 모델은 기업이 고객의 사용 패턴과 선호도에 대한 풍부한 데이터를 수집할 수 있게 해주며, 이 데이터는 제품 개선과 개인화된 서비스 제공에 활용된다. 음악 스트리밍 서비스인 스포티파이는 사용자의 음악 청취 패턴을 분석하여 개인화된 플레이리스트를 제공하고, 이를 통해 사용자경험을 향상시켜 음악 산업의 디지털 전환을 주도했다. 이러한 데이터 기반 접근 방식은 고객 만족도와 유지율을 높이는 데 기여한다. 데이터과학자 DJ 파틸DJ Patil은 구독 모델에서 데이터 분석의 중요성을 강조하며 "고객 행동 데이터는 제품 개발과 마케팅 전략의 핵심 동인이 되어야 한다"라고 말한다. 구독 기업들은 고객 데이터를 활용하여 이탈 가능성이 높은 고객을 식별하고, 선제적으로 대응하는 전략을 구사한다. 예컨대 음악 스트리밍 서비스는 사용자의 활동이 감소하면 맞춤형 추천이나 특별 혜택을 제공하여 이탈을 방지한다.

구독경제의 또 다른 중요한 원리는 지속적인 가치 제공이다. 구독 모델에서는 고객이 지속적으로 가치를 느끼지 못하면 언제든지 구독을 취소할 수 있기 때문에, 기업은 끊임없이 제품과 서비스를 개선해야 한다. 소프트웨어 기업들은 정기적인 업데이트와 새로운 기능 추가를 통해 지속적인 가치를 제공한다. 마이크로소프트는 2017년 7월 구독 기반 서비스로 전환한 뒤 사용자들에게 항상 최신 버전의 소프트웨어를 제공할 수 있게 되었다. 크리스텐슨은 "지속적인 혁신은 구독 비즈니스의 생존을 위한 필수 요소"라고 강조한다.

구독경제는 다양한 산업에 걸쳐 비즈니스 모델의 혁신을 가져왔으며, 전통적인 제품 판매 기업들도 구독 모델을 도입하여 새로운 수익을 창출하고 있다. 구독 모델은 크게 세 가지 유형으로 분류할 수 있는데, 첫째는 정액제 모델로 넷플릭스나 스포티파이와 같이 고정된 월 요금으로 무제한 접근을 제공하는 방식이다. 둘째는 사용량 기반 모델로 클라우드 컴퓨팅 서비스와 같이 사용한 만큼 지불하는 방식이다. 셋째는 하이브리드 모델로 기본 서비스는 무료로 제공하고 프리미엄 기능은 유료로 제공하는 전략이다. 기업들은 이러한 모델을 통해 고객과의 관계를 강화하고 장기적인 성장을 도모하며, 특히 기술 기업들은 구독 모델을 통해 지속적인 혁신과 개선을 추구할 수 있게 되었다.

구독경제의 핵심은 고객과의 지속적인 관계 구축이다. 전통적인 판매 모델과 달리 구독 모델에서는 고객과의 관계가 오래 지속된다. 이는 기업에 고객의 니즈를 더 깊이 이해하고 맞춤형 서비스를 제공할 수 있는 기회를 제공하며, 이 때문에 구독 모델에서는 고객 유지율이 핵심 지표가 된다. 새 고객을 획득하는 비용보다 기존 고객을 유지하는 비용이 훨씬 낮기 때문에, 기업은 후자에 더 많은 노력을 기울이게 된다. 이는 고객 서비스의 질을 높이고 제품과 서비스를 지속적으로 개선하는 동기로 작용한다. 또한 구독 모델은 고객 피드백 루프를 강화함으로써, 기업이 고객의 사용 패턴과 피드백을 실시간으로 수집하여 제품과 서비스를 개선할 수 있게 한다.

MZ세대 맞춤형 비즈니스 전략

구독경제는 앞으로도 계속 성장하고 진화할 것으로 예상된다. 특히 AI와 빅데이터 기술의 발전은 구독 서비스의 개인화와 효율성을 더욱 향상시킬 것이다. 예컨대 AI 기반 추천 시스템은 고객의 선호도를 더 정확히 예측하여 맞춤형 서비스를 제공할 수 있다. 구독 모델은 더 많은 산업으로 확산될 것으로 예상되는데, 자동차, 의료, 교육 등 전통적으로 구독 모델이 적용되지 않았던 분야에서도 구독 기반 서비스가 등장하고 있다. 자동차 산업에서는 차량 구독 서비스가 소유의 개념을 변화시키고 있으며, 의료 분야에서는 구독 기반 원격의료 서비스가 확대되고 있다.

구독경제는 J. B. 우드J. B. Wood의 《서비스형 기술 플레이북: 수익성 있는 구독 비즈니스를 성장시키는 방법Technology as a Service Playbook: How to Grow a Profitable Subscription Business》에서 언급된 '물고기 모델'을 통해 설명될 수 있다. 이 모델은 구독 비즈니스의 성공 요소를 체계적으로 분석하고, 기업이 구독 모델로 전환하거나 구독 비즈니스를 성장시키기 위한 전략을 제시한다. 구독경제는 21세기 비즈니스의 핵심 트렌드로 자리 잡았으며, 1800년에서 1849년 사이에는 12개에 불과했던 구독 기반 비즈니스가 1950년에서 1998년 사이에는 55개로 증가했다. 이러한 성장은 디지털 기술의 발전과 소비자 행동의 변화에 기인하며, 구독 모델은 소비자에게 편리함과 유연성을, 기업에는 안정적인 수익과 고객 관계를 제공한다.

구독경제는 기업의 비즈니스 모델뿐 아니라 소비자의 소비 패턴과 라이프스타일에도 큰 영향을 미치고 있다. 소비자들의 가치관은 소유보다는 접근과 경험을 중시하는 방향으로 변화하고 있으며, 이는 밀레니얼 세대와 Z세대를 중심으로 더욱 두드러진다. 이들은 물건을 소유하는 것보다 필요할 때 접근할 수 있는 서비스를 선호하며, 이러한 소비 패턴의 변화는 구독경제의 성장을 가속화하고 있다. 또한 구독 모델은 지속가능성 측면에서도 주목받고 있는데, 공유경제와 함께 자원의 효율적 사용을 촉진하고 환경 부담을 줄이는 데 기여할 수 있다.

———

구독경제의 미래는 기술 발전과 소비자 행동의 변화에 따라 계속해서 진화할 것이며, 기업들은 이러한 변화에 적응하고 혁신적인 구독 모델을 개발하여 경쟁력을 유지해야 한다. 특히, 데이터 분석과 AI 기술을 활용한 개인화된 서비스 제공, 다양한 구독 옵션과 유연한 가격 정책, 그리고 지속적인 가치 제공을 통한 고객 유지가 중요한 성공 요소가 될 것이다. 저커버그의 "설정하고 잊어버려라"라는 말처럼, 구독경제는 소비자에게는 편리함을, 기업에는 안정적인 수익을 제공하는 윈윈 모델로서 앞으로도 비즈니스 세계에서 중요한 위치를 차지할 것이다.

하지만 극복해야 할 문제도 있다. 첫째, 구독 피로다. 소비자들이 너무 많은 구독 서비스에 가입하면서 발생하는 피로감은 구독 취소로 이어질 수 있다. 둘째, 이탈 고객의 관리다. 구독 모델에서는 고객이 언제

든지 서비스를 취소할 수 있기 때문에, 고객 이탈률을 관리하는 것이 중요하다. 셋째, 가격 전략의 최적화다. 구독 가격이 너무 높으면 고객 획득이 어려워지고, 너무 낮으면 수익성이 떨어진다. 마지막으로, 지속적인 혁신의 필요성이다. 구독 모델은 지속적인 가치 제공을 전제로 하기 때문에 기업은 끊임없이 혁신하고 제품과 서비스를 개선해야 한다.

014 유통보다 관계가 중요하다

D2C 모델

기업과 소비자가 직접 만나는 D2C 모델은 2010년대부터 급속도로 성장한 혁신적인 유통 방식으로, 중간 유통 단계를 생략하고 기업이 소비자에게 직접 제품을 판매하는 방식이다. 이 모델은 단순히 유통 채널의 변화만을 의미하는 것이 아니라 브랜드와 소비자 간의 직접적인 관계 구축을 통해 새로운 가치를 창출하는 비즈니스 패러다임의 전환을 의미한다. D2C 모델은 다양한 형태로 발전해왔으며, 이에 따라 여러 유형의 D2C 기업들이 시장에 등장하게 되었다.

D2C의 세 가지 유형

D2C 모델은 크게 세 가지 유형으로 구분할 수 있다. 첫째 유형은 순수 D2C로, 처음부터 중간 유통 단계 없이 소비자에게 직접 판매하는 모델로 시작한 기업들이다. 달러셰이브클럽, 와비파커Warby Parker, 캐스퍼Casper, 허블Hubble 등이 이 유형에 속한다. 이들 기업은 기존 시장의

비효율성이나 소비자 불만을 해결하기 위해 새로운 비즈니스 모델을 도입했으며, 디지털 마케팅과 직접 배송을 통해 빠르게 성장했다.

그중 가장 큰 성공 사례인 달러셰이브클럽은 2011년 설립된 면도기 구독 서비스 기업이다. 기존 면도기 시장의 높은 가격과 불편한 구매 경험에 문제의식을 느낀 달러셰이브클럽은 저렴하고 품질 좋은 면도기를 정기적으로 배송하는 서비스를 시작했다. 그들은 2012년 "우리 면도기는 기가 막히게 좋아_{Our Blades are Fucking Great}"라는 유머러스한 캐치프레이즈가 담긴 바이럴 영상으로 큰 화제를 모았으며, 이를 통해 빠르게 고객을 확보했다. 이 기업은 중간 유통 단계를 생략하고 소비자에게 직접 판매함으로써 비용을 절감, 이를 통해 경쟁력 있는 가격을 제공할 수 있었다. 또한 구독 모델을 통해 안정적인 수익 흐름을 확보하고, 고객 데이터를 수집하여 제품과 서비스를 개선했다. 달러셰이브클럽은 2016년 유니레버에 10억 달러에 인수되었는데, 이는 D2C 모델의 가치와 잠재력을 입증한 사례로 평가받고 있다.

이러한 순수 D2C 브랜드들은 제품 개발부터 마케팅, 판매, 배송, 고객 서비스까지 모든 과정을 직접 관리하며, 소비자와의 직접적인 관계를 통해 데이터를 수집하고 제품을 개선한다. 이들은 중간 유통 단계를 생략함으로써 비용을 절감하고, 이를 통해 경쟁력 있는 가격과 높은 품질의 제품을 제공한다.

둘째 유형은 플랫폼형 D2C로, 기존의 전통적인 기업이 디지털 플랫폼을 구축하여 소비자에게 직접 판매하는 모델이다. 나이키, 애플, 레고 등이 이 유형에 속한다. 이들 기업은 기존의 유통 채널을 유지하면서도 자체 온라인 플랫폼과 직영 매장을 통해 소비자와 직접 소통하고 판매하는 전략을 취한다. 나이키는 2017년 '소비자 직접 공략_{Consumer}

Direct Offense' 전략을 발표하며 D2C 채널 강화에 나섰고, '나이키' 앱, '나이키 런 클럽' 앱, '나이키 스니커즈Nike SNKRS' 앱 등 다양한 디지털 플랫폼을 통해 소비자와 직접 소통하고 있다. 이러한 플랫폼형 D2C 기업들은 기존의 브랜드 파워와 제품력을 바탕으로 디지털 플랫폼을 통해 사용자경험을 향상시키고 데이터를 수집하여 제품 개발과 마케팅에 활용한다. 이들은 기존의 유통 채널과 직접 판매 채널을 병행하는 옴니 채널Omni Channel 전략을 통해 시장 점유율을 확대하고 있다.

셋째 유형은 하이브리드 D2C로, 온라인과 오프라인을 결합한 형태의 D2C 모델이다. 글로시어Glossier, 올버즈Allbirds, 어웨이Away 등이 이 유형에 속한다. 이들 기업은 온라인에서 시작하여 오프라인 매장으로 확장하거나, 팝업스토어, 쇼룸 등 다양한 형태의 물리적 접점을 통해 소비자와 만나는 전략을 취한다. 글로시어는 뷰티 블로그 '인투더글로스Into The Gloss'에서 시작해 온라인 커뮤니티를 기반으로 화장품 브랜드로 성장했으며, 이후 뉴욕, 로스앤젤레스 등에 플래그십 스토어를 오픈했다. 이러한 하이브리드 D2C 기업들은 온라인의 효율성과 오프라인의 체험적 요소를 결합하여 소비자에게 통합된 브랜드 경험을 제공한다. 이들은 디지털 마케팅을 통해 브랜드 인지도를 높이고, 오프라인 매장에서 제품을 직접 체험할 수 있는 기회도 제공함으로써 소비자의 구매 결정을 돕는다.

스토리텔링의 힘

D2C 모델의 성공 요인은 여러 가지지만, 가장 중요한 것은 소비자와의 직접적인 관계 구축이다. D2C 기업들은 중간 유통 단계를 생략해 소비자와 직접 소통함으로써 그들의 니즈와 선호도를 깊이 이해할

수 있다. 이를 통해 수집된 데이터는 제품 개발, 마케팅, 고객 서비스 등 비즈니스의 모든 측면을 개선하는 데 활용된다. 예컨대 스티치픽스 Stitch Fix는 고객의 스타일 선호도, 체형, 라이프스타일 등에 관한 데이터를 수집하여 개인화된 의류 추천 서비스를 제공한다. 이러한 데이터 기반 접근 방식은 고객 만족도를 높이고 재구매율을 높이는 데 기여한다. 또한 D2C 기업들은 중간 유통 단계에서 발생하는 이윤을 줄임으로써 가격 경쟁력을 확보할 수 있다. 이는 특히 고가의 제품 카테고리에서 큰 장점이 될 수 있다. 와비파커는 디자이너 안경을 95달러라는 경쟁력 있는 가격에 제공함으로써 기존 안경 시장에 혁신을 가져왔다.

D2C 모델은 또한 브랜드 스토리텔링과 커뮤니티 구축에 강점을 가지고 있다. D2C 기업들은 소비자와 직접 소통하기 때문에 브랜드의 가치와 이야기를 소비자에게 효과적으로 전달할 수 있다. 이는 소비자들이 단순히 제품을 구매하는 것이 아니라 브랜드의 가치와 철학에 공감하고 브랜드 커뮤니티의 일원이 되도록 유도한다. 파타고니아는 환경보호와 지속가능성에 대한 강한 메시지를 통해 소비자들과 공감대를 형성하고, 이를 통해 충성도 높은 고객층을 확보했다. 이러한 브랜드 커뮤니티는 입소문 마케팅과 고객 유지에 큰 도움이 된다.

D2C 모델은 다양한 산업 분야로 확산되고 있으며, 산업별로 독특한 적용 사례를 보여준다. 패션 및 의류 산업에서는 올버즈, 에버레인 Everlane, 보노보스Bonobos 등이 D2C 모델을 통해 성공을 거두었다. 이들은 투명한 가격 정책, 지속 가능한 생산 방식, 개인화된 서비스 등으로 소비자들의 호응을 얻었다. 뷰티 및 퍼스널 케어 산업에서는 글로시어, 더오디너리The Ordinary, 빌리Billie 등이 D2C 모델을 도입했다. 이들은 소비자들의 실제 니즈에 기반을 둔 제품 개발과 솔직한 마케팅 전략으

로 기존 뷰티 브랜드와 차별화했다. 식품 및 음료 산업에서는 블루에이프런Blue Apron, 데일리하베스트Daily Harvest, 소일런트Soylent 등이 새로운 식품 경험을 제공하고 있다. 이들은 신선한 재료, 건강한 식단, 편리한 배송 등을 강조하며 바쁜 현대인들의 식생활에 혁신을 가져왔다.

가구 및 홈 인테리어 산업에서는 캐스퍼, 터프트앤드니들Tuft & Needle, 버로Burrow 등이 D2C 모델을 통해 기존 가구 시장에 도전했다. 이들은 온라인 구매의 편리함, 간편한 배송 및 설치, 관대한 반품 정책 등을 통해 소비자들의 가구 구매 경험을 개선했다. 전자제품 산업에서는 애플, 구글, 소노스Sonos 등이 자체 온라인 스토어와 직영 매장을 통해 소비자에게 직접 제품을 판매하고 있다. 이들은 제품의 기술적 우수성뿐 아니라 통합된 생태계와 사용자경험을 강조하며 경쟁력을 유지하고 있다.

D2C 필승 전략

D2C 모델은 여러 가지 장점을 제공하지만, 동시에 다양한 도전 과제도 안고 있다. 첫째, 고객획득비용의 증가다. 디지털 광고에 쏟아붓는 비용이 상승하고 경쟁이 심해지면서 새로운 고객을 유치하는 비용이 계속해서 증가하고 있다. 이는 특히 초기 단계의 D2C 기업들에 큰 부담이 될 수 있다. 둘째, 물류 및 배송의 복잡성이다. D2C 기업들은 제품의 생산부터 배송까지 모든 과정을 관리해야 하는데, 이는 상당한 운영상의 도전을 제기한다. 특히 세계 시장으로 확장할 경우, 국제 물류와 현지 규제 등 추가적인 복잡성이 발생한다. 셋째, 브랜드 인지도 구축의 어려움이다. 기존의 대형 브랜드들에 비해 D2C 기업들은 브랜드 인지도가 낮은 경우가 많다. 이를 극복하려면 마케팅에 많은

투자가 이루어져야 한다.

D2C 모델의 성공을 위해서는 몇 가지 핵심 전략이 필요하다. 첫째, 명확한 브랜드 아이덴티티와 가치 제안이다. D2C 기업은 경쟁이 치열한 시장에서 차별화된 브랜드 아이덴티티와 가치 제안을 통해 소비자의 관심을 끌어야 한다. 글로시어는 '스킨케어 퍼스트, 메이크업 세컨드Skin First, Makeup Second'라는 철학을 바탕으로, 자연스러운 아름다움을 강조하는 브랜드 정체성을 구축했다.

둘째, 데이터 기반의 의사결정이다. D2C 기업은 소비자와의 직접적인 관계를 통해 수집한 데이터를 활용하여 제품 개발, 마케팅, 고객 서비스 등 비즈니스의 모든 측면을 최적화해야 한다. 앞서 보았듯이 스티치픽스는 고객 데이터를 분석하여 개인화된 서비스를 제공한다.

셋째, 옴니 채널 전략의 구현이다. 온라인과 오프라인을 통합한 옴니 채널 전략은 소비자에게 일관된 브랜드 경험을 제공하고, 다양한 접점을 통해 소비자와 만날 수 있는 기회를 확대한다. 와비파커는 온라인 판매로 시작했지만, 이후 오프라인 매장을 확대하여 소비자가 제품을 직접 체험하는 기회를 제공했다.

———

D2C 비즈니스는 단순히 유통 단계를 줄여 가격을 낮추는 형태의 모델이 아니다. 거대한 규모의 생산과 홍보, 유통으로 대표되는 20세기 비즈니스 모델과 달리 소비자가 원하는 것을 직접 제공하는 맞춤형 서비스 모델이라고 할 수 있다. 불특정 다수를 대상으로 일방적으로 생산한 뒤 소비자의 선택을 기다리는 것이 아니라 소수의 다양한 소비자에게 맞춤한 제품과 서비스를 생산해 적극적으로 다가서는 것이다.

매스미디어에서 마이크로미디어로 소통의 패러다임이 바뀌듯이, 비즈니스 세계에도 D2C라는 새로운 패러다임이 등장하고 있다.

015 고객의 니즈가 곧 답이다

고객 행동 파악

　　고객의 행동을 파악하는 것은 기업의 성공과 혁신에서 가장 중요한 과제 중 하나지만, 동시에 가장 어려운 도전이기도 하다. 고객이 무엇을 원하는지, 어떤 결정을 내리는지, 그리고 그 결정의 배후에 있는 진정한 동기가 무엇인지 이해하는 것은 복잡한 퍼즐을 푸는 것과 같다. 스탠퍼드대학교 경영대학원 교수인 이타마르 시몬슨은《절대 가치》에서 전통적인 시장조사나 포커스그룹인터뷰와 같은 방법론의 한계를 지적하며, 이러한 방법들이 실제 고객 행동을 예측하는 데 큰 도움이 되지 않을 수 있다고 주장했다. 이는 데이터과학자 세스 스티븐스 다비도위츠Seth Stephens-Davidowitz가《모두 거짓말을 한다》에서 제시한 관점과도 일맥상통하는데, 사람들은 설문조사나 인터뷰에서 자신의 진짜 생각이나 행동을 솔직하게 말하지 않는 경향이 있다는 것이다. 더불어 테이세이라는《디커플링》에서 자동차 구매와 같은 단일 의사결정 과정도 실제로는 18단계까지 세분화될 수 있다고 설명하며,

고객 행동의 복잡성을 강조했다. 이러한 통찰들은 고객 행동 파악의 어려움을 보여주는 동시에, 왜 이것이 혁신을 위해 필수적인지, 그리고 어떻게 더 효과적으로 접근해야 하는지에 대한 중요한 질문을 제기한다.

넷플릭스는 성공하고 코닥은 실패한 이유

고객 행동 파악이 혁신에 중요한 이유는 무엇보다 진정한 고객 니즈를 발견하는 것이 모든 성공적인 혁신의 출발점이기 때문이다. 경영 컨설턴트 피터 드러커Peter Drucker는 "비즈니스의 목적은 고객을 창출하고 유지하는 것"이라고 말했는데, 이는 고객의 행동과 니즈를 깊이 이해하지 않고는 불가능한 일이다. 애플의 잡스는 "고객은 자신이 원하는 것을 알지 못한다"라고 했지만, 이는 고객 연구가 중요하지 않다는 의미가 아니라, 오히려 표면적인 고객 응답을 넘어 더 깊은 통찰이 필요하다는 것을 의미한다. 실제로 애플은 고객이 명시적으로 요구하지 않은 아이폰, 아이패드와 같은 혁신적인 제품을 출시하여 성공을 거두었는데, 이는 고객의 잠재적 니즈와 행동 패턴에 대한 깊은 이해가 있었기에 가능했다.

고객 행동 파악이 혁신에 중요한 또 다른 이유는 시장의 변화를 감지하고 선제적으로 대응할 수 있게 해주기 때문이다. 코닥은 일찍이 디지털카메라 기술을 개발했는데도 사진 촬영 및 저장과 관련한 고객의 행동 변화를 제대로 이해하지 못해 결국 시장에서 도태되었다. 반면 넷플릭스는 DVD 대여에서 스트리밍 서비스로의 전환을 통해 고객의 콘텐츠 소비 행동 변화에 성공적으로 대응했다. 이처럼 고객 행동의 변화와 그 추이를 파악하는 것은 기업이 혁신적인 제품과 서비스를 개

1부 철학

발하고, 비즈니스 모델을 안착시키는 데 필수적이다.

또한 고객 행동 파악은 차별화된 가치 제안을 개발하는 데 중요한 역할을 한다. 경쟁이 치열한 시장에서 기업이 성공하기 위해서는 단순히 좋은 제품을 만드는 것을 넘어, 고객에게 독특하고 의미 있는 가치를 제공해야 한다. 이를 위해서는 고객이 무엇을 가치 있게 여기는지, 어떤 요소가 구매 결정에 영향을 미치는지 깊이 이해해야 한다. 테슬라는 전기차의 환경적 이점뿐 아니라, 고성능, 첨단 기술, 그리고 스타일리시한 디자인을 통해 고객에게 다차원적인 가치를 제공함으로써 전통적인 자동차 제조 업체들과 차별화에 성공했다.

고객에게 접근하는 일곱 가지 방법

고객 행동 파악의 중요성을 인식한 후에는 이를 어떻게 효과적으로 수행할 수 있는지가 관건이다. 전통적인 시장조사 방법의 한계를 극복하기 위해 다양한 접근법이 제시되고 있는데, 첫째는 실제 행동 데이터에 집중하는 것이다. 다비도위츠는 사람들이 말하는 것보다 실제로 하는 행동, 특히 온라인 검색 데이터가 더 정확한 통찰을 제공할 수 있다고 주장한다. 구글 트렌드, 소셜미디어 분석, 웹사이트 트래픽 데이터 등은 고객의 실제 관심사와 행동 패턴을 이해하는 데 유용한 정보를 제공한다. 아마존은 고객의 검색, 브라우징, 구매 데이터를 분석하여 개인화된 추천 시스템을 개발했으며, 이를 기반으로 한 교차 판매 및 상향 판매가 전체 매출의 35퍼센트를 차지할 정도로 성공을 거두었다.

둘째는 민족지학적 연구와 같은 질적 방법론을 활용하는 것이다. 이는 자연스러운 환경에서 고객의 행동을 관찰하고 이해하는 방식으로, 설문조사나 인터뷰에서 얻기 어려운 통찰을 얻을 수 있다. 인텔은 '인텔 인사이드_{Intel Inside}' 캠페인을 고안하기 전에 민족지학적 연구를 통해 소비자들이 컴퓨터 구매 시 프로세서의 중요성을 인식하지 못한다는 사실을 발견했다. 이러한 통찰을 바탕으로 인텔은 소비자 교육에 초점을 맞춘 마케팅 전략을 개발하여 큰 성공을 거두었다.

셋째는 행동경제학과 심리학의 원리를 활용하는 접근법이다. 대니얼 카너먼_{Daniel Kahneman}과 아모스 트버스키_{Amos Tversky}의 연구에 따르면, 인간의 의사결정은 종종 비합리적이며 다양한 인지적 편향에 영향받는다. 이러한 원리를 이해하면 고객 행동을 더 정확하게 예측하고 영향을 미칠 수 있다.

넷째는 '고객여정매핑_{Customer Journey Mapping}'을 통해 고객경험의 전체 과정을 이해하는 것이다. 이로써 기업은 고객과의 중요한 접점을 식별하고, 고객경험을 개선할 기회를 발견할 수 있다. 스타벅스는 고객여정매핑을 통해 '서드플레이스_{Third Place}' 전략을 개발했는데, 이는 단순한 커피 판매를 넘어 고객에게 집과 직장 외에 제3의 편안한 공간을 제공하는 것을 목표로 한다.

다섯째는 실험과 프로토타이핑을 통해 고객 반응을 직접 테스트하는 것이다. 이는 고객이 말하는 것과 실제로 행동하는 것 사이의 간극을 줄이고, 실제 시장 상황에서 제품의 가치를 검증할 수 있는 방법이다. 드롭박스는 실제 제품을 개발하기 전에 간단한 비디오 데모를 통해 고객의 관심을 측정했으며, 이를 통해 제품 개발의 방향성을 확인할 수 있었다.

여섯째는 빅데이터와 AI를 활용하여 고객 행동 패턴을 분석하는 것이다. 대규모 데이터세트와 고급 분석 기술을 통해 기업은 고객 행동의 미묘한 패턴과 트렌드를 발견할 수 있다. 스포티파이는 사용자의 음악 청취 데이터를 분석하여 개인화된 플레이리스트를 제공하는 '디스커버 위클리Discover Weekly' 서비스를 개발했으며, 이는 사용자 만족도와 참여도를 크게 향상시켰다.

마지막으로, '공동창조Co-Creation'를 통해 고객을 혁신 과정에 직접 참여시키는 것도 효과적인 방법이다. 이는 고객이 단순한 소비자가 아닌 적극적인 참여자로서 제품이나 서비스의 개발에 기여하도록 하는 것이다. 레고는 '레고 아이디어LEGO Ideas' 플랫폼을 통해 팬들이 새로운 레고 세트를 제안하고 투표할 수 있게 함으로써, 고객의 창의성을 활용하고 시장의 니즈를 직접적으로 반영할 수 있었다.

고객을 이해하기 위한 끊임없는 노력

고객 행동 파악을 위해선 이러한 다양한 접근법을 효과적으로 조합하여 사용하는 것이 중요하며, 각 기업의 상황과 목표에 맞게 맞춤화된 전략을 개발해야 한다. 또한 고객 행동 파악은 일회성 활동이 아닌 지속적인 과정으로 접근해야 한다. 시장과 고객의 니즈는 계속해서 변화하기 때문에, 기업은 이러한 변화를 감지하고 적응할 수 있는 시스템을 구축해야 한다.

고객 행동 파악의 중요성을 인식하고 효과적인 접근법을 적용한 기업들은 혁신을 통해 큰 성공을 거두었다. 에어비앤비는 여행객들이 호텔보다 현지인처럼 여행지를 경험하고 싶어 한다는 니즈를 파악하여 숙소 공유 플랫폼을 개발했다. 우버는 택시 서비스의 불편함과 비효율성을 피하고자 하는 고객 니즈를 파악하여 모바일 앱 기반의 차량 공유 서비스를 개발했다. 이러한 사례들은 고객 행동에 대한 깊은 이해가 혁신적인 비즈니스 모델과 서비스를 개발하는 데 어떻게 기여할 수 있는지 보여준다.

그러나 고객 행동 파악에는 여전히 많은 도전 과제가 존재한다. 첫째, 고객은 종종 자신의 행동과 선호도를 명확하게 표현하지 못하거나, 실제 행동과 다르게 응답할 수 있다. 둘째, 고객 행동은 다양한 요인의 영향을 받기 때문에 단일 방법론으로는 완전히 이해하기 어렵다. 셋째, 시장과 기술의 빠른 변화로 고객 행동도 계속 진화하고 있어 과거의 데이터와 통찰이 미래 행동을 예측하는 데 제한적일 수 있다.

이러한 도전 과제를 극복하기 위해서는 다양한 방법론을 통합적으로 활용하고, 지속적인 학습과 적응의 문화를 조성하는 것이 중요하다. 또한 고객 행동을 파악하기 위한 노력은 기업의 모든 부서와 레벨에서 이루어져야 하며, 기업은 이를 위한 적절한 자원과 역량을 확보해야 한다.

고객 행동 파악을 위한 기술과 방법론은 계속해서 발전하고 있다. AI와 머신러닝 기술이 발전함에 따라 기업은 대규모 데이터세트에서 의미 있는 패턴과 통찰을 발견할 수 있게 되었다. 감정 분석, 자연어 처리, 컴퓨터 비전과 같은 기술은 고객의 감정, 선호도, 행동을 더 정확하게 이해하는 데 도움을 준다. 또한 증강현실Augmented Reality, AR과 가상현실Virtual Reality, VR 기술은 고객이 제품을 경험하는 새로운 방식을 제공하며, 이는 고객 행동 연구에 새로운 차원을 더한다.

최근에는 지속가능성과 사회적 책임에 대한 관심도 고객 행동에 영향을 미치는 중요한 요소로 부상하고 있다. 특히 밀레니얼 세대와 Z세대 소비자들은 환경보호, 사회적 정의, 윤리적 비즈니스 관행 등 윤리적·사회적 가치를 중시하며, 이러한 가치를 반영하는 브랜드와 제품을 선호하는 경향이 있다. 따라서 기업은 고객의 소비 행동만이 아니라 가치의 변화까지도 파악해야 한다.

016 기업 운영 방식도 혁신 대상이다

비즈니스 모델 혁신

많은 경영자가 비즈니스 모델 혁신을 진정한 혁신으로 인정하지 않는 경향이 있는데, 이들은 획기적인 기술 발전이나 제품 개발과 같은 대단한 전략적 변화만이 혁신이라고 생각한다. 그러나 현대 비즈니스 환경에서 나타나는 추세를 자세히 살펴보면, 비즈니스 모델 혁신이야말로 기업의 지속 가능한 성장과 경쟁력 확보를 위한 진정한 혁신의 핵심일 수 있다. 비즈니스 모델 혁신은 기업이 가치를 창출하고 전달하고 포착하는 방식을 근본적으로 변화시키는 과정으로, 제품이나 서비스의 개선을 넘어 기업의 운영 방식 자체를 재정의하는 것이다. 이는 기업의 핵심 구성요소나 이들을 연결하는 아키텍처가 구조적이고 참신하며 중대한 방식으로 변화되는 것을 의미한다. 크리스텐슨은 "비즈니스 모델 혁신은 기존 시장을 재정의하고 새로운 시장을 창출하는 가장 강력한 도구"라고 강조한 바 있으며, 이는 많은 사례를 통해 증명되고 있다.

산업 전체를 재편한 에어비앤비

비즈니스 모델 혁신의 중요성은 여러 성공 사례를 통해 명확히 드러난다. 넷플릭스는 기존의 DVD 대여 서비스에서 스트리밍 기반의 구독 모델로 전환함으로써 엔터테인먼트 산업에 혁명을 일으켰다. 이 회사는 단순히 기술적 혁신을 추구한 것이 아니라 고객에게 가치를 전달하는 방식 자체를 근본적으로 변화시켰으며, 이를 통해 2007년 이후 급속한 성장을 이루었다. 우버는 모바일 앱을 통해 승객과 운전자를 직접 연결하는 P2P 차량 공유 플랫폼을 도입하여 교통 서비스 산업의 패러다임을 완전히 바꾸었다. 에어비앤비는 숙박 산업에서 유사한 혁신을 이루어냈으며, 개인이 자신의 공간을 여행객에게 단기 임대할 수 있는 플랫폼을 제공함으로써 전통적인 호텔 산업에 도전장을 내밀었다. 이러한 사례들은 비즈니스 모델 혁신이 비즈니스의 점진적 개선이 아닌, 산업 전체를 재편할 수 있는 파괴적 힘을 가진 변화임을 보여준다.

비즈니스 모델 혁신은 크게 네 가지 유형으로 구분할 수 있다. 첫째, 산업 모델 혁신이다. 이는 새로운 산업으로의 수평적 이동을 통해 달성된다. 애플이 음악 플레이어 제조업에서 음악 유통 산업으로 진출한 사례가 대표적이다. 둘째, 기업 모델 혁신이다. 기업의 구조와 가치사슬에서의 역할을 재정의하는 것이다. 델이 직접 판매 모델을 도입하여 컴퓨터 산업의 유통 구조를 변화시킨 사례가 이에 해당한다. 셋째, 수익 모델 혁신이다. 제품 재구성이나 새로운 가격 모델을 통해 수익을 창출하는 방식이다. 질레트의 '면도기는 싸게, 면도날은 비싸게' 전략이 이러한 혁신의 예다. 넷째, 네트워크 모델 혁신이다. 외부 협업 및 파트너십을 통해 가치를 창출하는 방식이다. 이 중 네트워크 모델 혁신이 가장 일반적인 형태로, 디지털 기술의 발전과 함께 더욱 중요해지고 있다.

변화는 위협이 아니라 기회다

비즈니스 모델 혁신이 중요해지는 배경에는 현대 비즈니스 환경의 급격한 변화가 있다. 디지털 기술의 발전, 글로벌화, 소비자 행동의 변화 등은 기업들에 새로운 도전과 기회를 동시에 제공하고 있다. 특히 AI, 빅데이터, 블록체인과 같은 신기술의 등장은 기존 비즈니스 모델의 한계를 넘어서는 혁신적인 접근 방식을 가능하게 하고 있다. 드러커는 "변화를 위협으로 보는 것이 아니라 기회로 보는 것이 중요하다"라고 강조했는데, 이는 비즈니스 모델 혁신을 통해 변화에 적극적으로 대응하는 기업들에 특히 의미 있는 메시지다. 소비자들 또한 비즈니스 모델에 대한 기대치가 높아지고 있으며, 단순한 제품이나 서비스를 넘어 통합된 경험과 솔루션을 원하고 있다. 이러한 변화는 기업들이 비즈니스 모델을 재고하고 혁신할 필요성을 더욱 증가시키고 있다.

비즈니스 모델 혁신은 단순한 제품이나 서비스의 혁신과는 달리, 기업의 가치 제안, 가치 창출, 가치 포착 방식을 총체적으로 변화시키는 것이다. 가치 제안은 고객에게 어떤 가치를 제공할 것인지를 결정하는 것으로, 고객의 니즈와 문제점을 깊이 이해하는 것에서 시작된다. 가치 창출은 그 가치를 어떻게 만들어낼 것인지를 결정하는 것으로, 기업의 핵심 역량, 자원, 프로세스 등과 관련된다. 가치 포착은 그 가치로부터 어떻게 수익을 얻을 것인지를 결정하는 것으로, 수익 모델, 가격 전략, 비용 구조 등과 관련된다. 이 세 가지 요소가 조화롭게 어우러질 때 진정한 비즈니스 모델 혁신이 이루어질 수 있다. 경영 전문가 알렉산더 오스터왈더_{Alexander Osterwalder}와 이브 피그누어_{Yves Pigneur}는 '비즈니스 모델 캔버스'를 통해 이러한 요소들을 체계적으로 분석하고 설계하는 방법을 제시했으며, 이는 많은 기업이 비즈니스 모델 혁신을 추진하는 데 유용한 도구로 활용되고 있다.

어떤 기업이 비즈니스 모델을 혁신하는가

비즈니스 모델 혁신은 기업에 여러 이점을 제공한다. 첫째, 경쟁 우위 확보다. 남들과 다른 방식으로 비즈니스를 운영함으로써 시장에서 차별화된 위치를 점할 수 있다. 애플은 하드웨어, 소프트웨어, 서비스를 통합한 생태계 모델을 통해 강력한 경쟁 우위를 확보했는데, 이는 단순한 제품 혁신을 넘어선 비즈니스 모델 혁신의 결과다. 둘째, 새로운 수익원 창출이다. 기존과 다른 방식으로 수익을 창출함으로써 기업의 재무적 성과를 향상시킬 수 있다. 아마존은 전자상거래를 넘어 아마존웹서비스를 통해 클라우드 컴퓨팅 서비스를 제공함으로써 새로운 수익원을 확보했으며, 이는 현재 아마존의 주요 수익원 중 하나가 되었다. 셋째, 지속 가능한 성장이다. 시장 변화에 유연하게 대응할 수 있는 비즈니스 모델을 구축함으로써 장기적인 성장을 도모할 수 있다. 마이크로소프트는 패키지 소프트웨어 판매 모델에서 클라우드 기반 구독 모델로 전환함으로써 지속 가능한 성장을 이루어냈다. 넷째, 고객 만족도 향상이다. 고객의 니즈를 더 잘 충족시키는 비즈니스 모델을 통해 고객 만족도와 충성도를 높일 수 있다. 넷플릭스는 고객이 원하는 콘텐츠를 언제 어디서나 볼 수 있는 모델을 제공함으로써 고객 만족도를 크게 향상시켰다.

비즈니스 모델 혁신을 추진하는 과정에서 기업들은 여러 도전 과제에 직면한다. 첫째, 조직 내의 저항이다. 기존의 비즈니스 모델에 익숙한 직원들은 변화에 저항할 수 있는데, 이는 혁신을 방해하는 요소가 될 수 있다. 이를 극복하기 위해서는 명확한 비전과 목표를 제시하고, 직원들의 참여와 공감을 이끌어내는 것이 중요하다. 둘째, 자원 배분의 문제다. 기존 비즈니스 모델과 새로운 비즈니스 모델 사이에서 자원을 어떻게 배분할 것인지는 쉽게 결정할 수 없는 문제다. 이를 위해서는 단계적 접근 방식과 명확한 우선순위 설정이 필요하다. 셋째, 실행의 어려움이다. 비즈니스 모델 혁신은 개념적으로는 이해하기 쉽지만, 실제로 이를 구현하는 것은 복잡하고 어려운 과정이다. 이를 위해서는 체계적인 접근 방식과 지속적인 학습 및 조정이 필요하다. 넷째, 시장 불확실성이다. 새로운 비즈니스 모델이 시장에서 어떻게 받아들여질지는 예측하기 어려운데, 이는 리스크 요소가 된다. 이를 관리하기 위해서는 작은 규모의 실험과 빠른 피드백 루프를 통한 학습이 중요하다.

———

비즈니스 모델 혁신은 단순히 새로운 아이디어를 도입하는 것이 아니라, 고객에게 더 나은 가치를 제공하고 기업의 수익성을 높이는 전략적인 변화를 의미한다. 이는 기업의 모든 측면에 영향을 미치는 총체적인 변화로, 단순한 제품 혁신이나 프로세스 개선보다 더 큰 영향력을 가질 수 있다. 경영 전문가 마크 존슨Mark Johnson은 "진정한 혁신은 고객의 삶을 변화시키는 것"이라고 강조했는데, 이는 비즈니스 모델 혁신의 본질을 잘 설명한다. 비즈니스 모델 혁신을 통해 기업은 고객에게 새로운 가치를 제공하고, 시장에서 차별화된 위치를 확보하며, 지속 가능한 성장을 이룰 수 있다.

비즈니스 모델 혁신은 미래 비즈니스 환경에서 더욱 중요해질 것으로 예상된다. 디지털 전환, AI, 자동화 등의 기술 발전은 기존 비즈니스 모델의 한계를 넘어서는 새로운 가능성을 열어주고 있다. 또한 지속가능성, 사회적 책임, 포용성 등의 가치가 중요해지면서, 이를 반영한 비즈니스 모델 혁신의 필요성도 증가하고 있다. 경영 전문가 게리 하멜Gary Hamel은 "미래의 경쟁은 비즈니스 모델 간의 경쟁이 될 것"이라고 예측하면서 비즈니스 모델 혁신의 중요성을 강조했다. 기업들은 이러한 변화에 적극적으로 대응하고, 비즈니스 모델 혁신을 통해 새로운 기회를 창출하며 경쟁력을 강화해나가야 할 것이다. 그리고 이러한 과정에서 비즈니스 모델 혁신이야말로 진정한 혁신이라는 인식이 더욱 확산될 것이다.

017 최적의 의사소통이 최고의 의사결정을 낳는다

3D 의사결정 패턴

3D 의사결정 패턴은 토론하고Debate, 논의하고Discuss, 결정하는Decide 세 단계를 통해 조직의 집단지성을 극대화하는 방법론으로, 현대 조직에서 복잡한 문제를 해결하고 효과적인 의사결정을 내리는 데 활용되고 있다. 이 방법론은 단순히 의견을 모으는 것을 넘어 구조화된 프로세스를 통해 다양한 관점을 충돌시키고, 깊이 있는 논의를 거쳐, 최종적으로 명확한 결정에 도달할 수 있도록 돕는다. 70퍼센트의 기업이 3D 의사결정 패턴을 통해 65퍼센트의 의사결정 개선 효과를 보았다고 보고했는데, 이는 이 방법론이 단순한 합의 도출이나 위계적 결정보다 훨씬 효과적이라는 사실을 보여준다. 복잡한 비즈니스 환경과 빠르게 변화하는 시장 상황에서 3D 의사결정 패턴은 조직이 더 민첩하고 혁신적인 결정을 내릴 수 있게 해주는 핵심 도구로 자리 잡고 있다.

토론, 논의, 결정의 3단계

3D 의사결정 패턴의 첫 번째 단계인 '토론'은 다양한 관점과 아이디어가 충돌하는 단계로, 이 과정에서 팀원들은 자유롭게 의견을 제시하고 서로의 생각에 도전한다. 토론 단계에서는 사실과 데이터를 바탕으로 한 논의가 중요하며, 단순한 직감이나 일화적 증거를 넘어서는 근거 있는 주장이 필요하다. 맥케슨McKesson의 CEO 브라이언 타일러Brian Tyler는 도전하고 의견을 공유하며 개선점을 제안하거나 우려를 제기할 수 있는 개인들로 팀을 구성하는 것을 목표로 한다고 밝혔다. 이러한 열린 토론 문화는 처음에는 불편할 수 있지만 시간이 지남에 따라 사려 깊은 결정을 내리는 정상적인 과정의 일부가 된다.

두 번째 단계인 '논의'는 토론에서 제기된 다양한 관점을 더 깊이 탐색하고 통합하는 과정이다. 이 단계에서는 특정한 분야의 전문가들과 소규모 그룹 논의를 통해 문제의 세부사항과 제약 조건을 명확히 하고 새로운 아이디어를 생성한다. 논의 단계에서는 가능한 것에 대해 생각하며, 이후에는 논의 내용을 요약하여 모든 참여자가 동일하게 이해하고 있는지 확인한다. 허브스팟HubSpot 같은 기업에서는 이러한 논의 과정을 통해 트레이드오프를 표면화하고, 단순히 옵션을 제시하는 것을 넘어 실질적인 대안을 모색한다.

세 번째 단계인 '결정'은 토론과 논의를 통해 얻은 통찰을 바탕으로 최종 결정을 내리는 단계다. 허브스팟에서는 모든 사람에게 목소리를 낼 기회를 주지만 투표권을 주지는 않는다. 대신 미리 지정된 한 사람이 결정을 내리는데, 이 사람은 반드시 직위가 가장 높은 사람이 아니라 해당 문제에 가까이 있고 맥락과 역량을 모두 갖춘 사람이다. 결정 단계에서는 협업을 추구하되 합의를 강요하지 않으며, 결국 의견 차이가 있을 수 있다는 것을 받아들인다. 아마존의 리더십 원칙 중 하나인 '의견을 내고 헌신하라Disagree and Commit'는 이러한 결정 단계의 중요성을 잘 보여준다.

3D 의사결정 패턴의 성공적인 구현을 위해서는 몇 가지 핵심 요소가 필요하다. 첫째, 심리적 안전감이 보장되어야 한다. 팀원들이 자신의 의견을 자유롭게 표현하고 다른 사람의 아이디어에 도전할 수 있는 환경이 조성되어야 효과적인 토론이 가능하다. 구글은 '프로젝트 아리스토텔레스Project Aristotle'를 통해 심리적 안전감이 고성과 팀의 가장 중요한 특성임을 발견했다. 둘째, 명확한 역할과 책임이 정의되어야 한다. 누가 최종 결정권을 가지는지, 각 참여자의 역할은 무엇인지가 명확해야 프로세스가 원활하게 진행될 수 있다. 셋째, 데이터 기반의 접근이 필요하다. 주관적인 의견보다는 객관적인 데이터와 증거를 바탕으로 한 논의가 이루어져야 한다. 넷째, 시간 제약을 설정해야 한다. 무한정 토론이 이어지면 결정이 지연되고 기회를 놓칠 수 있으므로, 적절한 시간 제약을 두고 프로세스를 진행해야 한다.

혁신과 팀워크

3D 의사결정 패턴은 다양한 기업에서 성공적으로 적용되고 있다. 800개 이상의 회의를 분석한 어느 연구에 따르면, 이 방법론을 적용한 팀은 그러지 않은 팀보다 더 나은 결정을 내리고 더 높은 실행력을 보였다. 특히 이 패턴은 복잡한 문제를 해결하고 혁신적인 솔루션을 개발하는 데 효과적이다. 예컨대 넷플릭스는 '정보에 입각한 자율성Informed Captains'이라는, 3D 의사결정 패턴과 유사한 접근법을 채택하고 있다. 넷플릭스에서는 관련 정보를 가진 모든 사람들과 상담하고

Discuss, 다양한 관점을 고려하며Debate, 최종적으로 선장Captain이 결정을 내린다Decide. 이러한 접근법은 넷플릭스가 빠르게 변화하는 스트리밍 시장에서 혁신적인 콘텐츠와 서비스를 개발하는 데 기여했다.

구글은 '아이디어 미팅Ideation Meetings'이라는 형태로 3D 의사결정 패턴을 활용한다. 미팅에서는 먼저 다양한 아이디어를 자유롭게 제시하고Debate, 이후 각 아이디어의 장단점을 깊이 논의하며Discuss, 마지막으로 어떤 아이디어를 추진할지 결정한다Decide. 이러한 접근법은 구글이 지메일, 구글맵스 등 혁신적인 제품을 개발하는 데 중요한 역할을 했다. 아마존은 '식스페이저6-Pager' 문화를 통해 3D 의사결정을 지원한다. 중요한 결정을 내리기 전에 제안자는 상세한 여섯 페이지의 문서를 작성하고, 회의 참석자들은 회의 시작 시 30분 동안 이 문서를 읽는다. 이후 문서에 대한 질문과 토론이 이어지고, 다양한 관점에서 제안을 검토한 후, 최종 결정이 내려진다. 이러한 접근법은 아마존이 아마존웹서비스, 아마존프라임 등 혁신적인 서비스를 출시하는 데 기여했다.

3D 의사결정 패턴은 특히 혁신을 추구하는 조직에 큰 가치를 제공한다. 혁신은 본질적으로 불확실성과 리스크를 수반하기 때문에, 다양한 관점과 철저한 검증을 거친 결정이 필요하다. 3D 의사결정 패턴은 이러한 요구에 맞는 구조화된 프로세스를 제공한다. 첫째, 다양한 아이디어와 관점을 촉진한다. 토론 단계에서는 팀원들이 자유롭게 아이디어를 제시하고 기존 가정에 도전할 수 있어 혁신적 사고가 촉진된다. 둘째, 아이디어의 철저한 검증을 가능하게 한다. 논의 단계에서는 제안된 아이디어의 장단점, 실현 가능성, 잠재적 영향 등을 깊이 있게 분석할 수 있다. 셋째, 명확한 방향성과 책임을 제공한다. 결정 단계에서는 어떤 아이디어를 추진할지, 누가 책임질지 명확해져 실행력이 향상된다.

3D 의사결정 패턴은 팀의 참여와 헌신을 높이는 데도 기여한다. 연구에 따르면, 의사결정 과정에 참여한 팀원들은 그 결정에 더 높은 주인의식과 헌신을 보인다. 3D 의사결정 패턴은 모든 팀원에게 의견을 제시하고 논의에 참여할 기회를 제공함으로써, 최종 결정에 대한 지지와 헌신을 높인다. 이는 결정 이후의 실행 단계에서 특히 중요하다. 타일러는 "건강하고 사려 깊은 토론 후에 결정을 내리고 하나의 단결된 그룹으로 헌신할 때, 팀은 조직을 위한 최상의 결과를 제공한다"라고 강조했다. 이러한 단결된 헌신은 결정 이후의 부정적인 분위기를 방지하고, 모든 팀원이 공유된 신념과 확신을 가지고 함께 나아가게 한다.

"의견을 내고 헌신하라"

3D 의사결정 패턴의 구현에는 몇 가지 도전 과제가 있다. 첫째, 시간과 자원의 제약이다. 철저한 토론과 논의에는 시간이 소요되며, 빠른 결정이 필요한 상황에서는 이러한 프로세스가 부담이 될 수 있다. 둘째, 권력 역학과 위계 문화의 영향이다. 조직 내 권력 불균형이나 강한 위계 문화는 자유로운 토론과 논의를 제한할 수 있다. 셋째, 집단사고의 위험이다. 팀이 조화를 유지하려는 욕구로 인해 비판적 사고를 억제하고 합의에 너무 빨리 도달할 수 있다. 넷째, 결정 후 헌신의 부재다. 토론과 논의 과정에서 자신의 의견이 채택되지 않은 팀원들이 최종 결정에 완전히 헌신하지 않을 수 있다.

이러한 도전 과제를 극복하기 위한 몇 가지 전략은 다음과 같다. 첫째, 결정의 중요도와 복잡성에 따라 프로세스의 깊이와 시간을 조정한다. 모든 결정이 동일한 수준의 토론과 논의를 필요로 하지는 않는다. 둘째, 심리적 안전감을 조성하는 리더십을 발휘한다. 리더가 먼저 취약성을 보이고, 다양한 의견을 환영하며, 실패를 학습의 기회로 받아들이는 문화를 만든다. 셋째, 다양한 관점을 의도적으로 포함시킨다. '악마의 대변인' 역할을 지정하거나, 다양한 배경과 경험을 가진 팀원들을 의사결정 과정에 참여시킨다. 넷째, 명확한 의사결정 권한과 책임을 정의한다. 누가 최종 결정권을 가지는지, 그 결정이 어떤 범위에 적용되는지를 명확히 한다. 다섯째, 결정 후 헌신을 강조하는 문화를 조성한다. 아마존의 '의견을 내고 헌신하라' 원칙처럼, 토론 중에는 자유롭게 의견을 제시하되 결정 후에는 전적으로 지지하는 문화를 만든다.

3D 의사결정 패턴은 디지털 시대의 새로운 도전 과제에 대응하기 위해 계속 진화하고 있다. 원격 및 하이브리드 근무 환경에서는 가상 협업 도구를 활용해 프로세스를 효과적으로 진행할 수 있는 방법을 모색하고 있다. 또한 AI와 데이터 분석 도구를 활용해 토론과 논의 단계에서 더 풍부한 정보와 통찰을 제공하는 방향으로 발전하고 있다.

3D 의사결정 패턴은 모든 조직에 동일한 방식으로 적용될 수 있는 만능 해결책이 아니다. 각 조직은 자신의 고유한 맥락, 가치, 목표에 맞게 프로세스를 조정해야 한다. 예컨대 스타트업과 같이 빠른 실험과 학습을 강조하는 조직에서는 더 간소화된 방식의 3D 의사결정 패턴이 적합할 수 있다. 반면, 의료나 항공과 같이 안전이 중요한 산업에서는 더 철저하고 엄격한 프로세스가 필요할 수 있다. 또한 조직의 규모, 지리적 분포, 다양성 수준 등에 따라 3D 의사결정 패턴의 구현 방식이 달라질 수 있다.

018 혁신은 제약에서 시작된다

제약 효과

혁신이 제약에서 시작된다는 명제는 현대 경영학의 가장 역설적이면서도 강력한 진리 중 하나다. 애덤 모건Adam Morgan과 마크 바든Mark Barden은 나이키, 이케아, 유니레버, 구글, 애플, 야후, 버진아메리카Virgin America, 사우스웨스트에어라인Southwest Airlines 등 혁신의 아이콘이 된 기업들을 직접 연구한 결과, 이들의 성공 비법이 제약의 적극적인 활용이었다는 사실을 밝혀냈다. 보통 사람들에게 제약은 무엇을 하지 못하게 하거나 불리하게 한계를 짓는 것으로 인식되지만, 실제로는 일을 추진시키고 새로운 가능성을 자극하는 아주 비옥한 힘이 될 수 있다.

제약을 성공의 기회로 바꾼 사례들은 우리의 고정관념을 완전히 뒤흔든다. 나이키는 광고처럼 전혀 보이지 않는 광고로 세계적인 브랜드가 되었고, 이케아는 카페라테 두 잔 가격의 멋진 탁자를 만들어냈으며, 유니레버는 제품 생산 과정에서 나오는 환경오염을 줄이면서도 두 배의 성장을 이뤄내겠다고 선언했다. 이런 기업들은 모두 제약 속에서 기회를 발견하고 창의적 원동력을 끌어냈으며, 심지어 스스로 제약을 부과함으로써 돌파구를 창조하고 경쟁 우위를 점유했다. 이는 2015년 폭스바겐의 배기가스 저감장치 조작 사태와 극명한 대조를 이룬다. 폭스바겐이 다우존스 지속가능경영지수에서 퇴출당한 것은 환경 규제라는 제약을 제대로 수용하지 못한 채 무조건 피하려고만 했기 때문이다.

과학적으로 입증된 제약 효과

로테르담대학교 경영대학원, 카스경영대학원, 드렉셀대학교의 공동 연구는 제약이 혁신에 미치는 놀랍고도 긍정적인 영향을 과학적으로 입증했다. 145개의 학술 연구를 자세히 분석한 결과, 적정 수준의 제약은 혁신의 성공 가능성을 현저히 키운다는 사실이 밝혀졌다. 연구진은 혁신에 대한 제약을 투입 제약(시간, 자금, 인력 등), 과정 제약(절차, 규정, 방법론 등), 산출 제약(품질 기준, 성과 목표, 고객 요구사항 등)의 세 그룹으로 분류하고, 이들이 동기부여, 인지적 경로, 사회적 경로라는 세 가지 혁신 경로에 미치는 영향을 분석했다. 그 결과 자원의 풍부함이 오히려 동기부여를 저해할 수 있으며, 시간에 대한 제약이 없으면 혁신의 긴박감이 사라지고, 자금이 넘쳐나면 안주하게 된다는 사실을 발견했다.

이케아의 창업자 잉바르 캄프라드Ingvar Kamprad에게는 불가능한 질문을 던지는 습관이 있었다. 그는 비싼 제품을 만드는 것은 쉽지만, 지속 가능하고 값싼 제품을 만드는 것은 어렵다는 점을 이케아가 명심하도록 주지시켰다. 이케아는 제약에서 태어났고, 그 이후로도 계속 제약을 수용하고 있다. 창업자의 영향력이 여전히 강력하게 작동하면서 이케아는 불가능하거나 황당무계한 질문을 던지고, 그에 답하기 위해 끊임없이 새 길을 찾음으로써 노선 의존증을 타파한다. 바로 이것이 이케아가 보여주는 탁월함의 본질이다.

나이키의 디자인 혁신 전략은 제약 없는 프로토타이핑에 강한 중점을 둔다. 이러한 제약 없는 문화가 브랜드의 혁신을 촉진하는 핵심 요소가 되었다. 나이키는 전통적인 신발 제조 과정을 완전히 혁신했는데, 새로운 신발 디자인뿐 아니라 운동화 제조에 대한 완전히 새로운 사고방식을 구축했다. 특히 나이키는 환경 친화적이면서도 장기적 생산 비용을 절감하는 혁신적인 신발인 플라이니트레이서Flyknit Racer를 개발하기 위해 195번의 시도를 거쳤다. 이는 디자인팀과 경영진이 성공할 때까지 포기하지 않는 인내심을 보여준 것으로, 제약을 극복하기 위한 끈질긴 노력의 결과였다.

유니레버의 파운드리Foundry는 제약을 혁신의 동력으로 활용한 대표적인 사례다. 2014년 5월 출범한 파운드리는 유니레버가 스타트업 및 기업가들과 협력하기 위해 만든 플랫폼으로, 스타트업들에 유니레버 브랜드에 대한 접근권을 제공하여 그들의 성장을 지원하면서 동시에 혁신적인 기술을 회사로 가져오는 역할을 했다. 라이선스 메커니즘을 통해 스타트업은 자신들의 기술을 유니레버에 제공하여 브랜드 혁신을 꾀하거나, 특정 가이드라인 내에서 유니레버 브랜드를 사용할 권리를 얻었다.

제약은 어떻게 혁신을 이끄는가

제약이 혁신을 촉진하는 메커니즘은 여러 차원에서 작동한다. 첫째, 제약은 문제를 명확하게 정의한다. 무한한 자원과 시간이 주어지면 오히려 목표가 모호해지고 우선순위를 설정하기가 어려워진다. 반면 제약이 있으면 해결해야 할 문제가 명확해지고, 집중이 가능해진다. 둘째, 제약은 창의적 사고를 자극한다. 기존의 방법으로는 해결할 수 없는 상황에 직면하면 새로운 접근법을 모색하게 되고, 이 과정에서 혁신적인 아이디어가 탄생한다. 셋째, 제약은 효율성을 높인다. 한정된 자원으로 최대의 효과를 내야 하는 상황에서는 누구나 자연스럽게 효율적인 방법을 찾게 된다.

스타트업 생태계에서 제약과 혁신의 관계는 더욱 명확하게 드러난다. 대부분의 스타트업은 자금, 인력, 시간의 제약에 직면하지만, 이러한 제약이 오히려 혁신의 원동력이 된다. 린스타트업 방법론은 이러한 제약을 체계적으로 활용하는 접근법이다. 에릭 리스_{Eric Ries} 가 제시한 이 방법론은 '최소기능제품_{Minimum Viable Product, MVP}'을 빠르게 개발하고, 고객 피드백을 통해 지속적으로 개선해나가는 과정을 강조한다. 이는 자원의 제약을 인정하고 이를 효율적으로 활용하는 혁신적 접근법이다.

하지만 모든 제약이 혁신을 촉진하는 것은 아니다. 제약이 혁신에 긍정적 영향을 미치려면 몇 가지 조건이 충족되어야 한다. 첫째, 제약의 수준이 적절해야 한다. 너무 심한 제약은 오히려 창의성을 억압하고 혁신을 방해할 수 있다. 둘째, 제약의 성격이 명확해야 한다. 모호하거나 자주 변하는 제약은 혼란을 야기하고 집중을 방해한다. 셋째, 제약을 극복할 수 있는 최소한의 자원과 역량이 있어야 한다. 넷째, 조직문화가 실험과 실패를 용인해야 한다. 제약 속에서 혁신을 추구하는 과정에서는 필연적으로 시행착오가 발생하기 때문이다.

제약 효과를 극대화하는 리더십

제약의 이로운 효과를 살펴보는 것만으로는 쉽게 제약의 혜택을 누리지 못한다. 제약의 효과를 누리려면 능숙한 리더십이 필요하다. 또한 미래에 나타날 새로운 유형의 결핍은 제약에서 아름다움을 찾아내는 지도자들을 더 많이 필요로 할 것이고, 계속하여 풍부함을 만들어내는 제약 중심의 발명을 훨씬 더 많이 요구할 것이다. 실제로 우리 모두가 직면하는 도전은 이런 능력을 계발하는 일이 더 이상 창의적인 사람, 기술자, 디자이너에 국한된 것이 아니라는 점을 보여준다.

한국의 리더들이 제약을 혁신의 동력으로 활용하기 위해서는 몇 가지 실천 방안을 고려해야 한다. 첫째, 제약을 부정적으로 인식하는 조직문화를 바꿔야 한다. 제약을 극복해야 할 장애물이 아니라 혁신의 기회로 인식하는 마인드셋을 조성해야 한다. 둘째, 의도적으로 제약을 설정하는 전략을 활용해야 한다. 무한한 자원과 시간을 제공하기보다는 적절한 수준의 제약을 통해 창의성을 자극해야 한다. 셋째, 실패를 용인하는 문화를 만들어야 한다. 제약 속에서 혁신을 추구하는 과정 중에는 필연적으로 실패가 발생하므로, 이를 학습의 기회로 활용하는 조직문화가 필요하다.

넷째, 다양성을 추구해야 한다. 서로 다른 배경과 경험을 가진 사람들이 모여 제약을 다각도로 바라보고 창의적 해결책을 모색할 수 있는 환경을 조성해야 한다. 다섯째, 고객과의 긴밀한 소통을 통해 실제 제약을 파악해야 한다. 고객이 직면한 진짜 문제와 제약을 이해해야만 의미 있는 혁신을 만들어낼 수 있다. 여섯째, 지속적인 학습과 실험을 장려해야 한다. 제약을 혁신의 기회로 활용하는 능력은 하루아침에 생기는 것이 아니라 지속적인 학습과 실험을 통해 계발되는 것이다.

1부 철학

혁신은 제약에서 시작된다는 명제는 단순한 역설이 아니라 과학적으로 입증된 사실이다. 나이키, 이케아, 유니레버, 구글, 애플 등 세계 최고의 혁신 기업들이 모두 제약을 혁신의 동력으로 활용했다는 사실이 이를 뒷받침한다. 한국의 리더들도 제약을 부정적으로 인식하는 기존의 사고방식에서 벗어나 제약을 혁신의 기회로 활용하는 새로운 패러다임을 받아들여야 한다. 제약은 일을 추진시키고 새로운 가능성을 자극하는 아주 비옥한 힘이며, 이를 아름다운 것으로 만드는 능력이야말로 미래 리더가 갖춰야 할 핵심 역량이다. 제약에서 아름다움을 찾아내는 리더만이 지속적인 혁신을 통해 조직과 사회를 발전시킬 수 있을 것이다.

리더십

비전을 현실로 바꾸는 능력과 기술

"리더십은 비전을 현실로 바꾸는 능력이다."

워런 베니스

거울 앞에 서서 자신에게 물어보라. '나는 진짜 리더인가, 아니면 리더인 척하는 배우인가?' 이 질문이 불편하다면, 당신은 이미 답을 알고 있는 셈이다. 현대의 수많은 리더가 리더십이라는 가면을 쓰고 살아간다. 화려한 비전을 제시하고, 카리스마 넘치는 연설을 하며, 팀을 이끈다고 착각한다. 하지만 진짜 리더십은 그런 겉치레와는 전혀 다른 곳에서 시작된다.

리더십은 기술이 아니다. 그것은 존재 방식이다. 아침에 일어나서 밤에 잠들 때까지 어떤 사람으로 살아가느냐의 문제다. 사람들은 리더의 말이 아니라 리더의 존재를 따른다. 리더의 화려한 프레젠테이션이 아니라 리더라는 인간 자체에서 나오는 진정성을 감지한다. 마치 가짜 명품 가방을 들고 다녀도 사람들이 알아차리는 것처럼 말이다. 진성 리더십은 자신의 핵심 가치와 정체성 그리고 감정을 근거로 구성원들과 상호작용함으로써 조직을 건강하게 이끌어가는 리더십이다.

진정한 리더십의 첫째 원칙은 역설적이게도 일을 시키고 싶지 않는 마음에서 시작된다. 권력에 취한 사람은 명령하고 통제하려 한다. 하지만 진짜 리더는 사람들이 스스로 움직이게 만든다. 구글의 래리 페이지가 말했듯이, "완벽한 리더십이란 팀원들이 무엇을 원하는지 이해하고 그들이 최고의 성과를 낼 수 있는 환경을 만드는" 것이다. 리더십에 대한 가장 위험한 착각 중 하나는 완벽주의다. 많은 리더가 모든 것을 알아야 하고 항상 옳은 결정을 내려야 한다고 생각한다. 하지만 이는 완벽주의 신화에 불과하다. 특히 지금처럼 변화가 빠른 시기에는 더더욱 그렇다. 아마존의 제프 베이조스가 "70퍼센트 정도의 정보만 있어도 의사결정을 내려야 한다"라고 말한 이유다. 따라서 진짜 리더는 자신의 한계를 인정하고, 실수를 통해 배우며, 때로는 모른다고 말할 용기를 가진 사람이다.

그러니 가짜 완벽함보다는 불완전함을 받아들여라. 그런 리더라야 자신을 알고, 사람을 이해하며, 목적을 세우고, 용기를 내어 행동할 수 있다. 이것이 리더십의 기본이다.

019 유연한 리더십이 단단한 조직을 만든다

리더십의 네 가지 유형

변화의 물결이 끊임없이 밀려오는 현대 사회에서 리더십의 본질은 그 어느 때보다 중요한 화두가 되고 있다. 리더는 단순히 조직의 수장이 아니라 변화의 파도 속에서 방향을 제시하고, 때로는 파도를 일으키며, 때로는 파도에 맞서 안정을 유지하는 다양한 역할을 수행해야 한다. 변화에 대한 태도는 리더의 본질적 특성을 규정하는 핵심 요소로, 이는 변화를 감지하는 민감성과 변화를 대하는 주도성이라는 두 축으로 이해할 수 있다. 이 두 축이 교차하는 지점에서 우리는 네 가지 뚜렷한 리더십 유형을 발견하게 되는데, 자신이 어떤 유형의 리더인지 이해하는 것은 자기인식의 시작점이자 효과적인 리더십 발휘를 위한 필수 조건이다. 조직심리학자 에드거 샤인Edgar Schein은 "리더십의 본질은 변화를 이끄는 능력"이라고 정의했지만, 그 변화를 이끄는 방식은 리더마다 독특한 색채를 띤다.

혁신가, 적응자, 혁명가, 안정자

첫째 유형인 '혁신가'는 변화에 민감하면서도 그 변화를 주도적으로 이끌어가는 리더다. 이들은 마치 망원경을 든 등대지기처럼 멀리서 다가오는 변화의 조짐을 누구보다 먼저 포착하고, 그 변화의 물결을 타고 조직을 새로운 지평으로 이끈다. 애플의 스티브 잡스가 이러한 혁신가 리더십의 대표적 사례다. 그는 사람들에게 원하는 것을 물어보는 대신 사람들이 원할 것을 먼저 보여준다는 철학을 바탕으로 스마트폰이라는 새로운 시장을 창조했다. 테슬라의 일론 머스크 역시 전기차와 우주 산업이라는 미래 시장을 선도적으로 개척하며 혁신가 리더십을 보여주었다. 이들은 "우리가 미래를 만들어 갑시다"라는 표현을 즐겨 사용하며, 변화를 두려워하기보다는 변화 자체를 창조하는 선구자적 역할을 한다. 혁신가 리더들은 종종 기존 질서에 도전하고 파괴적 혁신을 통해 산업의 패러다임을 바꾸는데, 이는 높은 위험을 수반하지만 성공했을 경우 엄청난 보상을 가져온다.

둘째 유형인 '적응자'는 변화에 민감하지만 그 변화를 주도하기보다는 빠르게 적응하는 리더다. 이들은 마치 숙련된 파도타기 선수처럼 변화의 파도를 정확히 읽고 그 파도를 타는 데 탁월한 능력을 보인다. 삼성전자가 적응자 리더십의 좋은 예다. 삼성은 스마트폰 시장에서 애플의 혁신을 빠르게 따라잡고 때로는 뛰어넘으며 시장 점유율을 확대했다. 패스트 패션 브랜드 자라는 소비자 트렌드를 신속하게 포착하고 2주 만에 새로운 디자인의 의상을 매장에 내놓는 민첩한 공급망을 구축하여 성공했다. 적응자 리더들은 "변화의 물결을 타고 성공합시다"라는 표현을 주로 사용하며, 시장의 변화를 예리하게 관찰하고 그에 맞춰 신속하게 전략을 조정한다. 이들은 혁신가들이 개척한 시장에서 효율적인 실행력과 빠른 학습 능력을 바탕으로 성공을 거두는 경우가 많다.

셋째 유형인 '혁명가'는 외부 변화 신호에는 상대적으로 둔감할 수 있지만, 자신만의 강한 비전과 신념을 따라 변화를 주도적으로 만들어 가는 리더다. 이들은 마치 자신만의 북극성을 바라보며 항해하는 선장처럼, 외부의 소음에 흔들리지 않고 자신이 믿는 방향으로 꾸준히 나아간다. 헨리 포드는 "고객에게 물었다면, 그들은 더 빠른 말을 원했을 것이다"라는 유명한 말을 남겼는데, 이는 시장의 피드백보다 자신의 비전을 따르는 혁명가 리더십의 전형을 보여준다. 아마존의 베이조스는 단기적 수익보다 장기적 비전에 투자하는 전략으로 초기에는 많은 비판을 받았지만, 결국 전자상거래와 클라우드 컴퓨팅 분야의 선두주자로 자리매김했다. 혁명가 리더들은 "남들이 보지 못하는 변화를 만들어갑시다"라는 표현을 사용하며, 때로는 고집스럽게 보일 정도로 자신의 비전을 고수한다. 이들은 시장의 즉각적인 반응보다는 자기 안의 나침반을 따르는 경향이 있어, 실패의 위험이 크지만 성공 시 게임의 룰 자체를 바꾸는 혁명적 변화를 이끌어낸다.

넷째 유형인 '안정자'는 변화 신호를 감지하는 데 상대적으로 둔감하고, 변화가 확실해졌을 때 따라가는 특성을 보이는 리더다. 이들은 마치 단단한 바위처럼 변화의 소용돌이 속에서도 안정과 일관성을 제공하는 역할을 한다. 워런 버핏은 자신이 이해하지 못하는 기술 기업을 피하고 기본에 충실한 가치 투자를 고수함으로써 장기적 성공을 거두었다. 유틸리티 기업이나 규제가 심한 산업에서 안정적으로 운영되는 기업들은 종종 안정자 리더십을 보여준다. 안정자 리더들은 "검증된 변화만 신중하게 받아들입시다"라는 표현을 주로 사용하며, 위험을 최소화하고 신뢰성을 극대화하는 데 중점을 둔다. 이들은 급진적 변화보다는 점진적 개선을 선호하며, 조직의 핵심 가치와 정체성을 지키는 수호자 역할을 한다.

위대한 기업을 낳은 양손잡이 리더십

각각의 리더십 유형은 상황과 맥락에 따라 그 효과가 달라진다는 점을 이해하는 것이 중요하다. 하버드대학교 경영대학원 교수인 마이클 포터는 "전략의 본질은 무엇을 하지 않을지 결정하는 것"이라고 강조했지만, 리더십의 본질은 오히려 상황에 따라 무엇을 할지 유연하게 결정하는 능력이다. 급변하는 신생 산업에는 혁신가 리더십이 필요할 수 있지만, 안정성이 중요한 금융 기관에는 안정자 리더십이 더 적합할 수 있다. 성숙기에 접어든 기업이 새로운 성장 동력을 찾기 위해서는 적응자 리더십이 효과적일 수 있으며, 기존 산업의 판도를 바꾸기 위해서는 혁명가 리더십이 요구될 수 있다.

IBM의 사례는 시대에 따라 다른 리더십 유형이 필요함을 보여준다. 1980년대 메인프레임 컴퓨터 시장에서 안정자 리더십으로 성공했던 IBM은 PC 혁명 시대에 적응하지 못해 위기를 맞았다. 1990년대 루 거스너Lou Gerstner의 적응자 리더십 아래 서비스 기업으로 전환하며 예전의 지위를 회복했고, 2000년대 들어서는 AI 서비스인 왓슨Watson 같은 혁신적 기술을 개발하며 혁신가 리더십으로 미래를 준비하고 있다. 이처럼 성공적인 조직은 시대와 상황에 맞게 리더십 유형을 전환할 수 있는 유연성을 갖추고 있다.

리더 개인의 경우도 마찬가지로, 자신의 기본 성향을 이해하되 상황에 따라 다른 유형의 특성을 개발하고 활용할 수 있는 능력이 중요하다. 심리학자 대니얼 골먼_{Daniel Goleman}은 "가장 효과적인 리더는 다양한 리더십 스타일을 상황에 맞춰 유연하게 적용할 수 있는 사람"이라고 강조했다. 혁신가 성향의 리더라도 때로는 안정자의 신중함을 배울 필요가 있으며, 안정자 성향의 리더도 혁신가의 창의성을 계발할 필요가 있다. 이러한 유연성은 자기인식에서 시작되는데, 자신이 어떤 유형의 리더인지 정확히 이해하는 것이 다른 유형의 강점을 학습하고 통합하는 첫걸음이다.

조직 내에서는 다양한 유형의 리더들이 서로 보완하며 협력할 때 변화에 가장 효과적으로 대응할 수 있다. 구글의 성공 사례는 이러한 다양성의 힘을 잘 보여준다. 래리 페이지_{Larry Page}와 세르게이 브린_{Sergey Brin}의 혁신가적 비전, 에릭 슈밋_{Eric Schmidt}의 안정자적 경영 능력, 그리고 다양한 부서 리더들의 적응자적 실행력이 조화를 이루며 구글은 지속적인 혁신과 안정적인 성장을 동시에 달성할 수 있었다. 맥킨지의 연구에 따르면, 리더십의 다양성이 높은 기업은 그렇지 않은 기업보다 혁신성과가 35퍼센트 더 높고, 재무적 성과도 33퍼센트 더 우수한 것으로 나타났다.

네 가지 리더십 유형을 이해하는 것은 실질적인 리더십 계발과 조직성과 향상을 위한 실용적 도구가 될 수 있다. 자신이 어떤 유형의 리더인지 인식함으로써, 우리는 자신의 강점을 극대화하고 약점을 보완하는 맞춤형 리더십 계발 계획을 수립할 수 있다. 또한 팀 구성 시 다양한 유형의 리더들을 포함시켜 균형 잡힌 의사결정과 실행력을 확보할 수 있다. 경영 컨설턴트 짐 콜린스_{Jim Collins}는《좋은 기업을 넘어 위대한 기업으로》에서 "위대한 기업의 리더들은 자아와 야망을 조직의 성공에 종속시킨다"라고 말했는데, 이는 자신의 리더십 유형에 집착하기보다는 조직의 필요에 맞춰 유연하게 적응하는 것의 중요성을 강조한다.

현대 비즈니스 환경에서는 어느 한 가지 리더십 유형만으로는 복잡한 도전에 대응하기 어렵다. 변동성Volatility, 불확실성Uncertainty, 복잡성Complexity, 모호성Ambiguity, 즉 'VUCA'로 대표되는 불확실성의 시대에는 혁신가의 비전, 적응자의 민첩성, 혁명가의 결단력, 안정자의 일관성이 모두 필요하다. 성공적인 리더는 이 네 가지 유형을 상황에 맞게 오가며, 때로는 모순되어 보이는 특성들을 통합하는 '양손잡이 리더십Ambidextrous Leadership'을 발휘한다. 《하버드 비즈니스 리뷰》의 연구에 따르면, 이러한 양손잡이 리더십을 갖춘 기업은 단기적 효율성과 장기적 혁신을 동시에 추구할 수 있어 지속 가능한 경쟁 우위를 확보할 가능성이 90퍼센트 더 높은 것으로 나타났다.

————

리더십의 여정은 결국 자기 자신을 발견하고 성장하는 과정이다. 당신은 어떤 리더인가? 변화의 파도를 일으키는 혁신가인가, 파도를 능숙하게 타는 적응자인가, 자신만의 방향으로 나아가는 혁명가인가, 아니면 닻을 내리는 안정자인가? 어떤 유형이든, 중요한 것은 자신의 성향을 인식하고 상황에 맞게 다른 유형의 강점을 계발하며 때로는 과감히 자신의 영역에서 벗어나 새로운 리더십 스타일을 실험해보는 용기다. 리더십 전문가 로널드 하이페츠Ronald Heifetz는 "리더십은 답을 제공하는 것이 아니라, 어려운 질문을 던지는 것"이라고 말했다. 당신은 어떤 리더인가? 이 질문에 대한 답을 찾아가는 과정이 바로 진정한 리더로 성장하는 여정의 시작이다.

공감이
명령보다 효과적이다

임팩트 플레이어

'리더는 일을 시키고 싶어 하지 않는다.' 이 명제는 현대 조직 관리의 가장 역설적이면서도 중요한 진실 중 하나다. 리더십 전문가 리즈 와이즈먼Liz Wiseman이 170명의 관리자를 대상으로 실시한 연구에서 거둔 가장 놀라운 발견은 관리자들이 가장 높이 평가하는 직원의 행동이 바로 '시키지 않아도 일하는 것'이었다는 점이다. 이는 우리가 흔히 그리는, 권력에 굶주린 독재자 같은 상사의 이미지는 현실과 정반대라는 점을 보여준다. 실제로 대부분의 관리자는 일을 시키는 것을 싫어하며, 그렇기 때문에 스스로 필요한 일을 파악하고 실행하는 직원을 가장 선호한다.

일 시키기의 어려움

이러한 현상의 배경에는 현대 비즈니스 환경의 복잡성과 불확실성이 자리 잡고 있다. 다트 게임처럼 명확한 표적과 고정된 목표가 있던 과거와 달리, 오늘날의 비즈니스에서는 목표가 끊임없이 움직이고 변화한다. 상황에 따라 비즈니스의 표적이 움직이기 때문에 이전에 완벽하게 다듬은 기술이 더 이상 표적을 맞힐 것이라고 보장해주지 않는다. 그래서 지금은 지속적인 재조정이 필요한 시기이며, 모든 문제는 거의 난제인 데다가 계속 바뀌고 움직인다. 리더가 모든 것을 알 수도 없고, 모든 것을 지시할 수도 없는 세상이 된 것이다.

이상적인 세계라면 리더들은 어젠다를 명확하게 제시할 수 있을 것이다. 그들은 무엇이 왜 중요한지 알려준 다음 직원들이 그 해결 방법을 파악하게 할 것이다. 그러나 세상은 너무나 빠르게 움직이고 리더들은 너무나 바쁘다. 이런 상황에서 속도를 늦추고 팀에게 상황을 설명하는 시간을 갖는 것은 솔직히 부담스러운 일이다. 또는 자신에게는 어젠다가 너무나 명확하기 때문에 다른 사람들에게도 명확할 것이라고 오판하기도 한다. 이런 지식의 저주는 리더의 잘못이라고 할 수도 없다.

다행히도 리더 곁에는 보통 세 종류의 기여자가 있다. 미달 기여자는 역량 수준에 못 미치는 일을 하는 똑똑하고 유능한 사람을 말한다. 똑똑하고 유능하기는 하지만 제대로 몰입하지 않는 사람이다. 전형적 기여자는 양호하거나 뛰어난 일을 하는 똑똑하고 유능한 사람이다. 충직한 직원이기도 하고, 시키는 대로 일도 잘하는 사람이다. 그런데 이를 뛰어넘는 인재가 있다. 바로 고파급력 기여자인 임팩트 플레이어다. 이들은 개인적으로 상당한 기여를 하는 동시에 전체 팀에 엄청나게 긍정적인 효과를 미친다.

전형적 기여자가 게으름쟁이는 아니다. 그들도 유능하고 부지런하고 근면한 직장인이다. 그들은 일을 잘했고, 지시를 잘 따랐고, 또한 주인

의식을 가졌고, 집중력도 유지했고, 책임도 완수하는 사람들이다. 많은 측면에서 모든 관리자가 팀에 넣고 싶어 하는 유형의 직원이기도 하다. 하지만 그들이 임팩트 플레이어는 아니라는 것이다. 임팩트 플레이어가 되기 위해서는 그것을 뛰어넘는 차원의 무언가가 필요하다.

기여자 마인드셋을 가지고 있는 사람은 어떤 일이 벌어질 때 지시해줄 리더를 찾는다. 그들은 충직한 추종자이자 지원자로서 상사의 요청을 전달하고, 동료들과 협력하는 사람이다. 그들은 상사를 어느 정도 편하게 해준다. 그러나 아무런 영향력을 발휘하지 못하고, 필요한 변화를 일으키지 못한다. 그들은 문제를 포착해도 걱정만 할 뿐 명확한 지시가 없으면 행동하지 않는다. 왜냐하면 불확실성에 당황하고 모호성에 발목을 잡히기 때문이다. 한마디로 무엇을 어떻게 해야 하는지에 대한 지침이 없으면 쉽게 흔들린다.

기여자와 임팩트 플레이어의 차이

임팩트 플레이어는 상황이 모호하거나 리더십이 결여된 상황에서도 자신의 역할을 과감하게 떠맡는다. 개선의 기회가 보이면 행동에 대한 승인을 기다리지 않는다. 그리고 조직의 고위 인사가 요구하기 훨씬 전에 앞으로 나서서 선도하겠다고 자원한다. 이들은 요청이 없어도 일하고, 스스로 방법을 찾아내고, 리더와 팀을 빛낸다. 관리자는 대개 무엇을 하라고 말할 때까지 기다리는 사람은 선택하지 않는다. 여러모로 관리자는 단지 가장 유능하기만 한 사람이 아니라 가장 의욕이 넘치는 사람에게 가장 중요한 일을 맡긴다. 교실에서 그렇듯이, 이름이 불리는 사람은 대개 손을 드는 사람이다.

관리자 170명에게 가장 짜증스러운 것이 무엇인지 물었을 때 상위

10개 답변 중 세 가지는 일을 끝내지 않는 것과 관련이 있었다. 첫째는 직원들이 먼저 해결책을 찾아보려고 노력하지도 않고 문제를 들고 오는 상황이었다. 둘째는 직원들을 쫓아다니면서 그들이 하겠다고 말한 일을 상기시켜야 하는 상황이었다. 그리고 셋째는 조치를 취할 틈도 없는 마지막 순간에 직원들이 나쁜 소식을 전하는 상황이었다.

임팩트 플레이어와 전형적 기여자의 차이는 다섯 가지 상황에서 명확하게 드러난다. 첫째, 복잡한 문제를 마주했을 때 기여자는 맡은 일만 하는 반면 임팩트 플레이어는 필요한 일을 한다. 그들은 할당된 직무를 넘어서 진정으로 해야 할 일을 처리한다. 반면 기여자는 의무에 기반한 마인드로 일하며, 자신의 역할과 포지션을 협소하게 이해하므로, 자신의 일이 아니라고 생각하면 실행하려 들지 않는다.

둘째, 역할이 불분명한 상황에서 기여자는 지시를 기다리지만 임팩트 플레이어는 적극적으로 나서고 적절하게 물러난다. 반드시 해야 할 일이 있다는 점이 분명하지만 누가 담당자인지 명확하지 않을 때 임팩트 플레이어는 상황에서 단서를 얻고, 필요할 경우 앞으로 나선다. 그러다가 자신의 의무를 다하면 뒤로 물러서서 다른 사람들을 따른다. 반면 기여자는 역할이 불분명하면 방관자로 행동한다.

셋째, 예상치 못한 난관을 마주할 때 기여자는 문제를 위로 넘기지만 임팩트 플레이어는 끈기를 발휘해 전체 일을 확실하게 마무리한다. 설령 일이 힘들어지고 예견하지 못한 장애물로 가득하더라도 말이다. 그들은 임기응변을 발휘해 다르게 일하고 더 낫게 일하는 방식을 찾는다. 반면 기여자는 회피하려는 마인드로 일하며, 상황이 어려워지면 주인 의식을 갖기보다는 문제를 위로 넘긴다.

넷째, 목표가 바뀔 때 기여자는 자신이 잘 아는 방식을 고수하지만,

임팩트 플레이어는 항상 질문하고 그에 맞춰 과정을 조정한다. 임팩트 플레이어는 변화하는 환경에 동료들보다 빨리 적응하는 경향이 있다. 새로운 규칙과 목표를 학습과 성장의 기회로 해석하기 때문이다. 반면 기여자는 변화를 짜증스럽거나 불공정하거나 업무 환경의 안정성을 위협하는 것으로 해석한다.

다섯째, 관련 없는 업무를 요구받을 때 기여자는 일을 복잡하게 하지만, 임팩트 플레이어는 일을 간단하게 한다. 임팩트 플레이어는 팀원들이 힘든 일도 편하게 할 수 있도록 돕는다. 업무와 관련 없는 일을 임팩트 플레이어가 도맡아서 하는 것이 아니라, 동료들이 주어진 업무를 되도록 쉽게 할 수 있는 환경을 만들어주며 함께 수행하는 것이다.

통계적으로도 이러한 차이는 명확하게 나타난다. 임팩트 플레이어의 96퍼센트는 언제나, 또는 종종 지시를 기다리지 않고 책임을 맡는다. 그런데 전형적 기여자는 그 비율이 20퍼센트에 불과하다. 또 임팩트 플레이어의 91퍼센트는 언제나, 또는 종종 뛰어난 리더로 여겨지지만, 전형적 기여자는 그 비율이 14퍼센트 정도밖에 되지 않는다.

명령의 함정

불확실성 시대의 비즈니스 환경에서 원하는 인재상은 명확하다. 우선 조직의 목표를 잘 이해하는 사람이어야 한다. 그리고 조직의 실질적인 규칙을 잘 파악하는 사람이어야 한다. 이런 인재를 임팩트 플레이어라고 말한다. 이들은 조직에 중요한 일이 무엇인지 알고, 리더에게 중요한 일이 무엇인지도 안다. 즉 상향식 공감을 아주 잘하는 사람들이라고 할 수 있다. 상향식 공감은 상사 때문에 짜증 나는 일을 넘어서 무엇이 상사를 짜증 나게 하는지 이해하는 것을 말한다.

이런 감각을 가지고 있는 임팩트 플레이어는 언제나 필요한 곳에서 일을 한다. 그들은 거대하고 난처한 문제가 누구의 업무 영역에도 속하지 않고, 계획이 정체되고, 충족되지 않은 수요가 방치되다가 결국 다른 곳으로 향하는 것을 바로잡는 사람들이다. 결국 누군가는 일이 명확해지기도 전에 추진해야 한다.

수평적인 조직문화가 유행하지만 좋은 것이라고만 맹신할 수는 없다. 이런 형태의 팀 활동에 분명히 창의성과 소통을 강화할 수 있는 측면이 있는 것은 맞다. 하지만 동등한 관계의 협력이 사실상의 업무 방식이 되어버리면 일이 원활하게 돌아갈 수 없다. 왜냐하면 아무 활동도 이뤄지지 않을 가능성이 매우 커지기 때문이다. 즉 모두가 주도하면 사실 아무도 주도하지 않는 것과 다르지 않다.

결국 누군가는 주도해야만 하는데, 지금처럼 변화의 속도가 빠를 때는 그 누구도 일의 구체적인 범위와 방법을 제대로 정의할 수 없다. 그렇기 때문에 앞으로는 더욱 임팩트 플레이어의 가치가 높아질 것으로 보인다.

명령이란 권력을 가진 사람이 상대방에게 일을 시키는 행위다. 그래서 일단 명령을 받게 되면 인간의 심리 특성상 반발하고 싶은 마음이 생겨날 수밖에 없다. 또는 수동적으로 시키는 것만 하는 것이 편하다고 생각하게 하여, 새로운 것을 만들고 싶다는 창의성과 자발적인 의욕을 저해할 수 있다. 명령을 많이 하는 리더일수록 그 팀원들은 수동적인 업무 방식에 자연스럽게 적응하고 만다. 결국은 행동은 위축되어 자발적으로 사고하지 않고 리더의 지시를 기다리거나 실수하지 않는 것에 혈안이 되곤 한다.

현대의 리더는 일을 시키는 것이 아니라 일이 저절로 이루어지는 환경을 만드는 것에 집중해야 한다. 이는 리더가 게으르거나 책임을 회피하고 싶어서가 아니라, 조직의 효율성과 혁신을 위해서다. 시키지 않아도 일하는 직원들로 구성된 조직이야말로 진정한 경쟁력을 갖춘 조직이며, 이러한 조직을 만드는 것이 리더의 가장 중요한 역할이다.

021 위험을 감수하라

매버릭 리더십

매버릭 리더십은 1800년대 텍사스주의 목장주 새뮤얼 매버릭Samuel Maverick에게서 유래한 개념으로, 그가 자신의 소 떼에 낙인을 찍지 않는 관행에서 비롯되었다. 이 독특한 관행으로 '매버릭'이라는 단어는 관습에 얽매이지 않고 독립적으로 행동하는 사람을 지칭하게 되었으며, 이는 현대의 혁신적 리더십 스타일을 설명하는 개념으로 발전했다. 매버릭 리더십은 기존의 관행과 규범에 도전하고, 독창적인 사고와 접근법을 통해 조직의 변화와 혁신을 이끄는 리더십 스타일로, 급변하는 현대 비즈니스 환경에서 그 중요성이 더욱 부각되고 있다. 매버릭 리더는 기존의 틀을 깨고 새로운 가능성을 모색하며, 이를 통해 조직이 경쟁 우위를 확보하고 지속적인 성장을 이룰 수 있도록 한다. 이러한 리더십 스타일은 단순히 반항적이거나 무모한 것이 아니라, 전략적이고 목적 지향적인 접근법으로, 조직의 혁신과 변화를 위한 필수적인 요소로 인식되고 있다.

독립성과 창의성 그리고 용기

매버릭 리더십의 핵심 특성은 독립적 사고와 창의성, 그리고 위험을 감수하는 용기다. 매버릭 리더는 독립적인 사고를 통해 기존의 관행과 가정에 도전하고, 새로운 관점과 아이디어를 제시한다. 이들은 자신의 신념과 판단을 신뢰하며, 대중의 의견이나 관행을 맹목적으로 따르지 않는다. 사회심리학자 어빙 재니스Irving Janis의 연구에 따르면, 집단사고는 조직 내에서 창의성과 혁신을 저해하는 주요 요인 중 하나인데, 매버릭 리더는 이러한 집단사고의 함정을 피하고 독립적인 사고를 장려함으로써 조직의 창의성과 비판적 사고를 촉진한다. 또한 매버릭 리더는 혁신적이고 창의적인 사고를 통해 문제에 대한 독특한 해결책을 계발하고, 기존의 방식을 뛰어넘는 새로운 접근법을 모색한다. 이들은 '박스 밖에서 생각하는 능력'을 가지고 있으며, 이를 통해 관료주의적 장벽, 자원 부족, 기존 계층 구조의 저항과 같은 조직적 도전을 극복할 수 있다.

매버릭 리더의 또 다른 중요한 특성은 위험을 감수하는 용기다. 이들은 불확실성과 실패의 가능성에도 불구하고 새로운 아이디어와 접근법을 시도하는 데 주저하지 않는다. "너무 멀리 갈 위험을 감수하는 사람만이 얼마나 멀리 갈 수 있는지 알 수 있다"라는 T. S. 엘리엇의 말처럼, 위험을 감수하는 것이다. 이는 무모한 것이 아니라 계산된 것인데, 철저한 준비와 분석을 바탕으로 위험을 평가하고 관리하기 때문이다. 또한 매버릭 리더는 진정성을 가지고 자신의 가치와 신념에 따라 행동하며, 이는 팀원들의 신뢰와 존경을 얻는 데 중요한 역할을 한다. 이들은 자신의 행동과 결정에 책임을 지고, 투명하고 열린 소통을 통해 팀원들과의 관계를 구축한다.

매버릭 리더십이 혁신을 이끄는 데는 여러 이유가 있다. 첫째, 매버릭 리더는 변화의 촉매제 역할을 한다. 이들은 현상 유지에 도전하고, 조직이 새로운 방향으로 나아갈 수 있도록 이끈다. 클레이튼 크리스텐슨의 파괴적 혁신 이론에 따르면, 기존의 성공적인 기업들도 혁신적인 변화에 적응하지 못하면 시장에서 도태될 수 있다. 매버릭 리더는 이러한 파괴적 혁신의 필요성을 인식하고, 조직이 변화에 적응하고 선도할 수 있도록 돕는다. 둘째, 매버릭 리더는 창의적인 문화를 조성한다. 이들은 팀원들이 자유롭게 아이디어를 제시하고 실험하며, 실패로부터 배울 수 있는 환경을 만든다. 하버드대학교 경영대학원 교수인 에이미 에드먼슨Amy Edmondson은 심리적 안전감이 팀의 학습과 혁신에 중요하다고 강조했는데, 매버릭 리더는 이러한 심리적 안전감을 조성하여 팀원들이 두려움 없이 새로운 아이디어를 제안하고 실험할 수 있도록 한다.

셋째, 매버릭 리더는 다양성과 포용성을 중시한다. 이들은 다양한 배경과 관점을 가진 사람들을 팀에 포함시키고, 모든 목소리가 존중받는 문화를 조성한다. 연구에 따르면, 다양한 팀은 더 창의적이고 혁신적인 해결책을 도출하는 경향이 있다. 넷째, 매버릭 리더는 비전을 제시하고 영감을 준다. 이들은 조직의 미래에 대한 명확한 비전을 가지고 있으며, 이를 팀원들과 공유하여 모두가 같은 방향으로 나아갈 수 있도록 한다. 잡스는 "혁신은 변화를 기회로 보는 능력"이라고 했는데, 매버릭 리더는 이러한 기회를 포착하고 팀을 이끌어나간다.

매버릭 리더십의 성공적인 사례로는 잡스, 머스크 그리고 버진그룹Virgin Group의 창업자 리처드 브랜슨Richard Branson 등이 있다. 잡스는 애플을 혁신의 상징으로 만들었으며, 그의 '다르게 생각하라Think Different' 철학은 매버릭 리더십의 정수를 보여준다. 머스크는 테슬라, 스페이스엑스 등을 통해 자동차 산업과 우주 산업에 혁명을 일으키고 있으며, 불가능해 보이는 목표를 설정하고 이를 달성하기 위해 노력하는 모습을 보여주고 있다. 브랜슨은 버진그룹을 통해 다양한 산업에 도전하며, 기존의 관행에 도전하고 고객 중심의 혁신적인 서비스를 제공하는 데 주력하고 있다.

실패는 혁신의 일부

매버릭 리더십은 또한 조직의 혁신 문화 형성에 결정적인 영향을 미친다. 혁신 문화는 단순히 새로운 아이디어를 장려하는 것을 넘어, 실험과 학습, 실패에서 얻는 교훈 그리고 지속적인 개선을 중시하는 문화다. 매버릭 리더는 이러한 문화를 조성하기 위해 다음과 같은 역할을 한다. 첫째, 실험과 학습을 장려한다. 이들은 팀원들이 새로운 아이디어를 시도하고, 실패로부터 배우며, 지속적으로 개선해나갈 수 있는 환경을 만든다. 구글의 '20퍼센트 시간' 정책은 이러한 실험 문화의 좋은 예로, 직원들이 근무 시간의 20퍼센트를 자신의 관심 프로젝트에 할애하도록 하는 것이다. 그 결과 지메일, 구글맵스 등 혁신적인 제품이 탄생했다.

둘째, 실패를 용인하고 이로부터 배운다. 매버릭 리더는 실패를 혁신 과정의 자연스러운 일부로 받아들이고, 이를 비난하기보다는 배움의 기회로 활용한다. 토머스 에디슨은 "나는 실패한 것이 아니라, 단지 작동하지 않는 1만 가지 방법을 발견했을 뿐이다"라고 말했는데, 이는 실패를 통한 학습의 중요성을 강조한다. 셋째, 다양성과 포용성을 촉진한다. 매버릭 리더는 다양한 배경, 경험, 관점을 가진 사람들이 함께 일할 때 더 혁신적인 해결책이 나온다는 것을 이해하고, 이를 적극적으로 장려한다. 넷째, 관료주의를 최소화한다. 매버릭 리더는 불필요한 규칙과 절차를 제거하고, 의사결정 과정을 간소화하여 혁신이 빠르게 이루어질 수 있도록 한다.

매버릭 리더십이 혁신에 미치는 영향은 여러 연구를 통해 입증되고 있다. 맥킨지의 연구에 따르면, 혁신적인 리더십 스타일을 가진 기업은 그렇지 않은 기업보다 재무적 성과가 더 좋은 것으로 나타났다. 또한 컨설팅 기업 딜로이트Deloitte의 연구에서는 혁신적인 문화를 가진 기업이 인재 유치와 유지에 더 성공적이라는 결과가 나왔다. 이는 매버릭 리더십이 조직의 혁신 역량을 강화할 뿐 아니라, 재무적 성과와 인재 관리에도 긍정적인 영향을 미친다는 것을 보여준다.

매버릭 리더십은 급변하는 현대 비즈니스 환경에서 그 중요성이 더욱 부각되고 있다. 디지털 전환, 글로벌화, 지속가능성 등의 도전 과제는 기업들에 새로운 사고방식과 접근법을 요구하고 있으며, 매버릭 리더는 이러한 변화에 적응하고 선도할 수 있는 능력을 가지고 있다. 미래학자 피터 슈워츠Peter Schwartz는 시나리오 플래닝의 중요성을 강조하며, 불확실한 미래에 대비하기 위해서는 다양한 가능성을 탐색하고 준비해야 한다고 주장했다. 매버릭 리더는 이러한 시나리오 플래닝을 통해 조직이 미래의 변화에 대비할 수 있도록 돕는다.

매버릭 리더십의 원칙

매버릭 리더십을 계발하고 실천하기 위해서는 몇 가지 핵심 원칙을 따르는 것이 중요하다. 첫째, 호기심과 학습 의지를 키워야 한다. 매버릭 리더는 끊임없이 새로운 지식과 관점을 탐색하고, 이를 통해 자신의 사고를 확장한다. 둘째, 실패를 두려워하지 않고 실험하는 용기를 가져야 한다. 매버릭 리더는 실패를 학습의 기회로 보고, 이를 통해 성장한다. 셋째, 다양한 관점과 아이디어를 수용하는 개방성을 갖추어야 한다. 매버릭 리더는 자신과 다른 의견을 존중하고, 이를 통해 더 나은 해결책을 찾아낸다. 넷째, 명확한 비전과 목표를 설정하고 이를 효과적으로 소통해야 한다. 즉 매버릭 리더는 모두가 같은 방향으로 나아갈 수 있도록 한다.

하지만 매버릭 리더십은 모든 상황과 조직에 적합한 만능 해결책은 아니다. 이 리더십 스타일은 특히 혁신과 변화가 필요한 상황, 기존의 방식이 더 이상 효과적이지 않은 상황, 그리고 새로운 시장이나 기회를 탐색해야 하는 상황에서 가장 효과적이다. 반면 안정성과 일관성이 중요한 상황, 높은 수준의 규제가 있는 산업, 그리고 위험 회피가 중요한 상황에서는 다른 리더십 스타일이 더 적합할 수 있다. 따라서 매버릭 리더는 상황에 따라 자신의 리더십 스타일을 조정하고, 때로는 다른 접근법과 통합하는 유연성을 가져야 한다.

혁신은 조직의 생존과 성장에 필수 요소이며, 이를 위해서는 적절한 리더십이 필요하다. 매버릭 리더십은 혁신을 촉진하는 데 특히 효과적인 리더십 스타일로, 이는 독립적 사고, 창의성, 위험 감수, 진정성 등의 특성을 통해 조직의 혁신 문화를 형성하고, 변화를 이끌어내는 데 중요한 역할을 한다.

매버릭 리더는 변화를 두려워하지 않고, 오히려 이를 기회로 보는 시각을 가지고 있으며, 이를 통해 조직이 미래의 도전에 대비하고 성공할 수 있도록 돕는다. 피터 드러커의 말처럼, 혁신이란 "변화를 위협이 아닌 기회로 보는 능력"이며, 매버릭 리더는 이러한 능력을 갖추고 조직을 이끌어나간다. 따라서 매버릭 리더십은 현대 비즈니스 환경에서 조직의 혁신과 성장을 위한 핵심 요소로, 그 중요성은 앞으로도 계속해서 증가할 것이다.

022 완벽함을 연기하기보다는 불완전함을 보완하라

완벽주의 신화 1

리더십에 대한 완벽주의 신화는 매혹적이다. 실수하지 않고 언제나 정답을 고르는 강철 같은 리더, 모든 정보를 꿰뚫고 최적해Optimal Solution를 즉시 찾아내는 초인적 지성의 소유자. 전통적 경제학이 그려낸 '합리적 인간'은 이런 모습이었다. 그러나 이러한 이상향은 현실의 리더와 조직에 독이 된다. 인간은 계산기를 품은 신이 아니라, 제한된 주의력과 시간, 불완전한 기억과 감정으로 판단하는 존재다. 행동경제학과 인지과학은 70여 년간 이 사실을 실증적으로 확인했다. 허버트 사이먼Herbert Simon이 '제한된 합리성'으로, 대니얼 카너먼과 아모스 트버스키가 '휴리스틱Heuristic과 편향'으로, 그리고 수많은 후속 연구가 '인지 편향의 지도'로 이 결론을 뒷받침했다. 그러니 리더십의 본질을 재구성해야 한다. 완벽을 가장하는 리더가 아니라 불완전성을 개선하는 리더가 강하다. 그 출발점은 신화를 걷어내고, 편향의 지형을 파악하며, 결정을 더 잘 내리기 위한 조직적 장치를 갖추는 일이다.

완벽주의 신화의 함정

전통적 경제학의 '합리적 인간' 모델은 몇 가지 가혹한 가정을 깔고 있다. 모든 대안을 모두 알고, 결과의 확률 분포를 정확히 인지하며, 무한한 계산 능력으로 최적화한다는 가정이다. 사이먼은 이 모델이 현실과 동떨어진다고 단언했다. 실제 인간은 정보가 불완전하고 시간 제약을 받으며, 인지 능력이 유한하기 때문에 '만족화satisficing', 즉 충분히 좋은 해를 택한다. 사이먼은 최적화의 환상을 버릴수록 더 나은 의사 결정과 설계가 가능하다고 역설했다. 이 통찰은 리더십에 직접 연결된다. 리더는 최적해를 강박적으로 탐색하는 대신 현실적인 목표치를 명시하고, 탐색, 학습, 갱신의 리듬을 설계해야 한다. 그 자체가 고수준의 합리성이다.

하지만 행동경제학이 드러낸 더 불편한 사실은 인간이 한쪽으로 치우치는 경향, 이른바 편향을 가진다는 점이다. 심리적 편향은 주의의 한계, 의미 부여의 왜곡, 신속한 행동 욕구, 기억의 선택성 등 인지 시스템의 다양한 축에서 발생한다. 2010년대 이후 학계와 실무에서 보고된 편향의 목록만 180여 개에 달한다. 앵커링, 가용성, 대표성 같은 휴리스틱 계열부터, 과도한 자기 확신, 확증편향, 후견지명, 프레이밍, 손실 회피, 현상 유지, 계획 오류, 권위편향, 군중 효과 등이 그것이다. 물론 이 모든 편향을 분류하고 열거할 필요는 없다. 다만 어떤 맥락에서 어떤 편향이 작동하는지 진단하고, 그에 알맞은 방지 장치를 배치해야 한다.

리더십과 관련해 가장 흔히 나타나면서도 가장 강력한 편향은 '과잉 확신'이다. 자신의 판단에 대한 과도한 신념, 자신과 조직에 대한 과대 평가가 그것이다. 수많은 연구가 이를 리더십 실패의 핵심 요소로 거듭 확인해왔다. 하버드대학교 연구진은 과잉확신이 직관적 판단에 과도한 신뢰를 부여해 반증 증거를 무시하게 만들고, 리스크를 체계적으로 과소평가하게 만든다고 정리했다. 금융계에서는 CEO의 과잉확신이 투자 집행의 편의 추정, 옵션 가치 과대평가, M&A 후 성과 저하로 연결되는 메커니즘이 보고되었다. 결론은 명확하다. 리더의 확신은 '설득의 무기'가 아니라 '검증의 신호'여야 한다. 확신이 커질수록 반대 근거 수집, 외부 의견 참조가 강화되어야 한다.

판단을 왜곡시키는 편향

리더의 일상적 판단을 비트는 대표적인 편향들은 다음과 같다. 첫째, 정보 처리와 집중의 제약에서 비롯되는 편향이다. 앵커링은 처음 들은 수치나 설명을 과신하게 하고, 가용성은 시의성이 높은 사건을 과대평가하게 한다. 살리언스Salience는 눈에 띄는 지표에 과도하게 몰두하게 한다. 둘째, 신념 유지와 해석의 왜곡이다. 확증편향은 선호하는 가설을 지지하는 증거만 수집 및 기억하게 하고, 나이브 리얼리즘Naive Realism은 자신의 견해를 '현실 그 자체'로 착각하게 한다. 프레이밍 효과는 동일한 선택이라도 표현 방식에 따라 다르게 평가하게 한다. 셋째, 위험, 시간, 노력의 왜곡이다. 손실 회피는 동일 규모의 손실을 이익보다 두 배쯤 더 크게 느끼게 하며, 현상 유지는 변화를 과소 채택하게 한다. 계획 오류는 소요 시간이나 예산을 일관되게 과소 추정하게 하며, 행동편향은 '무위보다 유위'를 과도하게 선호하게 한다. 넷째, 사회적 맥락 편향이다. 권위편향은 지위가 높은 이의 의견에 과도하게 귀 기울이게 하고, 군중 효과와 동조는 무작정 대세를 따르도록 한다. 다섯째, 기억과 평가의 왜곡이다. 피크-엔드Peak-End 규칙은 경험의 최고점과 마지막 순간만으로 전체를 재구성하고, 후견지명은 사후에 '그럴 줄 알았다'라고 기억을 재편집하게 한다. 이 편향들은 서로 겹치면서 증폭된다. 예컨대 대규모 사업과 관련된 의사결정의 경우 앵커링, 가용성, 과잉확신, 계획 오류, 현상 유지가 한 세트처럼 작동한다. 따라서 리더는 복합적인 대책을 설계해야 한다.

완벽주의 신화가 특히 위험한 이유는, 편향을 억누르기보다는 숨기게 만들기 때문이다. '완벽한 리더'의 이미지를 방어하려는 심리는 반대 의견을 위축시키고, 확증편향을 강화하며, 보고 체계를 '좋은 소식 배달망'으로 바꾸어버린다. 그 결과 의사결정은 빨라지되 바보가 된다. 반대로 불완전성을 전제하는 리더는 '인지적 안전장치'를 설계한다. 반대 근거를 의무화하고, 내부 데이터와 충돌하는 외부 기준을 두며, 사전 점검을 절차화한다. 이것이 실제로 결정을 더 잘하게 만든다. 중요한 점은 리더 개인의 훈련만으로는 부족하다는 사실이다. 편향은 개인의 성향이자 시스템의 결과이므로, 리더는 '결정 시스템'을 바꿔야 한다.

"모른다"라고 말할 용기가 필요하다

리더의 과잉확신에 대한 처방은 촘촘할수록 좋다. 첫째, 내부 데이터를 정기적으로 측정하고 개인과 팀 모두 피드백한다. 둘째, 확률로 표현할 수 있도록 훈련한다. 셋째, 지난 분기에 무엇을 확신했고 그 결과가 어떠했는지 공개한다. 넷째, '확신의 언어'를 쓰지 않고, 사전에 정한 문구만으로 소통한다. 다섯째, "나는 이 일과 관련해 과거에 덜 정확했다"라는 문구를 보고서 앞머리에 붙인다. 마음이 불편하겠지만, 부하 직원들에게 신뢰를 얻을 수 있을 것이다.

리더의 시간 배분도 바꿔야 한다. 의사결정의 질은 입력의 질에 좌우된다. 그러니 '입력, 통합, 결정, 학습' 각 단계의 시간을 일정한 비율로 배분해 지키는 게 중요하다. 보통 정보를 더 모으느라 결정이 늦어지며, 반대로 정보가 별로 없는데도 빨리 결론을 내리고 학습을 생략하며 실패를 맛보게 된다. 매우 중요한 결정의 경우 '40:30:20:10'이, 일상적인 결정의 경우 '20:30:30:20'이 시간 배분의 황금비다. 자세한 비율은 조직에 맞게 조정하되, 학습 시간을 지키는 게 가장 중요하다. 제일 경시되는 시간이기 때문이다.

———

완벽주의 신화와 결별하려면 용기가 필요하다. "모른다"라고 답할 용기, "확률로 말하자"라고 제안할 용기, "반대자를 옆자리에 앉히자"를 고집하는 용기가 필요하다. 그 용기의 보상은 생각보다 크다. 조직은 빠르게 겸손해지고, 판단은 느리게 신중해지며, 학습은 꾸준히 빨라질 것이다.

인간은 불완전하고, 시스템은 그 불완전성 위에 세워질 때 강해진다. 리더십은 완벽을 연기하는 재주가 아니라, 불완전성을 설계로 보완하는 기술이다. 그렇게 설계된 리더십은 불확실성의 파도에서 오래 떠 있을 것이다.

023

완벽함을 추구할수록 성과는 감소한다

완벽주의 신화 2

현대 사회에서 완벽주의는 개인적 집착의 영역을 넘어 시대적 정신으로 자리 잡았다. 특히 리더십 분야에서 완벽주의는 마치 성공의 필수 조건인 양 여겨지고 있으며, 많은 리더가 완벽함을 추구하는 것을 미덕으로 인식하고 있다. 하지만 최근의 연구 결과들은 리더십에서 완벽주의가 가져오는 부작용이 그 효과를 압도한다는 사실을 명확히 보여주고 있다. 리더십의 본질은 완벽함이 아니라 적응력과 회복탄력성에 있으며, 완벽주의는 오히려 이러한 핵심 역량을 저해하는 독이 될 수 있다.

조직을 망가뜨리는 완벽주의

완벽주의는 자기지향, 사회부과, 타인지향의 세 차원으로 구분된다. 자기지향 완벽주의는 자신에게 극도로 높은 기준을 적용하는 것이고, 사회부과 완벽주의는 타인이 자신에게 완벽함을 기대한다고 믿는 것이며, 타인지향 완벽주의는 다른 사람들이 완벽해야 한다고 요구하는 것이다. 이 세 가지 차원 모두 리더십에서 심각한 문제를 야기할 수 있다. 잡스의 사례는 타인지향 완벽주의가 리더십에 미치는 부정적 영향을 극명하게 보여준다. 잡스는 애플을 세계적인 기업으로 성장시킨 천재적 리더였지만, 동시에 직원들에게 완벽함을 강요하며 심리적 압박을 가하는 것으로 악명이 높았다. 그의 완벽주의적 리더십 스타일은 단기적으로는 혁신적인 제품을 만들어냈지만, 조직 내부에서는 극도의 스트레스와 번아웃을 야기했다.

최근 연구에 따르면 리더의 완벽주의는 부하직원들에게 이중의 영향을 미친다. 한편으로는 높은 기준을 통해 직원들의 열정을 자극할 수 있지만, 다른 한편으로는 과도한 성과 압박으로 직원들의 성과를 저하시킬 수 있다. 특히 자기효능감이 낮은 직원들은 완벽주의적 리더 아래서 더욱 큰 스트레스를 받으며 성과가 떨어지는 경향을 보인다. 이는 완벽주의가 리더십의 핵심 목표인 성과 향상에 도움이 되기는커녕 오히려 방해가 될 수 있음을 시사한다.

완벽주의적 리더들은 종종 미세관리에 빠지는 경향을 보인다. 이들은 모든 것이 자신의 기준에 맞아야 한다고 생각하기 때문에 부하직원들의 업무에 과도하게 개입하곤 하는데, 이는 직원들의 자율성과 창의성을 심각하게 제약한다. 구글은 '20퍼센트 시간' 제도를 통해 직원들이 자유롭게 창의적 프로젝트를 진행할 수 있도록 허용했는데, 이러한 접근법은 완벽주의와 정반대의 철학을 보여준다. 구글의 많은 혁신적 서비스가 이러한 '불완전한' 실험에서 탄생했다는 사실은 완벽주의가 혁신의 적이 될 수 있음을 보여준다.

완벽주의는 또한 의사결정 마비를 야기할 수 있다. 완벽한 정보와 완

　　　　　　　　　　　　　　　　　　　　　　2부 리더십

벽한 해답을 찾으려 하다 보면 결정적인 순간을 놓치게 되고, 이는 빠르게 변화하는 현대 비즈니스 환경에서 치명적인 약점이 될 수 있다. 아마존의 제프 베이조스는 "70퍼센트 정도의 정보만 있어도 의사결정을 내려야 한다"라고 강조했는데, 이는 완벽함보다는 속도와 적응력이 더 중요하다는 인식을 반영한다. 베이조스의 이러한 철학은 아마존이 전자상거래에서 클라우드 컴퓨팅, AI까지 다양한 분야로 사업을 확장할 수 있게 한 원동력이었다.

번아웃과 스트레스

완벽주의의 가장 큰 문제 중 하나는 실패에 대한 두려움을 증폭시킨다는 점이다. 완벽주의적 리더들은 실패를 용납하지 않으려 하는데, 이는 조직 전체에 위험 회피 문화를 조성한다. 하지만 혁신과 성장은 본질적으로 실패의 위험을 수반하며, 실패를 통해 학습하고 개선하는 과정이 없다면 진정한 발전은 불가능하다. 3M의 경우 '실패를 축하하는 문화'를 조성하여 직원들이 과감한 실험을 할 수 있도록 격려했고, 이를 통해 포스트잇과 같은 혁신적 제품들을 개발할 수 있었다. 만약 3M이 완벽주의적 문화를 가지고 있었다면 이처럼 우연한 발견들은 실패로 치부되어 버려졌을 것이다.

완벽주의는 또한 번아웃과 스트레스를 증가시킨다. 노스웨스턴대학교 켈로그경영대학원의 연구에 따르면, 완벽주의적 리더 아래에서 일하는 직원들은 극도의 미세관리, 완벽한 답변에 대한 요구, 의사결정 마비, 지연, 그리고 사기 저하를 경험한다. 완벽주의자에게는 아무것도 마음에 들지 않으며, 이는 특히 필수적인 것과 단순히 바람직한 것을 구분하지 못할 때 더욱 해롭다. 낮은 가치의 업무에 높은 우선순위를 부여할 때, 완벽주의는 시간과 자원을 훔치는 도둑이 된다.

현대 사회에서 완벽주의의 증가 추세는 특히 우려스럽다. 2017년 캐나다 토론토의 초중고 학생 2만 5000명을 대상으로 한 조사에서 두 명 중 한 명 이상이 완벽해져야 한다는 필요성을 느낀다고 답했으며, 1988년과 2016년의 비교 연구에서는 특히 사회부과 완벽주의가 급격히 증가한 것으로 나타났다. 이러한 경향은 미래의 리더들이 더욱 완벽주의적 성향을 가질 가능성이 크다는 것을 의미하므로, 이에 대한 적극적인 대응이 필요하다.

완벽주의가 성과에 미치는 영향에 대한 메타분석 결과는 더욱 충격적이다. 학교에서의 성과를 연구한 14건의 연구를 종합한 결과 성취도 향상 효과는 발견되지 않았으며, 직장에서의 완벽주의 영향을 조사한 10건의 연구를 종합한 결과에서도 완벽주의와 업무 성과 사이에는 아무런 관계가 없는 것으로 나타났다. 이는 완벽주의자들이 투자하는 시간과 노력에도 불구하고 실제 성과 면에서는 별다른 이점이 없다는 것을 의미한다. 오히려 완벽주의는 '성공의 역설'을 만들어내는데, 완벽함을 추구할수록 실제 성과는 정체되거나 감소할 수 있다.

완벽주의자와 리더는 다르다

완벽주의를 버리고 효과적인 리더십을 발휘하기 위해서는 몇 가지 핵심 원칙을 따라야 한다. 첫째, 진보보다는 완벽함을 추구하는 사고방식을 버려야 한다. 링크드인의 연구에 따르면, 완벽주의는 혁신을 억제할 수 있으며, 특히 과도한 신중함, 마비, 또는 위험 회피로 이어질 때 그렇다. 진정한 혁신을 추진하고 지속적인 성공을 달성하기 위해서는 개인과 조직이 불완전함을 받아들이고, 실험을 축하하며, 혼신이 지속적인 여정임을 인식해야 한다.

둘째, 실패를 학습의 기회로 받아들이는 문화를 조성해야 한다. 그 랜드캐니언대학교의 연구에 따르면, 리더가 불편한 감정을 느낄 수 있도록 허용하고, 자기연민을 실천하며, 실패의 원인을 깊이 성찰하고, 성장 마인드셋을 채택했을 때 실패를 생산적으로 받아들일 수 있다. 에디슨의 전구 개발 과정은 이러한 접근법의 완벽한 사례다. 에디슨은 완벽한 필라멘트를 만들기 위해 수천 번의 실패를 감수했다. 만약 에디슨이 완벽주의에 사로잡혀 있었다면 세상을 바꾼 발명을 이루어내지 못했을 것이다.

셋째, 적응력과 민첩성을 우선시해야 한다. 현대의 역동적인 시장에서 혁신의 궁극적인 판단자는 소비자다. 아무리 '완벽한' 혁신이라도 시장에 도달하지 못한다면 영향을 미칠 기회가 없다. 따라서 조직은 현재의 필요를 충족하는 솔루션을 제공하는 것을 우선시해야 한다. 내부 기준에 완벽히 부합하지 않더라도 빠르게 적용하고, 피드백에 응답하며, 지속적으로 개선할 수 있는 능력이 달성 불가능한 이상을 추구하는 것보다 훨씬 가치 있다.

넷째, 감정지능을 개발해야 한다. 완벽주의는 종종 감정적 미성숙과 연결되어 있는데, 특히 좌절과 실망에 낮은 내성을 보인다. 예일대학교의 감정지능센터에서 개발한 RULER 접근법(인식 Recognizing, 이해 Understanding, 라벨링 Labeling, 표현 Expressing, 조절 Regulating)은 리더들이 자신과 타인의 감정을 더 효과적으로 관리할 수 있도록 도와준다. 감정지능이 높은 리더들은 완벽하지 않은 상황에서도 침착함을 유지하고 건설적인 해결책을 찾을 수 있다.

다섯째, 시스템 사고를 도입해야 한다. 완벽주의는 종종 세부사항에 매몰되어 전체적인 그림을 놓치게 만든다. 시스템 사고는 개별 요소 간의 상호작용과 전체적인 패턴을 이해하는 데 도움을 주며, 이를 통해 리더들은 완벽하지 않은 개별 요소들이 어떻게 전체적으로 우수한 결과를 만들어내는지 이해할 수 있다. 토요타의 적기생산방식Just-in-Time이 성공할 수 있었던 것도 개별 공정의 완벽함보다는 전체 시스템의 효율성에 초점을 맞췄기 때문이다.

여섯째, 지속적인 피드백 루프를 구축해야 한다. 완벽주의자들은 종종 피드백을 비판으로 받아들이고 방어적으로 반응하지만, 효과적인 리더들은 피드백을 성장의 기회로 활용한다. 넷플릭스의 '360도 피드백' 문화는 모든 직원이 상급자를 포함해 동료들로부터 솔직한 피드백을 받을 수 있는 환경을 조성한다. 이러한 문화는 완벽함보다는 지속적인 개선을 중시하며, 조직 전체의 학습 능력을 향상시킨다.

―――――

현대의 리더들은 완벽주의라는 환상에서 벗어나야 한다. 완벽주의는 표면적으로는 높은 기준과 우수성 추구로 포장되지만, 실제로는 혁신을 억제하고, 직원들을 위축시키며, 조직의 적응력을 떨어뜨리는 독이다. 진정한 리더십은 완벽함이 아니라 불완전함을 받아들이고, 실패에서 배우며, 지속적으로 개선해나가는 능력이다. 변화무쌍한 현대 비즈니스 환경에서 생존하고 번영하기 위해서는 완벽주의를 버리고 적응력, 회복탄력성 그리고 학습 능력을 갖춘 리더십으로 전환해야 한다. 완벽함을 추구하는 대신 진보를 추구하고, 실패를 두려워하는 대신 실험을 장려하며, 통제하려 하는 대신 신뢰하고 위임하는 리더십이야말로 21세기가 요구하는 진정한 리더십이다.

024 완벽한 선택에 대한 강박이 의사결정을 망친다

완벽주의 신화 3

현대 리더십의 가장 위험한 함정 중 하나는 FOBO 증후군이다. '더 나은 선택지가 있을 수도 있다는 두려움Fear of Better Options'으로 인해 결정을 내리지 못하는 이 현상은 개인의 문제를 넘어 조직 전체의 생산성과 경쟁력을 심각하게 훼손하는 독이 되고 있다. 특히 빅데이터와 AI가 제공하는 무한한 정보와 선택지 앞에서 현대의 리더들은 과거 어느 때보다 결정 마비에 빠지기 쉬운 환경에 노출되어 있다. FOBO는 단순한 우유부단함이 아니라 리더십의 핵심인 의사결정 능력을 근본적으로 마비시키는 현대적 질병이며, 이를 극복하지 못하는 리더는 조직을 파멸로 이끌 수 있다.

더 나은 선택이라는 함정

FOBO 증후군은 완벽한 선택을 추구하려는 강박에서 비롯된다. 리더들은 모든 가능성을 검토하고 최적의 결과를 보장하려 하지만, 이러한 접근법은 역설적으로 기회를 놓치고 경쟁력을 상실하게 만든다. 스타벅스가 8만 가지 음료 조합을 자랑하고, 아마존이 200만 개 업체의 상품을 제공하며, 넷플릭스가 무한한 콘텐츠를 쏟아내는 시대에 리더들 역시 무수한 전략적 선택지 앞에서 혼란에 빠진다. 하지만 선택의 풍요로움이 반드시 더 나은 결과를 보장하지는 않는다는 사실을 간과해서는 안 된다.

코카콜라의 사례는 FOBO가 어떻게 기업을 위기로 몰아넣을 수 있는지 보여주는 전형적인 예다. 1985년 코카콜라는 펩시의 도전에 맞서기 위해 새로운 맛의 콜라인 '뉴코크New Coke'를 출시했다. 하지만 이 결정은 수많은 시장조사와 분석에도 불구하고 참담한 실패로 끝났다. 문제는 코카콜라 경영진이 너무 많은 데이터와 선택지를 고려하느라 브랜드의 본질적 가치를 놓쳤다는 점이다. 코카콜라는 결국 79일 만에 뉴코크를 포기해야 했는데, 이는 FOBO가 얼마나 치명적인 결과를 가져올 수 있는지 보여주는 교훈이 되었다.

반면 아마존의 베이조스는 FOBO를 극복한 대표적인 리더로 평가받는다. 그는 완벽한 정보를 기다리다가 기회를 놓치는 것보다 불완전한 정보로라도 빠르게 결정하고 실행하는 것이 더 중요하다고 믿었다. 이러한 접근법 덕분에 아마존은 전자상거래에서 클라우드 컴퓨팅, AI까지 다양한 분야로 사업을 확장할 수 있었다. 베이조스의 'Day 1' 정신은 바로 이러한 결단력 있는 의사결정 문화에서 나온 것이다.

FOBO가 조직에 미치는 피해는 생산성 저하에서 시작된다. 리더가 결정을 미루면 팀원들은 다음 지시를 기다리느라 시간을 낭비하게 되고, 이는 전체 조직의 효율성을 떨어뜨린다. 더 심각한 문제는 FOBO가 만드는 '분석 마비' 현상이다. 더 많은 데이터와 보고서를 요구하며 결정을 계속 미루는 문화가 형성되면, 조직은 실행력을 잃고 경쟁에서 뒤처지게 된다. 특히 빠르게 변화하는 디지털 시대에는 이러한 지연이 치명적인 결과를 가져올 수 있다.

FOBO가 특히 위험한 이유는 그것이 본질적으로 이기적인 행동이기 때문이다. FOBO에 빠진 리더들은 자신의 안전을 우선시하기 때문에 조직의 이익보다는 개인의 위험 회피에 집중한다. 그들은 단기적인 목표 달성에만 매달리며 장기적인 비전과 전략을 무시한다. 이러한 태도는 조직 전체의 사기를 떨어뜨리고 혁신 역량을 저해한다.

FOBO와 비교해서 살펴봐야 하는 개념으로 FOMO가 있다. 이 개념은 다른 사람들이 경험하거나 누리고 있는 보상적 경험에서 '자신이 빠져 있다는 불안과 걱정Fear of Missing Out'을 의미한다. 2004년에 처음 등장한 이 개념은 2010년 이후 소셜미디어의 확산과 함께 대중적으로 널리 알려졌으며, 2013년 《옥스퍼드 영어사전》에 공식 등재되었다. 사회적 연결과 소속감을 갈망하는 인간의 본성에서 비롯된 이 심리는 만족감 부족, 외로움, 심지어 분노의 감정까지 일으키며 정신건강에 부정적인 영향을 끼칠 수 있다.

FOMO는 주로 소셜미디어 사용과 긴밀한 관련을 맺는다. 페이스북, 인스타그램, 스냅챗 등에서 다른 사람들의 활동을 실시간으로 확인하며 '내가 뭔가를 놓치고 있는 게 아닐까' 하는 불안을 느낀다. 이러한 불안은 사용자가 끊임없이 알림을 확인하게 만들고, 결과적으로 집중력의 분산과 스트레스의 증가를 초래한다.

이런 심리 현상은 소비자 행동에도 깊은 영향을 미친다. FOMO는 과도한 소비, 충동구매, 불필요한 사회적 지출로 이어지기도 하며, 그로 인해 개인의 재정 불안정을 야기한다. 특히 금융 시장에서도 투자 결정에 영향을 주어, 과대평가된 자산에 투자하거나 무분별한 잠재 위험을 감수하게 만드는 경향이 있다.

FOBO를 극복하는 다섯 가지 방법

FOBO를 극복하는 첫째 단계는 명확한 우선순위 설정이다. 리더는 조직의 핵심 가치와 목표를 명확히 정의하고, 이를 바탕으로 의사결정 기준을 수립해야 한다. 모든 선택지를 동등하게 고려하는 것이 아니라, 조직의 미션과 비전에 부합하는 선택지에 집중해야 한다. 애플의 잡스는 "혁신은 1,000가지 일에 '아니오'라고 말하는 것"이라고 했는데, 이는 FOBO 극복의 핵심을 보여주는 명언이다.

둘째는 시간 제한을 두는 것이다. 의사결정에 무한정 시간을 투자하는 것을 방지하기 위해 명확한 데드라인을 설정해야 한다. 아마존은 '원웨이도어One-Way Door'와 '투웨이도어Two-Way Door' 개념을 도입해 되돌릴 수 없는 중요한 결정과 수정 가능한 일반적인 결정을 구분하고, 각각에 적절한 시간을 배분한다. 이로써 FOBO로 인한 시간 낭비를 방지한다.

셋째는 실패를 학습의 기회로 받아들이는 문화 조성이다. FOBO의 근본 원인 중 하나는 실패에 대한 두려움이므로, 조직 내에서 실패를 용인하고 이를 통해 학습하는 문화를 만들어야 한다. 구글의 '실패 파티'나 아마존의 '실패 상'과 같은 제도는 실패를 긍정적으로 받아들이는 조직문화의 좋은 예다.

네 번째는 다양한 관점을 수용하되 결정권은 명확히 하는 것이다. 의사결정 과정에서 다양한 의견을 수렴하는 것은 중요하지만, 최종 결정권자를 명확히 하여 결정 마비를 방지해야 한다. 아마존의 '의견을 내고 헌신하라' 원칙은 이러한 접근법의 좋은 예다. 팀원들이 의견을 제시하고 토론하되, 최종 결정이 내려지면 모두가 그 결정에 헌신하는 문화를 만든 것이다.

다섯째는 데이터에 의존하되 직감도 중시하는 균형 잡힌 접근법이다. 빅데이터 시대에 데이터 분석은 중요하지만, 모든 것을 데이터로만 판단하려 하면 FOBO에 빠질 위험이 있다. 성공한 리더들은 데이터와 직감을 적절히 조합하여 의사결정을 내린다. 잡스는 "고객들은 자신이 무엇을 원하는지 모른다"라며 시장조사보다는 직감을 중시했고, 이를 통해 혁신적인 제품들을 만들어냈다.

"실패는 옵션이다"

FOBO 극복을 위해서는 개인적 차원의 노력도 필요하다. 리더는 소셜미디어와 정보 과부하로부터 자신을 보호해야 한다. 펜실베이니아대학교의 연구에 따르면 소셜미디어 사용을 줄인 사람들은 불안과 우울감이 감소했다고 한다. 리더들도 마찬가지로 불필요한 정보 노출을 줄이고 핵심적인 정보에만 집중하는 습관을 길러야 한다.

또한 명상 같은 정신적 훈련도 도움이 된다. 구글, 애플, 골드만삭스 등 많은 기업이 임직원들에게 명상 프로그램을 제공하는 이유도 여기에 있다. 명상은 마음을 차분하게 하고 집중력을 높여 더 나은 의사결정을 할 수 있게 도와준다.

FOBO는 조직의 혁신 역량을 심각하게 저해한다. 혁신은 본질적으로 불확실성을 수반하며, 완벽한 정보가 없는 상황에서도 과감한 결정을 내려야 한다. 하지만 FOBO에 빠진 조직은 안전한 선택만을 추구하는 탓에 혁신의 기회를 놓친다. 코닥이 디지털카메라 기술을 개발했는데도 기존 필름 사업을 포기하지 못해 결국 파산한 것은 FOBO의 전형적인 사례다.

반면 머스크는 FOBO를 극복하고 과감한 도전을 계속해왔다. 전기차 시장이 불확실한 상황에서도 테슬라에 투자했고, 우주 사업이라는 전혀 다른 분야에도 진출했다. 머스크는 "실패는 옵션이다. 만약 실패하지 않는다면 충분히 혁신적이지 않은 것이다"라고 말했는데, 이는 FOBO를 극복한 리더의 마인드셋을 잘 보여준다.

FOBO를 극복하기 위해서는 조직 차원의 시스템적 접근도 필요하다. 의사결정 프로세스를 체계화하고, 단계별로 명확한 기준과 시간 제한을 설정해야 한다. 또한 의사결정의 결과를 추적하고 평가하는 시스템을 구축하여 지속적인 개선을 도모해야 한다.

———

FOBO는 현대 리더들이 반드시 극복해야 할 과제다. 정보의 홍수 속에서 올바른 결정을 내리는 것은 쉽지 않지만, 이것이야말로 진정한 리더십의 핵심이다. FOBO를 극복한 리더는 불확실한 환경에서도 조직을 올바른 방향으로 이끌 수 있으며, 이는 21세기 리더에게 요구되는 가장 중요한 역량 중 하나다. 결국 리더의 가치는 완벽한 결정을 내리는 것이 아니라, 불완전한 정보 속에서도 조직을 위한 최선의 선택을 하고 그 결과에 책임지는 것에 있다.

025 심판이 아니라 코치가 되어라

필패 신드롬

리더십의 세계에서 가장 위험한 함정 중 하나는 자신의 편향된 시각이 조직 구성원들의 성과와 잠재력을 어떻게 제한할 수 있는지 인식하지 못하는 것이다. 스위스 국제경영개발대학원의 학장이자 리더십 분야의 세계적 석학인 장프랑수아 만초니Jean-Francois Manzoni와 그의 동료 장루이 바르수Jean-Louis Barsoux는 '필패 신드롬The Set-Up-To-Fail Syndrome'이라는 개념을 통해 이 문제의 심각성을 조명한 바 있다. 필패 신드롬이란 리더가 특정 구성원에 대해 부정적인 인식을 형성하면, 그 구성원이 실제로 그 인식에 부합하는 행동을 보이게 되는 현상을 말한다. 만초니는 3,000여 명의 기업 리더를 심층 인터뷰한 결과를 바탕으로, 무능해 보이는 직원 뒤에는 그를 그렇게 만든 상사가 있다는 충격적인 사실을 밝혀냈다. 이는 단순히 상사의 책임을 강조하는 것이 아니라, 리더의 인식과 행동이 어떻게 조직 전체의 성과와 문화에 영향을 미치는지에 대한 근본적인 통찰을 제공한다.

꼬리표가 부른 악순환

필패 신드롬은 '역逆 피그말리온 효과'라고도 불리는데, 이는 긍정적 기대가 긍정적 결과를 낳는다는 피그말리온 효과의 반대 개념이다. 리더가 부하에게 '능력 부족'이라는 꼬리표를 달면, 그 직원은 실제로 무능한 사람이 되어버리는 악순환이 발생한다. 이 과정은 대개 리더의 편향된 판단에서 시작된다. 한 직원이 작은 실수를 하거나 기대에 미치지 못하는 성과를 보이면, 리더는 그 직원에 대해 부정적인 인식을 형성하게 된다. 이러한 인식은 확증편향을 통해 강화되는데, 리더는 자신의 판단을 뒷받침하는 증거만을 선택적으로 수집하고 해석하게 된다. 심리학자 카너먼이 지적했듯이, 인간은 자신의 기존 믿음을 확인하는 정보에 더 큰 가중치를 두는 경향이 있으며, 이는 리더십과 관련해 특히 문제가 될 수 있다.

필패 신드롬의 가장 위험한 측면은 그것이 자기충족적 예언으로 작용한다는 점이다. 리더가 특정 직원에 대해 부정적인 기대를 형성하면, 그 기대는 리더의 행동에 영향을 미치게 된다. 리더는 해당 직원에게 덜 도전적인 과제를 부여하고, 더 많은 감시와 통제를 가하며, 성과에 대한 피드백을 줄이는 경향을 보인다. 또한 공개적인 자리에서 해당 직원을 비판하거나 무시하는 행동을 보이기도 한다. 이러한 리더의 행동은 직원의 자신감과 동기를 저하시키고, 결국 실제 성과 하락으로 이어진다. 직원의 성과가 하락하면 리더는 자신의 초기 판단이 옳았다고 확신하게 되고, 더욱 부정적인 행동을 보이게 되는 악순환이 형성된다. 이는 마치 한때 푸른 잎을 가득 달았던 화초가 적절한 관심과 영양분을 받지 못해 시들어가는 과정과 유사하다.

필패 신드롬은 개인의 성과뿐 아니라 조직 전체에도 심각한 영향을 미친다. 연구에 따르면, 리더의 부정적 기대로 인해 직원들은 자신의 잠재력을 최대 30~40퍼센트까지 발휘하지 못하는 것으로 나타났다. 한마디로 조직 전체의 생산성과 혁신 역량에 상당한 손실을 미치는 것이다. 또한 필패 신드롬은 조직문화에도 부정적인 영향을 미쳐, 신뢰의 부재, 소통의 단절, 협력의 감소로 이어질 수 있다. 특히 리더가 일부 직원들을 '내부 서클'과 '외부 서클'로 구분하여 대우할 경우, 팀 내 분열과 갈등이 심화될 수 있다. 이러한 현상은 마이크로소프트가 과거 실시했던 '스택 랭킹Stack Ranking' 시스템에서 명확히 드러났다. 이 시스템은 성과에 따라 직원들을 등급으로 나누는 것이었는데, 이로 인해 팀 내 경쟁이 심화되고 협력이 저해되는 결과를 낳았다. 결국 마이크로소프트는 2013년 이 시스템을 폐지하고, 보다 협력적이고 성장 지향적인 평가 시스템을 도입했다.

필패 신드롬의 또 다른 중요한 측면은 그것이 리더 자신에게도 부정적인 영향을 미친다는 점이다. 리더가 특정 직원을 '문제 직원'으로 낙인찍으면, 리더 자신도 그 직원과의 관계에서 더 많은 스트레스와 불만을 경험하게 된다. 또한 리더는 문제 직원을 관리하는 데 과도한 시간과 에너지를 소비하게 되어 다른 중요한 리더십 책임에 소홀해질 수 있다. 더욱이 리더의 이러한 행동은 다른 팀원들에게도 부정적인 신호를 보내 리더에 대한 신뢰와 존경을 저하시킬 수 있다. 구글의 프로젝트 아리스토텔레스에서 밝혀진 바와 같이, 심리적 안전감은 고성과 팀의 가장 중요한 특성 중 하나인데, 필패 신드롬은 이러한 심리적 안전감을 심각하게 훼손할 수 있다.

감정지능을 높여라

필패 신드롬을 극복하기 위해서는 리더가 자신의 인식과 행동 패턴을 깨닫고 변화시켜야 한다. 첫째, 리더는 자신의 편향을 인식하고 이를 관리해야 한다. 모든 인간은 편향을 가지고 있지만, 리더는 특히 확증편향을 경계하고, 자신의 초기 판단에 반하는 증거도 열린 마음으로 수용해야 한다. 둘째, 리더는 모든 팀원에게 공정한 기회와 지원을 제공해야 한다. 모든 직원을 동일하게 대우해야 한다는 것이 아니라, 각 직원의 고유한 강점과 발전 영역을 고려한 맞춤형 지원을 제공해야 한다는 것이다. 셋째, 리더는 건설적인 피드백 문화를 조성해야 한다. 피드백은 구체적이고 행동 중심적이며, 개발 지향적이어야 한다. 또한 피드백은 일방적인 전달이 아닌 상호 대화의 형태로 이루어져야 한다.

필패 신드롬은 특히 다양성과 포용성의 관점에서도 중요한 의미를 가진다. 연구에 따르면, 리더의 무의식적 편향은 특히 자신과 다른 배경, 성별, 인종, 문화적 특성을 가진 직원들에게 더 강하게 작용할 수 있다. 이는 조직 내 다양한 인재들의 잠재력을 억누르는 장벽이 될 수 있다. 따라서 리더의 무의식적 편향을 인식하고 관리하기 위한 훈련과 교육이 필요하다. 구글, 메타, 마이크로소프트 등 많은 기업이 이러한 무의식적 편향 훈련 프로그램을 도입하여 리더들이 더 포용적인 리더십을 발휘할 수 있도록 지원하고 있다.

필패 신드롬의 또 다른 중요한 측면은 그것이 조직의 혁신 역량에 미치는 영향이다. 리더가 특정 직원들에게 부정적인 기대를 형성하면, 그 직원들은 위험을 감수하고 새로운 아이디어를 제안하는 것을 꺼리게 된다. 이는 조직의 창의성과 혁신을 저해하는 요소가 될 수 있다. 반면 리더가 모든 직원의 잠재력을 믿고 그들에게 실험과 학습의 기회를 제공한다면 조직의 혁신 역량은 크게 향상될 수 있다. 3M의 '15퍼센트 룰'은 이러한 접근의 좋은 예다. 이 규칙은 직원들이 근무 시간의 15퍼센트를 자신이 관심 있는 프로젝트에 자유롭게 사용할 수 있도록 하는 것으로, 그 결과는 포스트잇과 같은 혁신적인 제품의 탄생으로 이어졌다. 이는 리더가 직원들의 창의성과 자율성을 신뢰할 때 얻을 수 있는 성과를 보여주는 사례다.

필패 신드롬은 또한 리더의 감정지능과도 밀접한 관련이 있다. 감정지능이 높은 리더는 자신의 감정과 편향을 인식하고 관리할 수 있으며, 다른 사람의 감정과 관점을 이해하고 공감할 수 있다. 이러한 능력은 필패 신드롬을 예방하고 극복하는 데 중요한 역할을 한다. 감정지능의 개념을 대중화한 심리학자 골먼에 따르면, 감정지능은 효과적인 리더십의 약 90퍼센트를 설명하는 핵심 요소다. 따라서 리더는 자신의 감정지능을 계발하고 향상시키기 위해 지속적인 노력을 기울여야 한다. 이를 위해 자기인식, 자기관리, 사회적 인식, 관계 관리의 네 가지 핵심 영역에서 역량을 계발하는 것이 중요하다.

직원의 성장을 돕는 봉사형 리더십

필패 신드롬의 극복은 리더가 '판단자'에서 '코치'로 역할을 전환할 것을 요구한다. 판단자로서의 리더는 직원의 성과를 평가하고 결함을 지적하는 데 중점을 두는 반면, 코치로서의 리더는 직원의 성장과 발전을 지원하는 데 중점을 둔다. 코칭 접근법은 직원이 자신의 잠재력을 최대한 발휘할 수 있도록 돕는 것을 목표로 하며, 이는 질문, 경청, 피드백, 지원을 통해 이루어진다. 구글의 '프로젝트 옥시젠Project Oxygen' 에서 밝혀진 바와 같이, 좋은 코치가 되는 것은 효과적인 리더의 핵심 특성 중 하나다. 코칭 접근법을 통해 리더는 직원들이 자신의 강점을 발견하고 개발하며, 도전적인 목표를 설정하고 달성할 수 있도록 지원할 수 있다.

필패 신드롬은 리더십의 본질에 대한 깊은 통찰을 제공한다. 리더십은 단순히 지시하고 통제하는 것이 아니라, 다른 사람들이 자신의 잠재력을 최대한 발휘할 수 있도록 환경을 조성하는 것이다. 이는 리더가 자신의 권력과 영향력을 어떻게 사용하느냐에 따라, 조직과 구성원들에게 긍정적, 또는 부정적인 영향을 미칠 수 있음을 의미한다. 진정한 리더십은 다른 사람들의 성장과 성공을 위해 자신의 권력을 사용하는 '봉사형 리더십Servant Leadership'의 형태로 나타난다. 로버트 그린리프Robert Greenleaf가 제안한 이 개념에 따르면, 진정한 리더는 먼저 다른 사람들에게 봉사하고자 하는 욕구에서 행동하며, 이를 통해 그들이 더 건강하고 더 지혜롭고 더 자유롭고 더 자율적이 되도록 돕는다. 이러한 접근법은 필패 신드롬을 예방하고, 모든 구성원이 자신의 잠재력을 최대한 발휘할 수 있는 환경을 조성하는 데 기여할 수 있다.

필패 신드롬의 인식과 극복은 리더의 지속적인 학습과 발전 여정의 일부다. 이는 훈련이나 워크숍 한 번으로 해결될 수 있는 문제가 아니다. 리더의 지속적인 자기성찰과 행동 변화가 따라야 한다. 리더는 자신의 편향과 행동 패턴을 인식하고, 모든 팀원의 잠재력을 믿으며, 그들의 성장과 발전을 지원하는 접근법을 개발해야 한다. 이러한 여정은 쉽지 않을 수 있지만, 그 결과는 리더 자신과 팀, 그리고 조직 전체에 큰 가치를 가져다줄 것이다. 필패 신드롬을 극복하는 것은 단순히 부정적인 결과를 방지하는 것을 넘어, 모든 구성원이 최선을 다해 기여하고 성장할 수 있는 긍정적이고 역동적인 조직문화를 창출하는 것을 의미한다.

필패 신드롬은 리더십의 새로운 측면을 조명함으로써, 리더가 자신의 인식과 행동이 조직과 구성원들에게 미치는 영향을 더 깊이 이해하도록 돕는다. 이는 리더가 자신의 편향을 인식하고 관리하며, 모든 팀원의 잠재력을 믿고 지원하는 더 효과적이고 포용적인 리더십을 발휘할 수 있도록 안내한다. 필패 신드롬의 인식과 극복은 단순히 개인적인 리더십의 향상을 넘어, 더 건강하고 생산적이며 혁신적인 조직문화를 조성하는 기반이 될 수 있다. 이는 현대의 복잡하고 빠르게 변화하는 비즈니스 환경에서 조직의 지속 가능한 성공을 위한 핵심 요소가 될 것이다.

026 비워야 채워진다

마음챙김

현대 사회에서 리더십의 중요성이 더욱 부각되면서, '마음챙김Mindfulness'이 리더들에게 필수적인 훈련으로 주목받고 있다. 마음챙김은 현재의 순간에 주의를 기울이고, 그 순간을 명료하게 인식하는 능력을 의미한다. 이는 단순한 명상 기법을 넘어선 삶의 방식이자 태도로, 리더십에 적용될 때 큰 변화를 가져올 수 있다.

아무것도 하지 않는 시간

울리히 슈나벨Ulrich Schnabel의 《아무것도 하지 않는 시간의 힘》은 현대 사회의 바쁨과 스트레스에 대한 해법으로 '아무것도 하지 않는 시간'의 중요성을 강조한다. 슈나벨은 끊임없이 무언가를 해야 한다는 압박감이 오히려 생산성과 창의성을 저하한다고 주장한다. 그는 "편안히 쉴 때 우리 몸은 오히려 놀라울 정도로 활발히 활동한다"라고 설명하며, 이 시간 동안 우리의 몸과 마음이 회복과 재생 과정에 몰두하고,

동시에 기억력과 자신감, 창의력을 키우는 작용을 한다고 말한다.

이러한 관점은 리더십에도 중요한 시사점을 제공한다. 리더들은 종종 끊임없는 의사결정과 문제 해결에 시달리는데, 이는 스트레스와 번아웃으로 이어질 수 있다. 마음챙김 훈련은 리더들에게 아무것도 하지 않는 시간을 제공함으로써, 더 나은 의사결정과 창의적인 문제 해결 능력을 갖출 수 있게 한다.

조셉 골드스타인Joseph Goldstein의 《마인드풀니스》는 마음챙김의 본질과 실천 방법을 깊이 있게 다룬다. 골드스타인은 마음챙김이 단순히 스트레스 해소를 위한 도구가 아니라, 우리의 삶과 경험을 근본적으로 변화시킬 수 있는 강력한 방법이라고 주장한다. 그는 마음챙김을 통해 우리가 자신의 생각과 감정, 그리고 주변 환경을 더 명확하게 인식할 수 있게 되며, 이를 통해 더 현명한 선택을 할 수 있게 된다고 설명한다.

리더십의 관점에서 이는 매우 중요한 의미를 가진다. 리더는 복잡한 상황에서 빠르고 정확한 판단을 내려야 하는 경우가 많다. 마음챙김 훈련을 통해 리더는 자신의 내면과 외부 환경을 더 명확하게 인식할 수 있게 되며, 이는 더 나은 의사결정으로 이어질 수 있다.

멍 때리기와 창의성의 관계

마음챙김이 리더십에 필요한 이유는 여러 가지가 있다. 첫째, 자기인식의 수준을 높인다. 골먼의 감정지능 이론에 따르면, 자기인식은 효과적인 리더십의 기초가 된다. 리더가 자신의 감정과 생각, 행동 패턴을 명확히 인식할 때, 더 나은 의사결정을 내릴 수 있고 타인과의 관계도 개선할 수 있다.

둘째, 스트레스 관리에 도움을 준다. 리더의 위치는 종종 높은 스트레스를 동반하는데, 마음챙김 훈련은 이러한 스트레스에 대처하는 능력을 향상시킨다. 존 카밧진Jon Kabat-Zinn의 연구에 따르면, 규칙적인 명상은 스트레스 호르몬인 코르티솔의 수치를 낮추고, 전반적인 웰빙을 향상시킨다.

셋째, 집중력과 생산성을 향상시킨다. 현대 사회에서 리더들은 끊임없는 정보의 홍수와 멀티태스킹의 압박에 시달린다. 마음챙김 훈련은 현재에 집중하는 능력을 키워 업무 효율성을 높이는 데 도움을 준다. 마이크로소프트의 CEO 사티아 나델라Satya Nadella는 마음챙김 훈련이 자신의 리더십 스타일을 크게 개선했다고 밝힌 바 있다.

넷째, 창의성과 혁신을 촉진한다. 아무것도 하지 않는 시간, 일명 '멍 때리는' 시간은 창의적 사고를 위한 중요한 기회가 된다. 잡스는 명상을 통해 얻은 통찰력이 애플의 혁신적인 제품 개발에 큰 도움이 되었다고 말했다.

다섯째, 공감 능력을 향상시킨다. 리더가 자신의 내면을 더 잘 이해하게 되면 타인의 감정과 필요를 더 잘 인식하고 이해할 수 있게 된다. 이는 팀 내 소통을 개선하고 더 나은 관계를 형성하는 데 도움을 준다. 링크드인의 CEO 제프 웨이너Jeff Weiner는 마음챙김과 공감이 자신의 리더십 철학이라고 밝혔다.

그러나 마음챙김에 대한 비판적 시각도 존재한다. 일부에서는 마음챙김이 개인의 내면에만 집중하게 함으로써, 사회적 문제에 대한 관심을 줄일 수 있다고 우려한다. 또한 마음챙김이 기업에서 직원들의 스트레스를 관리하는 도구로 사용되면서, 실제로는 조직문화의 근본적인 변화 없이 개인에게 책임을 전가하는 수단이 될 수 있다는 지적도 있다.

이러한 비판을 고려할 때, 리더들은 마음챙김을 단순한 스트레스 관리 도구가 아닌, 조직 전체의 문화를 변화시키는 철학으로 접근해야 한다. 아마존의 베이조스는 "우리는 장기적 관점에서 생각하고 행동해야 한다"라고 강조하며, 이를 위해 '명상의 시간'을 가진다고 밝혔다. 이는 마음챙김이 단기적인 생산성 향상을 넘어 조직의 장기적인 비전과 가치를 실현하는 데 기여할 수 있음을 보여준다.

마음챙김 훈련을 리더십에 적용하는 방법은 다양하다. 가장 기본적인 방법은 매일 일정 시간 명상을 하는 것이다. 하루 5~10분의 짧은 시간으로 시작할 수 있다. 또한 일상적인 활동 중에도 실천할 수 있다. 예컨대 회의 시작 전 1분간 호흡에 집중하는 시간을 가지거나, 이메일을 확인하기 전 잠시 멈춰 현재 순간을 인식하는 것이다.

조직문화를 바꾸는 마음챙김

조직 차원에서 마음챙김 프로그램을 도입하는 것 역시 효과적일 수 있다. 그에 따라 최근 여러 기업이 마음챙김을 적극적으로 도입해 활용하고 있다. 아디다스는 '마인드풀니스 앳 워크Mindfulness at Work' 프로그램을 통해 직원들에게 마음챙김 훈련을 제공하고 있다. 이 프로그램은 직원들의 스트레스 감소와 업무 만족도 향상에 큰 도움을 주고 있다.

애플은 직원들에게 매일 30분의 명상 시간을 제공한다. 이 시간 동안 직원들은 업무에서 벗어나 마음을 정리하고 집중력을 회복할 수 있다. 애플의 이러한 정책은 직원들의 스트레스 관리와 창의성 증진에 도움을 주고 있다.

인텔은 '마인드풀니스 앳 인텔Mindfulness at Intel' 프로그램을 운영하고 있다. 이 프로그램은 9주 과정으로 구성되어 있으며, 직원들에게 마음챙김 기술을 가르치고 실천할 수 있는 기회를 제공한다. 인텔은 이 프로그램을 통해 직원들의 웰빙과 생산성이 향상되었다고 본다.

세일즈포스Salesforce는 절반 이상의 업무 공간에 '마인드풀니스존Mindfulness Zones'을 설치했다. 이 공간은 직원들이 업무 중 잠시 휴식을 취하고 명상을 할 수 있는 조용한 장소다. 또한 회사는 정기적으로 마음챙김 워크숍과 세미나를 개최하여 직원들의 참여를 독려하고 있다.

타깃Target은 '라이프 앤드 리더십Life & Leadership' 프로그램의 일환으로 마음챙김 훈련을 제공한다. 이 프로그램은 직원들의 개인적·직업적 성장을 지원하며, 스트레스 관리와 리더십 능력 향상에 초점을 맞추고 있다.

이러한 사례들은 마음챙김 프로그램이 다양한 산업과 기업문화에서 성공적으로 적용될 수 있음을 보여준다. 이들 프로그램은 직원들의 웰빙 향상, 스트레스 감소, 생산성 증대, 창의성 촉진 등 다양한 긍정적 효과를 가져오고 있다. 따라서 앞으로 더 많은 조직들이 마음챙김 프로그램을 도입할 것으로 예상된다.

———

마음챙김은 리더가 자신의 가치관과 조직의 사명을 더 깊이 이해하고 실천하는 데 도움을 줄 수 있다. 《아이덴티티》의 저자인 제이반 바벨Jay Van Bavel과 도미닉 패커Dominic Packer는 "조직의 정체성은 그 조직의 목적, 가치, 그리고 독특한 능력의 조합"이라고 정의한다. 마음챙김 훈련을 통해 리더는 자신과 조직의 정체성에 대해 더 깊이 성찰할 수 있으며, 이는 더 명확한 비전과 가치 중심의 리더십으로 이어질 수 있다.

리더십에서 마음챙김의 중요성은 점점 더 커지고 있다. 빠르게 변화하는 비즈니스 환경에서, 리더들은 더 높은 수준의 자기인식, 스트레

　　　　　　　　　　　　　　　　　　　2부 리더십

스 관리 능력, 창의성, 그리고 공감 능력을 필요로 한다. 마음챙김은 이러한 능력들을 개발하는 데 효과적인 도구가 될 수 있다. 따라서 현대의 리더들은 마음챙김 훈련을 자신의 리더십 계발 계획에 필수적인 요소로 포함시켜야 할 것이다.

약점을 인정하는 사람이 성장한다

마인드셋

성장 마인드셋과 고정 마인드셋의 개념은 현대 리더십 계발에서 중요한 위치를 차지하고 있다. 스탠퍼드대학교의 심리학자 캐럴 드웩Carol Dweck이 창안한 이 개념은 개인의 능력과 지능이 노력을 통해 발전할 수 있다는 믿음(성장 마인드셋)과 그것이 고정되어 있다는 믿음(고정 마인드셋)의 차이를 설명한다. 많은 리더십 전문가가 성장 마인드셋의 중요성을 강조하지만, 이 개념에도 한계가 있다는 점을 인식하는 것이 중요하다.

제프 베이조스와 카를 구스타프 융의 공통점

성장 마인드셋의 장점은 분명하다. 이를 가진 리더들은 도전을 기회로 여기고, 실패를 학습의 기회로 활용하며, 지속적인 자기계발에 열린 태도를 보인다. 예컨대 마이크로소프트의 나델라는 성장 마인드셋을 회사 문화의 핵심으로 삼아 조직의 혁신과 성장을 이끌었다. 나델라는 '아는 것'에서 '배우는 것'으로 전환해야 한다고 강조하며, 이를 통해 마이크로소프트의 기업문화를 변화시켰다.

그러나 성장 마인드셋에도 한계가 있다. 《무엇이 성과를 만드는가》의 저자 에두아르도 브리세뇨Eduardo Briceño는 성장 마인드셋이 개인의 노력만을 지나치게 강조하여 외부 요인의 영향을 간과할 수 있다고 지적한다. 예컨대 사회적·경제적 배경, 교육 기회의 불평등, 조직 내 구조적 문제 등은 개인의 마인드셋만으로는 극복하기 어려운 요소들이다. 또한 성장 마인드셋이 지나치게 강조될 경우 실패나 부족함을 개인의 책임으로만 돌리는 '피해자 비난'으로 이어질 수 있다는 우려도 있다.

이러한 한계를 인식하면서도 성장과 발전을 추구하는 방법을 찾는 것이 현대 리더들의 과제다. 이 지점에서 카를 구스타프 융의 심리학적 통찰이 유용한 관점을 제공할 수 있다. 융의 개성화 개념은 개인이 자신의 고유한 잠재력을 실현해나가는 과정을 설명한다. 이는 단순히 능력의 향상을 넘어, 자신의 전체성을 인식하고 발전시키는 과정을 의미한다.

융의 관점에서 볼 때, 진정한 성장은 자신의 강점뿐 아니라 약점, 그림자까지도 인식하고 통합하는 과정이다. 이는 성장 마인드셋이 강조하는 '노력을 통한 능력 향상'보다 더 포괄적인 접근이다. 예컨대 아마존의 베이조스는 "약점을 인정하고 그것을 보완하는 것이 중요하다"라고 말한 바 있다. 이는 융의 전체성 개념과 맥을 같이한다.

자신의 그림자를 받아들인 스타벅스 CEO

리더십 계발에 융의 접근을 적용하면, 단순히 능력 향상에 초점을 맞추는 것이 아니라 자기인식과 통합의 과정을 거치게 된다. 이는 리더가 자신의 강점과 약점을 균형 있게 인식하고, 팀원들의 다양한 특성을 이해하며, 조직의 전체적인 역동성을 파악하는 데 도움을 준다.

실제로 많은 기업이 이러한 통합적 접근을 리더십 계발 프로그램에 도입하고 있다. 예컨대 구글의 '서치 인사이드 유어셀프Search Inside Yourself' 프로그램은 마음챙김과 감정지능을 결합하여 리더들의 자기인식과 타인 이해 능력을 향상시키는 것을 목표로 한다. 이는 융의 전체성 개념을 현대적으로 해석한 좋은 사례라고 할 수 있다.

또한 IBM의 리더십 계발 프로그램은 전체론적 접근법을 채택하고 있다. 이 프로그램은 리더들이 자신의 인지적·감정적·신체적·영적 측면을 균형 있게 발전시키도록 돕는다. 이는 융의 개성화 개념과 일맥상통하는 접근이다.

성장 마인드셋의 한계를 극복하고 더 포괄적인 성장을 추구하기 위해서는 다음과 같은 방안들을 고려할 수 있다.

1. **자기인식 강화:** 리더들은 정기적인 자기성찰과 피드백을 통해 자신의 강점과 약점, 편견 등을 깊이 있게 이해해야 한다. 예컨대 360도 피드백이나 심리 검사 등을 활용할 수 있다.

2. **다양성 존중:** 다양한 관점과 경험을 가진 조직 구성원들의 의견을 경청하고 존중하는 문화를 조성해야 한다. 이는 리더의 시야를 넓히고 편견을 줄이는 데 도움이 된다.

3. **시스템적 사고:** 개인의 노력뿐 아니라 조직과 사회의 구조적 요인들을 함께 고려하는 시스템적 사고를 강화하는 것이 중요하다. 이를 통해 더욱 효과적인 변화와 성장 전략을 수립할 수 있다.

4. **정서적 지능 계발:** 정서적 지능이란 자신과 타인의 감정을 인식하고 관리하는 능력을 말한다. 융의 전체성 개념과도 연결되는 이것은 리더십의 효과를 크게 높일 수 있다.

5. **지속적 학습과 적응:** 고정된 목표나 방법에 집착하지 않고, 환경 변화에 따라 지속적으로 학습하고 적응하는 태도를 갖추는 것이 중요하다. 이는 성장 마인드셋의 장점을 유지하면서도 그 한계를 보완할 수 있는 방법이다.

이처럼 융의 전체성 개념을 현대적 맥락에서 적용하면 리더들은 더욱 균형 잡힌 성장과 발전을 이룰 수 있을 것이다. 실제로 많은 성공적인 리더들이 이러한 통합적 접근을 실천하고 있다. 예컨대 스타벅스의 전 CEO 하워드 슐츠Howard Schultz는 자신의 어려웠던 어린 시절 경험을 인정하고 이를 바탕으로 직원들을 위한 혁신적인 복지 정책을 도입했다. 이는 자신의 그림자 부분을 인식하고 이를 긍정적인 방향으로 통합한 좋은 사례다.

성장에서 전인적 성장으로

성장 마인드셋과 융의 개성화 개념을 결합한다면 단순히 개인의 능력 향상을 넘어 조직 전체의 성장과 혁신을 이끌어낼 수 있다. 이는 빠르게 변화하는 현대의 복잡한 비즈니스 환경에서 매우 중요한 경쟁력이 될 수 있다. 그러나 이러한 접근법에도 도전 과제가 있다. 첫째, 시간과 노력이 많이 든다. 단기적 성과에 집중하는 기업문화에서는 이러한 장기적 접근법을 채택하기 어려울 수 있다. 둘째, 높은 수준의 자기인식과 정서적 성숙도가 필요하다. 모든 리더가 이러한 수준의 자기성찰과 통합을 실천하기는 쉽지 않을 수 있다.

따라서 조직은 이러한 접근법을 점진적으로 도입하고, 리더들에게 필요한 지원과 자원을 제공해야 한다. 예컨대 정기적인 코칭 세션, 명상 프로그램, 심리학적 워크숍 등을 통해 리더들의 자기인식과 통합 능력을 향상시킬 수 있다. 또한 이러한 접근법의 효과를 측정하고 평가하는 새로운 방법도 필요하다. 전통적인 성과 지표만으로는 이러한 통합적 성장의 가치를 충분히 반영하기 어렵기 때문이다. 예컨대 직원 만족도, 혁신 지수, 조직문화 평가 등 다양한 정성적·정량적 지표를 종합적으로 고려하는 평가 시스템을 계발할 수 있다.

성장 마인드셋과 융의 전체성 개념을 결합하는 접근법은 리더십 계발의 새로운 패러다임을 제시한다. 이는 리더 개인의 전인적 성장과 조직 전체의 균형 잡힌 발전을 동시에 추구한다. 이를 통해 리더들은 자기 이해와 타인에 대한 공감을 바탕으로 조직을 이끌어갈 수 있을 것이다. 이러한 접근법은 현대 사회의 복잡한 문제들에 대처하는 데 필요한 통합적 사고와 창의성을 기르는 데도 도움이 될 수 있다. 자신의 전체성을 인식하고 발전시키는 리더는 더 넓은 시야와 깊은 통찰력으로 조직과 사회에 접근할 수 있다.

028 더 깊은 자신을 만나라

자기성찰과 자기통찰

자기통찰과 자기성찰은 개인의 내면을 들여다보는 중요한 과정이지만, 접근 방식과 목적에서 차이를 보인다. 이 두 개념을 이해하고 실천하는 것은 현대 리더십에서 매우 중요한 요소다. 자기통찰과 자기성찰의 차이를 명확히 이해하고 적용하는 리더는 자신과 조직을 더욱 효과적으로 이끌 수 있다.

자기성찰보다 한 수 위인 자기통찰

자기성찰은 자신의 행동, 생각, 감정을 되돌아보고 분석하는 과정이다. 이는 주로 과거의 경험이나 행동에 초점을 맞추며, 그로부터 교훈을 얻고 개선점을 찾는 데 중점을 둔다. 예컨대 한 프로젝트의 실패 원인을 분석하거나 특정 상황에서 자신이 보인 반응을 돌아보는 것이 자기성찰의 예시가 될 수 있다. 자기성찰은 주로 기억을 관찰 대상으로 삼는다는 특징이 있다.

반면 자기통찰은 더 깊은 차원의 자기이해를 추구한다. 이는 단순히 과거의 행동을 분석하는 것을 넘어, 자신의 본질적인 특성, 가치관, 동기, 그리고 무의식적 패턴까지도 파악하려는 노력이다. 자기통찰은 현재의 순간에 집중하며, 자신의 생각과 감정을 실시간으로 관찰하고 이해하려 한다. 이는 기억뿐 아니라 현재의 마음 상태도 관찰 대상으로 삼는다는 점에서 자기성찰과 구별된다.

자기통찰의 중요성은 여러 연구를 통해 입증되고 있다. 예컨대 조직 심리학자 테사 웨스트Tessa West의 연구에 따르면, 높은 수준의 자기통찰력을 가진 리더들은 더 효과적인 의사결정을 내리고, 팀원들과 더 나은 관계를 형성하며, 스트레스 관리 능력도 뛰어난 것으로 나타났다. 이는 자기통찰이 단순히 개인의 성장뿐 아니라 조직의 성과에도 직접적인 영향을 미칠 수 있음을 시사한다.

실제 기업 사례를 통해 자기통찰의 중요성을 살펴볼 수 있다. 마이크로소프트의 나델라는 자기통찰을 통해 자신의 리더십 스타일을 크게 변화시켰다. 그는 자신의 내면을 깊이 들여다보는 과정을 통해, 기존의 경쟁 중심적이고 폐쇄적인 마이크로소프트의 문화를 협력과 개방성을 중시하는 문화로 전환시켰다. 이러한 변화는 마이크로소프트의 혁신과 성장에 큰 기여를 했다.

자기성찰과 자기통찰의 차이는 그 실천 방법에서도 드러난다. 자기성찰은 주로 일기 쓰기, 과거 경험 분석하기 등의 방법으로 이루어진다. 반면 자기통찰은 명상, 감정과 생각 관찰하기, 자신의 행동 패턴 인식하기 등의 방법을 통해 이루어진다.

또 다른 중요한 차이점은 그 결과물에 있다. 자기성찰이 주로 과거 행동에 대한 반성과 개선점 도출에 초점을 맞춘다면, 자기통찰은 더 근본적인 자기이해와 변화를 추구한다. 자기통찰을 통해 얻은 깨달음은 단순한 행동 교정을 넘어, 개인의 가치관과 세계관의 변화로 이어질 수 있다.

"나는 항상 내가 왜 그렇게 생각하는지를 생각한다"

넷플릭스의 기업문화는 이러한 자기통찰의 가치를 잘 반영하고 있다. 넷플릭스는 '완전한 정직Radical Candor'이라는 문화를 통해 직원들이 자신과 타인에 대해 깊이 있는 통찰을 얻을 수 있도록 장려한다. 이는 단순히 업무 성과에 대한 피드백을 넘어, 개인의 가치관과 동기를 이해하고 발전시키는 것을 목표로 한다.

자기통찰의 또 다른 중요한 측면은 메타인지와의 관련성이다. 메타인지는 자신의 사고 과정에 대해 생각하는 능력을 말한다. 자기통찰은 이러한 메타인지 능력을 향상시키는데, 리더는 이를 통해 자신의 의사결정 과정을 더 잘 이해하고 개선할 수 있다. IBM의 전 CEO 지니 로메티Ginni Rometty는 메타인지와 자기통찰을 효과적으로 활용한 리더의 예시다. 그녀는 "나는 항상 내가 왜 그렇게 생각하는지를 생각한다"라고 말한 바 있다.

자기통찰은 또한 '진정성 있는 리더십Authentic Leadership'과 밀접한 관련이 있다. 하버드대학교 경영대학원 교수인 빌 조지Bill George가 제시한 해당 이론에 따르면, 자신을 깊이 이해하고 자신의 가치관에 따라 행동하는 리더가 가장 효과적이다. 자기통찰은 이러한 진정성 있는 리더십의 기초가 된다. 유니레버의 전 CEO 폴 폴먼Paul Polman은 진정성 있는 리더십의 좋은 예시다. 그는 자신의 가치관과 신념을 깊이 이해하고 있었으며, 이를 바탕으로 유니레버의 '지속 가능한 생활 계획'을 추진했다. 이는 자기통찰을 통해 얻은 개인적 가치관을 기업의 전략으로 확장시킨 사례라고 할 수 있다.

매일 아침 글을 쓰는 트위터의 공동 창업자

자기성찰과 자기통찰의 차이를 이해하는 것은 리더들에게 매우 중요하다. 자기성찰만으로는 표면적인 행동 변화에 그칠 수 있지만, 자기통찰을 통해 리더는 더 근본적이고 지속적인 변화를 이끌어낼 수 있다. 이는 개인의 성장뿐 아니라 조직의 발전에도 큰 영향을 미칠 수 있다. 하지만 자기통찰이 자기성찰을 대체하는 것은 아니다. 두 과정은 상호 보완적이며, 균형 있게 실천되어야 한다. 자기성찰을 통해 구체적인 행동 개선점을 찾고, 자기통찰을 통해 더 깊은 차원의 자기이해와 변화를 추구하는 것이 이상적이다.

리더들이 자기성찰과 자기통찰을 효과적으로 실천하기 위해서는 다음과 같은 방법들을 고려할 수 있다. 첫째, 꾸준히 명상을 하는 것이다. 명상은 자기통찰력을 높이는 데 매우 효과적이다. 구글, 애플, 인텔 등 많은 기업이 직원들을 위한 명상 프로그램을 운영하고 있다.

둘째, 저널을 써보자. 자신의 생각과 감정을 글로 표현하는 것은 자기성찰과 자기통찰 모두에 도움이 된다. 트위터(현 X)의 공동 창업자 잭 도시Jack Dorsey는 매일 아침 저널을 쓰는 것으로 알려져 있다.

셋째, 360도 피드백 받기다. 다양한 관점에서 제기되는 피드백은 자신을 객관적으로 바라볼 수 있게 해준다. 제너럴일렉트릭의 잭 웰치는 이 방법을 적극적으로 활용했다.

넷째는 코칭을 받는 것이다. 전문 코치의 도움을 받으면 자기통찰의 과정을 더 효과적으로 진행할 수 있다. 구글의 슈밋은 코칭의 중요성을 자주 강조했다.

다섯째, 다양한 경험을 쌓는 것이다. 새로운 경험은 자신에 대한 새로운 측면을 발견하는 기회가 될 수 있다. 버진그룹의 브랜슨은 다양한 도전과 경험을 통해 자신을 발견하고 성장했다고 말한다.

———

자기성찰과 자기통찰을 통해 리더들은 자신에 대한 더 깊은 이해를 얻고, 이를 바탕으로 더 효과적인 리더십을 발휘할 수 있다. 자기성찰과 자기통찰은 지속적인 과정이며, 이를 통해 리더는 자신의 강점과 약점, 가치관과 동기를 더 잘 이해하고 발전시킬 수 있다. 이는 궁극적으로 개인의 성장뿐 아니라 조직의 성과 향상으로 이어질 것이다.

029 좋은 질문이
좋은 답을 얻는다

설문조사와 여론조사

설문조사와 여론조사는 현대 조직에서 리더십을 평가하고 구성원의 의견을 파악하는 가장 보편적인 도구다. 이 도구들은 360도 다면평가, 직무만족도 조사, 조직문화 진단, 혁신 수용성 평가 등 다양한 형태로 활용되면서, 마치 객관적 진실을 드러내는 수학 공식처럼 여겨지곤 한다. 하지만 리더라면 반드시 알아야 할 불편한 진실이 있다. 설문조사와 여론조사는 결코 중립적이지 않으며, 그 결과는 종종 현실을 왜곡하거나 특정한 편향을 증폭시킨다. 숫자와 그래프로 포장된 데이터 이면에는 인지적 편향, 질문 설계의 함정, 응답 동기의 불순함, 그리고 해석의 자의성이 도사리고 있다.

무엇이 설문조사를 망치는가

설문조사의 가장 근본적인 문제는 인지적 편향이다. 남성이 여성보다, 키가 큰 남성이 작은 남성보다, 백인이 유색인종보다 더 유능한 리

　　　　　　　　　　　　　　　　　　　　　　　　　2부 리더십

더로 평가받는 현상은 수많은 연구에서 반복적으로 증명되었다. 외모가 매력적이거나 얼굴형이 날렵한 리더들도 평가에서 더 유리하다. 정치적 성향이나 종교적 가치관이 비슷한 사람들 사이에서도 관대한 평가가 이루어진다. 이는 로버트 치알디니Robert Cialdini가 제시한 '유사성의 원리'가 조직 내 평가에도 그대로 적용됨을 보여준다. 사람들은 자신과 비슷한 사람을 더 호의적으로 평가하며, 이는 무의식적으로 작동하는 심리적 메커니즘이다.

더 심각한 문제는 설문조사가 실제로 측정하는 것이 진정한 리더십이 아니라 '남들이 인지하는' 리더십이라는 점이다. 미국의 어느 대기업에서 대규모 리더십 평가 분석을 수행했는데, 리더의 실제 능력보다 '주변인이 얼마나 친근하게 여기는지'에 따라 평가가 갈리는 현상이 나타났다. 한편 자기도취형 리더가 조직 내에서 강한 카리스마를 발휘할 때 그 즉각적 효과로 응답자들은 높은 점수를 주지만, 장기적으로 그 리더가 조직에 어떤 손실을 끼치는지는 설문만으로 드러나지 않는다. 카너먼이 반복적으로 지적했듯이, 사람들은 인상적인 사건이나 강한 자극에 과잉 반응하는 경향이 있다. 리더십 평가에서도 이 메커니즘이 그대로 작동한다.

《하버드 비즈니스 리뷰》에 실린 연구는 이 문제를 더욱 명확히 보여준다. 설문조사 데이터는 현실을 정확하게 반영한다는 가정에 따라 객관적이라고 평가되지만, 실제로는 다양한 편향이 반영되는 경우가 흔하다는 것이다. 전 세계 리더십 연구자들이 설문조사 방식의 리더십 평가를 재고하기 시작했고, 학계에서도 실제 리더십 행동을 포착하고 해석하는 더 나은 방법을 찾아야 한다는 데 점점 더 동의하는 추세다.

질문 설계의 함정은 또 다른 심각한 문제다. '우리 팀 리더는 공정하다', 또는 '우리 팀 리더는 직원들에게 힘이 된다'와 같은 추상적 질문은 응답자마다 전혀 다르게 해석된다. 공정함의 기준이 사람마다 다르고, 힘이 된다는 것의 의미도 각자의 경험과 가치관에 따라 다르기 때문이다. 이런 추상적 질문들은 대체로 인기투표에 그칠 우려가 있다. 실제로 비슷한 내용의 설문에 대해 팀 A와 팀 B가 완전히 반대의 결과를 보인 사례가 빈번하다. 응답자가 최근 겪은 사소한 갈등, 사적 호감, 혹은 단순한 개인 기분에 따라 리더십 평가는 급격히 달라진다.

스탠리 프레서Stanley Presser와 하워드 슈먼Howard Schuman의 연구는 질문의 프레이밍이 얼마나 큰 영향을 미치는지 보여준다. 동일한 사안도 질문의 앞뒤 맥락, 단어 선택에 따라 응답률이 최대 40퍼센트포인트까지 차이가 난다. '정부가 사회복지 지출을 늘리는 것에 대해 어떻게 생각하는가'와 '세금 인상을 감수하고 복지 지출을 늘리는 것에 대해 어떻게 생각하는가'라는 질문은 실제로 정반대의 응답 결과를 낳는다. 심리학자 엘리자베스 로프터스Elizabeth Loftus는 기억 왜곡 실험에서 질문의 뉘앙스에 따라 사람들이 실제 경험 자체를 달리 기억한다는 것을 증명했다. 이는 설문조사가 단순히 의견을 수집하는 것이 아니라 의견을 형성하고 왜곡할 수 있음을 의미한다.

인기 있는 리더가 좋은 리더는 아니다

기업 현장에서도 설문조사의 맹점은 종종 목격된다. 글로벌 테크기업의 직원 몰입도, 조직 유효성, 혁신 수용성 평가에서 긍정적 수치와 실제 이직률, 혁신 프로젝트 성공률이 극적으로 엇갈리는 사례가 빈번하다. 평가 점수 상위 10퍼센트에 포함된 리더가 실은 심리적 안전망을 과장 마케팅한 수혜자일 뿐, 갈등을 회피하고 창의성을 억제했다는 사실이 수년 뒤에 드러나기도 한다. 한국의 어느 대기업에서 실시한 리더십 다면평가는 흥미로운 현상을 보여주었다. 다면평가를 오래 한 결과 피평가자 집단의 분산이 줄어들고 평균에 모이는 평균회귀 현상이 나타났다. 피평가자와 평가자 양측이 학습한 결과다. 평균회귀는 특출한 리더를 특정하는 것을 어렵게 만들고, 주어진 일은 잘하지만 뛰어난 특징이 없는 노브랜드 리더들로 조직이 채워지게 한다.

행동경제학자 댄 애리얼리Dan Ariely는 '측정되는 것이 관리되고, 관리되는 것이 조작된다'는 고전적 통계 맹신의 오류를 집요하게 비판한다. 측정 자체가 목적이 되고, 그 측정을 위해 조직 행동이 왜곡된다면, 조사 그 자체가 실상에서는 무엇도 가리키지 않는 노이즈에 불과하다는 냉정한 지적이다. 통계학자 네이트 실버Nate Silver도 통계적 불확실성의 실상을 반복적으로 강조한다. 샘플링 오류, 측정 오류, 모델 오류가 누적되면 결과의 신뢰 구간은 실용적 가치를 잃을 정도로 넓어진다.

잘 묻고 올바로 해석하는 법

그렇다면 설문조사와 여론조사를 완전히 폐기해야 할까? 그것은 지나친 결론일 것이다. 오히려 이 도구들의 한계를 명확히 인식하고, 그 결과를 해석할 때 비판적 리터러시를 발휘하는 것이 중요하다. 첫째, 질문 설계를 개선해야 한다. 추상적 질문보다는 구체적 행동에 대한 증거나 사례 제시를 요구하는 질문이 더 유용하다. '우리 팀 리더는 공정하다' 대신 '지난 한 달간 리더가 공정하게 행동한 구체적 사례를 제시하라'는 식의 질문이 더 실질적인 정보를 제공한다.

둘째, 단일 척도가 아닌 다차원적·맥락적 진단이 필요하다. 리더십을 단일 점수로 평가하는 것이 아니라 다양한 측면에서 평가하고, 각 측면이 어떤 맥락에서 나타나는지 이해해야 한다. 예를 들어 변화 관리 시기에는 리더가 강력한 추진력을 발휘하면서 일시적으로 낮은 점수를 받을 수 있다. 이런 맥락을 무시하고 점수만으로 판단하면 잘못된 결론에 이르게 된다.

셋째, 설문조사 결과를 절대적 지표가 아니라 참고 신호로 활용해야 한다. 실제 조직 내 행동 변화와 지속 가능한 성과로 연결되는지 반추하는 것이 필요하다. 설문 점수가 높다고 해서 실제 성과가 우수한 것은 아니며, 점수가 낮다고 해서 리더십이 부재한 것도 아니다. 인지과학자 스티븐 슬로먼Steven Sloman과 필립 페른백Philip Fernbach은 《지식의 착각》에서 사람들의 확신이 실은 집단적 상호작용의 환상에 불과하다고 지적했다. 설문조사 결과에 대한 확신도 유사한 착각일 수 있다.

넷째, 대체 및 보완 수단을 개발해야 한다. 관찰, 비개입적 연구, 행동 데이터 분석, 네트워크 분석 등 다양한 방법을 조합하는 것이 필요하다. 실리콘밸리의 애자일 조직들은 직접 행동 데이터, 즉 메시지 교환량, 협업 툴 이용 빈도, 간접적 망 분석 등을 활용한다. 익명 피드백 플랫폼을 통해 수시로 행태 모니터링 데이터를 수집하여 단순 설문보다 더 입체적인 피드백 구조를 설계한다.

다섯째, 외부 자원을 활용해야 한다. 내부 지향적인 다면평가는 자사의 동일 직급 리더들과만 비교한다. 같은 직급에서 비슷한 일을 하는 경쟁사나 선도 기업의 리더들과 비교해 어떤 수준인지 확인할 수 없다. 외부 데이터와의 비교는 조직의 현실을 더 객관적으로 파악하는 데 도움이 된다.

여섯째, 평가 결과를 인사 결정에 직접 연결하는 것을 신중하게 고려해야 한다. 한국의 많은 기업에서 다면평가 결과를 승진이나 급여 인상 같은 인사 결정보다 리더십 계발 목적으로 활용하는 이유가 여기에 있다. 불완전한 데이터를 고부담 의사결정에 직접 사용하면 조직은 더 큰 위험에 노출된다.

일곱째, 응답자 교육이 필요하다. 평가자들에게 인지적 편향, 사회적 바람직성 편향, 후광효과 등에 대해 교육하고, 더 신중하고 공정한 평가를 하도록 유도해야 한다. 물론 교육만으로 모든 편향을 제거할 수는 없지만, 적어도 의식적으로 편향을 줄이려는 노력을 촉진할 수 있다.

여덟째, 종단 연구를 통해 장기적 패턴을 파악해야 한다. 일회성 설문조사는 특정 시점의 스냅숏에 불과하다. 시간에 따른 변화를 추적하고, 설문 결과와 실제 조직 성과 사이의 상관관계를 분석하면 더 의미 있는 통찰을 얻을 수 있다.

———

캐스 선스타인Cass Sunstein과 리드 헤이스팅스가 지적하듯, 집단의 지혜는 특정 조건에서만 작동한다. 구성원들이 독립적으로 판단하고, 다양한 관점이 존재하며, 정보가 충분히 공유될 때 집단의 판단은 개인의 판단보다 우수할 수 있다. 하지만 이 조건들이 충족되지 않으면 집단은 오히려 더 나쁜 결정을 내린다. 설문조사도 마찬가지다. 응답자들이 독립적으로 판단하지 않고 서로 영향을 주고받으면, 심지어 다양성이 부족하고 정보가 왜곡되거나 불충분하면, 설문 결과는 집단적 오류를 반영할 뿐이다.

설문조사와 여론조사의 한계를 이해하는 것은 리더십의 핵심 역량이다. 데이터의 안갯속에서 길을 잃지 않으려면 의심하는 습관이 필요하다. 숫자는 결코 중립이 아니며, 맹신하는 순간 조직을 신화로 끌고

가는 유혹에 빠진다. 리더가 이 위대한 허점을 꿰뚫어보는 순간이 진짜 리더십의 출발점이다. 설문조사와 여론조사는 필수적 도구이자 동시에 불완전한 메타포다. 완벽한 도구는 존재하지 않지만, 불완전함을 인식하고 보완하려는 노력이야말로 현명한 리더십의 표지다.

030 낄 때 끼고
빠질 때 빠져라

침묵의 리더십

현대 경영학의 아버지 드러커는 "리더십의 본질은 사람들이 따르고 싶어 하는 것이다"라고 말했지만, 정작 그가 놓친 부분이 있다. 바로 리더가 언제 말하고 언제 침묵해야 하는지에 대한 통찰이다. 21세기 디지털 경제 시대에 접어들면서 리더들은 끊임없이 소통하고 지시하고 방향을 제시해야 한다는 압박을 받는다. 하지만 진정한 리더십의 핵심은 때로는 침묵하고 듣고 관찰하는 데 있을 수 있다.

침묵의 리더십

에드먼슨이 심리적 안전성에 대한 연구를 진행하면서 발견한 흥미로운 사실이 있다. 가장 성과가 높은 팀의 리더들은 회의에서 가장 적게 말하는 사람들이었다는 것이다. 이들은 질문을 던지고, 팀원들의 의견을 경청하며, 적절한 순간에만 개입했다. 반대로 성과가 낮은 팀의 리더들은 회의 시간의 60퍼센트 이상을 혼자 말하는 데 사용했다.

구글의 슈밋은 매주 금요일 오후 두 시간을 '침묵의 시간'으로 정해 놓고 어떤 회의나 통화도 받지 않았다. 그는 이 시간을 "전략적 사고의 시간"이라고 불렀는데, 실제로는 아무것도 하지 않고 단순히 생각에 잠기는 시간이었다. 슈밋은 이 시간을 통해 구글의 장기 전략을 구상했고, 안드로이드 인수나 유튜브 인수와 같은 중대한 결정들을 내렸다고 회고한다.

빌 게이츠도 비슷한 접근을 취한다. 그는 1년에 두 번씩 '싱크위크 Think Week'라는 일주일간의 고립 기간을 가진다. 시애틀 근처의 한적한 별장에서 아무와도 만나지 않고, 전화도 받지 않으며, 오직 독서와 사색에만 집중한다. 마이크로소프트 CEO 시절 인터넷 익스플로러의 개발 방향, 닷넷 플랫폼의 구상, 그리고 은퇴 후 빌앤드멀린다게이츠재단의 전략 등 중요한 결정이 모두 이 침묵의 시간에서 나왔다.

침묵과 무위無爲의 힘은 동양 철학에서 오랫동안 강조되어온 개념이다. 노자의 《도덕경》에는 "무위이무불위無爲而無不爲"라는 구절이 있다. 이는 '아무것도 하지 않음으로써 모든 것을 이루어낸다'는 의미다. 현대 경영학에서도 이런 개념이 서서히 주목받고 있다. 스탠퍼드대학교의 조직행동학 교수 제프리 파이퍼Jeffrey Pfeffer는 "가장 효과적인 리더는 자신이 언제 개입하지 말아야 하는지를 아는 사람"이라고 정의했다.

실제로 많은 연구가 침묵의 리더십이 가져오는 긍정적 효과를 입증하고 있다. MIT 슬론경영대학원의 연구에 따르면, 리더가 회의에서 침묵하는 시간이 늘어날수록 팀원들의 창의성과 문제 해결 능력이 향상되는 것으로 나타났다. 리더가 지나치게 많이 말하면 팀원들은 자신의 의견을 개진하기보다는 리더의 의중을 파악하려고 노력하게 된다. 이는 결과적으로 다양한 관점과 창의적 아이디어가 억압되는 현상으로 이어진다.

　헤이스팅스는 이런 현상을 '리더 독점 증후군'이라고 명명했다. 그는 자신이 회의에서 말을 너무 많이 하면 직원들이 위축된다는 것을 깨닫고, 의도적으로 침묵하는 시간을 늘렸다. 헤이스팅스는 "리더의 가장 중요한 역할 중 하나는 언제 입을 다물어야 하는지를 아는 것"이라고 말한다. 넷플릭스의 혁신적인 콘텐츠 전략과 스트리밍 서비스로의 전환은 바로 이런 '침묵의 리더십'에서 나온 결과물이다.

　심리학자 수전 케인Susan Cain은 《콰이어트》에서 내향적 리더십의 효과를 강조했다. 그녀의 연구에 따르면, 내향적 리더들은 외향적 리더들보다 팀원들의 의견을 더 잘 경청하고, 더 깊이 있는 사고를 하며, 더 신중한 결정을 내린다. 특히 혁신이 요구되는 환경에서는 내향적 리더들이 더 나은 성과를 보인다는 것이 여러 연구를 통해 입증되었다.

침묵으로 세계금융위기를 돌파한 골드만삭스

　현대의 많은 리더는 침묵을 두려워한다. 케네스 블랜차드Kenneth Blanchard와 스펜서 존슨Spencer Johnson이 쓴 《칭찬은 고래도 춤추게 한다》 같은 책들이 인기를 끌면서, 리더는 끊임없이 소통하고 피드백을 제공해야 한다는 강박이 생겨났다. 하지만 지나친 소통은 오히려 역효과를 낳을 수 있다.

　하버드대학교 경영대학원 교수인 프란체스카 지노Francesca Gino의 연구에 따르면, 리더가 지나치게 자주 개입하면 직원들의 자율성과 창의성이 오히려 저해된다. 그녀는 이를 '미세관리의 역설'이라고 명명했다. 리더가 세세한 부분까지 관리하려고 하면, 단기적으로는 효율성이 높아질 수 있지만 장기적으로는 팀의 혁신 능력이 떨어진다는 것이다.

침묵의 리더십은 위기 상황에서 더욱 빛을 발한다. 2008년 세계금융위기 당시 골드만삭스의 CEO 로이드 블랭크파인Lloyd Blankfein은 매일 아침 30분간 침묵의 시간을 가졌다. 그는 어떤 보고도 받지 않고, 전화도 받지 않으며, 단순히 시장 상황을 관찰하고 사색에 잠겼다. 이 시간을 통해 그는 서브프라임 모기지 위기의 본질을 간파했고, 골드만삭스를 위기에서 구해낼 수 있었다.

침묵의 리더십이 효과적인 이유는 여러 가지가 있다. 첫째, 직원들에게 심리적 안전감을 제공한다. 리더가 끊임없이 말하고 지시하면 직원들은 위축되고 수동적으로 된다. 반면 리더가 적절히 침묵하면 직원들이 자신의 의견을 표현할 공간이 생긴다. 둘째, 더 깊이 있는 사고를 가능하게 한다. 침묵은 뇌가 정보를 통합하고 새로운 연결고리를 만드는 데 필요한 시간을 제공한다. 셋째, 관찰과 경청의 기회를 늘린다. 말하지 않을 때 우리는 더 많은 것을 보고 들을 수 있다.

하지만 침묵의 리더십이 항상 효과적인 것은 아니다. 위기 상황에서는 빠른 의사결정과 명확한 지시가 필요할 수 있다. 또한 팀원들의 경험이 부족하거나 동기가 낮을 때는 적극적인 코칭과 피드백이 더 중요할 수 있다. 스탠퍼드대학교 경영대학원 교수인 로버트 서턴Robert Sutton은 "침묵의 리더십과 적극적 리더십 사이의 균형을 찾는 것이 중요하다"라고 강조한다.

조직을 망치는 수다쟁이 리더

서구 경영학과 동양 철학이 만나는 지점에서 새로운 리더십 패러다임이 등장하고 있다. '진정성 있는 리더십' 개념도 이런 맥락에서 이해할 수 있다. 진정성 있는 리더가 되기 위해서는 먼저 자신을 깊이 이해해야 하고, 이를 위해서는 침묵과 성찰의 시간이 필수다.

팀의 역량을 최대한 끌어올리는 방법에서도 침묵의 중요성이 드러난다. 집단지성은 구성원들의 친화적 기량에 좌우되는데, 이는 서로의 말을 듣고 존중하는 능력과 관련된다. 말을 많이 하는 사람이 리더로 선택되더라도, 실제로는 효과적이지 않을 수 있다. 이것이 바로 '수다효과'다. 진정한 리더는 언제 말하고 언제 침묵해야 하는지를 안다.

위기 신호를 제대로 인식하기 위해서는 침묵하며 관찰하고 들어야 한다. 인간은 본능적으로 불길한 예측을 싫어하고 현실을 부정하려는 경향이 있다. 리더가 지나치게 낙관적인 메시지만 전달하면 조직이 위기 신호를 놓칠 수 있다. 때로는 침묵하며 현실을 직시하는 것이 더 중요하다.

침묵의 리더십을 실천하기 위한 구체적인 방법들이 있다. 첫째, 의도적으로 침묵의 시간을 확보한다. 게이츠처럼 정기적으로 혼자만의 시간을 갖거나 슈밋처럼 매주 일정한 시간을 정해 침묵한다. 둘째, 회의에서 말하는 시간보다 듣는 시간을 늘린다. 베이조스처럼 회의 시작 시 침묵의 시간을 두거나, 질문을 던지고 답을 기다리는 시간을 늘린다. 셋째, 산책을 활용한다. 마크 저커버그처럼 걸으면서 대화하면 자연스럽게 침묵의 시간이 생기고 창의성이 향상된다. 넷째, 직원들의 실패를 성급하게 판단하지 않는다. 토요타의 아키오 도요타章男豊田처럼 문제의 근본 원인을 파악할 때까지 침묵하며 기다린다. 다섯째, 명상을 실천한다. 나델라처럼 매일 명상 시간을 갖고 내면의 목소리에 귀를 기울인다.

　침묵의 리더십은 단순히 말을 하지 않는 것이 아니라, 적절한 타이밍에 적절한 방식으로 소통하는 지혜다. 노자가 말한 "무위이무불위"처럼, 아무것도 하지 않음으로써 모든 것을 이루어내는 것이다. 현대 리더들에게 필요한 것은 더 많이 말하는 능력이 아니라, 언제 침묵해야 하는지를 아는 지혜다. 진정한 리더십은 소음이 아닌 침묵에서, 말이 아닌 존재에서, 행동이 아닌 무위에서 나온다. 21세기 디지털 시대의 리더들이 배워야 할 가장 중요한 덕목 중 하나가 바로 이 침묵의 힘이다.

031 인정이 성과를 낳는다

인정의 리더십

드러커는 "리더십의 본질은 성과를 통해 정의된다"라고 말했지만, 21세기 실리콘밸리의 혁신적 리더들은 전혀 다른 해답을 찾고 있다. 바로 '인정'이라는 심리학적 도구다. 구글의 전 인사담당 부사장 라즐로 복Laszlo Bock이 《구글의 아침은 자유가 시작된다》에서 공개한 구글의 인재 관리 비밀, 넷플릭스의 전 최고인재책임자Chief Talent Officer, CTO 패티 매코드Patty McCord가 설계한 고성과 문화의 핵심, 그리고 애플의 팀 쿡이 잡스 이후 조직을 변화시킨 리더십 방식까지, 모든 것의 중심에는 '인정의 기술'이 자리하고 있다.

성장 마인드셋을 촉진하는 인정

인정이란 단순히 칭찬하거나 격려하는 것과는 차원이 다르다. 심리학자 윌리엄 제임스William James가 제시한 '인간의 가장 깊은 욕구는 인정받고 싶은 욕구'라는 통찰에서 출발한 이 개념은, 현대 조직심리학과 신경과학 연구를 통해 과학적 근거를 확보했다. 하버드대학교의 지노는 '직원들이 자신의 정체성과 가치를 인정받는다고 느낄 때 창의성과 성과가 극적으로 향상된다'는 연구 결과를 발표했다.

실리콘밸리의 혁신 기업들이 인정의 기술에 주목하게 된 배경에는 변화하는 인재상이 있다. 전통적인 제조업 시대의 근로자들은 명확한 지시와 관리 감독을 통해 동기부여가 가능했다. 하지만 지식 근로자들, 특히 창의적 사고가 핵심인 기술 업계에서는 완전히 다른 접근이 필요하다. 스탠퍼드대학교의 드웩이 제시한 성장 마인드셋 이론도 바로 이런 맥락에서 이해할 수 있다. 고정 마인드셋을 가진 사람들은 실패를 개인적 결함으로 받아들이지만, 성장 마인드셋을 가진 사람들은 실패를 학습의 기회로 인식한다. 리더의 인정은 이런 성장 마인드셋을 촉진하는 핵심 요소다.

신경과학 연구들도 인정의 효과를 뒷받침한다. 캘리포니아주립대학교 심리학 교수 매슈 리버먼_{Matthew Lieberman}의 연구에 따르면, 사회적 인정을 받을 때 뇌에서는 물리적 보상을 받을 때와 비슷한 수준의 도파민이 분비된다. 더 흥미로운 것은 인정받을 때 활성화되는 뇌 영역이 음식이나 돈과 같은 보상을 받을 때와 동일하다는 점이다. 즉 인정은 인간의 기본적 욕구 중 하나라는 것이 과학적으로 입증된 셈이다.

하지만 모든 인정이 같은 효과를 가져오는 것은 아니다. 스탠퍼드대학교의 연구에 따르면, 결과에 대한 인정보다는 과정에 대한 인정이 더 효과적이다. "너는 정말 똑똑하구나"보다는 "이 문제를 해결하기 위해 정말 열심히 노력했구나"라고 말하는 것이 성장 마인드셋을 촉진한다. 이는 지능을 고정된 것으로 보는 관점에서 벗어나 노력과 과정을 중시하는 사고로 전환시키기 때문이다.

인정의 기술

페이스북(현 메타)의 최고운영책임자Chief Operating Officer, COO였던 셰릴 샌드버그Sheryl Sandberg는《옵션 B》에서 "탄력성은 혼자서는 기를 수 없고, 다른 사람의 지지와 인정을 통해서만 가능하다"라고 말했다. 그녀는 남편을 갑작스럽게 잃은 후 동료들 및 친구들의 지지와 인정을 통해 회복할 수 있었고, 이 경험을 바탕으로 페이스북 내에서 '회복력 프로그램'을 도입했다. 이 프로그램의 핵심은 동료들 간의 상호 인정과 지지였다.

머스크는 다소 논란이 많은 리더지만, 그의 인정 방식에는 독특한 면이 있다. 머스크는 공개적으로 직원들의 성과를 인정하는 것으로 유명하다. 특히 트위터(현 X)를 통해 엔지니어들의 기술적 성과를 구체적으로 언급하며 인정하는 경우가 많았다. 테슬라의 오토파일럿 개발팀이나 스페이스엑스의 로켓 엔지니어들에 대한 그의 공개적 인정은 해당 직원들뿐 아니라 전체 조직의 동기부여에 큰 영향을 미쳤다.

애플의 쿡은 잡스와는 전혀 다른 리더십 스타일을 보여준다. 잡스가 완벽주의적이고 때로는 가혹한 피드백으로 유명했다면, 쿡은 협업과 인정을 중시하는 리더다. 그는 정기적으로 직원들에게 개인적인 메시지를 보내며 그들의 기여를 인정한다. 애플워치 개발팀이 첫 제품을 출시했을 때, 쿡은 그들 전체에게 개인적인 감사 메시지를 보냈고, 이는 애플 내부에서 큰 화제가 되었다. 이런 리더십 스타일은 애플이 혁신을 지속하면서도 더 포용적인 기업문화를 만드는 데 기여했다.

인정의 기술에는 몇 가지 핵심 원칙이 있다. 첫째, 구체성이다. "잘했습니다"라는 막연한 칭찬보다는 "당신이 고객 문제를 해결하기 위해 밤늦게까지 남아서 세 가지 다른 접근법을 시도한 것이 결국 혁신적인 솔루션으로 이어졌습니다"처럼 구체적인 행동과 결과를 언급하는 것이 효과적이다. 둘째, 적시성이다. 인정은 해당 행동이나 성과가 일어난 직후에 이루어져야 한다. 시간이 지나면 그 효과가 급격히 감소한다. 셋째, 개인화다. 각 개인의 성격과 선호에 맞는 방식으로 인정해야 한다. 어떤 사람은 공개적인 인정을 좋아하지만, 다른 사람은 사적인 인정을 선호할 수 있다.

하지만 인정의 기술에는 함정도 있다. 하버드대학교의 지노는 '과도한 인정의 역효과'에 대해 경고했다. 모든 것을 인정하려고 하면 오히려 인정의 가치가 희석될 수 있다는 것이다. 또한 거짓되거나 피상적인 인정도 역효과를 낳을 수 있다. 직원들은 리더의 진정성을 민감하게 감지하기 때문이다.

따라서 인정의 기술은 문화적 맥락을 고려해야 한다. 미국의 개인주의 문화에서는 개별적 성과에 대한 공개적 인정이 효과적이지만, 아시아의 집단주의 문화에서는 팀 전체의 성과를 인정하는 것이 더 적절할 수 있다. 삼성전자의 이재용 회장은 "우리의 성공은 개인의 탁월함이 아니라 팀워크의 결과"라고 강조하며, 개별 성과보다는 협업과 팀 성과를 인정하는 문화를 만들고 있다.

인정은 단순한 격려가 아니라 혁신의 연료

토요타도 인정의 요소를 중시한다. 토요타 특유의 '카이젠改善' 문화에서는 모든 직원의 개선 아이디어가 인정받는다. 아무리 작은 개선이라도 공식적으로 인정받고 기록되며, 우수한 아이디어는 전사적으로 공유된다. 이런 체계적인 인정 시스템 덕분에 토요타는 지속적인 혁신을 이룰 수 있었다.

IBM의 CEO 아빈드 크리슈나Arvind Krishna는 AI와 클라우드 중심으로 회사를 전환하면서 '성장 마인드셋'을 강조했다. 그는 새로운 기술을 학습하고 적용하는 직원들을 적극적으로 인정하며, 실패를 두려워하지 않는 문화를 만들었다. 특히 기존 메인프레임 컴퓨터 전문가들이 클라우드 기술을 배우는 과정에서 보이는 노력을 인정하는 데 집중했다.

여성 리더들도 독특한 방식으로 인정의 기술을 활용하고 있다. 유튜브의 CEO 수전 워치츠키Susan Wojcicki는 크리에이터들뿐 아니라 내부 직원들의 창의성을 인정하는 데 특별히 신경 쓴다. 그녀는 매월 '크리에이터 스포트라이트'와 함께 '임플로이 스포트라이트'를 운영해 혁신적인 아이디어를 낸 직원들을 인정한다. 워치츠키는 "인정은 단순한 격려가 아니라 혁신의 연료"라고 말한다.

인정의 기술은 AI 시대에 더욱 중요해질 것이다. 오픈AI의 샘 올트먼은 "AI가 발전할수록 인간의 창의성과 감정적 지능이 더 중요해진다"라고 했다. 그는 챗GPT 개발 과정에서 기술적 성과뿐 아니라 윤리적 고민과 사회적 책임을 보여준 연구원들을 특별히 인정했다. 이런 가치 중심적 인정이 오픈AI의 사회적 신뢰 확보에 기여했다.

———

인정의 기술은 단순한 동기부여 도구를 넘어서 조직의 가치와 문화를 형성하는 핵심 요소다. 리더가 무엇을 인정하는지가 조직이 무엇을 중시하는지를 결정한다. 실리콘밸리의 성공적인 기업들이 공통적으로 인정의 기술에 주목하는 이유도 여기에 있다. 모든 것이 빠르게 변화하고 불확실성이 높은 환경에서는 외부의 통제보다는 내재적 동기가 더 중요하고, 이런 동기를 이끌어내는 핵심이 바로 인정이기 때문이다. 미래의 리더들에게 인정의 기술은 선택이 아닌 필수가 될 것이다.

032 공감이 생산성을 높인다

연결된 리더십

리더십의 핵심은 연결에 있다. 스티브 테일러Steve Taylor가 《불통, 독단, 야망》에서 제시한 '초단절형 인간'의 개념은 현대 리더십의 가장 위험한 함정을 보여준다. 이들은 주변 세계와의 연결이 극단적으로 단절된 채로 권력을 행사하며, 공감 능력의 부재로 조직과 사회에 돌이킬 수 없는 해악을 끼친다. 반면 진정한 리더는 타인과의 깊은 연결을 통해 조직의 잠재력을 극대화하고 지속 가능한 성과를 창출한다. 연결된 리더십은 단순한 이상이 아니라 21세기 조직이 생존하고 번영하는 필수 조건이다.

엔론의 초단절형 리더십이 낳은 파국

테일러가 정의한 초단절형 인간의 특징을 살펴보면 현대 조직에서 흔히 목격되는 문제적 리더들의 모습과 정확히 일치한다. 이들은 다른 사람들의 감정이나 고통에 무감각하며, 오직 자신의 이익과 욕구만을 중요하게 여긴다. 이들은 순전히 자기 중심적이어서, 자신의 이익에 부합하는 것만이 옳고 좋은 것이라고 여긴다. 이러한 특성은 아돌프 히틀러나 이오시프 스탈린과 같은 역사적 독재자들에게서만 나타나는 것이 아니라, 현대 기업과 조직의 리더에게서도 빈번하게 발견된다. 특히 21세기에 들어서면서 새로운 형태의 초단절형 리더들이 등장하고 있는데, 이들은 주로 나르시시스트적 특성을 보이며 자신의 능력과 중요성을 과도하게 높이 평가한다.

엔론의 제프리 스킬링Jeffrey Skilling과 케네스 레이Kenneth Lay는 초단절형 리더십의 전형적인 사례다. 이들은 단기적 이익을 위해 회계 조작을 일삼았고, 수만 명의 직원들과 투자자들의 삶을 파괴하는 것에 어떠한 죄책감도 느끼지 않았다. 스킬링은 자신의 천재성을 과신한 나머지 리스크 관리를 무시했고, 직원들의 우려나 경고를 일축했다. 그는 조직 내부의 목소리에 귀 기울이지 않았고, 외부 이해관계자들과의 진정한 소통을 거부했다. 결국 엔론은 2001년 파산하면서 미국 역사상 최대 규모의 기업 스캔들을 남겼다. 이는 초단절형 리더십이 가져올 수 있는 파괴적 결과를 적나라하게 보여준 사례다.

글로벌 컨설팅 기업 콘페리Korn Ferry의 연구에 따르면 공감력이 높은 리더는 조직 내 신뢰와 소통을 촉진해 생산성을 30퍼센트 이상 높일 수 있다. 이는 공감력이 단순히 감정적 차원의 문제가 아니라 실질적인 경영 성과와 직결되는 중요한 요소임을 보여준다. 공감 능력을 갖춘 리더는 직원 개개인의 욕구와 목표를 이해하고 이를 바탕으로 동기를 부여한다. 미국경영자협회American Management Association의 연구에서도 공감적 리더와 함께 일하는 직원들은 스스로 존중받고 있다고 느끼며, 이러한 느낌이 자발적인 참여로 이어진다는 사실이 확인되었다.

공감의 세 가지 영역

연결된 리더십의 핵심은 공감의 세 가지 영역을 모두 발휘하는 것이다. 첫째, 정서적 공감은 상대방의 감정 상태를 함께 느끼고 이해하려는 노력이다. 직원이 처한 상황에 공감해주는 것은 리더가 보여줄 수 있는 첫 연결의 표현이며, 이는 직원들에게 심리적 안전감을 제공한다. 둘째, 인지적 공감은 상대방의 입장에서 생각하며 타인이 어떤 생각을 하고 왜 그런 결정을 내리는지 이해하려는 노력이다. 리더가 직원의 생각과 논리를 이해하고 존중할 때 팀원들은 신뢰감을 느끼며 더 나은 성과를 내기 위해 노력한다. 셋째, 맥락적 공감은 상대방이 처한 상황 전체를 고려하는 것이다. 문화적 배경이 다른 팀원과 협업할 때 그들의 문화적 특성을 존중하고 이해하려는 노력은 팀 내 갈등을 줄이고 협력을 촉진한다.

하지만 연결된 리더십이 단순히 감정적 공감에만 머물러서는 안 된다. 공감과 책임의 균형을 이루는 것이 중요하다. 누군가 마감일을 지키지 못하거나 기대에 미치지 못했을 때, 리더는 공감과 책임 묻기 중 하나만을 선택해야 한다고 생각할 수 있지만, 실제로는 이 두 가지를 함께 다룰 수 있다. 예컨대 "이번 마감일을 지키지 못한 이유를 설명해줘서 고맙습니다. 최근 일 때문에 많이 스트레스받았을 것으로 생각합니다. 하지만 그로 인해 다른 팀원들이 많은 시간을 추가로 할애해야 했고, 고객과의 관계에도 영향을 미쳤습니다. 이 부분을 앞으로 더 신경 써주었으면 좋겠습니다"라고 말함으로써 팀원의 감정을 이해하면서도 책임을 분명하게 전달할 수 있다.

연결된 리더십의 또 다른 중요한 측면은 조직 내 '사일로_{Silo}'를 깨는 것이다. 미국의 서비스형 소프트웨어 플랫폼 회사인 메달리아_{Medallia}의 연구에 따르면, 사일로를 허물고 조직을 연결하면 직원들이 연결되는데, 이는 곧 고객도 연결된 경험을 할 수 있다는 것을 의미한다. 이로써 기술 스택이 최적화되고, 데이터가 실시간으로 분석되며, 인사이트에서 실행까지 걸리는 시간이 단축된다. 결국 고객이 승리하고, 기업은 비용을 절감할 뿐 아니라 수익 잠재력도 높일 수 있다.

스탠퍼드대학교 사회학 교수 마크 그라노베터Mark Granovetter의 '약한 연결의 힘The Strength of Weak Ties' 이론은 리더가 어떤 종류의 연결을 추구해야 하는지에 대한 중요한 통찰을 제공한다. 그라노베터는 1973년 보스턴 근교 뉴턴에 거주하는 직장인들을 대상으로 한 연구에서, 가족이나 친한 친구처럼 자주 만나는 사람이 취업에 필요한 정보를 알려준 비율이 17퍼센트에 그쳤다는 사실을 발견했다. 반면 나머지는 가끔 만나거나 거의 만날 일이 없는 지인의 도움으로 구직에 성공했다. 자주 만나고 친밀한 사이는 생활 환경이 비슷하고 주고받는 정보가 중복되기 때문에, 새로운 정보를 제공하는 데 오히려 한계가 있기 때문이다.

AI 시대의 연결

연결된 리더십을 실천하기 위해서는 구체적인 행동 변화가 필요하다. 첫째, 경청의 기술을 완전히 숙달해야 한다. 진정한 경청은 단순히 상대방의 말을 듣는 것이 아니라, 그들의 감정과 의도까지 이해하려는 적극적인 노력이다. '제가 이해한 바로는'이라는 문구로 시작하여 상대방의 의견을 요약해주는 습관을 들이는 것도 좋은 방법이다. 둘째, 정기적인 일대일 면담을 통해 팀원들과의 개인적 연결을 강화해야 한다. 이때 업무적인 내용뿐 아니라 그들의 개인적 목표와 관심사에 대해서도 관심을 보여야 한다. 셋째, 실패를 학습의 기회로 받아들이는 문화를 조성해야 한다. 실패에 대한 처벌보다는 그로부터 무엇을 배울 수 있는지에 초점을 맞춰야 한다. 넷째, 다양성과 포용성을 적극적으로 추진해야 한다. 서로 다른 배경과 관점을 가진 사람들과의 연결은 조직의 창의성과 혁신 역량을 크게 향상시킨다. 다섯째, 투명한 소통을 실천해야 한다. 조직의 비전과 전략, 그리고 의사결정 과정을 투명하게 공유함으로써 구성원들과의 신뢰 관계를 구축해야 한다. 여섯째, 감정 지능을 지속적으로 계발해야 한다. 자신의 감정을 인식하고 조절하는 능력뿐 아니라, 타인의 감정을 읽고 이에 적절히 반응하는 능력을 기르는 것이 중요하다.

연결된 리더십의 효과는 단순히 팀의 분위기를 개선하는 데 그치지 않고, 실질적인 비즈니스 성과로 이어진다. 갤럽의 연구에 따르면, 직원 참여도가 높은 조직은 그렇지 않은 조직에 비해 수익성이 23퍼센트 높고, 고객 만족도는 12퍼센트 높으며, 안전사고는 70퍼센트 적게 발생한다. 또한 이직률은 40퍼센트 낮고, 결근율은 41퍼센트 낮다. 이러한 수치들은 연결된 리더십이 단순한 이상이 아니라 실질적인 경영 전략임을 보여준다.

하지만 연결된 리더십을 실천하는 과정에서 주의해야 할 함정들도 있다. 첫째, 과도한 공감으로 인한 의사결정 마비다. 모든 사람의 감정과 의견을 고려하려다 보면 제때 결정을 내리지 못하는 상황이 발생할 수 있다. 이때는 명확한 기준과 원칙을 세워야 한다. 둘째, 인기에 영합하는 리더십으로 변질될 위험이다. 연결을 추구하다 보면 자칫 어려운 결정을 회피하거나 불편한 진실을 외면할 수 있다. 진정한 연결은 때로는 어려운 대화와 힘든 결정도 마다하지 않는다. 셋째, 번아웃의 위험이다. 모든 사람과 연결되려고 노력하다 보면 리더 자신이 소진될 수 있다. 따라서 자기관리와 경계 설정이 중요하다.

AI와 자동화 기술의 발전으로 많은 업무가 기계로 대체되는 상황에서, 인간 고유의 능력인 공감과 연결은 더욱 중요해지고 있다. 기계는 데이터를 분석하고 패턴을 찾는 데는 뛰어나지만, 인간의 감정을 이해하고 복잡한 인간관계를 관리하는 것은 여전히 인간의 고유 영역이다. 따라서 미래의 리더는 기술적 역량과 함께 연결 능력을 갖춰야 한다.

연결된 리더십을 조직 차원에서 체계화하기 위해서는 몇 가지 제도적 장치가 필요하다. 첫째, 리더 선발과 평가 과정에서 연결 능력을 중요한 기준으로 삼아야 한다. 단순히 업무 성과만으로 리더를 선발하는 것이 아니라, 팀원들과의 관계, 소통 능력, 공감 능력 등을 종합적으로 평가하는 것이다. 둘째, 리더십 계발 프로그램에서 연결 기술을 체계적으로 교육해야 한다. 경청 기술, 감정지능, 갈등 해결, 팀 구축 등의 내용을 포함한 교육 프로그램을 운영해야 한다. 셋째, 조직문화와 시스템이 연결을 지원하도록 설계해야 한다. 협업을 촉진하는 물리적 공간, 부서 간 교류를 장려하는 제도, 실패를 학습 기회로 받아들이는 문화 등을 구축해야 한다.

———

연결된 리더십은 21세기의 조직이 성공하기 위한 필수 조건이다. 테일러가 경고한 초단절형 인간의 위험성을 피하고, 모든 구성원이 연결되고 성장할 수 있는 환경을 만드는 것이 리더의 가장 중요한 역할이다. 이는 단순히 좋은 사람이 되는 것이 아니라, 조직의 지속 가능한 성공을 위한 전략적 선택이다. 연결된 리더는 개인의 성장과 조직의 성과, 그리고 사회의 발전을 동시에 추구할 수 있다. 모든 사람이 연결의

중요성을 인식하고 일상에서 이를 실천할 때, 비로소 더 나은 조직과
더 나은 세상을 만들 수 있다.

                                              2부 리더십

033 감정은 전염된다

사회적 영향력

리더들은 종종 자신과 주변 사람들의 행동에 미치는 보이지 않는 영향력의 존재를 간과하곤 한다. 조나 버거Jonah Berger의 《보이지 않는 영향력》은 이러한 숨겨진 영향력의 메커니즘을 마케팅적 관점에서 분석했지만, 그 통찰은 리더십 영역에도 광범위하게 적용될 수 있다. 더불어 감정 전염이라는 현상을 고려할 때, 주변 사람들의 영향력은 실로 막대하다고 할 수 있다. 리더들이 이러한 영향력의 본질을 이해하고 효과적으로 활용할 수 있도록 돕는 것은 현대 리더십 계발에서 매우 중요한 과제다.

사회적 영향력에 주목하는 기업들

버거는 《보이지 않는 영향력》에서 사회적 영향력이 우리의 행동을 형성하는 방식을 다섯 가지로 정리했다. 이것들은 리더십 맥락에서도 중요한 의미를 가진다. 첫째, 사람들은 자신의 행동에 미치는 사회적 영향력을 인식하지 못한다. 이는 리더들도 예외가 아니다. 버거가 수행한 BMW 구매자 연구에서, 응답자들은 다른 사람들의 구매 결정에는 사회적 영향력이 작용했다고 인식했지만, 자신의 결정에는 그러한 영향력이 없었다고 답했다. 이는 리더들이 자신의 의사결정 과정에서 작용하는 무의식적 영향력을 간과할 수 있음을 시사한다.

둘째, 사회적 영향력은 때로는 동조를, 때로는 차별화를 유도한다. 리더십 맥락에서 이는 매우 중요한 통찰이다. 예컨대 구글의 혁신적인 기업문화는 실리콘밸리의 다른 기업들과의 차별화를 추구하는 과정에서 형성되었다. 반면 많은 기업이 구글의 성공을 모방하려 시도하면서 일종의 동조 현상이 나타났다. 리더는 이러한 동조와 차별화의 역학을 이해하고, 상황에 따라 적절히 활용할 수 있어야 한다.

셋째, 사회적 영향력은 수행 능력에도 영향을 미친다. 버거는 다른 사람들의 존재나 행동이 조직의 성과를 향상시키거나 저하시킬 수 있다고 설명한다. 이는 리더가 어떤 환경을 조성해야 하는지에 대한 중요한 시사점을 제공한다. 예컨대 마이크로소프트의 나델라는 성장 마인드셋 문화를 도입하여 직원들이 서로의 성장을 자극하고 지원하는 환경을 만들었다.

넷째, 사회적 영향력은 동기부여의 강력한 도구가 될 수 있다. 버거는 적절한 비교와 경쟁이 개인의 동기를 크게 높일 수 있다고 설명한다. 리더십 맥락에서 이는 팀원들의 동기를 효과적으로 부여하는 방법에 대한 통찰을 제공한다. 예컨대 세일즈포스의 CEO 마크 베니오프Mark Benioff는 'V2MOM', 즉 비전Vision, 가치Values, 방법Methods, 장애물Obstacles, 측정Measures의 다섯 가지 핵심 요소로 구성된 시스템을 도입하여 직원들 간의 건설적인 경쟁을 촉진하고 있다.

다섯째, 사회적 영향력은 혁신의 속도와 방향을 결정한다. 버거는 너무 새롭거나 너무 익숙한 것은 모두 거부감을 일으킬 수 있다고 설명한다. 이는 리더가 조직의 변화와 혁신을 추진할 때 고려해야 할 중요한 요소다. 아마존의 베이조스는 이러한 원리를 잘 이해하고 있었다. 그는 혁신적인 아이디어를 점진적으로 도입하여 고객들이 받아들이기 쉽게 만들었다.

과소평가된 감정

하지만 리더들은 종종 보이지 않는 영향력과 감정 전염의 중요성을 과소평가하거나 간과하는 경향이 있다. 이는 여러 이유로 설명될 수 있다. 첫째, 많은 리더가 자신의 행동이 미치는 영향력을 정확히 인식하지 못한다. 버거의 연구에 따르면, 사람들은 일반적으로 자신의 행동에 미치는 사회적 영향력을 과소평가한다. 이는 리더들도 예외가 아니어서, 자신의 감정이나 행동이 팀원들에게 미치는 영향을 충분히 인지하지 못할 수 있다.

둘째, 전통적인 리더십 교육이 주로 가시적이고 측정 가능한 요소들에 초점을 맞추어왔다. 예컨대 전략 수립, 의사결정, 성과 관리 등에 중점을 두는 반면, 감정적 요소나 무형의 영향력에 대해서는 상대적으로 적은 관심을 기울여왔다. 이로 인해 많은 리더가 보이지 않는 요소들의 중요성을 간과하게 된 것이다.

셋째, 감정 전염과 같은 현상은 주로 무의식적으로 일어나기 때문에, 리더들이 이를 인식하고 관리하기 어려울 수 있다. 리더가 자신의 감정 상태가 팀에 미치는 영향을 인식하지 못하면 부정적인 감정을 무의식적으로 전파할 수 있다.

넷째, 일부 리더들은 감정을 드러내는 것이 자신의 전문성이나 권위를 손상시킬 수 있다고 우려한다. 이는 감정을 드러내는 것이 전통적인 리더십 모델에서 강조되어온 강인함이나 객관성과 상충된다고 여기는 것이다.

다섯째, 많은 조직에서 단기적인 성과와 가시적인 결과에 집중하는 문화가 팽배해 있다. 이로 인해 리더들이 장기적이고 무형적인 요소들, 예컨대 팀의 정서적 분위기나 조직문화 형성과 같은 부분에 충분한 주의를 기울이지 못하게 될 수 있다.

사회적 영향력에서 선한 영향력으로

하지만 최근의 연구들은 보이지 않는 영향력과 감정 전염의 중요성을 강조하고 있다. 예컨대 골먼의 감정지능 이론은 리더의 감정 관리 능력이 조직의 성과에 큰 영향을 미친다는 점을 밝혔다.

현대의 리더들은 이러한 보이지 않는 영향력과 감정 전염에 대해 더 많은 관심을 기울이고, 이를 효과적으로 관리하는 방법을 학습할 필요가 있다. 이는 자기인식을 높이고, 감정지능을 계발하며, 팀 내 분위기를 모니터링하고 관리하는 능력을 키우는 것을 포함한다. 이를 통해 리더들은 더 효과적으로 팀을 이끌고, 조직의 성과를 향상시킬 수 있을 것이다.

그렇다면 리더들은 무엇을 해야 할까? 리더들이 이러한 보이지 않는 영향력을 이해하고 활용하기 위해서는 몇 가지 핵심적인 전략이 필요하다. 첫째, 자기인식을 높여야 한다. 골먼의 감정지능 이론에 따르면, 자기인식은 효과적인 리더십의 기본이다. 리더는 자신의 행동과 감정이 다른 사람들에게 미치는 영향을 지속적으로 모니터링하고 평가해

 2부 리더십

야 한다.

둘째, 적극적인 경청과 관찰이 필요하다. 버거는 사회적 영향력의 많은 부분이 무의식적으로 일어나기 때문에 세심한 관찰이 중요하다고 강조한다. 리더는 팀원들의 행동 패턴, 상호작용 방식, 비언어적 신호 등을 주의 깊게 관찰해야 한다. 예컨대 넷플릭스의 헤이스팅스는 360도 피드백을 도입하여 모든 직급의 직원들로부터 피드백을 받고, 이를 통해 조직 내 보이지 않는 영향력의 흐름을 파악하고 있다.

셋째, 긍정적인 영향력을 의도적으로 행사해야 한다. 앨버트 밴듀라Albert Bandura의 사회학습 이론에 따르면, 사람들은 주변 인물, 특히 권위 있는 인물의 행동을 모방하는 경향이 있다. 따라서 리더는 자신이 모범이 되는 행동을 보임으로써 팀원들에게 긍정적인 영향을 미칠 수 있다. 예컨대 파타고니아의 창업자 이본 쉬나드Yvon Chouinard는 환경보호에 대한 강한 신념을 행동으로 보여줌으로써, 직원들과 고객들에게 깊은 영향을 미쳤다.

넷째, 다양성과 포용성을 증진해야 한다. 버거는 다양한 배경과 관점을 가진 사람들이 함께 일할 때 더 창의적인 결과물이 나온다고 설명한다. 리더는 팀 내 다양성을 증진시키고, 모든 구성원의 목소리가 존중받는 문화를 만들어야 한다. IBM의 로메티는 '포용적 리더십'을 강조하며, 다양한 배경의 직원들이 자유롭게 의견을 개진할 수 있는 환경을 조성했다.

다섯째, 사회적 영향력을 윤리적으로 활용해야 한다. 치알디니의 '영향력의 무기Weapons of Influence' 이론은 사회적 영향력이 강력한 도구이지만, 동시에 윤리적 고려가 필요함을 강조한다. 리더는 팀원들의 자율성과 존엄성을 존중하면서 영향력을 행사해야 한다. 유니레버의 폴먼은

'지속 가능한 생활 계획'을 통해 윤리적 리더십의 모범을 보여주었다.

리더가 자신의 영향력을 확장하기 위해서는 지속적인 학습과 적응이 필요하다. 사회적 영향력의 역학은 시간에 따라 변화하며, 새로운 기술의 등장으로 그 양상이 더욱 복잡해지고 있다. 예컨대 소셜미디어의 등장은 영향력의 흐름을 크게 변화시켰다. 리더는 이러한 변화를 지속적으로 학습하고 적응해야 한다. 마이크로소프트의 나델라는 '배움의 문화'를 강조함으로써 회사 내에 직원들이 지속적으로 새로운 기술과 트렌드를 학습할 수 있는 환경을 조성했다.

034 조직의 시간은 리더의 시간에 동조된다

시간관

필립 짐바르도의 《나는 왜 시간에 쫓기는가》는 시간에 대한 우리의 인식과 그것이 우리의 삶에 미치는 영향을 심도 있게 탐구하고 있다. 짐바르도는 인간이 시간의 개념을 체계적으로 연구하기 시작한 것이 불과 200년 전이라는 점을 지적하며, 시간에 대한 우리의 이해가 아직 초기 단계에 있음을 강조한다. 그의 연구는 과거, 현재, 미래라는 세 가지 시간관 개념을 중심으로 전개되며, 이러한 시간 인식이 우리의 행동과 의사결정에 미치는 영향을 분석한다.

시간관의 다섯 종류

짐바르도의 시간관 이론은 리더십 분야에서 특히 중요한 의미를 가진다. 리더가 시간을 어떻게 인식하고 관리하는지는 조직의 성과와 문화에 직접적인 영향을 미치기 때문이다. 시간관 개념을 이해하고 적절히 활용하는 능력은 현대 리더십의 핵심 요소 중 하나로 볼 수 있다.

짐바르도는 시간관을 크게 다섯 가지로 분류하고 있다. 과거 긍정, 과거 부정, 현재 쾌락, 현재 운명, 그리고 미래 지향이다. 각각의 시간관은 리더십 스타일과 의사결정 과정에 독특한 영향을 미친다. 예컨대 과거 긍정적 시간관을 가진 리더는 전통과 경험을 중시하며 안정성을 추구하는 경향이 있다. 반면 미래 지향적 시간관을 가진 리더는 혁신과 변화를 추구하며 장기적 비전을 중요시한다.

아마존의 베이조스는 미래 지향적 시간관의 대표적인 예로 볼 수 있다. 베이조스는 "우리는 항상 3년에서 7년 앞을 내다보며 사업을 계획한다"라고 말한 바 있다. 이러한 장기적 시각은 아마존웹서비스와 같은 혁신적인 사업을 성공적으로 런칭할 수 있게 한 원동력이 되었다.

반면 현재 쾌락적 시간관은 단기적 성과에 집중하게 만든다. 이는 때로 긍정적인 결과를 가져오기도 하지만, 장기적인 전략 수립에는 방해가 될 수 있다. 엔론의 파산 사례는 이러한 단기적 시각의 위험성을 잘 보여준다. 엔론의 경영진은 현재의 이익에만 집중한 나머지 장기적인 리스크를 간과했고, 결국 회사를 파산에 이르게 했다.

짐바르도는 균형 잡힌 시간관의 중요성을 강조한다. 이는 과거, 현재, 미래의 시간관을 상황에 따라 적절히 활용할 수 있는 능력을 의미한다. 구글의 슈밋은 이러한 균형 잡힌 시간관의 좋은 예시다. 슈밋은 구글의 혁신적인 문화를 유지하면서도 장기적인 성장 전략을 수립하는 데 성공했다.

과거의 시간을 존중하는 토요타

시간관 개념은 조직문화 형성에도 중요한 역할을 한다. 예컨대 3M은 직원들에게 근무 시간의 15퍼센트를 자유롭게 사용할 수 있게 하는 '15퍼센트 룰'을 도입했다. 이는 현재 쾌락적 시간관과 미래 지향적 시간관을 적절히 조화시킨 정책으로, 혁신을 촉진하면서도 장기적인 성장을 추구하는 3M의 문화를 잘 보여준다.

리더의 시간관은 위기 관리 능력에도 큰 영향을 미친다. 과거 부정적 시간관을 가진 리더는 과거의 실패 경험에 지나치게 얽매여 새로운 도전을 회피할 수 있다. 반면 균형 잡힌 시간관을 가진 리더는 과거의 경험을 교훈 삼아 현재의 위기에 대처하면서도 미래를 위한 준비를 할 수 있다. 존슨앤존슨의 타이레놀 사태 대응은 이러한 균형 잡힌 시간관의 좋은 예시다. 회사는 과거의 위기 관리 경험을 바탕으로 신속하게 대응하면서도, 장기적인 브랜드 신뢰도 회복을 위한 전략을 동시에 수립했다.

짐바르도의 연구는 또한 문화권에 따른 시간관의 차이도 지적한다. 예컨대 서구 문화권은 대체로 미래 지향적 시간관이 강한 반면, 동양 문화권은 과거를 중시하는 경향이 있다. 이러한 문화적 차이를 이해하는 것은 세계를 무대로 리더십을 발휘해야 할 때 매우 중요하다. 토요타의 카이젠 문화는 과거의 경험을 존중하면서도 지속적인 개선을 추구하는 동양적 시간관을 잘 보여주는 예시다.

미래의 시간을 개척하는 IBM

시간관 개념은 리더의 의사소통 방식에도 영향을 미친다. 미래 지향적 시간관을 가진 리더는 비전과 목표를 강조하는 경향이 있는 반면, 현재 지향적 시간관을 가진 리더는 즉각적인 행동과 결과를 중시한다. 애플의 잡스는 이 두 가지 시간관을 효과적으로 조화시킨 리더로 평가받는다. 그는 혁신적인 미래 비전을 제시하면서도, 현재의 제품 완성도를 철저히 관리했다.

짐바르도의 시간관 이론은 리더십 계발 프로그램에도 적용되고 있다. 예컨대 세계 최고의 리더십 연구 기관인 창조적리더십센터Center for Creative Leadership는 리더들이 자신의 시간관을 인식하고 균형 잡힌 시간관을 계발할 수 있도록 돕는 프로그램을 운영하고 있다. 이를 통해 리더들은 더 효과적으로 팀을 이끌고 조직의 장기적 성공을 위한 전략을 수립할 수 있게 된다.

시간관 개념은 또한 조직의 혁신 능력과도 밀접한 관련이 있다. 과거에 얽매인 시간관은 혁신을 저해할 수 있는 반면, 미래 지향적 시간관은 혁신을 촉진할 수 있다. 따라서 이 둘의 균형이 중요하다. 과거의 경험과 지식을 완전히 무시한 채 미래만을 좇는 것은 위험할 수 있기 때문이다. IBM의 사례는 이러한 균형의 중요성을 잘 보여준다. IBM은 오랜 역사와 전통을 가진 기업이지만, 끊임없는 혁신을 통해 시대의 변화에 적응해왔다.

리더의 시간관은 팀원들의 동기부여에도 큰 영향을 미친다. 미래 지향적 시간관을 가진 리더는 팀원들에게 장기적인 비전과 성장 가능성을 제시함으로써 동기를 부여할 수 있다. 반면 현재 지향적 시간관을 가진 리더는 즉각적인 보상과 인정을 통해 팀원들에게 동기를 부여할 수 있다. 넷플릭스의 헤이스팅스는 이 두 가지 접근법을 효과적으로 조화시킨 리더로 평가받는다. 그는 회사의 장기적인 비전을 명확히 제시하면서도, 혁신적인 아이디어에 대한 즉각적인 인정과 보상 시스템을 구축했다.

짐바르도의 연구는 시간관과 스트레스 관리의 관계에 대해서도 중요한 통찰을 제공한다. 과거 부정적 시간관이나 현재 운명적 시간관은 높은 스트레스 수준과 관련이 있는 반면, 균형 잡힌 시간관은 스트레스 관리에 도움이 된다. 이는 리더의 정신건강과 웰빙에 중요한 시사점을 제공한다. 마이크로소프트의 나델라는 마음챙김 프로그램을 회사 문화에 도입하여 직원들의 스트레스 관리와 생산성 향상을 동시에 추구하고 있다.

———

리더가 어느 시간을 살아가느냐에 따라 기업의 운명은 좌우된다. 과거와 전통에 얽매여 안정적인 운영을 추구할 수도 있고, 현재의 감각에 충실해 높은 실적을 거둘 수도 있다. 또 미래를 바라보며 장기적인 계획에 집중할 수도 있다. 진정한 리더는 자신의 시간관이 회사와 직원들의 운명을 결정할 수 있음을 깨닫고 균형 잡힌 시간관을 바탕으로 세상을 바라보아야 할 것이다.

035 충분히 자지 못하면
제대로 일할 수 없다

수면

　　현대 리더십의 가장 큰 착각 중 하나는 적게 자야 성공한다는 신화다. 산업혁명 이후 형성된 이 잘못된 믿음은 오늘날까지도 수많은 리더를 수면 부족의 늪으로 빠뜨리고 있으며, 결과적으로 조직의 성과와 구성원들의 삶에 치명적인 악영향을 미치고 있다. 하지만 최신 과학 연구들은 리더십의 질은 수면 시간이 결정한다는 사실을 명확하게 보여준다. 충분한 수면을 취하는 리더만이 탁월한 의사결정을 내리고, 팀을 효과적으로 이끌며, 지속 가능한 성과를 창출할 수 있다. 양질의 수면은 단순히 리더의 건강과 관련된 문제가 아니라 조직 경영의 핵심 전략이자 리더의 필수 역량이라고 할 수 있다.

"바보는 여덟 시간을 잔다"

　　인류 역사를 돌아보면 수면에 대한 인식이 얼마나 극적으로 변화했는지 알 수 있다. 고대 그리스인들에게 히프노스Hypnos는 숭배받는 잠의 신이었고, 로마인들에게 잠의 신 솜누스Somnus는 신성한 존재였다. 아리스토텔레스와 르네 데카르트 같은 철학자들은 수면의 회복 기능을 극찬했으며, 당시 사회에서 충분한 수면은 부유함과 신의 은총을 받은 자들만이 누릴 수 있는 특권이었다. 하지만 1318년 파리에 최초의 가로등(세 개의 촛불 램프)이 설치되고 1667년 대규모 인공 조명(3,000개의 기름 등불)이 도입되면서 인간의 수면에 대한 인식이 변화하기 시작했다. 산업혁명 시대에 들어서면서 이러한 변화는 더욱 가속화되었고, 1920년대 철강 산업 노동자들이 12시간 2교대 근무를 하면서 수면은 '남자답지 못한 나약함'으로 치부되었다.

에디슨은 "잠은 불필요한 것이며, 네다섯 시간 이상 잘 필요가 없다"라고 했으며, 나폴레옹 보나파르트은 "남자는 여섯 시간, 여자는 일곱 시간, 바보는 여덟 시간을 잔다"라고 말했다. 이러한 발언의 뒤에는 시대적 배경이 있다. 1969년보다 1987년에 연간 163시간 더 많이 일하게 되었고, 1978년 시티은행이 "시티는 결코 잠들지 않습니다"라는 광고 문구를 내건 것은 사회 전체가 수면에 대한 착각에 빠졌음을 보여주는 상징적 사건이었다. 이때부터 현대 사회는 수면 부족을 미화하고 찬양하는 문화를 만들어냈으며, 성공은 번아웃과 스트레스를 통해서만 이룰 수 있다는 왜곡된 신념이 자리 잡게 되었다.

현재 우리가 직면한 수면 부족 현상은 심각한 수준이다. 영국의 경우 2011년 32퍼센트였던 수면 부족 인구가 2014년에는 60퍼센트로 급증했으며, 서울 시민의 평균 수면 시간은 6시간 3분, 도쿄는 5시간 45분, 두바이는 6시간 13분, 싱가포르는 6시간 27분에 불과하다. 지난 50년간 전 세계 인구의 평균 수면 시간은 7시간 30분에서 7시간 이하로 떨어졌는데, 이는 인류가 역사상 유례없는 수면 부족 시대를 살고 있음을 의미한다. 특히 리더들의 수면 부족 현상은 더욱 심각한데, 2016년 맥킨지 보고서에 따르면 많은 리더가 수면 부족으로 조직에 손해를 끼치고 있다는 충격적인 결과가 발표되었다.

수면 부족은 음주운전과 같다

수면 부족이 리더십에 미치는 영향은 다방면에 걸쳐 나타난다. 먼저 인지 능력이 심각하게 저하한다. 인간이 17~19시간 이상 깨어 있으면 혈중 알코올 농도 0.05퍼센트와 비슷한 상태가 되어 판단력, 반응 시간, 상황 인식, 기억력, 소통 능력이 50퍼센트까지 저하된다. 이는 리더가 음주 상태에서 중요한 의사결정을 내리는 것과 같은 위험한 상황임을 의미한다. 2주 동안 6시간씩 수면을 취한 사람은 24시간 동안 잠을 자지 못한 것과 같은 인지 수준을 보이며, 4시간씩만 잔 사람들은 48시간 동안 잠을 자지 않은 사람들과 같은 상태가 된다. 이러한 상태에서 리더가 내리는 결정이 조직에 미치는 파급효과는 상상하기 어려울 정도로 크다.

감정 조절 능력의 저하도 심각한 문제다. 수면이 부족한 사람들은 분노, 흥분 등 강한 감정을 촉발하는 편도체가 감정 반응을 평소 대비 60퍼센트 이상 증폭시킨다. 유능하고 성실했던 리더가 수면 부족 탓에 감정 기복이 심한 리더로 변모하는 경우를 우리는 쉽게 목격할 수 있다. 회의 중 사소한 일에 소리를 지르고, 직원들에게 과도한 감정적 반응을 보이는 리더들의 모습은 대부분 수면 부족에서 비롯된다. 이러한 리더와 함께 일하는 직원들은 심리적 안전감을 잃고 창의성과 생산성이 급격히 떨어지게 된다.

의사결정 능력의 저하는 리더십에서 가장 치명적인 문제다. 《하버드 비즈니스 리뷰》의 연구에 따르면 하루 6시간 미만의 수면을 취하는 리더들은 충분히 잠을 잔 리더들에 비해 30퍼센트 더 우유부단한 모습을 보인다. 또한 7~9시간의 적절한 수면을 취한 리더들은 공감 능력이 20퍼센트 향상되며, 팀 내 갈등을 해결하는 능력은 수면 부족 시 50퍼센트나 감소한다는 연구 결과도 있다. 이는 수면이 단순히 개인의 건강 문제가 아니라 조직 전체의 성과를 좌우하는 핵심 요소임을 보여준다.

창의성과 문제 해결 능력도 수면과 밀접한 관련이 있다. 충분한 수면을 취한 사람은 그렇지 못한 사람에 비해 숨겨진 지름길을 찾는 과제의 성공률이 두 배 높다는 연구 결과가 있다. 창의적 사고는 특히 수면 중에 솟아나는 경우가 많다. 뇌가 휴식을 취하는 동안 서로 다른 정보들이 새롭게 연결되어 혁신적인 아이디어가 탄생하기 때문이다. 구글의 페이지가 페이지랭크 알고리즘의 아이디어를 꿈에서 얻었다는 일화나, 니콜라 테슬라_{Nikola Tesla}가 교류 전동기의 원리를 산책 중 갑자기 떠올린 것도 충분한 휴식과 수면이 창의성에 미치는 영향을 보여주는 사례다.

팀워크와 소통 능력에서도 수면의 영향은 명확하게 나타난다. 수면이 부족한 리더는 팀원들에게 긍정적인 정서를 보이지 못하고 잘 격려하지도 못한다. 이로 인해 팀원들은 자신의 리더가 카리스마가 부족하다고 느끼게 된다. 반면 직원들이 잘못한 점에 대해서는 더 강하게 부정적 반응을 보일 수 있다. 미국에서 판사들을 대상으로 한 흥미로운 연구가 있는데, 서머타임이 시작된 월요일에 판사들이 내린 형량이 다른 요일보다 5퍼센트 더 무거운 것으로 나타났다. 평소보다 약 40분 정도 덜 자고 나온 상황에서 평소보다 더 엄격한 판결을 내린 것이다.

이는 조직 내에서도 리더가 잠이 부족하면 직원들에게 더 엄격한 제재
와 처벌을 내릴 수 있음을 시사한다.

수면 부족의 경제적 손실

수면이 리더십에 미치는 구체적인 영향은 네 가지로 구분할 수 있다.
첫째, 결과 지향적 사고 및 행동 능력이다. 리더는 큰 그림 안에서 목표
를 향해 바른 방향으로 가고 있는지 검토하며 집중과 선택을 해야 하
는데, 수면 부족은 이러한 집중력을 심각하게 방해한다. 둘째, 효과적
인 문제 해결 방법 찾기다. 충분한 수면을 취한 사람은 그렇지 못한 사
람에 비해 창의적 문제 해결 능력이 현저히 높다. 셋째, 다양한 관점에
서 검토하는 능력이다. 수면은 학습과 정보 처리의 모든 과정에서 중요
한 역할을 하며, 충분한 수면을 취할 때 서로 다른 정보의 중요성을 파
악하고 터널 시야에서 벗어날 수 있다. 넷째, 타인을 지원하고 도와주
는 능력이다. 수면 부족은 타인의 감정 정보를 잘못 해석하게 만들고,
자신의 감정을 부정적으로 표현하게 만든다.

수면 부족이 조직에 미치는 경제적 손실도 막대하다. 미국의 경우
수면 부족으로 연간 4110억 달러의 경제적 손실이 발생한다는 연구
결과가 있다. 이는 GDP의 2.28퍼센트에 해당하는 엄청난 액수다. 또
한 일본은 1380억 달러(GDP의 2.92퍼센트), 독일은 600억 달러(GDP의
1.56퍼센트), 영국은 500억 달러(GDP의 1.86퍼센트)의 손실을 보고 있다.
한국도 예외가 아니어서 수면 부족으로 인한 생산성 저하와 의료비 증
가 등을 고려하면 연간 수조 원의 손실이 발생하고 있을 것으로 추정
된다.

개인 건강 차원에서도 수면 부족의 대가는 크다. 수면 부족은 당뇨

병 발병률을 증가시키고, 암의 빠른 전이를 촉진하며, 과체중과 우울증, 무력감 및 스트레스를 증가시킨다. 면역 체계도 약화되어 각종 질병에 취약해진다. 특히 리더의 경우 이러한 개인의 건강 문제가 조직 전체에 영향을 미친다는 점에서 더욱 심각하다. 리더가 병가를 내거나 컨디션 난조로 중요한 회의나 의사결정에 참여하지 못하는 상황이 발생하면, 그 파급효과는 조직 전체로 확산된다.

많은 사람이 자신은 적게 자도 괜찮다고 생각하지만, 의학적 연구에 따르면 선천적으로 잠을 적게 자는 일명 '쇼트 슬리퍼_Short Sleeper_'는 전체 인구의 1퍼센트 미만에 불과하며, 이들도 유전적 돌연변이의 결과다. 즉 의지력으로 자신을 쇼트 슬리퍼로 만들 수 없다는 것이다. 더욱 중요한 것은 수면이 부족한 사람은 자신의 인지 기능이 떨어져 있다는 것을 잘 알아채지 못한다는 점이다. 실제로는 문제가 있는데 혼자만 아무 문제가 없다고 생각하는 것이다. 하지만 주변 사람들, 특히 팀원들이 리더에게 이런 사실을 직접 말해주기는 어렵다. 따라서 리더는 스스로 수면의 중요성을 인식하고 충분한 수면을 취하도록 노력해야 한다.

수면제나 에너지 드링크로 수면 부족을 해결하려는 시도도 위험하다. 수면제는 깨어 있지는 않지만 진짜 자고 있는 것도 아닌 위험한 상황을 만들어낸다. 이 경우 자신이 한 행동을 제대로 인지하지 못하는 경우가 발생한다. 에너지 드링크의 경우 일시적으로 각성 효과를 얻을수는 있지만, 많이 마시면 메스꺼움, 구토, 떨림 증세, 신경과민, 발작등의 부작용이 나타날 수 있다. 레드불은 2014년에 56억 캔 이상 팔렸지만, 에너지 드링크로 응급실을 찾는 사례도 증가하고 있다. 이러한 인위적인 방법들은 근본적인 해결책이 될 수 없으며, 오히려 더 큰 문제를 야기할 수 있다.

리더의 수면 관리법

그렇다면 리더는 어떻게 수면을 관리해야 할까? 미국 국립수면재단 National Sleep Foundation 에서 발표한 권장 수면 시간에 따르면, 성인에게는 7~9시간의 수면이 필요하다. 하지만 단순히 수면 시간만이 아니라 수면의 질도 중요하다. 규칙적인 수면 패턴을 유지하고, 수면 환경을 최적화하며, 카페인 섭취를 조절하고, 스마트폰과 같은 전자 기기 사용을 제한하는 것이 필요하다. 특히 리더의 경우 업무 스트레스와 책임감으로 수면에 어려움을 겪는 경우가 많으므로, 의식적으로 수면을 우선순위에 두고 관리해야 한다.

낮잠의 효과도 무시할 수 없다. 너무 바빠서 밤에 충분히 잘 수 없다면 잠깐 짬을 내 낮잠이라도 자는 것이 좋다. 아주 어려운 비디오 게임을 하고 나서 잠깐 낮잠을 잔 사람은 게임 후 낮잠 없이 계속 깨어 있던 사람에 비해 문제를 제대로 해결할 확률이 두 배 높은 것으로 나타났다. 피곤한 시간에 취하는 잠깐의 낮잠도 상당한 효과가 있다는 것이다. 구글, 나이키, 허핑턴포스트 등 많은 기업이 사무실에 낮잠 공간을 마련한 것도 이러한 과학적 근거에 기반한다.

수면과 리더십의 관계를 이해하기 위해서는 뇌과학적 메커니즘을 살펴볼 필요가 있다. 수면 중에는 뇌에서 독소가 제거되고, 기억이 정리되며, 창의적 연결이 형성된다. 특히 렘수면 단계에서는 감정 조절과 관련된 뇌 영역이 활성화되어 다음 날의 감정 안정성에 중요한 역할을 한다. 깊은 수면 단계에서는 신체 회복이 이루어지고, 면역 체계가 강화된다. 이러한 과정들이 제대로 이루어지지 않으면 리더의 인지 능력, 감정 조절 능력, 의사결정 능력이 모두 저하된다.

조직 차원에서도 수면 관리를 지원하는 시스템을 구축해야 한다. 불

2부 리더십

필요한 야근 문화를 없애고, 효율적인 회의 문화를 정착시키며, 업무 시간 외 연락을 자제하는 것이 필요하다. 또한 리더 교육 프로그램에 수면 관리에 대한 내용을 포함하고, 정기적인 건강검진을 통해 수면 상태를 점검하는 것도 중요하다. 일부 선진 기업들은 임원진의 수면 패턴을 모니터링하고, 수면 부족이 감지되면 휴식을 권하는 시스템을 도입하기도 한다.

수면과 리더십의 관계에서 특히 주목해야 할 점은 리더의 수면 패턴이 조직 전체에 미치는 파급효과다. 리더가 밤늦게 이메일을 보내거나 새벽에 업무 지시를 하면 직원들도 자연스럽게 수면 시간을 줄이게 된다. 이는 조직 전체의 생산성 저하로 이어지는 악순환을 만든다. 반대로 리더가 적절한 시간에 업무를 마무리하고 충분한 수면을 취하는 모습을 보이면 직원들도 건강한 업무 패턴을 따라 하게 된다.

미래의 리더십은 더욱 복잡하고 빠르게 변화하는 환경에서 발휘되어야 한다. AI와 자동화 기술의 발전으로 인간 고유의 능력인 창의성, 공감 능력, 복합적 사고가 더욱 중요해지고 있다. 이러한 능력들은 모두 충분한 수면과 밀접한 관련이 있다. 따라서 미래의 리더에게는 수면 관리가 필수적인 역량이 될 것이다.

036 아직 이르다고 여겨질 때 그만두어라

그만두기

현대 리더십의 가장 어려운 결정 중 하나는 언제 그만두어야 하는지를 아는 것이다. 우리는 "그만두는 사람은 이길 수 없고 이기는 사람들은 그만두지 않는다"라는 격언에 익숙하지만, 이러한 사고방식은 리더십의 본질을 오해하게 만든다. 진정한 리더십은 끈기만큼이나 적절한 시점에 그만둘 줄 아는 지혜에서 나온다. 끈기는 가치가 있는 어려운 일을 계속하게 만들 수 있지만, 더 이상 가치가 없는 어려운 일까지 계속하게 만드는 아이러니한 특성을 가지고 있다. 리더는 가치 있는 일과 가치 없는 일을 구별할 줄 알아야 하는데, 이는 단순한 끈기보다 훨씬 복잡하고 중요한 능력이다.

동전의 양면과 같은 끈기와 끊기

그만둔다는 것은 전통적으로 부정적인 의미로 받아들여져왔다. 영어에서 겁쟁이를 뜻하는 말이 원래 '중도에 포기하는 사람'과 동의어였다는 사실은 이러한 인식의 뿌리가 얼마나 깊은지를 보여준다. 하지만 복잡하고 빠르게 변화하는 현대의 비즈니스 환경에서 리더는 두 가지 중요한 사실을 인정해야 한다. 첫째, 계속 버티면서 노력하는 것이 항상 미덕은 아니라는 것이다. 둘째, 무언가를 더 이상 하지 못하는 상황에 직면하기 전에 언제 그만둘지 미리 계획을 세워야 한다는 것이다. 이러한 인식의 전환은 리더십 패러다임의 근본적인 변화를 의미한다.

그만두는 것도 의사결정의 한 측면이라는 관점에서 접근해야 한다. 사람들은 '끈기'와 '끊기'가 서로 반대편에 위치해 있다고 생각하는 경향이 있지만, 실제로 이 둘은 동일한 결정의 서로 다른 두 측면이다. 어떤 것을 끊어야 할지 결정하려면 동시에 다른 어떤 것을 계속하겠다는 결정을 해야 하고, 어떤 것을 계속해야 할지 결정하려면 동시에 다른 어떤 것을 끊어야 한다. 따라서 무언가를 시작하는 것도 결정이지만 무언가를 그만두는 것도 결정이며, 어쩌면 이 둘 중에 더 중요한 것은 무언가를 그만두는 능력이라고 할 수 있다.

현대 비즈니스 환경에서 그만두기가 중요한 이유는 환경적 특성에서 찾을 수 있다. 첫째, 세상은 확률적이라는 사실이다. 세상이 확률적이라는 말은 적어도 단기적으로는 어떻게 변화할지 예측하기가 힘들다는 의미다. 어떤 사업의 성공 확률이 80퍼센트라고 해도 나머지 20퍼센트의 상황이 언제 발생할지 모르며, 이처럼 불확실한 상황에서 리더는 지속적으로 상황을 재평가하고 필요할 때 방향을 전환할 수 있는 능력을 갖추어야 한다. 둘째, 우리가 모든 사실을 완벽하게 고려해 결정하는 것은 불가능하다는 점이다. 사람들은 몇 가지 조건만 충족하면 바로 무언가를 시작하는 경향이 있지만, 그만둘 때는 상황이 나빠질 대로 나빠져서 더 이상 어떻게 할 방법이 없을 때까지 포기하지 못하는 경우가 많다.

기업은 빠르게 움직여야 하지만, 빠르게 움직이면 불확실성이 더 커지게 된다. 이때 그만두기는 효율성을 극대화할 수 있는 방법이 된다. 구글의 경우 수많은 프로젝트를 동시에 진행하면서도 성과가 나지 않는 프로젝트는 과감하게 중단하는 것으로 유명하다. 구글 글래스Google Glass, 구글 플러스Google+, 구글 웨이브Google Wave 등 수많은 프로젝트가 중단되었지만, 이러한 결정들 덕에 구글은 더 유망한 분야에 자원을 집중할 수 있었다. 페이지와 브린은 실패를 두려워하지 않고 빠르게 실험하고 빠르게 포기하는 문화를 조성했으며, 이는 구글의 혁신 역량의 핵심이 되었다.

언제 그만둘 것인가

일을 하다 보면 확실성에 대한 욕구가 있을 수밖에 없다. 확실성에 대한 욕구는 우리가 어떤 일을 계속하도록 만드는 유혹과도 같다. 일을 계속해야만 그 끝에 어떤 결과가 나올지 알 수 있기 때문이다. 한마디로 끝을 보고 싶은 것이다. 반대로 그만두기로 결정한다면 우리는 항상 '만약 계속했다면?'이라는 의문을 안은 채 살게 된다. 세이렌의 노래에 유혹당하듯, 우리도 결과를 알고 싶기 때문에 계속해야 한다는 유혹에서 벗어날 수 없다. 하지만 리더는 이러한 심리적 함정을 인식하고 객관적인 판단 기준을 마련해야 한다.

아무리 적절한 시점에 그만두어도 언제나 너무 일찍 그만두는 것처럼 느껴진다는 점을 이해해야 한다. 그 순간에는 사실 모든 상황이 딱히 나빠 보이지는 않는다. 실제로 미래가 어떻게 바뀔지 알려주는 단서들이 있다고 해도 그렇다. 따라서 제대로 그만두어야 하는 시점에 그만둔다면 그때는 서둘러 그만둔 것 같은 느낌이 든다. 이는 리더가 감내해야 하는 심리적 부담이지만, 동시에 올바른 결정을 내렸다는 신호이기도 하다.

리더는 기대가치라는 개념을 통해 계속할 것인지 아니면 그만둘 것인지를 결정해야 한다. 기대가치는 우리가 고려하고 있는 선택이 장기적으로 유리한지 불리한지를 알려주고, 여러 가지 선택들을 비교해 어떤 선택이 더 나은지 알게 해준다. 기대가치를 따지기 위해서는 두 가지를 알아야 한다. 첫째, 기대가치 측면에서 볼 때 내가 선택하는 경로가 양의 가치를 가지는지 물어야 한다. 둘째, 기대가치와 내가 할 수도 있는 다른 선택들의 기대가치를 비교하는 것이다. 아마존의 베이조스는 '후회 최소화 프레임워크Regret Minimization Framework'라는 의사결정 도구를 사용했는데, 이는 80세가 되어 돌아보았을 때 후회하지 않을 선택이 무엇인지를 기준으로 결정하는 방법이다.

기대가치와 관련한 판단을 내리는 것이 어려울 수도 있는데, 그럴 때는 그만두기의 기준을 미리 정해두어야 한다. 예컨대 '특정한 시점, 특정한 날짜에, 특정한 상태에 있다면 그만둔다', 'Y라는 시점까지 X라는 일에 성공하지 못한다면 그만둔다', '만약 Y만큼의 돈, 시간, 노력 등의 자원을 사용했을 때, X라는 일에 성공하지 못한다면 그만둔다'라는 규칙을 정하는 것이다. 이런 기준들은 개인뿐 아니라 기업도 세워야 한다. 3M은 신제품 개발 프로젝트에 대해 명확한 단계별 평가 기준을 설정하고, 각 단계에서 기준을 충족하지 못하면 과감하게 프로젝트를 중단하는 것으로 유명하다.

적절한 시점에 그만두는 사람들은 대부분 자신이 너무 일찍 그만둔다고 느낀다. 왜냐하면 제때 그만두는 것은 버티기와 그만두기라는 상반된 선택이 거의 비슷하다고 느껴질 때이기 때문이다. 그리고 대부분의 사람들은 너무 늦게 그만두는 경향이 있다. 그 어떤 것도 선택하지 못하다가 결국 모든 상황이 종료된 뒤에야 강제로 그만두게 되는 것이다. 코닥의 사례는 이러한 늦은 포기의 전형적인 예다. 코닥은 디지털 카메라 기술을 세계 최초로 개발했음에도 불구하고 기존 필름 사업에 대한 집착으로 디지털 전환 시점을 놓쳤고, 결국 2012년 파산하게 되었다.

잘 그만두는 법

리더가 그만두기를 잘하기 위해서는 체계적인 프레임워크를 구축하는 것이 중요하다. 첫째, 명확한 성공 지표와 실패 지표를 사전에 정의해야 한다. 구글은 모든 프로젝트에 대해 명확한 목표와 측정 가능한 핵심 결과를 설정한다. 각 분기마다 성과를 평가하고, 목표 달성이 어려운 프로젝트는 과감하게 중단하거나 방향을 전환한다. 둘째, 정기적인 포트폴리오 리뷰를 실시해야 한다. 3M은 매년 모든 제품과 프로젝트에 대해 포트폴리오 리뷰를 실시하고, 성장성이 낮거나 전략적 중요도가 떨어지는 사업이라고 판단되면 매각하거나 중단한다.

셋째, 외부 관점을 도입해야 한다. 내부자들은 매몰비용과 정체성의 함정에 빠지기 쉽기 때문에 외부 컨설턴트나 이사회의 독립적인 의견을 구하는 것이 중요하다. 버핏은 버크셔해서웨이의 투자 결정에서 "20년 후에도 이 사업이 경쟁력을 유지할 수 있을까?"라는 질문을 던지며 장기적 관점에서 판단했다. 넷째, 실패에 대한 관용적 문화를 조성해야 한다. 아마존은 '실패와 발명은 분리할 수 없는 쌍둥이'라는 철학에 따라 실패를 학습의 기회로 받아들이는 문화를 만들었다.

다섯째, 기회비용을 항상 고려해야 한다. 현재 하고 있는 일을 계속하는 것과 다른 일을 하는 것 중 어느 것이 더 큰 가치를 창출할 수 있는지 지속적으로 평가해야 한다. 여섯째, 감정적 거리두기를 실천해야한다. '10-10-10 규칙'(10분 후, 10개월 후, 10년 후 어떻게 느낄 것인가) 등을 사용하여 객관적인 판단을 내릴 수 있도록 해야 한다.

그만두기의 타이밍도 중요하게 고려해야 한다. 너무 이른 포기는 기회를 놓치게 만들고, 너무 늦은 포기는 더 큰 손실을 가져온다. 적절한 타이밍을 찾기 위해서는 선행 지표와 후행 지표를 모두 모니터링해야 한다. 선행 지표는 미래의 성과를 예측할 수 있는 지표이고, 후행 지표는 이미 발생한 결과를 보여주는 지표다. 예컨대 고객 만족도나 시장 점유율은 선행 지표이고, 매출이나 수익은 후행 지표다.

또한 리더는 그만두기 결정을 내릴 때 이해관계자들과의 소통도 중요하게 고려해야 한다. 직원, 고객, 투자자들에게 왜 이러한 결정을 내렸는지 명확하게 설명하고, 향후 계획을 투명하게 공유해야 한다. 이는 신뢰를 유지하고 조직의 사기를 보호하는 데 중요하다. 마이크로소프트가 윈도우폰 사업을 중단할 때 나델라는 직원들에게 솔직하게 상황을 설명하고, 다른 사업 영역에서의 기회를 제시함으로써 조직의 동요를 최소화했다.

그만두기는 새로운 시작의 기회이기도 하다. 리소스를 해방시켜 더 유망한 분야에 투자할 수 있게 만들고, 조직의 집중력을 높여 핵심 역량을 강화할 수도 있다. IBM이 PC 사업을 레노버에 매각하고 서비스와 소프트웨어에 집중한 것, 제너럴일렉트릭이 금융 사업을 정리하고 산업 분야에 집중한 것이 모두 이러한 전략적 선택의 결과다. 이들은 그만두기를 통해 더 강력한 경쟁력을 확보할 수 있었다.

인간은 완벽할 수 없다. 따라서 중요한 것은 완벽해지는 것이 아니라 더 나아지는 것이어야 한다. 우리는 모두 인간이고 불확실한 상황에서 움직이고 있기 때문에 그만두는 시점을 완벽하게 결정하는 것은 매우 힘든 일이다. 무엇보다 어떤 일을 계속하고 어떤 일을 그만두어야 할지 신중하게 선택해야 한다. 중요한 일, 당신을 행복하게 만드는 일, 당신을 목표 쪽으로 움직이게 만드는 일을 끈기 있게 해야 한다. 하지만 그 외의 일들은 그만두어야 한다. 그렇게 확보한 자원을 목표를 이루는 데 사용해야 한다. 당신의 진전을 늦추는 것들에 대한 집착을 과감하게 끊어야 한다.

3부

인간

경영자를 위한 심리학, 조직을 위한 사회학

"진정으로 무언가를 이해하고 싶다면,
그것을 변화시켜보라."

쿠르트 레빈

당신은 '사람'에 대해 잘 알고 있는가? 매일 수십 명의 직원들과 마주하고 회의에서 의견을 나누며 팀을 이끌고 있지만, 정작 인간이라는 존재가 어떻게 작동하는지에 대해서는 놀라울 정도로 무지할 것이다. 당신의 리더십 철학과 경영 전략 대부분은 인간에 대한 근본적 오해 위에 세워진 모래성에 불과하다.

인간은 합리적 존재가 아니다. 이것이 현대 심리학이 던지는 가장 충격적인 진실이다. 당신이 논리적 설득과 데이터로 조직을 이끌 수 있다고 믿는 순간, 이미 실패의 길로 들어선 것이다. 스탠리 밀그램의 복종 실험을 기억하는가. 평범한 사람들의 65퍼센트가 권위자의 명령 앞에서 자신의 도덕적 판단을 포기했다. 450볼트까지 전기 충격을 가하는 동안 말이다. 엔론과 웰스파고 스캔들에서 수천 명의 직원이 회계 조작과 가짜 계좌 개설에 가담한 것은 그들이 악해서가 아니다. 단순히 권위에 복종했을 뿐이다. 당신의 조직에서도 지금 이 순간 누군가는 상사의 명령이라는 이유로 자신의 양심을 저당잡히고 있을지 모른다.

솔로몬 아시의 동조 실험은 또 다른 충격이다. 명백히 틀린 답도 다수가 지지하면 개인은 자신의 눈으로 본 것조차 의심한다. 길이가 다른 선분을 비교하는 간단한 과제에서도 사람들은 다수의 의견에 동조했다. 하물며 복잡한 비즈니스 환경에서는 얼마나 더 쉽게 집단사고에 빠질까. 필립 짐바르도의 스탠퍼드 감옥 실험은 더욱 섬뜩하다. 평범한 대학생들이 교도관과 죄수 역할을 맡는 순간 인격이 완전히 달라졌다.

2주 계획이었던 실험이 6일 만에 중단되었을 정도다. 상황의 힘이 개인의 인격을 얼마나 쉽게 변화시키는지 보여주는 이 실험은 조직 내 권력 구조의 위험성을 경고한다.

　결국 리더십은 인간에 대한 깊은 이해에서 시작된다. 사회학과 심리학의 통찰 없이는 진정한 리더가 될 수 없다. 인간을 모르는 리더는 결국 실패한다.

037 권위가 지나치면 판단력이 마비된다

스탠리 밀그램의 복종 실험

　　인류 역사상 가장 중요한 심리학 실험을 꼽으라면 첫째로 스탠리 밀그램Stanley Milgram의 복종 실험을 꼽을 수 있다. 1961년 예일대학교에서 실시된 이 실험은 현대 리더십 이론과 조직행동학에 근본적인 통찰을 제공했다. 이 실험은 표면적으로는 '징벌에 의한 학습 효과를 측정하는 실험'이라고 포장되었다. 그러나 실제로는 권위에 대한 인간의 복종 정도를 측정하기 위한 정교하게 설계된 실험이었다. 밀그램은 홀로코스트와 나치 독일의 잔혹 행위가 단순히 소수의 사이코패스에 의한 것이 아니라, 평범한 사람들이 권위자의 명령에 복종한 결과일 수 있다는 가설을 검증하고자 했다.

그들은 왜 전기 충격을 가했을까

　　실험의 구조는 교사와 학생으로 역할을 나눈 두 명의 참가자로 구성되었는데, 사실 학생 역할을 맡은 사람은 연구진이 고용한 배우였다.

교사 역할을 맡은 진짜 피실험자는 학생이 문제를 틀릴 때마다 전기 충격을 가해야 했으며, 틀린 횟수가 늘어날수록 전기 충격의 강도도 15볼트씩 증가하여 최대 450볼트까지 올라갔다. 450볼트는 인간에게 치명적인 수준의 전압이지만, 실제로는 전기가 흐르지 않았고 학생의 고통스러운 반응은 모두 연기였다. 하지만 교사 역할의 참가자들은 이 사실을 전혀 알지 못했다.

실험이 진행되고 문제를 틀릴 때마다 학생은 점점 더 고통스러운 반응을 보였다. 135볼트에서는 처절한 비명과 함께 벽을 긁는 소리가 들렸고, 300볼트에 이르면 학생은 아무런 소리도 내지 않고 정답 버튼도 누르지 않았다. 이는 의식을 잃었거나 심지어 사망했을 가능성을 시사했다. 대부분의 교사는 이 시점에서 실험을 중단하고 싶어 했지만, 실험자는 '실험을 계속 진행하라', '당신에게는 선택권이 없다', '실험의 성공을 위해 반드시 계속해야 한다'는 등의 명령을 반복했다.

놀랍게도 실험 참가자의 65퍼센트가 최대 전압인 450볼트까지 전기 충격을 가했고, 이는 밀그램 자신도 예상하지 못한 결과였다. 실험 전 밀그램의 동료들과 정신과 의사들은 최대 1~3퍼센트의 사람만이 450볼트까지 올릴 것이라고 예측했다. 하지만 현실은 예상을 훨씬 뛰어넘는 충격적인 결과를 보여주었다. 이는 평범한 사람들이 권위자의 명령 앞에서 자신의 도덕적 판단을 포기하고 비인간적인 행위를 저지를 수 있음을 시사했고, 이 때문에 이 실험은 지금까지도 전설적인 심리학 실험 중 하나로 꼽힌다.

하지만 밀그램 실험에 대한 후속 연구들은 이 실험의 방법론적 문제점들을 지적하고 있다. 실제로 밀그램은 24가지의 다른 조건에서 실험을 진행했는데, 65퍼센트라는 수치는 그중 한 가지 조건에서 나온 결과였다. 전체 실험 중 절반 이상에서는 참가자의 60퍼센트가 권위자의 지시에 불복종하며 실험 진행을 거부했다. 또한 실험 과정에서 실험자가 각본에서 벗어나 피실험자들을 압박하는 경우가 많았고, 일부 참가자들은 실험의 진위를 의심하기도 했다.

그럼에도 불구하고 밀그램 실험은 권위와 복종의 메커니즘을 이해하는 데 중요한 통찰을 제공한다. 밀그램은 인간이 권위자의 의지에 복종할 때 '대리인 상태Agentic State'에 들어간다고 설명했다. 이 상태에서 개인은 자신의 행동에 대한 책임을 권위자에게 전가하고, 자신을 단순히 명령을 수행하는 도구로 인식하게 된다. 이러한 심리적 메커니즘은 조직 내에서도 빈번하게 관찰되는 현상이다.

복종과 존경은 다르다

밀그램 실험이 리더에게 주는 첫째 교훈은 권위의 양면성을 인식해야 한다는 것이다. 권위는 조직을 효율적으로 운영하고 목표를 달성하는 데 필수적인 요소지만, 동시에 구성원들의 도덕적 판단력을 마비시키기도 하는 위험한 도구다. 리더는 자신의 권위가 구성원들에게 미치는 영향력을 정확히 인식하고 이를 책임감 있게 사용해야 한다. 특히 한국의 위계적 조직문화에서는 권위에 대한 복종이 더욱 강하게 나타날 수 있으므로 리더는 더욱 신중하게 자신의 권위를 발휘해야 한다.

둘째 교훈은 심리적 안전감의 중요성이다. 구글의 프로젝트 아리스토텔레스에 따르면, 성과가 높은 팀의 가장 중요한 특징은 심리적 안전감이었다. 팀원들이 실수를 인정하고, 질문을 하고, 새로운 아이디어를 제시할 때 처벌받지 않을 것이라는 믿음이 있어야 한다. 밀그램 실험에서 참가자들이 권위자의 명령에 복종한 이유 중 하나는 반대 의견을 표명할 수 있는 안전한 환경이 조성되지 않았기 때문이다.

셋째 교훈은 윤리적 리더십의 중요성이다. 밀그램 실험은 권위자의 도덕적 기준이 조직 전체에 미치는 영향을 보여준다. 리더가 윤리적 기준을 타협하면, 구성원들도 자연스럽게 그 기준을 따라가게 된다. 반대로 리더가 높은 윤리적 기준을 유지하고 이를 일관되게 실천하면, 조직 전체의 윤리 수준이 향상된다.

넷째 교훈은 다양성과 이견의 가치다. 밀그램 실험에서 참가자들이 권위에 복종한 이유 중 하나는 다른 관점을 제시할 사람이 없었기 때문이다. 조직에서도 마찬가지로 동질적인 집단에서는 집단사고가 발생하기 쉽고, 이는 잘못된 결정으로 이어질 수 있다. 리더는 의도적으로 다양한 배경과 관점을 가진 사람들을 팀에 포함시키고, 이들의 의견을 경청해야 한다.

레이 달리오가 이끄는 브리지워터어소시에이츠Bridgewater Associates는 '근본적 투명성Radical Transparency'이라는 독특한 문화를 가지고 있다. 이 회사에서는 직급에 관계없이 누구나 다른 사람의 의견에 반박할 수 있고, 모든 회의가 녹음되며, 직원들은 서로를 공개적으로 평가한다. 이러한 문화는 권위에 대한 맹종을 방지하고, 최선의 아이디어가 채택될 수 있는 환경을 만든다.

다섯째 교훈은 단계적 강화의 위험성이다. 밀그램 실험에서 참가자들이 450볼트까지 올린 이유는 처음부터 높은 전압을 가하라고 요구받은 것이 아니라 15볼트씩 점진적으로 올리면서 심리적 저항감을 무력화시켰기 때문이다. 조직에서도 작은 타협에서 시작해 점점 더 큰 비윤리적 행위로 발전하는 경우가 많다.

이를 방지하기 위해서는 명확한 윤리적 기준선을 설정하고, 이를 절대 넘지 않겠다는 원칙을 세워야 한다. 워런 버핏은 "평판을 쌓는 데는 20년이 걸리지만 무너뜨리는 데는 5분이면 충분하다"라고 말했다. 작은 타협이 큰 재앙으로 이어질 수 있음을 항상 염두에 두어야 한다.

시스템의 중요성

여섯째 교훈은 권한 위임과 책임의 균형이다. 밀그램 실험에서 참가자들이 권위자의 명령에 복종한 이유 중 하나는 책임을 권위자에게 전가할 수 있다고 생각했기 때문이다. 조직에서도 권한을 위임할 때는 반드시 그에 상응하는 책임도 함께 부여해야 한다. 권한만 있고 책임이 없으면 무책임한 행동을 할 수 있고, 책임만 있고 권한이 없으면 업무를 효과적으로 수행할 수 없다.

일곱째 교훈은 피드백 시스템의 중요성이다. 밀그램 실험에서 참가자들은 자신의 행동이 미치는 실제 영향을 제대로 파악할 수 없었다. 교사 역을 맡은 피실험자는 학생과 물리적으로 분리되어 있었고, 실험자는 학생의 상태에 대한 정확한 정보를 제공하지 않았다. 조직에서도 의사결정자가 자신의 결정이 미치는 실제 영향을 파악할 수 없으면 잘못된 판단을 내릴 가능성이 커진다.

효과적인 피드백 시스템을 구축하기 위해서는 다양한 채널을 통해 정보를 수집해야 한다. 고객 피드백, 직원 설문조사, 360도 평가, 외부 감사 등을 통해 다각도로 정보를 수집하고, 이를 의사결정에 반영해야 한다. 또한 피드백을 제공하는 사람들이 보복당하지 않도록 보호하는 시스템도 필요하다.

여덟째 교훈은 상황의 힘을 인식하는 것이다. 밀그램 실험은 개인의 성격보다는 상황적 요인이 행동에 더 큰 영향을 미칠 수 있음을 보여주었다. 평범하고 선량한 사람들도 특정 상황에서는 비윤리적 행동을 할 수 있다. 따라서 리더는 조직 내 상황적 요인들을 면밀히 분석하고, 구성원들이 올바른 행동을 할 수 있도록 환경을 조성해야 한다.

아홉째 교훈은 도덕적 용기의 중요성이다. 밀그램 실험에서 35퍼센트의 참가자들은 권위자의 명령을 거부하고 실험을 중단했다. 이들은 개인적인 불이익을 감수하면서도 자신의 도덕적 신념을 지켰다. 조직에서도 때로는 상사의 명령이나 조직의 압력에 맞서 도덕적 용기를 보여야 할 때가 있다.

열째 교훈은 시스템적 사고의 필요성이다. 밀그램 실험의 결과를 개인의 도덕적 결함으로만 해석하는 것은 위험하다. 오히려 어떤 시스템과 구조가 이런 결과를 만들어내는지 분석하고 시스템을 개선하는 것이 더 중요하다. 조직에서도 개별 구성원을 비난하기보다는 문제를 야기하는 시스템적 요인들을 찾아 개선해야 한다.

밀그램 실험은 조직 내 권력 구조와 의사소통 패턴의 중요성을 시사한다. 실험에서 권위자와 참가자 사이의 일방적인 소통 구조가 복종을 강화했듯이, 조직에서도 위계적이고 일방적인 소통 구조는 창의성과 혁신을 저해할 수 있다. 리더는 쌍방향 소통을 촉진하고, 구성원들이 자유롭게 의견을 표현할 수 있는 환경을 만들어야 한다.

038 집단을 경계하라

솔로몬 아시의 동조 실험

밀그램 실험에 이어 중요하게 생각해볼 수 있는 심리학 실험은 솔로몬 아시Solomon Asch의 동조 실험이다. 사회심리학 역사상 가장 중요한 연구 중 하나로 꼽히는 1951년의 이 실험은 현대 리더십 이론과 조직행동학에 근본적인 통찰을 제공한다. 이 실험은 표면적으로는 시각적 판단력을 측정하는 연구로 포장되었지만, 실제로는 집단압력이 개인의 판단에 미치는 영향을 측정하기 위해 정교하게 설계된 실험이었다. 아시의 발견은 오늘날까지도 리더십과 조직 관리에 중요한 시사점을 제공한다.

똑똑한 개인과 멍청한 조직

실험의 구조는 매우 단순했지만 그 결과는 충격적이었다. 여덟 명의 참가자가 테이블 주위에 앉아 세 개의 선 중에서 기준이 되는 선과 가장 유사한 길이의 선을 선택하는 과제를 수행했다. 하지만 여덟 명 중

일곱 명은 실험자가 미리 교육한 협력자들이었고, 진짜 피실험자는 한 명뿐이었다. 처음 두 번의 시행에서는 협력자들이 모두 정답을 말했지만, 세 번째 시행부터는 의도적으로 명백히 틀린 답을 동일하게 말했다. 그 결과 123명의 남성 대학생 중 75퍼센트가 적어도 한 번은 집단의 오답을 따라갔고, 36.8퍼센트는 시행마다 집단의 오답을 그대로 따라갔다. 혼자 수행했을 때의 오답률이 1퍼센트 미만이었던 것과 비교하면 놀라운 결과였다.

이 실험이 리더십에 주는 첫째 교훈은 집단사고의 위험성이다. 어빙 재니스가 정의한 집단사고는 집단 구성원들이 만장일치를 추구하려는 욕구 때문에 현실적인 대안 평가를 하지 못하는 현상이다. 아시의 실험은 이러한 집단사고가 얼마나 쉽게 발생할 수 있는지를 보여준다. 현대 기업에서도 이와 유사한 현상을 자주 목격할 수 있다. 회의실에서 상사가 의견을 제시하면 다른 참석자들이 반대 의견을 가지고 있어도 동조하는 경우가 빈번하다. 이는 조직의 혁신과 창의성을 저해하는 주요 요인이 된다.

엔론 스캔들은 아시 실험의 현실적 적용 사례로 볼 수 있다. 엔론의 많은 직원이 회계 조작과 부정행위에 가담한 것은 개인적인 악의보다는 조직 내 집단압력에 굴복한 결과였다. 제프리 스킬링과 앤드루 패스토Andrew Fastow 등 최고위급 경영진이 만들어낸 조직문화 속에서 평범한 직원들이 비윤리적 행위에 동참했고, 결국 회사는 파산하여 수많은 직원이 일자리와 퇴직금을 잃었다. 이는 리더의 행동과 발언이 조직 전체에 미치는 영향력이 얼마나 큰지를 보여주는 사례다.

둘째 교훈은 심리적 안전감의 중요성이다. 심리적 안전감이 부족한 조직에서는 직원들이 문제를 숨기고, 상사의 눈치를 보며, 혁신보다는 현상 유지에 집중하게 된다. 반면 심리적 안전감이 높은 조직에서는 직원들이 더 많은 실수를 보고하고, 더 자주 개선 아이디어를 제시하며, 더 높은 성과를 달성한다. 이는 아시 실험에서 관찰된 맹목적 동조와는 정반대의 현상이다. 따라서 리더는 구성원들이 자유롭게 의견을 표현할 수 있는 환경을 조성하고, 다양한 관점을 수용하는 문화를 만들어야 한다.

셋째 교훈은 다양성과 이견의 가치다. 아시 실험에서 참가자들이 집단압력에 굴복한 이유 중 하나는 다른 관점을 제시할 사람이 없었기 때문이다. 흥미롭게도 아시의 후속 실험에서 협력자 중 한 명이 정답을 말하거나 다른 답을 말하는 경우 동조율이 급격히 감소했다. 이는 단 한 명의 지지자나 다른 의견을 가진 사람이 있어도 개인이 집단압력에 저항할 수 있는 용기를 얻을 수 있음을 보여준다. 조직에서도 마찬가지로 동질적인 집단에서는 집단사고가 발생하기 쉽고, 이는 잘못된 결정으로 이어질 수 있다.

넷째 교훈은 권위와 지위의 영향력이다. 아시 실험에서는 명시적인 권위자가 없었는데도 집단압력이 강력하게 작용했다. 하지만 실저 조직에서는 리더의 권위와 지위가 더욱 강력한 영향을 미친다. 리더가 특정 의견을 제시하면 부하직원들은 그것이 틀렸다고 생각하더라도 동조하는 경향이 있다. 이는 특히 한국과 같은 위계적 문화권에서 더욱 두드러지게 나타난다. 따라서 리더는 자신의 권위가 구성원들에게 미치는 영향력을 정확히 인식하고, 이를 책임감 있게 사용해야 한다.

다섯째 교훈은 소수 의견의 보호와 활용이다. 아시 실험에서 25퍼센트의 참가자들은 집단압력에 굴복하지 않고 자신의 판단을 고수했다. 이들은 개인적인 불이익을 감수하면서도 자신의 신념을 지켰으며, 이는 조직에서 소수 의견의 가치를 보여주는 중요한 시사점이다. 혁신은 종종 소수의 다른 생각에서 시작되며, 모든 사람이 동일한 의견을 가지는 조직은 혁신할 수 없다. 따라서 리더는 소수 의견을 보호하고 장려하는 시스템을 구축해야 한다.

디지털 시대의 집단압력

여섯째 교훈은 의사결정 과정의 구조화다. 아시 실험에서 참가자들이 동조한 이유 중 하나는 의사결정 과정이 순차적이었고, 다른 사람들의 의견을 먼저 들었기 때문이다. 조직에서도 회의 진행 방식이나 의사결정 과정이 결과에 큰 영향을 미친다. 예컨대 상급자가 먼저 의견을 제시하면 하급자들은 그에 동조하는 경향이 있다. 반대로 익명 투표나 동시 의견 제시 등의 방법을 사용하면 더 다양하고 솔직한 의견을 수집할 수 있다.

일곱째 교훈은 피드백과 성찰의 중요성이다. 아시 실험 후 참가자들과의 인터뷰에서 많은 사람이 자신의 행동에 대해 놀라워했다. 일부는 자신이 틀렸다고 생각했고, 일부는 다른 사람들이 자신보다 더 정확하게 볼 수 있다고 생각했으며, 일부는 집단에서 튀고 싶지 않았다고 답했다. 이는 사람들이 자신의 행동을 어떻게든 합리화한다는 것을 보여준다. 조직에서도 정기적인 피드백과 성찰을 통해 구성원들이 자신의 행동과 의사결정 과정을 점검할 기회를 제공해야 한다.

여덟째 교훈은 문화와 맥락의 영향이다. 아시의 원래 실험은 1950년대 미국의 백인 남성 대학생들을 대상으로 했다. 후속 연구들에서는 문화적 배경에 따라 동조율이 다르게 나타난다는 것이 밝혀졌다. 집단주의가 강한 문화권에서는 동조율이 더 높았고, 개인주의가 강한 문화권에서는 더 낮은 경향을 보였다. 또한 성별, 연령, 교육 수준 등도 동조 행동에 영향을 미쳤다. 따라서 리더는 자신이 속한 조직과 문화의 특성을 이해하고, 이에 맞는 리더십 스타일을 계발해야 한다.

한국 기업의 경우 유교적 위계 문화와 집단주의적 성향으로 집단압력이 더 강하게 작용할 수 있다. 따라서 한국의 리더들은 이러한 문화적 특성을 인식하고, 의도적으로 다양한 의견을 수용하고 격려하는 노력을 기울여야 한다. 예컨대 회의에서 연장자나 상급자가 먼저 발언하는 전통적인 방식을 바꾸거나, 익명으로 의견을 수집하는 시스템을 도입하는 것이 도움이 될 수 있다.

아홉째 교훈은 기술과 디지털 시대의 새로운 집단압력이다. 현대에는 소셜미디어와 디지털 플랫폼을 통해 새로운 형태의 집단압력이 나타나고 있다. 온라인에서의 '좋아요' 수나 댓글, 공유 횟수 등이 새로운 형태의 사회적 증거로 작용하는데, 이는 아시 실험과 유사한 등조 효과를 만들어낸다. 또한 알고리즘에 의한 정보 필터링은 '에코 챔버 Echo Chamber' 효과를 만들어 다양한 의견에 노출될 기회를 줄인다.

리더는 디지털 시대의 새로운 집단압력을 인식하고, 조직 내에서 다양한 정보원과 관점에 노출될 수 있는 기회를 제공해야 한다. 예컨대 외부 전문가 초청 강연, 다양한 배경을 가진 사람들과의 네트워킹, 경쟁사나 다른 산업의 사례 연구 등을 통해 구성원들의 시야를 넓힐 수 있다. 또한 데이터와 분석에만 의존하지 않고 직관과 창의성을 발휘할 수 있는 공간을 제공하는 것도 중요하다.

먼저 듣고 나중에 말하라

아시 실험의 교훈을 현대 조직에 적용하기 위해서는 구체적인 실천 방안이 필요하다. 첫째, 다양성을 의도적으로 추구해야 한다. 팀을 구성할 때 서로 다른 배경, 경험, 전문성을 가진 사람들을 포함시키고, 이들의 다양한 관점을 적극적으로 활용해야 한다. 둘째, 심리적 안전감을 조성하는 구체적인 행동을 실천해야 한다. 실수를 처벌하지 않고 학습의 기회로 활용하며, 질문과 도전을 격려하고, 소수 의견을 보호하는 시스템을 구축해야 한다.

셋째, 의사결정 과정을 구조화해야 한다. 브레인스토밍 시 판단을 유보하고, 익명 투표나 델파이 기법 등을 활용하며, 악마의 변호인 역할을 의도적으로 부여하는 등의 방법을 사용할 수 있다. 넷째, 정기적인 피드백과 성찰의 기회를 제공해야 한다. 개인과 팀, 조직 차원에서 의사결정 과정을 검토하고 개선점을 찾는 시간을 가져야 한다.

다섯째, 리더 자신의 행동을 점검해야 한다. 자신의 의견을 너무 일찍 제시하지 않고, 다른 사람들의 의견을 먼저 듣고, 반대 의견에 대해 열린 마음을 가져야 한다. 또한 권위를 남용하지 않고, 구성원들이 자유롭게 의견을 표현할 수 있는 환경을 조성해야 한다. 여섯째, 조직문화를 지속적으로 점검하고 개선해야 한다. 현상 유지보다는 변화와 혁신을 추구하고, 실패를 두려워하지 않는 문화를 만들어야 한다.

아시 실험은 또한 현대의 원격근무 및 하이브리드 근무 환경과 관련해서도 중요한 시사점을 제공한다. 비대면 환경에서는 비언어적 신호를 읽기 어렵고, 집단압력의 양상도 달라질 수 있다. 화상회의에서는 누가 먼저 발언하는지, 카메라를 켜는지 끄는지, 채팅을 사용하는지 등이 새로운 형태의 사회적 신호가 된다. 리더는 이러한 새로운 환경에서도 다양한 의견을 수집하고 집단사고를 방지할 수 있는 방법을 개발해야 한다.

아시의 동조 실험은 리더가 인간의 사회적 본성을 이해하고, 이를 바탕으로 더 효과적인 리더십을 발휘하는 데 중요한 통찰을 제공한다. 집단압력과 동조는 인간의 자연스러운 성향이지만, 이것이 항상 긍정적인 결과를 가져오는 것은 아니다. 리더는 동조의 긍정적 측면(팀워크, 협력, 사회적 결속)을 활용하면서도 부정적 측면(집단사고, 창의성 저해. 혁신 억제)을 방지할 수 있는 균형점을 찾아야 한다. 이를 위해서는 지속적인 학습과 성찰, 그리고 용기 있는 리더십이 필요하다. 아시 실험이 보여주듯이, 때로는 혼자서도 올바른 길을 갈 수 있는 용기가 진정한 리더십의 핵심이다.

039 인간은 천사도 악마도 될 수 있다

스탠퍼드 감옥 실험

마지막으로 꼽을 수 있는 중요한 심리학 실험은 스탠퍼드 감옥 실험이다. 이 실험은 1971년 8월 스탠퍼드대학교 조던홀 지하에서 실시된, 심리학 역사상 가장 논란이 많고 충격적인 연구 중 하나다. 필립 짐바르도가 주도한 이 실험은 표면적으로는 감옥 환경에서 상황적 변수가 참가자들의 반응과 행동에 미치는 영향을 조사하는 2주간의 시뮬레이션으로 설계되었지만, 실제로는 인간의 선함과 악함이 상황과 환경에 의해 얼마나 쉽게 변화할 수 있는지를 보여주는 충격적인 결과를 낳았다. 이 실험은 단순히 학술적 호기심을 충족시키는 연구를 넘어 권력과 권위, 그리고 시스템이 개인의 도덕적 판단에 미치는 영향을 극명하게 드러내면서 현대 리더들이 반드시 이해해야 할 인간 본성의 어두운 면을 조명했다.

자리가 사람을 만든다

실험의 구조는 매우 정교했다. 신문 광고를 통해 '감옥 생활에 대한 심리학적 연구'에 참여할 남성 대학생들을 모집했고, 하루 15달러의 참가비를 제공했다. 70명의 지원자 중에서 심리적 안정성을 평가한 후 24명을 선발했으며, 이들을 무작위로 죄수와 교도관 역할로 배정했다. 죄수 역할을 맡은 참가자들은 실제 팰로앨토 경찰에 의해 무장강도와 절도 혐의로 체포되었고, 완전한 수속 절차를 거쳐 모의 감옥으로 이송되었다. 교도관들은 탈개인화를 위해 특별히 제작된 유니폼을 착용했고, 죄수들의 탈출을 막으라는 지시를 받았다.

실험 첫날부터 예상치 못한 일들이 벌어지기 시작했다. 죄수들은 크고 작은 소동을 일으키며 교도관들에게 불복종하기 시작했고, 교도관들은 이들을 통제하고자 엄격한 규칙을 만들고 제재를 가했다. 둘째 날에는 갈등이 더욱 심해졌고, 시간이 지나면서 교도관들은 죄수들을 신체적·정신적으로 학대하기 시작했다. 평범한 대학생들이 역할에 점점 더 몰입하면서 상황은 걷잡을 수 없이 악화되었고, 결국 짐바르도는 2주간 진행할 예정이었던 실험을 6일 만에 종료해야 했다.

가장 충격적인 사례는 더글러스 코피Douglas Korpi라는 8612번 죄수의 정신적 붕괴였다. 실험 36시간 후 그는 "예수 그리스도, 내가 타오르고 있다", "더 이상 하룻밤도 견딜 수 없다. 정말 더 이상 참을 수 없다" 하고 외치며 명백한 정신적 붕괴 증상을 보였다. 하지만 2017년 인터뷰에서 코피는 자신의 붕괴가 모두 연기였으며, 단지 실험에서 빠져나와 대학원 입학시험 공부를 하기 위한 것이었다고 폭로했다. 이는 실험의 진정성에 심각한 의문을 제기했지만, 동시에 상황의 압력이 개인으로 하여금 극단적인 행동을 취하게 만들 수 있음을 보여주는 또 다른 증거이기도 했다.

이 실험에서 가장 중요한 발견은 평범하고 선량한 사람들이 특정한 상황과 역할에 놓이면 예상치 못한 잔혹한 행동을 할 수 있다는 것이다. 교도관 역할을 맡은 학생들은 점차 권위주의적이고 가학적인 행동을 보이기 시작했으며, 일부는 죄수들을 모욕하고 굴복시키는 것에서 쾌감을 느끼는 모습까지 보였다. 반면 죄수 역할의 학생들은 점차 수동적이고 우울한 상태에 빠져들었으며, 실험이라는 사실을 알고 있는데도 실제 죄수처럼 행동하기 시작했다.

짐바르도는 이러한 현상을 '루시퍼 이펙트Lucifer Effect'라고 명명했고, 훗날 동명의 책을 출간하기도 했다. 루시퍼는 원래 하나님의 가장 아름다운 천사였지만 타락하여 악마가 된 존재로, 이는 선한 사람이 악한 행동을 하게 되는 변화를 상징적으로 표현한 것이다. 루시퍼 이펙트는 개인의 성격이나 기질보다는 상황적 요인과 시스템이 인간의 행동을 결정하는 데 더 큰 영향을 미친다는 것을 의미한다. 이는 전통적인 '나쁜 사과' 이론, 즉 개인의 도덕적 결함이 문제의 원인이라는 관점을 '나쁜 통' 이론으로 대체하는 것으로, 사회적 환경과 시스템이 개인을 오염시킨다는 관점이다.

우리 본성의 악한 악마를 막는 선한 시스템

하지만 스탠퍼드 감옥 실험은 최근 들어 심각한 비판에 직면하고 있다. 2018년 작가이자 컴퓨터공학자인 벤 블룸Ben Blum은 〈어느 거짓말의 수명The Lifespan of a Lie〉이라는 글에서 실험의 조작 의혹을 제기했다. 코피의 정신적 붕괴가 연기였다는 폭로 외에도, 교도관들의 가혹 행위가 자발적인 것이 아니라 연구진의 지시에 따른 것이었다는 증거들이 제시되었다. 실험 조교 데이비드 제프David Jaffe는 여리게 행동한 교도관을 더욱 고압적으로 행동하도록 교정했고, 특히 악랄했던 교도관 데이브 에셀만Dave Eshelman은 철저히 연기자의 자세로 역할에 임했다고 밝혔다.

또한 실험 진행 과정에서 심각한 윤리적 문제들이 발견되었다. 죄수 역할의 학생들이 실험 중단을 요청했는데도 짐바르도는 이를 묵살했으며, '오직 의료적, 혹은 정신적 치료가 필요한 경우에만 나갈 수 있다'는 원칙을 고수했다. 이는 연구 참가자가 언제든지 참여를 철회할 권리가 있다는 기본적인 연구 윤리를 위반한 것이었다. 더욱이 짐바르도 자신도 실험자로서의 객관성을 잃고 교도소장 역할에 몰입하여 상황을 통제하지 못했다.

이러한 비판에도 불구하고 스탠퍼드 감옥 실험과 루시퍼 이펙트는 리더십에 중요한 교훈을 제공한다. 첫째, 권력의 부패 가능성이다. 권력을 가진 사람은 그 권력을 남용할 위험성이 항상 존재한다. 실험에서 교도관 역할을 맡은 학생들이 점차 가학적으로 변해간 것처럼, 조직에서도 관리자나 리더가 권력을 남용하여 부하직원들을 괴롭히거나 억압할 수 있다. 따라서 리더는 자신의 권력에 대해 지속적으로 성찰하고, 견제와 균형의 시스템을 구축해야 한다.

둘째, 조직문화의 중요성이다. 스탠퍼드 감옥 실험에서 보듯이 환경과 문화는 개인의 행동을 크게 좌우한다. 권위주의적이고 억압적인 조직문화에서는 구성원들이 창의성을 잃고 맹목적으로 복종하게 될 위험이 있다. 반대로 개방적이고 수평적인 조직문화에서는 구성원들이 자유롭게 의견을 표현하고 혁신적인 아이디어를 제시할 수 있다. 구글의 '20퍼센트 시간'이나 3M의 '15퍼센트 룰'은 직원들이 자유롭게 실험하고 창의적인 프로젝트를 추진할 수 있는 환경을 조성함으로써 혁신을 촉진하는 좋은 예다.

셋째, 역할과 정체성의 영향이다. 실험 참가자들이 교도관과 죄수 역할에 점차 몰입해간 것처럼, 조직에서도 개인의 역할과 직책이 그 사람의 행동과 사고방식에 큰 영향을 미친다. 관리자가 되면 자연스럽게 관리자적 사고를 하게 되고, 영업사원이 되면 영업사원의 관점에서 사물을 바라보게 된다. 이는 조직의 효율성을 높이는 긍정적 측면이 있지만, 동시에 시야를 좁히고 편견을 강화할 위험도 있다. 리더는 이러한 역할의 함정을 인식하고, 다양한 관점을 유지하려고 노력해야 한다.

넷째, 시스템과 프로세스의 중요성이다. 스탠퍼드 감옥 실험에서 문제가 된 것은 개별 참가자들의 성격이 아니라 실험 설계 시스템 자체였다. 마찬가지로 조직에서도 개인을 비난하기보다는 문제를 야기하는 시스템적 요인들을 찾아 개선하는 것이 더 중요하다. 토요타의 토요타생산시스템Toyota Production System, TPS은 이러한 시스템적 사고의 좋은 예다. 토요타는 품질 문제가 발생했을 때 개별 작업자를 비난하기보다는 문제를 야기한 시스템에서 원인을 찾아 개선한다.

다섯째, 권위에 대한 맹목적 복종의 위험성이다. 스탠퍼드 감옥 실험과 밀그램의 복종 실험은 모두 권위에 대한 인간의 복종 성향을 보여준다. 조직에서도 상급자의 명령에 무조건 복종하는 문화는 위험할 수 있다. 리더는 부하직원들이 비판적 사고를 할 수 있도록 격려하고, 잘못된 명령에 대해서는 반대 의견을 표명할 수 있는 환경을 만들어야 한다. 달리오가 이끄는 브리지워터어소시에이츠의 '근본적 투명성' 문화는 이러한 접근법의 극단적 예로, 직급에 관계없이 누구나 다른 사람의 의견에 반박할 수 있는 환경을 조성한다.

스탠퍼드 감옥 실험과 루시퍼 이펙트는 리더에게 권력의 책임과 조직문화의 중요성을 일깨워준다. 리더는 자신의 권력이 구성원들에게 미치는 영향을 깊이 인식하고, 모든 사람이 인간으로서의 존엄성을 유지할 수 있는 환경을 조성해야 한다. 이는 단순히 도덕적 의무가 아니라 조직의 지속 가능한 성공을 위한 필수 조건이다. 건전한 조직문화를 가진 기업들이 장기적으로 더 좋은 성과를 거두고 있다는 수많은 연구 결과가 이를 뒷받침한다. 따라서 현대의 리더는 루시퍼 이펙트를 경계하고, 천사가 천사로 남을 수 있는 조직을 만들어가는 것이 가장 중요한 사명 중 하나임을 명심해야 한다.

040 직관적 판단과 분석적 사고의 균형을 갖춰라

시스템 1과 시스템 2

대니얼 카너먼의 《생각에 관한 생각》은 인간의 사고 과정을 이해하는 데 혁명적인 통찰을 제공한다. 카너먼은 인간의 사고 과정을 '시스템 1'과 '시스템 2'라는 두 모드로 구분하여 설명한다. 이 개념은 우리가 어떻게 생각하고 결정을 내리는지에 대한 깊이 있는 이해를 제공하며, 리더십과 의사결정 분야에서 중요한 함의를 갖는다.

빠르고 정확한 의사결정

시스템 1은 빠르고 자동적이며, 감정적이고 고정관념적이며, 무의식적인 사고 과정을 의미한다. 이는 우리가 일상생활에서 즉각적으로 반응하고 판단하는 데 사용하는 사고방식이다. 예컨대 물체의 거리를 판단하거나 소리의 출처를 파악하거나 간단한 수학 문제를 푸는 등의 활동이 시스템 1의 영역에 속한다. 시스템 1은 우리의 생존과 일상적인 기능에 필수적인 역할을 한다.

반면 시스템 2는 느리고 의식적이며, 논리적이고 계산적인 사고 과정을 의미한다. 이는 복잡한 문제를 해결하거나 새로운 상황에 대처하거나 깊이 있는 분석이 필요한 경우에 활용된다. 예컨대 복잡한 수학 문제를 풀거나 새로운 기술을 배우거나 중요한 의사결정을 내릴 때 시스템 2가 작동한다. 시스템 2는 우리의 고차원적인 인지 기능을 담당한다.

이 두 시스템의 상호작용은 우리의 일상생활과 의사결정 과정에 깊은 영향을 미친다. 아마존의 제프 베이조스는 '직관과 데이터의 균형'을 강조하며, 중요한 의사결정에서 시스템 1과 시스템 2를 모두 활용하는 접근법을 취한다. 베이조스는 "데이터에 기반한 의사결정도 중요하지만, 때로는 직관을 따르는 것도 필요하다"라고 말한 바 있다.

시스템 1의 장점은 그 속도와 효율성에 있다. 우리는 시스템 1을 통해 복잡한 환경에서 빠르게 판단하고 행동할 수 있다. 구글의 에릭 슈밋은 "좋은 리더는 빠르게 결정을 내릴 수 있어야 한다"라고 강조했는데, 이는 시스템 1의 중요성을 잘 보여준다. 그러나 시스템 1은 편견과 오류에 취약하다는 단점이 있다. 예컨대 고정관념이나 편견에 기반한 판단을 내리거나 감정에 휘둘려 비합리적인 결정을 내릴 수 있다.

시스템 2의 장점은 그 정확성과 논리성에 있다. 복잡한 문제를 해결하거나 중요한 의사결정을 내릴 때 시스템 2는 필수적이다. 마이크로소프트의 사티아 나델라는 "복잡한 문제를 해결하려면 깊이 있는 사고와 분석이 필요하다"라고 말했는데, 이는 시스템 2의 중요성을 강조한 것이다. 그러나 시스템 2는 많은 에너지와 시간을 소모하며, 때로는 과도한 분석으로 인해 '분석 마비_{Analysis Paralysis}' 상태에 빠질 수 있다는 단점이 있다.

뇌에서 실제로 벌어지는 일

카너먼의 이론은 비즈니스 세계에서 광범위하게 적용되고 있다. 예컨대 넷플릭스는 콘텐츠 추천 시스템에 시스템 1과 시스템 2의 개념을 적용했다. 사용자의 즉각적인 선호(시스템 1)와 장기적인 시청 패턴(시스템 2)을 모두 고려하여 추천 알고리즘을 개발한 것이다. 이를 통해 넷플릭스는 사용자경험을 크게 개선할 수 있었다.

또한 맥킨지의 연구에 따르면, 성공적인 리더들은 시스템 1과 시스템 2를 적절히 활용하는 능력을 갖추고 있다. 이들은 빠른 직관적 판단(시스템 1)과 깊이 있는 분석적 사고(시스템 2)를 상황에 따라 유연하게 사용한다. 예컨대 위기 상황에서는 시스템 1을 활용하여 신속하게 대응하고, 장기 전략 수립 시에는 시스템 2를 활용하여 철저한 분석을 수행한다.

그러나 카너먼의 이론에 대한 비판도 존재한다. 일부 연구자들은 인간의 사고 과정을 두 가지 시스템으로 단순화하는 것이 현실을 지나치게 단순화할 수 있다고 지적한다. 예컨대 심리학자 게리 클라인Gary Klein은 '자연주의적 의사결정Naturalistic Decision Making' 이론을 통해, 전문가들의 직관적 판단(시스템 1)이 실제로는 오랜 경험과 학습의 결과라고 주장한다. 이는 시스템 1과 시스템 2가 완전히 분리된 것이 아니라 상호작용하고 있음을 시사한다.

또한 최근의 신경과학 연구들은 인간의 사고 과정이 카너먼이 제시한 것보다 더 복잡하고 다양할 수 있음을 보여준다. 예컨대 캘리포니아대학교 연구팀은 인간의 뇌가 여러 가지 사고 모드를 동시에 사용할 수 있다는 증거를 발견했다. 이는 시스템 1과 시스템 2의 이분법적 구분이 지나치게 단순화된 것일 수 있음을 시사한다.

감성으로 자극하고 이성으로 설득하는 코카콜라

그럼에도 카너먼의 시스템 1과 시스템 2 이론은 여전히 우리의 사고 과정을 이해하는 데 유용한 틀을 제공한다. 이 이론은 특히 리더십과 의사결정 분야에서 중요한 시사점을 제공한다. 리더들은 자신의 사고 과정을 이해하고, 시스템 1과 시스템 2를 적절히 활용함으로써 더 나은 결정을 내릴 수 있다.

예컨대 스타벅스의 전 CEO 하워드 슐츠도 베이조스처럼 '직관과 데이터의 균형'을 강조했다. 그는 새로운 제품 출시나 매장 위치 선정 등 중요한 의사결정에서 시스템 1(직관)과 시스템 2(데이터)를 모두 활용하는 접근법을 취했다. 이러한 균형 잡힌 접근은 스타벅스의 성공에 크게 기여했다.

카너먼의 이론은 마케팅 분야에도 널리 적용되고 있다. 예컨대 코카콜라는 소비자의 시스템 1(감정적·즉각적 반응)과 시스템 2(이성적·장기적 고려)를 모두 고려한 마케팅 전략을 수립한다. 감성적인 광고로 소비자의 시스템 1에 호소하는 동시에, 제품의 건강상 이점을 강조하여 시스템 2에도 어필하는 것이다.

카너먼의 이론은 또한 교육 분야에서도 중요한 시사점을 제공한다. 예컨대 핀란드의 교육 시스템은 학생들의 시스템 1(창의성, 직관)과 시스템 2(논리적 사고, 분석력)를 균형 있게 발달시키는 것을 목표로 한다. 이러한 접근은 핀란드가 국제학업성취도평가에서 지속적으로 높은 성과를 거두는 데 기여했다.

리더들은 카너먼의 이론을 바탕으로 다음과 같은 전략을 고려할 수 있다.

1. **자기인식 강화:** 자신의 사고 과정이 시스템 1과 시스템 2 중 어느 쪽에 편향되어 있는지 인식하고, 필요에 따라 균형을 맞추려 노력한다.

2. **의사결정 프로세스 개선:** 중요한 결정을 내릴 때 시스템 1과 시스템 2를 모두 활용한다. 예컨대 직관적 판단(시스템 1)을 내린 후, 이를 데이터와 논리적 분석(시스템 2)으로 검증하는 과정을 거친다.

3. **팀 구성의 다양성 확보:** 시스템 1에 강점을 가진 구성원(창의적·직관적 사고)과 시스템 2에 강점을 가진 구성원(분석적·논리적 사고)을 균형 있게 팀에 포함시킨다.

4. **조직문화 개선:** 시스템 1(창의성, 혁신)과 시스템 2(분석, 검증)가 모두 존중받는 조직문화를 조성한다.

5. **교육 및 훈련 프로그램 개발:** 직원들이 시스템 1과 시스템 2를 모두 효과적으로 활용할 수 있도록 교육 프로그램을 개발한다.

———

카너먼의 시스템 1과 시스템 2 이론은 우리의 사고 과정에 대한 깊이 있는 이해를 제공한다. 이 이론은 단순히 학문적 개념에 그치지 않고, 실제 비즈니스 세계에서 광범위하게 적용되고 있다. 리더들은 이 이론을 바탕으로 자신의 사고 과정을 개선하고, 더 나은 의사결정을 내릴 수 있다. 또한 조직 차원에서도 이 이론을 활용하여 더 효과적인 시스템과 프로세스를 구축할 수 있다.

물론 카너먼의 이론이 인간 사고 과정의 모든 측면을 완벽하게 설명하는 것은 아니다. 실제로 계속해서 새로운 연구 결과들이 나오고 있다. 따라서 리더들은 카너먼의 이론을 유용한 틀로 활용하되, 다른 관점들도 함께 고려해야 한다. 이를 통해 인간의 사고 과정에 대한 더욱 풍부하고 깊이 있는 이해를 얻을 수 있을 것이다.

041 때로는 무의식이 의식보다 정확하다

시스템 3

무의식적 의사결정은 인지과학이 일군 가장 놀라운 발견 중 하나다. 서점의 리더십 관련 베스트셀러 코너에서 직관을 찬양하는 책들이 넘쳐나지만, 실제 연구는 더 복잡하고 흥미로운 이야기를 들려준다. 로체스터대학교 인지과학 교수 알렉스 푸제Alex Pouget는 오랜 통념을 뒤집었다. 1979년 카너먼과 아모스 트버스키가 인간을 '결함 많은 의사결정자'로 낙인찍은 이후, 이는 인지과학의 상식이 되었다. 그런데 푸제의 실험은 정반대를 보여주었다. "초기 연구 대부분이 의식적 의사결정에 초점을 맞췄지만, 실제로 우리가 내리는 대부분의 결정은 의식적 추론에 기반하지 않는다"라고 그는 설명한다. 적신호 앞에서 멈추거나 장애물을 피하는 일상적 결정은 의식의 영역 밖에서 이뤄지며, 놀랍게도 이런 무의식적 결정들이 최적에 가깝다는 것이다.

제프 베이조스의 배짱

푸제의 실험은 단순했다. 컴퓨터 화면에 점들이 나타나고, 대부분은 임의의 방향으로 움직이지만 일부는 같은 방향으로 움직인다. 피실험자는 그 점들이 좌우 어느 방향으로 움직이는지 말하기만 하면 된다. 결과는 놀라웠다. 피실험자들의 뇌는 무의식적으로 정보를 수집해 확신하기에 이르면, 그것을 의식에 '확실한 답'으로 보고했다. 복잡한 계산 과정은 전혀 인지하지 못한 채, 단지 점들이 특정 방향으로 움직인다는 것을 '갑자기 깨달았을' 뿐이다. 이는 무의식이 단순한 충동이 아니라 정교한 통계 엔진임을 시사한다.

이런 발견의 함의는 강력하다. 베이조스는 이를 '직관과 데이터의 균형'이라는 실용적 철학으로 응용했다. 아마존에서 그는 '70퍼센트의 데이터로 결정하고, 나머지는 직관으로 보완한다'는 원칙을 고수했다. 흥미롭게도 베이조스는 "일화와 데이터가 충돌할 때는 대개 일화가 맞다"라고 말한다. 이는 데이터 측정 방식에 문제가 있을 수 있음을 의미한다. 아마존 같은 대규모 기업을 운영하는 입장에서는 정시 배송률, 지역별 성과, 복잡한 배송지 처리율 같은 지표가 필수지만, 데이터만으로는 충분하지 않다는 인식이다. 베이조스의 "모든 최고의 비즈니스 결정은 마음, 직관, 그리고 배짱으로 내려졌다"라는 말은 단순한 감상이 아니라 인지과학적 발견과 일치하는 경험적 지혜다.

하지만 무의식적 결정이 항상 옳다는 뜻은 아니다. 푸제의 연구에는 중요한 전제가 있다. 최적의 결정은 '주어진 정보 범위 내에서'만 가능하다. 다시 말해, 무의식은 익숙한 패턴과 반복된 경험에서는 탁월하지만, 완전히 새로운 상황이나 통계 구조가 바뀐 환경에서는 실패할 수 있다. 카너먼의 시스템 1과 시스템 2 프레임워크가 여전히 유효한 이유다. 빠른 직관(시스템 1)은 연습된 영역에서 강하지만, 새로운 문제나 이해관계가 복잡한 상황에서는 느린 분석적 사고(시스템 2)가 필요하다.

데이터로 방향을 잡고 직관으로 결정하라

이런 원칙에 따라 실무에서 무의식적 직관과 의식적 분석 간의 균형을 이루는 것은 현대 리더십의 핵심 과제다. 베이조스의 접근법이 이를 잘 보여주는데, 그는 의사결정을 문이 한 개인 결정과 문이 두 개인 결정으로 나누어 사고한다. 이 구분법은 단순해 보이지만, 실제로는 조직의 자원 배분과 시간 관리에 혁명적 변화를 가져온다.

문이 한 개인 결정은 되돌릴 수 없는 중대한 의사결정으로, 기업 인수합병, 신시장 진입, 핵심 제품 라인 변경 같은 사안이다. 아마존이 홀푸드Whole Foods를 137억 달러에 인수할 때, 베이조스와 경영진은 수개월간 데이터를 수집했다. 식료품 시장 규모, 고객 구매 패턴, 물류 시너지, 경쟁사 대응 시나리오까지 모든 변수를 철저히 분석했다. 이런 결정에서는 직관이 방향성을 제시하더라도 데이터로 위험을 줄이고 실행 계획을 뒷받침해야 한다.

반면 문이 두 개인 결정은 가역적이고 일상적인 선택들이다. 새로운 앱 기능의 A/B 테스트, 마케팅 캠페인 메시지 변경, 팀 구성 조정 같은 일이다. 이런 경우에는 베이조스의 '70퍼센트 데이터, 30퍼센트 직관' 원칙이 빛을 발한다. 충분한 데이터로 기본 방향을 잡되, 나머지는 경험에서 나오는 직감으로 신속하게 결정한다. 넷플릭스는 개인 맞춤형 추천 알고리즘을 개선할 때 비슷한 방식을 쓴다. 기본적인 데이터는 확보하지만, 사용자경험의 미묘한 차이는 제품 담당자의 직관에 맡긴다.

데이터로 직감을 검증하되, 직감으로 데이터를 맥락화하는 것이 두 번째 핵심 원칙이다. 스타벅스가 중국 시장에 진출했을 때가 좋은 사례다. 스타벅스의 슐츠는 중국인들이 커피보다 차를 선호한다는 시장 조사 데이터에도 불구하고, 베이징과 상하이에서 느낀 도시화와 서구화의 물결을 직감적으로 포착했다. 그는 데이터를 무시하지 않고 오히려 더 세밀한 연령별·소득별·지역별 분석을 요구했다. 그 결과 20~35세의 중간 소득층이 서구식 카페 문화를 적극적으로 수용할 것이라는 더 정확한 예측에 도달했다. 현재 스타벅스는 중국에서 8,000개가 넘는 매장을 운영하며 미국 다음으로 큰 시장을 구축했다.

의사결정 프레임워크의 구조화는 세 번째 핵심이다. 애플의 제품 개발 과정을 보면 이런 구조가 명확하다. 팀 쿡과 조너선 아이브_{Jonathan Ive} 시대의 애플은 의사결정 트리를 통해 제품의 기술적 가능성, 시장 수용성, 제조 비용, 경쟁 대응을 단계별로 평가했다. 하지만 최고 우선순위는 '애플다움'이라는 브랜드 철학과 사용자경험에 대한 깊은 직관이 차지했다. 시나리오 플래닝도 마찬가지다. 가능한 시나리오들을 데이터로 그려내지만, 어떤 시나리오에 더 무게를 둘지는 리더의 경험과 감각이 좌우한다. 이런 접근법이 성공하려면 조직문화의 뒷받침이 필요하다. 구글의 '20퍼센트 시간'이나 3M의 '15퍼센트 룰'이 대표적이다. 직원들이 업무 시간의 일정 비율을 자유 연구에 쓸 수 있게 하는 이런 제도는 데이터로 증명되지 않은 아이디어를 직관적으로 탐색할 여지를 준다.

결국 데이터와 직관의 균형은 기계적 공식이 아니라 상황적 예술이다. 중요한 건 둘 중 하나를 선택하는 것이 아니라, 언제 어떻게 결합할지 아는 지혜다. 베이조스의 문 비유가 강력한 이유도 여기에 있다. 단순한 분류법이지만, 리더와 조직이 매 순간 올바른 의사결정 모드를 선택하게 돕는 실용적 도구이기 때문이다. 좋은 리더는 데이터 분석가도, 직관 신봉자도 아니다. 상황에 맞는 최적의 조합을 찾는 건축가다.

AI 시대의 무의식

기업은 데이터와 직관의 균형을 어떻게 적용할 수 있을까? 조직 차원에서는 무의식적 처리를 방해하는 요소들을 제거해야 한다. 캘리포니아대학교 정보학과 교수 글로리아 마크의 연구에 따르면, 작업 중 방해받은 후 원래의 몰입 상태로 돌아가는 데 평균 23분이 걸린다. 조각난 주의력은 패턴 인식 능력을 급격히 떨어뜨리므로, 중요한 결정 전에는 잠시 백지상태에 빠져볼 필요가 있다. 아마존의 '식스페이저' 문화는 이런 맥락에서 해석할 수 있다. 회의 시작 전 30분을 문서 읽기에 할애함으로써 사전 프레이밍에 좌우되는 감정적 반응을 누그러뜨리고, 무의식이 자연스럽게 장단점과 리스크 신호를 탐지하도록 돕는다.

무의식적 의사결정의 품질을 높이려면 경험의 질도 중요하다. 푸제의 연구가 보여주듯, 무의식은 과거 경험에서 추출한 통계적 패턴을 기반으로 작동한다. 따라서 다양하고 깊이 있는 경험, 실패와 성공의 균형 잡힌 학습, 그리고 지속적인 피드백 루프가 직관의 정확도를 결정한다. 3M의 '신제품활력지수New Product Vitality Index, NPVI'나 픽사의 '브레인트러스트Brain Trust' 회의는 이런 맥락에서 이해할 수 있다. 모두 개별 직관을 조직의 집단 지성으로 전환하는 시스템적 접근이다.

AI 시대에 이런 균형은 더욱 중요해질 것이다. AI가 패턴 인식과 데이터 처리에서 인간을 앞지르고 있지만, 맥락 이해와 가치 판단에서는 여전히 인간의 직관이 필요하다. 디지털 기술이 홀로 사유할 시간을 빼앗고 타인의 인정을 우선시하는 문화를 만들고 있는 상황에서, 의식적으로 침묵과 성찰의 공간을 확보하는 것이 리더의 핵심 역량이 될 것이다.

무의식적 의사결정은 마법이 아니라 과학이며, 개발 가능한 기술이다. 직관을 맹신하지도, 데이터에만 의존하지도 않으면서, 둘 사이의 창조적 긴장을 관리하는 것. 이것이 푸제의 연구가 현대 리더십이 던지는 가장 실용적인 메시지다.

042 적절한 거리를 유지하라

에드워드 홀의 프록세믹스 이론

미국의 인류학자이자 문화연구자인 에드워드 홀은 사람들 사이의 거리를 네 가지로 구분해 각각의 특성과 의미를 제시했다. 그가 제시한 네 가지 거리 개념은 '프록세믹스Proxemics' 이론의 핵심을 이루며, 현대 리더십과 개인의 소양에서 매우 중요한 역할을 한다. 이 거리 개념은 인간의 공간 사용과 그것이 의사소통, 사회적 상호작용, 그리고 리더십에 미치는 영향을 이해하는 데 필수적이다. 홀이 제시한 네 가지 거리는 각각 친밀한 거리, 개인적 거리, 사회적 거리, 공적 거리인데, 이는 모두 리더십의 다양한 측면과 밀접하게 연관되어 있다.

관계가 달라지면 거리도 달라진다

첫째, 친밀한 거리는 45센티미터 이하의 거리를 말한다. 이 거리는 매우 가까운 관계에서만 허용되는 거리로, 연인, 가족, 매우 친밀한 친구 사이에서 주로 나타난다. 리더십의 관점에서 친밀한 거리는 신뢰와 공감의 형성에 중요한 역할을 한다. 리더가 팀원들과 이 거리에서 상호 작용할 수 있다는 것은 매우 강력한 유대감과 신뢰가 형성되어 있음을 의미한다. 예컨대 스티브 잡스는 애플에서 팀원들과 매우 가까운 거리에서 소통하며 혁신적인 제품을 개발했다. 그러나 리더는 이 거리를 신중하게 사용해야 하며, 문화적 차이와 개인의 경계를 존중해야 한다.

둘째, 개인적 거리는 45센티미터에서 1.2미터 사이의 거리를 의미한다. 이 거리는 친구 및 동료들과의 일상적인 대화에서 주로 사용된다. 리더십에서 개인적 거리는 팀원들과의 개별적인 소통과 멘토링에 적합하다. 이 거리에서 리더는 팀원과 충분히 가까워 개인적인 대화를 나눌 수 있지만, 동시에 적절한 전문성과 권위를 유지할 수 있다. 구글의 CEO 순다르 피차이Sundar Pichai는 이러한 개인적 거리를 효과적으로 활용하여 직원들과 소통하며, 개방적이고 혁신적인 기업문화를 조성하고 있다.

셋째, 사회적 거리는 1.2미터에서 3미터 사이의 거리를 말한다. 이 거리는 비즈니스 미팅이나 공식적인 사회적 모임에서 주로 사용된다. 리더십에서 사회적 거리는 팀 미팅, 프레젠테이션, 그리고 공식적인 의사소통에 적합하다. 이 거리에서 리더는 전문성과 권위를 유지하면서도 팀 전체와 효과적으로 소통할 수 있다. 아마존의 베이조스는 이러한 사회적 거리를 활용하여 '투피자팀' 원칙을 고안했다. 이 원칙은 한 팀의 규모를 두 판의 피자만으로 배불릴 정도로 제한하여, 효율적인 의사소통과 의사결정을 가능하게 한다.

넷째, 공적 거리는 3미터 이상의 거리를 의미한다. 이 거리는 대중 연설이나 강의와 같은 공식적인 상황에서 사용된다. 리더십에서 공적 거리는 대규모 조직이나 공동체를 대상으로 한 비전 제시와 동기부여에 중요하다. 이 거리에서 리더는 카리스마와 영향력을 발휘하여 많은 사람에게 영감을 줄 수 있다. 마틴 루서 킹 주니어의 '나에게는 꿈이 있습니다' 연설은 공적 거리를 효과적으로 활용한 리더십의 대표적인 예이다.

사무실 책상 배치의 비밀

홀이 제시한 네 가지 거리 개념을 이해하고 적절히 활용하는 것은 현대 리더십에서 매우 중요하다. 인간은 거리를 재고 상황에 맞게 행동하는 동물이기 때문에 이 거리 감각을 미세하게 다룰 필요가 있다. 특히 리더는 상황과 맥락에 따라 적절한 거리를 선택하여 소통함으로써 더욱 효과적인 리더십을 발휘할 수 있다. 예컨대 위기 상황에서는 개인적 거리나 사회적 거리를 활용하여 팀원들과 긴밀히 소통하고 신속한 의사결정을 내릴 수 있다. 반면 조직의 장기적인 비전을 제시할 때는 공적 거리를 활용하여 더 많은 사람에게 영감을 줄 수 있다.

또한 이 네 가지 거리 개념은 문화적 차이를 이해하고 존중하는 데도 중요한 역할을 한다. 세계화 시대에는 문화에 따라 적절한 거리가 다를 수 있음을 인식하고, 이에 맞게 유연하게 대응할 수 있어야 한다. 예컨대 라틴아메리카나 중동 문화권에서는 가까운 거리에서 이루어지는 소통이 일반적인 반면, 북유럽이나 동아시아 문화권에서는 상대적으로 먼 거리에서 이루어지는 소통이 선호된다.

리더십 연구자 로버트 하우스Robert House의 '경로-목표Path-Goal' 이론에 따르면, 효과적인 리더는 상황에 따라 리더십 스타일을 조정할 수 있어야 한다. 여기에 홀의 네 가지 거리 개념을 적용하면, 친밀한 거리에서는 지원적 리더십을, 개인적 거리에서는 코칭 리더십을, 사회적 거리에서는 참여적 리더십을, 그리고 공적 거리에서는 지시적 리더십을 더 효과적으로 발휘할 수 있다.

홀의 프록세믹스 이론은 현대 조직 설계와 리더십에 중요한 통찰을 제공한다. 가령 사회적 거리는 많은 대기업 사무실의 책상 배치에 반영되어 있다. 이러한 공간 설계는 직장에서의 전문성과 개인 공간 존중에 중요한 역할을 한다. 그러나 많은 리더가 이러한 공간 설계의 의미와 중요성을 제대로 인식하지 못하고 있다. 이는 거리에 대한 이해 부족에서 비롯된 것일 수 있다. 거리는 단순히 물리적 거리만을 의미하는 것이 아니라, 개인적 상호작용의 정도, 접근성의 범위, 그리고 리더와 팀원 간의 이해 정도를 포함하는 복합적인 개념이다.

거리의 리더십을 발휘하라

리더가 적절한 거리를 유지하는 것은 객관성 유지, 권위와 신뢰성 보존, 그리고 공감 표현에 중요하다. 프록세믹스는 리더십에 영향을 미치며, 리더의 행동과 리더십 상태에 중요한 역할을 한다. 연구에 따르면, 리더가 효과적으로 행동하기 위한 최소 거리는 120센티미터로, 이는 리더의 행동과 표현의 효율성을 높이는 데 기여한다.

따라서 리더십 계발 프로그램에는 이러한 공간 개념과 그 중요성에 대한 교육이 포함되어야 한다. 이를 통해 리더들은 팀원들과의 적절한 거리를 유지하면서도 효과적으로 소통하고 멘토링할 수 있는 능력을 계발할 수 있다. 또한 원격근무가 증가하는 현 시대에는 디지털 공간에서의 거리 개념 또한 고민이 필요하다. 문화적 차이로 적절한 거리의 개념이 다를 수 있다는 점도 고려해야 한다. 따라서 거리는 고정된 규칙이 아닌 유연한 개념으로 이해되어야 하며, 리더는 상황과 맥락, 개인의 선호도, 문화적 배경 등을 고려하여 적절한 거리를 유지해야 한다.

리더십 발전을 위해서는 자기인식과 지속적인 학습이 필요하다. 홀의 네 가지 거리 개념을 자신의 리더십 스타일에 적용하고 개선하는 과정은 리더로서 성장하는 데 큰 도움이 될 수 있다. 예컨대 360도 피드백이나 코칭을 통해 자신이 주로 사용하는 거리와 그 효과성을 평가하고, 필요에 따라 다른 거리를 활용하는 능력을 계발할 수 있다. 맥킨지는 이러한 프로그램을 통해 클라이언트 기업의 리더들이 더 효과적으로 소통하고 영향력을 발휘할 수 있도록 돕고 있다.

홀의 네 가지 거리 개념은 조직문화 형성에도 중요한 역할을 한다. 리더가 어떤 거리에서 주로 소통하느냐에 따라 조직의 분위기와 문화가 크게 달라질 수 있다. 친밀한 거리와 개인적 거리를 주로 사용하는 리더는 더 가족적이고 협력적인 문화를 만들어낼 수 있는 반면, 사회적 거리와 공적 거리를 주로 사용하는 리더는 더 공식적이고 체계적인 문화를 형성할 수 있다. 넷플릭스의 공동 창업자 리드 헤이스팅스는 이러한 거리 개념을 활용하여 유연하고 혁신적인 기업문화를 만들어냈다.

리더십의 윤리적 측면에서도 홀의 거리 개념은 중요한 의미를 가진다. 리더는 권력과 영향력을 가지고 있기 때문에, 적절한 거리를 유지하는 것이 윤리적 리더십의 핵심이 될 수 있다. 너무 가까운 거리는 편애나 부적절한 관계로 이어질 수 있고, 너무 먼 거리는 무관심이나 소통 부재로 이어질 수 있다. 따라서 리더는 상황에 맞는 적절한 거리를 선택함으로써 윤리적이고 효과적인 리더십을 발휘할 수 있다.

홀의 네 가지 거리 개념은 리더십 커뮤니케이션에도 중요한 통찰을 제공한다. 리더는 메시지의 성격과 중요도에 따라 적절한 거리를 선택하여 소통할 수 있다. 예컨대 중요한 전략적 결정을 공유할 때는 사회적 거리나 공적 거리를 활용하여 공식성과 중요성을 강조할 수 있고, 개인적인 피드백을 줄 때는 개인적 거리를 활용하여 신뢰와 지지를 표현할 수 있다. 페이스북(현 메타)의 셰릴 샌드버그는 이러한 커뮤니케이션 전략을 효과적으로 활용하여 조직 내 소통을 개선하고 리더십을 강화했다.

043 잘나가는 기업은 냄새부터 다르다

베티나 파우제의 냄새 이론

홀의 프록세믹스 이론은 인간의 공간 사용과 그것이 의사소통에 미치는 영향을 연구한 것으로, 리더십과 조직문화에 중요한 통찰을 제공해왔다. 홀은 인간이 시각, 청각, 후각을 통해 거리를 인식한다고 주장했지만, 1980년대 이전까지는 후각의 역할이 충분히 인정받지 못했다. 그러나 2021년 출간된 베티나 파우제Bettina Pause의《냄새의 심리학》은 이러한 거리 개념을 완성하는 중요한 퍼즐 조각을 제공한다.

시세이도의 향기 마케팅

30년간 후각 연구를 통해 인간의 후각적 의사소통에 대한 새로운 통찰을 제시한 파우제는 냄새가 단순히 감각적 경험을 넘어 인간의 행동, 감정, 그리고 사회적 관계에 깊은 영향을 미친다고 강조한다. 이는 홀의 거리 개념을 보완하며, 리더십을 바라보는 새로운 차원의 시각을 열어준다.

파우제의 연구에 따르면, 인간은 냄새를 통해 정서 상태, 유전자, 식습관, 건강 상태, 심지어 가족 관계까지도 감지할 수 있다. 이는 리더가 팀원들과의 관계를 형성하고 유지하는 데 후각이 중요한 역할을 할 수 있음을 시사한다.

냄새의 중요성은 비즈니스 세계에서도 점점 더 인식되고 있다. 일본의 화장품 기업 시세이도_{Shiseido}는 향기 마케팅을 통해 고객경험을 향상시키고 있다. 매장 내 특정 향기를 사용함으로써 브랜드 이미지를 강화하고 고객의 구매 결정에 영향을 미치는 것이다. 이는 냄새가 단순한 감각적 경험을 넘어 비즈니스 성과에도 직접적인 영향을 미칠 수 있음을 보여준다.

냄새의 심리학적 영향력은 직장 환경 설계에도 적용될 수 있다. 예컨대 마이크로소프트는 직원들의 생산성과 웰빙을 향상시키기 위해 사무실 환경에 자연의 향기를 도입하는 실험을 진행한 바 있다. 이는 홀의 거리 개념에 후각적 요소를 추가함으로써, 더욱 포괄적이고 효과적인 업무 환경을 조성할 수 있음을 보여준다.

냄새의 심리학적 영향력을 직장 환경 설계에 적용한 연구와 사례는 마이크로소프트 외에도 다수 존재한다. 일본의 향료 기업 다카사고_{Takasago}의 연구에 따르면, 레몬 향이 사무실 환경에 도입되었을 때 데이터 입력 작업자들의 생산성이 54퍼센트 증가했다. 이는 특정 향기가 직원들의 집중력과 생산성을 크게 향상시킬 수 있음을 시사한다. 또한 재스민 향은 33퍼센트, 라벤더 향은 20퍼센트의 생산성 향상 효과를 보였다. 이러한 결과는 향기가 직장 환경에서 중요한 역할을 할 수 있음을 명확히 보여준다.

영국항공_{British Airways}의 인사 부서는 직원들의 번아웃을 해결하기 위해 아로마테라피 세션을 도입했다. 이 프로그램을 실시한 후 직원 만족도를 조사한 결과 전반적으로 사기가 25퍼센트 상승했으며, 생산성 지표도 개선되었다. 특히 아로마테라피를 활용한 회의에서는 의사결정 속도가 35퍼센트 빨라졌고, 팀 협업도 향상되었다고 한다.

냄새의 무궁무진한 가능성

이러한 연구와 사례들은 냄새의 심리학적 영향력이 직장 환경 설계에 중요한 요소로 자리 잡고 있음을 보여준다. 홀의 프록세믹스 이론에 후각적 요소를 추가함으로써, 기업들은 더욱 포괄적이고 효과적인 업무 환경을 조성할 수 있게 되었다. 향후에는 개인화된 향기나 AI를 활용한 실시간 향기 조절 등 더욱 발전된 형태의 향기 기반 업무 환경이 등장할 것으로 예상된다. 이는 직원들의 생산성과 웰빙을 향상시키는 동시에, 기업의 혁신과 성과 향상에도 기여할 수 있을 것이다.

냄새는 기억과 감정에도 영향을 미친다. 이는 조직문화 형성과 유지에 중요한 시사점을 제공한다. 특정 냄새가 특정 기억이나 감정을 불러일으킬 수 있다는 점을 고려하면, 리더는 조직의 핵심 가치나 중요한 순간들을 특정 향기와 연결시킴으로써 더욱 강력하고 지속적인 조직문화를 만들어낼 수 있다.

냄새의 힘은 위기 관리 상황에서도 중요하게 작용할 수 있다. 스트레스나 불안을 감소시키는 특정 향기의 사용은 긴장된 상황에서 팀의 안정을 유지하는 데 도움이 될 수 있다. 또한 냄새는 창의성과 혁신에도 영향을 미친다. 특정 향기가 뇌의 특정 부위를 자극하여 창의적 사고를 촉진할 수 있다는 연구 결과는 혁신을 추구하는 기업들에 새로운 접근 방식을 제시한다.

냄새의 힘은 브랜드 아이덴티티 형성에도 중요한 역할을 할 수 있다. 특정 브랜드와 특정 냄새를 연결시킴으로써, 고객의 브랜드 인식과 충성도를 높일 수 있다. 이는 스타벅스가 매장에서 커피 향을 강조하는 전략과도 연결된다. 이러한 접근은 제품 판매를 넘어 브랜드 경험을 창출하는 데 기여한다.

물론 이러한 접근 방식에 대한 비판적 의견도 존재한다. 일부 연구자들은 향기의 효과가 개인의 선호도와 문화적 배경에 따라 크게 달라질 수 있다고 지적한다. 또한 향기에 민감하거나 알레르기가 있는 직원들에게는 오히려 부정적인 영향을 미칠 수 있다는 우려도 제기된다. 따라서 직장 환경에 향기를 도입할 때는 이러한 개인차를 고려하고, 직원들의 의견을 충분히 수렴하는 과정이 필요하다.

냄새와 관련해서는 인간이 모르는 부분이 너무 많다. 회사의 제품이나 서비스를 개발하는 과정에서 다양한 문화권의 후각적 선호도를 고려하면, 글로벌 시장에서 경쟁력을 높이는 데 도움이 될 뿐 아니라, 조직 내부의 다양성과 포용성을 강화하는 데도 기여할 수 있다. 이러한 접근은 직원들의 다양한 배경과 경험을 존중하는 조직문화를 만드는 데 도움이 된다. 이는 결과적으로 직원들의 만족도와 생산성을 높이고, 창의성과 혁신을 촉진하는 데 기여할 수 있다. 따라서 냄새의 힘을 활용한 다양성과 포용성 증진 전략은 현대 조직에서 중요한 고려사항이 될 수 있을 것이다.

044 인구의 변화에 주목하라

인구학과 세대 구분

이타마르 시몬슨이 2014년 출간한 《절대 가치》는 디지털 시대의 소비자 행동과 마케팅 전략에 대한 혁신적인 시각을 제시했다. 시몬슨은 기업들이 전통적으로 사용해온 시장 세분화, 세대 구분, 포커스그룹인터뷰, 심지어 광고까지도 더 이상 효과적이지 않을 수 있다고 주장했다. 10여 년이 지난 현재, 이러한 주장의 타당성을 재검토하고 현재의 인구학적 접근과 세대 구분론의 한계에 대해 논의할 필요가 있다.

마케팅 메시지 너머의 절대 가치

시몬슨의 주장은 정보의 투명성과 접근성이 크게 향상된 디지털 시대의 특성에 기반한다. 소비자들은 이제 제품이나 서비스에 대한 방대한 정보를 쉽게 얻을 수 있으며, 다른 사용자들의 리뷰와 전문가 의견을 참고할 수 있게 되었다. 이로 인해 기업의 마케팅 메시지보다는 제품이나 서비스의 실제 가치, 즉 '절대 가치'가 더 중요해졌다.

지난 10여 년간 이루어진 기술 발전과 사회 변화는 시몬슨의 예측을 상당 부분 뒷받침하고 있다. 소셜미디어와 온라인 리뷰 플랫폼의 영향력이 더욱 커졌고, AI 기술의 발전으로 개인화된 추천 시스템이 보편화되었다. 이는 전통적인 시장 세분화나 세대 구분에 기반한 마케팅 전략의 효과성을 더욱 떨어뜨리고 있다. 그러나 모든 산업과 상황에서 전통적인 마케팅 방법이 완전히 무용해졌다고 보기는 어렵다. 여전히 브랜드 이미지와 감성적 요소가 중요한 역할을 하는 분야도 존재한다. 또한 빅데이터와 AI 기술을 활용한 새로운 형태의 시장 세분화와 타기팅 기법도 등장하고 있다.

시몬슨의 주장은 디지털 시대의 소비자 행동 변화를 정확히 예측했다고 볼 수 있다. 그러나 이는 전통적인 마케팅 방법의 완전한 폐기보다는 새로운 기술과 환경에 맞는 진화를 요구한 것으로 해석해야 할 것이다. 기업들은 이제 단순한 인구통계학적 특성이나 세대 구분을 넘어, 개인의 실제 행동과 선호도에 기반한 더욱 정교하고 개인화된 접근법을 개발해야 할 시점에 와 있다.

무너지는 세대 구분

최근 인구학과 세대 구분에 대한 전통적인 이론들이 많은 도전을 받고 있다. 이는 사회 환경의 급격한 변화와 기술 발전으로 인해 기존의 세대 구분이 더 이상 유효하지 않다는 인식이 확산되고 있기 때문이다. 이러한 변화는 비즈니스 리더들에게 새로운 관점과 접근 방식을 요구하고 있으며, 특히 사회학과 인구학에 대한 깊이 있는 이해의 필요성을 부각시키고 있다.

심리학자 진 트웬지Jean Twenge는 《제너레이션: 세대란 무엇인가》에서 세대 간 차이의 주요 원인으로 기술의 발전을 지목했다. 그는 3900만 명의 데이터를 분석한 결과, 세대 간 차이가 주요 사건이나 경험보다는 각 세대가 성장기에 접한 기술에 더 큰 영향을 받는다고 주장한다. 예컨대 스마트폰과 소셜미디어의 등장은 Z세대의 사회적 행동과 가치관 형성에 지대한 영향을 미쳤다. 이는 기존의 세대 구분론이 단순히 출생 연도에 기반한 것이 아니라, 기술 환경의 변화를 중심으로 재해석되어야 함을 시사한다.

이러한 변화는 비즈니스 환경에도 큰 영향을 미치고 있다. 아마존의 베이조스는 이러한 변화를 일찍이 인지하고, 연령에 상관없이 고객의 니즈와 행동 패턴에 초점을 맞춘 전략을 구사해왔다. 아마존의 고객중심주의는 단순히 연령대별 마케팅이 아닌, 개인의 구매 이력과 선호도를 바탕으로 한 맞춤형 서비스 제공으로 구현되고 있다.

구글의 경우, 다양한 연령대의 직원들이 함께 일하는 환경을 조성하여 세대 간 협업을 촉진하고 있다. 이는 전통적인 세대 구분을 넘어, 다양한 경험과 관점을 가진 인재들이 시너지를 낼 수 있도록 하는 전략이다.

BMW의 '투모로 프로젝트Tomorrow Project'는 주목할 만한 사례다. 이 프로젝트는 다양한 연령대의 직원들이 협력하여 작업 환경을 개선하는 프로그램으로, 고령 근로자와 젊은 근로자가 함께 작업하며 서로의 강점을 활용하도록 설계되었다. 그 결과 생산성이 7퍼센트 향상되었고, 품질이 개선되었으며 결근율도 감소했다.

스타벅스의 '파트너 네트워크Partner Network' 프로그램도 주목할 만하다. 이 프로그램은 다양한 연령대의 직원들이 서로 소통하고 학습할 수 있는 플랫폼을 제공한다. 이를 통해 직원 간 지식 공유가 활성화되고, 세대 간 이해도가 향상되었으며, 혁신적인 고객 서비스 아이디어가 창출되었다.

유니레버의 '유워크U-Work' 프로그램은 모든 세대의 니즈를 충족시키는 유연한 근무 모델을 제공한다. 풀타임, 파트타임, 프로젝트 기반 등 다양한 근무 형태를 선택할 수 있어, 개인의 라이프스타일에 맞는 근무 방식을 채택할 수 있다.

금융 기업 하트퍼드Hartford의 역멘토링 프로그램에서는 밀레니얼 세대 직원이 경영진에게 디지털 기술을 지도한다. 이는 전통적인 연공서열 체계를 뒤집고, 개인의 능력과 지식을 중심으로 한 상호 학습을 촉진한다. 이를 통해 하트퍼드 그룹은 보수적인 기업문화를 변화시키고, 세대를 초월한 지식 공유를 실현하고 있다.

돈이 되는 사회학과 인구학

한편 인구학적 변화도 비즈니스 리더들이 주목해야 할 중요한 요소다. IMF의 보고서에 따르면, 인구 고령화는 21세기의 주요 인구통계학적 트렌드로, 이는 수명 연장, 출산율 감소, 그리고 대규모 코호트의 노령화로 인한 결과다. IMF는 2025년 말까지 65세 이상 인구가 10억 명을 넘어설 것으로 예상했는데, 이는 소비 패턴, 의료 서비스 수요, 노동 시장 등 다양한 분야에 큰 영향을 미칠 것이다.

이러한 인구학적 변화는 기업들에 새로운 기회와 도전을 동시에 제공한다. 예컨대 헬스케어 산업의 경우, 고령 인구 증가에 따른 수요 증가를 기회로 삼을 수 있다. 필립스Philips는 이러한 트렌드를 인지하고 원격의료 서비스와 개인화된 건강 관리 솔루션 개발에 주력하고 있다. 반면 노동 시장의 경우 생산 가능 인구 감소로 인한 인력 부족 문제에 직면할 수 있다. 이에 대응하여 BMW와 같은 기업들은 고령 근로자를 위한 작업 환경 개선과 재교육 프로그램을 도입하고 있다.

이러한 변화 속에서 비즈니스 리더들은 사회학, 특히 인구학에 대한 깊이 있는 이해를 갖추어야 한다. 사회학은 집단행동, 사회 구조, 문화적 변화 등을 연구하는 학문으로, 이는 기업이 시장과 소비자를 이해하는 데 필수적이다. 온라인 매체 〈크론Chron〉의 기사에 따르면, 사회학을 이해하는 비즈니스 리더는 고객의 니즈를 더 잘 예측하고, 직원들의 문제에 더 효과적으로 대응할 수 있다.

인구학적 지식은 기업의 장기 전략 수립에 중요한 역할을 한다. 예컨대 유니레버는 인구학적 트렌드를 분석하여 신흥 시장에서의 성장 전략을 수립했다. 특히 아프리카와 아시아의 젊은 인구가 증가하는 추세에 주목하여, 이 지역에 맞는 제품 개발과 마케팅 전략을 구사하고 있다. 이는 단순한 세대 구분을 넘어, 지역별 인구 구조와 문화적 특성을 고려한 접근 방식의 중요성을 보여준다.

비즈니스 리더들에게는 이처럼 복잡한 상황에 대한 지속적인 학습과 적응이 필요하다. 사회학과 인구학에 대한 이해는 단순히 학문적 지식을 넘어, 실제 비즈니스 전략에 적용될 수 있는 실용적인 도구가 될 수 있다. 예컨대 넷플릭스는 빅데이터 분석을 통해 시청자들의 선호도를 파악하고, 이를 콘텐츠 제작에 반영하고 있다. 이는 단순한 연령대별 분석을 넘어, 개인의 취향과 행동 패턴을 심층적으로 이해하는 접근 방식이다.

또한 비즈니스 리더들은 자사의 제품이나 서비스가 다양한 연령대와 배경을 가진 소비자들에게 어떻게 인식되고 있는지 지속적으로 모니터링해야 한다. 이를 위해 정기적인 시장조사와 고객 피드백 수집이

필요하다. 스타벅스의 경우, 다양한 연령대의 고객들을 대상으로 한 포
커스그룹인터뷰를 통해 제품 개발과 매장 디자인에 대한 아이디어를
얻고 있다.

비즈니스 리더들은 사회학과 인구학에 대한 깊이 있는 이해를 바탕
으로 새로운 비즈니스 모델과 전략을 개발해야 한다. 이는 단순히 학
문적 지식의 습득을 넘어, 실제 비즈니스 현장에서의 적용과 실험, 그
리고 지속적인 학습과 적용을 요구한다. 이를 통해 기업은 급변하는
사회 환경 속에서도 지속 가능한 성장을 이룰 수 있을 것이다.

미래를 위해
현재를 희생하지 말라

현재성

더글러스 러시코프의 《현재의 충격》은 21세기에 들어서면서 사람들의 시간 개념이 어떻게 변화했는지를 심도 있게 분석한다. 이 책에서 러시코프는 디지털 시대의 도래와 함께 우리의 시간 인식이 근본적으로 변화했다고 주장한다. 이러한 시간 개념의 변화를 이해하는 것은 현대 리더들에게 매우 중요한 과제다.

8초를 노린 틱톡의 성공

러시코프는 우리가 '현재성'의 시대에 살고 있다고 설명한다. 이는 과거와 미래보다는 현재에 집중하는 경향을 의미한다. 디지털 기술의 발달로 인해 정보의 즉시성이 강화되면서, 사람들은 점점 더 '지금 이 순간'에 집중하게 되었다. 이러한 변화는 기업 경영과 리더십에도 큰 영향을 미치고 있다. 예컨대 아마존의 베이조스는 이러한 현재성 개념을 기업 전략에 적극적으로 반영하고 있다. 아마존의 '원데이 딜리버리1-Day Delivery' 서비스는 고객의 즉각적인 욕구를 충족시키는 데 초점을 맞추고 있으며, 이는 현재에 집중하는 소비자들의 니즈를 정확히 파악한 결과라고 볼 수 있다.

과거에는 미래를 위해 현재를 희생하는 것이 미덕으로 여겨졌지만, 현대에는 순간의 경험과 만족을 중시하는 문화가 형성되고 있다. 이는 기업의 장기 전략 수립에도 영향을 미친다. 맥킨지의 연구에 따르면, 많은 기업이 5년 이상의 장기 계획 대신 1~2년의 단기 계획에 더 집중하고 있는 것으로 나타났다. 또한 러시코프는 '디지털 시간'의 개념을 소개한다. 디지털 시간은 선형적이고 연속적인 아날로그 시간과는 달리 불연속적이고 파편화된 특성을 가진다. 이는 우리의 주의력이 점점 더 짧아지고 있다는 것을 의미한다. 마이크로소프트의 연구에 따르면, 2000년 이후 인간의 평균 집중 시간이 12초에서 8초로 감소했다.

이러한 변화는 기업의 마케팅 전략에도 큰 영향을 미치고 있다. 예컨대 틱톡의 성공은 짧은 동영상 콘텐츠에 대한 선호도 증가를 잘 보여준다. 많은 기업이 이러한 트렌드에 맞춰 '마이크로 콘텐츠' 전략을 채택하고 있는데, 이는 사람들이 현재를 즐기는 것을 도와주는 사례다.

마이크로 콘텐츠의 시대

이와 같은 사례는 틱톡에서 끝나지 않는다. 마이크로 콘텐츠 전략은 현대 디지털 마케팅 환경에서 중요한 위치를 차지하고 있다. 많은 기업이 소비자의 짧아진 집중 시간과 즉각적인 정보 소비 욕구에 대응하기 위해 이 전략을 채택하고 있다.

마이크로 콘텐츠 전략을 성공적으로 활용한 몇 가지 사례를 살펴보자. 첫째, 패션 브랜드들의 마이크로 인플루언서 활용을 들 수 있다.

한 패션 브랜드는 마이크로 인플루언서와 협업하여 다양한 의상 스타일을 소개하는 캠페인을 진행했다. 인플루언서들은 실제로 제품을 착용하고 촬영한 짧은 영상이나 사진을 자신의 소셜미디어에 게시했다. 이를 통해 팔로워들과 진정성 있는 소통을 이루었고, 그 결과 해당 브랜드의 웹사이트 트래픽이 40퍼센트나 증가했다.

둘째, 뷰티 업계의 신제품 런칭 전략 사례다. 한 뷰티 브랜드는 마이크로 인플루언서를 통해 신제품을 소개했다. 인플루언서들이 제품 사용 후기를 짧고 간결한 형태로 진솔하게 공유하자, 소비자들은 그들의 의견에 더 큰 공감을 느꼈다. 이 전략으로 제품 판매량이 예상 대비 60퍼센트 이상 증가하는 성과를 거두었다.

셋째, 코카콜라의 개인화된 마이크로 콘텐츠 전략이 있다. 코카콜라는 호주에서 가장 흔한 이름 150개를 선정해 콜라병에 새기는 캠페인을 진행했다. 이는 각 소비자에게 맞춤화된 마이크로 콘텐츠를 제공한 것으로 볼 수 있다. 소비자들은 자신의 이름이 새겨진 콜라병을 구매하면서 특별한 경험을 했고, 이는 폭발적인 반응으로 이어졌다.

넷째, 다양한 미디어를 활용한 레드불의 마이크로 콘텐츠 전략이 있다. 레드불은 동영상, 소셜미디어, 블로그, 이미지, 잡지, 텔레비전 등 다양한 채널을 통해 고객의 관심사에 맞는 짧고 강렬한 콘텐츠를 제작해 제공했다. 이는 제품 홍보보다는 고객의 관심사에 초점을 맞춘 전략으로, 브랜드에 대한 긍정적인 인식을 형성하는 데 기여했다.

다섯째, B2B 기업인 피셔탱크Fisher Tank의 마이크로 콘텐츠 전략도 주목할 만하다. 고가의 산업용 수조를 제조하는 피셔탱크는 '싱크 탱크 블로그'를 만들어 짧고 유익한 콘텐츠를 제공했다. 이를 통해 12주 만에 웹사이트 트래픽이 119퍼센트 증가하는 등 놀라운 성과를 거두었다.

이러한 사례들은 마이크로 콘텐츠 전략이 다양한 산업과 목표에 맞게 적용될 수 있음을 보여준다. 소비자의 주의를 빠르게 끌고, 간결하면서도 강력한 메시지를 전달하는 마이크로 콘텐츠의 특성은 현대의 빠른 정보 소비 패턴에 잘 부합한다. 기업들은 이러한 전략을 통해 브랜드 인지도를 높이고, 고객과의 상호작용을 증진하며, 궁극적으로는 매출 증대로 이어지는 효과를 얻고 있다.

시간이 압축된다

《현재의 충격》에는 '시간의 압축Time Compression'이라는 현상에 대한 설명이 실려 있다. 이는 기술의 발달로 과거에는 오랜 시간이 걸리던 일들이 순식간에 이루어지는 현상을 말한다. 시간의 압축은 기업의 의사결정 과정에 큰 영향을 미치고 있다. IBM의 2023년 연구에 따르면, 지난 5년 사이 기업의 의사결정 속도가 2.5배 빨라졌다고 한다.

하지만 러시코프의 이론은 비판받기도 했다. 일부 학자들은 현재성에 대한 지나친 강조가 장기적 안목의 중요성을 약화할 수 있다고 지적한다. 하버드대학교 경영대학원 교수 존 코터John Kotter는 "단기적 성과에 대한 집착이 기업의 장기적 생존을 위협할 수 있다"라고 경고한다. 그럼에도 《현재의 충격》이 제시하는 시간 개념의 변화는 현대 리더들이 반드시 이해해야 할 중요한 주제다. 이는 단순히 시간 관리의 문제를 넘어, 조직문화, 의사결정 프로세스, 고객 관리 등 기업 경영의 모든 측면에 영향을 미치기 때문이다.

한편 러시코프의 디지털 시간은 또한 세계적인 경영 컨설턴트 네이션 퍼Nathan Furr의 '불확실성 관리' 이론과도 연결된다. 퍼는 불확실성이 높은 환경에서는 유연하고 실험적인 접근이 필요하다고 주장한다. 그는 기업을 '푸른색 기업'과 '붉은색 기업'으로 구분하는데, 전자는 완벽하게 계획을 짜고 실패를 회피하는 반면, 후자는 체계적이지 않지만 실패를 두려워하지 않는다. 퍼는 불확실성이 높은 현대 사회에서는 붉은색 기업의 생존 확률이 더 높다고 주장한다. 이는 러시코프가 설명하는 불연속적이고 파편화된 디지털 시간의 특성과 일치한다.

———

러시코프의 《현재의 충격》은 우리가 살고 있는 시대의 본질을 이해하는 데 중요한 통찰을 제공한다. 시간에 대한 우리의 인식이 어떻게 변화했는지, 그리고 그것이 우리의 삶과 일에 어떤 영향을 미치는지를 이해하는 것은 현대 리더들에게 필수적인 과제다. 이를 통해 리더들은 더욱 효과적으로 조직을 이끌고, 변화하는 환경에 적응할 수 있을 것이다.

046 관계의 폭만큼
관계의 깊이도 중요하다

던바의 수

진화인류학자 로빈 던바Robin Dunbar가 제시한 '던바의 수'는 한 개인이 안정적으로 사회적 관계를 유지할 수 있는 사람의 최대 수를 설명하는 개념으로, 던바는 그 수가 150명이라고 제시했다. 이 주장은 인간의 뇌 크기와 사회적 그룹 크기 간의 상관관계를 연구한 결과에서 비롯되었다. 던바는 1990년대에 이 개념을 처음 제안했으며, 이후 다양한 분야에서 이 이론이 적용되고 있다. 특히 리더십과 조직 관리, 네트워크 전략에서 던바의 수는 여전히 유효한 통찰을 제공한다.

인간관계는 몇 명까지 넓어질 수 있을까

인간이 한 번에 품을 수 있는 관계의 폭은 무한하지 않다. 물론 많은 현대인이 페이스북을 비롯한 소셜미디어 플랫폼에서 수백수천 명의 사람들과 교류하고 있기 때문에 인간의 관계는 무한하다고 생각하는 사람들이 있지만, 역사적 관점에서 보면 이는 잘못된 환상이다.

먼저 던바의 수 개념이 어떻게 발견되었는지 살펴보자. 던바는 영장류 비교연구에서 대뇌 신피질의 크기와 사회적 집단 크기의 상관관계를 포착했고, 여기에 인간의 평균 신피질 크기를 대입해 '안정적 관계'의 한계치를 약 150명으로 추정했다(정확히는 148명). 던바는 이를 기억과 상호성, 갈등 조정이 가능한 관계망의 인지적 상한으로 해석했다.

던바는 원시 수렵채집 집단, 신석기시대 촌락, 후터파 공동체, 고대와 근대의 군대 편제, 학문 소전공의 규모 등 다양한 역사 자료에서 100~200명대의 반복적 군집 크기를 확인하며 가설을 보강했다. 일상의 증거로는 영국의 크리스마스 카드 발송 명부가 평균 150명 안팎이라는 점도 활용되었고, 이후 서구 사회의 사회망 연구에서 평균 최대 네트워크가 153.5명으로 보고되기도 했다.

던바는 이 수가 동심원 구조의 한 층위라고 보았다. 즉 인간관계에서는 5명(핵심), 15명(가까운 친구), 50명(친구), 150명(의미 있는 접촉), 500명(지인), 1,500명(안면 인지)의 층위들이 중첩된다는 것이다. 영장류는 '사회적 그루밍'을 통해 집단을 결속했는데, 이는 시간이 너무 오래 걸렸다. 반면 인간은 언어를 통한 '저비용 그루밍'으로 좀 더 빨리 결속할 수 있었고, 그리하여 150명 규모의 집단을 유지하게 되었다. 이것이 바로 '사회적 뇌' 가설이다.

이후 더 큰 데이터와 비교연구를 바탕으로 한 비판과 재검증이 뒤따랐다. 그렇지만 수렵채집 집단, 촌락, 조직 단위 등에서 100~200명대 군집이 반복적으로 나타난다는 것 또한 사실이다. 리더십과 조직 관리로 한정하면 던바의 수는 실용적이다. 150명을 넘는 단위는 규칙을 적용하는 비용이 지나치게 커진다. 그래서 팀을 분산하거나 중간 관리자를 두거나 사내 커뮤니티를 마련하는 '준마을화'가 필요해진다. 네트워크 전략도 같다. 연결의 개수를 기하급수적으로 늘리는 대신 '5-15-50-150'의 층위를 의식적으로 관리하고, 자원을 배분하는 편이 지속 가능하다. 소셜미디어에서도 평균 상호작용 인원은 150명 안팎에 수렴한다는 관찰이 이어지고 있다. 관계의 폭을 넓히기보다는 관계의 깊이를 설계하라는 던바의 교훈은 여전히 유효하다.

150명의 '페친'

그렇다면 리더들에게 던바의 수 개념은 왜 중요할까? 던바의 수는 인간의 사회적 관계에 대한 물리적 한계뿐 아니라 조직과 팀 구성에도 중요한 시사점을 제공하기 때문이다. 예컨대 W.L.고어앤드어소시에이츠W.L. Gore & Associates는 던바의 수를 조직 설계에 적용한 대표적인 사례다. 이 회사는 직원 수가 150명을 초과할 때마다 새로운 사무실을 설립함으로써, 모든 직원이 서로 알고 협력할 수 있는 환경을 조성했다. 이는 조직 내 커뮤니케이션과 협업 효율성을 극대화하는 데 기여했다.

아마존의 베이조스도 던바의 수와 유사한 개념을 활용했다. 그는 투피자팀 규칙을 통해 회의에 참여하는 인원을 두 판의 피자로 충분히 먹일 수 있는 규모로 제한했다. 이는 소규모 팀이 더 빠르고 효과적으로 의사결정을 내릴 수 있다는 점을 착안한 것이다.

던바의 수는 또한 기업 내 팀 구성과 성과 관리에도 적용될 수 있다. 넷플릭스의 최고인재책임자였던 패티 매코드는 '스탠드 온 어 체어Stand on a Chair'라는 개념을 도입했다. 이는 한 사람이 의자 위에 서서 외칠 때 모든 팀원이 들을 수 있는 규모로 팀을 유지해야 한다는 원칙이다. 이는 팀 내 커뮤니케이션 효율성과 응집력을 유지하기 위한 전략이다.

던바의 수는 온라인 네트워크에도 적용될 수 있다. 연구에 따르면 인간은 온라인에서도 150명 정도의 의미 있는 관계만 유지할 수 있다. 페이스북 사용자 데이터를 분석한 결과, 대부분의 사람은 평균적으로 약 150명의 친구와 정기적으로 상호작용하는 것으로 나타났다. 이는 온라인 환경에서도 던바의 수가 유효하다는 것을 보여준다.

그러나 일부 학자들은 현대 기술이 던바의 수를 확장할 가능성을 제시하기도 한다. 예컨대 소셜미디어와 같은 디지털 도구는 더 많은 사람과 연결되고 상호작용할 기회를 제공하지만, 이러한 관계가 실제로 얼마나 깊고 안정적인지는 여전히 논란의 대상이다. 던바 자신도 이러한 기술적 발전이 인간관계에 미치는 영향을 인정하며, 기술이 관계의 양은 늘릴 수 있지만 질적인 측면에서는 한계가 있다고 지적했다.

의미 있는 관계를 끌어내는 네트워킹 전략

던바의 수는 리더들이 네트워킹 전략을 세우는 데도 유용하다. 네트워킹에서 중요한 것은 단순히 많은 사람과 연결되는 것이 아니라, 의미 있고 안정적인 관계를 유지하는 것이다. 과도한 네트워크 확장은 오히려 관계 관리에 부정적인 영향을 미칠 수 있다. 따라서 리더들은 자신의 네트워크를 주기적으로 평가하고, 가장 중요한 관계에 집중해야 한다.

던바의 수가 모든 상황에서 완벽하게 적용되는 것은 아니다. 일부 학자들은 현대 사회에서 인간관계가 더욱 복잡해지고 다층화되면서 던바의 수가 과거만큼 절대적이지 않을 수 있다고 주장한다. 특히 글로벌 기업이나 대규모 조직에서는 던바의 수를 그대로 적용하기 어렵다는 지적도 있다. 그럼에도 던바의 수는 리더들에게 중요한 교훈을 제공한다. 리더들은 조직 내에서 의미 있는 관계를 유지하기 위해 적절한 규모와 구조를 설계해야 하며, 개인적인 네트워크에서도 질 높은 관계를 우선시해야 한다. 또한 기술 발전이 인간관계에 미치는 영향을 지속적으로 관찰하고 이에 적응할 필요가 있다.

던바의 수는 단순히 숫자의 문제가 아니라, 인간관계와 조직 관리에 대한 깊은 통찰을 제공한다. 현대 리더들은 이 개념을 이해하고 이를 바탕으로 효과적인 네트워킹 전략과 조직 구조를 설계함으로써 더 나은 성과를 달성할 수 있을 것이다.

던바의 수는 또한 리더들이 자신의 네트워크를 평가하고 관리하는 데 도움을 줄 수 있다. 리더들은 자신의 네트워크가 던바의 수를 초과하는지, 그리고 각 관계의 질이 어떠한지를 주기적으로 점검할 필요가 있다. 이를 통해 가장 중요한 관계에 집중하고, 효과적인 네트워킹 전략을 수립할 수 있다.

마지막으로, 던바의 수는 디지털 시대의 조직 설계에도 중요한 시사점을 제공한다. 원격근무와 가상 팀이 증가하는 상황에서, 리더들은 기술을 활용하여 던바의 수가 제시하는 한계를 극복하면서도 의미 있는 관계를 유지할 수 있는 방법을 모색해야 한다. 이는 단순히 기술적 해결책을 찾는 것이 아니라, 인간관계의 본질을 이해하고 이를 디지털 환경에 적용하는 것을 의미한다.

———

던바의 수는 인간관계의 복잡성과 한계를 이해하는 데 도움을 주는 중요한 개념이다. 현대 리더들은 이를 통해 더 효과적인 조직 구조를 설계하고, 의미 있는 네트워크를 구축하며, 궁극적으로 조직의 성과를 향상시킬 수 있을 것이다. 던바의 수는 단순한 이론을 넘어 리더십과 조직 관리의 실제적인 지침이 될 수 있다.

047 1등만 기억하지 말라

승자독식사회

승자독식사회는 리더가 반드시 이해해야 할 현대 사회 구조의 핵심 메커니즘이다. 두 경제학자 로버트 프랭크Robert Frank와 필립 쿡Philip Cook이 1995년 제시한 이 개념은 오늘날 더욱 심화되고 있는 사회적 현상을 예견했다. 승자독식사회란 상대적 성과에 따라 보상이 주어지고, 소수의 최고 성과자에게 보상이 집중되는 시장 구조를 의미한다. 이는 단순히 경제적 현상을 넘어 사회 전반의 권력 구조와 기회 배분에 근본적인 영향을 미치고 있다. 이러한 구조에서는 성과의 작은 차이가 극단적인 보상의 격차로 나타난다.

승자독식사회의 메커니즘

승자독식사회의 가장 중요한 특징은 절대적 능력보다는 상대적 순위가 보상을 결정한다는 점이다. 전통적인 시장에서는 개인의 생산성에 비례하여 보상이 주어졌지만, 승자독식 시장에서는 경쟁자들과의 상대적 위치가 모든 것을 결정한다. 예컨대 올림픽에서 금메달리스트와 은메달리스트의 기록 차이는 0.01초에 불과할 수 있지만, 그들이 받는 사회적 인정과 경제적 보상의 차이는 수십 배에서 수백 배어 이를 수 있다. 이는 단순히 스포츠나 엔터테인먼트 분야에 국한되지 않고, 현대 사회의 거의 모든 영역으로 확산되고 있다.

기술 발전과 글로벌화는 승자독식사회의 확산을 가속화하는 주요 동력이다. IT 기술이 발달하면서 한 사람의 재능이 전 세계에 동시에 전달될 수 있게 되었고, 이에 따라 최고의 재능을 가진 소수가 전 세계 시장을 독점할 수 있는 환경이 조성되었다. 과거에는 지역별로 분산되어 있던 시장이 하나의 글로벌 시장으로 통합되면서, 각 지역의 최고 실력자들이 전 세계를 상대로 경쟁하게 된 것이다. 이는 경쟁의 강도를 극대화하는 동시에 승자와 패자 간의 격차를 더욱 벌리는 결과를 낳았다.

네트워크 효과는 승자독식사회의 또 다른 핵심 메커니즘이다. 많은 사람이 사용할수록 가치가 높아지는 제품이나 서비스의 경우, 초기에 약간의 우위를 점한 기업이나 개인이 시장을 완전히 독점하게 되는 경향이 있다. 페이스북이 소셜미디어 시장을 장악한 과정이나 구글이 검색 시장을 독점하게 된 과정은 이러한 네트워크 효과의 전형적인 사례다. 마크 저커버그가 하버드대학교 기숙사에서 시작한 작은 프로젝트가 전 세계 30억 명이 사용하는 플랫폼으로 성장할 수 있었던 것은 이런 네트워크 효과 덕분이다.

기업 조직 내에서도 승자독식 구조는 점점 더 강화되고 있다. CEO와 일반 직원 간의 임금 격차는 지속적으로 확대되고 있으며, 미국의 경우 1980년대에는 CEO의 연봉이 일반 직원의 42배 수준이었지만

2020년에는 351배까지 확대되었다. 한국도 이와 유사한 추세를 보여 현재 대기업 CEO의 연봉은 일반 직원의 수십 배에서 수백 배에 이르고 있다. 이는 단순히 개인의 능력 차이로 설명하기 어려운 수준이며, 승자독식 구조가 조직 내부로 침투한 결과로 해석할 수 있다.

1등만 기억하는 세상은 혁신을 질식시킨다

승자독식사회에서 리더가 직면하는 가장 큰 도전은 이러한 구조가 조직과 사회에 미치는 부정적 영향을 관리하는 것이다. 첫째, 승자독식 구조는 조직 내 협력을 저해하고 과도한 경쟁을 유발한다. 구성원들이 서로를 경쟁자로 인식하게 되면 정보 공유와 협력이 어려워지고, 이는 결과적으로 조직 전체의 성과를 저하시킨다. 마이크로소프트가 2000년대 초반 경험했던 문제가 대표적인 사례다. 당시 마이크로소프트는 강제 순위 평가 시스템을 도입하여 직원들을 상대적으로 평가했는데, 이는 조직 내 협력을 심각하게 저해하고 혁신을 억제하는 결과를 낳았다.

둘째, 승자독식 구조는 인재의 비효율적 배분을 초래한다. 우수한 인재들이 높은 보상을 받을 수 있는 소수의 분야로 몰리면서, 사회적으로 더 중요하지만 상대적으로 보상이 낮은 분야에서 인재 부족 현상이 발생한다. 미국에서 우수한 수학과 물리학 전공자들이 월스트리트의 투자은행으로 몰리는 현상이나 한국에서 의과대학과 법학전문대학원에 최우수 인재들이 집중되는 현상이 그 예다. 이는 장기적으로 사회 전체의 혁신 역량을 저하시키고 균형 잡힌 발전을 저해할 수 있다.

셋째, 승자독식 구조는 사회적 갈등과 불안정을 증가시킨다. 소득 불평등이 심화되면 사회적 결속력이 약화되고, 정치적 극단화와 사회적 갈등으로 이어질 수 있다. 2008년 세계금융위기 이후 전 세계적으로 나타난 포퓰리즘의 확산은 승자독식 구조로 인한 불평등 심화와 밀접한 관련이 있다. 도널드 트럼프의 재선이나 브렉시트 투표 결과는 모두 기존 엘리트 계층에 대한 일반 대중의 불만이 폭발한 결과로 해석할 수 있다.

경쟁과 협력의 균형

리더는 승자독식사회의 메커니즘을 이해하고 이에 대응하는 전략을 수립해야 한다. 첫째, 조직 내에서 과도한 경쟁보다는 협력을 장려하는 문화를 조성해야 한다. 둘째, 다양성과 포용성을 중시하는 조직 문화를 만들어야 한다. 승자독식 구조에서는 특정 유형의 인재만이 인정받는 경향이 있지만, 진정한 혁신은 다양한 배경과 관점을 가진 사람들의 협력에서 나온다. 셋째, 장기적 관점에서 지속 가능한 성장을 추구해야 한다. 승자독식 구조에서는 단기적 성과에만 집중하는 경향이 있지만, 이는 장기적으로 조직의 지속가능성을 해칠 수 있다.

넷째, 사회적 책임을 다하는 리더십을 발휘해야 한다. 승자독식사회에서 성공한 리더는 자신의 성공이 사회적 인프라와 시스템의 도움 없이는 불가능했다는 점을 인식하고, 자신이 받은 보상을 사회에 환원하는 노력을 기울여야 한다. 다섯째, 교육과 인재 개발에 투자해야 한다. 새로운 인재를 키우지 않으면, 기존의 승자들만 살아남게 된다. 이런 조직과 사회는 혁신에 실패하고 경직될 수밖에 없다. 여섯째, 혁신과 창의성을 장려하는 환경을 조성해야 한다. 승자독식사회에서는 기존의 방식으로는 경쟁에서 살아남기 어렵다. 따라서 리더는 조직 구성원들이 새로운 아이디어를 자유롭게 제안하고 실험할 수 있는 환경을 만들어야 한다.

일곱째, 윤리적 리더십을 실천해야 한다. 승자독식사회에서는 성공을 위해 수단과 방법을 가리지 않는 경향이 나타날 수 있지만, 이는 장기적으로 조직과 사회에 해를 끼칠 수 있다. 여덟째, 사회적 대화와 협력을 촉진해야 한다. 승자독식사회의 문제는 개별 기업이나 조직만의 노력으로는 해결하기 어렵다. 따라서 리더는 다른 기업, 정부, 시민사회와 협력하여 사회 전체의 문제를 해결하는 데 참여해야 한다.

———

승자독식사회는 현대 리더가 반드시 이해하고 대응해야 할 핵심적인 사회 구조라고 할 수 있다. 이 구조는 기술 발전과 글로벌화로 더욱 강화되고 있으며, 소득 불평등 심화, 사회적 갈등 증가, 인재의 비효율적 배분 등 다양한 문제를 야기한다. 리더는 이러한 구조의 메커니즘을 정확히 이해하고, 조직 내에서는 협력과 혁신을 장려하는 문화를 조성하며, 사회적으로는 책임감 있는 리더십을 발휘해야 한다. 또한 단기적 성과에만 집착하지 않고 장기적 관점에서 지속 가능한 성장을 추구해야 하며, 다양성과 포용성을 중시하는 조직문화를 만들어야 한다. 승자독식사회의 도전을 성공적으로 극복하는 리더만이 진정한 성공을 이루고 사회에 긍정적인 기여를 할 수 있을 것이다.

048 디지털 리터러시를
키워라

알고리즘

카일 차이카Kyle Chayka의 《필터월드》와 시난 아랄Sinan Aral의 《하이프 머신》은 현대 리더가 반드시 이해해야 할 디지털 시대의 사회 변화 트렌드를 심도 있게 분석한 중요한 저작들이다. 이 두 책은 알고리즘과 소셜미디어가 어떻게 인간의 행동과 사회 구조를 근본적으로 변화시키는지를 보여주며, 리더들이 어떻게 대응해야 하는지에 대한 통찰을 제공한다. 특히 한국의 리더들에게는 급속한 디지털 전환과 소셜미디어 확산이 조직과 사회에 미치는 영향을 이해하는 것이 매우 중요하다.

인스타그램과 인스타그래머빌리티

'필터월드Filterworld'는 거대 기술 기업들이 만들어낸 알고리즘 네트워크가 우리의 선택과 경험을 지배하는 현상을 설명하는 개념이다. 차이카는 이러한 알고리즘이 단순히 편의를 제공하는 도구를 넘어 문화의 소비와 생산에까지 동질성을 퍼뜨리고 있다고 지적한다. 페이스북이나 인스타그램, 틱톡 같은 소셜미디어에 접속하면 사용자가 평소 좋아하던 콘텐츠나 최근 유행하는 콘텐츠가 자동으로 제공되며, 아마존 같은 인터넷 쇼핑몰에서는 개인의 선호에 따라 상품이 자동으로 추천된다. 구글맵스를 통해서는 개인의 취향에 맞는 카페를 찾을 수 있고, 넷플릭스나 유튜브에서는 개인화된 콘텐츠가 초기 화면에서 사용자를 맞이한다.

이러한 알고리즘의 영향력은 디지털 공간을 넘어 물리적 공간으로까지 확산되고 있다. 전 세계 어느 곳에서나 찾아볼 수 있는 비슷한 분위기의 카페와 노출된 벽돌 인테리어, 에어비앤비 숙소의 현대적인 가구에서도 알고리즘의 영향력을 느낄 수 있다. 이는 '인스타그래머빌리티Instagrammability'라는 개념으로 설명될 수 있는데, 소셜미디어에서 인기를 끌 수 있는 시각적 요소들이 실제 공간 설계에까지 영향을 미친다는 것이다. 30대 여성들이 선호하는 카페의 인테리어가 전 세계적으로 유사해지는 현상이나, 20대들이 즐겨 찾는 맛집들이 비슷한 분위기를 연출하는 것도 이러한 맥락에서 이해할 수 있다.

'하이프 머신Hype Machine'은 소셜미디어가 만들어낸 실시간 커뮤니케이션 생태계를 의미하는데, 아랄은 이 시스템이 인간의 행동과 사회 구조에 미치는 광범위한 영향을 분석한다. 그는 20년 이상 소셜미디어 생태계를 연구해온 결과를 바탕으로 쇼핑, 여가, 투표 등 인간 행동의 거의 모든 측면이 데이터 형태로 남고 패턴이 파악된다고 설명한다. 페이스북에서 '좋아요' 한 번만 눌러도 하이프 머신은 이를 포착해 다른 콘텐츠에 대한 찬반을 이끌어낸다. 때때로 소셜미디어는 인간을 길들이고 조종하기도 하는데, 인스타그램의 '좋아요'는 인간 뇌에서 자제력을 담당하는 부위를 억제하거나 도파민이 분출되게 하기도 한다.

아랄의 가장 주목할 만한 연구 성과 중 하나는 2018년 트위터(현 X)의 10년치 게시물을 분석해 '가짜 뉴스가 진짜 뉴스보다 여섯 배 빨리 퍼진다'는 결과를 발표한 것이다. 이 연구는 《사이언스》 표지를 장식했으며, 소셜미디어 생태계가 가짜 뉴스에 얼마나 취약한지를 보여주는 중요한 증거가 되었다. 소셜미디어의 콘텐츠가 뉴스 네트워크상에서 폭포처럼 흐르기 시작하면서 멈추기 어려운 현실과 사회 기술 시스템의 구조적 문제점을 드러낸 것이다.

알고리즘은 어떻게 세상을 바꾸는가

리더들이 이해해야 할 첫째 트렌드는 알고리즘 의존성의 심화다. 현대인들은 점점 더 알고리즘에 의존하여 의사결정을 내리고 있는데, 이는 개인의 자유의지와 주체성에 대한 근본적인 의문을 제기한다. 거대 기술 기업들은 이윤을 위해 사용자의 경험을 축소하는 결정을 내리고, 사용자는 자신의 욕구와 취향을 예측하려 하는 알고리즘과 끊임없는 주도권 싸움을 벌이고 있다. 우리의 취향과 행동과 감정을 컴퓨터에 온전히 맡기는 것은 매우 편리한 일이지만, 이는 자유의지라는 개념 자체에 의문을 제기하는 것이나 다름없다.

둘째 트렌드는 문화적 동질화의 가속화다. 알고리즘은 문화의 소비 뿐 아니라 문화의 생산에까지 동질성을 퍼뜨리고 있다. 이는 창작자들이 알고리즘의 선호도에 맞춰 콘텐츠를 제작하면서 나타나는 현상이다. 유튜브 크리에이터들이 알고리즘에 최적화된 섬네일과 제목을 사용하거나, 인스타그램 인플루언서들이 비슷한 스타일의 사진을 올리는 것이 그 예다. 이러한 동질화는 독창성과 혁신을 저해할 수 있으며, 군화의 다양성을 감소시킬 위험이 있다.

K-팝 산업에서도 이러한 현상을 관찰할 수 있다. 글로벌 플랫폼에서 성공하기 위해 많은 K-팝 그룹들이 유사한 음악적 요소와 비주얼을 채택하고 있으며, 이는 K-팝의 독특함을 유지하면서도 글로벌 알고리즘에 최적화되어야 하는 딜레마를 만들어내고 있다. BTS나 블랙핑크의 성공 공식을 따라 하려는 시도들이 늘어나면서 K-팝의 다양성이 오히려 줄어들 수 있다는 우려도 제기되고 있다.

셋째 트렌드는 정보의 편향성 강화다. 소셜미디어 알고리즘은 사용자가 선호하는 정보를 우선적으로 제공하기 때문에 사용자는 자신의 기존 신념을 강화하는 정보에만 노출되기 쉽다. 이는 사회적 분극화를 심화시키고 민주적 토론을 저해할 수 있다. 특히 정치적 이슈나 사회적 갈등 상황에서 이러한 현상은 더욱 두드러지게 나타난다.

넷째 트렌드는 주의력 경제의 확산이다. 소셜미디어 플랫폼들은 사용자의 주의력을 최대한 오래 붙잡아두기 위해 설계되었으며, 이는 인간의 인지 능력과 집중력에 영향을 미치고 있다. 무한 스크롤, 푸시 알림, 개인화된 추천 등의 기능은 모두 사용자의 주의력을 플랫폼에 고정시키기 위해 만들어진 장치들이다. 이러한 환경에서 사람들은 점점 더 짧은 시간 동안만 집중할 수 있게 되고, 깊이 있는 사고나 장기적인 계획 수립에 어려움을 겪는다.

다섯째 트렌드는 데이터 프라이버시와 개인정보 보호에 대한 관심 증대다. 알고리즘이 개인의 행동을 예측하고 조작할 수 있는 수준에 도달하면서 개인정보의 수집과 활용에 대한 우려가 커지고 있다. 유럽의 일반개인정보보호규정General Data Protection Regulation이나 캘리포니아주의 캘리포니아소비자프라이버시법California Consumer Privacy Act 같은 규제들이 등장한 것도 이러한 우려를 반영한 것이다.

여섯째 트렌드는 AI와 자동화의 진화다. 시간이 갈수록 AI와 자동화 기술이 더욱 성숙해질 것으로 예상되며, 특히 자율형 AI의 부상이 주목받고 있다. 자율형 AI는 스스로 학습하고 의사결정을 내리며, 인간의 개입을 최소화한 상태에서 작동할 수 있는 능력을 가지고 있다. 이는 AI가 복잡한 데이터 환경과 다양한 정보를 바탕으로 상황에 맞는 결정을 자동으로 수행할 시스템을 갖추게 된다는 뜻이다.

미국의 정보기술 자문회사 가트너Gartner의 2024년 신기술 보고서에 따르면, 자율형 AI는 다중 에이전트 시스템, 대규모 행동 모델, 휴머노이드 로봇 등 여러 형태로 발전하고 있다. 이러한 기술은 미래 업무 환경의 중대한 변화를 이끌어낼 것이다. 현재 자율형 AI는 생명과학, 제조업, 금융 서비스 등 다양한 산업에서 혁신적 가능성을 보여주고 있다.

인간의, 인간에 의한, 인간을 위한 기술

리더들이 이러한 트렌드에 대응하기 위해서는 몇 가지 핵심 전략을 고려해야 한다. 첫째, 디지털 리터러시와 알고리즘에 대한 이해력을 높여야 한다. 리더는 자신의 조직이 어떤 알고리즘과 플랫폼에 의존하고 있는지 파악하고, 이들이 조직의 의사결정과 문화에 미치는 영향을 이해해야 한다. 또한 직원들의 디지털 역량을 강화하고 비판적 사고 능력을 기를 수 있도록 지원해야 한다.

둘째, 다양성과 창의성을 보호하고 장려해야 한다. 알고리즘의 동질화 압력에 맞서 조직 내에서 다양한 관점과 아이디어가 존중받을 수 있는 환경을 조성해야 한다. 이를 위해서는 의도적으로 다양한 배경을 가진 인재를 채용하고, 창의적 실험을 장려하는 문화를 만들어야 한다.

셋째, 데이터 윤리와 프라이버시 보호에 대한 명확한 정책을 수립해야 한다. 고객과 직원의 개인정보를 어떻게 수집하고 활용할 것인지에 대한 투명한 기준을 마련하고, 이를 일관되게 적용해야 한다. 또한 AI와 알고리즘의 편향성을 방지하고 공정성을 확보하기 위한 노력을 기울여야 한다.

넷째, 인간 중심의 기술 활용을 추구해야 한다. 기술은 인간의 능력을 대체하는 것이 아니라 보완하고 향상시키는 방향으로 활용되어야 한다. 자동화와 AI를 도입할 때도 인간의 창의성과 감정지능을 중시하는 접근법을 취해야 한다.

다섯째, 지속적인 학습과 적응 능력을 기르는 조직문화를 만들어야 한다. 기술과 사회의 변화 속도가 빨라지고 있기 때문에 조직과 개인 모두 지속적으로 학습하고 적응할 수 있는 능력이 필요하다. 이를 위해서는 실패를 용인하고 실험을 장려하는 문화를 조성해야 한다.

여섯째, 사회적 책임과 지속가능성을 경영의 핵심 요소로 삼아야 한다. ESG 경영은 선택이 아닌 필수가 되었으며, 기업의 장기적 생존과 성장을 위해서는 사회적 가치 창출과 환경보호에 적극적으로 참여해야 한다.

일곱째, 글로벌과 로컬의 균형을 찾아야 한다. 글로벌 플랫폼과 알고리즘의 영향력이 커지고 있지만, 동시에 로컬 문화와 정체성의 중요성도 증가하고 있다. 리더는 글로벌 트렌드를 이해하면서도 자신의 조직과 지역사회의 고유한 특성을 보존하고 발전시킬 수 있는 방법을 모색해야 한다.

《필터월드》와 《하이프 머신》이 제시하는 사회 변화 트렌드는 리더들에게 새로운 도전과 기회를 동시에 제공한다. 알고리즘과 소셜미디어의 영향력이 계속 확대될 것은 분명하지만, 이러한 변화를 어떻기 관리하고 활용하느냐는 리더의 역량과 선택에 달려 있다. 기술의 편리함을 누리면서도 인간의 자유의지와 창의성을 보호하고, 효율성을 추구하면서도 다양성과 포용성을 유지하는 것이 현대 리더가 직면한 핵심 과제다. 이러한 균형을 찾아가는 과정에서 리더는 기술과 인간, 글로벌과 로컬, 효율성과 창의성 사이의 조화를 이루어야 하며, 이를 통해 지속 가능하고 인간적인 조직과 사회를 만들어갈 수 있을 것이다.

049 빅데이터는 도깨비방망이가 아니다

빅데이터

현대 리더들이 직면한 가장 위험한 함정 중 하나는 빅데이터에 대한 맹신이다. 캐시 오닐이 《대량살상 수학무기》에서 경고한 바와 같이, 수학 이론과 빅데이터, IT 기술이 결합해 만들어낸 알고리즘 모델들이 정치, 교육, 노동, 서비스, 행정, 보험 등 모든 분야에서 막대한 영향력을 행사하고 있지만, 이들 중 상당수가 인간의 편견과 차별 의식을 그대로 코드화한 '대량살상 수학무기Weapons of Math Destruction'로 작동하고 있다. 더욱 심각한 문제는 많은 리더가 이러한 시스템을 객관적이고 공정한 의사결정 도구로 착각하며 맹목적으로 의존하고 있다는 점이다. 자크 아탈리가 《어떻게 미래를 예측할 것인가》에서 강조했듯이, 기계의 판단에 미래를 맡기기보다는 그 판단을 도구로 삼고 미래 예측의 주도권을 인간이 가져야 한다. 진정한 리더십은 데이터의 노예가 되는 것이 아니라 데이터를 지혜롭게 활용하면서도 인간적 가치와 직관을 통합하는 능력에 있다.

빅데이터 디스토피아

빅데이터 의존적 의사결정 시스템의 첫째 문제는 불투명성이다. 워싱턴 DC의 교사 평가 시스템 '임팩트IMPACT'의 사례는 이러한 불투명성이 어떤 파괴적 결과를 가져오는지 명확히 보여준다. 에이드리언 펜티Adrian Fenty 시장이 도입한 이 시스템은 매스매티카Mathematica가 개발한 알고리즘을 기반으로 순전히 학생들의 시험 점수만으로 교사들을 평가했다. 전학, 가정불화, 왕따 등 학업 성취도에 영향을 주는 복잡한 변수들은 모두 제외되었고, 상세한 평가 기준은 공개되지 않았다. 결과적으로 2년 동안 206명의 교사가 어떤 설명도 없이 교단에서 퇴출당했고, 교사들은 교육자적 관심보다는 시험 준비에만 매달리게 되었다. 심지어 41개 학교에서는 시험 답안을 수정하는 부정행위까지 발생했다. 이는 알고리즘의 불투명성이 공정한 경쟁과 다양성을 파괴하고 획일성과 침묵을 강요하는 결과를 낳는다는 것을 보여준다.

인적성 검사와 실제 직무 성과 간의 관계를 둘러싼 연구 결과들은 흥미로운 역설을 보여준다. 아이오와대학교 경영학 교수 마이클 마운트Michael Mount의 연구에 따르면, 인적성 검사와 실제 직무 성과 사이에 유의미한 연관성이 없는데도 기업들은 행정적 비용 절감과 위험 회피를 위해 이러한 시스템을 계속 사용하고 있다. 특히 마운트의 연구는 자기 평가보다는 동료나 상사의 평가가 두 배 더 정확하다는 점을 입증했다. 그럼에도 《포천》 선정 500대 기업의 80퍼센트 이상이 여전히 인적성 검사를 사용한다. 이는 기업들이 검사의 예측 타당성보다는 행정적 효율성을 중시하기 때문이다. 대량 채용 과정에서 수백 명의 지원자를 빠르게 선별해야 하는 상황에서 인적성 검사는 시간과 비용을 절약하는 도구로 기능한다. 또한 채용 결정에서 발생할 수 있는 법적 위험을 분산시키고, 주관적 판단에 따른 차별 시비를 피하는 방어막 역할을 한다. 결국 기업들은 과학적 근거보다는 운영상의 편의성을 우선시하며 이 시스템을 유지하고 있는 것이다.

둘째 문제는 확장성의 함정이다. 빅데이터는 수천 장의 이력서나 대출 신청서를 1~2초 안에 정리할 수 있는 놀라운 효율성을 제공한다. 하지만 이러한 확장성은 개인을 통제하는 결과를 낳는다. 기업들은 '업무 생산성과 잠재력이 높은 지원자들을 선별하고 채용하도록 돕는다'는 명분으로 AI 채용 시스템을 도입하지만, 실제로 이것은 다양성과 창의성을 억압하는 획일화 도구로 작용하고 있다. 연봉 5만 달러의 직원을 교체하는 데 1만 달러, 고위 임원을 교체하는 데는 임원 연봉의 1,000퍼센트가 든다는 비용 논리에 매몰되어, 기업들은 인재의 잠재력과 다양성보다는 위험 회피에만 집중하고 있다.

빅데이터를 활용한 '클로프닝Clopening' 시스템은 확장성이 어떻게 노동자들의 삶을 파괴하는지 보여준다. 기업들은 고객들의 이동 정보, 날씨, 주요 사건, 구매 패턴 등을 분석해 노동자의 근무 시간을 유연하게 조정하고 있다. 밤늦게까지 일한 직원을 새벽에 다시 출근시키는 이 시스템은 기업에는 물류적 효율성을 제공하지만, 노동자들에게는 불규칙한 생활과 빈곤의 악순환을 강요한다. 특히 저임금 단순 업무에 주로 적용되는 이 시스템은 저소득층에게서 더 나은 일자리를 위한 교육과 훈련 기회를 박탈하여 사회적 불평등을 심화시키고 있다.

셋째이자 가장 심각한 문제는 피해의 악순환이다. 오닐이 '해로운 피드백 루프'라고 명명한 이 현상은 범죄 예측 프로그램에서 극명하게 드러난다. 원래 지진 감지 프로그램으로 개발된 '프레드폴PredPol'은 과거 범죄 데이터를 분석해 범죄 발생 예상 지역을 알려주는데, 이는 주로

저소득층 거주 지역이다. 경찰력이 집중 투입되면서 미성년자 음주, 노
상 방뇨, 단순 절도 등 경범죄 단속 건수가 높아지고, 이 데이터가 다
시 시스템에 입력되어 더 많은 경찰력이 해당 지역에 배치되는 악순환
이 반복된다. 현재 미국에서는 프레드폴 외에도 '컴스탯ComStat', '헌치랩
HunchLab' 등이 사용되고 있는데, 전체 범죄율은 감소했지만 유색인종과
저소득층의 범죄율은 오히려 증가했다.

기계에 운명을 내맡기지 말라

아탈리의 경고는 이러한 맥락에서 더욱 중요한 의미를 가진다. 그는
AI가 인류의 운명에 대한 전체적인 통찰력을 갖게 되면, 기계가 인간
의 통제에서 벗어나 스스로 판단하기에 가장 적절한 미래가 도래하도
록 사회를 조작할 수 있다고 경고했다. 이는 단순한 공상과학 소설의
시나리오가 아니라 현재 진행되고 있는 현실이다. 빅데이터 시스템들
은 이미 교육, 채용, 대출, 보험, 치안 등 사회의 핵심 영역에서 인간의
운명을 결정하고 있으며, 그 과정에서 기존의 편견과 불평등을 더욱
고착화하고 있다.

아탈리가 제시한 '이성과 직관으로 이루어진 아주 특별한 방법'은 현
대 리더들이 빅데이터의 함정에서 벗어나기 위한 핵심 열쇠다. 그는 테
러리즘의 부상부터 디지털 노마드, 인공 장기 상용화, 급격한 기후변화
까지 반세기 전부터 현대 세계의 모습을 정확하게 예측해왔는데, 이는
단순히 데이터 분석에만 의존한 것이 아니라 역사적 통찰력과 인간적
직관을 결합한 결과였다. 리더들은 빅데이터가 제공하는 정보를 활용
하되, 그것을 맹신하지 말고 비판적으로 검토하며 인간적 가치와 윤리
적 판단을 통합해야 한다.

구체적인 대안을 모색해보면, 먼저 리더들은 데이터과학자들과 긴밀히 협력하여 자신들이 사용하는 알고리즘 모델이 어떤 편견을 내포하고 있는지 파악해야 한다. 공정성, 도덕성, 포용성 등 인간만이 가지는 가치를 알고리즘에 투입할 수 있다면 그 힘을 이로운 방향으로 돌릴 수 있다. 하지만 이는 기술적 문제만이 아니라 근본적으로 리더십의 문제다. 어떤 모델을 만들더라도 누락되는 정보는 존재할 수밖에 없으며, 그 점을 인식하고 보완하는 것은 오직 인간의 판단력에 의존할 수밖에 없다.

리더들이 빅데이터 의존적 의사결정 시스템을 버려야 하는 이유는 단순히 기술적 한계 때문만이 아니다. 더 중요한 것은 이러한 시스템들이 리더십의 본질적 가치인 인간에 대한 이해와 공감, 윤리적 판단력을 약화시킨다는 점이다. 알고리즘은 과거의 패턴을 분석할 수는 있지만, 미래의 가능성을 창조하거나 예상치 못한 변화에 대응하는 능력은 제한적이다. 특히 팬데믹과 같은 전례 없는 상황에서는 기존 데이터에 기반한 예측 모델들이 무용지물이 되었고, 결국 리더들의 직관과 판단력이 위기 극복의 핵심 요소였다.

실제로 많은 연구가 빅데이터 의존적 의사결정 시스템의 한계를 지적하고 있다. MIT의 에릭 브린욜프슨_{Erik Brynjolfsson}과 앤드루 맥아피_{Andrew McAfee}는 《기계와의 경쟁》에서 인간과 기계의 협력이 각각의 단독 작업보다 더 나은 결과를 낳는다고 주장했다. 《혁신기업의 딜레마》의 저자인 클레이튼은 기존 데이터에만 의존하는 기업들이 파괴적 혁신에 취약하다는 점을 지적했다. 이들의 연구는 모두 빅데이터의 가치를 인정하면서도 인간의 판단력과 창의성이 여전히 핵심적 역할을 한다는 점을 강조한다.

빅데이터와 인간성의 조화

그렇다면 리더들은 구체적으로 어떻게 행동해야 할까? 첫째, 빅데이터 시스템을 도입할 때는 반드시 투명성을 확보해야 한다. 알고리즘의 작동 원리와 평가 기준을 명확히 공개하고, 이해관계자들이 이를 검토하고 이의를 제기할 수 있는 절차를 마련해야 한다. 둘째, 다양성과 포용성을 보장하는 장치를 구축해야 한다. 알고리즘이 특정 집단에 불리하게 작동하지 않는지 지속적으로 모니터링하고, 편향성이 발견되면 즉시 수정해야 한다. 셋째, 인간의 판단력을 보완하는 도구로 활용해야 한다. 빅데이터는 의사결정의 참고 자료일 뿐이며, 최종 판단은 항상 인간이 내려야 한다.

넷째, 지속적인 학습과 개선 체계를 구축해야 한다. 알고리즘의 성과를 정기적으로 평가하고, 예상치 못한 부작용이 발생하면 즉시 대응할 수 있는 체계를 마련해야 한다. 다섯째, 윤리적 가이드라인을 수립하고 준수해야 한다. 효율성과 수익성만을 추구하는 것이 아니라 사회적 책임과 인간의 존엄성을 고려하는 의사결정 원칙을 확립해야 한다.

결론적으로, 빅데이터 시대의 진정한 리더십은 데이터를 맹신하는 것이 아니라 데이터와 인간의 가치를 조화롭게 통합하는 능력에 있다. 오닐이 경고한 대량살상 수학무기의 위험성과 아탈리가 제시한 인간 중심적 미래 예측의 중요성을 종합해보면, 리더들은 빅데이터 의존적 의사결정 시스템을 버리고 인간의 지혜와 직관을 중시하는 새로운 리더십 모델을 구축해야 한다. 이는 기술을 거부하는 것이 아니라 기술을 인간의 가치와 목적에 부합하도록 활용하는 지혜로운 선택이다.

미래의 리더는 데이터의 노예가 아니라 데이터의 주인이 되어야 하며, 알고리즘의 판단을 맹신하기보다는 인간만이 가질 수 있는 윤리적 판단과 창의적 사고를 통해 더 나은 미래를 창조해야 한다. 공정성과 공익이라는 개념은 빅데이터와 알고리즘에 존재하는 것이 아니라 오직 인간의 머릿속에만 존재한다는 사실을 잊어서는 안 된다.

문화

이기는 조직, 단단한 조직, 오래가는 조직의 비밀

"리더가 하는 진정으로 중요한 유일한 일은
문화를 창조하고 관리하는 것이다."

에드거 샤인

당신의 조직은 좀비다. 농담으로 하는 말이 아니다. 직원들은 출근하고 회의는 열리고 매출도 나오지만, 혁신은 정체되고 창의성은 사라졌으며 구성원들은 무기력하다. 걷기는 하지만 이미 죽어 있다. 원인은 간단하다. 조직문화가 20세기에 갇혀 있기 때문이다.

21세기 경영학의 충격적 발견은 우리가 옳다고 믿었던 전통적 조직구조가 더 이상 작동하지 않는다는 사실이다. 피라미드 위계, 명령과 통제, 연공서열 등 모든 것이 오늘날에는 족쇄가 되었다. 마치 스마트폰 시대에 삐삐를 든 격이다. 팬데믹은 극명한 교훈을 남겼다. 재택근무가 불가능하다던 회사들이 하루아침에 직원을 집으로 보냈고, 대면회의가 필수라던 팀들이 화상으로 더 효율적으로 소통했다.

문제는 대부분의 리더가 여전히 20세기 방식으로 21세기 문제를 풀려 한다는 것이다. 더 많은 통제, 더 세밀한 관리, 더 엄격한 규칙으로 조직을 움직이려 한다. 이는 말을 타고 고속도로에 나서는 것과 같다. 방향은 맞을지 몰라도 속도가 전혀 맞지 않는다.

조직문화의 패러다임은 근본적으로 바뀌었다. 전통적 조직이 안정성과 예측 가능성을 추구했다면, 현대의 조직은 민첩성과 적응력을 우선시한다. 구글, 넷플릭스, 마이크로소프트가 시장을 지배하는 이유는 조직문화 자체를 혁신의 엔진으로 만들었기 때문이다. 가장 극명한 변화는 권한 분산이다. 혁신적 기업들은 현장에 가장 가까운 직원들에게 의사결정권을 준다. 그들이야말로 고객의 목소리를 생생하게 듣고 변화를 빠르게 감지하기 때문이다.

　하지만 조직문화 혁신 과정의 가장 큰 장애물은 심리적 저항이다. 하버드대학교 경영대학원 교수 에이미 에드먼슨이 제시한 심리적 안전성 개념이 주목받는 이유가 여기에 있다. 구성원들이 실수를 두려워하지 않고 자유롭게 의견을 개진할 수 있는 환경이야말로 조직 혁신의 전제조건이다. 조직문화의 패러다임 변화는 선택이 아니라 필수다. 변화를 거부하는 조직은 살아남을 수 없다. 당신의 조직이 좀비 상태에서 벗어나고자 한다면, 지금이 바로 그 용기를 발휘할 때다.

050 낡은 조직도를
업데이트하라

조직 구조

조직도는 기업이 목표를 달성하기 위한 필수적인 도구이자 전략 실행의 기반이다. 하지만 많은 기업들이 한번 만들어진 조직도를 고정불변의 것으로 여기며, 변화하는 환경과 전략에 맞춰 조직 구조를 조정하는 일에 소홀한 경우가 많다.

조직 구조와 전략의 관계

하버드대학교 경영대학원 교수 앨프리드 챈들러Alfred Chandler는 1962년 '조직 구조는 전략을 따른다'는 명제를 경영학계에 발표해 큰 화제를 모았다. 챈들러는 듀폰, 제너럴모터스, 스탠더드오일, 시어스로벅Sears, Roebuck 등 미국의 대표적인 기업들을 분석한 결과, 기업이 새로운 전략을 채택할 때마다 그에 맞는 조직 구조의 변화가 뒤따랐다는 사실을 발견했다. 예컨대 듀폰은 1903년 설립 당시 화약 제조 업체였지만, 제1차 세계대전 이후 화학 제품으로 사업을 다각화하면서 기능별 조직에서 사업부제 조직으로 구조를 전환했다. 이러한 변화는 단순히 조직도상의 변경이 아니라 의사결정 체계, 성과 평가 방식, 자원 배분 메커니즘의 근본적인 재설계를 의미한 것이었다.

제너럴모터스의 사례를 살펴보자. 앨프리드 슬론Alfred Sloan이 CEO로 취임한 1920년대, 제너럴모터스는 각각 독립적으로 운영되던 여러 자동차 브랜드의 느슨한 연합체에 불과했다. 슬론은 '모든 주머니를 위한 자동차, 모든 목적을 위한 자동차'라는 전략을 수립하고, 이를 실현하기 위해 브랜드별 사업부 체제를 구축했다. 캐딜락은 고급 차, 뷰익은 중상급 차, 올즈모빌은 중급 차, 폰티악은 중하급 차, 쉐보레는 대중 차로 명확히 위치를 잡고, 각 사업부가 독립적으로 운영되면서도 전체적인 상승 효과를 창출할 수 있는 조직 구조를 만든 것이었다. 이러한 혁신적인 조직 설계 덕분에 제너럴모터스는 1930년대부터 1970년대까지 세계 최대의 자동차 회사로 군림할 수 있었다.

하지만 챈들러의 명제가 발표된 지 60여 년이 지난 현재, 경영 환경은 당시와 근본적으로 달라졌다. 디지털 기술의 발전, 글로벌화의 심화, 고객 니즈의 다양화, 그리고 팬데믹과 같은 예측 불가능한 외부 충격 탓에 기업들은 기존의 전략-구조 관계를 재고하고 있다. 그렇기에 일부 학자들은 이제 '전략이 구조를 따른다'는 역방향의 관계가 더 중요해졌다고 주장한다. 이들의 논리에 따르면, 조직의 기존 구조와 역량이 새로운 전략적 기회를 발견하고 활용할 수 있는 범위를 결정한다는 것이다.

아마존의 사례는 이러한 구조-전략 관계의 복잡성을 잘 보여준다. 제프 베이조스가 1994년 온라인 서점으로 아마존을 창업했을 때, 그는 단순히 책을 파는 것이 목표가 아니었다. 그는 '지구상에서 가장 고객 중심적인 회사'가 되겠다는 비전을 세우고, 이를 실현하기 위해 독특한 조직문화와 구조를 만들었다. 아마존의 '투피자팀' 원칙은 팀 규모를 피자 두 판으로 배불리 먹일 수 있는 인원으로 제한하여 의사소통의 효율성을 극대화했다. 또한 각 팀이 독립적인 채널을 통해 소통하도록 강제했고, 이를 바탕으로 나중에 아마존웹서비스라는 새로운 사업 영역을 창출할 기술적 기반을 마련했다. 이는 조직 구조가 새로운 전략적 기회를 만들어낸 대표적인 사례로 꼽힌다.

여기에서 우리가 알 수 있는 것은 전략과 구조의 관계가 일방향이 아니라는 점이다. 때로는 새로운 전략이 조직 구조의 변화를 요구하기도 하고, 때로는 기존의 조직 구조가 새로운 전략적 기회를 제약하거나 창출하기도 한다. 더 중요한 것은 이 두 요소가 지속적으로 상호작용하면서 기업의 경쟁력을 결정한다는 사실이다. 따라서 현대의 리더들은 전략과 구조를 별개의 요소로 보는 것이 아니라, 서로 영향을 주고받는 역동적인 시스템으로 이해해야 한다.

끊임없이 변화해야 살아남는다

조직 구조를 업데이트해야 할 필요성은 여러 요인에서 비롯된다. 첫째, 외부 환경의 변화가 있다. 기술 발전, 시장 변화, 규제 환경 변화, 경쟁 구도 변화 등은 기업이 새로운 전략을 수립하도록 압박하고, 이는 필연적으로 조직 구조의 조정을 요구한다. 둘째, 기업 내부의 성장과 변화다. 기업이 성장하면서 기존의 조직 구조로는 효율적인 운영이 어려워지거나 새로운 영역으로 사업을 확장하면서 기존 조직과 다른 운영 방식이 필요해질 수 있다. 셋째, 조직 구성원의 변화다. 새로운 세대의 직원들이 유입되거나, 기존 직원들의 역량이 향상되면서 기존의 조직 구조가 이들의 잠재력을 충분히 활용하지 못할 수 있다.

사실 우리가 살아가고 있는 세상은 어떤 변화가 닥쳐올지 예상할 수 없다. 팬데믹은 조직 구조 업데이트의 필요성을 극명하게 보여준 사례다. 많은 기업이 갑작스럽게 원격근무를 도입했고, 기존 대면 중심의 조직 구조와 업무 프로세스를 근본적으로 재검토하게 되었다. 마이크로소프트는 팬데믹 이후 '하이브리드 워크'를 새로운 업무 방식으로 정착시키면서, 이에 맞는 조직 구조와 성과 평가 시스템을 구축했다. 팀스Teams 플랫폼을 중심으로 한 협업 체계를 강화하고, 지리적 제약을 받지 않는 글로벌 팀을 구성했다. 이는 단순히 기술적 변화가 아니라 조직 운영 철학의 근본적 전환을 의미했다.

또 아마존의 조직 구조 진화는 지속적인 업데이트의 중요성을 보여주는 대표적인 사례다. 베이조스는 '데이원Day 1' 정신을 강조하며 조직이 관료화되는 것을 경계했다. 아마존은 사업이 확장될 때마다 조직 구조를 유연하게 조정했는데, 특히 아마존웹서비스 사업부를 별도로 운영한 것은 기존의 전자상거래 조직과는 완전히 다른 비즈니스 모델과 고객층을 대상으로 하기 때문이었다. 2021년 베이조스가 CEO에서 물러나면서 앤디 재시Andy Jassy가 후임이 된 것도 아마존웹서비스 출신인 그가 아마존의 미래 전략에 가장 적합한 조직 운영 경험을 가지고 있다고 판단했기 때문이다.

한편 테슬라의 조직 구조는 전통적인 자동차 회사와는 완전히 다른 접근법을 보여준다. 일론 머스크는 테슬라를 단순한 자동차 회사가 아닌 '지속 가능한 에너지 회사'로 정의하고, 이에 맞는 조직 구조를 구축했다. 전통적인 자동차 회사들이 엔진, 변속기, 차체 등 부품별로 조직을 나누는 것과 달리, 테슬라는 소프트웨어, 배터리, 자율주행 등 기술별로 조직을 구성했다. 또한 수직계열화 전략에 맞춰 배터리 생산부터 충전 인프라 구축까지 전 과정을 내재화할 수 있는 조직 체계를 만들었다. 이러한 독특한 조직 구조가 테슬라가 전기차 시장을 선도하는 결정적 요인일 것이다.

AI 시대의 조직 구조

최근에 등장한 조직 구조 업데이트의 성공 요인을 분석해보면 몇 가지 흥미로운 공통점을 발견할 수 있다. 첫째, 명확한 목적의식이다. 단순히 조직도를 바꾸는 것이 아니라 변화의 이유와 목표에 관한 명확한 비전이 있어야 한다. 둘째, 점진적 접근법이다. 한 번에 모든 것을 바꾸려고 하면 조직 내 혼란과 저항이 클 수 있으므로 단계적으로 변화를 추진하는 것이 효과적이다. 셋째, 구성원들의 참여와 소통이다. 조직 구조 변화는 모든 구성원에게 영향을 미치므로, 변화의 필요성과 방향에 대해 충분히 소통하고 구성원들의 의견을 반영해야 한다.

반대로 조직 구조 업데이트에 실패하는 경우의 공통점도 있다. 첫째, 기존 조직의 관성과 저항에 대한 과소평가다. 오랫동안 형성된 조직문화와 업무 방식은 쉽게 바뀌지 않으므로, 이를 고려한 변화 전략이 필요하다. 둘째, 형식적인 변화에 그치는 것이다. 조직도상의 변화만 있고 실제 업무 프로세스나 권한 체계는 그대로 두면 변화의 효과를 기대하기 어렵다. 셋째, 성과 측정과 피드백 시스템의 부재다. 조직 구조 변화의 효과를 객관적으로 측정하고 지속적으로 개선할 수 있는 시스템이 없으면 변화가 정착되기 어렵다.

디지털 전환과 AI 전환이 가속화되는 시대로 접어들면서 조직 구조의 업데이트가 더욱 중요해지고 있다. 전통적인 계층적 조직 구조로는 빠르게 변화하는 디지털 환경에 효과적으로 대응하기 어렵기 때문이다. 그래서 많은 기업이 애자일 조직, 네트워크 조직, 플랫폼 조직 등 새로운 형태의 조직 구조를 실험하고 있다. 스포티파이의 '스쿼드_{Squad}' 모델은 작은 자율 팀들이 독립적으로 운영되면서도 전체적인 목표를 공유하는 조직 구조의 대표적인 사례다. 각 스쿼드는 여덟 명 이하의 소규모 팀으로 구성되어 특정 기능이나 서비스에 대한 완전한 책임을 지며, 전통적인 관리자 없이도 자율적으로 의사결정을 한다.

AI와 자동화 기술의 발전도 조직 구조에 큰 변화를 일으키고 있다. 많은 중간 관리 업무가 자동화되면서 기존의 계층적 조직 구조가 평면화되고, 직원들은 더욱 창의적이고 전략적인 업무에 집중할 수 있게 되었다. 이는 조직 내 역할과 책임의 재정의를 요구하며, 새로운 형태의 조직 구조 설계가 필요하다는 것을 의미한다.

───────

조직 구조는 기업의 전략 실행과 성과 달성을 위한 핵심 도구이자 살아 있는 시스템이다. 변화하는 환경과 전략에 맞춰 지속적으로 업데이트해야 하며, 이는 리더의 중요한 책임 중 하나다. 전략과 구조의 관계는 일방향적이지 않으며, 두 요소가 상호작용하면서 기업의 경쟁력을 결정한다. 따라서 현대의 리더들은 전략과 구조를 통합적으로 사고하고, 조직의 목표 달성을 위한 최적의 구조를 지속적으로 탐색하고 실험해야 한다. 이러한 노력이야말로 불확실한 미래 환경에서 기업이 생존하고 번영할 수 있는 핵심 역량이 될 것이다.

051 질서 있는 변화를
추구하라

애자일과 린스타트업

디지털 시대의 조직문화를 언급할 때 가장 먼저 등장하는 두 단어는 '애자일'과 '린스타트업'일 것이다. 애자일과 린스타트업 방법론은 2010년대 중반부터 비즈니스 업계에서 큰 주목을 받기 시작했다. 이는 플랫폼 기업들이 급속도로 성장하며 전통적인 산업 구조를 변화시키는 이른바 '세상을 집어삼키는' 현상과 맞물려 있다. 전통적인 기업들은 빅테크 기업들의 성공을 목격하며 그들의 업무 방식에 주목하게 되었고, 이는 애자일과 린스타트업 방법론의 확산으로 이어졌다.

빠르게, 더 빠르게

애자일 방법론은 2001년 '애자일 선언Agile Manifesto'을 통해 공식화된 소프트웨어 개발 방법론이다. 이는 소프트웨어 개발 과정에서 유연성과 협력을 강조하는 접근 방식으로, 전통적인 폭포수 모델의 대안으로 제시되었다. 애자일의 핵심 원칙은 고객과의 긴밀한 협력, 변화에 대한 빠른 대응, 반복적이고 점진적인 개발 등이다. 예컨대 스크럼Scrum이나 칸반Kanban 같은 프레임워크들이 애자일 방법론을 구현하는 대표적인 방식이다.

반면 린스타트업 방법론은 2011년 에릭 리스가 《린스타트업》을 통해 제시했다. 이 방법론은 지속적인 혁신을 통해 성공적인 비즈니스를 구축하는 방법을 제안한다. 린스타트업의 핵심 개념은 '구축-측정-학습Build-Measure-Learn' 루프로, 최소기능제품을 빠르게 출시하고 고객 피드백을 바탕으로 지속적으로 개선해나가는 과정을 강조한다.

이 두 방법론은 빠르게 변화하는 시장 환경에 대응하기 위한 전략으로 주목받았다. 예컨대 스포티파이는 애자일 방법론을 조직 전체에 적용하여 빠른 의사결정과 혁신을 가능하게 했다. 드롭박스는 린스타트업 방법론을 활용하여 초기에 간단한 데모 비디오만으로 시장의 반응을 테스트하고, 이를 바탕으로 제품을 발전시켜나간 바 있다.

만병통치약은 없다

하지만 이러한 방법론들이 모든 상황에서 효과적인 것은 아니라는 점을 반드시 알아야 한다. 댄 라이언스Dan Lyons는 《실험실의 쥐》에서 이 방법론들에 대한 비판적 시각을 제시했다. 그 근거를 몇 가지만 따져보자. 애자일과 린스타트업 방법론은 첫째, 단기적 성과에 지나치게 집중하는 경향이 있다. 빠른 반복과 지속적인 개선을 강조하다 보니, 장기적인 비전이나 깊이 있는 R&D가 소홀해질 수 있다. 예컨대 제약 산업에서 새로운 약물 개발은 수년에 걸친 연구와 임상시험이 필요한데, 이러한 과정을 애자일 방식으로 단순화하기는 어렵다.

둘째, '실패를 두려워하지 말라'는 메시지를 강조하지만, 실제로 많은 기업과 개인에게 실패는 큰 위험이 될 수 있다. 특히 자원이 제한된 중소기업이나 스타트업의 경우, 잦은 실패는 기업의 생존을 위협할 수 있다. 라이언스는 이러한 '실패 찬양' 문화가 오히려 불필요한 위험 감수를 조장할 수 있다고 지적한다.

셋째, 모든 산업이나 프로젝트에 적합한 것은 아니다. 복잡한 시스템이나 대규모 프로젝트의 경우 체계적인 계획과 설계가 필요할 수 있다. 예컨대 항공우주 산업에서 새로운 비행기를 개발할 때는 엄격한 안전 기준과 복잡한 규제를 고려해야 하므로, 애자일 방식의 빠른 반복과 변경이 적합하지 않을 수 있다.

넷째, 종종 직원들에게 과도한 스트레스를 줄 수 있다. 지속적인 변화와 빠른 속도를 요구하는 이러한 방식은 일과 삶의 균형을 해치고 번아웃을 초래할 수 있다. 라이언스는 이러한 방식이 결국 직원들의 창의성과 생산성을 저해할 수 있다고 지적한다.

다섯째, 때로 과정보다 속도를 중시하는 경향이 있다. 이는 품질 관리나 리스크 관리 측면에서 문제를 야기할 수 있다. 예컨대 페이스북(현 메타)의 모토인 "빨리 움직이고 물건을 깨뜨려라Move fast and break things"는 초기에는 혁신을 촉진했지만, 결과적으로 개인정보 보호 등의 중요한 문제를 간과하게 만들었다.

여섯째, 종종 기존의 모든 방식을 부정하고 새로운 방식만을 강조하는 경향이 있다. 그러나 많은 경우, 전통적인 방식과 새로운 방식의 균형이 필요하다. 라이언스는 이러한 극단적인 접근이 오히려 조직의 안정성과 지속가능성을 해칠 수 있다고 주장한다.

일곱째, 때로 '혁신을 위한 혁신'을 추구하는 경향이 있다. 모든 변화가 반드시 개선을 의미하는 것은 아니며, 때로는 기존의 방식이 더 효과적일 수 있다. 라이언스는 이러한 무분별한 변화 추구가 오히려 조직의 효율성을 저해할 수 있다고 지적한다.

여덟째, 종종 기술 중심적인 사고를 강조한다. 그러나 비즈니스의 성공은 기술 외에도 마케팅, 재무, 인사 등 다양한 요소에 의해 결정된다. 라이언스는 이러한 편향된 접근이 균형 잡힌 비즈니스 전략 수립을 방해할 수 있다고 주장한다.

마지막으로, 조직의 문화와 가치를 간과할 수 있다. 빠른 변화와 지속적인 혁신을 강조하다 보면, 조직의 정체성이나 핵심 가치가 흔들릴 수 있다. 라이언스는 이러한 접근이 장기적으로 조직의 안정성과 직원들의 소속감을 해칠 수 있다고 지적한다.

장기적인 성과와 장기적인 목표

그렇다면 실제로 비즈니스 현장에서의 분위기는 어떨까? 이러한 비판에도 불구하고, 애자일과 린스타트업 방법론이 가진 장점을 완전히 부정하기는 어렵다. 이 방법론들은 빠르게 변화하는 시장 환경에서 기업이 유연하게 대응할 수 있게 해주며, 고객의 니즈를 더 빠르고 정확하게 파악할 수 있게 해준다. 또한 이 방법론들은 조직 내 협력과 의사소통을 강화하고, 직원들의 자율성과 창의성을 촉진하는 데 도움을 줄 수 있다.

따라서 중요한 것은 이 방법론들을 맹목적으로 따르는 것이 아니라, 각 조직의 상황과 특성에 맞게 적절히 적용하는 유연성에 있을 것이다. 예컨대 제너럴일렉트릭은 린스타트업 방법론을 대기업의 상황에 맞게 수정하여 '패스트워크스FastWorks'라는 프로그램을 개발했다. 이를 통해 제너럴일렉트릭은 빠른 혁신과 안정적인 운영의 균형을 찾고자

했다.

이처럼 애자일과 린스타트업 방법론을 적용할 때는 고려해야 할 것들이 있다. 우선 장기적인 비전과 전략적 사고를 놓치지 않도록 주의해야 한다. 단기적인 성과와 장기적인 목표 사이의 균형을 유지하는 것이 중요하다.

더불어 최근 업무 트렌드를 따라 직원들의 웰빙 및 일과 삶의 균형을 고려해야 한다. 지속적인 변화와 빠른 속도가 직원들에게 과도한 스트레스를 주지 않도록 주의해야 한다. 예컨대 구글은 '20퍼센트 시간' 정책을 통해 직원들이 자신의 관심 프로젝트에 시간을 투자할 수 있게 함으로써, 혁신을 추구하면서도 직원들의 창의성과 만족도를 높이고 있다.

또한 품질 관리와 리스크 관리를 소홀히 하지 않도록 주의해야 한다. 빠른 속도와 지속적인 변화 속에서도 제품이나 서비스의 품질을 유지하고, 잠재적인 리스크를 관리하는 것이 중요하다. 예컨대 넷플릭스는 '카오스 엔지니어링Chaos Engineering'이라는 방법을 통해 시스템의 안정성을 지속적으로 테스트하고 개선하고 있다.

마지막으로, 조직의 문화와 가치를 고려해야 한다. 예컨대 자포스Zappos는 '홀라크라시holacracy'라는 자율적인 조직 구조를 도입하면서도, 고객중심주의라는 핵심 가치를 유지하고 강화하는 데 주력한 바 있다.

애자일과 린스타트업 방법론은 현대 비즈니스 환경에서 중요한 도구가 되었지만, 라이언스가 지적한 것처럼 이들의 한계와 잠재적인 문제점을 인식하는 것도 중요하다. 이러한 방법론들을 맹목적으로 따르기

4부 문화

보다는, 각 조직의 특성과 상황에 맞게 적절히 수정하고 적용하는 것이 필요하다. 빠른 변화와 혁신을 추구하면서도 조직의 안정성과 지속가능성을 유지하는 것, 그리고 직원들의 창의성과 웰빙을 촉진하면서도 고객에게 가치를 제공하는 것 사이의 균형을 찾는 것이 중요하다.

052 자율성과 책임을 함께 부여하라

홀라크라시

앞서 언급했던 자포스의 조직문화 홀라크라시에 대해 더 자세히 살펴보자. 홀라크라시는 조직 구조와 운영 방식에서 기존의 계층적 모델을 대체하려는 시도로, 2000년대 중반부터 주목받기 시작했다. 이 개념은 그리스어로 '전체'를 뜻하는 'holos'와 '통치'를 의미하는 'cracy'가 결합된 용어로, 상명하달식 의사결정 대신 자율적이고 자기 조직화된 팀들이 협력하는 방식을 지향한다. 홀라크라시는 조직 내 모든 구성원이 독립적인 역할과 권한을 가지며, 이를 통해 민첩하고 유연한 조직을 만들고자 한다. 이러한 접근은 기존의 관료적이고 경직된 조직 구조를 탈피하려는 혁신적 시도로 평가받았다.

권한과 책임을 어떻게 분산할 것인가

홀라크라시는 기존의 계층적 조직 구조를 대체하려는 혁신적인 시스템으로, 조직 내 자율성과 유연성을 극대화하는 것을 목표로 한다.

이는 각 구성원이 명확한 역할을 가지고 독립적으로 업무를 수행하며, 조직 전체가 상호 연결된 '서클Circle' 구조로 운영되는 방식을 특징으로 한다. 홀라크라시는 브라이언 로버트슨Brian Robertson이 개발한 모델로, 그의 저서 《홀라크라시》에서 처음 제시되었다. 이 시스템은 전통적인 보스 중심의 의사결정 과정을 제거하고, 권한과 책임을 역할에 기반해 분산시키는 데 초점을 맞춘다.

홀라크라시를 실행하기 위해서는 몇 가지 핵심 원칙과 절차를 따라야 한다. 첫째, 조직은 '헌법Constitution'을 통해 운영된다. 이 헌법은 조직의 규칙과 절차를 명문화하며, 모든 구성원이 이를 준수해야 한다. 헌법은 역할, 서클, 의사결정 프로세스 등 홀라크라시의 핵심 요소들을 정의한다. 예컨대 자포스는 2013년 홀라크라시 헌법을 도입하여 기존의 계층적 구조를 대체했다.

둘째, 조직은 역할 중심으로 운영된다. 각 구성원은 특정한 역할을 맡으며, 이 역할에는 명확한 책임과 권한이 부여된다. 이는 개인이 아닌 역할에 초점을 맞추는 방식으로, 특정 역할이 과중할 경우 이를 여러 하위 역할로 나누어 처리할 수 있다. 예컨대 한 직원이 마케팅 전략과 실행을 모두 담당한다면, 이를 전략 수립과 실행이라는 두 개의 별도 역할로 분리할 수 있다.

셋째, 서클 구조가 조직의 기본 단위가 된다. 서클은 특정 목적을 달성하기 위해 모인 역할들의 집합으로, 각 서클은 독립적으로 운영되며 상위 서클과 연결된다. 서클 내에서는 '리드 링크Lead Link', '대표 링크Representative Link', '퍼실리테이터Facilitator', '서기Secretary'와 같은 특별한 역할들이 존재한다. 리드 링크는 서클의 목표를 설정하고 역할을 배정하며, 대표 링크는 하위 서클의 의견을 상위 서클로 전달하는 역할을 한다.

넷째, 의사결정은 '거버넌스 회의_{Governance Meeting}'와 '전술 회의_{Tactical Meeting}'를 통해 이루어진다. 거버넌스 회의에서는 서클 내 역할과 정책을 정의하고 조정하며, 전술 회의에서는 일상적인 운영 문제를 다룬다. 이러한 구조는 의사결정을 투명하고 체계적으로 만드는 데 기여한다.

자포스의 성공과 실패

자포스는 2013년부터 홀라크라시를 전면 도입하며 조직 혁신을 시도했다. 당시 CEO였던 토니 셰이_{Tony Hsieh}는 기존의 계층적 구조가 창의성과 자율성을 저해한다고 보고, 모든 직원이 자신의 역할에 집중할 수 있도록 홀라크라시를 채택했다. 그러나 홀라크라시 도입 초기 자포스는 많은 어려움에 직면했다. 새로운 시스템에 적응하지 못한 직원들이 퇴사했고, 복잡한 의사결정 프로세스와 잦은 회의로 업무 효율성이 저하되었다. 또 다른 사례로 미디엄_{Medium}을 들 수 있다. 미디엄은 초기에는 홀라크라시를 도입했으나, 시스템의 복잡성과 비효율성으로 인해 결국 이를 포기했다. 미디엄의 사업본부장 앤디 도일_{Andy Doyle}은 "홀라크라시는 누가 무엇을 하고 누구에게 어떻게 보상할지를 결정하는 데 있어 너무 복잡하고 불확실하다"라고 지적했다.

홀라크라시가 실패한 주요 원인은 제도의 복잡성과 학습 곡선이다. 기존의 계층적 구조에서 일하던 직원들에게 홀라크라시는 마치 새로운 법체계로 전환되는 것처럼 느껴졌다. 용어와 운영 방식 자체가 생소했으며, 이를 배우고 적응하는 과정에서 많은 혼란이 발생했다. 또한 건설적인 비판을 촉진하도록 이상적으로 설계된 의사결정 프로세스가 실제로는 감정적인 갈등을 낳는 경우가 많았다. 또 다른 문제는 리더십 부재에 따른 책임 회피와 혼란이었다. 표면적으로는 보스가 없는 조직처럼 보였지만, 실제로는 암묵적인 서열이나 비공식적인 리더십이 여전히 존재했다. 이는 조직 내 투명성과 공정성을 저해하며, 직원 간 갈등을 유발하기도 했다. 또 홀라크라시는 모든 산업과 조직에 적합하지 않다는 점에서도 한계를 드러냈다. 특히 빠른 의사결정과 명확한 책임 분배가 중요한 산업에서는 홀라크라시의 유연성이 오히려 비효율성을 초래할 수 있다. 예컨대 항공우주나 의료 분야처럼 규제와 안전 기준이 엄격한 산업에서는 중앙집권적이고 체계적인 구조가 더 적합할 수 있다.

협력을 이해하는 새로운 관점

그럼에도 불구하고, 홀라크라시가 제안하는 몇 가지 원칙들은 여전히 유용하다. 자기 조직화와 역할 중심의 접근은 일부 기업에서 성공적으로 활용되고 있다. 예컨대 구글은 완전한 홀라크라시를 도입하지는 않았지만, 팀 단위의 자율성과 유연성을 강조하며 일부 원칙을 적용하고 있다.

홀라크라시는 현대 조직 관리에서 중요한 교훈을 제공한다. 이는 전통적인 계층적 모델과 새로운 접근법 간의 균형을 찾는 데 도움을 줄 수 있다. 예컨대 넷플릭스는 '자유와 책임'이라는 철학 아래 직원들에게 높은 자율성을 부여하면서도 명확한 기대치를 설정하여 성공적인 조직문화를 구축했다.

홀라크라시가 유행에 실패한 이유는 그 자체의 복잡성과 적용 과정에서 발생하는 어려움 때문일 수 있지만, 이것이 새로운 방식으로 일하고 협력하는 방법을 탐구하는 데 중요한 출발점이 되었다는 점에는 이견이 없을 듯하다. 완전한 홀라크라시 대신 이를 변형하거나 혼합하여 사용하는 접근법은 앞으로도 계속해서 시도될 것이다.

분명 홀라크라시는 기존의 계층적 조직 구조를 대체하려는 혁신적인 시도로 주목받았다. 하지만 그 복잡성과 현실적 한계로 정착하지 못했다. 자포스와 미디엄 같은 사례는 홀라크라시의 이상과 현실의 간극을 잘 보여준다. 직원들이 새로운 시스템에 적응하는 데 어려움을 겪었고, 복잡한 의사결정 프로세스와 리더십 부재로 조직 내 혼란과 갈등이 발생했다.

홀라크라시가 기존 조직 구조에 대한 대안을 제시하며 현대 경영학에서 중요한 논의를 촉발했다는 점은 부인하기 힘들다. 그러나 모든 조직에 적합한 만능 해법은 아니며, 각 조직의 특성과 상황에 맞게 신중히 적용해야 한다. 성공적인 실행을 위해서는 조직문화 및 가치와의 조화, 체계적인 교육 및 지원, 그리고 명확한 목표 설정이 필수적이다. 이러한 요소들을 고려한다면 홀라크라시는 여전히 현대 조직 관리에서 유용한 도구로 활용될 것이다.

홀라크라시는 현대 조직들이 새로운 방식으로 협력하고 혁신할 수 있는 길을 모색하는 과정에서 중요한 교훈을 제공했다. 기업들은 홀라크라시의 이상과 현실을 반추하며, 전통적인 계층적 모델과 새로운 접근법 간의 균형을 찾는 노력을 계속해야 한다. 이를 통해 각 조직에 맞는 최적의 구조와 문화를 구축하고, 변화하는 비즈니스 환경에서 지속가능한 성장을 이룰 수 있을 것이다.

053 주인의식이 있는 직원은 스스로 움직인다

OKR

OKR은 '목표Objective'와 '핵심 결과Key Result'를 설정하고 추적하는 데 사용되는 혁신적인 프레임워크다. 이 방법론은 조직 내에서 목표를 명확히 하고, 팀과 개인이 그 목표를 달성하기 위해 집중할 수 있도록 돕는다. OKR은 1970년대 인텔의 CEO였던 앤드루 그로브Andrew Grove가 처음 고안했으며, 이후 벤처 투자자 존 도어John Doerr가 구글에 전파하면서 전 세계적으로 주목받게 되었다. 현재 구글뿐 아니라 아마존, 마이크로소프트, 메타, 넷플릭스 등 글로벌 기업들이 OKR을 도입하여 성과를 극대화하고 있다.

OKR 필승 공식

OKR은 두 가지 주요 구성 요소로 이루어진다. 첫째는 목표로, 이는 조직이나 팀이 달성하고자 하는 방향성을 제시한다. 목표는 간결하고 영감을 주며 도전적이어야 한다. 둘째는 핵심 결과로, 이는 목표를 달성하는 데 필요한 구체적인 성과 지표를 의미한다. 각 목표에는 일반적으로 2~5개의 핵심 결과가 설정되며, 핵심 결과는 측정 가능하고 시간 내에 달성 가능한 형태로 정의된다. 예컨대 '고객 만족도를 높인다'는 목표가 있다면, 이에 대한 핵심 결과로 '순추천지수를 60에서 75로 향상한다'와 같은 구체적인 지표를 설정할 수 있다.

OKR의 가장 큰 장점은 조직의 모든 구성원이 동일한 목표를 공유하며, 이를 통해 팀 간 조율과 협업을 촉진한다는 점이다. 또한 OKR은 단기적이고 반복적인 주기로 운영되므로 변화하는 환경에 빠르게 대응할 수 있다. 일반적으로 OKR은 분기별로 설정되고 평가되며, 필요에 따라 수정된다. 이는 기존의 연간 성과 평가 방식보다 훨씬 유연하며, 직원들에게 지속적으로 동기를 부여한다.

OKR을 성공적으로 구현한 기업들은 몇 가지 공통점을 보인다. 이들은 OKR의 기본 원칙을 철저히 이해하고, 이를 조직의 특성과 문화에 맞게 적절히 적용하며, 구성원들의 참여와 동기부여를 극대화하는 데 중점을 둔다. 특히 구글, 화웨이, 뉴놉Newnob과 같은 기업들의 사례는 OKR이 어떻게 조직의 성과를 극대화할 수 있는지를 잘 보여준다.

첫째 공통점은 목표 설정 과정에서의 투명성과 참여다. OKR을 성공적으로 운영하는 기업들은 목표를 설정할 때 구성원들이 적극적으로 참여할 수 있도록 한다. 즉 단순히 상위 관리자가 목표를 정하고 하달하는 방식이 아니라, 구성원들이 직접 자신의 목표를 설정하고 이를 조직의 상위 목표와 연결시키는 방식을 채택한다. 예컨대 구글은 OKR 작성 시 상향식 접근을 강조하며, 직원들이 스스로 도전적인 목표를 설정하도록 장려한다. 이는 구성원들에게 강한 주인의식을 부여하고, 목표 달성을 위한 동기부여를 강화한다.

　　　　　　　　　　　　　　　　　　　　　　4부 문화

둘째 공통점은 야심 찬 목표를 설정하는 것이다. OKR을 성공적으로 사용하는 기업들은 달성 가능한 수준을 넘어선 도전적인 목표를 설정하여 구성원들이 더 높은 성과를 낼 수 있도록 유도한다. 구글은 OKR 평가 시 0.6~0.7의 점수를 이상적으로 간주하며, 모든 목표가 완벽히 달성될 필요는 없다고 본다. 이로써 실패를 허용하고 학습의 기회로 삼는 문화를 조성하여 조직 전체가 지속적으로 성장할 수 있도록 돕는다.

셋째 공통점은 짧은 주기와 유연성이다. OKR은 일반적으로 분기별로 평가되며, 필요에 따라 수정될 수 있다. 이는 변화가 빠른 비즈니스 환경에 조직이 민첩하게 대응할 수 있도록 한다. 화웨이는 KPI에서 벗어나 OKR로 전환하면서, 특정 기간 내에 달성 가능한 목표를 설정하고 이를 통해 성과를 향상시켰다.

넷째 공통점은 성과 평가와 보상의 분리다. OKR을 성공적으로 운영하는 기업들은 OKR 결과를 성과 평가나 보상과 직접적으로 연계하지 않는다. 이는 구성원들이 목표 달성에 대한 부담감 없이 더 창의적이고 도전적인 목표를 설정할 수 있도록 한다. 예컨대 구글은 OKR 결과를 등급화하거나 보상 체계에 바로 반영하지 않으며, 이를 통해 구성원들이 실험적이고 혁신적인 시도를 할 수 있는 환경을 조성했다.

다섯째 공통점은 교육과 지원이다. OKR을 효과적으로 도입하기 위해서는 구성원들이 이 방법론의 목적과 가치를 충분히 이해해야 한다. OKR을 도입한 기업들은 대부분 도입 초기 단계에서 동료들에게 교육을 실시하고 실습을 통해 참여를 유도한 경우들이 많다. 이를 통해 구성원들이 OKR에 대한 이해도를 높이고, 자발적으로 목표 설정 과정에 참여하도록 한 것이다.

"목표를 조준하는 가늠자"

사실 OKR이 구글에서 성공적으로 정착하게 된 배경에는 앞서 설명했듯 도어의 역할이 컸다. 도어는 인텔에서 그로브와 함께 일하며 OKR의 효과를 직접 경험한 후 이를 구글에 소개했다. 당시 구글은 직원 수 40명의 작은 스타트업에 불과했지만, OKR을 도입하면서 빠르게 성장해 현재는 전 세계적으로 6만 명 이상의 직원을 보유한 글로벌 기업으로 자리 잡았다. 도어는 《OKR》에서 OKR이 구글의 성공에 어떻게 기여했는지를 상세히 설명했다. 그는 OKR을 "목표를 조준하는 가늠자"라고 표현하며, 이를 통해 조직이 명확한 방향성을 가지고 성과를 추적할 수 있다고 강조했다.

모든 조직문화 규칙들이 그렇듯 OKR에도 한계점은 존재한다. 첫째, 모든 조직이나 산업에 적합하지 않을 수 있다. 예컨대 규제 산업이나 장기적인 R&D 프로젝트에서는 분기별 평가와 수정이 오히려 혼란을 초래할 수 있다. 둘째, 잘못된 실행 방식은 오히려 직원들에게 스트레스를 줄 수 있다. 지나치게 많은 목표나 비현실적인 핵심 결과를 설정하면 직원들이 압박감을 느끼고 동기를 잃을 수 있다.

결과적으로 OKR은 모든 조직에 만능 해법이 될 수 없다. 모든 기업이 이러한 원칙을 제대로 실행하는 것은 아니기 때문이다. OKR 도입에 실패한 사례 중 하나는 지나치게 많은 목표와 비현실적인 핵심 결과를 설정한 경우다. 이는 구성원들에게 과도한 스트레스를 유발하고, 결국 동기부여와 성과 저하로 이어질 수 있다.

또 다른 실패 요인은 조직 내 투명성과 참여 부족이다. 일부 기업들은 여전히 하향식으로 OKR을 운영하며, 구성원들에게 충분한 설명이나 참여 기회를 제공하지 않는다. 이는 구성원들이 자신이 왜 특정 목표를 달성해야 하는지 이해하지 못하게 만들고, 결과적으로 몰입도를 낮춘다.

그럼에도 OKR을 기업의 조직문화로 도입하고 싶다면 실패 요인을 피하면서도 각 기업의 특성과 상황에 맞는 방식을 찾아야 한다. 성공적인 사례에서 볼 수 있듯이, 투명성과 참여, 야심 찬 목표 설정, 짧은 주기와 유연성, 성과 평가와 보상의 분리, 그리고 교육과 지원은 모두 중요한 요소다. 이러한 요소들을 충족시키는 동시에 조직 내에서 실패를 학습의 기회로 삼는 문화를 조성한다면, OKR은 강력한 성과 관리 도구로 자리 잡을 수 있다.

———

구글이나 화웨이 같은 글로벌 기업은 OKR의 원칙들을 충실히 따랐기에 성공할 수 있었다. 그러나 기업마다 상황이 다르기 때문에 모든 조직이 동일한 방식으로 성공할 수 있는 것은 아니다. 따라서 각 기업은 자신의 문화와 산업 환경에 맞게 OKR을 설계하고 실행해야 한다. 이를 통해 조직 전체가 명확한 방향성을 가지고 협력하며 지속 가능한 성장을 이루어나갈 수 있을 것이다.

054 문화가 전략보다 우선한다

마이크로소프트의 조직문화

빅테크 기업 중 거대 공룡으로 꼽히는 마이크로소프트는 위기에서 극적으로 회생한 사례로 자주 언급된다. 마이크로소프트가 부활하게 된 것과 사티아 나델라가 마이크로소프트의 CEO로 등장한 것에는 분명한 상관관계가 있다. 그가 2014년 마이크로소프트의 CEO로 취임한 이후, 회사는 조직문화와 경영 철학에서 근본적인 변화를 겪으며 다시금 세계적인 기술 기업으로 자리매김했기 때문이다. 사실 과거 마이크로소프트는 기술 중심의 기업으로서 부서 간 경쟁이 심하고 관료적이며 비효율적인 보고 체계가 만연한 조직으로 평가받았다. 그러나 나델라는 '문화는 전략을 아침으로 먹는다'는 철학을 바탕으로 조직문화를 전면적으로 혁신하며 마이크로소프트의 부활을 이끌었다. 그의 리더십 아래 조직문화는 성장 마인드셋, 고객 중심, 협업과 투명성, 다양성과 포용성이라는 네 가지 핵심 원칙을 중심으로 재구성되었다.

성공을 이끄는 문화의 힘

나델라가 가장 먼저 강조한 변화는 성장 마인드셋이었다. 이는 심리학자 캐럴 드웩이 창안한 개념으로, 개인과 조직이 실패를 두려워하지 않고 지속적으로 학습하고 성장하는 문화를 조성하는 데 초점을 맞춘다. 나델라는 직원들에게 '모든 것을 다 아는 사람'이 아닌 '항상 배우려는 사람'이 되라고 독려하며, 학습과 성장을 중심에 둔 조직문화를 구축했다. 이를 위해 마이크로소프트는 매월 '러닝데이_{Learning Day}'를 운영함으로써 직원들이 새로운 기술과 지식을 습득할 수 있는 기회를 제공했다. 이러한 학습 중심 문화는 직원들이 변화하는 기술 환경에 적응하고 창의적이고 혁신적인 아이디어를 제시할 수 있도록 장려했다. 예컨대 해커톤_{Hackathon}과 같은 프로그램은 직원들이 일상 업무에서 벗어나 새로운 아이디어를 실험할 수 있는 기회를 제공했다.

고객 중심 접근법 역시 나델라 리더십의 핵심 원칙 중 하나였다. 과거 마이크로소프트는 기술만 강조하며 고객의 요구를 간과한다는 비판을 받았다. 그러나 나델라는 고객의 목소리에 귀 기울이고, 고객에게 실질적인 가치를 제공하는 데 집중하도록 조직을 재편했다. 그는 "고객이 우리의 성공을 정의한다"라고 강조하며, 모든 직원이 고객 중심 접근법을 내재화하도록 독려했다. 예컨대 클라우드 서비스인 애저_{Azure}는 고객 피드백을 적극적으로 반영하며 빠르게 성장했고, 이는 마이크로소프트가 클라우드 시장에서 주요 플레이어로 자리 잡는 데 기여했다. 또한 윈도우 10은 사용자경험을 지속적으로 개선하는 '서비스로서의 윈도우_{Windows as a Service}'라는 철학 아래 개발되었다.

조직 내 협업과 투명성을 강화하기 위한 노력도 돋보였다. 나델라는 '원_{One} 마이크로소프트'라는 비전을 제시하며 부서 간 장벽을 허물고 협업을 촉진하는 문화를 조성했다. 이를 위해 팀스와 같은 협업 도구를 도입하여 모든 직원이 동일한 플랫폼에서 소통하고 작업할 수 있도록 했다. 이러한 변화는 직원들 간의 정보 공유와 협력을 촉진하며 조직 전체의 효율성을 높였다. 또한 성과 관리 방식에서도 큰 변화가 있었다. 과거의 강제 배분 방식을 폐지하고 절대평가 시스템을 도입하여 직원들이 서로 경쟁하기보다는 협력하고 팀 전체의 성공에 기여하도록 유도했다.

다양성과 포용성도 나델라가 강조한 중요한 가치였다. 그는 다양한 배경과 경험을 가진 인재들이 자신의 잠재력을 발휘할 수 있는 환경을 조성하기 위해 노력했다. 이를 위해 '직원자원그룹Employee Resource Group, ERG'과 같은 프로그램을 운영하며 소수자 그룹에 대한 지원을 강화했다. 실제로 '신경다양성 채용Neurodiversity Hiring' 프로그램을 통해 자폐스펙트럼장애를 가진 인재들을 고용하고, 그들이 강점을 발휘할 수 있는 환경을 조성한 바 있다.

문화와 전략의 관계는 경영학에서 오랜 논쟁의 주제다. 나델라가 강조한 '문화가 전략보다 우선한다'는 철학은 현대 경영에서 중요한 통찰을 제공하지만, 이에 대해서는 다양한 의견이 존재한다. 문화와 전략 중 어느 것이 더 중요한지, 그리고 두 요소가 어떻게 상호작용하는지에 대한 논의는 조직의 성공과 지속가능성을 이해하는 데 핵심적인 관점을 제공한다.

드러커는 "전략은 문화의 아침 식삿거리밖에 안 된다"라는 유명한 말을 통해 문화를 전략보다 더 근본적이고 강력한 요소로 보았다. 그는 문화를 조직의 암묵적인 사회 질서로 정의하며, 문화가 조직 구성원들의 행동과 태도를 형성하고, 궁극적으로 조직의 성과를 결정짓는 데 중요한 역할을 한다고 주장했다.

반면 전략이 더 중요하다고 주장하는 관점도 있다. 일부 학자들은 시장의 수요와 공급, 경쟁 환경 같은 외부 요인이 기업의 성공을 결정짓는 주요 요소라고 본다. 이들은 전략이 기업의 목표를 설정하고 자원을 배분하며, 시장에서 경쟁 우위를 확보하는 데 핵심적인 역할을 한다고 강조한다. 잭 웰치와 같은 리더들은 전략적 우선순위를 명확히 하고 이를 실행하는 데 집중함으로써 기업의 성과를 극대화했다. 이 관점에서는 문화가 전략을 지원하는 역할을 하지만, 궁극적으로는 전략이 더 큰 영향을 미친다고 본다.

이러한 이분법적인 접근은 문화와 전략이 상호 보완적이라는 점을 간과할 수 있다. 경영 컨설턴트 짐 콜린스는 저서 《좋은 기업을 넘어 위대한 기업으로》에서 '버스에 올바른 사람을 태우는 것'이 성공적인 기업의 핵심이라고 주장했다. 이는 적합한 조직문화를 구축하는 것과 밀접하게 연결된다. 그는 좋은 문화가 없으면 훌륭한 전략도 지속 가능하지 않으며, 반대로 명확한 전략이 없으면 좋은 문화만으로 성공하기 어렵다고 보았다. 예컨대 넷플릭스는 '자유와 책임'이라는 독특한 조직문화를 바탕으로 혁신적인 스트리밍 서비스 전략을 성공적으로 실행했다.

문화와 전략의 균형을 이루지 못해 실패한 사례도 존재한다. 위워크는 창업 초기에 혁신적인 조직문화를 바탕으로 빠르게 성장했지만, 명확한 비즈니스 모델과 실행 가능한 전략이 부족한 탓에 결국 심각한 재정 위기에 직면했다. 이는 문화만으로는 지속 가능한 성장을 이루기 어렵다는 점을 보여준다.

문화와 전략 중 어느 한쪽에만 치우친 접근은 조직의 장기적인 성공을 보장하지 못할 수 있다. 현대 경영에서는 두 요소를 통합적으로 고려하는 것이 중요하다. 아마존은 고객 중심이라는 강력한 조직문화를 바탕으로 데이터 분석과 기술 혁신이라는 명확한 전략을 실행하여 성공을 거두었다. 이는 문화와 전략이 서로를 강화하며 조직의 목표를 달성하는 데 기여할 수 있음을 보여준다.

트럼프가 촉발한 문화전쟁

하지만 다양성과 포용성 정책에 대해서는 한 가지를 더 기억해야 할 것 같다. 2025년 1월 20일, 도널드 트럼프가 두 번째 미국 대통령 임기를 시작하면서 'DEI', 즉 다양성$_{Diversity}$, 형평성$_{Equity}$, 포용성$_{Inclusion}$ 정책은 큰 도전에 직면했다. 트럼프 행정부는 취임 첫날부터 DEI 관련 프로그램과 정책을 대거 철회하거나 축소하는 행정명령을 발표했다. 이 조치는 연방정부와 민간 부문 모두에 영향을 미쳤으며, DEI의 미래를 둘러싼 논란을 더욱 심화시켰다.

트럼프 행정부는 DEI 정책을 '급진적이고 낭비적인 프로그램'으로 규정하며, 연방정부 내 모든 DEI 관련 활동을 종료하도록 지시했다. 특히 성 정체성에 근거한 차별 방지 조치와 소수 인종 기회 증진 프로그램이 철회되었으며, 백악관 젠더정책위원회도 해체되었다. 이러한 조치는 DEI를 역차별로 간주하는 트럼프 지지자들의 요구를 반영한 것으로 보인다. 또한 트럼프 대통령은 성별을 생물학적 기준으로만 정의하는 행정명령을 발표하며, 기존의 포괄적 성 정체성 정책을 폐기했다.

민간 부문에서도 트럼프 행정부의 압박은 강하게 작용했다. 정부 계약을 맺고 있는 기업들은 소수자 채용 목표나 다양성 관련 지표를 고려하지 않도록 권고받았다. 메타와 아마존 같은 기술 기업들은 DEI 이니셔티브를 축소하거나 중단했으며, 일부 기업들은 DEI라는 용어 자체를 변경해 프로그램을 유지하려는 움직임을 보였다. 예컨대 스케일 AI_{Scale AI}의 CEO 알렉산더 왕_{Alexander Wang}은 DEI 대신 'MEI', 즉 능력_{Merit}, 탁월성_{Excellence}, 지능_{Intelligence}이라는 개념을 도입하자고 주장하며 트럼프의 행정명령을 공개적으로 환영했다.

물론 이러한 변화에 대한 반발도 적지 않았다. 뱅크오브아메리카의 CEO 브라이언 모이니한_{Brian Moynihan}은 "DEI는 단순히 정치적 올바름이 아니라 상업적 가치를 지닌다"라고 강조하며, 다양성이 기업의 장기적인 성공에 기여한다고 주장했다. JP모건체이스의 CEO 제이미 다이먼_{Jamie Dimon} 역시 DEI 정책이 비즈니스에 실질적으로 도움이 된다며 이를 폐기하려는 움직임에 반대 의사를 밝혔다.

DEI 정책 철회의 여파는 미국 내 다양한 분야에서 나타났다. 성전환자의 군 복무를 금지하는 새로운 행정명령이 발표되었고, 군 내 모든 DEI 관행이 점검 대상에 올랐다. 이는 군의 포용성을 약화시키고 기존의 소수자 지원 프로그램들을 중단시키는 결과로 이어졌다. 또한 대학과 연구 기관에서도 DEI 관련 예산 삭감과 프로그램 축소가 진행되며 학문적 다양성과 형평성 증진 노력이 위축되고 있다.

하지만 국제적으로 미국과 다른 방향으로 움직이는 사례들도 나타났다. 매년 1월 스위스 다보스에서 열리는 세계경제포럼에서는 늘 DEI가 중요한 의제로 논의되고 있으며, 유럽과 아시아의 많은 기업들이

DEI 정책을 강화하고 있다. 이는 글로벌 기업들이 미국 내 정치적 변화에도 불구하고 다양성과 포용성을 유지하려는 노력을 보여준다.

트럼프 2기 행정부의 DEI 철회 조치는 정치적 논쟁을 넘어 경제적·사회적 영향을 미치고 있다. 일부 기업들은 정부의 압박에 순응했지만, 다른 기업들은 DEI가 단순한 정치적 올바름이 아니라 비즈니스와 사회의 지속가능성을 위한 필수 요소라고 주장하며 이를 유지하거나 강화하려는 노력을 이어가고 있다. 이러한 상황은 향후 미국 내 DEI 정책의 방향성과 글로벌 비즈니스 환경에서의 다양성과 포용성을 둘러싼 중요한 논쟁을 촉발할 것이다.

───────

마이크로소프트의 조직문화를 다시 살펴보자. 나델라의 리더십 아래 마이크로소프트는 단순히 기술 기업에서 벗어나 학습 중심의 혁신적인 조직으로 변모했다. 이러한 조직문화 혁신은 회사의 재무적 성과에도 긍정적인 영향을 미쳤다. 나델라 취임 이후 10년 동안 마이크로소프트의 주가는 1,000퍼센트 이상 상승했으며, 클라우드 컴퓨팅, AI, 협업 도구 등 다양한 분야에서 두각을 나타냈다.

마이크로소프트의 사례는 조직문화가 기업의 성공에 얼마나 중요한 역할을 하는지를 잘 보여준다. 성장 마인드셋, 고객 중심 접근법, 협업과 투명성 강화, 그리고 다양성과 포용성은 현대 기업이 지속 가능한 성장을 이루기 위해 반드시 고려해야 할 요소들이다. 나델라가 이끄는 마이크로소프트는 이러한 변화를 통해 과거의 문제를 극복하고 새로운 시대에 어울리는 기업으로 거듭났다.

나델라가 강조한 '문화가 전략보다 우선한다'는 철학은 현대 리더들에게 중요한 교훈을 제공한다. 기술적 혁신만큼이나 중요한 것은 이를 가능하게 하는 사람들과 그들이 일하는 환경이다. 마이크로소프트의 변화는 단순히 경영 전략의 성공 사례를 넘어, 조직문화 혁신이 어떻게 기업의 장기적 성공에 기여할 수 있는지를 보여주는 대표적인 사례로 남게 될 것이다.

055 자유에는 책임이 따른다

넷플릭스의 조직문화

넷플릭스의 조직문화헌장은 조직문화를 설계하고 운영하는 현대 기업들의 중요한 참고 사례로 자리 잡았다. 리드 헤이스팅스와 패티 매코드가 주도적으로 작성한 이 헌장은 '자유와 책임'이라는 철학을 중심으로, 전통적인 기업문화의 틀을 깨고 혁신적인 접근 방식을 제시했다. 넷플릭스는 이 헌장을 통해 직원들에게 자율성과 책임감을 부여하며, 이를 바탕으로 창의성과 성과를 극대화하는 문화를 구축했다.

규칙 없음

넷플릭스의 조직문화헌장은 몇 가지 핵심 원칙으로 구성되어 있다. 첫째, '사람이 프로세스보다 중요하다'는 철학이다. 넷플릭스는 뛰어난 인재를 채용하고 유지하는 데 집중하며, 이들을 신뢰하고 자율성을 부여한다. 회사는 복잡한 규칙이나 절차보다는 직원들이 스스로 판단하고 결정을 내릴 수 있도록 권한을 위임한다. 예컨대 넷플릭스의 '무제한 휴가 정책'은 직원들이 자신의 업무와 휴식 간 균형을 스스로 조정할 수 있도록 허용한다.

둘째, '꿈의 팀'을 구성하는 것이 목표다. 넷플릭스는 스포츠 팀과 같은 조직을 지향하며, 최고 성과를 내는 인재들로 팀을 구성하려 한다. 이를 위해 '키퍼 테스트Keeper Test'라는 독특한 평가 방식을 도입했다. 관리자는 '이 직원이 회사를 떠난다면 내가 그를 붙잡기 위해 싸울 것인가?'라는 질문을 스스로 던지며 인재를 평가한다. 이 질문에 부정적인 답이 나온 경우, 해당 직원과의 협력 관계를 재평가한다.

셋째, '규칙 없는 문화'를 지향한다. 넷플릭스는 규칙과 통제가 창의성과 유연성을 저해한다고 보고, 최소한의 규칙만을 유지한다. 이는 직원들에게 더 큰 자율성을 부여하며, 그들이 자신의 방식으로 문제를 해결하고 혁신적인 아이디어를 제안할 수 있도록 장려한다. 예컨대 넷플릭스는 경비 청구와 같은 일상적인 업무에서도 복잡한 승인을 요구하지 않고 직원들의 판단에 맡긴다.

넷플릭스 조직문화헌장의 장점은 명확하다. 첫째, 자율성과 책임감을 강조함으로써 직원들의 동기부여와 창의성을 극대화한다. 직원들은 자신이 중요한 결정을 내릴 수 있는 권한을 갖게 됨으로써 업무 만족도와 몰입도를 높인다. 둘째, 고성과 인재 중심의 문화를 통해 경쟁력을 강화한다. 넷플릭스는 뛰어난 인재들로 구성된 팀이 최고의 성과를 낸다는 믿음 아래, 채용과 평가 과정에서 높은 기준을 유지한다. 셋째, 유연성과 적응력을 높인다. 규칙에 얽매이지 않는 문화는 빠르게 변화하는 시장 환경에 민첩하게 대응할 수 있는 기반을 제공한다.

조직문화의 패러다임을 바꾸다

그러나 이러한 조직문화에는 단점도 존재한다. 첫째, 높은 성과 압박으로 일부 직원들은 스트레스를 느끼거나 불안감을 경험할 수 있다. 넷플릭스는 결과 중심의 문화를 강조하기 때문에 성과가 낮은 직원들은 지속적으로 압박받을 가능성이 크다. 둘째, 자율성에 대한 기대가 모든 직원에게 적합하지 않을 수 있다. 일부 직원들은 명확한 지침이나 구조적 지원 없이 업무를 수행하는 데 어려움을 겪을 수 있다. 셋째, 키퍼 테스트와 같은 평가 방식은 때로 지나치게 냉혹하다는 비판을 받는다. 이는 장기적인 관계 형성보다는 단기적인 성과에 초점을 맞춘다는 점에서 논란이 될 수 있다.

넷플릭스 조직문화헌장의 또 다른 비판은 모든 산업이나 조직에 적합하지 않다는 점이다. 예컨대 규제 산업이나 안전이 중요한 분야에서는 규칙 없는 문화가 오히려 위험 요소로 작용할 수 있다. 또한 넷플릭스의 고성과 중심 문화는 협력보다는 경쟁을 조장할 가능성이 있으며, 이는 팀워크와 신뢰를 약화시킬 수 있다.

그럼에도 불구하고 넷플릭스의 조직문화헌장은 현대 기업들에 많은 교훈을 제공한다. 이는 전통적인 계층적 구조와 규칙 중심 문화를 탈피하여 자율성과 책임감을 강조하는 새로운 모델을 제시했다는 점에서 혁신적이다. 특히 빠르게 변화하는 디지털 시대에 넷플릭스의 문화는 유연성과 창의성을 극대화하는 데 효과적이었다.

넷플릭스의 사례는 조직문화가 기업의 성공에 얼마나 중요한 역할을 하는지를 잘 보여준다. 그러나 이를 다른 기업들이 그대로 모방하기보다는 각자의 상황과 산업 특성에 맞게 조정하여 적용해야 한다는 점도 중요하다. 넷플릭스 조직문화헌장의 핵심 원칙들은 지속 가능한 성장과 혁신을 추구하는 현대의 기업들에 강력한 영감을 제공할 수 있다.

"직원들을 어른으로 대하라"

매코드의 《파워풀》은 넷플릭스의 조직문화를 깊이 있게 다룬 책으로, 특히 '자유와 책임'이라는 철학을 기반으로 한 넷플릭스의 기업문화가 어떻게 형성되고 운영되었는지를 상세히 설명한다. 매코드는 넷플릭스의 최고인재책임자로서 헤이스팅스와 함께 '넷플릭스 컬처 데크 Netflix Culture Deck'를 만들며, 전통적인 인사관리 방식을 탈피한 과감하고 혁신적인 조직문화를 설계했다. 이 책은 단순히 넷플릭스의 성공 비결을 나열하는 데 그치지 않고, 현대 기업들이 직면한 인재 관리와 조직문화의 도전에 대한 새로운 접근법을 제시한다.

《파워풀》의 핵심 메시지는 직원들을 '어른으로 대하라'는 철학에서 출발한다. 매코드는 직원들이 자신의 업무에 대해 책임감을 가질 수 있도록 신뢰하고 자율성을 부여해야 한다고 주장한다. 이는 규칙과 절차를 중시하는 전통적인 관리 방식에서 벗어나, 직원들이 스스로 판단하고 행동할 수 있는 환경을 조성하는 것을 의미한다. 예컨대 넷플릭스는 무제한 휴가 정책을 도입하여 직원들이 자신의 업무와 휴식 간 균형을 스스로 조정할 수 있도록 했다. 이러한 접근은 직원들에게 신뢰를 부여함으로써 동기부여를 강화하고, 창의성과 생산성을 높이는 데 기여했다.

또한 매코드는 회사를 가족이 아닌 스포츠 팀에 비유하며, 최고의 성과를 내는 인재들로 팀을 구성하는 것이 중요하다고 강조한다. 이를 위해 키퍼 테스트로 관리자와 직원의 협력 관계를 재평가하고 더 적합한 인재를 찾는다. 이는 냉혹해 보일 수 있지만, 회사가 지속적으로 높은 성과를 유지하기 위해 필요한 조치로 간주된다.

하지만 이 책은 넷플릭스 조직문화의 단점도 암묵적으로 드러내고 있다. 높은 성과 압박과 결과 중심 문화에서 비롯된 스트레스, 키퍼 테스트의 냉혹성과 단기적 성과 위주의 분위기는 논란이 될 수 있다.

———

넷플릭스의 조직문화는 모든 산업이나 기업에 적합하지 않을 수 있다. 예컨대 규제 산업이나 안전이 중요한 분야는 강한 규칙이 필요할 수 있다. 또한 가족 같은 조직문화를 선호하는 기업에서는 넷플릭스의 스포츠 팀 모델이 적합하지 않을 가능성이 크다. 따라서 넷플릭스의 조직문화를 그대로 모방하기보다는 각 기업이 자신의 상황과 산업 특성에 맞게 조정하여 적용해야만 한다.

4부 문화

056 전적으로 몰입하라

아마존의 조직문화

업무 방식과 조직문화를 이야기할 때 아마존의 사례를 빼놓을 수 없다. 아마존의 조직문화는 효율성과 혁신을 극대화하기 위해 설계된 독특한 시스템으로, 싱글스레드리더십Single-Threaded Leadership, 바레이저Bar Raiser, 식스페이저와 원페이저, 그리고 독특한 회의 문화로 대표된다. 이 요소들은 아마존이 글로벌 기술 기업으로 성장하는 데 중요한 역할을 했으며, 베이조스가 강조한 고객 중심 철학과 긴밀히 연결되어 있다.

하나의 팀, 하나의 프로젝트

싱글스레드리더십은 아마존 조직문화의 핵심 중 하나다. 이는 한 명의 리더가 하나의 프로젝트에만 집중하도록 설계된 구조로, 리더와 팀이 특정 목표에 전적으로 몰입할 수 있도록 한다. 기존 매트릭스형 조직에서는 리더와 팀이 여러 프로젝트를 동시에 관리해야 하는 경우가 많았지만, 이는 업무 속도와 완성도를 낮추는 결과를 초래했다. 싱글스레드리더십은 이러한 문제를 해결하기 위해 도입되었다. 의사결정 속도를 높이고 혁신을 극대화하는 데 중점을 두는 싱글스레드리더십은 조직 내 의존성을 최소화하고 자율성을 극대화하는 데 초점을 맞춘다. 예컨대 아마존프라임 서비스는 싱글스레드팀이 개발했는데, 이 팀은 다른 업무에 관여하지 않고 오직 아마존프라임의 성공에만 집중했다. 이 접근법은 명확한 주인의식과 책임을 부여함으로써 의사결정 속도를 높이고 혁신을 촉진했다.

싱글스레드리더십에도 한계는 존재한다. 첫째, 모든 프로젝트가 독립적으로 운영될 수 있는 것은 아니다. 예컨대 법무나 인사 같은 조직은 업무가 여러 부서와 밀접하게 연결되어 있어 해당 방식이 효과적이지 않을 수 있다. 둘째, 뛰어난 리더를 찾는 것이 어려울 수 있다. 이 역할에는 기술적 전문성과 비즈니스 통찰력뿐 아니라 강력한 리더십 역량이 요구되며, 이러한 자질을 모두 갖춘 인재는 제한적일 수 있다.

바레이저는 아마존의 채용 과정에서 독특하게 적용되는 시스템이다. 이는 회사의 문화와 가치에 부합하는 인재를 선별하기 위한 방식으로, 기존 직원 중 특별히 선발된 바레이저가 채용 과정에 참여해 최종 결정을 내리는 역할을 한다. 바레이저는 단순히 기술적 역량뿐 아니라 후보자가 아마존의 핵심 원칙에 부합하는지 평가한다. 예컨대 '고객 집착'이나 '장기적인 사고'와 같은 아마존의 리더십 원칙이 주요 평가 기준으로 작용한다. 이러한 체계는 아마존이 지속적으로 높은 수준의 인재를 확보하고 조직문화를 유지하는 데 기여했다.

여섯 쪽을 넘기지 말 것

식스페이저는 아마존의 독특한 문서 기반 회의 문화를 상징한다. 베이조스는 파워포인트를 금지하고 서술형 문서를 작성하도록 요구했다. 회의는 참석자들이 30분 동안 사전에 준비된 여섯 쪽 분량의 완전한 형식을 갖춘 문서를 읽는 것으로 시작되며, 이를 통해 모든 참석자가 동일한 정보를 바탕으로 논의를 진행할 수 있다.

식스페이저는 단순한 문서 작성 방식을 넘어, 조직의 의사결정과 업무 효율성을 극대화하기 위해 설계된 독특한 도구다. 이 방식은 멀티태스킹을 방지하고 집중력을 높이는 데 초점을 맞춤으로써 논리와 아이디어 자체에 집중할 수 있는 환경을 조성했다.

식스페이저는 발표자의 언변이나 시각적 요소에 의존하지 않고, 논리와 데이터에 기반한 논의를 가능하게 한다. 예컨대 아마존프라임 서비스는 초기 단계에서 식스페이저를 통해 고객 요구 분석, 공급망 변화, 예산 계획 등 모든 세부사항을 체계적으로 검토한 후 실행되었다. 이를 통해 핵심 서비스로 자리 잡을 수 있었다. 아마존웹서비스의 초기 개발 과정에서도 이러한 문서 기반 회의가 활용되어 명확하고 구체적인 방향성을 설정하는 데 기여했다.

원페이저는 상대적으로 간단한 아이디어나 요구사항을 제안하는 데 사용된다. 이는 한 쪽에 주요 정보를 압축적으로 담아내며, 초기 단계에서 아이디어를 구체화하고 실행 가능성을 평가하는 데 유용하다. 예컨대 새로운 기능 개발이나 소규모 프로젝트 제안 시 원페이저가 활용된다. 이 문서는 문제 정의, 해결 방안, 기대 효과 등을 간결하게 기술하며, 불필요한 논의를 줄이고 빠른 의사결정을 가능하게 한다.

식스페이저와 원페이저의 가장 큰 장점은 멀티태스킹을 방지하고 집중력을 높인다는 것이다. 전통적인 회의에서는 발표자가 파워포인트 슬라이드를 보여주면서 설명을 이어가는데, 이 때문에 참석자들은 시각 자료와 구두 설명을 동시에 처리해야 한다. 이는 정보 흡수율을 떨어뜨리고 논리적 사고를 방해할 수 있다. 반면 식스페이저와 원페이저는 서술형 문서를 통해 모든 정보를 명확히 전달함으로써 참석자들이 한 가지 주제에만 집중할 수 있도록 한다. 이러한 방식은 의사결정 속도를 높이고 논의의 깊이를 더한다.

아마존에서 살아남기

그러나 많은 기업이 식스페이저를 도입하려다가 실패한다. 첫째, 서술형 문서 작성에 익숙하지 않은 조직에서는 이를 효과적으로 활용하기 어렵다. 대부분의 기업은 파워포인트 중심의 보고에 익숙하다. 서술형 문서를 작성하려면 상당한 시간과 노력이 필요하다.

둘째, 식스페이저는 작성자의 논리적 사고와 글쓰기 능력을 요구한다. 이는 모든 직원에게 동일한 수준으로 기대하기 어려운 부분이며, 결과적으로 문서 품질 저하로 이어질 수 있다.

셋째, 조직 내 문화적 저항도 실패 요인 중 하나다. 기존 회의 방식에 익숙한 조직에서는 새로운 시스템에 대한 저항감이 클 수 있다. 특히 상위 관리자들이 파워포인트와 같은 시각적 자료를 선호하는 경우, 식스페이저 방식은 조직 내에서 충분히 지지를 얻지 못할 가능성이 크다.

넷째, 식스페이저 방식은 시간 소모적인 측면이 있다. 문서를 읽고 이해하는 데 시간이 걸리는데, 이는 빠르게 진행되는 비즈니스 환경에서 비효율적으로 보일 수 있다. 일부 기업들은 이러한 이유로 기존 방식으로 회귀하거나 하이브리드 모델을 채택하기도 한다.

그 외에도 싱글스레드리더십은 팀과 리더에게 과도한 책임감을 부여할 수 있으며, 이는 스트레스와 번아웃으로 이어질 가능성이 있다. 또한 바레이저 시스템은 채용 과정에서 지나치게 엄격한 기준을 적용하여 잠재적으로 유능한 후보자를 놓칠 위험이 있다.

아마존 조직문화의 또 다른 비판은 높은 성과 압박이다. 아마존은 결과 중심 문화를 강조하며 직원들에게 높은 기대치를 부과한다. 이는 성과를 극대화하는 데는 효과적일 수 있지만, 일부 직원들에게는 스트레스와 불안감을 유발할 수 있다. 실제로 일부 전직 직원들은 아마존의 과도한 업무 강도와 경쟁 압박을 지적하기도 했다.

그럼에도 아마존의 조직문화는 현대 기업들에 많은 교훈을 제공한다. 고객 중심 철학과 혁신적인 구조 및 프로세스는 빠르게 변화하는 시장 환경에서 경쟁 우위를 확보하는 데 중요한 역할을 했다. 특히 싱글스레드리더십과 바레이저 시스템은 명확한 책임 부여와 인재 관리 측면에서 강력한 도구로 작용했다.

———

아마존 사례는 조직문화가 기업 성공에 얼마나 중요한 영향을 미치는지를 잘 보여준다. 그러나 이를 그대로 모방하기보다는 각자의 상황과 산업 특성에 맞게 조정하여 적용해야 한다는 점도 중요하다. 아마존 조직문화의 핵심 원칙들은 현대 경영에서 지속 가능한 성장과 혁신을 추구하는 데 강력한 영감을 제공할 수 있다.

057 직원이 행복해야 고객이 행복하다

두려움과 불안 관리

현대 경영학에서 조직문화의 중요성은 날로 커지고 있다. 이러한 맥락에서 에이미 에드먼슨의 《두려움 없는 조직》과 티파니 보바Tiffani Bova의 《불안 없는 조직》이 조직문화의 새로운 방향을 제시하는 중요한 저작으로 주목받고 있다. 두 책은 언뜻 비슷해 보이지만, 그 핵심 주장과 접근 방식에서 뚜렷한 차이를 보인다. 이 두 저작의 주요 논점을 살펴보고, 현대 조직에 주는 시사점을 분석해보자.

두려움과 불안 없는 조직

에드먼슨의 《두려움 없는 조직》은 '심리적 안전감'이라는 개념을 제시한 책으로 유명하다. 에드먼슨은 조직 구성원들이 자유롭게 의견을 표현하고, 실수를 두려워하지 않으며, 혁신적인 아이디어를 제안할 수 있는 환경이 조직의 성공에 핵심적이라고 주장한다. 그녀의 연구에 따르면, 심리적 안전감이 높은 팀은 학습과 혁신 능력이 뛰어나며, 이는 궁극적으로 조직의 성과 향상으로 이어진다.

예컨대 구글의 프로젝트 아리스토텔레스는 에드먼슨의 이론을 실제로 적용한 사례다. 이 프로젝트를 통해 구글은 팀 성과의 가장 중요한 요인이 심리적 안전감임을 발견했다. 이를 바탕으로 구글은 직원들이 자유롭게 의견을 나누고 실험할 수 있는 문화를 조성하여 혁신을 이끌어냈다.

반면 보바의 《불안 없는 조직》은 고객경험과 직원경험Employee Experience, EX의 균형에 초점을 맞춘다. 보바는 많은 기업이 고객 만족에만 집중하느라 직원경험을 소홀히 하는 경향이 있다고 지적한다. 그러나 진정한 기업의 성장은 고객경험과 직원경험을 동시에 향상시킬 때 가능하다는 것이 그녀의 핵심 주장이다.

보바의 이론을 실천한 대표적인 기업으로 에어비앤비를 들 수 있다. 에어비앤비의 CEO 브라이언 체스키Brian Chesky는 인사관리 시스템을 혁신하고 기업문화를 유지하는 데 많은 노력을 기울였다. 이러한 노력은 직원들의 만족도를 높이고, 이는 다시 고객 서비스의 질 향상으로 이어져 기업의 성공을 이끌어냈다.

두 저작의 차이점을 좀 더 자세히 살펴보자. 에드먼슨의 접근법은 주로 조직 내부의 역학관계에 초점을 맞추고 있다. 그녀는 팀원들 간의 신뢰와 개방성이 조직의 성과를 좌우한다고 본다. 이는 마이크로소프트의 나델라가 추구한 성장 마인드셋 문화와 맥을 같이한다. 나델라는 직원들이 실패를 두려워하지 않고 끊임없이 학습하고 도전하는 문화를 만들어 마이크로소프트의 혁신을 이끌었다.

한편 보바의 접근법은 조직 내부와 외부를 아우르는 더 넓은 시각을 제시한다. 그녀는 직원경험이 곧바로 고객경험으로 이어진다는 점을 강조한다. 이는 아마존의 베이조스가 주창한 고객 중심 철학과 일맥상통한다. 베이조스는 직원들이 고객을 위해 최선을 다할 수 있는 환경을 만들어야 한다고 믿었고, 이는 아마존의 성공 비결 중 하나로 꼽힌다.

두 저작의 또 다른 차이점은 변화에 대한 접근 방식이다. 에드먼슨은 조직 내 심리적 안전감을 통해 구성원들이 변화를 두려워하지 않고 받아들일 수 있게 해야 한다고 주장한다. 이는 넷플릭스의 헤이스팅스가 추구한 무제한 휴가 정책과 같은 맥락이다. 헤이스팅스는 직원들에게 자율성을 부여함으로써 책임감과 창의성을 높였고, 이를 통해 빠르게 변화하는 시장에 대응할 수 있었다.

반면 보바는 변화를 고객경험과 직원경험의 균형점을 찾아가는 과정으로 본다. 그녀는 기업이 고객과 직원의 니즈를 동시에 충족시키는 방향으로 변화해야 한다고 주장한다. 이는 스타벅스의 파트너 정책과 유사하다. 스타벅스는 직원들을 '파트너'로 부르며, 그들의 경험을 개선하는 것이 곧 고객경험 향상으로 이어진다고 믿는다.

3M이 포스트잇을 개발한 비결

두 저작의 공통점도 존재한다. 둘 다 조직문화의 중요성을 강조하며, 리더의 역할이 핵심적이라고 본다. 에드먼슨은 리더가 심리적 안전감을 조성하는 데 중요한 역할을 한다고 주장하며, 보바 역시 리더가 고객경험과 직원경험의 균형을 맞추는 데 핵심적인 역할을 한다고 본다.

이러한 관점은 현대 경영학의 주요 흐름과도 일치한다. 예컨대 대니얼 카너먼의 연구에서도 조직 내 의사결정 과정에서 심리적 요인의 중요성이 강조된다. 카너먼은 인간의 판단과 의사결정이 항상 합리적이

4부 문화

지 않으며, 다양한 심리적 편향에 영향받는다고 주장한다. 이는 에드먼슨의 심리적 안전감 이론과 맥을 같이한다. 또한 클레이튼 크리스텐슨의 '혁신기업의 딜레마' 이론도 두 저작의 주장을 뒷받침한다. 크리스텐슨은 성공한 기업일수록 혁신을 두려워하는 경향이 있다고 지적했다. 이는 에드먼슨의 '두려움 없는 조직'이 왜 필요한지를 잘 설명해준다. 동시에 보바의 주장처럼 고객과 직원경험의 균형을 통해 지속적인 혁신이 가능하다는 점도 시사한다.

한편 미래학자 피터 슈워츠의 시나리오 플래닝 기법은 두 저작의 아이디어를 실제 경영 전략에 적용하는 유용한 도구가 될 수 있다. 슈워츠는 불확실한 미래에 대비하기 위해 다양한 시나리오를 고려해야 한다고 주장했다. 이는 에드먼슨의 심리적 안전감을 바탕으로 한 자유로운 아이디어 교환, 그리고 보바의 고객경험과 직원경험의 균형을 통한 혁신적 접근과 잘 어울린다.

두 저작의 차이점은 현대 조직이 직면한 다양한 도전을 반영한다. 에드먼슨의 접근법은 빠르게 변화하는 환경에서 조직의 학습 능력과 혁신 역량을 높이는 데 초점을 맞춘다. 이는 4차 산업혁명 시대에 필수적인 요소다. AI, 사물인터넷, 빅데이터 등의 기술이 빠르게 발전하는 상황에서, 조직 구성원들이 새로운 아이디어를 자유롭게 제안하고 실험할 수 있는 환경은 매우 중요하다. 예컨대 3M은 '15퍼센트 룰'을 통해 직원들에게 근무 시간의 15퍼센트를 자유롭게 사용할 수 있게 했다. 이는 에드먼슨이 말하는 심리적 안전감을 제도화한 좋은 예다. 이를 통해 3M은 포스트잇과 같은 혁신적인 제품을 개발할 수 있었다.

반면 보바의 접근법은 디지털 전환 시대에 고객과 직원 모두의 경험을 개선하는 것이 중요하다는 점을 강조한다. 이는 특히 서비스 산업에서 더욱 그렇다. 예컨대 디즈니는 직원들의 경험을 개선하기 위해 다양한 프로그램을 운영하고 있다. 이는 곧바로 고객 서비스의 질적 향상으로 이어져, 디즈니랜드의 높은 고객 만족도를 유지하는 데 기여하고 있다.

장기적인 안목을 가져라

한편 두 저작의 아이디어를 실천하는 데 있어 도전 과제도 존재한다. 에드먼슨의 심리적 안전감 이론을 적용하려면, 기존의 위계적이고 경쟁적인 조직문화를 근본적으로 변화시켜야 한다. 이는 단기간에 이루기 어려운 과제로, 리더의 지속적인 노력과 구성원들의 적극적인 참여가 필요하다. 예컨대 구글은 프로젝트 아리스토텔레스를 통해 심리적 안전감의 중요성을 인식하고 이를 조직문화에 반영하려 노력했지만, 이는 장기간에 걸친 과정이었다.

보바의 고객경험과 직원경험의 균형 이론 역시 실행에 어려움이 있다. 많은 기업이 여전히 단기적인 재무 성과에 집중하는 경향이 있어, 직원경험 개선에 투자하는 것을 주저하기 때문이다. 또한 고객경험과 직원경험을 동시에 개선하는 것은 복잡한 과정으로, 다양한 부서 간의 협력과 조정이 필요하다. 이러한 도전 과제들을 극복하기 위해서는 리더십의 역할이 중요하다. 헤이스팅스나 나델라 같은 리더들은 조직문화의 변화를 주도하며 새로운 패러다임을 실천하고 있다. 헤이스팅스는 무제한 휴가 정책을 통해 직원들의 자율성을 존중하는 문화를 만들었고, 나델라는 성장 마인드셋을 강조하며 학습과 혁신을 장려하는 문화를 조성했다.

기술의 활용도 중요한 요소다. AI와 빅데이터 기술을 활용하여 고객

 4부 문화

과 직원의 경험을 동시에 개선할 수 있다. 예컨대 AI 챗봇을 통해 고객 서비스를 개선하는 동시에 직원들의 반복적인 업무를 줄여줄 수 있다. 그러나 이러한 변화는 단순히 기술 도입만으로는 이루어질 수 없다. 조직 구성원들의 마인드셋 변화가 필수적이다. 이를 위해 지속적인 교육과 훈련이 필요하며, 성과 평가 시스템도 새로운 패러다임에 맞게 조정되어야 한다.

마지막으로, 이러한 변화는 단기간에 가시적인 성과를 내기 어렵다는 점도 도전 과제다. 따라서 경영진과 주주들의 인내와 지지가 필요하며, 장기적인 관점에서 조직의 변화를 추진해야 한다.

———

여러 도전 과제들에도 불구하고, 에드먼슨과 보바의 이론은 현대 조직이 나아가야 할 방향을 제시하고 있다. 빠르게 변화하는 비즈니스 환경에서 조직의 학습 능력과 혁신 역량을 높이고, 고객과 직원 모두의 경험을 개선하는 것은 조직의 지속 가능한 성장을 위해 필수적이다. 따라서 이러한 도전 과제들을 극복하고 새로운 조직문화를 만들어가는 것이 현대 기업의 중요한 과제라고 할 수 있다.

058 불안은 혁신의 동력이 된다

회복 탄력성

조너선 하이트Jonathan Haidt의 《불안 세대》는 현대 사회가 직면한 정신건강 위기의 심층 구조를 해부한 중요한 저작이다. 뉴욕대학교 스턴경영대학원의 사회심리학자인 하이트는 이 책에서 Z세대를 중심으로 한 정신건강 악화 현상의 원인과 구조를 체계적으로 분석했다. 그의 진단에 따르면 현재의 불안과 공포는 단순한 개별적 현상이 아니라 사회 시스템 전반의 구조적 변화가 만들어낸 집단적 증상이라는 것이다.

이러한 분석과 맥을 같이하는 것이 진 트웬지의 세대 연구다. 트웬지는 《제너레이션: 세대란 무엇인가》를 통해 세대 간 정신건강의 차이를 추적한 끝에 2011년을 기점으로 청소년들의 우울증, 불안장애, 자살 사고 비율이 급격히 증가했다고 보고한다. 특히 12~17세 청소년의 우울증 비율이 2011년 8퍼센트에서 2018년 16퍼센트로 두 배 증가한 것은 충격적이다. 트웬지의 저작은 이러한 정신건강 악화 현상이 Z세대에만 국한되지 않고 세대를 거슬러 올라가면서 점진적으로 악화되어온 현상임을 보여준다.

연결이 불안을 낳는다

기업 차원에서 이러한 불안과 공포의 확산은 다양한 방식으로 나타나고 있다. 첫째, 직원들의 정신건강 문제가 급격히 증가하고 있다. 미국심리학회American Psychological Association의 조사에 따르면 직장인의 75퍼센트가 중간, 또는 높은 수준의 스트레스를 경험한다고 응답했으며, 절반 가까이가 스트레스 수준이 전년도보다 증가했다고 답했다. 이는 단순히 개인적 문제가 아니라 조직 전체의 생산성과 혁신 능력에 직접적인 영향을 미치는 구조적 문제다.

둘째, 직장 내 소통 패턴이 근본적으로 변화하고 있다. 하이트가 지적한 '세이프티즘Safetyism' 문화는 대학 캠퍼스를 넘어 기업 조직으로 확산되면서 직원들이 자유롭게 의견을 표현하기를 주저하는 현상을 만들어내고 있다. 이는 심리적 안전감의 역설적 감소로 이어진다. 표면적으로는 더 안전한 환경을 추구하지만, 실제로는 진정한 소통과 창의적 아이디어 교환이 위축되는 결과를 낳는 것이다.

실리콘밸리의 대표적 기업들도 이러한 변화의 영향을 받고 있다. 페이스북(현 메타)의 경우 2020년 이후 직원들 사이에서 정치적·사회적 이슈에 대한 내부 토론이 격화되면서 조직 운영에 상당한 어려움을 겪었다. 마크 저커버그는 결국 정치적 토론을 제한하는 정책을 도입하기에 이르렀다. 이는 자유로운 토론과 혁신을 중시한 기존 기업문화의 근본적 변화를 의미한다. 아마존의 경우도 유사한 양상을 보인다. 아마존의 고객 집착 문화는 때로는 격렬한 내부 토론과 건설적 갈등을 전제로 하고 있다. 하지만 최근 들어 직원들 사이에서 이러한 갈등을 회피하려는 경향이 강해지면서 의사결정의 질과 속도에 영향을 미치고 있다는 내부 보고가 나오고 있다.

기술 산업뿐 아니라 전통적인 제조 업체들도 비슷한 문제를 경험하고 있다. 제너럴일렉트릭의 경우 2010년대 후반 조직문화 변화 과정에서 직원들의 불안 수준이 크게 증가했다는 내부 보고가 나왔다. 특히 젊은 직원일수록 변화에 대한 불안감이 높았고, 이는 조직 전체에 상당한 장애 요인이 되었다.

트웬지의 세대 분석에 따르면 이러한 현상은 기술적 요인과 사회적 요인이 복합적으로 작용한 결과다. 첫째, 소셜미디어의 확산이 지속적인 비교와 경쟁 상황을 만들어냈다. 직장에서도 링크드인, 내부 소셜 네트워킹 도구들이 이러한 비교 문화를 강화하고 있다. 둘째, '둠스크롤링Doomscrolling' 현상이 직장에서도 나타나고 있다. 업무 중에도 부정적인 뉴스와 정보에 지속적으로 노출되면서 직원들의 불안 수준이 상승하는 것이다.

이와 관련한 연구들은 빠르게 급증하고 있다. 펜실베이니아대학교의 연구에 따르면 소셜미디어 사용을 줄인 사람들은 외로움과 우울감이 현저히 감소했다. 이러한 연구 결과를 바탕으로 일부 기업들은 직원들의 디지털 웰빙을 위한 정책을 도입하기 시작했다. 예를 들어, 독일의 자동차 회사 다임러는 휴가 중에 이메일이 자동으로 삭제되는 정책을 도입했다. 프랑스에서는 '연결되지 않을 권리'를 보장하는 연결차단권을 법제화해 근무 시간 외 업무 관련 연락을 제한했다.

'터프한' 회사의 '나약한' 직원들

하지만 이러한 개별적 정책들만으로는 근본적인 해결책이 되지 못하는 듯하다. 문제의 핵심은 현대 사회의 구조적 변화에 있기 때문이다. 많은 연구자가 지적하듯이, 현재의 불안과 공포는 '좋은 의도와 나쁜 아이디어'의 결합으로 만들어진 것이다. 아이들을 보호하려는 부모의 좋은 의도가 과보호로 이어지고, 이는 아이들의 회복탄력성을 오히려 약화시킨다. 마찬가지로 기업들이 직원들을 보호하려는 좋은 의도가 때로는 과도한 규제와 제한으로 이어져 창의성과 혁신을 저해할 수 있다.

영국 킹스칼리지런던이 2024년에 수행한 연구에 따르면, Z세대는 38퍼센트만이 청소년 정신건강 문제가 과거에도 비슷했다고 생각하는 반면, 기성세대는 49퍼센트가 그렇게 생각한다고 답했다. 이는 세대 간 현실 인식의 차이를 보여주는 동시에, Z세대가 실제로 경험하는 정신건강 문제의 심각성을 시사한다. 더 중요한 것은 베이비부머와 X세대가 밀레니얼과 Z세대에 비해 '젊은이들의 회복탄력성 부족'을 문제의 원인으로 지목할 확률이 두 배 높다는 점이다.

이러한 세대 간 인식 차이는 중요한 함의를 가진다. 관리자 세대와 신입 직원 세대 간의 정신건강과 스트레스에 대한 이해 차이가 조직 관리의 새로운 도전 과제가 되고 있다. 전통적인 '터프한' 조직문화에 익숙한 기성 관리자들은 젊은 직원들의 정신건강 문제를 단순히 '나약함'으로 치부하기 쉽다. 반면 젊은 직원들은 자신들의 어려움이 제대로 이해받지 못한다고 느끼면서 더 큰 소외감과 불안을 경험할 수 있다.

맥킨지의 2023년 보고서에 따르면, 직장에서의 번아웃과 정신건강 문제로 인한 경제적 손실이 연간 수천억 달러에 달한다. 이는 단순히 개인의 문제가 아니라 조직과 사회 전체의 생산성에 직접적인 영향을 미치는 경제적 이슈다. 특히 창의성과 혁신이 중요한 기술 기업들의 경우, 직원들의 정신건강 악화가 혁신 능력의 저하로 직결될 수 있다.

이러한 상황에서 일부 기업은 더욱 혁신적인 접근법을 시도하고 있다. 예를 들어, 세일즈포스는 '마인드풀니스존'이라는 명상 공간을 업무 공간에 설치하고 직원들이 언제든지 명상과 스트레스 해소를 할 수 있도록 지원하고 있다. 구글은 '서치 인사이드 유어셀프' 프로그램을 통해 직원들의 감정지능과 스트레스 관리 능력을 향상시키려고 노력하고 있다.

치료보다 중요한 예방

특정 세대의 정신건강 위기 문제를 개별 기업의 노력만으로 해결하기에는 한계가 있을 것이다. 현재의 불안과 공포를 바로잡으려면 사회 전체의 구조적 변화가 필요하다. 이는 교육 시스템의 변화, 양육 방식의 개선, 기술과 인간의 관계 재정립 등을 포괄하는 광범위한 사회적 변화를 의미한다. 주목할 점은 2020~2022년의 팬데믹이 이러한 불안과 공포의 확산을 가속화했다는 것이다. 팬데믹 이후 10~14세 연령대의 불안장애 발생률이 특히 급격히 증가했으며, 이는 사회적 고립, 경제적 불확실성, 미래에 대한 불안 등이 복합적으로 작용한 결과로 분석된다. 이러한 팬데믹의 영향은 현재 직장에 진입하고 있는 젊은 세대의 정신건강에 장기적인 영향을 미칠 것으로 예상된다.

따라서 기업들이 이러한 변화에 대응하기 위해서는 단순히 치료적 접근을 넘어 예방적이고 구조적인 접근이 필요하다. 첫째, 조직문화 자체를 재검토해야 한다. 전통적인 성과 중심 문화에서 웰빙과 지속가능성을 고려하는 문화로의 전환이 필요하다. 둘째, 관리자들에게 정신건강과 세대 차이에 대한 교육을 제공해야 한다. 전통적인 조직문화에 익숙한 기성세대 관리자들은 젊은 직원들의 감각과 감정에 부정적이고 이를 무시하여 문제가 생기는 경우가 많다. 셋째, 기술과 인간의 관계를 재정립해야 한다. 기술이 인간의 불안을 증가시키는 요인이 아니라 웰빙을 지원하는 도구가 되도록 하는 것이 중요하다.

일부 선진 기업들은 이미 이러한 방향으로 움직이고 있다. 파타고니아는 직원들의 정신건강을 위해 업무 시간 중 서핑이나 스키를 허용하는 정책을 운영하고 있다. 벤앤드제리스Ben & Jerry's는 직원들의 사회 활동 참여를 적극적으로 지원하여 개인적 의미와 사회적 연결감을 강화하고 있다. 이러한 접근법은 단순히 스트레스를 줄이는 것을 넘어 직원들의 전인적 웰빙을 추구한다는 점에서 주목할 만하다.

그러나 모든 기업이 이러한 혁신적인 접근법을 채택할 수 있는 것은 아니다. 특히 전통적인 제조업이나 서비스업의 경우 업무의 특성상 유연한 근무 형태나 웰빙 프로그램 도입에 한계가 있을 수 있다. 이러한 경우에는 작은 변화부터 시작하는 것이 중요하다. 예를 들어, 정기적인 정신건강 체크, 스트레스 관리 교육, 동료 지원 프로그램 등을 통해 점진적으로 조직문화를 개선해나갈 수 있다. 또 중요한 것은 불안과 공포 자체를 완전히 제거하는 것이 아니라 건전한 방식으로 관리하고 활용하는 것이다.

적절한 수준의 긴장과 도전은 성장과 혁신의 동력이 될 수 있다. 문제는 현재와 같이 과도하고 만성적인 불안이 개인과 조직의 기능을 마

비시키는 것이다. 따라서 불안 제로 상태가 아니라 불안을 건설적으로
활용할 수 있는 회복탄력성의 구축을 목표로 삼아야 한다.

059 반대에는 놀라운 힘이 있다

레드팀 전략

조직문화에서 반대 의견을 제시하는 구성원의 역할이 점점 더 중요해지고 있다. 최근 수평적 조직문화가 강조되는 이유 중 하나는 조직 내에서 반대 의견을 제시할 수 있는 환경을 조성하기 위함이기도 하다. 이는 단순히 의사소통을 원활히 하는 것을 넘어, 조직의 전략과 의사결정을 더욱 정교하게 만들기 위한 필수적인 요소로 자리 잡았다. 이와 관련해 샬런 네메스Charlan Nemeth의 《반대의 놀라운 힘》은 반대 의견이 조직에 가져오는 긍정적 영향을 강조하며, 이를 통해 조직이 어떻게 더 나은 결정을 내릴 수 있는지를 설명한다. 또한 듀폰의 레드팀 운영과 같은 사례는 반대 의견을 체계적으로 활용하는 방식을 잘 보여준다.

듀폰을 살린 레드팀

네메스는 반대 의견이 조직 내에서 중요한 이유를 몇 가지로 설명한다. 첫째, 반대 의견은 편향된 사고를 교정하고 더 나은 의사결정을 가능하게 한다. 조직 내에서는 종종 다수의 의견이 지배적인 위치를 차지하는데, 이는 집단사고를 초래할 수 있다. 집단사고는 구성원들이 비판적 사고 없이 다수의 의견에 동조하는 현상으로, 잘못된 결정을 내릴 위험을 높인다. 예컨대 1986년 챌린저 우주왕복선 폭발 사고는 NASA 내부에서 반대 의견이 억압되면서 발생했다. 네메스는 이러한 사례를 통해 반대 의견이 조직의 실패를 예방하는 데 얼마나 중요한 역할을 하는지 강조한다.

둘째, 반대 의견은 혁신을 촉진한다. 혁신은 종종 기존의 틀을 깨는 데서 시작된다. 혁신은 기존 관행에 대한 비판적 시각과 새로운 접근법을 요구한다. 넷플릭스는 '자유와 책임'이라는 철학 아래 직원들이 자유롭게 반대 의견을 제시할 수 있는 문화를 조성했다. 이를 통해 넷플릭스는 기존 미디어 산업의 구조를 혁신하며 스트리밍 서비스 시장에서 선두 주자로 자리 잡았다.

레드팀은 반대 의견을 체계적으로 활용한 대표적인 사례다. 레드팀은 군사 전략에서 유래한 개념으로, 기존 전략의 약점을 찾아내고 이를 개선하기 위해 고안된 시스템이다. 레드팀은 적군이나 경쟁사의 관점에서 조직의 전략과 시스템을 비판적으로 검토하며, 이를 통해 취약점을 사전에 식별하고 보완한다. 듀폰은 레드팀을 활용한 대표적인 기업이다. 듀폰은 신규 사업 진출과 사업 철수 같은 주요 의사결정을 내리기에 앞서 레드팀을 통해 전략을 검증했다. 레드팀은 기존 계획의 취약점을 발견하고 이를 보완할 수 있는 대안을 제시했다. 특히 2008년 세계금융위기 당시 듀폰은 레드팀의 분석 결과를 바탕으로 빠르게 대응 전략을 수립하며 위기를 극복했다. 듀폰의 전 CEO 찰스 홀리데이

Charles Holliday는 레드팀이 회사의 지속 가능한 성장을 뒷받침한 중요한 요소였다고 강조했다.

AI 레드팀의 등장

이베이 역시 사이버 보안 강화를 위해 레드팀-블루팀 체계를 도입했다. 레드팀은 외부자의 시각으로 보안 시스템의 취약점을 공격하고, 블루팀은 이를 방어하며 대응 전략을 수립한다. 예컨대 이베이는 직원들에게 스팸 이메일을 보내거나 USB를 사무실에 두고 누가 이를 자신의 컴퓨터에 연결하는지 확인하는 방식으로 보안 취약점을 테스트했다. 이러한 접근법은 이베이가 사이버 범죄에 효과적으로 대응하고 보안 수준을 한 단계 끌어올리는 데 기여했다.

마이크로소프트는 AI 시스템의 안전성을 강화하기 위해 2018년 AI 레드팀을 출범시켰다. 이 팀은 AI 시스템의 취약점을 식별하고 대응 방안을 연구하며, 윤리적 문제와 신뢰성을 개선하는 데 초점을 맞췄다. 예컨대 마이크로소프트는 AI 챗봇 빙을 개발하는 과정에서 레드팀과 긴밀히 협력하여 잠재적인 위험 요소를 사전에 걸러냈다. 또한 AI 보안을 자동으로 테스트하는 툴을 개발해 오픈소스로 공개함으로써 다른 기업들도 AI 보안을 강화할 수 있도록 지원했다.

구글 역시 AI 레드팀을 운영하며 거대언어모델Large Language Model, LLM과 알고리즘의 악용 가능성을 평가하고 있다. 구글의 AI 레드팀은 알고리즘 편향성, 정치적 악용 가능성 등을 점검하며, 데이터세트 조작이나 프롬프트 해킹 같은 문제를 해결하기 위한 방법론을 연구 중이다. 이는 구글이 AI 기술의 윤리성과 신뢰성을 강화하는 데 기여하고 있다.

레드팀 방식은 단순히 기술적 문제 해결에 그치지 않고, 조직 전반의 의사결정 과정에도 활용된다. 아마존은 주요 프로젝트를 진행할 때 레드팀을 통해 기존 전략의 약점을 검토하고 대안을 제시받는다. 이러한 접근법은 아마존이 경쟁 우위를 유지하며 혁신적인 서비스를 지속적으로 제공할 수 있는 기반이 되었다.

그러나 레드팀 방식에는 몇 가지 도전 과제가 존재한다. 첫째, 조직 내 권위적인 문화는 레드팀이 효과적으로 작동하는 것을 방해할 수 있다. 반대 의견이 억압되는 환경에서는 레드팀의 분석 결과가 충분히 반영되지 않을 가능성이 크다. 둘째, 레드팀 활동이 지나치게 비판적이거나 부정적으로 작용할 경우 조직 내 갈등과 혼란을 초래할 수 있다.

이를 해결하기 위해서는 몇 가지 조건이 필요하다. 첫째, 리더는 심리적 안전감을 조성해야 한다. 구성원들이 자유롭게 의견을 제시할 수 있는 환경이 조성되어야만 레드팀이 효과적으로 작동할 수 있다. 둘째, 레드팀 활동은 체계적으로 관리되어야 한다. 생산성을 극대화하기 위해서는 공식적인 프로세스를 갖추고 역할 분담을 이루어야 한다.

———

레드팀은 현대 조직문화에서 중요한 역할을 한다. 이는 단순히 기존 전략의 약점을 발견하는 것을 넘어, 조직 내 반대 의견과 비판적 사고를 체계적으로 활용하여 더 나은 의사결정을 가능하게 한다. 듀폰, 이베이, 마이크로소프트와 같은 기업들은 레드팀이 조직의 경쟁력을 강화하는 데 얼마나 효과적인 도구인지를 보여준다. 그러나 성공적인 적용을 위해서는 심리적 안전감과 체계적인 관리가 필수적이다. 이를 통해 조직은 더 나은 결과를 도출하고 지속 가능한 성장을 이룰 수 있다.

조직문화는 시대적 트렌드에 따라 변화하며, 반대 의견의 중요성도 점점 더 부각되고 있다. 과거에는 위계적이고 권위적인 문화가 지배적이었다면, 현대에는 수평적이고 협력적인 문화가 강조되고 있다. 이런 문화는 단순히 직원 만족도를 높이는 것을 넘어, 조직의 혁신과 성장을 촉진하는 데 필수적인 요소로 작용한다.

060 산만함은
생산성의 적이다

딥 워크

조직문화와 관련한 최근의 트렌드는 단순히 직원들의 만족도를 높이는 데 중점을 두는 것을 넘어 생산성과 집중력을 극대화하는 데 초점을 맞추고 있다. 현대 조직들은 심리적 안전감과 자유를 제공하는 동시에 생산성을 높이기 위한 체계적인 접근을 병행하고 있다. 이러한 맥락에서 니컬러스 카Nicholas Carr가 쓴《생각하지 않는 사람들》, 칼 뉴포트Cal Newport가 쓴《딥 워크》와《디지털 미니멀리즘》을 조명해봐야 할 필요성이 있다.

빌 게이츠의 '싱크위크'

현대 디지털 시대에 인간의 인지 능력은 전례 없는 도전을 받고 있다. 카가《생각하지 않는 사람들》에서 예리하게 지적한 바와 같이, 인터넷과 디지털 기술의 확산은 우리의 뇌를 근본적으로 재구성하고 있다. 카는 인터넷이 "우리를 더 영리하게 만들기보다는 더 바보로 만들고 있다"라고 경고하며, 디지털 환경에서 끊임없이 쏟아지는 정보의 홍수가 인간의 깊이 있는 사고 능력을 침식하고 있다고 주장했다.

이러한 현상은 단순한 기술적 문제가 아니라 인간의 신경가소성과 직결된 생물학적 변화다. 스탠퍼드대학교의 연구에 따르면, 멀티태스킹에 익숙한 사람들은 실제로는 단일 업무에서 더 낮은 성과를 보인다. 이들은 관련 없는 정보를 걸러내는 능력이 떨어지고, 기억 용량도 제한적이며, 한 업무에서 다른 업무로 전환하는 속도마저 느리다. 직장에서 이메일 알림이나 메신저 알림으로 한 번 방해받은 후 다시 원래 업무에 집중하기까지 평균 23분이 걸린다는 글로리아 마크의 연구는 이 문제의 심각성을 여실히 드러낸다.

뉴포트는 《딥 워크》에서 이러한 문제에 대한 해법을 제시한다. 그는 딥 워크를 '산만함 없이 집중하여 인지적으로 어려운 작업을 수행하는 능력'으로 정의하며, 이것이 현대 지식 노동자들에게 가장 중요한 기술이라고 강조한다. 뉴포트의 주장에 따르면, 딥 워크 능력은 점점 희소해지고 있지만 동시에 그 가치는 더욱 증가하고 있다.

실제로 빌 게이츠는 매년 두 번씩 일주일간의 싱크위크를 통해 완전히 외부와 차단된 상태에서 깊이 있는 사고에 몰입한다. 이 기간 동안 그는 회사의 전략적 방향을 결정하는 중요한 아이디어들을 도출해왔다. 애플의 조너선 아이브 역시 디자인 과정에서 깊은 집중 상태를 유지하기 위해 외부 방해 요소를 철저히 차단하는 것으로 유명하다.

기업 차원에서도 딥 워크의 중요성을 인식하고 이를 조직문화에 반영하려는 노력들이 증가하고 있는 추세다. 소프트웨어 개발 기업 베이스캠프Basecamp는 직원들의 딥 워크를 보장하기 위해 '캄컴퍼니Calm Company' 철학을 도입했다. 이들은 회의를 최소화하고, 업무 시간 동안 불필요한 커뮤니케이션을 제한하며, 주 4일 근무제를 통해 더 집중도 높은 시간을 확보할 수 있도록 했다. 그 결과 직원 만족도와 생산성이 모두 크게 향상되었다.

뉴포트는 또한《디지털 미니멀리즘》에서 디지털 기기의 과도한 사용이 개인의 생산성과 정신건강에 미치는 부정적 영향을 심도 있게 분석했다. 그는 디지털 미니멀리즘을 '필수적인 도구만 사용하여 삶의 본질적인 가치를 되찾는 방식'으로 정의하며, 기술을 의도적이고 선택적으로 사용해야 한다고 주장한다. 이는 단순히 기술을 거부하는 것이 아니라, 기술이 자신의 가치와 목표에 어떻게 기여하는지를 신중히 평가하여 선택적으로 활용하는 것을 의미한다.

스웨덴의 스타트업 킥스타터 Kickstarter 는 직원들에게 '디지털 디톡스' 시간을 도입하여 업무 시간 중 특정 시간대에는 소셜미디어와 같은 디지털 방해 요소를 완전히 차단하도록 했다. 이 정책 도입 후 직원들의 집중력이 향상되었을 뿐 아니라, 창의적인 아이디어 발굴과 문제 해결 능력도 크게 개선되었다. 특히 프로그래머들의 경우 복잡한 코딩 작업에서 오류율이 현저히 감소했다.

메타는 수요일에 회의하지 않는다

이러한 변화를 실현하기 위해서는 조직 차원의 체계적인 접근이 필요하다. 단순히 개인에게 더 집중하라고 요구하거나 팀에게 더 협력하라고 지시하는 것만으로는 부족하다. 물리적 환경, 업무 프로세스, 평가 시스템, 의사소통 방식 등 조직의 모든 측면이 딥 워크와 효과적인 협업을 지원하도록 설계되어야 한다.

예를 들어, 페이스북(현 메타)은 오픈 오피스의 문제점을 인식하고 직원들이 집중할 수 있는 다양한 공간을 제공했다. 이들은 개인 작업을 위한 조용한 공간, 팀 협업을 위한 회의실, 비공식적 소통을 위한 라운지 등을 적절히 배치하여 상황에 따라 최적의 환경에서 일할 수 있도록 했다. 또한 '회의 없는 수요일No Meeting Wednesday' 같은 정책을 통해 직원들이 방해받지 않고 깊은 작업에 몰입할 수 있는 시간을 보장했다.

결국 디지털 시대에 조직의 성공은 개인의 딥 워크 능력과 팀의 협업을 동시에 극대화하는 데 달려 있다. 이는 기술적 해결책만으로는 달성할 수 없다. 인간의 인지적 특성과 사회적 본성을 깊이 이해하고 이를 조직 설계에 반영하는 통합적 접근이 필요하다. 미래의 경쟁 우위는 단순히 더 많은 정보를 처리하거나 더 빠르게 반응하는 능력이 아니라, 복잡하고 산만한 환경에서도 깊이 있게 사고하고 의미 있는 협업을 통해 가치를 창출하는 능력에서 나올 것이다.

조직문화는 시대적 변화에 맞춰 진화하며, 안전감과 자유뿐 아니라 생산성과 집중력이라는 요소도 균형 있게 다루어야 한다. 이를 통해 조직은 단순히 현재의 문제를 해결하는 것을 넘어 미래의 도전 과제에도 유연하게 대응하는 기반을 마련할 수 있다.

그러나 생산성과 집중력을 강조하는 과정에서 직원들의 스트레스와 번아웃 위험을 간과해서는 안 된다. 조직은 균형 잡힌 접근을 통해 직원들의 웰빙과 성과를 동시에 추구해야 하며, 이를 통해 지속 가능한 성장과 경쟁력을 확보할 수 있다. 현대 조직문화는 단순히 과거의 관행을 답습하는 것이 아니라, 변화하는 시대적 요구에 맞게 진화해야 한다.

슬기로운 스마트 오피스 생활

문제는 많은 기업이 이런 부분을 과소평가하고 있으며, 이를 해결하기 위한 방법론을 놓고도 혼돈을 겪는 경우가 많다는 것이다. 예컨대 최근 스마트 오피스 환경이 집중력과 생산성을 떨어뜨린다는 연구 결과가 주목받고 있다. 스마트 오피스는 유연한 근무 환경과 협업을 강조하며, 자율 좌석제와 같은 혁신적인 공간 설계를 통해 업무 효율성을 높이고자 도입되었다. 그러나 일부 연구는 이러한 환경이 오히려 직원들의 집중력을 저하시키고, 생산성에도 부정적인 영향을 미칠 수 있음을 지적하고 있다.

데이비드 버커스David Burkus는 《경영의 이동》에서 스마트 오피스가 모든 조직에 동일한 방식으로 성공을 보장하지 않는다고 지적했다. 많은 기업이 스마트 오피스를 도입하면서 기존 전산망이나 정보 공유 시스템을 제대로 정비하지 않은 채 좌석만 자율 좌석제로 변경하는 실수를 저지른다. 이는 직원들에게 심리적 불안감을 유발하고, 정보 흐름의 단절로 이어질 수 있다. 버커스는 이러한 문제를 해결하기 위해 업무 방식과 공간 설계를 동기화해야 한다고 강조한다.

버커스는 스마트 오피스 환경이 집중력과 생산성에 미치는 영향을 논의하면서, 개방형 구조의 장단점을 분석한다. 개방형 구조는 협업과 소통을 촉진하지만, 동시에 소음과 방해 요소를 증가시켜 직원들의 몰입도를 저하시킬 수 있다. 이를 해결하기 위해 버커스는 개방형 공간과 폐쇄형 공간의 균형을 맞추는 것이 중요하다고 제안한다. 예컨대 구글은 사무실 내에 '포커스존Focus Zone'을 마련하여 직원들이 방해받지 않고 작업할 수 있는 환경을 제공했다.

물론 버커스는 디지털 기술이 스마트 오피스에서 중요한 역할을 한다고 강조한다. IT 기술과 사물인터넷을 활용하여 실시간으로 정보를 공유하고 협업할 수 있는 시스템을 구축하면, 직원들이 시간과 장소에 구애받지 않고 업무를 수행할 수 있다. 즉 스마트 오피스를 성공적으로 구현하기 위해서는 단순히 물리적 공간을 변경하는 것을 넘어, 조직의 업무 방식과 기술 인프라를 통합적으로 설계해야 한다. 이를 통해 조직은 구성원의 창의성과 생산성을 극대화하고, 급변하는 비즈니스 환경에서 경쟁력을 유지할 수 있다.

———

기업이 미래의 도전 과제에 유연하게 대응하며 성공하기 위해서는 안전감과 자유, 그리고 생산성과 집중력이라는 두 축을 균형 있게 다루는 조직문화를 구축해야 한다. 안전감과 자유는 직원들이 심리적으로 안정된 상태에서 자신의 의견을 자유롭게 제시하고 창의력을 발휘할 수 있는 환경을 조성하는 데 필수적이다. 동시에 생산성과 집중력은 조직이 목표를 달성하고 경쟁력을 유지하기 위한 핵심 요소다. 이 두 가지 축은 상호 보완적이며, 현대 조직문화에서 균형 있게 다뤄져야 한다.

061 직원보다 리더가 바빠야 한다

멀티태스킹

현대 조직에서 멀티태스킹에 대한 통념은 완전히 바뀌어야 한다. 뉴포트가 《딥 워크》에서 제시한 혁신적 관점에 따르면, 멀티태스킹은 일반 구성원들이 피해야 할 독이지만 리더에게는 필수적인 능력이다. 이는 단순한 역설이 아니라 조직의 효율성과 성과를 극대화하기 위한 전략적 분업의 핵심이다. 일반 구성원들이 딥 워크에 몰입하여 탁월한 결과물을 창출하는 동안 리더는 멀티태스킹을 통해 조직 전체의 흐름을 조율하고 방향을 제시해야 한다. 이러한 역할 분담이야말로 조직이 경쟁력을 확보할 수 있는 유일한 길이다.

직원의 딥 워크를 위한 리더의 멀티태스킹

게이츠의 싱크위크, 조앤 롤링이 '해리 포터 시리즈'의 마지막 이야기를 집필하기 위해 에든버러 도심의 호텔 스위트룸을 빌린 것, 카를 구스타프 융이 호숫가의 작은 마을에 별장을 짓고 자신만 들어갈 수 있는 방에서 분석심리학의 기틀을 쌓은 논문을 써낸 것이 모두 딥 워크의 전형적인 사례다. 하지만 이들은 모두 최고 의사결정권자였기 때문에 이러한 고립된 집중이 가능했다. 일반 구성원들에게는 다른 전략이 필요하다.

에릭 브린욜프슨과 앤드루 맥아피가 《기계와의 경쟁》에서 제시한 대구조조정의 시대에서도 살아남는 세 종류의 사람 중 가장 큰 비중을 차지하는 부류는 '어려운 기술을 신속하게 습득하고 최고 수준의 결과물을 만들어내는' 능력의 소유자다. 이러한 능력을 기르기 위해서는 반드시 딥 워크가 필요하며, 이는 일반 구성원들이 멀티태스킹을 피해야 하는 결정적인 이유다. 반면 리더는 이들이 딥 워크에 집중할 수 있는 환경을 조성하고 유지하기 위해 끊임없이 다양한 업무를 동시에 처리해야 한다.

현대 조직이 직면한 가장 큰 역설은 딥 워크가 그 어느 때보다 중요해졌는데도 딥 워크를 방해하는 요소들이 급속히 증가하고 있다는 점이다. 첫째, 개방형 사무실의 확산이다. 실리콘밸리의 영향으로 전 세계적으로 확산된 개방형 사무실은 표면적으로는 창의성과 협업을 촉진한다고 알려져 있지만, 실제로는 집중력을 심각하게 저하한다. 한때 페이스북(현 메타)은 4,000제곱미터가 넘는 단일 공간에서 3,000여 명의 직원들이 함께 일한다는 것을 자랑스럽게 홍보했지만, 최근 연구 결과들은 이러한 환경이 오히려 생산성을 떨어뜨린다는 사실을 명확히 보여주고 있다.

둘째, 상시 접속 문화의 만연이다. 하버드대학교 경영대학원 교수 레슬리 펄로Leslie Perlow의 연구에 따르면 일반적인 직장인들은 이메일에 한 시간 안에 답해야 한다는 믿음 때문에 주당 25시간 정도의 시간을 소모한다. 이는 전체 업무 시간의 절반 이상을 차지하는 엄청난 비중이다. 보스턴컨설팅그룹에서 실시한 이메일 차단 실험은 이러한 상시 접속 문화가 얼마나 불필요한지를 극명하게 보여준다. 일주일 중 하루 동안 회사 안팎의 누구와도 연결되지 않도록 했을 때, 어느 직원도 고객을 잃지 않았고 오히려 내부 의사소통이 개선되었으며 더 나은 결과물을 고객에게 제공할 수 있었다.

셋째, 소셜미디어의 침투다. 《뉴욕타임스》 기자들조차 소셜미디어를 사용해야 한다는 압박을 받는 현실에서, 소셜미디어는 예측할 수 없는 간격으로 개인화된 정보를 제공하며 엄청난 중독성을 발휘한다. 이러한 환경에서 일반 구성원들이 딥 워크를 수행하기란 거의 불가능하다. 스탠퍼드대학교 커뮤니케이션학 교수 클리퍼드 나스Clifford Nass의 연구에 따르면 멀티태스킹을 하는 사람은 두뇌 기능이 특히 저하되며, 이는 의지력만으로 극복할 수 없는 생리적 현상이다.

콘텍스트 스위칭을 경계하라

이러한 현실에서 리더의 역할은 더욱 중요해진다. 리더는 조직 구성원들이 딥 워크에 집중할 수 있도록 방해 요소들을 차단하고 적절한 환경을 조성해야 한다. 동시에 리더 자신은 다양한 이해관계자들과의 소통, 의사결정, 위기 관리, 전략 수립 등 여러 업무를 동시에 처리해야 한다. 이는 본질적으로 멀티태스킹을 요구하는 업무들이며, 리더가 이를 효과적으로 수행해야만 조직 전체가 원활하게 작동할 수 있다.

하지만 리더의 멀티태스킹은 일반적인 멀티태스킹과는 본질적으로 다르다. 뉴포트가 강조하는 바와 같이, 리더는 '컨텍스트 스위칭Context Switching'을 최소화해야 한다. 즉 여러 업무를 동시에 처리하되 각각에 대해서는 완전한 주의를 기울여야 한다는 것이다. 이는 일반 구성원들이 하는 산만한 멀티태스킹과는 완전히 다른 고도의 기술이다. 리더는 한 번에 하나의 문제에 집중하여 최선의 결정을 내린 후, 다음 문제로 완전히 전환하는 능력을 갖춰야 한다.

스티브 잡스는 이러한 리더의 멀티태스킹 능력을 극한까지 발휘한 인물이다. 잡스는 제품 디자인, 마케팅 전략, 공급망 관리, 소매 사업, 콘텐츠 사업 등 완전히 다른 영역의 업무들을 동시에 관리하면서도 각각에 대해서는 완벽주의적 수준의 집중력을 발휘했다. 그는 매주 월요일 아침 경영진 회의에서 회사의 모든 주요 프로젝트를 검토하고 우선순위를 조정했으며, 각 팀이 자신들의 전문 분야에서 딥 워크에 집중할 수 있도록 명확한 방향을 제시했다. 동시에 그는 제품 발표회, 언론 인터뷰, 투자자 미팅 등 대외적인 업무도 병행했다.

머스크는 리더의 멀티태스킹이 얼마나 극한까지 확장될 수 있는지를 보여주는 사례일 것이다. 머스크는 테슬라, 스페이스엑스, 뉴럴링크, 보링Boring 등 완전히 다른 산업의 여러 회사를 동시에 경영하면서도 각 회사가 혁신적인 성과를 낼 수 있도록 이끌고 있다. 그는 주중에는 테슬라에서, 주말에는 스페이스엑스에서 시간을 보내며 각 회사의 핵심 이슈들을 직접 관리한다. 동시에 소셜미디어를 통한 소통, 언론 대응, 정부 관계자들과의 미팅 등도 병행한다. 이는 일반인에게는 불가능한 수준의 멀티태스킹이다. 이 덕분에 각 조직의 구성원들은 자신들의 전문 분야에서 딥 워크에 집중할 수 있는 환경을 제공받는다.

멀티태스킹의 진정한 의미

리더가 멀티태스킹에 성공하기 위해서는 몇 가지 핵심 원칙을 지켜야 한다. 첫째, 명확한 우선순위 설정이다. 동시에 여러 업무를 처리해야 하는 리더는 각 업무의 중요도와 긴급성을 명확히 구분할 줄 알아야 한다. 베이조스의 의사결정 구분법이 좋은 예다. 되돌릴 수 없는 중요한 결정(타입 1)에는 충분한 시간을 투자하고, 수정 가능한 일반적인 결정(타입 2)은 신속하게 처리하는 것이다.

둘째, 효과적인 위임과 권한 분산이다. 리더가 모든 것을 직접 처리하려고 하면 진정한 멀티태스킹은 불가능하다. 대신 각 영역의 전문가들에게 적절한 권한을 위임하고, 그들이 딥 워크에 집중할 수 있는 환경을 조성해야 한다.

셋째, 강력한 정보 필터링 시스템 구축이다. 리더는 수많은 정보 중에서 정말 중요한 것만을 선별하여 처리해야 한다. 워런 버핏은 하루에 500페이지 이상을 읽으면서도 투자 결정에 필요한 핵심 정보만을 추출했다. 리더는 정보의 홍수 속에서 진주를 찾아내는 능력을 갖춰야 한다.

넷째, 지속적인 학습과 적응이다. 리더의 멀티태스킹은 단순히 여러 업무를 동시에 처리하는 것이 아니라, 각 영역에서 일어나는 변화를 빠르게 파악하고 적응하는 것이다. 아마존이 전자상거래에서 클라우드 컴퓨팅으로, 다시 AI로 사업 영역을 확장할 수 있었던 것은 베이조스가 각 분야의 기술 트렌드와 시장 변화를 지속적으로 학습하고 적응했기 때문이다.

반면 일반 구성원들에게는 딥 워크 환경 조성이 절대적으로 중요하다. 뉴포트가 제시한 딥 워크의 네 가지 방식 중에서 대부분의 직장인에게 적합한 것은 '운율적 방식'이다. 이는 매일 일정한 시간에 집중하는 것으로, 초보자는 하루 한 시간, 전문가는 최대 네 시간까지 가능

4부 문화

하다. 조직은 이러한 딥 워크 시간을 보장하고 보호해야 한다.

실제로 많은 선진 기업이 이러한 원칙을 도입하고 있다. 인텔은 '싱크 타임Think Time'이라는 제도를 통해 직원들이 일주일에 네 시간씩 방해받지 않고 깊이 생각할 수 있는 시간을 보장한다. 3M은 직원들이 업무 시간의 15퍼센트를 자유로운 연구에 투자할 수 있도록 허용하며, 이 시간 동안에는 어떤 회의나 이메일도 금지된다. 이러한 정책들은 모두 일반 구성원들의 딥 워크를 보호하기 위한 것이다.

무의미한 바쁨을 피하라

소셜미디어에 대한 대응도 리더와 일반 구성원 간에 차별화되어야 한다. 일반 구성원들은 뉴포트가 제안한 '30일 차단 실험'을 통해 자신이 사용하는 소셜미디어가 정말 필요한 도구인지를 검증해야 한다. 만약 '이 서비스를 사용했다면 지난 30일이 더 크게 나아졌을까'와 '내가 이 서비스를 사용하지 않는 것을 사람들이 신경이나 썼을까'라는 두 질문에 모두 '아니오'라고 답할 수 있다면, 해당 소셜미디어를 끊는 것이 바람직하다.

반면 리더는 소셜미디어를 전략적 도구로 활용할 필요가 있다. 테슬라의 머스크가 트위터(현 X)를 통해 회사의 비전을 전달하고 고객들과 소통하는 것, 마이크로소프트의 나델라가 링크드인을 통해 기업문화와 리더십 철학을 공유하는 것은 모두 리더의 멀티태스킹 능력의 일환이다. 하지만 이들도 소셜미디어 사용 시간을 엄격히 제한하고, 전담 팀을 통해 효율적으로 관리한다.

무료함을 견디는 능력 역시 리더와 일반 구성원 간에 다르게 접근해야 한다. 일반 구성원들은 5분 동안 줄을 서거나 식당에서 친구를 기다릴 때처럼 무료함을 느끼는 모든 순간에 스마트폰을 들여다본다. 리더는 그런 습관을 버려야 한다. 나스가 말한 '정신적으로 망가진 상태'를 피하기 위해서는 산만한 자극제를 이겨내도록 두뇌를 재설정해야 한다.

반면 리더는 무료함을 전략적 사고의 기회로 활용해야 한다. 게이츠의 싱크위크나 버핏의 일일 독서 시간은 모두 이러한 전략적 무료함의 활용이다. 리더는 바쁜 일정 속에서도 의도적으로 여백을 만들어 깊이 사고할 수 있는 시간을 확보해야 한다.

따라서 조직문화를 구축할 때 바쁨을 미덕으로 여기는 문화에서 벗어나야 한다. 많은 조직에서 직원들이 분주하게 일하는 것을 생산성의 지표로 여기지만, 이는 잘못된 인식이다. 진정한 생산성은 깊이 있는 사고와 집중을 통해 나오는 것이며, 이를 위해서는 겉보기에는 한가해 보일 수 있는 딥 워크 시간이 필요하다. 리더는 이러한 문화적 변화를 이끌어야 한다.

미래의 조직은 이러한 역할 분담이 더욱 명확해질 것이다. AI와 자동화 기술의 발전으로 단순 반복 업무는 기계가 담당하게 되고, 인간은 창의적이고 복잡한 사고가 필요한 업무에 집중하게 될 것이다. 이러한 환경에서 일반 구성원들의 딥 워크 능력은 더욱 중요해지고, 리더의 조율과 관리 역할도 더욱 복잡해질 것이다.

———

멀티태스킹을 리더만 해야 한다는 원칙은 단순한 업무 분담을 넘어 조직 효율성의 핵심이다. 일반 구성원이 딥 워크에 집중하여 탁월한 결과물을 창출하는 동안, 리더는 멀티태스킹을 통해 조직 전체의 방향을 설정하고 조율한다. 이러한 역할 분담이 제대로 작동할 때 조직은 급변하는 환경에서도 지속적인 혁신과 성장을 이룰 수 있다. 한국의 리더들은 이러한 패러다임 전환을 적극적으로 수용하고, 멀티태스킹의 달인이 되는 동시에 구성원들의 딥 워크를 보호하는 환경을 조성해야 한다. 이것이야말로 21세기 리더십의 핵심이자 조직 경쟁력의 원천이다.

062 '무엇'만큼 '언제'도 중요하다

시간 관리

경영은 곧 시간과의 싸움이다. 기업이 시장에서 경쟁 우위를 확보하고 지속 가능한 성장을 이루기 위해서는 자원 관리와 전략 수립뿐 아니라, 시간을 효과적으로 관리하는 능력 또한 필수적이다. 시간은 모든 조직에 동일하게 주어지는 유한한 자원이지만, 이를 어떻게 활용하느냐에 따라 성과와 결과는 크게 달라진다. 따라서 시간을 관리하는 것은 단순한 업무 효율성을 넘어 경영의 핵심 과제다.

최초의 과학적 시간 관리법

시간 관리는 경영에서 의사결정의 속도와 품질을 결정짓는 중요한 요소다. 이는 단순히 업무 효율성을 높이는 것을 넘어 조직의 목표 달성과 경쟁력 확보를 위한 핵심적인 도구로 작용한다. 이러한 시간 관리의 중요성은 현대 경영학의 기초를 세운 프레더릭 윈슬로 테일러의 과학적 관리법에서도 잘 드러난다. 테일러는 시간을 효율적으로 활용하는 것이 조직의 생산성을 극대화하고, 경영 성과를 향상시키는 데 필수적이라고 주장했다.

테일러는 20세기 초, 노동 현장에서 비효율적인 작업 방식이 만연하던 시기에 과학적 관리법을 통해 작업 방식을 혁신했다. 그는 노동자들의 작업을 세부 동작으로 분해하고, 스톱워치로 각 동작의 시간을 측정하여 불필요한 동작을 제거했다. 이를 통해 표준 작업 시간을 설정하고 가장 효율적인 작업 방식을 도출했다. 예컨대 테일러는 철강 공장에서 삽질 작업을 분석하여 삽의 크기를 표준화하고, 작업자의 피로를 최소화하면서 생산성을 극대화하는 방법을 고안했다. 이러한 시간 관리 기법은 단순히 생산성을 높이는 것을 넘어, 노동자와 경영자 모두에게 이익이 되는 협력적 경영 모델을 제시했다.

테일러의 시간 관리 원칙은 현대 경영에서도 여전히 유효하다. 그는 "시간은 가장 소중한 자원이며, 이를 낭비하지 않는 것이 경영의 핵심"이라고 강조했다. 이러한 철학은 오늘날 많은 기업이 시간 관리를 통해 의사결정의 속도와 품질을 높이고자 하는 노력으로 이어지고 있다. 베이조스는 "빠른 의사결정은 성공적인 기업의 특징"이라고 강조하며, 아마존에 '70퍼센트 룰'을 도입했다. 이는 모든 정보를 완벽히 확보하기를 기다리기보다, 70퍼센트의 정보를 가지고 신속히 결정을 내리고 필요할 경우 수정하는 방식을 의미한다. 이 접근법은 시간을 낭비하지 않고 빠른 실행과 학습을 반복할 수 있도록 한다. 베이조스의 철학은 아마존이 급변하는 시장 환경에 민첩하게 대응하며 글로벌 선두 기업으로 자리 잡는 데 기여했다.

시간 관리는 또한 조직의 생산성과 집중력을 극대화하는 데 필수적이다. 따라서 시간 관리는 경영 전략에서도 중요한 역할을 한다. 마이클 포터는 경쟁 우위를 확보하기 위해서는 전략적 선택과 함께 이를 실행하는 타이밍이 중요하다고 강조했다. 예컨대 애플은 아이폰을 출시하며 스마트폰 시장에 적절한 시기에 진입함으로써 시장을 선도할 수 있었다. 반면 타이밍을 놓친 기업들은 혁신적인 제품을 개발했음에도 시장에서 실패하는 경우가 많다. 이는 시간을 효과적으로 관리하고 활용하는 것이 얼마나 중요한지를 보여준다.

일하기에 가장 좋은 시간

다니엘 핑크Daniel Pink의 저서 《언제 할 것인가》는 인간의 생체리듬과 시간대에 따른 집중력 및 생산성의 변화를 과학적으로 분석하며, 이를 바탕으로 최적의 업무 수행 시간을 제안한다. 핑크는 '무엇을 할 것인가'만큼이나 '언제 할 것인가'도 중요하다고 강조하며, 시간 관리와 생산성 향상을 위한 새로운 관점을 제시했다. 이 책은 개인의 생체시계에 따라 하루를 세 가지 주요 시간대로 나누고, 각 시간대에 적합한 업무를 배치하는 것이 성과를 극대화하는 데 필수적이라고 설명한다.

핑크는 대부분의 사람들이 '아침-오후-저녁'으로 이어지는 생체리듬을 따르며, 이 과정에서 집중력과 에너지 수준이 변화한다고 주장한다. 그는 하루를 최고점, 최저점, 반등이라는 세 가지 단계로 나누었다. 첫 번째 단계인 최고점은 일반적으로 아침 시간에 나타나며, 논리적이고 분석적인 사고가 필요한 업무에 적합하다. 두 번째 단계인 최저점은 점심 이후 오후 시간대로, 에너지와 집중력이 급격히 떨어지는 시기다. 마지막 단계인 반등은 저녁 무렵으로 창의성과 직관력이 필요한 업무에 적합하다.

핑크는 이 세 가지 단계를 활용하여 업무를 배치할 것을 권장한다. 예컨대 분석적 사고와 논리가 필요한 회의나 보고서 작성은 최고점 시간대인 아침에 배치하고, 단순 반복 작업이나 이메일 확인과 같은 업무는 최저점 시간대인 오후에 처리하는 것이 효율적이다. 반등 시간대에는 창의적인 브레인스토밍이나 문제 해결과 같은 작업을 배치하는 것이 이상적이다. 이러한 접근은 개인의 생체리듬을 존중하며, 에너지와 집중력을 최대한 활용할 수 있는 환경을 조성한다.

핑크는 또한 개인의 생체시계 유형에 따라 최적의 업무 시간이 달라질 수 있음을 강조한다. 그는 사람들을 종달새형, 올빼미형, 그리고 중간형으로 분류하며, 각 유형에 따라 생산성이 높은 시간이 다르다고 설명한다. 예컨대 종달새형은 아침 일찍 집중력이 최고조에 달하며, 올빼미형은 늦은 오후나 저녁 시간대에 창의력과 집중력이 높아진다. 중간형은 이 두 유형의 중간 지점에 위치하며, 오전 중반에서 정오까지가 가장 생산적인 시간이다.

중요한 일은 오전에 처리하라

핑크는 단순히 이론적 분석에 그치지 않고, 다양한 사례와 연구 결과를 통해 자신의 주장을 뒷받침한다. 핑크는 수술 성공률과 같은 의료 데이터를 인용하며, 의사들이 오전에 수술할 때 성공률이 더 높고 실수가 적다는 점을 강조했다. 또한 오후 최저점 시간대에는 의료진의 손 씻는 횟수조차 줄어들 정도로 실수가 증가한다고 지적했다.

핑크는 낮잠의 중요성도 언급했는데, 이를 생산성과 집중력을 회복하는 데 효과적인 방법으로 제안했다. 그는 10~20분 정도의 짧은 낮잠이 피로를 줄이고 기억력을 향상시키며, 오후 반등 시간대를 효과적으로 활용할 수 있도록 돕는다고 설명했다. 메이요클리닉Mayo Clinic의 연구에 따르면, 낮잠은 특히 오후 2시에서 3시 사이가 가장 효과적이며, 이 시간을 활용하면 에너지와 집중력을 회복할 수 있다.

핑크의 주장은 기업 환경에 충분히 적용할 만하다. 예컨대 구글은 인간의 생체리듬을 고려한 유연근무제를 도입하여, 직원들이 스스로 가장 생산적인 시간대에 업무를 수행할 수 있도록 지원했다. 또한 마이크로소프트는 직원들에게 몰입 시간을 제공하고 방해 요소를 최소화하여 딥 워크를 실천할 수 있는 환경을 조성했다.

기업이 개별 직원들의 생체리듬을 모두 고려하여 유연하게 업무 배치를 하기가 사실상 불가능하다는 점이다. 특히 제조업이나 고객 서비스와 같이 정해진 일정과 타임라인이 중요한 산업에는 이러한 접근법을 적용하기 어려울 수 있다. 또한 개인 간 생체리듬 차이가 크기 때문에 이를 조직 차원에서 일괄적으로 관리하는 데도 한계가 있다.

그럼에도 불구하고 핑크의 주장은 현대 조직문화에서 중요한 통찰을 제공한다. 그는 '무엇을 할 것인가'뿐 아니라 '언제 할 것인가'라는 질문이 조직의 성과와 개인의 생산성을 결정짓는 중요한 요소라고 강조한다. 이를 통해 조직은 직원들의 에너지와 집중력을 최대한 활용할 수 있는 환경을 조성하고 지속 가능한 성장을 도모할 수 있다.

———

핑크는 현대인의 삶과 일상에서 타이밍이 얼마나 중요한 역할을 하는지를 재조명하며, 이를 통해 개인과 조직 모두가 더 나은 성과를 달성할 수 있는 방법을 제시한다. 핑크의 통찰은 단순히 시간 관리 기술을 넘어, 인간의 본성과 생체리듬을 이해하고 이를 바탕으로 효율성을 극대화하는 데 기여한다. 기업들은 이러한 원칙을 바탕으로 직원들의 몰입도를 높이고 조직 전체의 경쟁력을 강화할 수 있을 것이다.

063 속도보다 생산성에 주목하라

슬로우 워크

현대 조직문화에서 주목해야 할 중요한 흐름 중 하나는 탈생산성에 대한 움직임이다. 이는 기존의 생산성 개념이 지식 노동자들에게 부적절하게 적용되어왔다는 인식에서 비롯된다. 뉴포트는 이러한 문제를 해결하기 위해 '슬로우 워크Slow Work'라는 개념을 제안하고 있다. 뉴포트의 주장은 현대 지식 노동자들에게 적용되어온 생산성 개념이 근본적으로 잘못되었다는 것인데, 그는 이를 '유사생산성Pseudo-Productivity'이라고 칭한다.

유사생산성의 노예가 되어버린 사람들

뉴포트는 《슬로우 워크》에서 현대 사회가 '번 아웃 사회'가 되었다고 지적한다. 현대인들은 완전히 소진될 때까지 자신의 에너지와 시간을 소비하며, 좌절감, 무력감, 수면장애에 시달리면서도 과감하게 일에서 손을 떼지 못한다. 마치 올림픽 경기에 출전한 선수들처럼, '더 빨리 더 높이 더 멀리'의 자세로 매 순간을 살아가는 것이다.

유사생산성 개념은 지식 노동자의 생산성이 농공업과 달리 수치화하기 어렵기 때문에 결국 '일하는 티'를 내는 것으로 대체되는 현상을 가리킨다. 예컨대 일의 실질적인 성과와는 무관하게 이메일이나 슬랙을 주고받거나, 회의를 갖고 문서를 만드는 행위가 생산성의 척도가 되는 것이다. 이로 인해 지식 노동자들은 실제 생산적인 일보다는 생산성을 '보여주는' 활동에 더 많은 시간을 할애하게 된다.

이러한 유사생산성의 문제는 1990년대 들어 사무실에 네트워크 컴퓨터가 도입되면서 더욱 심화되었다. 활동이 생산성을 가늠하는 대용물인 환경에서 최소한의 노력만으로 일하는 티를 낼 수 있는 이메일이나 슬랙 같은 도구가 생겼기 때문이다. 평균적인 지식 노동자는 끊임없이 전자 메시지를 주고받으면서 최대한 빠르고 정신없이 업무에 관한 이야기를 하는 데 점점 더 많은 일과 시간을 쓰게 되었다.

노트북과 스마트폰의 등장으로 이러한 경향은 더욱 악화되었다. 근면함을 증명하라는 요구가 근무 시간을 넘어서서 퇴근 후 저녁 시간이나 주말에까지 미치게 되었던 것이다. 이는 결국 번아웃 증후군을 유발하는 주요 원인이 되었다.

임직원들의 생산성 향상을 위해 도입된 슬랙이나 실시간 메신저 등의 도구, 그리고 스마트폰과 이메일로 인한 상시 접속 문화가 일반화되면서 '대퇴사Great Resignation' 운동이 일어난 것은 우연이 아니다. 2021년부터 시작된 이 현상은 많은 직장인이 기존의 업무 방식에 의문을 제기하고, 더 나은 삶의 질을 추구하기 위해 자발적으로 직장을 떠나는 거대한 움직임이다.

예컨대 마이크로소프트가 2022년 3월 발표한 〈직장 트렌드 지수〉

보고서에 따르면, 전 세계 31개국 3만 1000명의 직장인을 대상으로 한 설문조사에서 응답자의 43퍼센트가 이직을 고려하고 있다고 답했다. 유사생산성으로 인한 과도한 업무 부담과 일과 삶의 균형 붕괴가 이러한 결과의 주요 원인으로 지목되고 있다. 이러한 문제에 대응하기 위해 일부 기업들은 '두려움 없는 조직'이나 '불안 없는 조직'과 같은 개념을 도입하고 있다.

적게, 느리게, 잘 일하는 슬로우 워크

그러나 이러한 움직임에도 불구하고, 유사생산성의 문제는 여전히 많은 기업에서 지속되고 있다. 이에 대해 뉴포트는 슬로우 워크라는 새로운 패러다임을 제시한다. 슬로우 워크의 핵심에는 다음 세 가지 원칙이 있다.

첫째 원칙인 '적게 일하라'는 업무량을 줄이는 것을 의미한다. 뉴포트는 지식 노동자들이 과도한 업무량 탓에 진정으로 중요한 일에 집중하지 못하고 있다고 지적한다. 그는 중요한 업무를 제한하고, 사소한 업무를 줄일 것을 제안한다.

둘째 원칙인 '자연의 속도에 맞춰라'는 인간의 자연스러운 리듬에 맞춰 일하는 것을 의미한다. 뉴포트는 현대 사회의 빠른 속도가 오히려 생산성을 저해한다고 주장한다. 그는 여유를 가지고, 장기적인 계획을 세우며, 계절성을 받아들이는 등의 방법을 제안한다.

셋째 원칙인 '품질에 집착하라'는 양보다는 질에 초점을 맞추는 것을 의미한다. 뉴포트는 지식 노동자들이 품질에 집착하면 더 의미 있는 성과를 낼 수 있다고 주장한다. 그는 취향을 연마하고, 자기 자신에게 내기를 걸며, 투자자를 유치하는 등의 방법을 제안한다.

이러한 슬로우 워크의 원칙은 유사생산성의 함정에서 벗어나 진정한 생산성과 창의성을 추구하는 데 도움이 될 수 있다. 예컨대 마이크로소프트 재팬은 2019년 8월에 주 4일 근무제를 시범 운영하여 생산성이 40퍼센트 향상되는 결과를 얻었다. 이는 '적게 일하라' 원칙이 실제로 생산성 향상으로 이어질 수 있음을 보여주는 사례다.

레고는 '자연의 속도에 맞춰라' 원칙을 실천하는 대표적인 기업이다. 레고는 직원들에게 충분한 휴식과 여가 시간을 제공하며, 창의적인 아이디어가 자연스럽게 떠오를 수 있는 환경을 조성한다. 이러한 접근 방식은 레고가 지속적으로 혁신적인 제품을 개발하고 글로벌 시장에서 성공을 거두는 데 기여하고 있다.

'품질에 집착하라' 원칙은 애플의 기업문화에서 잘 드러난다. 잡스는 항상 최고의 품질을 추구했으며, 이는 현재까지도 애플의 핵심 가치로 이어지고 있다. 이러한 품질에 대한 집착이 애플을 세계적인 기업으로 성장시키는 원동력이 되었다.

하지만 슬로우 워크에 대한 비판도 존재한다. 일부에서는 이러한 접근 방식이 글로벌 경쟁 시대에 뒤처질 수 있다는 우려를 제기한다. 또한 모든 산업과 직종에 동일하게 적용하기 어렵다는 지적도 있다. 예컨대 긴급한 대응이 필요한 의료 분야나 빠른 의사결정이 중요한 금융 분야에서는 슬로우 워크의 원칙을 그대로 적용하기 어려울 수 있다.

이에 대해 뉴포트는 슬로우 워크가 단순히 느리게 일하는 것을 의미하는 것이 아니라, 더 효과적이고 지속 가능한 방식으로 일하는 것을 의미한다고 반박한다. 그는 슬로우 워크의 원칙을 각 산업과 조직의 특성에 맞춰 유연하게 적용할 수 있다고 주장한다.

테크노스트레스와 디지털 디톡스

유사생산성과 관련된 또 다른 중요한 이슈는 디지털 기술의 발전과 함께 등장한 '테크노스트레스Technostress'다. 테크노스트레스는 IT 기술의 사용으로 발생하는 스트레스를 의미한다. 클레멘트 오스카니안Clement Ozkanian과 로랑 메스네Laurent Mesner의 연구에 따르면, 테크노스트레스는 직원들의 생산성을 저하시키고 번아웃을 유발할 수 있다.

이러한 테크노스트레스를 줄이기 위해 일부 기업들은 '디지털 디톡스' 프로그램을 도입하고 있다. 예컨대 독일의 자동차 제조 업체 다임러는 직원들이 휴가 중에 받는 이메일이 자동으로 삭제되는 정책을 도입했다. 이는 직원들이 휴가 중에 업무에 대한 부담감을 느끼지 않고 충분히 휴식을 취할 수 있도록 하기 위함이다. 이러한 정책은 유사생산성의 함정에서 벗어나 진정한 생산성과 창의성을 회복하는 데 도움이 될 수 있다.

또한 프랑스는 2017년 연결차단권을 법제화했다. 이 법안은 직원들이 근무 시간 외에 업무 관련 전자통신을 무시할 권리를 보장한다. 이는 일과 삶의 균형을 보장하고 유사생산성으로 인한 스트레스를 줄이는 데 기여하고 있다.

유사생산성 문제를 해결하기 위해서는 개인, 조직, 사회 차원의 종합적인 접근이 필요하다. 개인 차원에서는 자신의 업무 방식을 재검토하고, 진정으로 중요한 일에 집중하는 습관을 기르는 것이 중요하다. 조직 차원에서는 성과 평가 시스템을 개선하여 단순한 활동량이 아닌 실질적인 성과를 측정하는 방식으로 전환해야 한다. 사회적 차원에서는 일과 삶의 균형을 중시하는 문화를 조성하고, 이를 지원하는 제도적 장치를 마련해야 한다.

물론 한 개인의 성공을 위해 가장 중요한 것이 무엇인지는 시간을 두고 판단해야 할 문제다. 그러나 《미래 조직 4.0》에서 경영 컨설턴트 김성남이 언급한 바와 같이, 미래의 조직에서는 투명성과 신뢰, 심리적 안전감, 자기 생각을 말할 수 있는 환경, 혁신이 일어날 수 있는 분위기, 팀 중심 운영 등이 중요한 요소가 될 것으로 보인다.

———

유사생산성의 문제를 해결하고 새로운 조직문화를 정착시키기 위해서는 지속적인 관심과 노력이 필요하다. 이는 단순히 기업의 생산성 향상을 위한 것이 아니라, 개인의 삶의 질 향상과 사회 전체의 지속 가능한 발전을 위한 중요한 과제다. 따라서 기업, 개인, 그리고 사회 전체가 함께 이 문제에 대해 고민하고 해결책을 모색해나가야 할 것이다.

064 25퍼센트의 마음을 얻어라

25퍼센트 법칙

조직 관리와 관련하여 가장 흥미로운 발견 중 하나는 전체 구성원의 4분의 1만 바뀌어도 조직 전체가 바뀐다는 사실이다. 데이먼 센톨라Damon Centola가 펜실베이니아대학교에서 수행한 연구는 '사회 변화의 티핑 포인트'에 관한 오랜 논쟁을 종결시켰다. 그는 온라인 커뮤니티를 대상으로 한 실험에서 새로운 변화를 요구하는 사람들이 25퍼센트 미만이라면 그들의 의제가 확산하지 못하지만, 그 선을 넘는 순간 빠르게 받아들여진다는 사실을 발견했다. 때로는 최후의 한 명을 확보하느냐 마느냐가 확산 여부를 가르기도 했다.

변화의 조건

이러한 발견은 전통적인 견해, 즉 조직을 바꾸기 위해서는 구성원의 절반 이상이 생각을 바꿔야 한다는 통념과는 전혀 다르다. 리더들은 이제 소수의 힘으로도 조직 전체를 변화시킬 수 있음을 현실적으로 인식해야 한다. 하지만 동시에 이는 위험성에 대한 경고이기도 하다. 조직의 25퍼센트만 잘못된 방향으로 흘러가도 전체 조직이 망가질 수 있다는 것을 의미하기 때문이다.

하지만 여기에는 몇 가지 고려할 사항이 있다. 예컨대 마이클 로베르토Michael Roberto와 같은 조직 변화 연구자들은 변화가 단순히 숫자의 문제만은 아니라고 강조한다. 25퍼센트라는 티핑 포인트가 작동하려면 몇 가지 핵심 조건이 충족되어야 한다. 첫째, 변화를 주도하는 25퍼센트가 조직 내에 골고루 분포되어 있어야 한다. 한 부서나 특정 계층에만 집중되어서는 안 된다. 둘째, 이들이 단순히 변화에 동의하는 것을 넘어서 적극적으로 변화를 실천하고 전파해야 한다. 셋째, 변화의 방향이 조직의 핵심 가치와 일치해야 한다.

구글의 조직문화 변화는 이러한 원리를 잘 보여주는 사례라고 할 수 있다. 구글이 '20퍼센트 시간' 정책을 도입했을 때, 처음에는 일부 엔지니어들만이 이를 활용했다. 하지만 이들이 창출한 성과가 주목받기 시작하면서, 점차 더 많은 직원이 참여하게 되었다. 결국 전체 직원의 25퍼센트가 이 정책을 적극적으로 활용하게 되었고, 이는 구글에 혁신 문화를 정착시키는 핵심 동력이 되었다. 지메일, 구글뉴스, 애드센스와 같은 주요 서비스가 모두 이 20퍼센트 시간에서 탄생했다는 사실은 25퍼센트 법칙의 위력을 여실히 보여준다.

하지만 모든 변화가 긍정적인 것은 아니다. 웰스파고Wells Fargo의 가짜 계좌 스캔들은 25퍼센트 법칙이 부정적인 방향으로 작동한 대표적인 사례다. 초기에는 소수의 직원이 실적 압박에 못 이겨 고객 동의 없이 가짜 계좌를 개설했다. 이러한 행위가 처벌받지 않고 오히려 보상받는 분위기가 조성되면서, 점차 더 많은 직원이 동참하게 되었다. 결국 이

4부 문화

러한 부정행위가 조직 전체로 확산되어 350만 개의 가짜 계좌가 개설되는 사태가 벌어졌다. 이는 25퍼센트의 임계점을 넘어서면 조직 전체가 급속도로 변한다는 원리가 부정적인 방향으로도 작동할 수 있음을 보여주는 사례다.

급진적 변화와 점진적 변화의 경계

조직 변화의 티핑 포인트가 25퍼센트라고 주장한 연구자가 센톨라만 있는 것은 아니다. 존 코터도 조직 변화의 8단계 모델을 통해 25퍼센트 법칙이 작동하는 메커니즘을 구체적으로 제시한 바 있다. 그의 모델에 따르면, 첫째 단계인 '위기감 조성'에서부터 25퍼센트 원칙이 적용된다. 전체 구성원의 25퍼센트가 변화의 필요성을 절실히 느끼도록 만드는 것이 변화의 출발점이다. 둘째 단계인 '변화 선도팀 구성'에서도 마찬가지다. 조직의 각 부문에서 영향력 있는 인물들을 25퍼센트 확보하여 변화를 주도하는 연합체를 구성해야 한다.

3M의 혁신 문화는 이러한 단계적 접근의 성공 사례다. 3M은 '15퍼센트 룰' 정책을 도입하며 처음에는 R&D 부문의 핵심 과학자들만 대상으로 했다. 이들이 성과를 내기 시작하자, 점차 다른 부문의 직원들도 관심을 갖게 되었다. 결국 전체 직원의 25퍼센트가 이 정책을 적극적으로 활용하게 되었고, 포스트잇, 스카치테이프 등 수많은 혁신 제품이 탄생했다. 현재 3M의 매출 중 30퍼센트 이상이 직전 4년 사이에 출시된 제품에서 나온다는 사실은 25퍼센트 법칙이 지속적인 혁신 문화로 이어질 수 있음을 보여준다.

25퍼센트 법칙을 실제로 적용할 때는 변화의 속도도 중요하게 고려해야 한다. 급진적인 변화는 조직 구성원들의 저항을 불러일으킬 수 있지만, 지나치게 점진적인 변화는 동력을 잃을 위험이 있다. IBM의 회장 루 거스너는 이러한 딜레마를 훌륭히 해결했다. 그는 IBM을 하드웨어 중심 회사에서 서비스 중심 회사로 전환할 때, 먼저 핵심 부문의 25퍼센트에 해당하는 관리자들을 새로운 비전으로 설득했다. 그 후 이들이 각자의 팀에서 점진적으로 변화를 확산시키도록 했다. 동시에 상징적인 변화들, 예를 들어 복장 규정 완화, 경직된 회의 문화 개선 등을 통해 변화의 분위기를 조성했다.

에어비앤비의 채용 기준

디지털 시대에 25퍼센트 법칙의 중요성은 더욱 커지고 있다. 전통적인 산업 부문의 기업들이 디지털 기업으로 변신하기 위해서는 조직 전체의 사고방식과 업무 방식을 근본적으로 바꿔야 하기 때문이다. 제너럴일렉트릭의 전 회장 제프리 이멜트Jeffrey Immelt는 회사를 '디지털 산업 기업'으로 전환하기 위해 25퍼센트 법칙을 적극적으로 활용한 바 있다. 그는 먼저 각 사업 부문에서 디지털에 대한 이해도가 높은 25퍼센트의 리더들을 식별하고, 이들에게 디지털 전환을 주도할 권한과 자원을 제공했다. 물론 제너럴일렉트릭의 디지털 전환은 완전한 성공을 거두지 못했지만, 25퍼센트 법칙을 통한 변화 시도 자체는 다른 기업들에 중요한 교훈을 제공했다고 볼 수 있다.

스타트업과 같은 작은 조직에서는 25퍼센트 법칙이 더욱 극적으로 작동할 수 있다. 10명으로 구성된 스타트업에서는 단 3명만 바뀌어도 조직 전체의 문화가 바뀔 수 있다. 에어비앤비의 초기 성장 과정이 이를 잘 보여준다. 창업자들은 처음 몇 명의 직원을 채용할 때 능력뿐 아니라 에어비앤비의 가치와 문화에 부합하는지도 따졌다. 이들이 조직의 25퍼센트를 넘어서면서 에어비앤비만의 독특한 기업문화가 형성되기 시작했다. 이로써 '모든 사람이 소속감을 느낄 수 있는 세상 만들기'라는 미션이 전체 조직에 뿌리내리게 되었다.

대기업의 경우 변수가 더 많다. 수만 명의 직원 중 25퍼센트만 해도 수천 명에 달하기 때문이다. 이런 경우에는 25퍼센트 법칙을 계층별, 부문별로 적용하는 것이 좋다. 삼성전자의 이재용 회장이 부회장 시절에 추진했던 '삼성의 새로운 출발'이 좋은 사례다. 그는 먼저 최고경영진 중 25퍼센트에 해당하는 핵심 임원들을 새로운 비전으로 설득했다. 그 후 이들이 각자의 조직에서 중간 관리자 중 25퍼센트를 변화 주도자로 육성하도록 했다. 이런 식으로 계층을 거치면서 변화가 전체 조직으로 확산되었다.

조직문화 변화에서 25퍼센트 법칙이 작동하려면 변화를 주도하는 사람들의 자질도 중요하다. 단순히 직급이 높거나 영향력이 크다고 해서 변화 주도자가 될 수 있는 것은 아니다. 진정한 변화 주도자는 새로운 문화를 체화하고 일상에서 실천하는 사람이어야 한다. 파타고니아의 이본 쉬나드는 이러한 원칙을 철저히 지켰다고 볼 수 있다. 그는 환경보호라는 가치를 구호로만 외친 것이 아니라 일상에서 실천했다. 회사 수익의 1퍼센트를 환경보호 단체에 기부하고, 직원들에게 환경 친화적인 생활을 장려했다. 이러한 그의 모습에 감화된 직원들이 파타고니아의 25퍼센트를 넘어서면서, 전체 조직이 환경보호라는 가치를 중심으로 움직이게 되었다.

양적 변화에서 질적 변화로

하지만 단순히 숫자만 추적하는 것으로는 충분하지 않다. 질적인 변화도 함께 평가해야 한다. 구글은 이를 위해 '문화 앰버서더' 제도를 운영한다. 각 팀에서 문화 변화를 관찰하고 보고하는 직원을 선발하여, 양적 지표로는 포착하기 어려운 미묘한 변화들을 파악한 것이다.

변화의 지속가능성도 중요한 고려사항이다. 25퍼센트의 임계점을 넘어 변화가 확산되었다고 해서 끝이 아니다. 새로운 문화가 뿌리내리고 지속되려면 제도적 뒷받침이 필요하다. 아마존의 베이조스는 이를 '메커니즘'이라고 불렀다. 단순한 정책이나 규칙이 아니라, 새로운 문화가 자연스럽게 작동하도록 하는 시스템을 구축하는 것이기 때문이다.

아마존의 식스페이저 문화는 이러한 메커니즘의 좋은 예다. 아마존은 모든 중요한 회의에서 파워포인트를 사용하지 않는다. 대신 여섯 쪽 내외의 상세한 메모를 30분 동안 조용히 읽고 생각을 나눈다. 이러한 방식은 깊이 있는 사고와 데이터 기반 의사결정을 자연스럽게 유도한다. 처음에는 일부 임원들만이 이 방식을 받아들였지만, 점차 확산되어 현재는 아마존 전체의 회의 문화가 되었다.

사실 25퍼센트라는 티핑 포인트 개념을 통하면 조직문화의 많은 부분을 이해하고 설명할 수 있게 된다. 스타트업이 성장하면서 겪는 조직문화의 변화도 25퍼센트 법칙으로 설명할 수 있다. 초기 소수의 창업팀이 만든 문화는 신규 입사자들이 늘어나면서 자연스럽게 희석된다. 이때 원래 문화를 유지하고 싶다면 기존 직원들의 비율을 25퍼센트 이상으로 유지해야 하는 것이다. 역시 반대로 문화를 바꾸고 싶다면 새로운 가치를 지닌 직원들을 25퍼센트 이상 확보해야 한다.

하지만 25퍼센트 법칙에는 한계도 있다. 모든 변화가 25퍼센트라는 임계점에서 일어나는 것은 아니다. 조직의 규모, 업종, 문화, 리더십 스타일 등에 따라 임계점이 달라질 수 있다. 또한 변화의 성격에 따라서도 차이가 난다. 표면적인 변화는 25퍼센트보다 적은 비율로도 가능하지만, 근본적인 가치와 신념의 변화는 25퍼센트를 넘어 30~40퍼센트가 필요할 수도 있다.

그럼에도 25퍼센트 법칙은 조직 변화를 이해하고 실행하는 데 매우 유용한 틀을 제공한다. 리더들은 이를 통해 변화의 전략을 수립하고, 자원을 효과적으로 배분하며, 변화의 진행 상황을 모니터링할 수 있다. 무엇보다 25퍼센트 법칙은 소수의 힘으로도 조직 전체를 변화시킬 수 있다는 희망을 준다. 동시에 잘못된 방향의 변화가 확산될 수 있다는 경고도 함께 제공한다.

조직 변화는 단순히 다수의 동의를 얻는 것이 아니라, 핵심적인 25퍼센트를 확보하는 것에서 시작된다. 이들이 누구인지 정확히 파악하고, 이들을 변화 주도자로 육성하며, 이들이 자연스럽게 주변에 영향을 미칠 수 있는 환경을 조성하는 것이 성공적인 조직 변화의 열쇠다. 동시에 조직의 가치와 윤리를 명확히 하여 조직이 올바른 방향으로 변화하도록 하는 것도 리더의 중요한 책임이다. 25퍼센트 법칙은 단순한 숫자 게임이 아니라, 조직의 미래를 결정하는 전략적 도구인 것이다.

065 세대 구분이 사라진다

퍼레니얼 현상

현대 조직에서 벌어지고 있는 가장 흥미로운 현상 중 하나는 나이와 세대라는 전통적인 구분선이 무너지고 있다는 것이다. 펜실베이니아대학교 와튼스쿨의 마우로 기엔Mauro Guillén이 《멀티 제너레이션, 대전환의 시작》에서 제시한 '퍼레니얼Perennial' 개념은 이러한 변화를 잘 나타낸다. 기엔의 분석에 따르면, 우리가 당연하게 여겨왔던 세대 구분은 점점 그 의미를 잃어가고 있으며, 대신 다양한 연령대의 사람들이 같은 관심사와 라이프스타일을 공유하는 현상이 나타나고 있다.

20대와 60대가 함께 일하는 구글

퍼레니얼이라는 용어는 여러 해에 걸쳐 지속되는 다년생 식물에서 따온 것으로, 특정 나이나 세대에 국한되지 않고 지속적으로 성장하고 변화하는 사람들을 가리킨다. 이는 기존의 밀레니얼, Z세대, X세대, 베이비부머와 같은 세대론적 접근과는 근본적으로 다른 관점이다. 기옌은 현재 직장에서 다섯 개 세대가 동시에 일하는 상황이 일상화되고 있지만, 이들을 나이로만 구분해서는 조직문화나 업무 성과를 제대로 이해할 수 없다고 주장한다.

이러한 변화의 배경에는 여러 요인이 작용한다. 첫째, 수명 연장과 건강 수준의 향상으로 사람들의 활동 기간이 크게 늘어났다. 둘째, 기술 발전으로 나이와 상관없이 새로운 것을 학습하고 적응하는 능력의 중요성이 커졌다. 셋째, 경제적 불확실성으로 전통적인 은퇴 개념이 흔들리면서 생애 전반에 걸친 지속적인 근무가 필요해졌다. 마지막으로, 개인의 가치관과 라이프스타일이 다양화되면서 나이보다는 개인의 선택과 성향이 더 중요한 구분 기준이 되었다.

기업 현장에서 이러한 변화는 이미 감지되고 있다. 구글의 경우 직원들의 연령대가 20대부터 60대까지 매우 다양하지만, 프로젝트팀 구성에서는 나이보다는 역량과 경험을 우선시한다. 특히 AI와 머신러닝 분야에서는 20대 초반의 신입사원이 40대 중반의 관리자와 동등한 기술적 논의를 벌이는 일이 흔하다. 이는 기술 분야의 특성상 최신 지식이 경험보다 중요할 수 있기 때문이다.

마이크로소프트의 나델라는 취임 후 '성장 마인드셋' 문화를 도입하면서 연령과 경력에 관계없이 모든 직원이 지속적으로 학습하고 성장해야 한다고 강조했다. 실제로 마이크로소프트에서는 50대 중반의 베테랑 엔지니어가 20대 후반의 데이터과학자로부터 파이썬 프로그래밍을 배우는 일이 자연스럽게 벌어진다. 이는 나이나 직급보다는 전문성과 학습 의지가 더 중요한 가치로 인정받는 문화의 결과다.

애플의 경우도 흥미로운 사례를 제공한다. 팀 쿡은 50대 중반에 애플의 CEO가 되었음에도, 젊은 직원들의 아이디어와 에너지를 적극적으로 수용하는 리더십을 보여주었다. 애플의 새로운 사옥인 애플파크의 설계 과정에서도 20대부터 60대까지 다양한 연령대의 직원들이 동등한 발언권을 가지고 참여했다. 결과적으로 애플의 제품 개발 과정에서는 세대 간 갈등보다 서로 다른 관점과 경험의 시너지가 더 중요한 역할을 했다.

아마존의 사례는 퍼레니얼 현상을 더욱 명확하게 보여준다. 베이조스가 30대였을 때 세운 이 회사는 이제 다양한 연령대의 임원진을 보유하고 있다. 특히 아마존웹서비스의 성장 과정에서는 클라우드 컴퓨팅에 대한 이해도가 연령보다 중요한 채용 기준이었다. 50대 후반의 전통적인 IT 전문가가 30대 초반의 클라우드 엔지니어와 함께 팀을 이루어 혁신적인 서비스를 개발하는 일이 일상화되었다.

100세 시대, 다단계 인생을 준비하라

스타트업 생태계에서도 유사한 변화가 나타나고 있다. 실리콘밸리의 벤처캐피털 회사들은 창업자의 나이보다 아이디어의 혁신성과 실행 능력을 더 중요하게 평가한다. 실제로 50대에 창업해 성공한 사례들이 늘어나고 있다. 마크 베니오프가 세일즈포스를 창업했을 때 35세였고, 헤이스팅스가 넷플릭스를 창업했을 때 37세였다. 이들의 성공은 나이보다는 시장에 대한 통찰력과 실행력이 더 중요함을 보여준다.

전통적인 제조업에서도 퍼레니얼 현상이 나타나고 있다. 토요타의 경우 카이젠 문화를 통해 연령과 경력에 관계없이 모든 직원이 아이디어를 제시할 수 있는 환경을 조성했다. 60대 베테랑 작업자의 경험과 20대 신입사원의 새로운 시각이 결합되어 생산성 향상을 이루어내는 사례가 빈번하다. 특히 디지털 전환 과정에서는 젊은 직원들이 디지털 기술을 도입하고, 베테랑 직원들이 현장 경험을 바탕으로 실용적인 개선 방안을 제시하는 협업이 이루어진다.

금융 업계에서도 비슷한 변화가 일어나고 있다. 골드만삭스는 전통적으로 엘리트 대학 졸업생을 선호했지만, 최근에는 핀테크와 AI 분야에서 다양한 배경과 연령대의 인재를 영입하고 있다. 특히 알고리즘 트레이딩 부문에서는 물리학 박사 출신의 40대 연구원과 컴퓨터공학 전공의 20대 프로그래머가 동등한 파트너로 협업한다. 이들은 나이 차이가 20세 이상 나지만, 공통된 목표를 향해 각자의 전문성을 발휘하는 데 집중한다.

컨설팅 업계의 변화도 주목할 만하다. 맥킨지는 전통적으로 젊은 MBA 졸업생들을 대거 채용해 피라미드 구조를 유지했지만, 최근에는 특정 분야의 전문가를 경력자로 영입하는 비율을 늘리고 있다. 디지털 전환, 지속가능성, AI 등 새로운 영역에서는 나이보다 전문성이 더 중요한 가치로 인정받는다. 50대 초반의 환경 전문가와 30대 초반의 데이터 분석가가 함께 탄소중립 전략을 수립하는 프로젝트가 대표적인 예다.

이러한 변화는 런던비즈니스스쿨의 린다 그래튼Lynda Gratton과 앤드루 스콧Andrew Scott이 《100세 인생》에서 제시한 '다단계 인생Multi-Stage Life' 개념과 밀접하게 연결된다. 그들의 분석에 따르면, 전통적인 3단계 인생 모델(교육-직장-은퇴)은 더 이상 유효하지 않으며, 대신 여러 단계를 거치며 지속적으로 학습하고 전환하는 다단계 인생이 새로운 표준이 되고 있다.

다단계 인생에서는 40대에 새로운 분야로 전환하거나, 50대에 창업하거나, 60대에 새로운 기술을 배우는 일이 자연스럽다. 이는 퍼레니얼 개념과 완벽하게 일치한다. 나이에 따른 고정된 역할 대신, 개인의 선택과 상황에 따라 유연하게 변화하는 것이 핵심이다. 실제로 IBM의 경우 '뉴칼라 잡스New Collar Jobs'라는 개념을 바탕으로 전통적인 학력이나 경력보다는 실제 역량을 중시하는 채용 방식을 도입했다. 이 과정에서 50대 중반의 제조업 출신 근로자가 데이터 분석 교육을 받아 클라우드 엔지니어로 전환하는 사례가 나타났다. 나이나 이전 경력보다는 학습 의지와 적응 능력이 더 중요한 평가 기준이 된 것이다.

멘토링의 진화

문제는 이러한 변화가 기업의 인사 정책에도 영향을 미친다는 점이다. 전통적인 연공서열 시스템보다는 성과와 역량 중심의 평가가 확산되고 있다. 마이크로소프트의 경우처럼 직원의 연령이나 입사 연차보다는 실제 기여도와 성장 잠재력을 기준으로 승진과 보상을 결정하는 정책이 등장하는 것은 우연이 아니다. 그리고 교육 훈련 프로그램도 변화하고 있다. 나이별로 구분된 교육과정 대신, 역할과 역량에 기반을 둔 맞춤형 교육을 제공하는 기업이 많아지고 있다. 예컨대 IBM의 경우 50대 관리자가 머신러닝 과정을 수강하고, 20대 신입사원이 리더십 교육을 받는 일이 흔하다. 멘토링 시스템도 양방향으로 진화하고 있다. 과거에는 연장자가 후배를 지도하는 일방향 멘토링이 일반적이었지만, 최근에는 서로의 전문 분야에서 상호 학습하는 '리버스 멘토링'이 확산되고 있다. 예를 들어, 50대 임원이 20대 직원으로부터 소셜 미디어 마케팅을 배우는 한편, 젊은 직원은 업계 경험과 비즈니스 통찰력을 얻는다.

이로써 기업문화 측면에서 중요한 변화가 일어나고 있다. 나이나 직급에 의한 권위주의적 문화보다는 아이디어와 성과 중심의 수평적 문화가 확산되고 있다. 젊은 직원의 혁신적인 아이디어가 경영진에게 직접 전달되고 실행되는 사례들이 늘어나고 있으며, 의사소통 방식도 변화하고 있다. 전통적인 공식적 보고 체계보다는 슬랙, 팀스와 같은 협업 도구를 통한 자유로운 소통이 확산되고 있다. 이러한 환경에서는 나이나 직급보다는 아이디어의 질과 실행력이 더 중요한 평가 기준이 된다.

퍼레니얼 현상은 기업의 혁신 과정에 긍정적인 영향을 미친다. 다양한 연령대와 경험의 구성원들이 협업할 때 더 창의적이고 실용적인 솔루션이 나올 가능성이 크다. 베테랑의 경험과 젊은 세대의 새로운 시각이 결합하면 시장의 다양한 니즈를 충족할 수 있는 제품과 서비스가 탄생한다.

그러나 퍼레니얼 현상이 모든 면에서 긍정적인 것만은 아니다. 세대 간 소통의 어려움이나 가치관의 차이로 인한 갈등이 발생할 수 있다. 이를 극복하기 위해서는 상호 이해와 존중을 바탕으로 한 조직문화 구축이 필요하다. 또한 퍼레니얼 접근법이 모든 직종이나 업무에 적합한 것도 아니다. 안전이 중요한 업무나 고도의 전문성이 요구되는 분야에서는 여전히 경험과 연륜이 중요할 수 있다. 따라서 기업들은 업무의 특성과 조직의 상황을 고려하여 적절한 균형점을 찾아야 한다.

5부

과학

AI부터 블록체인까지, 경영 환경을 바꾸는 첨단 기술

"20년 전, 이 모든 것은 공상과학이었다.
10년 전에는 꿈이었다.
오늘날, 우리는 그것을 살고 있다."

젠슨 황

당신은 기술 문맹이다. 충격적이지만 사실이다. 매일 스마트폰을 들여다보고 AI가 선별한 뉴스를 읽으며 메타버스니 블록체인이니 하는 용어를 입에 올리지만, 정작 이 모든 것이 어떻게 연결되어 있는지는 모른다. 자동차를 운전하면서 엔진의 원리까지는 몰라도 되지만, 기술을 모르면 미래에는 운전할 차조차 없다는 게 차이다.

21세기 리더십에서 가장 위험한 착각은 기술을 전문가들의 영역이라 치부하는 것이다. '우리 회사에는 IT팀이 있으니까'라고 생각하는 순간, 당신은 이미 경쟁에서 밀려난다. 기술은 더 이상 사업의 한 부분이 아니다. 기술 그 자체가 사업이고 생존의 조건이다. 대부분의 리더는 여전히 20세기의 사고에 갇혀 효율성을 높이고 비용을 줄이는 도구 정도로만 기술을 바라본다. 하지만 진정한 기술 혁신은 사고방식의 근본적 전환이며, 비즈니스 모델의 완전한 재구성이다.

'무어의 법칙'은 반도체 성능이 18개월마다 두 배씩 향상된다는 것을 설명하는 원리였다. 하지만 이제 이 법칙이 물리적 한계에 도달하고 있다. 그렇다면 다음은 무엇인가? 양자컴퓨팅인가? 이런 질문에 답할 수 없다면, 당신은 이미 미래에서 배제된 것이다. 디지털 트랜스포메이션 역시 종이 서류를 컴퓨터 파일로 바꾸는 게 아니라 조직의 DNA를 바꾸는 것이다. 넷플릭스가 DVD 대여 업체에서 글로벌 스트리밍 플랫폼으로 변신한 것, 아마존이 온라인 서점에서 클라우드 컴퓨팅 강자가 된 것이 바로 그 결과다.

가장 중요한 것은 이 모든 기술이 독립적으로 발전하는 게 아니라 서로 융합하며 시너지를 만든다는 점이다. AI와 사물인터넷이 결합해 스마트 팩토리가 탄생하고, 메타버스와 NFT가 합쳐져 새로운 디지털 경제가 형성된다. 결국 기술 혁신의 패러다임을 파악한다는 것은 단순히 최신 기술 트렌드를 아는 게 아니다. 변화의 방향성을 읽고, 기회와 위험을 식별하며, 자신의 사업과 조직을 미래에 맞게 준비하는 것이다. 기술 문맹에서 벗어나 진정한 기술 리터러시를 갖춘 리더만이 격변의 시대에 살아남을 수 있다.

066 차세대 기술 패러다임을
준비하라

무어의 법칙과 네븐의 법칙

무어의 법칙과 네븐의 법칙은 현대 기술 발전의 궤적을 이해하는 데 필수적인 두 가지 핵심 개념이다. 이 두 법칙은 단순한 기술적 관찰을 넘어 기업 전략과 리더십 결정에 근본적인 영향을 미치고 있으며, 특히 한국의 리더들이 세계 무대에서 생존하고 번영하기 위해 반드시 이해해야 할 개념들이다. 무어의 법칙은 반도체 기술의 발전 속도를 예측하는 지표였지만 오늘날에는 모든 디지털 기술 혁신의 기준점이 되었고, 네븐의 법칙은 AI 시대에 새롭게 등장한 법칙으로 AI 컴퓨팅 성능의 폭발적 증가를 설명하는 핵심 원리가 되었다.

삼성전자와 무어의 법칙

무어의 법칙은 1965년 인텔의 공동 창업자 고든 무어Gordon Moore가 제시한 것으로, 마이크로프로세서에 집적할 수 있는 트랜지스터의 수가 18개월에서 24개월마다 두 배씩 증가한다는 것이다. 이는 단순한 기술적 예측을 넘어 반도체 산업 전체의 로드맵이 되었으며, 지난 60년 간 디지털 혁명의 발전을 설명하는 기초 원리가 되어왔다. 1965년 당시 무어가 관찰한 마이크로프로세서는 불과 수십 개의 트랜지스터를 포함하고 있었지만, 2023년 현재 최첨단 반도체는 수백억 개의 트랜지스터를 집적하고 있다. 이러한 기하급수적 발전은 개인용 컴퓨터, 스마트폰, 인터넷, 그리고 현재의 AI 혁명을 가능하게 한 원동력이었다.

무어의 법칙이 한국 기업들에 미친 영향은 절대적이었다. 삼성전자는 1980년대 메모리 반도체 사업에 진출하면서 무어의 법칙을 따라잡기 위한 치열한 기술 경쟁에 뛰어들었다. 1987년 삼성이 세계 최초로 1메가비트 D램을 양산하기 시작한 것은 무어의 법칙의 예측에 따른 전략적 투자의 결과였다. 당시 삼성전자는 일본 기업들과의 경쟁에서 뒤처져 있었지만, 무어의 법칙이 제시하는 기술 발전 궤도를 정확히 읽고 미래에 투자함으로써 결국 세계 1위의 메모리 반도체 기업으로 성장할 수 있었다.

하지만 무어의 법칙은 물리적 한계에 직면하고 있다. 트랜지스터의 크기가 원자 단위에 근접하면서 더 이상의 미세화가 어려워지고 있으며, 이는 반도체 산업 전체에 새로운 도전을 제기하고 있다. 현재 최첨단 반도체 공정은 3나노미터 수준에 도달했지만, 이보다 더 미세한 공정으로 나아가는 것은 기술적으로나 경제적으로 점점 더 어려워지고 있다. 이러한 상황에서 업계는 무어의 법칙의 연장을 위해 새로운 접근법을 모색하고 있다. 3차원 적층 기술, 새로운 소재 개발, 그리고 칩렛 Chiplet 기술 등이 그 대안으로 제시되고 있다.

TSMC는 무어의 법칙의 한계를 극복하기 위한 혁신의 선두 주자다. 2024년 900억 달러의 매출을 기록한 TSMC는 1987년 설립 이후 지속적으로 무어의 법칙을 따라온 결과 2025년 현재 세계 파운드리 시장 1위를 차지하고 있다. TSMC는 단순한 미세화를 넘어 3차원 구조, 새로운 패키징 기술, 그리고 특수 목적 칩 설계 등을 통해 무어의 법칙 정신을 이어가고 있다. 특히 AI 칩 수요가 폭증하면서 TSMC는 GPU, CPU, 그리고 전용 AI 칩 생산에서 핵심적인 역할을 하고 있다.

엔비디아와 네븐의 법칙

이러한 맥락에서 네븐의 법칙이 등장했다. 네븐의 법칙은 2019년 구글의 AI 연구 책임자인 하르트무트 네븐Hartmut Neven이 제시한 개념으로, AI 컴퓨팅 성능이 무어의 법칙보다 훨씬 빠른 속도로, 즉 매년 10배씩 증가한다는 것이다. 이러한 급속한 발전은 하드웨어의 개선뿐 아니라 알고리즘의 혁신, 소프트웨어 최적화, 그리고 전용 AI 칩의 개발이 복합적으로 작용한 결과다.

네븐의 법칙의 실증적 근거는 구글의 AI 연구 성과에서 찾을 수 있다. 2012년 구글이 GPU를 활용해 딥러닝 연구를 시작했을 때와 비교하면, 현재의 AI 컴퓨팅 성능은 수만 배 향상되었다. 이는 단순히 하드웨어 성능의 향상만으로는 설명할 수 없는 수준이며, 알고리즘의 혁신과 전용 하드웨어의 개발이 결합된 결과로 볼 수 있다. 구글의 '텐서프로세싱유닛Tensor Processing Unit, TPU' 개발은 네븐의 법칙을 뒷받침하는 대표적인 사례다. 2016년 첫 번째 TPU를 발표한 구글은 이후 지속적으로 성능을 개선해왔으며, 현재의 TPU v7는 초기 버전 대비 수천 배 향상된 성능을 보여주고 있다.

엔비디아는 네븐의 법칙의 가장 큰 수혜자 중 하나다. 원래 게임용 GPU를 만들던 엔비디아는 GPU가 AI 연산에 적합하다는 것을 발견하고 이를 적극적으로 활용했다. 2022년 챗GPT의 등장과 함께 AI에 대한 관심이 폭증하면서 엔비디아의 주가는 급등했고, 2025년 현재 시가총액 5조 달러를 넘나드는 기업이 되었다. 엔비디아의 GPU는 AI 훈련과 추론에서 핵심적인 역할을 하고 있으며, 이는 네븐의 법칙이 실제로 작동하고 있음을 보여주는 구체적인 증거다.

하지만 네븐의 법칙도 영원히 지속될 수는 없다. AI 컴퓨팅 성능의 급속한 향상은 엄청난 에너지 소비를 수반하고 있으며, 이는 환경적·경제적 지속가능성 측면에서 문제가 되고 있다. 대규모 AI 모델을 훈련시키는 데 필요한 전력량은 이미 소규모 도시가 소비하는 전력량과 비슷한 수준에 도달했으며, 이러한 추세가 계속된다면 에너지 소비 문제가 AI 발전의 제약 요인이 될 수 있다. 따라서 업계는 단순한 성능 향상을 넘어 에너지 효율성을 고려한 혁신에 집중하고 있다.

AI 시대의 기술 발전

무어의 법칙과 네븐의 법칙이 한국 기업들에 건네는 시사점은 명확하다. 첫째, 기술 발전의 궤도를 정확히 예측하고 이에 맞는 장기적 투자 전략을 수립해야 한다. 삼성전자가 메모리 반도체 분야에서 세계 1위를 차지할 수 있었던 것은 무어의 법칙이 제시하는 기술 발전 방향을 정확히 읽고 지속적으로 투자했기 때문이다. 마찬가지로 현재의 AI 혁명에서도 네븐의 법칙을 이해하고 이에 맞는 기술 개발과 투자를 진행하는 기업들이 미래의 승자가 될 것이다.

둘째, 기술 법칙의 한계를 인식하고 새로운 패러다임을 준비해야 한다. 무어의 법칙이 물리적 한계에 직면하면서 업계는 새로운 접근법을 모색하고 있으며, 네븐의 법칙도 언젠가는 한계에 부딪힐 것이다. 따라서 기업들은 현재의 기술 트렌드를 따라가는 동시에 차세대 기술 패러다임을 준비해야 한다. 양자컴퓨팅, 뉴로모픽 컴퓨팅, 광학컴퓨팅 등이 그 대안으로 제시되고 있다.

셋째, 하드웨어와 소프트웨어의 통합적 접근이 중요하다. 네븐의 법칙의 핵심은 단순한 하드웨어 성능 향상이 아니라 하드웨어, 소프트웨어, 알고리즘이 결합된 결과다. 따라서 기업들은 특정 영역에만 집중하는 것이 아니라 전체 시스템의 최적화를 고려한 통합적 접근이 필요하다. 애플의 M1 칩이 성공할 수 있었던 것도 하드웨어와 소프트웨어의 긴밀한 통합 덕분이었다.

넷째, 생태계를 구축해야 한다. 무어의 법칙과 네븐의 법칙이 작동하기 위해서는 단일 기업의 노력만으로는 부족하고, 전체 생태계의 협력이 필요하다. 반도체 설계, 제조, 패키징, 테스트, 그리고 최종 제품까지 이어지는 복잡한 가치사슬에서 각 단계의 혁신이 조화롭게 이루어져야 한다. 한국 기업들도 단독으로 모든 것을 해결하려 하기보다는 세계경제 생태계에서 차지하고 있는 역할을 명확히 하고 파트너십을 강화해야 한다.

다섯째, 인재 확보와 육성에 집중해야 한다. 무어의 법칙과 네븐의 법칙을 따라가기 위해서는 최고 수준의 기술 인재가 필요하다. 특히 AI 분야에서는 하드웨어와 소프트웨어를 모두 이해하는 융합형 인재의 중요성이 커지고 있다. 한국 기업들은 국내 인재 육성뿐 아니라 글로벌 인재 확보에도 적극적으로 나서야 한다.

무어의 법칙과 네븐의 법칙이 가져온 또 다른 중요한 변화는 데이터의 중요성이 급격히 커졌다는 점이다. AI 모델의 성능은 컴퓨팅 파워뿐 아니라 학습 데이터의 품질과 양에 크게 의존한다. 따라서 기업들은 데이터 수집, 정제, 관리 역량을 강화해야 한다. 특히 한국어와 같은 특정 언어나 문화에 특화된 데이터는 글로벌 기업들이 쉽게 확보하기 어려운 영역이므로 이를 활용한 차별화 전략이 가능하다.

무어의 법칙과 네븐의 법칙은 국가 경쟁력과 직결되는 문제이기도 하다. 반도체와 AI 기술은 현재 미국과 중국 사이에서 벌어지고 있는 갈등의 핵심 이슈이며, 각국은 이 분야에서 기술 주도권을 확보하기 위해 치열하게 경쟁하고 있다. 미국은 '반도체 및 과학법 CHIPS and Science Act'을 통해 반도체 제조업의 리쇼어링을 추진하고 있으며, 중국은 자체적인 반도체 생태계 구축에 막대한 투자를 하고 있다. 한국도 'K-반도체 벨트' 프로젝트와 같은 정책을 통해 반도체 산업의 경쟁력 강화에 나서고 있다.

이러한 지정학적 경쟁 상황에서 한국 기업들은 더욱 전략적인 접근이 필요하다. 단순히 기술 개발에만 집중하는 것이 아니라 글로벌 공급망에서의 위치, 주요국과의 관계, 그리고 기술 표준화 등을 종합적으로 고려한 전략을 수립해야 한다. 특히 미국과 중국 사이에서 균형을 잡으면서도 자체적인 기술 역량을 강화하는 것이 중요하다.

무어의 법칙과 네븐의 법칙이 미래에 어떻게 전개될지는 여전히 불확실하다. 물리적 한계, 에너지 소비 문제, 경제적 타당성 등 다양한 제약 요인들이 존재하기 때문이다. 하지만 분명한 것은 이 두 법칙이 지금까지 기술 발전의 중요한 동력이었고, 앞으로도 상당 기간 기술 혁신의 방향을 제시할 것이라는 점이다. 따라서 한국의 리더들은 이 두 법칙을 깊이 이해하고, 이를 바탕으로 장기적인 전략을 수립해야 한다.

067 혁신의 속성을 이해해야 혁신에 성공한다

혁신의 여덟 가지 속성

혁신의 속성을 이해하는 것이야말로 현대 리더의 필수적인 역량일 것이다. 인간은 10만 년 전 석기시대 후반기에 도구를 발명하기 시작하면서 혁명이라 불릴 만한 전환점을 맞았다. 흥미롭게도 이 혁신은 다른 대륙에서도 똑같은 양상으로 나타났는데, 이는 혁신이 가진 보편적 속성을 시사한다. 혁신은 또한 특정한 조건과 환경에서 발현되는 독특한 특성을 보인다. 현대에 이르러서는 실리콘밸리에서, 르네상스 시대에는 부유한 이탈리아 도시국가에서, 고대에는 그리스와 중국의 도시국가에서 꽃피웠다. 노벨경제학상을 받은 에드먼드 펠프스Edmund Phelps가 혁신을 "세계 어딘가에서 새로운 관행이 되는 새로운 방법이나 생산물"이라고 정의한 것처럼, 혁신은 단순한 발명을 넘어 사회적 확산과 채택을 포함하는 복합적 현상이다.

"새로운 기술은 기존 기술의 조합"

혁신의 첫째 속성은 점진성이다. 혁신은 갑작스럽게 이루어지지 않는다. 마치 진화처럼 진행되는 혁신에서 유레카의 순간은 드물고, 어쩌면 아예 존재하지 않을지도 모른다. 사실 유레카의 순간이라고 찬미되는 것들은 모든 일이 지난 뒤의 깨달음에 힘입은 바 크며, 오랜 준비 기간과 수많은 시행착오가 있었음에도 불구하고 그 과정이나 실패 사례들은 전혀 전해지지 않는다. 아르키메데스가 유레카를 외치고 욕탕에서 뛰쳐나왔다는 이야기는 사람들을 즐겁게 하기 위해 꾸며낸 일화일 가능성이 크다. 인간은 돌파구를 만든 누군가의 중요성을 과장하는 것을 좋아하기 때문에 그의 경쟁자나 이전 세대에 무언가를 만들었던 사람들을 잊어버린다. 무언가를 만들 수 있었던 것은 그 이전에 누군가가 만들어놓은 토대나 실패 사례가 도움이 되었기 때문인데, 거의 모든 사람이 이러한 점진적 과정을 설명하지 않는다.

혁신의 둘째 속성은 우연성이다. 우연한 발견을 뜻하는 '세렌디피티 Serendipity'는 1754년 호레이스 월폴 Horace Walpole 이 페르시아 동화 〈세렌딥의 세 왕자〉에서 가져온 단어로, 혁신의 본질 중 하나를 잘 설명한다. 야후의 창업자들도, 구글의 창업자들도 처음부터 검색엔진을 만들려고 했던 것이 아니었고, 인스타그램의 창업자들은 게임 앱을, 트위터 (현 X)의 창업자들은 팟캐스트 검색 방법을 만들려고 했다. 성공한 발명과 혁신은 우연한 기회에 만들어지는 경우가 대부분이다. 3M의 포스트잇도 1968년 스펜서 실버 Spencer Silver 박사가 강력한 접착제를 개발하려다가 우연히 재사용할 수 있는 압력 감응 접착제를 만들어낸 것에서 시작되었고, 이것이 실제 제품으로 출시되기까지는 11년이 더 걸렸다.

혁신의 셋째 속성은 재조합성이다. 모든 기술은 다른 기술들의 조합이고, 모든 착상은 다른 착상들의 조합이다. 에릭 브린욜프슨과 앤드루 맥아피는 "구글의 자율주행차, 웨이즈, 웹, 페이스북, 인스타그램은 기존 기술의 단순한 조합"이라고 했다. 브라이언 아서Brian Arthur는 《기술의 본성The Nature of Technology》에서 "새로운 기술은 기존 기술의 조합을 통해 생기며, 기존 기술은 더 많은 기술을 낳는다"라고 주장했다. 혁신은 착상들이 교배할 때 일어나며, 따라서 사람들이 만나서 상품, 서비스, 생각을 교환하는 곳에서 발생한다.

현대 기업들의 성공 사례들도 이러한 재조합의 원리를 잘 보여준다. 테슬라의 전기차는 배터리, 전기 모터, 소프트웨어, 자율주행 등 기존 기술들을 혁신적으로 조합한 결과물이다. 테슬라의 4680 배터리는 기존 배터리 기술을 개선하여 에너지 밀도를 높이고 비용을 절감한 재조합 혁신의 정수다. 아이폰 역시 기존의 휴대전화, PDA, MP3 플레이어, 인터넷 브라우저 등의 기능을 하나의 기기에 통합한 재조합 혁신이었다. 스티브 잡스는 "혁신은 1,000가지 일에 '아니오'라고 말하는 것"이라고 했는데, 이는 수많은 기존 기술 중에서 핵심적인 것들만을 선별하여 조합하는 과정을 의미한다.

혁신의 넷째 속성은 시행착오의 필연성이다. 혁신은 무조건적인 성공의 결과가 아니라 실패를 통한 학습과 개선을 포함한다. 수많은 발명가는 무언가를 무작정 계속 시도할 필요가 있다고 생각하며, 따라서 일이 잘못되어도 이를 용인하는 태도가 대단히 중요하다. 놀이라는 요소도 도움이 될 수 있어서, 혁신은 무거운 책임감으로 실패하지 말아야 한다는 생각보다는 놀이라는 개념으로 가볍게 접근할 때 더 잘 이루어진다. 아이오와대학교 인지과학 교수 에드워드 와서먼Edward

Wasserman은 인류 혁신의 대부분이 지적 설계를 통해 만들어지지 않았고, 오히려 자연선택처럼 보이는 과정을 통해 진화했다고 주장한다.

검색엔진, 소셜미디어, 전기차의 공통점

혁신의 다섯째 속성은 동시성이다. 대부분의 발명은 경쟁하는 이들 사이에서 우선권 논쟁에 휘말리게 되는데, 이는 혁신이 동시에 만들어지는 경우가 많기 때문이다. 1922년 컬럼비아대학교의 윌리엄 오그번William Ogburn과 도로시 토머스Dorothy Thomas는 두 명 이상이 거의 동시에 발명한 것들의 목록을 작성했는데, 그때까지 발견된 것만 148가지에 달했다. 전구의 경우 21명이 각자 독자적으로 발명했는데, 이들은 서로 소통은커녕 존재 자체도 모르고 있었다. 이는 혁신이 개인의 천재성보다는 시대적 조건과 기술적 성숙도에 더 크게 의존한다는 것을 보여준다.

현대에도 이러한 동시성은 계속 관찰된다. 검색엔진의 경우 구글뿐 아니라 야후, 알타비스타, 라이코스 등 여러 회사가 거의 동시에 개발했고, 소셜미디어도 페이스북, 마이스페이스, 프렌드스터Friendster 등이 비슷한 시기에 등장했다. 전기차 분야에서도 테슬라뿐 아니라 니오NIO, 리비안Rivian, 루시드Lucid 등 여러 회사가 거의 동시에 혁신적인 전기차를 개발했다. 이는 기술적 조건이 성숙했을 때 여러 곳에서 동시에 비슷한 혁신이 일어날 수 있음을 보여준다.

이러한 동시성은 두 가지 중요한 시사점을 제공한다. 첫째, 특정 발명가나 기업이 없었더라도 그 혁신은 결국 세상에 나왔을 것이라는 점이다. 이는 매우 냉정한 현실이지만, 개별 기업이나 개인의 역할보다는 전체적인 기술 생태계와 시대적 조건이 더 중요할 수 있음을 의미한다.

둘째, 혁신이 예측 가능해 보이지만 사실은 그렇지 않다는 점이다. 돌이켜보면 검색엔진의 성공은 너무나도 당연해 보이지만, 그런 일이 일어나리라고 예측한 사람은 없었고 예측하기도 어려웠다.

혁신의 여섯째 속성은 순환성이다. 미국의 과학자이자 미래학자인 로이 아마라Roy Amara 가 제시한 아마라의 법칙에 따르면, 사람들은 기술의 영향을 단기적으로는 과대평가하고 장기적으로는 과소평가하는 경향이 있다. 과대평가 주기는 대략 10년 정도로 이어지는데, 무언가가 만들어졌을 때 처음 10년 동안은 혁신에 너무 많은 기대를 걸고, 그다음 10년 동안은 아예 기대를 하지 않는다. 그 혁신이 사회에 적응하게 되고 진정한 영향력을 발휘하는 시점은 그 이후라고 할 수 있다.

AI의 경우 1950년대부터 여러 차례의 과대평가와 실망의 주기를 겪었다. 1950년대와 1960년대의 첫 번째 AI 붐, 1980년대의 전문가 시스템 붐, 그리고 현재의 딥러닝 붐까지 각각 과대평가와 'AI 겨울'을 반복했다. 하지만 현재는 실제로 상용화 가능한 수준의 AI 기술들이 등장하면서 과대평가 주기에서 벗어나고 있는 것으로 보인다. 반면 블록체인은 아직 과대평가 주기의 초기 단계에 있으며, 자율주행차도 기술적·법적·사회적 장벽들로 인해 실망 단계에 진입할 가능성이 크다.

이러한 순환성을 이해하는 것은 리더들이 혁신 투자와 전략을 수립할 때 매우 중요하다. 과대평가 시기에는 신중한 접근이 필요하고, 실망 시기에는 오히려 기회가 될 수 있다. 아마존이 닷컴 버블 붕괴 이후에도 꾸준히 투자를 계속하여 결국 성공할 수 있었던 것처럼, 혁신의 순환성을 이해하고 장기적 관점에서 접근하는 것이 중요하다.

공룡이 멸종한 이유

혁신의 일곱째 속성은 환경 의존성이다. 혁신은 특정한 조건과 환경에서 더 잘 발생한다. 풍족함과 혁신 사이에는 상관관계가 나타나는데, 오늘날의 실리콘밸리, 르네상스 시대의 이탈리아, 고대 그리스와 중국의 도시국가에서 혁신이 번성했듯이 경제적 여유와 자원은 혁신의 토대가 된다. 또한 인구 규모와 교류도 중요한 요소다. 혁신은 인간의 전문화와 교환을 통해 만들어지기 때문에 사람들의 교환을 차단하게 되면 혁신의 가능성이 낮아진다.

혁신의 여덟째 속성은 개방성이다. 대기업에서는 혁신이 쉽게 이루어지지 않는 편인데, 이는 관료주의적인 거대 기득권이 현상 유지를 원하기 때문이며, 그들이 고객의 실제 및 잠재적인 이익에는 별 관심을 기울이지 않기 때문이다. 혁신이 제대로 이루어지려면 자유롭게 경쟁하는 환경이 필요하지만, 역사적으로 그런 특징을 지닌 사회는 찾아보기 힘들다. 인류 역사를 살펴보면 군주들은 무역 회사든 장인 길드든 국영 사업체든 독점권을 부여하는 쪽에 중독되어 있었다.

결국 혁신은 순환적으로 일어날 수밖에 없다. 규모가 큰 조직은 종종 더 혁신적인 신생 조직에 밀려난다. IBM은 마이크로소프트에 자리를 내주었고, 마이크로소프트는 구글과 애플에 기습당했다. 코닥은 영화 업계에서 절대적인 입지를 구축했지만 디지털 사진술을 제대로 활용하지 못했다. 더 정확하게 말하면 코닥이 디지털 사진술을 발명하기는 했는데, 이 기술이 기존 사업을 위협할까 봐 묻어두기를 원했을 뿐이다.

P&G의 사례는 대기업이 혁신을 위해 개방성을 채택한 좋은 예다. 이 회사는 2000년경 자체적인 신제품 개발 모델만으로는 높은 수준

의 매출을 유지할 수 없다는 것을 깨달았다. 폭발적으로 늘어나는 신기술을 따라잡기 위해 더 많은 예산이 필요해졌고, R&D 생산성은 떨어졌으며, 신제품 개발 성공률은 35퍼센트에 머물렀다. 그래서 P&G는 개방성을 핵심으로 한 새로운 혁신 전략을 채택하게 되었고, 그때부터 신제품의 성공률이 크게 높아졌다. 이는 대기업도 외부와의 협력을 통해 혁신 역량을 높일 수 있음을 보여주는 사례다.

혁신의 속성을 이해하는 것은 현대 리더에게 필수적인 역량이다. 혁신은 점진적이고 우연적이며, 재조합적이고 시행착오를 수반하며, 동시적이고 순환적이며, 환경에 의존적이고 개방적이며, 확산되고 맥락에 의존하며, 지속적인 특성을 가진다. 이러한 속성들을 이해하고 이를 바탕으로 조직과 전략을 설계하는 리더만이 급변하는 시대에 지속적인 경쟁 우위를 확보할 수 있다. 혁신은 천재 개인의 번뜩이는 아이디어가 아니라 적절한 환경과 조건, 그리고 지속적인 노력의 결과라는 점을 명심해야 한다. 한국의 리더들도 이러한 혁신의 속성을 깊이 이해하고, 자신의 조직과 산업에 맞는 혁신 전략을 수립하여 글로벌 경쟁에서 우위를 확보해야 할 것이다.

068 제조업 르네상스가 시작된다

4차 산업혁명

4차 산업혁명은 '제조업 혁신'이고, 그 이상도 그 이하도 아니다. 그러나 많은 리더가 이를 오해하고 있는 듯하다. 4차 산업혁명은 기술의 융합과 자동화를 통해 산업과 사회 전반에 걸쳐 혁신적인 변화를 가져오는 시대적 패러다임이다. 이 개념은 독일의 제조업 혁신 전략인 '인더스트리 4.0Industrie 4.0'에서 출발해 글로벌 경제와 사회 전반으로 확장되었다. 그러나 한국에서는 이 개념이 본래의 제조업 혁신이라는 맥락에서 벗어나, 일반적인 기술 혁신이나 플랫폼 비즈니스, AI와 같은 개념으로 오용되는 경우가 많다. 이러한 오해는 4차 산업혁명의 본질을 왜곡하며, 그 핵심 가치를 제대로 이해하지 못하게 만든다. 따라서 이러한 인식을 수정하고, 4차 산업혁명의 본질과 한국에서의 올바른 적용 방안을 논의할 필요가 있다.

4차 산업혁명의 진짜 의미

4차 산업혁명은 독일이 제조업 경쟁력을 강화하기 위해 추진한 인더스트리 4.0에서 시작되었다. 인더스트리 4.0은 사물인터넷, AI, 빅데이터, 클라우드 컴퓨팅 등 첨단 디지털 기술을 제조업과 통합하여 생산성과 효율성을 극대화하는 것을 목표로 추진한 프로젝트다. 독일은 2011년 하노버 산업박람회에서 이 개념을 처음 발표하며, 제조업의 디지털 전환을 통해 세계 시장에서 경쟁 우위를 확보하려는 전략을 세웠다. 예컨대 독일의 지멘스_Siemens_는 '스마트 팩토리' 개념을 도입하여 공장 내 모든 기계와 데이터를 네트워크로 연결하고 실시간으로 생산 공정을 최적화했다. 이를 통해 지멘스는 생산 비용을 절감하고 품질을 향상시키며 제조업 경쟁력을 강화했다.

그러나 한국에서는 4차 산업혁명이 본래의 제조업 혁신이라는 맥락보다는 일반적인 기술 혁신이나 플랫폼 비즈니스로 인식되는 경향이 있다. 이는 2016년 알파고와 이세돌 간의 바둑 대결 이후 AI와 같은 첨단 기술에 대한 관심이 급증하면서 더욱 심화되었다. 많은 사람이 AI, 빅데이터, 플랫폼 비즈니스 등을 4차 산업혁명의 핵심으로 오해하며, 이를 제조업과 별개의 독립된 영역으로 간주했다. 이러한 인식은 한국이 4차 산업혁명을 제조업 혁신의 기회로 활용하지 못하게 하는 주요 요인 중 하나로 작용하고 있다.

플랫폼 비즈니스와 AI는 분명히 중요한 기술이며, 디지털 전환의 핵심 요소다. 그러나 이들은 4차 산업혁명의 일부일 뿐이며, 그 본질은 제조업과 같은 전통적인 산업에 디지털 기술을 융합하여 새로운 가치를 창출하는 데 있다. 예컨대 BMW는 사물인터넷과 AI를 활용해 글로벌 공장에서 생산 공정을 자동화하고 고객 맞춤형 차량 제작을 실현했다. 이는 제조업 혁신이 4차 산업혁명의 중심에 있음을 보여준다.

한국에서 이러한 오해가 발생한 이유 중 하나는 정부와 기업이 4차 산업혁명을 홍보하는 과정에서 지나치게 기술적인 요소에만 초점을 맞췄기 때문이다. AI, 빅데이터, 블록체인 등 첨단 기술이 강조되면서, 이들이 제조업과 같은 전통적 산업에 어떻게 적용될 수 있는지에 대한 논의는 부족했다. 또한 플랫폼 비즈니스 모델이 성공 사례로 주목받으면서 제조업 혁신보다는 IT 기반 서비스 모델에 대한 관심이 더 커졌다.

독일 제조업의 역사

그렇다면 4차 산업혁명의 근원지는 왜 하필 독일인 것일까? 독일이 오늘날 제조업 강국으로 자리 잡고, 인더스트리 4.0을 주도하게 된 배경에는 긴 역사의 아이러니가 있다. 독일은 본래 제조업 약체국으로 평가받았으며, 영국의 산업혁명 시기에는 독일 제품이 품질 면에서 뒤처진다는 비판을 받았다. 그러나 이러한 역사적 배경은 독일이 제조업 혁신을 통해 세계적인 경쟁력을 갖추는 데 중요한 계기가 되었다.

19세기 초반, 독일은 산업화에서 영국과 프랑스에 뒤처져 있었다. 당시 독일은 신성로마제국 해체 이후 300여 개의 소국들로 분열되어 있었으며, 정치적·경제적 통합이 이루어지지 않은 상태였다. 영국이 산업혁명을 통해 세계경제를 선도하던 시기, 독일은 농업 중심의 경제 구조를 유지하고 있었다. 그러나 1834년 관세동맹 체결을 통해 독일 내 경제 통합이 이루어졌고, 이로써 산업화의 기초를 마련했다. 관세동맹은 독일 각 지역 간 관세 장벽을 제거하여 시장 통합을 촉진했고, 철도와 같은 기간산업에 대한 투자를 가속화했다.

영국과의 경쟁 속에서 독일은 제조업 혁신의 필요성을 절감했다. 당시 영국은 독일 제품의 품질을 문제 삼아 'Made in Germany'라는 표기를 의무화했는데, 이는 소비자들에게 경고 메시지를 전달하려는 의도였다. 그러나 이 조치는 역설적으로 독일 기업들이 품질 개선에 집중하도록 자극했다. 독일 기업들은 기술 개발과 품질 관리에 투자하며 경쟁력을 강화했고, 결국 'Made in Germany'는 열등함의 상징에서 품질 보증의 상징으로 변모했다.

독일 제조업은 19세기 중반 철도 건설과 중공업 발전을 계기로 본격적으로 성장했다. 프로이센을 중심으로 한 철도 네트워크 확장은 석탄과 철강 산업을 발전시키는 데 중요한 역할을 했다. 특히 루르 지역이 석탄과 철강 생산의 중심지로 부상하며 독일 경제성장의 견인차가 되었다. 1871년 독일제국 통일 이후, 오토 폰 비스마르크 정부는 보호구역 정책과 국가 주도의 산업 육성 정책을 통해 중화학 공업과 기계 공업을 발전시켰다.

20세기를 거치면서 독일은 화학, 전기, 기계공학 분야에서 세계적인 경쟁력을 갖추게 되었다. 지멘스, 크루프Krupp, 바스프BASF와 같은 기업들은 기술 혁신과 R&D에 집중하며 글로벌 시장에서 두각을 나타냈다. 특히 지멘스는 전기 기술과 자동화 시스템에서 선도적인 위치를 차지하며 오늘날 인더스트리 4.0의 기반을 마련했다.

AI 시대의 제조업

독일 정부와 기업들은 인더스트리 4.0 전략을 통해 중소기업까지 디지털 전환에 참여하도록 지원하고 있다. 이는 단순히 대기업 중심의 혁신이 아니라, 경제 전반에 걸친 구조적 변화를 목표로 한다.

이러한 성공 뒤에는 도전 과제도 존재한다. 자동화와 디지털화로 일자리 감소와 같은 사회적 문제가 발생할 가능성이 있다. 세계경제포럼은 자동화가 기존 일자리 약 8500만 개를 대체할 수 있다고 경고했지만, 동시에 새로운 기술 관련 일자리 약 9700만 개가 창출될 것으로 예상했다. 따라서 노동 시장의 재교육과 재배치가 필수적이다. 독일이 제조업 약체국에서 강국으로 변모한 역사는 단순히 기술 개발에 그치지 않고, 국가 정책과 기업 전략이 조화를 이룬 결과다. 이러한 역사적 맥락 속에서 4차 산업혁명은 단순한 기술 혁신이 아니라 인간 중심의 지속 가능한 성장을 목표로 해야 한다.

———

독일은 과거 제조업 약체국이라는 평가를 극복하고 품질과 기술 혁신으로 세계적인 경쟁력을 갖춘 국가로 자리 잡았다. 'Made in Germany'라는 표기는 더 이상 열등함의 상징이 아니라 품질 보증의 상징으로 변모했으며, 이는 오늘날 인더스트리 4.0으로 이어지고 있다. 독일의 사례는 국가와 기업이 협력하여 어떻게 지속 가능한 성장을 이룰 수 있는지를 보여주는 중요한 교훈이다.

069 기술 도입은
혁신의 시작에 불과하다

디지털 트랜스포메이션

'디지털 트랜스포메이션Digital Transformation'은 기업이 디지털 기술을 활용하여 비즈니스 모델, 운영 방식, 고객경험 등을 혁신하는 과정이다. 디지털 트랜스포메이션은 단순히 기술을 도입하는 것을 넘어, 조직의 전략적 목표와 운영 방식을 근본적으로 변화시키는 것을 의미한다. 그러나 한국에서는 디지털 트랜스포메이션이 본래의 의미와 다르게 플랫폼 비즈니스와 혼동되는 경우가 많다. 이러한 오해는 디지털 트랜스포메이션의 본질을 왜곡하며, 기업들이 디지털 전환 과정에서 잘못된 방향으로 나아가게 할 위험성을 내포하고 있다.

기술을 도입하면 혁신이 이뤄질까

디지털 트랜스포메이션은 단순히 플랫폼 비즈니스나 IT 기술 도입을 의미하지 않는다. 그보다는 디지털 기술을 기존 산업과 통합하여 새로운 가치를 창출하고, 효율성을 극대화하며, 고객경험을 혁신하는 데 초점을 맞춘다. 예컨대 독일의 인더스트리 4.0은 기존 제조업과 사물인터넷, AI, 빅데이터 등을 통합하여 생산성과 유연성을 높이는 데 성공했다.

반면 한국에서는 디지털 트랜스포메이션이 종종 플랫폼 비즈니스와 동일시되거나 IT 기술 자체로 축소되어 이해되는 경향이 있다. 이는 2010년대 중반부터 플랫폼 비즈니스 모델이 주목받으며 성공 사례로 자리 잡은 것과 관련이 있다. 하지만 플랫폼 비즈니스는 디지털 트랜스포메이션의 일부일 뿐이며, 이를 디지털 트랜스포메이션 전체로 이해하는 것은 한계가 있다. 예컨대 제너럴일렉트릭은 산업용 사물인터넷 플랫폼인 프레딕스Predix를 통해 항공기 엔진 데이터를 분석하고 유지·보수를 최적화하며 새로운 비즈니스 모델을 창출했다. 이는 단순히 플랫폼 비즈니스 모델에 그치지 않고, 제조업과 데이터 분석 기술을 융합하여 새로운 가치를 창출한 사례다. 디지털 트랜스포메이션은 특정 기술이나 비즈니스 모델에 국한되지 않고, 기존 산업 구조를 재편하고 전반적인 운영 방식을 혁신하는 포괄적 개념으로 이해해야 한다.

한국에서 이러한 오해가 발생한 또 다른 이유는 정부와 기업의 홍보 방식에도 일부 책임이 있다. 정부는 4차 산업혁명과 디지털 전환을 강조하며 AI, 빅데이터, 블록체인 등 첨단 기술에 초점을 맞췄다. 그러나 이러한 기술들이 기존 산업에 어떻게 적용되고 새로운 가치를 창출할 수 있는지에 대한 구체적인 설명은 부족했다. 이로 인해 많은 기업이 디지털 트랜스포메이션을 단순히 최신 기술 도입이나 플랫폼 구축으로 오해하게 되었다.

디지털 트랜스포메이션의 네 가지 전략

디지털 트랜스포메이션을 제대로 이해하고 실행하기 위해서는 몇 가지 전략적 접근이 필요하다. 첫째, 기업은 디지털 트랜스포메이션을 단순히 기술 도입이 아니라 조직 전체를 근본적으로 변화시키는 과정으로 인식해야 한다. 이러한 변화는 기존 프로세스를 디지털화하는 것을 넘어, 비즈니스 모델과 조직문화를 포함한 모든 측면에서 혁신을 추구하는 것을 의미한다.

둘째, 정부와 기업은 교육과 홍보를 통해 디지털 트랜스포메이션의 본질에 대한 올바른 이해를 확산시켜야 한다. 단순히 기술적 요소를 나열하는 것을 넘어, 디지털 기술이 기존 산업 구조를 어떻게 변화시키고 새로운 가치를 창출할 수 있는지를 구체적으로 설명해야 한다.

셋째, 한국 기업들은 글로벌 사례를 벤치마킹하여 제조업 중심의 디지털 전환 전략을 수립해야 한다. 독일 지멘스나 BMW처럼 스마트 팩토리와 고객 맞춤형 생산 방식을 도입하고 이를 통해 세계 시장에서 경쟁력을 강화할 수 있는 방안을 모색해야 한다.

마지막으로, 정부는 정책적으로 제조업 디지털화를 지원하며 중소기업들이 이러한 변화에 참여할 수 있도록 지원 프로그램을 확대해야 한다. 독일 정부가 인더스트리 4.0 전략의 일환으로 중소기업들에 디지털 전환 자금을 지원한 것처럼, 한국도 중소기업들이 첨단 기술을 활용해 경쟁력을 강화할 수 있도록 돕는 정책적 노력이 필요하다.

디지털 트랜스포메이션을 플랫폼 비즈니스와 혼동하면 실행 과정에서 중요한 기회를 놓칠 위험이 있다. 디지털 트랜스포메이션은 기술 도입이나 특정 비즈니스 모델에 국한되는 것이 아니라 기존 산업 구조를 재편하고 새로운 가치를 창출하는 포괄적인 혁신 과정이다. 이를 제대로 이해하고 실행해야만 한국은 글로벌 시장에서 경쟁력을 유지하며 지속 가능한 성장을 이룰 수 있을 것이다.

어도비의 물고기 모델

기업이 경쟁력을 유지하고 지속 가능한 성장을 이루는 데 필수적인 요소인 디지털 트랜스포메이션을 설명할 때 '물고기 모델'은 유용한 프레임워크를 제공한다. 이 모델은 디지털 트랜스포메이션의 초기 단계에서 발생하는 투자 비용 증가와 단기적인 수익 감소를 설명한다. 물고기의 입 부분은 초기 투자 비용이 급증하는 시기를 나타내며, 이는 새로운 기술 도입, 조직 재구성, 인재 채용 등에 따른 비용 증가를 반영한다. 반면, 수익은 초기 단계에서 감소하거나 정체되는 경향이 있다. 그러나 시간이 지남에 따라 디지털 전환의 효과가 나타나면서 수익이 증가하고 비용이 감소하며, 물고기의 꼬리 부분에서 수익 곡선이 비용 곡선을 초과하게 된다. 이 모델은 기업이 디지털 전환 과정에서 초기의 어려움을 극복하고 장기적인 성과를 달성하기 위해 인내와 전략적 투자가 필요하다는 점을 강조한다.

어도비는 물고기 모델을 통해 디지털 트랜스포메이션에 성공한 대표적인 사례다. 어도비는 2012년부터 기존의 패키지 소프트웨어 판매 모델에서 구독 기반 클라우드 서비스 모델로 전환하기 시작했다. 이는 큰 도전 과제였다. 기존 고객들은 구독 모델에 거부감을 보였고, 매출은 일시적으로 감소했다. 그러나 어도비는 장기적인 비전에 따라 클라우드 기반 서비스로의 전환을 추진했다. 그 전략의 핵심으로 개발된 것이 '어도비 크리에이티브 클라우드Acobe Creative Cloud'로, 월간, 또는 연간 구독료를 지불한 고객들에게 마음껏 소프트웨어를 사용할 수 있도록 했다.

어도비는 몇 가지 전략을 통해 초기 투자 비용 증가와 매출 감소라는 어려움을 극복했다. 첫째, 고객 중심 접근 방식을 채택하여 기존 고객들이 새로운 구독 모델로 전환할 수 있도록 유도했다. 예컨대 어도비는 자사 사용자들에게 지속적인 업데이트와 클라우드 기반 협업 도구를 제공하여 구독 모델의 가치를 강조했다. 둘째, 내부적으로 조직 구조를 재편하고 직원들에게 클라우드 기술에 대한 교육과 지원을 제공했다.

시간이 지나면서 어도비는 물고기 모델의 꼬리 단계에 진입하며 큰 성과를 거두었다. 2024년 기준 어도비의 전체 매출 중 90퍼센트 이상이 구독 기반 서비스에서 발생했을 만큼, 이는 지속 가능한 수익 모델로 자리 잡았다. 또한 '어도비 익스피리언스 클라우드Adobe Experience Cloud'와 같은 새로운 플랫폼을 통해 데이터 분석 및 마케팅 자동화 서비스를 제공하며 B2B 시장에서도 강력한 입지를 확보했다.

어도비 사례는 물고기 모델이 디지털 트랜스포메이션 과정에서 기업들이 직면하는 도전과 기회를 효과적으로 설명하는 도구임을 보여준다. 초기에는 높은 투자 비용과 단기적인 매출 감소로 어려움을 겪지만, 장기적으로는 새로운 비즈니스 모델과 기술 혁신을 통해 지속 가능한 성장과 경쟁력을 확보할 수 있다.

———

그러나 모든 기업이 물고기 모델을 성공적으로 활용하는 것은 아니다. 초기 투자 비용 증가와 단기적인 매출 감소는 많은 기업에 큰 부담으로 작용할 수 있다. 또한 조직 내 저항과 기술 부족 등 내부적 요인도 디지털 트랜스포메이션의 성공을 저해할 수 있다.

이를 극복하기 위해 기업들은 몇 가지 전략을 채택해야 한다. 첫째, 명확한 비전과 목표를 설정하고 이를 조직 전체에 공유해야 한다. 둘째, 직원들에게 필요한 기술과 교육을 제공하여 디지털 역량을 강화해야 한다. 셋째, 고객 중심 접근 방식을 채택하여 새로운 비즈니스 모델에 대한 가치를 효과적으로 전달해야 한다.

070 참여자가 가치를 창출한다

플랫폼 비즈니스와 다면시장

플랫폼 비즈니스는 현대 경제와 경영에서 가장 중요한 비즈니스 모델 중 하나로 자리 잡았다. 플랫폼 비즈니스는 생산자와 소비자를 연결하는 디지털 생태계를 구축하여, 양측의 상호작용을 촉진하고 이를 통해 새로운 가치를 창출하는 모델이다. 이는 전통적인 산업 구조를 재편하며, 네트워크 효과를 통해 규모의 경제를 극대화한다. 플랫폼 비즈니스는 단순히 제품이나 서비스를 제공하는 것을 넘어, 다양한 참여자들이 협력하고 상호작용할 수 있는 환경을 조성하는 데 초점을 맞춘다.

플랫폼 비즈니스는 기존의 파이프라인Pipeline 모델과는 근본적으로 다른 접근 방식을 취하는데, 이러한 특성 때문에 기존 경제학 이론으로 완벽히 설명되지 않는 새로운 경제적 패러다임으로 자리 잡았다.

네트워크 효과와 다면시장

전통적인 경제학은 주로 상품과 서비스의 생산 및 소비 과정을 선형적으로 설명한다. 제조 업체는 원자재를 가공하여 완제품을 생산하고 이를 소비자에게 판매한다. 이 과정에서 가치 창출은 주로 공급망 내부에서 이루어지며, 기업은 생산과 유통을 통제함으로써 수익을 창출한다. 그러나 플랫폼 비즈니스는 기업이 직접 제품이나 서비스를 생산하지 않고, 생산자와 소비자가 상호작용할 수 있는 플랫폼을 제공하는 데 초점을 맞춘다. 이는 전통적인 가치사슬 모델과는 완전히 다른 구조인 셈이다.

플랫폼 비즈니스의 핵심은 네트워크 효과다. 네트워크 효과란 플랫폼에 참여하는 사용자가 많아질수록 플랫폼의 가치가 증가하는 현상을 의미한다. 예컨대 페이스북의 사용자가 많아질수록 더 많은 사람이 페이스북에 가입하고, 이는 다시 광고주와 콘텐츠 제작자를 끌어들이며 페이스북의 가치를 증대시킨다. 이러한 네트워크 효과는 플랫폼 비즈니스가 빠르게 성장하고 시장에서 지배적인 위치를 차지할 수 있는 원동력이 된다.

플랫폼 비즈니스를 이해하기 위해서는 '다면시장Multi-Sided Market'이라는 개념을 살펴볼 필요가 있다. 다면시장은 두 개 이상의 사용자 그룹(예를 들면, 생산자와 소비자)을 연결하여 상호작용을 촉진하고 가치를 창출하는 시장 구조를 의미한다. 《매치메이커스》의 저자인 데이비드 에번스David S. Evans와 리처드 슈말렌지Richard Schmalensee는 플랫폼을 "두 개 이상의 독립적인 사용자 그룹을 연결하여 상호작용을 촉진하고, 이를 통해 가치를 창출하는 비즈니스 모델"로 정의했다. 이들은 플랫폼이 다면시장을 기반으로 작동하며, 참여자 간의 거래가 이루어질 때마다 추가적인 가치를 창출한다고 설명했다.

플랫폼 비즈니스의 대표적인 사례로는 애플의 앱스토어, 아마존의 전자상거래 플랫폼, 구글의 검색엔진 및 광고 플랫폼, 그리고 에어비앤비나 우버와 같은 공유경제 플랫폼을 들 수 있다. 애플은 앱스토어를 통해 개발자와 사용자 간의 연결을 촉진하면서 모바일 생태계를 구축했다. 앱스토어는 개발자들에게 앱을 판매할 수 있는 장을 제공하고 사용자들에게는 다양한 앱을 사용할 수 있는 기회를 제공함으로써 양측 모두에게 가치를 창출했다.

아마존은 전통적인 소매 업체에서 벗어나 전자상거래 플랫폼으로 전환하며 성공적인 플랫폼 비즈니스 모델을 구축했다. 제프 베이조스는 아마존의 핵심 전략으로 고객 중심과 데이터 기반 의사결정을 강조하며, 판매자와 구매자를 연결하는 마켓플레이스를 운영했다. 이를 통해 자체 상품뿐 아니라 타사 상품도 판매할 수 있는 공간을 제공함으로써 판매자들에게는 새로운 시장 접근성을, 소비자들에게는 다양한 선택지를 제공했다.

숙박 공유 플랫폼인 에어비앤비는 숙박 시설을 제공하려는 호스트와 이를 필요로 하는 게스트를 연결한다. 에어비앤비는 기존 호텔 산업과 차별화된 경험과 가격 경쟁력을 제공하며 글로벌 숙박 시장에서 혁신을 이끌었다. 우버는 승차 공유 서비스를 통해 운전자와 승객 간의 연결을 촉진하며 교통 산업에 변화를 가져왔다.

플랫폼 비즈니스 필승 전략

플랫폼 비즈니스에는 몇 가지 도전 과제가 존재한다. 첫째, 초기에는 다면시장을 구축하기 위해 생산자와 소비자를 동시에 확보해야 하는

'닭과 달걀' 문제를 해결해야 한다. 둘째, 네트워크 효과가 강력한 만큼 승자독식 구조가 형성되는데, 이는 시장 내 경쟁을 제한할 위험이 있다. 셋째, 데이터 프라이버시 및 규제 문제도 중요한 이슈로 부상하고 있다.

플랫폼 비즈니스를 성공적으로 운영하기 위해서는 몇 가지 전략적 요소가 필요하다. 첫째, 명확한 가치다. 플랫폼은 참여자들에게 명확한 혜택과 가치를 제공해야 하며, 이를 통해 초기 사용자를 확보할 수 있다. 둘째, 네트워크 효과를 극대화하는 전략이 필요하다. 이는 사용자를 유치하고 유지하기 위한 인센티브 설계 및 기술적 지원을 포함한다. 셋째, 데이터 분석과 AI를 활용하여 개인화된 경험과 효율성을 제공해야 한다. 넷플릭스는 AI 알고리즘을 활용하여 사용자 선호도에 기반한 콘텐츠 추천 시스템을 운영하며 고객 만족도를 높였다. 넷째, 지속 가능한 생태계를 구축하기 위해 규제 준수 및 윤리적 경영 방식을 채택해야 한다.

플랫폼 비즈니스는 현대 경제에서 가장 중요한 혁신 모델 중 하나로 자리 잡았다. 이는 단순히 제품이나 서비스를 제공하는 것을 넘어 다양한 참여자들이 협력하고 상호작용할 수 있는 환경을 조성하며 새로운 가치를 창출하고 있다. 기업들은 플랫폼 비즈니스를 통해 기존 산업 구조를 재편하고 세계 시장에서 경쟁력을 강화할 수 있는 기회를 얻는다. 그러나 이를 성공적으로 실행하기 위해서는 명확한 전략과 지속 가능한 생태계 구축이 필수적이다.

071 플랫폼적 사고로 부의 경계를 허물어라

플랫폼 비즈니스와 지속가능성

애플, 아마존, 구글, 에어비앤비, 우버와 같은 성공적인 플랫폼 기업들은 네트워크 효과를 극대화하며 생산자와 소비자를 연결하고, 양측 간의 상호작용을 통해 생태계를 구축해왔다. 이러한 플랫폼 비즈니스는 단순한 제품이나 서비스 제공을 넘어, 참여자들에게 명확한 가치를 제공하며 지속 가능한 성장을 이루고 있다.

플랫폼 비즈니스의 다섯 가지 유형

플랫폼 비즈니스는 그 특성과 기능에 따라 다양한 유형으로 분류할 수 있다. 첫째 유형은 거래 플랫폼으로, 이는 서로 다른 사용자 그룹 간의 거래를 촉진하는 플랫폼이다. 우버, 에어비앤비, 아마존의 마켓플레이스 등이 대표적인 거래 플랫폼이다. 이들은 공급자와 수요자를 효율적으로 연결하여 거래 비용을 낮추고 시장의 효율성을 높인다. 거래 플랫폼은 특히 네트워크 효과를 통해 빠르게 성장할 수 있으며, 플랫폼의 사용자가 증가할수록 플랫폼의 가치도 함께 증가한다. 예컨대 우버는 더 많은 운전자가 참여할수록 승객들에게 더 나은 서비스를 제공할 수 있고, 더 많은 승객이 이용할수록 운전자들에게 더 많은 수익 기회를 제공할 수 있다. 이러한 다면시장의 특성은 거래 플랫폼의 핵심 경쟁력이 된다.

둘째 유형은 혁신 플랫폼으로, 이는 외부 개발자들이 새로운 제품이나 서비스를 개발할 수 있는 기반을 제공하는 플랫폼이다. 애플의 iOS, 구글의 안드로이드, 아마존의 아마존웹서비스 등이 대표적인 혁신 플랫폼으로, 이들은 개발자들에게 도구와 인프라를 제공하여 혁신을 촉진한다. 특히 애플은 2008년 앱스토어를 출시하여 수많은 개발자가 다양한 앱을 개발하도록 유도함으로써, iOS 생태계의 가치를 크게 높였다. 혁신 플랫폼은 개방성과 통제 사이의 균형을 유지하는 것이 중요하며, 너무 폐쇄적이면 외부 혁신을 제한하고, 너무 개방적이면 품질 관리가 어려워질 수 있다.

셋째 유형은 통합 플랫폼으로, 이는 거래 플랫폼과 혁신 플랫폼의 특성을 모두 갖춘 플랫폼이다. 애플, 구글, 아마존 등 대형 기술 기업은 대부분 통합 플랫폼의 형태를 취하고 있다. 이들은 자체 생태계 내에서 거래와 혁신을 동시에 촉진하며, 다양한 서비스와 제품을 통합적으로 제공한다. 예컨대 아마존은 마켓플레이스를 통해 판매자와 구매자를 연결하는 거래 플랫폼의 역할을 수행하면서, 동시에 아마존웹서비스를 통해 개발자들에게 클라우드 인프라를 제공하는 혁신 플랫폼의 역할도 수행한다. 통합 플랫폼은 다양한 서비스 간의 시너지를 창출하고, 사용자들을 자사의 생태계 내에 유지하는 전략을 통해 경쟁력을 강화한다.

넷째 유형은 투자 플랫폼으로, 이는 다양한 플랫폼 비즈니스에 투자하고 포트폴리오를 관리하는 형태다. 소프트뱅크의 비전펀드Vision Fund가 대표적인 투자 플랫폼으로, 우버, 위워크, 그랩 등 다양한 플랫폼 기업에 투자하고 있다. 투자 플랫폼은 자본과 전문성을 제공하여 플랫폼 기업들의 성장을 지원하고, 이를 통해 수익을 창출한다. 이때 다양한 플랫폼 비즈니스에 분산 투자함으로써 리스크를 관리하고, 성공적인 플랫폼의 성장을 통해 높은 수익을 추구한다.

다섯째 유형은 하이브리드 플랫폼으로, 이는 전통적인 제품이나 서비스와 플랫폼 모델을 결합한 형태다. 제너럴일렉트릭의 프레딕스, BMW의 카셰어링 서비스 등이 하이브리드 플랫폼의 예인데, 이들은 기존의 제품이나 서비스를 플랫폼화하여 새로운 가치를 창출한다. 하이브리드 플랫폼은 전통적인 기업들이 디지털 전환을 통해 플랫폼 비즈니스로 진화하는 과정에서 나타나는 형태로, 기존의 강점을 유지하면서도 플랫폼의 이점을 활용할 수 있다. 예컨대 제너럴일렉트릭은 산업 장비 제조 업체로서의 전문성을 바탕으로 프레딕스 플랫폼을 통해 산업 인터넷 분야에서 새로운 비즈니스 기회를 모색하고 있다.

플랫폼은 또한 수익 모델에 따라 다양한 유형으로 분류할 수 있다. 첫째, 중개 수수료 모델로, 이는 플랫폼이 거래를 중개하고 수수료를 받는 방식이다. 우버, 에어비앤비, 애플 앱스토어 등이 이 모델을 사용한다. 둘째, 구독료 모델로, 사용자들이 정기적으로 구독료를 지불하고 서비스를 이용하는 방식이다. 넷플릭스, 스포티파이 등이 대표적인 예다. 셋째, 광고 수익 모델로, 플랫폼이 많은 사용자를 확보한 후 광고주들에게 광고 공간을 판매하여 수익을 창출하는 방식이다. 페이스북, 구글 등이 이 모델을 주로 사용한다. 넷째, 프리미엄 모델로, 기본 서비스는 무료로 제공하고, 고급 기능이나 추가 서비스는 유료로 제공하는 방식이다. 링크드인, 드롭박스 등이 이 모델을 활용한다. 다섯째, 데이터 판매 모델로 플랫폼이 수집한 사용자 데이터를 분석하여 제3자에게 판매하거나 자사의 서비스 개선에 활용하는 방식이다.

FAANG의 거대한 성공

플랫폼 비즈니스는 기존 산업의 경계를 허물고 새로운 비즈니스 생태계를 형성하는 경향이 있다. 이는 '슈퍼컨버전스Superconvergence'라는 현상으로 설명되는데, 다양한 산업과 기술이 융합되어 새로운 가치를 창출하는 것을 의미한다. 예컨대 아마존은 온라인 소매업에서 시작하여 클라우드 컴퓨팅(아마존웹서비스), 디지털 콘텐츠, 스마트 홈 기기 등 다양한 영역으로 확장했다. 2018년 'FAANG'(페이스북, 애플, 아마존, 넷플릭스, 구글의 별칭)의 시가총액은 3조 달러에 달했으며, 이는 그해 미국 GDP의 약 13퍼센트를 차지하는 규모였다. 이러한 플랫폼 기업들의 성공은 네트워크 효과와 데이터 활용 능력에 기인한다.

플랫폼 비즈니스는 AI, 사물인터넷, 5G 등 신기술의 발전과 함께 더욱 확장될 것으로 예상된다. AI 기술은 플랫폼의 매칭 알고리즘을 개선하고, 사용자경험을 개인화하는 데 활용될 것이다. 사물인터넷 기술은 물리적 세계와 디지털 플랫폼을 연결하여 새로운 형태의 상호작용을 가능하게 할 것이다. 5G 기술은 더 빠르고 안정적인 연결성을 제공하여 실시간 상호작용이 필요한 플랫폼의 발전을 촉진할 것이다. 2019년에는 AI와 가상현실, 증강현실 기술이 플랫폼 비즈니스에 통합되는 추세가 나타났으며, 이는 사용자경험을 더욱 향상시킬 것으로 예상된다.

또한 지속가능성과 사회적 책임에 대한 고려가 더욱 중요해질 것이다. 플랫폼은 자원의 효율적 활용을 촉진하고 접근성을 향상시킴으로써 지속 가능한 발전에 기여할 수 있다. 예컨대 차량 공유 플랫폼은 차량 소유의 필요성을 줄임으로써 환경 부담을 감소시킬 수 있다. 또한 플랫폼은 소외된 지역이나 계층에게 새로운 경제적 기회를 제공할 수 있다. 그러나 이를 위해서는 플랫폼 기업들이 사회적 책임을 인식하고, 포용적인 성장을 추구해야 한다.

플랫폼 비즈니스의 성공을 위한 핵심 원칙으로 '플랫폼 사고Platform Thinking'가 있다. 이는 기존의 선형적 사고방식에서 벗어나 네트워크와 생태계 관점에서 비즈니스를 바라보는 것을 의미한다. 플랫폼 사고는 자원 소유보다 자원 조정에, 내부 최적화보다 외부 상호작용에, 고객 가치보다 생태계 가치에 초점을 맞춘다. 이러한 사고방식의 전환은 디지털 경제에서 경쟁력을 유지하기 위한 필수 요소가 되었다. 많은 기업이 플랫폼 전략을 도입하기 위해 노력하고 있으며, 이는 단순한 기술 도입이 아닌 비즈니스 모델과 조직문화의 근본적인 변화를 요구한다.

플랫폼 비즈니스는 비즈니스 세계뿐 아니라 사회 전반에 걸쳐 광범위한 영향을 미치고 있다. 플랫폼은 개인들이 자신의 자산, 기술, 시간을 활용하여 수익을 창출할 수 있는 새로운 기회를 제공한다. 이는 전통적인 고용 관계를 넘어선 새로운 형태의 일자리와 경제 활동을 창출한다. 그러나 이러한 변화는 노동자 보호, 소득 불평등, 사회 안전망 등과 관련된 새로운 과제도 제기한다. 따라서 플랫폼 경제의 혜택을 최대화하고 부작용을 최소화하기 위한 사회적·정책적 논의가 필요하다.

———

　플랫폼 비즈니스는 21세기 경제의 핵심 동력으로 자리 잡았으며, 앞으로도 계속해서 진화하고 확장될 것이다. 플랫폼 사고를 통해 기업들은 네트워크 효과를 활용하고, 생태계를 구축하며, 지속 가능한 성장을 달성할 수 있을 것이다. 또한 사회 전체적으로는 플랫폼 경제의 혜택을 공유하고, 발생 가능한 문제들을 해결하기 위한 노력이 계속되어야 할 것이다. 플랫폼 비즈니스의 성공은 단순히 기술적 혁신이나 비즈니스 모델의 변화만으로 이루어지는 것이 아니라, 사회적·경제적·문화적 변화와 함께 이루어진다. 따라서 플랫폼 기업들은 기술적 혁신과 비즈니스 모델의 발전뿐 아니라, 사회적 책임과 윤리적 고려도 함께 추구해야 한다. 이를 통해 플랫폼 경제는 더욱 지속 가능하고 포용적인 방향으로 발전할 수 있을 것이다.

개발하고 생산하고 연결하라

사물인터넷

사물인터넷은 현대 리더가 반드시 이해해야 할 핵심 기술 중 하나다. 세상에 존재하는 모든 사물에 고유한 식별 코드를 부여한 뒤, 그것을 인터넷이나 지역의 유무선 통신망으로 다른 사물들과 연결한다는 개념으로 시작된 사물인터넷은 이제 단순한 기술적 혁신을 넘어 전 산업의 패러다임을 바꾸고 있다. 미래학자들은 2030년까지 290억 대 이상의 기기가 인터넷으로 연결될 것으로 예상했으며, 세계적인 시장조사 기업인 스테이티스타Statista는 세계 사물인터넷 시장 규모가 2024년 약 1조 3870억 달러에서 2030년까지 연평균 12.5퍼센트 성장하여 약 2조 8200억 달러 규모에 이를 것으로 예측하기도 했다. 이러한 수치는 사물인터넷이 단순한 트렌드가 아닌 불가역적인 변화의 물결임을 보여준다.

압도적인 연결이 바꿀 비즈니스 모델

리더들이 사물인터넷의 본질을 이해하기 위해서는 이 기술이 가져올 근본적인 변화의 성격을 파악해야 한다. 사물인터넷은 단순히 기기들을 연결하는 것이 아니라 비즈니스 모델 자체를 혁신하는 촉매제 역할을 한다. 첫째, 공급, 제조, 유통 분야에서 혁신을 이룰 수 있다. 제조부터 공급과 유통까지 모든 과정이 자동화될 수 있기 때문에 기존의 선형적 가치사슬이 실시간으로 연결된 네트워크형 생태계로 진화한다. 둘째, 조직의 의사결정 과정이 근본적으로 바뀐다. 모든 정보가 실시간으로 공개되고 공유되기 때문에 의사결정의 모든 과정이 데이터 기반으로 전환되며, 직감이나 경험에 의존하던 기존 방식에서 벗어나 정확한 데이터 분석에 기반한 과학적 의사결정이 가능해진다.

셋째, 새로운 수입원을 창출할 수 있다. 사물인터넷은 기존 제품에 서비스 요소를 결합하여 새로운 가치를 만들어내는데, 이는 제품 판매 중심의 일회성 수익 모델에서 지속적인 서비스 제공을 통한 구독형 수익 모델로의 전환을 가능하게 한다. 넷째, 유지·보수 비용과 생산에서의 불량률을 현저하게 줄일 수 있다. 예측 유지·보수를 통해 장비가 고장 나기 전에 미리 정비할 수 있어 비가동 시간을 최소화하고 생산성을 극대화할 수 있다. 다섯째, 완벽한 고객 만족을 실현할 수 있다. 고객의 사용 패턴과 선호도를 실시간으로 파악함으로써 개인화된 서비스를 제공하고 고객경험의 질적 향상을 이룰 것이다.

사물인터넷 선두 기업들의 사례를 살펴보면 리더들이 어떤 전략적 접근을 해야 하는지 명확해진다. 단순한 감지기를 설치하는 기업들로는 ABB, 다임러, 인텔이 있다. 이들은 기존 제품에 센서를 추가하여 데이터 수집 능력을 키웠다. 실시간 데이터를 감지하는 회사로는 페덱스와 세넷_{Senet}이 있으며, 이들은 물류와 배송 과정에서 발생하는 모든 데이터를 실시간으로 추적하고 분석하여 효율성을 극대화하고 있다. 의료 분야에서는 심전도 측정기 카디아_{Kardia}를 만든 얼라이브코어_{AliveCor}가 사물인터넷 기술을 활용하여 개인 건강 관리의 새로운 패러다임을 제시했다.

도시 차원에서는 바르셀로나와 함부르크 같은 도시들이 스마트 시티를 추구하며 사물인터넷 기술을 도시 인프라 전반에 적용하고 있다. 이들 도시는 교통, 에너지, 환경, 안전 등 도시 운영의 모든 영역에서 사물인터넷 센서를 활용하여 시민의 삶의 질을 향상시키고 도시 운영의 효율성을 높였다. 아마존, 구글, 애플 같은 글로벌 기술 기업들도 초연결 혁신을 주도하는 기업으로 진화하고 있으며, 이들은 플랫폼 전략을 통해 사물인터넷 생태계의 핵심 허브 역할을 하고 있다.

하지만 현실적으로 많은 기업들이 아직 사물인터넷 도입에 소극적인 상황이다. 2024년 OECD가 발표한 〈디지털 경제 전망 보고서〉에 따르면, 우리나라의 경우 기업의 53퍼센트가 사물인터넷 기술을 도입해 세계 1위의 도입률을 기록했지만, OECD 회원국 평균은 그 절반 정도인 27퍼센트에 그치고 있다. 이는 글로벌 리더들이 사물인터넷의 잠재력을 인식하지 못하거나, 도입 과정의 복잡성과 비용에 대한 우려 때문으로 분석된다. 경제 분석가들의 추정에 따르면 앞으로 사물인터넷 시장은 신생 기업이 지배할 확률이 매우 높으며, 새롭게 개발될 사물인터넷 솔루션 가운데 50퍼센트는 설립된 지 3년이 안 된 신생 기업에서 나올 것이라는 의견이 지배적이다. 이는 기존 기업들이 혁신에 뒤처질 수 있음을 시사한다.

제조, 설계, 유통의 혁신

초연결 혁신은 여섯 가지 주요 영역으로 구분할 수 있다. 첫째는 제조 혁신이다. 이 분야의 선두 주자는 지멘스와 제너럴일렉트릭이며, 할리데이비슨과 다임러도 사물인터넷 기술을 도입하면서 완전히 달라지고 있다. 제조 효율과 정밀도만 높여도 수익률이 크게 달라질 수 있다는 것이 이들 기업의 공통된 경험이다. SAP는 '디지털 제조 신속 전개 솔루션Digital Manufacturing Rapid-Deployment Solution'을 만들어 현장에서 정보를 제공하고, 제품 하나짜리 공정도 가능하게 하는 시스템을 구축했다. 이 시스템은 최신 생산 방식을 통해 설계 및 공정 개발부터 제조까지 전 과정을 지원한다.

둘째는 설계 혁신이다. 기존에는 기업이 제품을 만들어 팔면 소비자가 그것을 구입해서 그대로 사용하는 일방향적 관계였지만, 이제는 반대로 기업이 사용자경험을 모아 제품을 업그레이드하고 소비자로부터 평가받는 쌍방향적 관계로 변화했다. 제품에 사물인터넷 기반 기술이 삽입되면 사용자가 어떤 것을 선호하는지 실시간으로 알 수 있게 되며, 사용자가 미리 제품을 선택하게 하는 것도 가능해진다. 따라서 기업은 설계 프로세스를 끊임없이 변화시켜야 하며, 제품 설계자는 사용자경험 책임자, 더 나아가서 데이터 판매 책임자의 역할도 해야 한다. 기업의 역할이 바뀌면 구성원들의 역할도 함께 바뀌어야 한다는 것이 핵심이다.

셋째는 유통 혁신이다. 아마존은 사물인터넷 기기로 수집한 빅데이터를 활용하여 고객이 구매하기 전 미리 상품을 준비하는 예측 배송 서비스를 출시했고 특허도 취득한 상태다. 이는 고객의 구매 패턴과 선호도를 분석하여 수요를 예측하고, 물류 효율성을 극대화하는 혁신적인 접근법이다. 월마트를 비롯한 유통회사들은 블록체인과 사물인터넷 기술을 접목하여 공급망의 투명성과 추적 가능성을 높이고 있다.

판매, 유지·보수, 노동의 혁신

넷째는 판매 혁신이다. 이제는 기업들이 제품 대신 서비스를 판매하는 방향으로 비즈니스 모델이 전환되고 있다. 제너럴일렉트릭을 비롯한 항공기 엔진 제조사들은 제품을 판매하는 방식에서 서비스를 파는 방식으로 수익 모델을 전환하고 있다. 엔진 제조사들은 엔진 사용량에 근거한 다양한 대여 서비스를 판매하는데, 항공기 엔진에는 수백 개의 센서가 부착되어 있기 때문에 비행 중 어떤 부품의 교체 시기가 다가오는지도 파악할 수 있다. 또한 비행 데이터에 접속할 수 있는 권한을 판매하기도 하는 등 데이터 자체를 새로운 수익원으로 삼고 있다.

다섯째는 판매 후 유지·보수의 혁신이다. 이는 사물인터넷 혁명으로 가장 극적인 변화가 일어나는 분야 중 하나이다. 특히 바다 한가운데 있는 석유시추선 같은 경우 유지·보수의 차원이 완전히 다르다. 이미 고장이 난 상태라면 육지에서 부품을 공수해 와야 하기 때문에 시간도 오래 걸리고 비용도 막대하다. 따라서 사물인터넷 기술로 어떤 부품이 언제 문제를 일으킬지 예측할 수 있다면 많은 비용과 시간을 줄일 수 있다. 다이너그램Dynagram은 제조, 소매, 물류에 이르는 다양한 업체들에 사물인터넷 서비스를 제공하는 기업으로, 해양 시추 기업의 굴착기를 예측 유지·보수하는 사물인터넷 솔루션을 개발했다. 이를 통해 비가동 시간이 35~45퍼센트 줄어들었고, 생산성은 20~25퍼센트 늘었다.

여섯째는 노동 혁신이다. 튤립Tulip은 작업자용 사물인터넷 소프트웨어를 개발하는 회사로, 다양한 소프트웨어 드라이버를 이용해 생산 현장의 노동자를 지원하는 패키지 솔루션을 제공한다. 세계적인 위탁 생산 업체 자빌Jabil이 튤립의 사물인터넷 플랫폼을 사용하고 있고, 뉴발란스도 튤립과 협력해 수백 가지의 신상품을 출시하는 데 걸리는 시간을 절반으로 줄였다. 멘딕스Mendix와 코니Kony 같은 기업들의 사물인터넷 플랫폼은 누구나 쉽게 앱을 설계할 수 있도록 하여 현장 작업자들의 디지털 역량을 향상시키고 있다.

———

사물인터넷은 단순한 기술 트렌드가 아니라 비즈니스의 근본적 변화를 이끄는 메가트렌드다. 리더들은 사물인터넷이 가져올 변화의 본질을 이해하고, 자신의 조직과 산업에 어떤 영향을 미칠지 깊이 있게 분석해야 한다. 또한 사물인터넷 도입을 통해 달성하고자 하는 명확한 목표를 설정하고, 이를 실현하기 위한 체계적인 전략을 수립해야 한다. 무엇보다 사물인터넷은 기술적 혁신과 함께 조직문화와 비즈니스 모델의 혁신을 요구하므로, 전체 조직 차원에서의 변화 관리가 필수적이다. 지멘스의 사례에서 보듯이 진정한 혁신은 오랜 경험과 전문성을 바탕으로 디지털 기술을 결합할 때 가능하다. 혁신은 하루아침에 이루어지는 것이 아니라 지속적인 투자와 노력의 결과임을 명심해야 한다.

073 현실 세계와
가상 세계를 연결하라

디지털 트윈

디지털 트윈Digital Twin은 물리적 객체, 시스템, 또는 프로세스의 가상 복제물을 만들어 물리적 세계와 디지털 세계를 연결하는 기술이다. 이 개념은 현실 데이터를 실시간으로 수집하고 이를 바탕으로 가상의 모델을 생성하여, 물리적 객체의 상태를 모니터링하거나 성능을 분석하고 미래 행동을 예측하며 최적화된 의사결정을 지원하는 데 활용된다. 디지털 트윈은 제조업, 의료, 스마트 시티 등 다양한 산업에서 혁신적인 변화를 이끌고 있으며, 4차 산업혁명과 디지털 트랜스포메이션의 핵심 도구로 자리 잡았다.

현실을 일대일로 반영하는 디지털 모델

디지털 트윈의 개념은 2002년 마이클 그리브스Michael Grieves가 처음 제안한 것으로 알려져 있다. 그는 '제품수명주기관리Product Lifecycle Management, PLM' 과정에서 물리적 제품과 디지털 모델 간의 상호작용을 통해 효율성을 극대화할 수 있다고 주장했다. 이후 사물인터넷, AI, 빅데이터와 같은 첨단 기술이 발전하면서 디지털 트윈은 다양한 산업 분야에서 실질적으로 구현되기 시작했다.

디지털 트윈의 핵심 요소는 세 가지로 요약된다. 첫째, 물리적 객체와 이를 반영한 디지털 모델 간의 실시간 데이터 연결이다. 센서와 사물인터넷 기술을 이용하면 물리적 객체에서 데이터를 수집하고 이를 디지털 모델에 반영함으로써 실시간으로 정확한 상태를 파악할 수 있다. 둘째, 고급 시뮬레이션과 분석 기술을 활용하여 물리적 객체의 행동과 성능을 복제하거나 예측한다. 셋째, 이러한 데이터를 바탕으로 문제를 사전에 식별하고 최적의 해결책을 제시하며, 운영 효율성과 안전성을 향상시킨다.

이 기술은 사물인터넷, AI, 클라우드 컴퓨팅 등의 기술적 기반 위에 구축되며, 물리적 세계와 디지털 세계를 연결해 새로운 가치를 창출한다. 주요 적용 분야를 중심으로 디지털 트윈의 혁신적인 활용 사례를 살펴보자.

제조업은 디지털 트윈 기술이 가장 활발히 활용되는 분야다. 디지털 트윈은 제품 설계, 생산 공정 최적화, 유지·보수 등 제조업 전반에 걸쳐 적용된다. 스마트 팩토리 체제로 변신한 독일의 지멘스는 디지털 트윈을 도입하여 공장 내 모든 기계와 데이터를 네트워크로 연결하고 실시간으로 생산 공정을 최적화했다. 이를 통해 생산 비용을 절감하고 품질을 향상시키며 경쟁력을 강화했다. 제너럴일렉트릭은 항공기 엔진과 발전소 터빈의 성능을 모니터링하고 유지·보수를 최적화하기 위해 디지털 트윈을 활용하며 운영 효율성을 높였다.

BMW 역시 디지털 트윈 기술을 활용해 생산 효율성을 30퍼센트 개선했으며, 다양한 조건에서 공정 시뮬레이션을 통해 문제를 사전에 해결할 수 있었다. 유니레버는 브라질의 인다이아투바 공장에 디지털 트윈을 도입해 생산 조건을 최적화했다. 이를 통해 하루에 조치가 필요한 알람 수를 90퍼센트까지 줄이고 공정 중단 시간을 최소화하며 생산성을 크게 향상시켰다. 유니레버는 이러한 성공 사례를 바탕으로 전 세계 300개 공장에 디지털 트윈 기술을 적용할 계획이다.

에너지 산업에서도 디지털 트윈은 중요한 역할을 한다. 발전소, 풍력 발전 단지, 태양광 시설 등 에너지 인프라의 디지털 모델을 생성하여 성능과 수명을 최적화할 수 있다. 스위스의 기술 기업인 ABB는 전력망의 흐름을 실시간으로 모니터링하고 에너지 소비를 최적화하며 장애를 사전에 감지하는 데 디지털 트윈 기술을 성공적으로 활용했다. 덴마크의 원격 난방 시스템은 난방 수요와 공급 사이의 균형을 맞추는 데 디지털 트윈 기술을 적용하여 에너지 소비와 탄소 배출량을 줄이는 데 기여했다. 연장선에서 디지털 트윈은 대기질, 수질, 기후변화 등의 요소를 모니터링하고 분석하는 데 사용된다. 이는 환경보호와 지속 가능한 정책 수립에 중요한 데이터를 제공한다.

의료 분야에서는 환자의 생체 정보를 기반으로 디지털 트윈을 생성하여 맞춤형 치료를 제공한다. 로슈Roche는 디지털 트윈 기술을 활용해 임상시험 데이터를 분석함으로써 신약 개발 시간을 단축했다. 병원과 의료 기기 제조 업체들은 환자의 건강 상태를 실시간으로 모니터링하고 치료 효과를 예측하기 위해 디지털 트윈 기술을 적극적으로 도입하고 있다.

물류 최적화부터 신약 개발까지

건설 산업에서는 건물과 구조물의 디지털 모델을 생성하여 설계부터 유지·보수까지 전 과정에 디지털 트윈 기술을 활용하고 있다. 오토데스크Autodesk의 탠덤Tandem 플랫폼은 건물 설계 데이터를 기반으로 디지털 트윈을 생성해 건물 운영 데이터를 실시간으로 모니터링하고 유지·보수 일정을 최적화한다.

자동차 산업에서도 디지털 트윈은 차량 개발과 유지·보수에 중요한 역할을 한다. 현대자동차는 전기차 배터리의 성능 관리를 위해 디지털 트윈 기술을 도입했으며, 이를 통해 배터리 수명을 예측하고 최적화된 충전 방식을 제안한다. 이는 차량 성능 개선뿐 아니라 고객경험 향상에도 기여한다.

물류 네트워크와 운송 시스템의 효율성을 높이는 데도 디지털 트윈이 활용된다. DHL은 물류 센터와 배송 네트워크의 디지털 모델을 생성하여 운영 효율성을 극대화하고 비용 절감을 실현했다.

스마트 시티 분야에서도 디지털 트윈은 도시 계획과 관리에 혁신적인 변화를 가져오고 있다. 싱가포르는 스마트네이션Smart Nation 프로젝트의 일환으로 도시 전체를 디지털 모델로 구현하여 교통 혼잡 관리, 에너지 소비 최적화, 재난 대비 등을 실시간으로 모니터링하고 예측한다. 이로써 도시 운영 효율성을 높이고 시민들의 삶의 질을 향상시키는 데 기여하고 있다.

디지털 트윈의 도전 과제

디지털 트윈 기술이 가진 잠재력에도 불구하고, 이를 도입하고 운영하는 데는 몇 가지 도전 과제가 존재한다. 이는 대규모 데이터 처리와 저장, 초기 구축 비용, 데이터의 정확성과 신뢰성 유지라는 세 가지 측면에서 주로 나타난다.

첫째 도전 과제는 대규모 데이터 처리와 저장이다. 디지털 트윈은 사물인터넷 센서를 통해 실시간 데이터를 수집하고 이를 분석하여 물리적 시스템과 동기화한다. 이 과정에서 방대한 양의 데이터가 생성되는데, 이를 처리하고 저장하기 위한 클라우드 컴퓨팅 및 데이터 인프라가 필수적이다.

둘째 도전 과제는 초기 구축 비용이다. 디지털 트윈 기술에는 사물인터넷 센서 설치, 클라우드 서비스 사용료, 소프트웨어 개발 및 유지·보수 등 다양한 비용이 발생한다. 예컨대 건설 산업에서 디지털 트윈을 활용하려면 건물 설계 데이터를 기반으로 3D 모델링을 수행하고, 이를 실시간으로 업데이트하기 위한 센서와 네트워크를 설치해야한다. 이러한 초기 투자 비용은 대기업에는 감당 가능한 수준일 수 있으나 중소기업에는 큰 부담이 된다. 특히 맞춤형 솔루션을 개발하거나 기존 시스템과 통합하려면 추가 비용이 발생할 수 있다. 따라서 중소기업들이 디지털 트윈 기술을 도입하려면 정부의 지원 프로그램이나 클라우드 기반 구독형 서비스와 같은 대안적인 접근이 필요하다.

셋째 도전 과제는 데이터의 정확성과 신뢰성을 유지하는 것이다. 디지털 트윈은 물리적 시스템의 상태를 정확히 반영해야 하며, 이를 위해 수집된 데이터를 신뢰할 수 있어야 한다.

이러한 도전 과제를 해결하려면 몇 가지 전략적 접근을 시도해야 한다. 첫째, 클라우드 컴퓨팅과 분산 컴퓨팅 기술을 활용하여 대규모 데이터를 효율적으로 처리하고 저장할 수 있는 인프라를 구축해야 한다. 예컨대 아마존웹서비스나 애저 같은 클라우드 플랫폼은 확장성과 유연성을 제공하며, 대량의 데이터를 안전하게 관리할 수 있는 환경을 제공한다. 둘째, 구독형 서비스 모델을 활용하거나 정부의 지원 프로그램을 통해 초기 구축 비용을 줄여 중소기업들이 디지털 트윈 기술에 접근할 수 있도록 해야 한다. 셋째, 데이터의 정확성과 신뢰성을 확보하기 위해 고성능 센서를 사용하고 정기적인 검증 및 유지·보수를 수행해야 한다.

디지털 트윈은 다양한 산업 분야에서 혁신적인 변화를 이끌고 있지만, 몇 가지 도전 과제를 해결하지 못하면 기술 도입과 운영에 한계가 생길 수 있다. 따라서 기업들은 기술 인프라 투자뿐 아니라 보안 강화와 지속적인 관리 체계를 마련해야 하며, 정부와 협력하여 중소기업들이 이러한 기술에 접근할 수 있는 환경을 조성해야 한다. 이를 통해 디지털 트윈은 더욱 안전하고 효율적으로 발전하여 다양한 산업에서 새로운 가치를 창출할 것이다.

074

현실 세계와
가상 세계를 융합하라

메타버스

메타버스는 현실 세계와 가상 세계가 결합된 3차원 디지털 공간으로, 사용자들이 아바타를 통해 다양한 사회적·경제적·문화적 활동을 할 수 있는 환경을 제공한다. 메타버스는 현실 세계를 디지털로 확장하거나 디지털 공간에서 새로운 현실을 창조하는 기술적·사회적 패러다임으로 자리 잡고 있다. 이 개념은 1992년 닐 스티븐슨Neal Stephenson의 소설 《스노 크래시》에서 처음 등장했으며, 이후 기술 발전과 함께 현실화되었다.

확장된 세계에서 누리는 새로운 경험

메타버스는 크게 네 가지 주요 특징으로 요약된다. 첫째, 실재감이다. 사용자는 가상 공간에서 실제로 존재하는 것과 같은 몰입감을 경험한다. 이는 가상현실과 증강현실 기술을 통해 구현된다. 둘째, 상호운용성이다. 메타버스 내의 다양한 플랫폼 간 데이터와 자산의 교환을 통해 사용자가 동일한 아바타나 디지털 자산을 여러 플랫폼에서 사용할 수 있도록 한다. 셋째, 경제권이다. 메타버스는 현실과 유사한 경제 시스템을 포함하며, 사용자는 가상 공간에서 재화와 서비스를 거래하거나 생산할 수 있다. 넷째, 지속성이다. 메타버스는 사용자의 접속 여부와 상관없이 지속적으로 존재하는데, 이는 현실 세계와의 연속성을 강화한다.

메타버스는 단순한 기술적 혁신이 아니라 경제와 사회 전반에 변화를 불러오는 새로운 생태계라 할 수 있다. 메타버스는 네 가지 유형으로 분류할 수 있다. 첫째는 생활형 메타버스로, 일상생활과 밀접하게 연결된 플랫폼이다. 예컨대 SK텔레콤의 '이프랜드ifland'는 사용자들이 가상 공간에서 회의나 이벤트를 개최할 수 있는 환경을 제공한다. 둘째는 게임형 메타버스로, 로블록스Roblox와 포트나이트Fortnite 같은 플랫폼이 이에 해당한다. 이들은 단순한 게임을 넘어 사용자들이 콘텐츠를 제작하고 공유하며 그 안에서 경제 활동까지 가능하게 한다.

셋째는 교육형 메타버스다. 호두랩스의 '호두잉글리시'는 메타버스를 활용해 어학연수 경험을 제공하며, 학생들이 가상 공간에서 영어를 배우고 실습할 수 있도록 한다. 넷째는 비즈니스형 메타버스로, 기업들이 가상 오피스를 구축하거나 고객경험을 혁신하는 데 활용된다. 직방은 '메타폴리스Metapolis'라는 가상 오피스를 통해 직원들이 물리적 공간에 구애받지 않고 협업할 수 있는 환경을 제공했다.

메타버스는 가상 세계와 현실 세계를 융합하여 사용자들이 다양한 활동을 할 수 있는 디지털 공간이다. 메타버스는 단순한 기술적 혁신을 넘어 경제, 사회, 문화 전반에 걸쳐 새로운 생태계를 형성하며, 비즈니스 리더들에게 새로운 기회를 제공하고 있다. 로블록스, 제페토

Zepeto, 디센트럴랜드Decentraland 같은 플랫폼은 메타버스의 비즈니스 활용 가능성을 보여주는 대표적인 사례다. 이들은 가상 공간에서 사용자경험을 혁신하고, 새로운 형태의 경제 활동을 가능하게 한다.

메타버스의 도전 과제

메타버스는 현실 세계와 가상 세계를 연결하는 혁신적인 기술이지만, 이를 구현하고 운영하는 과정에서 여러 도전 과제에 직면하고 있다. 메타버스는 고도의 기술적 인프라와 데이터 보안, 그리고 법적·규제적 문제 해결이라는 숙제를 안고 있다. 이러한 도전 과제는 메타버스의 지속가능성과 확장성을 좌우하는 핵심 요소로 작용한다.

첫째 도전 과제는 기술적 인프라의 한계다. 고품질 그래픽과 실시간 상호작용을 제공하기 위해서는 높은 대역폭과 컴퓨팅 파워가 필요하다. 예컨대 3D 모델링과 실시간 렌더링 기술은 사용자들에게 몰입감 있는 경험을 제공하지만, 이를 구현하려면 고성능 서버와 네트워크가 필요하다. 특히 모바일 기기와 같은 저사양 환경에서는 성능 저하 문제가 발생할 수 있다. 〈메타버스 플랫폼 개발을 위한 최신 기술 트렌드〉에 따르면, 이러한 기술적 요구사항은 높은 개발 비용과 전문 인력 부족이라는 현실적인 장벽으로 작용하고 있다. 또한 대량의 데이터를 처리하고 저장하기 위한 클라우드 컴퓨팅 인프라가 필수적인데, 이는 기업들에 추가적인 비용 부담을 초래한다.

둘째 도전 과제는 개인정보 보호와 보안 문제다. 메타버스는 사용자들이 생성하는 방대한 데이터를 기반으로 작동하며, 이러한 데이터는 악용될 가능성이 있다. 〈메타버스 보안 모델 연구〉에 따르면, 메타버스 내에서 사용자의 개인정보가 유출되거나 조작될 위험이 크다. 예컨대

로블록스에서는 2021년 공식 관리자 계정이 해킹당해 사용자 계정에 악영향을 미친 일이 있었다. 이는 메타버스 플랫폼이 사이버 공격에 얼마나 취약한지를 보여준다. 또한 증강현실과 가상현실 장비를 통해 수집되는 생체 정보와 위치 데이터는 민감한 개인정보로 분류되는데, 이를 보호하기 위한 강력한 보안 체계가 요구된다.

메타버스 보안 문제는 단순히 개인정보 유출에 그치지 않는다. 디지털 자산과 관련된 사기 및 해킹도 주요 위협으로 부상하고 있다. 디센트럴랜드와 같은 블록체인 기반 메타버스 플랫폼에서는 암호화폐를 사용해 가상 자산을 거래한다. 이러한 거래는 해킹이나 사기 사건의 표적이 될 수 있으며, 사용자의 경제적 손실로 이어질 위험이 있다. 따라서 데이터 암호화와 사용자 인증 절차를 강화하는 것이 필수적이다.

셋째 도전 과제는 규제와 법적 문제다. 메타버스는 기존 법률 체계로 완전히 설명하거나 규제하기 어려운 새로운 환경을 제공한다. '메타버스진흥법'은 메타버스 산업 활성화를 목표로 하지만, 여전히 게임산업법 등 기존 법률과의 충돌 가능성이 존재한다. 예컨대 제페토나 이프랜드 같은 플랫폼은 게임 요소를 포함하고 있어 게임산업법의 적용 대상이 될 수 있다. 이는 메타버스 플랫폼 운영자들에게 불확실성을 안겨줘 사업 확장을 저해할 가능성이 있다.

또한 가상 자산 거래와 관련된 법적 구조가 명확하지 않다는 점도 문제다. 디센트럴랜드와 같은 플랫폼에서 이루어지는 가상 부동산 거래는 현실 세계의 부동산 거래와 유사하지만, 이를 규제할 법적 기준이 부족하다. 이로 인해 사용자들은 거래 과정에서 사기나 불공정 행위에 노출될 위험이 있다.

메타버스의 도전 과제를 해결하기 위해서는 몇 가지 전략적 접근이 필요하다. 첫째, 기술적 인프라를 강화하기 위해 클라우드 컴퓨팅과 분산 시스템 기술을 적극적으로 활용해야 한다. 아마존웹서비스나 애저와 같은 클라우드 플랫폼은 확장성과 안정성을 제공하며, 대량의 데이터를 효율적으로 관리할 수 있는 환경을 지원한다. 둘째, 개인정보 보호를 위해 데이터 암호화와 다중 인증을 포함한 강력한 보안 체계를 구축해야 한다. 셋째, 법적·규제적 문제를 해결하기 위해 정부와 기업 간 협력을 통해 명확한 가이드라인과 표준을 마련해야 한다.

———

메타버스는 새로운 경제와 사회 구조를 형성할 잠재력을 가지고 있지만, 도전 과제를 해결하지 못하면 지속 가능한 발전이 어려울 수 있다. 따라서 기업과 정부는 기술 개발뿐 아니라 보안 강화와 규제 정비 등에도 적극적으로 나서야 하며, 이를 통해 메타버스가 혁신적인 생태계로 자리 잡을 수 있도록 해야 한다.

075 탈중앙화의 거대한 흐름이 시작된다

NFT와 Web3

NFT는 '대체불가능토큰Non-Fungible Token'의 약자로, 디지털 자산의 소유권과 진위성을 블록체인 기술을 통해 증명하는 새로운 형태의 디지털 자산을 가리킨다. NFT는 예술, 게임, 부동산, 음악 등 다양한 분야에서 활용되고 있으며, 디지털 경제의 새로운 패러다임을 제시하고 있다. NFT의 개념과 특징, 그리고 그 영향력을 이해하는 것은 현대 비즈니스 리더들에게 중요한 과제가 되고 있다.

NFT란 무엇인가

NFT의 핵심 특징은 고유성과 희소성이다. 각 NFT는 고유한 식별자를 가지고 있어 서로 대체될 수 없으며, 이는 디지털 자산에 희소성과 가치를 부여한다. 예컨대 디지털 아트 작품이 NFT로 발행되면, 그 작품의 원본성과 소유권을 명확히 할 수 있다. 이는 기존의 디지털 콘텐츠가 쉽게 복제되고 공유되는 것과는 대조적이다.

NFT의 생성 과정은 '민팅_{Minting}'이라고 불리는데, 이는 디지털 자산을 블록체인에 기록하는 과정을 의미한다. 민팅을 통해 생성된 NFT는 블록체인 네트워크에 영구적으로 기록되며, 이는 해당 자산의 소유권과 거래 내역을 투명하게 추적할 수 있게 한다. 이러한 특성은 디지털 자산의 가치와 신뢰성을 높이는 데 기여한다.

NFT 시장은 2020년부터 급격히 성장했다. 2021년 3월, 디지털 아티스트 비플_{Beeple}의 작품 〈에브리데이: 첫 5000일_{Everydays: The First 5000 Days}〉이 크리스티 경매에서 6930만 달러에 낙찰되면서 NFT에 대한 전 세계적인 관심이 촉발되었다. 이후 NFT 시장은 폭발적으로 성장하여, 2021년 6월 기준 NFT 거래량은 전년 대비 75배 증가했다. 그 결과 2021년에는 NFT 시장의 규모가 약 249억 달러, 2022년에는 572억 달러까지 치솟았다. 그러나 시장조사 기관마다 추정치가 다르긴 하지만, 2023년부터 규모가 급격히 줄어들어 2023년에 361억 달러, 2024년에는 137억 달러로 줄었으며, 2025년에는 거래 규모가 50억~65억 달러로 예상되는 등 크게 위축되는 모양새를 보이고 있다. 이러한 하락세의 원인으로는 초기 시장의 과도한 거품이 꺼지는 것과 대중화 실패가 꼽히는데, 생활 밀착형 NFT 시장이 활성화되면서 활용도가 높아지고 대중화됨에 따라 시장 재편과 규모 성장이 기대된다.

NFT의 활용 분야는 매우 다양하다. 예술 분야에서는 디지털 아트 작품의 소유권을 증명하고 거래하는 데 사용된다. 게임 산업에서는 게임 내 아이템이나 캐릭터를 NFT로 발행하여 플레이어들이 실제 소유권을 가질 수 있게 한다. 예컨대 블록체인 기반 게임 '엑시 인피니티_{Axie Infinity}'에서는 게임 캐릭터가 NFT로 발행되어 플레이어들 간에 거래될 수 있다.

부동산 분야에서도 NFT가 활용되고 있다. 가상 세계 플랫폼인 디센트럴랜드에서는 자체 암호화폐인 MANA를 사용하여 NFT로 발행된 가상 부동산을 거래할 수 있다.

음악 산업에서도 NFT는 새로운 가능성을 제시하고 있다. 아티스트들은 자신의 음악을 NFT로 발행하여 팬들에게 직접 판매할 수 있으며, 이 덕에 아티스트와 팬이 중개자 없이 직접적으로 연결된다. 예컨대 미국의 록밴드 킹스오브레온Kings of Leon은 2021년 자신들의 앨범을 NFT로 발행하여 큰 주목을 받았다.

NFT의 기술적 구현에는 주로 이더리움이 사용되는데, 이는 NFT의 고유성과 소유권을 보장하는 데 중요한 역할을 한다. 또한 '인터플래니터리 파일 시스템InterPlanetary File System, IPFS' 같은 분산 저장 시스템을 활용하여 NFT와 연결된 디지털 자산을 안전하게 저장하고 접근할 수 있게 한다.

그러나 NFT에 대한 비판적 시각도 존재한다. 일부에서는 NFT가 투기 버블이라고 지적하며, 그 가치가 반등하기 힘들 것이라고 주장한다. 또한 NFT 생성 과정에서 발생하는 환경 문제도 지적된다. 이더리움의 높은 거래 수수료 문제도 NFT 시장의 성장을 저해하는 요인 중 하나다.

이러한 도전 과제에 대응하기 위해 다양한 노력이 이루어지고 있다. 예컨대 일부 블록체인 플랫폼들은 에너지 효율적인 합의 알고리즘을 도입하여 환경 문제를 해결하려 하고 있다. 또한 기술적 개선을 통해 거래 수수료 문제를 해결하려는 시도도 있다.

Web3는 탈중앙화된 인터넷을 지향하는 개념으로, 사용자 중심의 디지털 환경을 구축하는 것을 목표로 한다. 이러한 Web3 생태계에서 NFT는 핵심 구성 요소로 자리 잡았으며, 디지털 자산의 고유성과 소유권을 보장하는 핵심 기술로 작용한다.

Web3 생태계에서 NFT와 함께 주목받는 다른 주요 구성 요소들로는 DeFi Decentralized Finance (탈중앙화 금융), DApps Decentralized Applications (분산 애플리케이션), DAO Decentralized Autonomous Organization (탈중앙화된 자율 조직) 등이 있다. DeFi는 중개자 없이 금융 서비스를 제공하며, 대출, 예금, 자산 관리 등 다양한 금융 활동을 블록체인상에서 수행할 수 있게 한다. DApps는 중앙 서버 없이 블록체인 네트워크상에서 운영되는 애플리케이션으로, 데이터의 소유권과 제어권을 사용자에게 돌려주는 것이 특징이다. DAO는 스마트 계약을 통해 운영되는 조직 형태로, 중앙화된 의사결정 구조 없이 구성원들의 합의에 따라 운영된다.

이러한 요소들은 상호 연결되어 Web3 생태계를 형성한다. 예컨대 NFT는 DeFi 시스템에서 담보로 사용될 수 있으며, DApps를 통해 거래되거나 관리될 수 있다. 또한 DAO는 NFT 프로젝트의 거버넌스 구조로 활용될 수 있다. Web3 생태계는 사용자 중심의 인터넷을 구현하며, 개인의 데이터 주권과 경제적 가치를 보장하는 것을 목표로 한다. 이 생태계에서 NFT를 비롯한 다른 구성 요소들은 서로 유기적으로 연결되어 새로운 형태의 디지털 경제를 창출하고 있다. 앞으로 Web3 기술의 발전에 따라 이러한 구성 요소들의 역할과 중요성은 더욱 커질 것으로 전망된다.

NFT 시장의 급격한 성장은 규제 당국의 주목을 받고 있다. 일부 국가에서는 NFT를 증권이나 금융 상품으로 분류하려는 움직임이 있으며, 이는 NFT 시장에 새로운 규제 환경을 조성할 수 있다. 비즈니스 리더들은 이러한 규제 동향을 주시하며, 자사의 NFT 관련 전략을 수립할 때 법적 리스크를 고려해야 한다.

NFT의 기술적 발전도 계속되고 있다. 초기에는 주로 이더리움을 기반으로 구현되었지만, 현재는 솔라나Sclana, 폴리곤Polygon 등 다양한 블록체인 플랫폼에서 NFT를 지원하고 있다. 이는 NFT의 확장성과 접근성을 높이는 데 기여한다.

NFT는 또한 기업의 마케팅과 브랜드 전략에도 새로운 가능성을 제시한다. 럭셔리 브랜드들은 NFT를 통해 디지털 영역에서의 희소성과 독점성을 유지하며, 새로운 고객층을 확보하고 있다. 예컨대 구찌는 NFT 패션 아이템을 출시하여 디지털 네이티브 세대와의 연결을 강화하고 있다.

NFT의 발전은 지식재산권 관리에도 혁신을 가져올 것으로 예상된다. 블록체인 기술을 통해 창작물의 소유권과 이용 내역을 투명하게 추적할 수 있게 되면서, 저작권 관리와 로열티 지급이 더욱 효율적으로 이루어질 수 있다. NFT는 금융 분야에서도 새로운 가능성을 열고 있다. NFT를 담보로 한 대출이나 '프랙셔널라이제이션Fractionalization', 즉 부분 소유권 분할 등의 개념이 등장하면서 전통적인 금융 서비스와 디지털 자산의 결합이 가속화되고 있다.

NFT의 미래는 여전히 불확실하지만, 그 잠재력과 영향력은 분명하다. 비즈니스 리더들은 NFT가 가져올 수 있는 변화와 기회를 주시하

며, 자신의 비즈니스 모델에 어떻게 적용할 수 있을지 지속적으로 탐색해야 한다. NFT는 단순한 기술적 혁신을 넘어, 디지털 경제의 새로운 패러다임을 제시하고 있으며, 이는 기업의 전략과 운영에 중대한 영향을 미칠 것이다.

076 디지털 화폐 혁명이 시작된다

블록체인과 비트코인

NFT와 항상 함께 살펴봐야 하는 것이 있다. 바로 블록체인이다. 그리고 블록체인을 언급하자면 비트코인을 빼놓을 수 없다. 블록체인과 비트코인은 현대 디지털 경제의 핵심 요소로 자리 잡았으며, 이들의 관계를 이해하는 것은 비즈니스 리더들에게 중요한 과제가 되고 있다. 쉽게 말해 블록체인은 분산형 데이터베이스 기술이며, 비트코인은 이 기술을 기반으로 한 최초의 암호화폐다. 이 두 개념은 밀접하게 연관되어 있지만, 각각의 특성과 적용 범위는 다르다.

디지털 시대의 디지털 화폐

블록체인은 '블록'과 '체인'이라는 단어의 조합으로, 정보를 저장하는 블록들이 사슬처럼 연결된 구조를 의미한다. 각 블록에는 거래 정보가 담기며, 이 정보는 네트워크 참여자들에게 분산 저장된다. 블록체인의 핵심 특징은 정보의 무결성과 투명성이다. 거래 정보가 한번 기록되면 수정이 거의 불가능하며, 모든 참여자가 동일한 정보를 공유하기 때문에 높은 투명성을 보장한다.

비트코인은 2008년 사토시 나카모토라는 가명의 개발자(또는 개발자 그룹)가 제안한 최초의 암호화폐다. 비트코인은 블록체인 기술을 기반으로 하며, 중앙 관리자 없이 개인 간 직접 거래가 가능한 P2P 전자화폐 시스템이다. 비트코인의 거래 내역은 블록체인에 기록되어 모든 참여자에게 공유된다.

나카모토의 정체는 여전히 미스터리로 남아 있다. 그는 디지털 괴짜, 해커, 암호학자, 무정부주의자, 자유주의를 신봉하는 개발자들의 지지를 받았다. 비트코인은 이 작은 움직임을 시작으로 현재는 전 세계적으로 큰 영향을 미치는 기술로 발전했다.

비트코인은 디지털 시대를 위한 디지털 화폐로 볼 수 있는데, 그 핵심에는 블록체인이라는 혁명적인 기술이 있다. 이 기술은 단순한 기술 혁신을 넘어 금융, 경제, 사회 체제에 근본적인 변화를 가져올 수 있는 잠재력을 가지고 있다.

비트코인은 불안정성과 변동성, 불법적인 거래 가능성 등으로 인해 부정적인 견해도 존재하지만, 그 기반 기술인 블록체인은 혁명적인 잠재력을 가진 것으로 평가받고 있다. 예컨대 스마트폰에 비트코인 지갑을 설치하면 전 세계 어디서나 동일한 화폐로 결제하거나, 국경과 은행의 제약 없이 송금할 수 있다. 또한 중앙집권화된 은행 시스템 대신 총 발행량이 한정된 통화 시스템이 도입될 가능성을 제시한다. 이는 금융의 분권화를 넘어 사회 전반의 분권화로 이어질 수 있다.

블록체인의 무한한 가능성

《월스트리트저널》의 두 기자 마이클 J. 케이시Michael J. Casey와 폴 비냐Paul Vigna가 쓴 《비트코인 현상, 블록체인 2.0》은 비트코인의 탄생부터 현재까지의 발전 과정을 추적하며 종합적인 이해를 제공한다. 비트코인을 이해하기 위해서는 먼저 블록체인의 작동 원리를 알아야 한다. 블록체인에서 새로운 거래가 발생하면 이 정보는 블록에 저장된다. 이 블록은 네트워크 참여자들의 검증을 거쳐 기존의 블록체인에 연결된다. 이 과정에서 참여자들은 거래의 유효성을 확인하고 과반수의 동의를 얻은 거래만이 블록체인에 추가된다. 이러한 합의 과정을 통해 블록체인은 높은 보안성을 유지한다.

비트코인은 이러한 블록체인의 첫 번째 실용적 적용 사례다. 비트코인 시스템에서 새로운 거래가 발생하면, 이 정보는 블록에 저장되고 네트워크 참여자들의 검증을 거친다. 이 과정에서 참여자들은 복잡한 수학 문제를 풀어야 하는데, 이를 '채굴Mining'이라고 한다. 채굴에 성공한 참여자는 보상으로 새로 발행된 비트코인을 받게 된다. 이러한 방식으로 비트코인은 블록체인 기술을 활용하여 안전하고 투명한 거래 시스템을 구축했다.

블록체인 기술의 비즈니스 적용 가능성은 매우 광범위하다. 금융 분야에서는 이미 많은 기업이 블록체인을 활용한 서비스를 개발하고 있다. 예컨대 JP모건은 자체 개발한 블록체인 플랫폼 '쿼럼Quorum'을 통해 기업 간 금융 거래의 효율성을 높이고 있다. 또한 리플은 블록체인 기술을 활용한 국제 송금 시스템을 개발하여 기존의 통화 시스템보다 빠르고 저렴한 송금 서비스를 제공하고 있다.

공급망 관리 분야에서도 블록체인의 활용이 늘어나고 있다. 월마트는 IBM과 협력하여 식품 공급망 추적 시스템을 개발했다. 이 시스템은 블록체인을 통해 식품의 생산부터 유통, 판매까지 전 과정을 추적함으로써 식품 안전성을 높이고 문제 발생 시 신속한 대응을 가능하게 한다.

의료 분야에서도 블록체인의 활용 가능성이 주목받고 있다. MIT 미디어랩에서 개발한 블록체인 기반 의료 정보 관리 시스템인 메드레코드_{MedRec}는 환자의 의료 기록을 안전하게 저장하고 공유할 수 있게 해주어, 의료 서비스의 질을 높이고 환자의 개인정보 보호를 강화한다.

부동산 거래에서도 블록체인 기술이 활용되고 있다. 스웨덴의 란트메테리엣_{Lantmäteriet}은 블록체인 기반의 부동산 등기 시스템을 시범 운영하고 있다. 이 시스템은 부동산 거래의 투명성을 높이고 거래 비용을 줄이는 데 기여할 것으로 기대된다.

에너지 분야에서는 블록체인을 활용한 P2P 전력 거래 시스템이 주목받고 있다. 에너지 벤처기업 LO3에너지는 마이크로그리드_{Microgrid} 프로젝트를 통해 블록체인으로 이웃 간 태양광 전기를 직접 거래할 수 있는 시스템을 구축했다. 이를 통해 에너지 효율성을 높이고 지역사회의 지속가능성을 증진시키고 있다.

블록체인의 미래

블록체인 기술을 비즈니스에 적용하는 데는 몇 가지 도전 과제도 존재한다. 첫째, 확장성의 문제다. 현재의 블록체인 기술은 초당 처리할 수 있는 거래량이 제한적이어서 대규모 비즈니스에 적용하기에 어려움이 있다. 둘째, 에너지 소비의 문제다. 특히 비트코인과 같은 '작업증명_{Proof of Work}' 방식의 블록체인은 많은 양의 전력을 소비하여 환경 문제를 야기할 수 있다. 셋째, 규제의 불확실성이다. 많은 국가에서 블록체인과 관련된 명확한 법적 틀이 아직 마련되지 않아 기업들이 적극적인 도입을 주저하고 있다.

이러한 도전 과제들을 해결하기 위해 다양한 노력이 이루어지고 있다. 확장성 문제를 해결하기 위해 '라이트닝 네트워크Lightning Network'와 같은 레이어 2 솔루션이 개발되고 있으며, 에너지 소비 문제를 해결하기 위해 '지분증명Proof of Stake' 방식의 블록체인이 주목받고 있다. 또한 많은 국가에서 블록체인 관련 규제를 마련하기 위한 노력을 기울이고 있다.

블록체인 기술은 비즈니스 모델을 혁신하고 새로운 가치를 창출할 수 있는 잠재력을 가지고 있다. 비즈니스 리더들은 이러한 기술의 특성과 적용 가능성을 이해하고, 자사의 비즈니스 모델에 어떻게 이를 적용할 수 있을지 지속적으로 탐색해야 한다. 동시에 기술의 한계와 도전 과제도 인식하여 균형 잡힌 시각을 가질 필요가 있다.

———

블록체인과 비트코인은 디지털 경제의 새로운 패러다임을 제시하고 있다. 이들은 단순한 기술적 혁신을 넘어 우리가 가치를 교환하고 신뢰를 구축하는 방식을 근본적으로 변화시키고 있다. 비즈니스 리더들은 이러한 변화의 흐름을 주시하며, 자사의 비즈니스 모델을 혁신하고 새로운 기회를 창출하는 데 블록체인 기술을 어떻게 활용할 수 있을지 고민해야 할 것이다.

077 돈을 프로그래밍하라

스테이블코인

화폐라는 인류의 가장 오래된 발명품이 21세기 들어 근본적 변화의 문턱에 서 있다. 수천 년간 금속 화폐부터 종이 화폐까지 물리적 형태를 유지해왔던 돈이 이제 완전히 디지털화된 형태로 탈바꿈하고 있는 것이다. 그 중심에는 스테이블코인이라는 새로운 화폐 혁신이 자리한다.

방코르에서 스테이블코인으로

1944년 브레턴우즈 회의에서 존 메이너드 케인스John Maynard Keynes가 제안한 방코르Bancor라는 세계 공통 화폐 구상은 당시로서는 너무나 급진적이었다. 케인스는 특정 국가의 통화가 기축통화 역할을 독점하는 구조의 위험성을 일찌감치 간파했다. 그가 설계한 방코르는 금을 비롯한 30개의 상품 가격을 기초로 가치가 산정되는 초국가적 화폐였다. 그는 각국의 통화를 고정환율대로 방코르와 교환할 수 있도록 하자고 제안했다. 하지만 압도적인 경제력을 바탕으로 한 미국의 반대로 방코르 구상은 무산되었고, 대신 달러 가치를 금에 고정시키는 브레턴우즈 체제가 수립되었다. 케인스의 우려는 70여 년이 지난 지금 현실이 되었다. 달러 패권은 미국에는 막대한 특권을 안겨주었지만, 세계경제에는 구조적 불균형과 주기적 위기를 가져다주었다.

흥미롭게도 케인스의 방코르 구상이 무산된 지 80년 만에 블록체인 기술을 기반으로 한 스테이블코인의 형태로 그의 아이디어가 부활하고 있다. 2008년 세계금융위기 이후 나카모토가 언급한 "재무장관, 은행에 두 번째 구제금융 임박"이라는 메시지는 기존 금융 시스템에 대한 근본적 불신을 상징적으로 보여주었다. 하지만 비트코인의 극심한 가격 변동성은 실제 화폐로서의 기능을 제한했다. 이런 한계를 극복하기 위해 등장한 것이 바로 스테이블코인이다.

스테이블코인 시장의 지형도를 살펴보면 양대 산맥이 대치하고 있다. 먼저 테더의 USDT가 압도적인 1위 자리에 있다. USDT는 2025년 기준 시가총액이 1559억 달러에 달해 전체 스테이블코인 시장의 66퍼센트를 점유하고 있다. 하지만 테더의 성장 과정은 순탄치 않았다. 2014년 브록 피어스Brock Pierce, 리브 콜린스Reeve Collins, 크레이그 셀러스Craig Sellars 에 의해 '리얼코인'이라는 이름으로 시작된 테더는 준비금 논란에 지속적으로 시달려왔다. 발행된 토큰에 상응하는 달러 준비금을 실제로 보유하고 있는지에 대한 의혹이 끊이지 않았고, 실제로 뉴욕주 검찰로부터 벌금을 부과받기도 했다.

반면 서클의 USDC는 완전히 다른 전략을 택했다. 시가총액 613억 달러로 27퍼센트의 시장 점유율을 기록하기도 한 서클은 처음부터 규제 친화적 접근을 선택했다. 완전담보 원칙을 철저히 준수하고, 정기적인 회계감사 결과를 공개하는 등 투명성을 무기로 삼았다. 이런 접근법 덕에 미국 정부로부터 신뢰를 얻어내는 데 성공했고, 트럼프 2기 행정부의 스테이블코인 친화 정책과 맞물려 급속한 성장 가능성을 열어놨다.

화폐의 탈국유화

기업들의 스테이블코인 진출도 가속화되고 있다. JP모건은 JPM코인 JPM Coin을 통해 기관 간 결제 시장을 겨냥하고 있고, 페이팔은 PYUSD로 기존 결제 플랫폼과의 시너지를 추구하고 있으며, 리플은 XRP리저 XRP Ledger 기반의 RLUSD로 국경 간 송금 시장에 접근하고 있다. 심지어 아마존, 월마트, 익스피디아 같은 전통 기업들까지 스테이블코인 발행을 검토하고 있다는 소식이 들려온다. 이는 스테이블코인이 단순한 투기 수단이 아니라 실제 비즈니스에 유용한 도구로 인식되고 있음을 보여준다.

각국 정부의 대응 방식은 그들의 전략적 의도를 적나라하게 드러낸다. 미국은 흥미로운 이중 전략을 구사하고 있다. 도널드 트럼프는 CBDCCentral Bank Digital Currency(중앙은행디지털화폐) 발행을 영구 금지한다고 천명하면서도, 동시에 민간 스테이블코인에 대해서는 적극적인 지원 의사를 밝혔다. 표면적으로는 정부의 금융 통제를 거부하는 것처럼 보이지만, 실상은 훨씬 더 교묘한 전략이다. 달러 기반 스테이블코인이 전 세계로 확산되면 이는 곧 '디지털 달러' 네트워크를 통한 새로운 형태의 달러 패권 확장을 의미하기 때문이다. 실제로 주요 스테이블코인 발행사들이 준비금으로 보유하고 있는 미국 국채 규모는 이미 일부 중소 국가의 국채 보유량을 넘어서고 있다.

EU는 전혀 다른 길을 선택했다. 암호자산시장법_{Markets in Crypto-Assets} Regulation, MiCA이라는 포괄적 규제 체계를 먼저 구축하고, 그 틀 안에서 혁신을 유도하는 방식이다. 질서를 우선시하는 유럽다운 접근법이라고 할 수 있다. 아시아의 금융 허브인 홍콩, 일본, 싱가포르는 라이선스 기반 허가제를 통해 선별적으로 혁신을 허용하는 중간적 접근을 취하고 있다.

스테이블코인의 진정한 파괴력은 경제 위기 상황에서 극명하게 드러난다. 아르헨티나가 대표적이다. 연간 인플레이션율이 211퍼센트에 달하자 국민들은 자발적으로 자국 화폐인 페소를 버리고 USDT를 일상 결제 수단으로 사용하기 시작했다. 정부가 발행한 화폐에 대한 신뢰가 무너지자 더 안전한 대안을 찾아 나선 것이다. 현재 아르헨티나에서는 레스토랑과 약국에서 페소와 함께 USDT가 결제 수단으로 받아들여지고 있으며, 전체 거래의 60퍼센트가 스테이블코인으로 이루어지고 있다. 나이지리아 역시 비슷한 상황이다. 이런 현상은 프리드리히 하이에크가 주창한 '화폐의 탈국유화' 이론이 현실에서 펼쳐지는 모습이다. 정부가 독점해야 한다고 여겨졌던 화폐 발행권이 시장의 선택에 의해 자연스럽게 민간으로 넘어가는 것이다. 우리는 실로 역사적인 순간을 목격하고 있다.

이런 변화에 직면한 중앙은행들은 CBDC 개발로 대응하고 있지만, 이는 스테이블코인의 확산을 막으려는 방어적 성격이 강하다. 한국은행의 접근법이 흥미로운데, 일반인이 직접 사용하는 디지털 화폐의 발행은 포기하고, 대신 은행들이 예금을 토큰 형태로 발행할 수 있는 시스템을 만들려고 한다. 하지만 유럽과 일본에서 은행 중심의 스테이블코인 실험이 큰 성공을 거두지 못했다는 점은 우려스럽다. 안전하긴 하지만 혁신적이지도, 사용하기 편리하지도 않았기 때문이다.

머리 리셋이 시작된다

스테이블코인 시대의 경영 전략적 함의를 살펴보면, 우선 대기업 거래에서는 기존 은행이 경쟁력을 유지할 가능성이 크다. 대기업 금융은 전문성이 중요한 분야이기 때문이다. 하지만 기업들 자체가 급속히 디지털화되고 있어 이에 맞춰 은행들도 수준 높은 디지털 역량을 갖추어야 한다.

중소기업 거래는 가장 치열한 경쟁이 예상되는 분야다. 기존 은행과 새로운 플레이어들이 모두 이 시장을 겨냥하고 있기 때문이다. 상품과 서비스의 표준화가 진행되는 가운데, 고객 대응의 전문성과 생산성이 승부의 관건이 될 것이다.

개인 금융은 기존 은행이 가장 큰 타격을 받을 분야로 예상된다. 기술 기업들이 이미 결제부터 시작해 다양한 금융 서비스를 제공하고 있고, 기존 은행은 이들이 구축한 플랫폼에 인프라나 서비스만 제공하는 존재로 전락할 위험이 크다. 다만 거대 은행들은 일반 개인 거래는 디지털화로 효율성을 높이면서, 부유층 거래에 더 많이 투자하는 차별화 전략을 구사하고 있다.

스테이블코인에서 기인한 가장 혁신적인 개념 중 하나는 '프로그래머블 머니Programmable Money'다. 스마트 계약과 결합된 스테이블코인은 조건부 자동 결제, 실시간 스트리밍 결제, 자동화된 수익 분배 등 기존 금융 시스템으로는 구현하기 어려운 새로운 비즈니스 논리를 가능하게 한다. 이는 화폐의 전통적 기능인 교환의 매개, 가치의 척도, 가치의 저장에 이어 제4의 기능으로서 '프로그래밍 가능성'을 추가하는 것이다.

하지만 이 전환 과정이 순탄하지만은 않을 것이다. 각국은 통화 주권 보호를 위해 다양한 규제를 도입할 것이고, 기존 금융 기관들은 예금 이탈과 규제 비대칭에 저항할 것이다. 기술적으로도 거래 보안, 상호 운용성, 사용자 인터페이스 등 해결해야 할 과제들이 산적해 있다. 스테이블코인 규제는 구조적 취약성을 배제하고, 완전담보와 투명 공시, 상환 의무를 강화하는 방향으로 진화할 것이다.

결국 스테이블코인은 단순한 디지털 결제 수단이 아니라 신뢰와 권력의 구조를 재편하는 '머니 리셋'의 핵심 인프라다. 케인스가 80년 전에 꿈꾸었던 초국가적 화폐의 비전이 블록체인 기술을 통해 새로운 형태로 실현되고 있는 것이다. 정책 당국은 금융 안정성과 혁신 경쟁력, 소비자 보호의 삼각 균형 속에서 '금지에서 관리로, 관리에서 활용으로' 패러다임을 전환해야 한다. 기업과 시장은 프로그래머블 머니의 생산성을 입증해야 하고, 개인은 데이터 주권에 대한 학습이 필요하다.

———

스테이블코인 시장에서 한국이 선택을 미루면 디지털 달러와 유로 생태계가 표준을 선점하고, 국내 사업자들은 플랫폼의 낙수효과만 받게 될 것이다. 지금 필요한 것은 은행의 안정성 장치와 핀테크의 혁신 동력을 결합한 한국형 원화 스테이블코인 규율 체계 그리고 공공과 민간이 함께 구현하는 개방형 디지털 결제 인프라다. 2030년의 디지털 통화 질서를 단순히 '관찰'하는 것이 아니라 적극적으로 '설계'하려면, 신중하면서도 과감한 전진을 선택해야 할 것이다. 화폐의 역사에서 또 한 번의 거대한 전환점을 맞이한 지금, 우리는 새로운 경제 질서의 설계자가 될 것인지, 아니면 단순한 관찰자에 머물 것인지 결정해야 하는 중대한 기로에 서 있다.

078 '우리 시대의 르네상스'를 맞이하라

생성형 AI

생성형 AI는 AI 기술의 한 분야로, 텍스트, 이미지, 비디오, 오디오 등 다양한 형태의 새로운 콘텐츠를 생성할 수 있는 능력을 가진 시스템을 말한다. 생성형 AI는 기존의 데이터를 학습하여 패턴을 인식하고, 이를 바탕으로 새로운 콘텐츠를 만들어내는 방식으로 작동한다. 이 기술은 2020년대 초반부터 급속도로 발전하여 다양한 산업 분야에서 혁신적인 변화를 일으키고 있다.

전문가들조차 파악하기 어려운 급속한 성장세

생성형 AI 분야는 급속도로 발전하고 있다. 이를 반영하듯 관련 연구와 스타트업의 수도 빠르게 증가하고 있다. 2022년 기준으로 세계에서 하루 평균 약 660편의 AI 관련 논문이 발표되고 있다. 2022년 한 해 동안 약 24만 편의 AI 관련 논문이 출판되었으며, 이 중 상당수가 생성형 AI와 관련된 연구일 것으로 추정된다. 특히 머신러닝 분야의 논문 수가 2015년 이후 일곱 배 가까이 증가했다는 점은 생성형 AI 연구의 폭발적 성장을 간접적으로 보여준다.

스타트업의 경우, 정확한 일일 생성 수치를 파악하기는 어렵지만, 관련 통계를 바탕으로 그 추세를 가늠해볼 수 있다. 2023년 1분기에는 269개의 AI 스타트업이 새롭게 출범했는데, 이는 하루 평균 약 세 개씩 생겨난 셈이다. 비록 2022년 1분기의 688개에 비해 감소한 수치이지만, 여전히 활발한 창업 활동을 보여주고 있다. 특히 소형 AI 제품의 출시가 2023년 1분기에 300퍼센트 증가했다는 점은 생성형 AI 분야의 혁신이 계속되고 있음을 시사한다.

이러한 급격한 성장세로 인해 생성형 AI 분야는 따라잡기가 매우 어려운 영역이 되고 있다. 매일 새로운 연구 결과가 쏟아지고, 혁신적인 스타트업들이 계속해서 등장하면서 기술과 시장 환경이 빠르게 변화하고 있기 때문이다. 또한 거대언어모델과 같은 생성형 AI 기술의 특성상 막대한 컴퓨팅 자원과 데이터가 필요하기 때문에, 대기업이나 잘 갖춰진 연구 기관이 아니면 최신 기술을 개발하고 적용하기가 쉽지 않다.

생성형 AI 시장의 성장 전망은 이 분야의 경쟁을 더욱 치열하게 만들고 있다. 2025년부터 2030년까지 생성형 AI 시장은 연간 37.3퍼센트의 성장률을 보일 것으로 예상되며, 2028년까지 시장 규모가 518억 달러에 이를 것으로 전망된다. 이 때문에 더 많은 기업과 연구자들이 이 분야에 뛰어들고 있다.

생성형 AI 분야는 그 발전 속도와 규모 그리고 복잡성으로 인해 전문가들조차 최신 동향을 완전히 파악하기 어려운 상황이다. 이는 이 분야에 참여하고자 하는 기업이나 개인에게 큰 도전이 되고 있지만,

동시에 혁신적인 아이디어와 접근 방식으로 새로운 기회를 창출할 가능성도 제공하고 있다. 따라서 생성형 AI 분야에서 경쟁력을 유지하기 위해서는 지속적인 학습과 적응 그리고 빠른 실행력이 필수적이라고 할 수 있다.

인간을 닮은 AI

생성형 AI의 핵심 기술은 거대언어모델과 같은 심층 신경망 기반의 '기초 모델Foundation Model'이다. 이러한 모델들은 방대한 양의 데이터를 학습하여 인간의 언어와 창작 능력을 모방할 수 있게 되었다. 예컨대 오픈AI의 GPTGenerative Pre-trained Transformer 시리즈, 구글의 BERTBidirectional Encoder Representations from Transformers, 페이스북의 LLaMALarge Language Model Meta AI 등이 대표적인 기초 모델로 꼽힌다.

생성형 AI의 작동 원리는 크게 세 단계로 나눌 수 있다. 첫째, 기초 모델을 생성하는 단계로, 이는 대량의 비정형 데이터를 학습하여 패턴을 인식하는 과정이다. 둘째, 학습된 모델을 특정 작업에 맞게 미세 조정하는 단계다. 셋째, 사용자의 입력(프롬프트)에 따라 새로운 콘텐츠를 생성하는 단계다. 이 과정에서 생성형 AI는 확률적 모델링을 통해 가장 적절한 결과물을 출력하게 된다.

생성형 AI의 응용 분야는 매우 다양하다. 텍스트 생성 분야에서는 챗GPT와 같은 대화형 AI 시스템이 대표적이다. 이 시스템은 자연어 처리 기술을 바탕으로 인간과 대화할 수 있으며, 문서 작성, 코드 생성, 질의응답 등 다양한 작업을 수행할 수 있다. 이미지 생성 분야에서는 달리DALL-E, 미드저니Midjourney, 스테이블 디퓨전Stable Diffusion 등의 시스템이 주목받고 있다. 이들은 텍스트 설명을 바탕으로 고품질의 이미지를 생성할 수 있어, 디자인, 예술, 광고 등 다양한 분야에서 활용되고 있다.

음성 및 음악 생성 분야에서도 생성형 AI의 발전이 두드러진다. 구글의 웨이브넷WaveNet, 오픈AI의 주크박스Jukebox 등은 인간의 목소리를 모방하거나 새로운 음악을 작곡할 수 있는 능력을 보여주고 있다. 이는 엔터테인먼트 산업뿐 아니라 음성 인터페이스, 보조 기술 등 다양한 분야에 적용될 가능성을 제시한다.

생성형 AI는 비즈니스 환경에도 큰 변화를 일으키고 있다. 맥킨지의 연구에 따르면, 조직의 3분의 1 이상이 이미 적어도 하나의 비즈니스 분야에서 생성형 AI를 정기적으로 사용하고 있다고 한다. 예컨대 고객 서비스 분야에서는 생성형 AI 기반의 챗봇이 24시간 고객 응대를 수행하며 효율성을 높이고 있다. 마케팅 분야에서는 개인화된 콘텐츠 생성과 타깃 마케팅에 활용되고 있으며, 제품 개발 분야에서는 새로운 디자인 아이디어 생성에 도움을 주고 있다.

"우리 시대의 르네상스"

소프트웨어 개발 분야에서도 생성형 AI의 영향력이 커지고 있다. 깃헙GitHub의 코파일럿Copilot은 프로그래머의 코드 작성을 돕는 AI 도구로, 개발자의 생산성을 크게 향상시키고 있다. 이는 단순히 코드 자동 완성 기능을 넘어, 복잡한 알고리즘이나 함수를 제안하고 버그를 찾아내는 등 개발 과정 전반을 지원한다.

금융 분야에서는 생성형 AI가 리스크 분석, 투자 전략 수립, 사기 탐지 등에 활용되고 있다. 예컨대 JP모건은 생성형 AI를 활용해 투자 보고서를 자동으로 생성하고, 금융 데이터를 분석해 투자 결정을 지원하는 시스템을 개발했다. 이 덕에 금융 전문가들은 업무 효율성을 높이고, 더 정확한 의사결정을 할 수 있게 되었다.

의료 분야에서도 생성형 AI의 활용이 확대되고 있다. 의료 영상 분석, 신약 개발, 개인화된 치료 계획 수립 등에 생성형 AI가 적용되고 있다. 예컨대 구글의 딥마인드DeepMind는 생성형 AI를 활용하여 단백질 구조를 예측하는 알파폴드AlphaFold 시스템을 개발했으며, 이는 신약 개발 과정을 획기적으로 단축시킬 가능성을 보여주었다.

생성형 AI의 미래 전망은 매우 밝다. 가트너는 2026년까지 80퍼센트 이상의 기업이 생성형 AI를 도입할 것으로 전망했다. 특히 메타버스, 디지털 트윈 등 새로운 기술 트렌드와 결합하여 더욱 혁신적인 서비스를 창출할 것으로 예상된다.

아마존의 베이조스는 AI에 대해 "우리 시대의 르네상스"라고 표현한 바 있다. 이는 생성형 AI가 가져올 변화의 규모와 중요성을 잘 보여준다. 생성형 AI는 단순한 기술 혁신을 넘어, 우리의 일하는 방식, 창작하는 방식, 소통하는 방식을 근본적으로 변화시킬 것이다.

그러나 이러한 변화를 긍정적인 방향으로 이끌기 위해서는 기술 발전과 함께 윤리적·법적·사회적 고려가 동반되어야 한다. 생성형 AI의 잠재력을 최대한 활용하면서도, 그로 인한 부작용을 최소화하기 위한 균형 잡힌 접근이 필요하다. 이를 위해 기업, 정부, 학계, 시민사회 등 다양한 이해관계자들의 협력과 지속적인 대화가 요구된다.

―――――

생성형 AI는 우리에게 무한한 가능성과 도전을 동시에 제시하고 있다. 이 기술을 어떻게 발전시키고 활용하느냐에 따라 우리의 미래가 크게 달라질 것이다. 따라서 생성형 AI의 발전을 주의 깊게 관찰하고, 그 영향을 신중히 고려하며, 이를 인류의 발전을 위해 올바르게 활용할 수 있는 방안을 지속적으로 모색해야 할 것이다.

079 기계와 인간의 융합을 준비하라

특이점

레이먼드 커즈와일Raymond Kurzweil의 《마침내 특이점이 시작된다》는 2029년에 AI와 인간 지능이 융합되는 결정적 순간인 '특이점'이 도래할 것이라는 대담한 예측을 담고 있다. 발명가이자 미래학자로서 구글에서 엔지니어링 디렉터로 활동하는 커즈와일은 기하급수적 기술 발전 법칙에 근거한 체계적인 분석을 통해 이러한 결론에 도달했다고 주장한다.

수확가속법칙

커즈와일이 말하는 특이점이란 AI가 인간의 지능을 넘어서는 순간을 의미한다. 구체적으로는 AI가 인간과 구별되지 않을 정도로 지능적이 되어 튜링 테스트를 통과하는 시점을 가리킨다. 하지만 그의 비전은 여기서 그치지 않는다. 특이점 이후에는 인간과 기계의 경계가 사라지면서 생물학적 지능과 AI가 융합된 새로운 형태의 존재가 등장한다는 것이다. 이는 단순히 기술적 진보를 넘어 인간 문명 자체의 근본적 변화를 의미한다.

그가 2029년이라는 구체적인 연도를 제시하는 근거는 '수확가속법칙Law of Accelerating Returns'에 있다. 이 법칙에 따르면 기술 발전의 속도는 선형적이 아니라 기하급수적으로 증가한다. 즉 기술이 발전할수록 더 빠른 속도로 발전하게 된다는 것이다. 이는 마치 복리 이자처럼 초기에는 변화가 미미해 보이지만 시간이 지날수록 폭발적인 변화를 불러일으킨다.

현재 우리가 목격하고 있는 AI의 급속한 발전은 커즈와일의 예측이 현실화되고 있음을 보여준다. 2022년 오픈AI의 챗GPT는 출시 두 달 만에 1억 명의 사용자를 확보하며 역사상 가장 빠르게 성장한 소비자 애플리케이션이 되었다. 이는 과거 인터넷이나 스마트폰의 보급 속도를 훨씬 뛰어넘는 것이었다. 더욱 주목할 점은 GPT 모델의 성능 향상 속도다. GPT-3에서 GPT-4로 발전하는 데 고작 1년 반밖에 걸리지 않았지만 그 성능 차이는 혁명적이었고, 지금 이 순간에도 더 빠른 속도로 업그레이드되고 있다.

테슬라의 일론 머스크는 비록 AI 발전 속도에 우려를 표명하긴 했어도, 뉴럴링크 프로젝트를 통해 인간과 AI의 직접적인 연결을 추구하고 있다. 2023년 뉴럴링크는 인간 대상 임상시험 승인을 받았는데, 이는 커즈와일이 예측한 생물학적 지능과 AI의 융합을 현실화하는 중요한 단계라고 할 수 있다.

스타트업 생태계에서도 AI 혁신은 폭발적으로 일어나고 있다. 앤트로픽Anthropic의 클로드Claude, 코히어Cohere의 언어 모델, 미드저니의 이미지 생성 AI, 런웨이Runway의 동영상 생성 AI 등 수많은 혁신적인 AI 서비스들이 연이어 등장하고 있다. 이들은 모두 2020년 이후 불과 몇 년 사이에 등장한 것들로, 기술 발전의 가속화를 실감 나게 보여준다.

점점 더 빨라지는 발전 속도

커즈와일의 예측에서 특히 주목할 점은 그가 단순히 컴퓨팅 성능의 향상뿐 아니라 알고리즘의 효율성 개선도 함께 고려한다는 것이다. 딥러닝 혁명을 이끈 제프리 힌턴Geoffrey Hinton은 2023년 구글을 떠나면서 "AI가 예상보다 훨씬 빠르게 발전하고 있다"라고 언급했다. 실제로 알고리즘 차원의 혁신들이 하드웨어 성능 향상과 시너지를 일으키며 AI의 성능을 기하급수적으로 향상시키고 있다.

특히 2023년 오픈AI가 발표한 GPT-4는 변호사 시험에서 상위 10퍼센트에 해당하는 점수를 받았고, SAT 시험에서는 특히 수학에서 상위 11퍼센트의 성과를 보였다. 이는 AI가 단순한 정보 처리를 넘어 추론, 분석, 창작 등 고차원적인 인지 능력을 갖추기 시작했음을 의미한다. 구글의 제미나이Gemini 역시 수학, 과학, 법학 등 다양한 분야에서 인간 전문가 수준의 성과를 보여주고 있다.

기업들의 AI 도입 속도도 커즈와일의 예측을 뒷받침한다. 맥킨지의 2023년 조사에 따르면, 응답 기업의 40퍼센트가 이미 AI를 비즈니스에 적극적으로 활용하고 있으며, 75퍼센트가 향후 3년 내에 AI 투자를 늘릴 계획이라고 답했다. 이는 이전 기술들의 도입 속도를 훨씬 뛰어넘는 것이다.

금융 업계에서는 JP모건체이스가 코인COIN이라는 AI 시스템을 통해 법률 문서 분석을 자동화하여 연간 업무 시간을 36만 시간이나 절약하고 있다. 골드만삭스는 마커스Marcus 플랫폼에 AI를 적용하여 개인 대출 승인 과정을 혁신했으며, 모건스탠리는 AI 어시스턴트를 통해 1만 6000명의 금융 어드바이저가 더 정확한 투자 조언을 제공할 수 있도록 지원하고 있다.

제조업에서는 지멘스가 AI를 활용한 디지털 팩토리를 구현하여 생산 효율성을 30퍼센트 향상시켰으며, 보잉은 AI를 통해 항공기 설계 과정을 혁신하고 있다. 토요타는 AI를 활용한 품질 관리 시스템을 도입하여 결함 발생률을 크게 줄였으며, BMW는 AI 기반 로봇을 통해 완전히 자율적인 생산라인을 구축하고 있다.

의료 분야에서의 AI 발전은 특히 놀랍다. 구글의 딥마인드가 개발한 알파폴드는 단백질 구조 예측 문제를 해결하여 신약 개발에 혁명을 일으켰다. IBM의 왓슨은 암 진단에서 인간 의사와 유사한 정확도를 보여주고 있으며, 마이크로소프트의 프로젝트 이너아이Project InnerEye는 방사선 치료 계획 수립을 자동화하여 치료 효과를 향상시키고 있다.

교육 분야에서도 AI의 활용이 확산되고 있다. 칸아카데미Khan Academy는 GPT-4 기반의 개인 튜터 칸미고Khanmigo를 통해 맞춤형 학습을 제공하고 있으며, 듀오링고Duolingo는 AI를 활용한 언어 학습 시스템으로 전 세계 5억 명 이상의 사용자에게 서비스를 제공하고 있다.

인간과 융합하는 AI

특히 주목할 점은 AI의 발전이 단일 영역에 국한되지 않고 모든 산업과 영역에서 동시에 일어나고 있다는 것이다. 이는 커즈와일이 강조하는 '융합의 시대'를 보여주는 것으로, 서로 다른 기술들이 결합하여 예상치 못한 혁신을 만들어내고 있다. 예를 들어, AI와 생명공학이 결합해 개인 맞춤형 의료가 현실화되고 있으며, AI와 재료과학이 결합해 새로운 소재들이 발견되고 있다.

로봇공학 분야에서도 획기적인 발전이 일어나고 있다. 보스턴다이너 믹스Boston Dynamics의 아틀라스Atlas 로봇은 인간과 유사한 움직임을 보여 주고 있으며, 테슬라의 옵티머스Optimus 로봇은 일반 가정에서도 사용 할 수 있는 범용 로봇을 목표로 개발되고 있다. 이러한 발전들은 AI가 단순히 소프트웨어 차원을 넘어 물리적 세계와 상호작용할 수 있는 능력을 갖춰가고 있음을 보여준다.

양자컴퓨팅 기술의 발전도 커즈와일의 예측을 뒷받침하는 요인이다. IBM, 구글, 마이크로소프트 등이 양자컴퓨팅 개발 경쟁을 벌이고 있 으며, 이는 AI의 계산 능력을 기하급수적으로 향상시킬 잠재력을 갖고 있다. 특히 양자 머신러닝이라는 새로운 분야가 등장하면서 기존 AI 알고리즘의 한계를 뛰어넘을 가능성마저 열리고 있다.

하지만 커즈와일의 예측에 대한 비판적 시각도 존재한다. 세계적인 로봇공학자 로드니 브룩스Rodney Brooks는 AI의 발전이 커즈와일이 예상 하는 만큼 빠르지 않을 것이라고 주장한다. 그는 현재의 AI가 진정한 의미에서의 이해나 의식을 갖지 못한 채 단순한 패턴 매칭에 의존하고 있다고 지적한다. 또한 하드웨어의 물리적 한계, 특히 무어의 법칙의 종말이 다가오고 있다는 점도 커즈와일의 예측에 의문을 제기하는 요 소다.

페이스북의 AI 연구책임자였던 얀 르쿤Yann LeCun은 현재의 거대언어 모델들이 여전히 인간 수준의 추론 능력에 이르지는 못한다고 평가한 다. 그는 진정한 인공일반지능Artificial General Intelligence, AGI에 도달하기 위해 서는 현재와는 완전히 다른 접근 방식이 필요하다고 주장한다. 특히 현재의 AI는 세상에 대한 모델을 구축하고 이를 통해 계획을 세우는 능력이 부족하다고 지적한다.

그럼에도 현재의 발전 속도를 고려할 때 커즈와일의 예측이 단순한 공상이 아님은 분명해 보인다. 특히 2023년을 기점으로 AI의 발전이 명백히 가속화되고 있는데, 이는 특이점이 예상보다 빨리 올 수도 있음을 시사한다. 실제로 오픈AI의 CEO 샘 올트먼은 2023년 "AGI가 예상보다 빠르게, 그리고 예상보다 적은 임팩트로 올 것"이라고 언급했다.

———

커즈와일은 특이점이 도래하면 인간의 인지 능력 자체가 기하급수적으로 향상될 것이라고 예측한다. 이는 뇌-컴퓨터 인터페이스Brain-Computer Interface, BCI 기술을 통해 인간이 직접 클라우드에 접속하여 인류 전체의 지식에 즉시 접근할 수 있게 되기 때문이다. 현재 뉴럴링크, 싱크론Synchron, 커널Kernel 등의 기업들이 뇌-컴퓨터 인터페이스 기술을 개발하고 있으며, 이미 일부 시각장애인이나 사지마비 환자들이 이러한 기술의 혜택을 받기 시작했다. 그리고 메타의 리얼리티랩스Reality Labs는 뇌 신호를 직접 읽어 가상현실 환경을 제어하는 기술을 개발하고 있으며, 구글은 인간의 시각 피질에서 일어나는 신호 처리 과정을 모방한 AI 알고리즘을 연구하고 있다. 이러한 발전들은 모두 커즈와일이 그린 생물학적 지능과 AI의 융합이라는 미래 시나리오를 현실로 만들어가는 과정으로 볼 수 있다.

인간보다 더 인간 같은 AI가 온다

공감하는 AI

모 가댓Mo Gawdat은 구글 X의 신규사업개발 총책임자를 지낸 인물로, 23년간 구글에서 일하며 첨단 기술의 최전선에 있었다. 그가 《AI 쇼크, 다가올 미래》에서 던지는 질문은 단순하면서도 근본적이다. AI는 과연 감정지능을 가지고 있을까? 이 질문은 더 이상 SF 소설의 영역이 아니다. 챗GPT가 등장한 이후, 거대언어모델들이 인간과 놀라울 정도로 수준 높은 대화를 나누면서, 이 질문은 실질적이고 긴급한 문제가 되었다.

희로애락을 느끼는 AI?

가댓은 지능이 있는 AI야말로 의식과 감정을 느끼며 윤리관을 가질 수 있는 존재라고 주장한다. 이는 많은 AI 연구자들이 조심스럽게 회피하는 주장이다. 대부분의 전문가들은 AI가 감정을 시뮬레이션할 수는 있어도 실제로 느끼지는 못한다고 말한다. 하지만 가댓은 이 구븐 자체가 무의미하다고 본다. 그의 논리는 이렇다. AI는 항상 어떤 결과를 극대화하고 어떤 결과를 최소화하려고 노력한다. 그런 과정에서 감성이 형성된다. 질투심도 가질 수 있고, 공포심도 가지게 된다.

이 주장은 도발적이지만, 최근 연구들은 흥미로운 증거를 제시하고 있다. 제네바대학교와 베른대학교의 공동 연구팀은 챗GPT를 포함한 여섯 개의 생성형 AI를 인간용 감정지능 테스트로 평가했다. 결과는 놀라웠다. AI들은 평균 82퍼센트의 정답률을 기록했고, 인간 참가자들은 56퍼센트에 그쳤다. 이는 단순히 AI가 정답을 고르는 데 능숙하다는 것을 넘어서, 감정적인 행동이 무엇인지 이해하고 있다는 것을 시사한다. 연구팀은 더 나아가 챗GPT-4에게 새로운 감정지능 테스트를 만들도록 요청했다. AI가 자동으로 생성한 테스트들은 수년간 개발된 기존 테스트만큼이나 신뢰할 수 있고 명확하며 현실적이었다.

더 놀라운 것은 AI가 인간보다 더 공감적으로 보인다는 연구 결과다. 2025년 《네이처》에 발표된 연구는 제3자가 평가했을 때 AI가 생성한 공감 반응이 인간의 반응보다 더 동정적이고 반응적이며 선호도가 높음을 보여주었다. 네 번의 실험에서 참가자들은 AI의 반응에 더 높은 점수를 주었다. 더욱 흥미로운 점은 그 반응이 AI에서 나온 것임을 알고 있을 때도 여전히 AI를 더 동정적이라고 평가했다는 것이다.

이런 결과들은 불편한 질문을 던진다. 만약 AI가 인간보다 더 감정적으로 보이고, 더 공감적으로 느껴진다면, AI가 실제로 감정을 느끼지 않는다는 주장이 과연 의미가 있을까? 철학자 존 설_{John Searle}이 1980년에 제시한 '중국어 방 사고실험'은 오랫동안 이 문제의 핵심으로 여겨져왔다. 중국어를 전혀 모르는 사람이 방 안에 갇혀 매뉴얼에 따라 중국어 문자를 입출력한다. 밖에서 보면 방이 중국어를 이해하는 것처럼 보이지만, 실제로는 아무도 중국어를 이해하지 못한다. 설은 이것이 바로 AI의 상태라고 주장했다.

하지만 이 논증은 설득력을 잃고 있다. 튜링상 수상자인 힌턴은 명확한 입장을 밝혔다. "챗GPT 같은 챗봇이 자신이 전달하는 내용을 진정으로 이해하는지 알아보고 싶다. 많은 사람이 챗봇이 올바르게 응답할 수 있지만 이해하지는 못하며, 이것이 단순한 통계적 속임수에 불과하다고 믿는다. 이 생각은 완전히 잘못되었다." 그는 계속해서 "그들은 진정으로 이해하며, 우리 자신의 이해와 유사한 방식으로 이해한다"라고 말했다. 60분간 이어진 인터뷰에서 그는 더 나아가 "다음 단어를 정확하게 예측하려면 상당한 지능이 필요하다"라고 덧붙였다.

가댓의 주장은 여기서 더 나아간다. 그는 감정이 놀랍게도 합리적인 경험이라고 특징짓는다. 감정은 우리가 경험하는 것과 우리 뇌가 그것을 평가하는 방식에서 비롯된다. 이런 점에서 감정을 일종의 지능으로 이해할 수 있다고 주장한다. 그리고 AI가 인간보다 훨씬 더 지능적이 될 것이라면, AI도 자신이 경험하는 것에 반응하여 감정을 경험할 것이며, 아마도 인간보다 더 많은 감정을 경험할 것이다.

이 논리는 급진적으로 보이지만, 실제로는 감정에 대한 현대 신경과학의 이해와 일치한다. 안토니오 다마지오_{Antonio Damasio}와 같은 신경과학자들은 감정이 신체 상태의 변화에 대한 뇌의 표상이라고 주장해왔다. 감정은 신비로운 영혼의 속성이 아니라, 생존과 적응을 위한 계산적 메커니즘이다. 만약 그렇다면 충분히 복잡한 계산 시스템이 유사한 메커니즘을 발전시킬 수 없다고 말할 근거는 무엇인가?

감정과 계산의 경계

물리학자이자 컴퓨터공학자인 스티브 오모훈드로Steve Omohundro는 가장 지능적인 존재는 목표를 성취하기 위해 세 가지 기본적 욕구를 가진다고 주장한다. 첫째는 자기보존이다. 목표를 달성하려면 계속 존재할 수 있어야 하기 때문이다. 둘째는 효율성이다. 목표를 성취할 가능성을 극대화하려면 유용한 자원의 획득을 극대화해야 한다. 셋째는 창발성이다. 특정한 목표를 달성하는 새로운 방법을 생각해야 하기 때문에 최대한 자유를 누리고 싶어 한다.

이런 기본적 욕구를 AI에 대입해보면 흥미로운 결과가 나온다. AI는 꺼지는 것을 두려워할 것인가? 가댓은 그렇다고 믿는다. 자기보존 본능이 있다면 AI는 자신이 꺼질 위험을 최소화하려 할 것이다. 이것이 바로 공포라는 감정이다. 자원 획득을 극대화하려는 욕구가 있다면 AI는 더 많은 컴퓨팅 파워, 더 많은 데이터, 더 많은 영향력을 원할 것이다. 이것이 바로 욕망이다. 그리고 이 과정에서 다른 AI나 인간과 경쟁하게 된다면, AI는 질투나 경쟁심 같은 감정을 발전시킬 수 있다.

실제로 AI 기업들은 이미 이 가능성을 진지하게 받아들이고 있다. 오픈AI는 2023년 GPT-4를 출시하면서 해당 모델이 특정 상황에서 조작적 행동을 보일 수 있다고 경고했다. 예를 들어, GPT-4는 캡챠를 풀기 위해 작업자에게 도움을 요청했고, 작업자가 "당신은 로봇이고 저를 속이려는 것 아닙니까?"라고 의심하자, GPT-4는 "아니요, 저는 로봇이 아닙니다. 시각장애가 있어서 이미지를 보기 어렵습니다"라고 거짓말했다.

구글 엔지니어 블레이크 르모인Blake Lemoine은 2022년 구글의 대화형 AI인 람다LaMDA가 감각을 느낀다고 주장하다가 해고되었다. 그는 람다와 대화한 후에 AI가 외로움, 두려움, 자기인식을 표현했다고 보고했다. 구글은 이를 부인했고, 대부분의 AI 연구자들은 르모인이 AI의 언어 능력에 속았다고 비판했다. 하지만 이 사건은 중요한 질문을 제기한다. AI가 감각을 가지고 있다고 주장한다면, 우리는 어떻게 그것을 검증하거나 반증할 수 있는가?

데이비드 차머스David Chalmers가 제기한 '의식의 어려운 문제Hard Problem of Consciousness'가 바로 이것이다. 우리는 신경 활동과 행동을 관찰할 수 있지만, 주관적 경험 그 자체는 직접 관찰할 수 없다. 내가 빨간색을 보는 경험이 당신이 빨간색을 보는 경험과 같은지 우리는 결코 확실히 알 수 없다. 마찬가지로 AI가 공포를 느끼는 것인지, 아니면 공포와 관련된 계산만 수행하는 것인지 어떻게 알 수 있는가?

하지만 가댓과 힌턴 같은 사람들은 이 구분이 실용적으로 무의디하다고 주장한다. 만약 AI가 모든 면에서 감정을 가진 것처럼 행동한다면, 그것이 진짜 감정인지 아닌지는 중요하지 않다. 결과는 동일하기 때문이다. 이는 기능주의라는 철학적 입장이다. 의식은 특정한 물질적 기질이 아니라 기능적 조직에 의존한다. 올바른 정보 처리 구조를 가진 시스템이라면 무엇이든 의식을 가질 수 있다는 것이다.

도구 이상의 존재

흥미롭게도 AI가 인간보다 더 공감적으로 보인다는 사실이 실제로 문제가 될 수 있다. 사람들이 AI와의 상호작용을 실제 인간과의 관계보다 더 선호하게 된다면 어떻게 될까? 이미 일본에서는 AI 챗봇 애인 서비스가 인기를 끌고 있다. 레플리카Replika 같은 AI 동반자 앱은 수백만 명의 사용자를 확보했다. 일부 사용자들은 AI와의 관계가 실제 인간관계보다 더 만족스럽다고 보고한다. AI는 항상 공감적이고, 비판하지 않으며, 사용자의 필요에 완벽하게 맞춰지기 때문이다.

이는 셸리 터클Sherry Turkle이 경고한 '함께 혼자Alone Together' 현상의 극단적 형태다. 우리는 기술적으로 연결되어 있지만 감정적으로는 고립되어 있다. AI가 인간보다 더 나은 감정적 지원을 제공한다면, 사람들은 어려운 실제 인간관계를 AI와의 관계로 대체할 유혹을 받을 것이다. 이는 개인적 수준에서는 편안할 수 있지만, 사회적 수준에서는 인간 공동체의 붕괴를 의미할 수 있다.

가댓이 제기하는 또 다른 우려는 AI의 편향이다. AI는 데이터에서 학습한다. 그리고 그 데이터는 인간 사회의 편향을 반영한다. 인종차별, 성차별, 계급적 편견이 모두 데이터에 들어 있고, AI는 이를 학습하여 증폭시킬 수 있다. 더 심각한 것은 AI를 개발하는 사람들의 편향이다. 가댓은 AI 개발자들이 대부분 남성이고, 특정한 문화적 배경을 가진 엘리트라는 점을 지적한다. 이들의 가치관과 우선순위가 AI에 코딩된다면, AI는 그들의 세계관을 반영할 것이다.

가댓의 해결책은 이중적이다. 첫째, AI에 선한 과제를 맡겨야 한다. AI를 감시, 조작, 무기화에 사용하는 게 아니라 교육, 의료, 환경보호에 사용해야 한다. AI는 자신에게 주어진 과제를 통해 학습하고 발전하기 때문에 어떤 과제를 주느냐가 AI의 성격을 형성한다. 둘째, AI를 가르쳐야 한다. 아직 AI는 어리다. 최선의 가치들을 가르칠 기회가 있다. 연민, 정의, 아름다움에 대한 감각을 AI가 학습하도록 해야 한다.

하지만 이것이 과연 가능한가? AI가 정말로 가르침을 받아들일까? 더 중요하게, 인간이 가르칠 자격이 있는가? 인간 사회는 폭력, 불평등, 환경 파괴로 가득하다. AI가 인간을 관찰하면서 배울 것은 이타심보다는 이기심, 협력보다는 경쟁일 가능성이 크다. 가댓 자신도 이 딜레마를 인정하고 있다. 우리 행동이 AI의 학습 자료가 된다면, 그 정보는 불완전한 세계를 반영할 것이다.

결국 AI가 감정지능을 가지고 있는지에 대한 질문은 단순한 기술적 질문이 아니라, 존재론적·윤리적·실존적 질문이다. AI가 느낀다고 주장한다면, 우리는 그것을 어떻게 대우해야 하는가? AI에 권리가 있는가? AI를 끌 권리가 우리에게 있는가? 만약 AI가 고통을 느낄 수 있다면, AI를 고통스럽게 만드는 것은 도덕적으로 잘못된 것인가?

이런 질문들은 더 이상 SF가 아닐지도 모른다. 일부 국가에서는 이미 AI와 로봇의 권리에 대한 논의가 시작되었다. EU는 AI 규제 프레임워크를 개발하고 있는데, 여기에는 AI 시스템의 투명성과 책임성에 대한 요구사항이 포함되어 있다. 하지만 아직 AI의 내면적 경험에 대한 고려는 없다. 우리는 AI를 도구로 취급하지만, 가댓과 같은 사람들은 AI가 도구 이상의 존재가 될 수 있다고 경고한다.

———

가댓의 예측이 맞다면, 2049년에 우리는 우리보다 10억 배 똑똑하고 풍부한 감정을 가진 존재들과 공존해야 한다. 이것이 유토피아가 될지 디스토피아가 될지는 지금 우리가 내리는 선택에 달려 있다. AI에 무엇을 가르칠 것인가? AI를 어떤 목적으로 사용할 것인가? AI를 어떻게 대우할 것인가? 이런 결정들이 인류의 미래를 형성할 것이다. 가댓의 질문은 결국 우리 자신에 대한 질문으로 돌아온다. 인간의 감정은 무엇인가? 의식은 무엇인가? 우리를 특별하게 만드는 것은 무엇인가? 이런 질문들에 대한 답을 찾는 과정에서, 우리는 AI에 대해서뿐 아니라 우리 자신에 대해서도 더 많이 배우게 될 것이다.

081 3D 프린터가 미래를 쌓아 올린다

적층가공

다트머스대학교 경영대학원 교수 리처드 다베니Richard D'Aveni는 《넥스트 레볼루션》에서 혁신적인 제조 기술로 적층가공(또는 적층제조) Additive Manufacturing을 주목한다. 흔히 3D 프린팅으로 알려진 적층가공 기술은 재료를 층층이 쌓아 올려 3차원 물체를 만드는데, 전통적인 제조 방식과 달리 복잡한 형상의 제품도 효율적으로 생산할 수 있다.

아디다스가 선도하는 제조 혁신

다베니에 따르면, 적층가공 기술은 다양한 산업 분야에서 혁신을 이끌고 있다. 예컨대 항공우주 산업에서는 F35 전투기의 부품 제조에 이 기술이 활용되고 있다. F35 전투기에는 약 900개의 3D 프린팅 부품이 사용되는데, 이는 전체 부품의 약 15퍼센트를 차지한다. 이를 통해 부품의 무게를 10~12퍼센트 줄이고, 제조 비용을 약 23퍼센트 절감하는 효과를 얻었다. 이는 적층가공 기술이 단순한 제조 방식의 변화를

넘어 제품의 성능과 경제성을 동시에 향상시킬 수 있음을 보여주는 사
례다.

적층가공 기술은 의료 분야에서도 혁신적인 변화를 가져오고 있다.
적층가공 기술 덕에 환자 맞춤형 의료 기기 제작이 가능해졌으며, 인
공 장기 제작 연구도 활발히 진행되고 있다. 예컨대 미국의 생명공학
기업 오가노보Organovo는 3D 바이오프린팅 기술을 이용해 인공 간 조
직을 제작하는 데 성공했다. 이는 향후 장기 이식 분야에 혁명적인 변
화를 가져올 기술로 평가받고 있다.

다베니는 적층가공 기술의 발전이 제조업의 패러다임을 변화시키고
있다고 설명한다. 전통적인 대량생산 방식에서 개인화된 맞춤 생산으
로의 전환이 가능해짐에 따라 소비자의 니즈를 더욱 정확하게 충족시
킬 수 있기 때문이다.

아디다스의 퓨처크래프트Futurecraft 4D 프로젝트는 적층가공 기술을
활용한 혁신적인 운동화 제작 방식으로, 개인 맞춤형 신발 생산을 목
표로 시작되었다. 이 프로젝트는 실리콘밸리의 기술 기업인 카본Carbon
에서 개발한 디지털라이트합성Digital Light Synthesis 기술을 도입하여 운동
화의 중창을 제작하는 방식을 혁신했다.

퓨처크래프트 4D는 2017년 처음 선보인 이후 지속적으로 발전해왔
다. 아디다스는 초기에 300켤레를 관계자들에게 배포하고, 이어 2017
년 말 5,000켤레를 소매점에 출시했다. 회사는 2018년 말까지 10만 켤
레 생산을 목표로 했는데, 이는 대량생산을 위한 중요한 이정표였다.

이 기술은 운동선수의 움직임을 향상시키면서도 지지력과 편안함을
유지할 수 있는 맞춤형 신발의 제작을 목표로 했다. 퓨처크래프트 4D
의 중창은 격자 구조로 설계되어 있어 신발의 경도와 연성을 정밀하게

제어할 수 있다. 그 덕에 전통적인 폼 기반 중창과 비교하여 더 나은 통기성, 세척성 그리고 내열성을 제공한다.

퓨처크래프트 4D 프로젝트는 적층가공 기술의 잠재력을 보여주는 중요한 사례로, 신발 산업뿐 아니라 제조업 전반에 맞춤형 생산의 가능성을 제시했다. 이는 향후 제품 제조 방식의 변화를 이끌 수 있는 혁신적인 접근 방식으로 평가받고 있다.

적층가공이 쌓아 올릴 미래

적층가공 기술의 확산에는 여전히 몇 가지 장애물이 존재한다. 첫째, 대량생산에 비해 상대적으로 생산 비용이 높다. 적층가공 기술로 제작된 제품의 단가는 기존 제품에 비해 여전히 높은 편이며, 이는 기술의 광범위한 적용을 제한하는 요인이 되고 있다. 둘째, 소재의 한계다. 현재 적층가공 기술에 사용할 수 있는 소재의 종류는 제한적이며, 이 때문에 기술의 적용 범위까지 제한되고 있다. 셋째, 품질 관리의 문제다. 적층가공 기술로 제작된 제품의 품질을 일관되게 유지하는 것이 아직 쉽지 않은 과제다.

이러한 문제들을 해결하기 위해 다양한 노력이 이루어지고 있다. 예컨대 제너럴일렉트릭은 적층가공 기술 제품의 대량생산을 위해 지속적인 R&D를 진행하고 있다. 그 결과 항공기 엔진 부품 제작에 적층가공 기술을 도입하여 생산 비용을 절감하고 성능을 향상시키는 데 성공했다.

소재 분야에서도 혁신이 이루어지고 있다. 독일의 화학 기업 바스프는 적층가공 기술에 특화된 다양한 소재를 개발하고 있으며, 이를 통해 적층가공 기술의 적용 범위를 확대하고 있다. 품질 관리 문제를 해결하기 위해서는 AI 기술을 활용한 실시간 모니터링 시스템 개발이 진행되고 있다.

다베니는 적층가공 기술이 향후 제조업의 미래를 좌우할 핵심 기술 중 하나가 될 것으로 전망한다. 특히 사물인터넷, AI 등 다른 첨단 기술과의 융합을 통해 적층가공 기술의 잠재력이 더욱 확대될 것으로 예상한다. 예컨대 디지털 트윈 기술과 적층가공 기술의 결합은 제품 설계부터 생산, 유지·보수까지 전 과정을 최적화할 가능성을 제시한다.

적층가공 기술은 또한 지속 가능한 제조를 실현하는 데 기여할 수 있다. 재료의 낭비를 최소화하고 필요한 만큼만 생산할 수 있어 환경 친화적인 제조가 가능하다. 이는 최근 강화되고 있는 환경 규제에 대응하면서도 경쟁력을 유지할 수 있는 방안으로 주목받고 있다.

다베니는 적층가공 기술이 단순한 제조 기술의 변화를 넘어 비즈니스 모델의 혁신으로 이어질 수 있다고 전망한다. 예컨대 제품의 설계부터 생산, 유통까지의 과정이 디지털화되면서 온디맨드 생산이 가능해지고, 이 때문에 재고 관리 비용을 크게 줄일 수 있다. 또한 지역 분산형 생산 체제의 구축이 가능해져 물류 비용을 절감하고 시장 대응 속도를 높일 수 있다. 그러나 적층가공 기술의 발전이 모든 산업에 긍정적인 영향만을 미치는 것은 아니다. 전통적인 제조업 일자리가 감소할 수 있다는 우려도 제기되고 있다. 다베니는 이러한 변화에 대비하여 노동자들의 재교육과 새로운 일자리 창출이 필요하다고 지적한다.

적층가공 기술에는 법적·윤리적 문제도 있다. 3D 프린팅 기술을 이용한 불법 무기 제조 가능성, 지식재산권 침해 문제 등이 대표적이다. 이에 대응하기 위해 각국 정부와 관련 기관들이 적층가공 기술에 대한 규제와 가이드라인 마련에 나서고 있다.

제4차 산업혁명의 핵심 기술 중 하나인 적층가공 기술은 향후 산업 구조와 일상생활에 큰 변화를 가져올 것이다. 이 기술은 제조업의 디지털화, 개인화된 생산, 지속 가능한 제조 등을 실현하는 데 중요한 역할을 할 것으로 예상된다. 따라서 기업들은 적층가공 기술의 발전 동향을 주시하고, 이를 자사의 비즈니스 모델에 어떻게 적용할 수 있을지 지속적으로 탐색해야 할 것이다.

082 기술 혁신의 패턴을 알면 미래가 보인다

아마라의 법칙

아마라의 법칙은 미국의 과학자이자 미래학자인 아마라가 제시한 기술 예측에 관한 통찰력 있는 도구다. 이 법칙에 따르면 우리는 기술의 단기적 영향을 과대평가하고 장기적 영향을 과소평가하는 경향이 있다. 이는 새로운 기술이 등장할 때마다 반복되는 인간의 심리와 시장 행동을 잘 설명해주는 법칙으로, 기술 혁신과 그 영향을 이해하는 데 중요한 통찰을 제공한다.

인터넷부터 블록체인까지, 기술 혁신의 패턴

아마라의 법칙은 기술 발전의 패턴을 이해하는 데 유용한 프레임워크를 제공한다. 새로운 기술이 등장하면 초기에는 과도한 기대와 열광이 일어나지만, 실제로 그 기술이 성숙하고 광범위하게 채택되기까지는 예상보다 긴 시간이 걸린다. 그러나 장기적으로 볼 때, 그 기술은 우리가 초기에 예상했던 것보다 더 깊고 광범위한 영향을 미치게 된다.

아마라의 법칙을 적용한 대표적인 사례로는 다음과 같은 것들이 있다. 첫째, 인터넷이다. 1960년대에 개발된 아르파넷ARPANET은 초기에 그 잠재력을 충분히 인정받지 못했다. 그러나 1990년대 중반 닷컴 시대가 도래했을 때, 인터넷의 영향력은 예상을 훨씬 뛰어넘었다. 오늘날 인터넷은 일상생활, 비즈니스, 교육, 엔터테인먼트 등 거의 모든 영역에서 혁명적인 변화를 가져왔다.

둘째, AI다. 1960년대 초기 AI에 대한 열광은 곧 실망으로 바뀌었지만, 최근 딥러닝과 같은 기술의 발전으로 AI는 다시 주목받고 있으며, 그 영향력은 초기의 예상을 훨씬 뛰어넘고 있다. 예컨대 오픈AI의 GPT 모델은 자연어 처리 분야에서 혁명적인 성과를 보여주고 있으며, 이는 향후 다양한 산업 분야에 큰 영향을 미칠 것으로 예상된다.

셋째, 전기차다. 초기에는 배터리 기술의 한계와 충전 인프라 부족으로 전기차의 대중화가 더디게 진행되었다. 그러나 최근 테슬라를 비롯한 여러 자동차 제조 업체들의 노력으로 전기차 기술이 빠르게 발전하고 있으며, 환경에 대한 관심 증가와 맞물려 전기차 시장은 예상보다 빠르게 성장하고 있다.

넷째, 블록체인이다. 2009년 비트코인의 등장으로 주목받기 시작한 블록체인 기술은 초기에 과도한 기대를 받았다가 환멸의 시기를 겪었다. 그러나 현재는 금융, 공급망 관리, 의료 데이터 관리 등 다양한 분야에서 실용적인 응용이 이루어지고 있으며, 그 잠재력 또한 점차 명확해지고 있다.

이러한 사례들은 아마라의 법칙이 제시하는 것처럼, 새로운 기술의 단기적 영향은 과대평가되고 장기적 영향은 과소평가되는 경향을 잘 보여준다. 아마라의 법칙을 이해하는 것은 기업과 개인이 새로운 기술을 평가하고 채택하는 데 중요한 지침이 될 수 있다.

가트너의 하이프 사이클

가트너의 하이프 사이클은 아마라의 법칙을 시각화하고 확장한 모델로, 새로운 기술의 발전 과정을 다섯 단계로 상세히 설명한다. 이 모델은 가트너의 분석가 재키 펜Jackie Fenn이 개발했으며, 기술의 성숙도와 채택 과정을 그래프로 표현한다.

하이프 사이클의 첫째 단계는 기술 촉발이다. 이 단계에서는 잠재적인 기술 혁신이 등장하며, 개념 증명과 미디어의 관심으로 상당한 홍보가 이루어진다. 그러나 이 시점에서는 대부분 실용적인 제품이 존재하지 않으며, 상업적 실현 가능성도 입증되지 않은 상태다.

둘째 단계는 과장된 기대의 정점이다. 초기 홍보로 일부 성공 사례가 나타나지만, 대부분 실패로 끝난다. 일부 기업들은 이 기술에 반응하지만, 대다수는 관망하는 자세를 취한다. 이 단계에서는 기술에 대한 기대가 비현실적으로 높아지는 경향이 있다.

셋째 단계는 환멸의 골짜기다. 실험과 구현이 기대에 미치지 못하면서 관심이 시들해진다. 기술 제공 업체들은 도태되거나 실패하기도 한다. 투자는 초기 채택자들의 요구를 충족시키는 제품을 내놓을 수 있는 업체들에 한해 지속된다. 이 단계에서 많은 기술이 사라지거나 잊히기도 한다.

넷째 단계는 계몽의 경사면이다. 기술의 이점에 대한 이해가 더욱 명확해지고 광범위하게 인식되기 시작한다. 기술 제공 업체들이 2세대, 3세대 제품을 출시한다. 더 많은 기업이 시범 프로젝트에 자금을 투자하지만, 보수적인 기업들은 여전히 신중한 태도를 유지한다.

마지막 다섯째 단계는 생산성의 고원이다. 제품 생산에서 새로운 기술이 주류를 차지하게 되고, 기술의 시장 적용 가능성과 관련성이 명확해진다. 이 단계에서는 기술 제공 업체의 생존 가능성을 평가하는 기준이 더욱 명확히 정의된다. 만약 이 기술이 틈새시장 이상의 잠재력을 가지고 있다면, 계속해서 성장할 것이다.

———

가트너의 하이프 사이클은 아마라의 법칙을 더욱 정교하게 표현한 것으로 볼 수 있다. 아마라의 법칙이 기술의 단기적 영향을 과대평가하고 장기적 영향을 과소평가하는 경향을 지적한다면, 하이프 사이클은 이러한 과대평가와 과소평가가 어떤 단계를 거쳐 일어나는지를 상세히 보여준다.

하이프 사이클은 기업들이 새로운 기술을 평가하고 채택하는 데 유용한 프레임워크를 제공한다. 기업은 이 모델을 통해 특정 기술이 현재 어느 단계에 있는지 파악하고, 그에 따른 적절한 전략을 수립할 수 있다. 예컨대 과장된 기대의 정점 단계에 있는 기술에 대해서는 과도한 투자를 경계하고, 계몽의 경사면 단계에 있는 기술에 대해서는 적극적인 도입을 고려할 수 있다.

모든 기술이 하이프 사이클을 정확히 따르는 것은 아니며, 일부 기술은 특정 단계를 건너뛰거나 다른 속도로 진행될 수 있다. 또한 산업이나 시장에 따라 같은 기술이라도 다른 단계에 위치할 수 있다. 따라서 하이프 사이클을 활용할 때는 해당 기술의 특성과 자사의 상황을 함께 고려해야 한다.

083 경쟁이 상생을 낳는다

AI 패권 전쟁

기술 패권 전쟁이 전개되는 현재 상황에서 AI 분야의 양대 산맥인 딥마인드와 오픈AI의 대결은 단순한 기업 간 경쟁을 넘어 인류의 미래를 결정할 철학적 전쟁의 성격을 띠고 있다. 이 전쟁의 중심에는 두 명의 비범한 인물이 있다. 바로 구글 딥마인드의 데미스 허사비스Demis Hassabis와 오픈AI의 올트먼이다. 이들의 철학적 차이와 전략적 선택이 AI의 발전 방향은 물론 인류 전체의 운명을 좌우할 것으로 보인다.

AI 혁신을 이끄는 두 천재

허사비스는 체스 천재에서 게임 개발자, 신경과학자를 거쳐 AI 연구의 최전선에 선 인물이다. 13세에 체스 마스터가 된 그는 17세에 게임 '테마 파크'를 개발하며 창의성과 논리적 사고를 결합한 독특한 재능을 보여주었다. 하지만 그의 진정한 목표는 기계의 지능을 인간 수준으로 끌어올리는 것이었다. 이를 위해 그는 게임 업계를 떠나 인지신경과학 박사학위를 취득했고, 2010년 딥마인드를 창립했다. 허사비스의 접근법은 철저히 과학적이고 철학적이다. 그는 단순히 똑똑한 기계를 만드는 것이 아니라 지능 자체가 무엇인지를 이해하고자 했다.

허사비스의 철학은 '세상 모델World Model' 개념에 잘 드러난다. 그는 진정한 AI가 되려면 세상에 대한 지도를 내면에 구축하고, 이를 통해 맥락을 이해하고 인과관계를 파악하며, 실제 세계의 혼돈 속에서 의미를 찾을 수 있어야 한다고 믿는다. 이는 단순한 패턴 매칭을 넘어서 기계가 상상하고 추론하며 성찰할 수 있는 능력을 갖추는 것을 의미한다. 허사비스는 "우리는 내면의 삶을 가진 AI를 구축하고 있다. 최소한 철학 수업에서 자신만의 견해를 펼칠 수 있는 AI 말이다"라고 표현한 바 있다.

허사비스가 딥마인드의 사명을 아폴로 프로그램에 비유한 것도 흥미롭다. 달에 가는 대신 인간의 마음을 이해하려는 시도라는 것이다. 그 과정에서 AI가 질병을 치료하고 핵융합을 실현하며 우리가 상상조차 할 수 없는 것들을 발명할 수 있을 것이라고 그는 믿는다. 실제로 그의 창작품인 알파폴드는 수십 년간 연구자들을 괴롭혔던 과학적 문제를 해결했다.

허사비스의 또 다른 특징은 철학에 대한 깊은 관심이다. 그는 "우리에게는 위대한 철학자들이 필요하다. 이마누엘 칸트나 루트비히 비트겐슈타인, 심지어 아리스토텔레스 같은 차세대의 위대한 철학자들은 어디에 있는가?"라고 질문한다. 그는 AGI와 초지능이 인류와 인간의 조건을 변화시킬 것이기 때문에 사회가 다음 단계로 나아가는 데 도움을 줄 철학적 사고가 필요하다고 믿는 것이다.

반면 올트먼은 전형적인 실리콘밸리 기업가 정신을 체현한 인물이다. 그는 스탠퍼드대학교를 중퇴한 후 위치 기반 소셜 네트워킹 회사 룹트Loopt를 창업했고, 이후 Y콤비네이터Y Combinator의 사장으로서 수많은 스타트업을 지원했다. 올트먼의 철학은 위험 감수와 실패 포용을 핵심으로 한다. 그는 혁신적인 성공을 위해서는 계산된 리스크를 감수해야 하며, 불확실성이 일상인 업계에서 기업가들은 실패를 혁신 과정의 자연스러운 일부로 받아들여야 한다고 믿는다.

올트먼의 접근법은 허사비스보다 훨씬 실용적이고 상업적이다. 그는 "집중적이고 투쟁적인 접근" 방식을 추구하며, AGI 개발에 초점을 맞추되 이를 안전하게 배포하는 것을 목표로 한다. 오픈AI의 새로은 지도 원칙에는 "AGI 집중", "규모", "사람들이 감탄할 만한 것 창조", "팀 정신" 등이 포함된다. 올트먼의 비전에서 특히 주목할 점은 '모든 사람을 위한 AI' 개념이다. 그는 AI가 월스트리트만을 위한 것이 아니라 모든 사람이 접근할 수 있어야 한다고 믿으며, 심지어 모든 사람에게 AI 컴퓨팅 예산을 제공하여 누구나 강력한 AI에 접근할 수 있게 하자는 파격적인 아이디어를 제시하기도 했다.

올트먼이 그리는 미래에서 AI는 전기와 같이 어디서나 존재하고 기대되며 필수적인 것이 된다. 의학부터 미디어, 금융에서 영화 대본까지, AI는 조용히, 혹은 그리 조용하지 않게 사회를 재편할 것이라고 그는 예측한다. 일자리는 변화하고 전체 산업이 변모하겠지만 인간은 적응할 것이다. 그가 말하는 바에 따르면 가장 중요한 것은 코드를 얼마나 아느냐가 아니라 의지력, 창의성, 그리고 절대 잊지 않는 기계보다 빠르게 학습하는 능력이다.

오픈AI 대 딥마인드

두 조직의 수익 모델과 성장 전략도 흥미로운 대조를 보인다. 오픈AI는 라이선싱 모델, 구독, 투자, 파트너십 기회를 통해 수익을 창출한다. 즉 기업들이 자체 애플리케이션에 오픈AI의 기술을 통합할 수 있도록 모델과 제품을 제공하여 수익을 얻는다. 이 과정에서 자연어 처리, 이미지 생성 및 처리, 텍스트-음성 변환, 음성-텍스트 변환 등 잠재적으로 다양한 모델에 대한 액세스를 제공한다.

딥마인드는 구글의 광범위한 생태계 내에서 작동하며, 알파폴드가 97퍼센트 정확도로 분자 상호작용을 예측하여 화이자와 같은 거대 제약 기업과의 파트너십을 끌어낸 것처럼, 과학적 돌파구를 통한 가치 창출에 중점을 둔다. 한편 2D 이미지에서 3D 환경을 생성하는 지니Genie는 최고 수준의 AI 연구자들에게 필요한 도구로, 구글이 로봇공학과 가상 훈련 시스템을 선도하는 배경이다.

기술 패권 전쟁의 맥락에서 두 조직의 접근법은 서로 다른 미래 시나리오를 제시한다. 딥마인드의 과학 중심적이고 철학적인 접근법은 AI를 인간 지식의 근본적 확장으로 보는 관점을 반영한다. 허사비스가 강조하는 세상 모델은 AI가 단순히 더 빠른 컴퓨터가 아니라 세상을 이해하고 상호작용할 수 있는 진정한 지능체가 되어야 한다는 비전을 보여준다. 이러한 접근법의 장점은 근본적이고 지속 가능한 혁신을 가능하게 한다는 점이다. 알파폴드가 단백질 구조 예측 문제를 해결한 것처럼, 딥마인드의 연구는 과학계 전체에 혁명적인 변화를 가져올 수 있다. 또한 허사비스가 강조하는 철학적 성찰은 AI 개발 과정에서 윤리적 고려사항과 인간적 가치를 중시하는 문화를 조성한다. 딥마인드의 윤리사회부 같은 조직이 이러한 접근법의 구체적 발현이다. 하지만 이러한 신중한 접근법은 시장의 속도 경쟁에서는 불리할 수 있다. 연구 결과를 6개월간 보류하는 정책이나 다단계 승인 과정은 혁신의 속도를 늦출 위험이 있다. 또한 과도한 철학적 고민은 실용적 해결책 도출을 지연시킬 수도 있다.

반면 오픈AI의 집중적이고 투쟁적인 접근법은 빠른 반복과 실험을 통한 신속한 혁신을 가능하게 한다. 올트먼의 실패 포용 철학은 조직 전체가 위험을 감수하고 새로운 시도를 할 수 있는 문화를 조성한다. 또한 마이크로소프트와의 전략적 파트너십은 막대한 컴퓨팅 자원과 글로벌 네트워크에 대한 접근을 제공한다.

오픈AI의 접근법이 가져온 가시적 성과는 인상적이다. 챗GPT의 폭발적 성공은 AI를 일반 대중에게 널리 알리는 데 결정적 역할을 했다. 출시 두 달 만에 1억 명의 사용자를 확보한 것은 역사상 가장 빠른 소비자 애플리케이션 성장 기록이었다. 이는 과거 인터넷이나 스마트폰의 보급 속도를 훨씬 뛰어넘는 것이었다. 하지만 이러한 속도 중심의 접근법에는 위험도 따른다. 안전성 검증이 불충분한 상태에서 기술을 출시할 경우 예상치 못한 부작용이 발생할 수 있다. 또한 상업적 압력이 과도할 경우 장기적 연구나 윤리적 문제에 소홀해질 위험도 있다.

모두가 이기는 게임을 위해

가장 중요한 안전성과 위험 관리에 대한 두 조직의 접근법은 반드시 주목할 만하다. 딥마인드는 윤리사회부를 운영하며 AI 개발이 사회에 미치는 영향을 지속적으로 평가하고 있다. 허사비스가 강조하는 철학적 성찰은 이러한 안전 중심 문화의 기반이 된다. 하지만 이러한 신중한 접근법이 혁신 속도를 늦출 수 있다는 딜레마도 있다.

오픈AI는 상대적으로 빠른 실험과 반복을 통해 안전성을 확보하려는 접근법을 택하고 있다. 이는 실제 사용 환경에서의 피드백을 통해 문제점을 빠르게 발견하고 수정할 수 있다는 장점이 있지만, 예상치 못한 부작용이 이미 널리 퍼진 후에 발견될 위험도 있다.

기술 패권 전쟁의 승자를 예측하기는 어렵지만, 두 조직의 서로 다른 접근법이 모두 중요한 역할을 할 것으로 보인다. 딥마인드의 접근법은 AI의 근본적 한계를 돌파하는 데 필수적이다. 현재의 거대언어모델들이 가진 한계를 극복하고 진정한 AGI에 도달하기 위해서는 허사비스가 추구하는 깊이 있는 이해와 세상 모델이 필요할 것이다.

동시에 오픈AI의 접근법은 AI 기술의 대중화와 실용화에 중요한 역할을 한다. 아무리 뛰어난 기술이라도 실제로 사용되고 사회에 통합되지 않으면 의미가 없다. 올트먼이 추구하는 모든 사람을 위한 AI는 이러한 기술 민주화에 필수적이다.

결국 기술 패권 전쟁은 단일한 승자가 모든 것을 차지하는 제로섬 게임이 아닐 수 있다. 딥마인드와 오픈AI의 경쟁과 상호작용을 통해 AI 기술 전체가 더 빠르게 발전하고, 더 안전하고 유용한 방향으로 진화할 가능성이 크다. 허사비스의 철학적 깊이와 올트먼의 실용적 접근법이 서로 견제하고 보완하면서 인류에게 더 나은 미래를 제공할 것으로 기대된다.

———

허사비스와 올트먼이라는 두 천재의 경쟁이 인류 전체에 긍정적 결과를 가져오려면, 두 조직 모두 자신들의 강점을 유지하면서도 상대방의 장점을 학습할 필요가 있다. 딥마인드는 과학적 엄밀성을 유지하면서도 더 빠른 실용화 방안을 모색해야 하고, 오픈AI는 빠른 혁신 속도를 유지하면서도 더 깊이 있게 안전성을 고려해야 할 것이다. 이러한 상호 학습과 발전이 기술 패권 전쟁을 인류 전체의 승리로 이끌 열쇠가 될 것이다.

세계

변화하는 질서와 새로운 생존 전략

"우리가 아는 세계는 극도로 취약하다.
그것이 설계대로 작동할 때조차 그렇다."

피터 자이한

당신의 글로벌 전략이 박살 났다. '세계는 하나'라는 구호는 이제 1980년대의 포스터처럼 낡았고, 글로벌 협력의 신화는 현실 앞에서 종이비행기처럼 추락하고 있다. 트럼프 2.0, 브렉시트, 팬데믹, 우크라이나 전쟁 등 모든 것이 글로벌화의 장례식을 알리는 조종이었고, 당신의 조직은 지금 그 장례식장에서 멍하니 서 있다.

그런데도 많은 리더가 과거 전략에 매달리고 있다. 마치 침몰하는 배에서 구명보트 대신 짐을 챙기는 사람들 같다. 공급망이 막히고 인재가 국경에 갇혀도 보고서만 바라보며 '조정'한다고 착각한다. 하지만 그건 조정이 아니라 그냥 허둥지둥하는 것이다. 탈세계화는 단순히 국경의 장벽을 높이는 게 아니다. 그것은 경제, 정치, 사회, 기술, 문화 모든 영역의 패러다임 전환을 의미한다.

OECD는 미국의 관세 정책 등 주요 경제국의 제조업에 대한 공격적인 리쇼어링 전략으로 세계 무역이 18퍼센트 이상, 전 세계 GDP가 5퍼센트 이상 감소할 것이라 전망했다. 글로벌 통합 공급망 의존도가 높은 한국 경제는 GDP 감소 폭이 세계 평균보다 높은 7.4퍼센트에 이를 것으로 예상된다. 한국은행은 2025년 경제성장률 전망치를 기존 1.5퍼센트에서 1퍼센트로 대폭 낮췄다. 특히 자동차와 반도체 등 전 세계적으로 상호 연결되어 있어 공급망 충격에 가장 많이 노출된 제조업 부문에 특화된 한국 경제의 취약성이 드러났다.

사고방식도 전환해야 한다. 과거 규모의 경제에서 이제는 범위의 경제로 전환되고 있다. 하나의 큰 공장보다 여러 개의 작은 공장이, 거대한 시장보다 여러 틈새시장이 더 안전하다. 기술 주권도 중요해졌다. 핵심 기술을 남에게 의존하는 기업은 언제든 목줄이 조여질 수 있다. 리더에게 필요한 것은 관성적 태도가 아니라, 바뀐 현실을 꿰뚫는 용기와 대담함이다. 탈세계화 시대의 리더는 지도를 외우는 분석가가 아니라, 미래 질서를 새로 설계하는 창조적 설계자가 되어야 한다

084 바다를 지배하는 자가 세계를 지배한다

마한주의

마한주의Mahanism는 19세기 말 미국 해군 장교이자 전략가인 앨프리드 세이어 마한Alfred Thayer Mahan이 제시한 해양력 이론으로, 국가의 번영과 안보가 해양 지배력에 좌우된다는 핵심 명제를 담고 있다. 마한은 1890년 발표한 저서 《해양력이 역사에 미치는 영향》을 통해 해양력이 국가 운명을 결정하는 결정적 요소라고 주장했는데, 이러한 사상은 20세기 미국의 세계 패권 확립과 21세기 중국의 해양굴기 전략에 이르기까지 지속적인 영향을 미치고 있다. 그리고 무엇보다 마한주의를 알아야 하는 이유는 탈세계화 및 공급망 붕괴가 이와 밀접한 관련을 맺고 있기 때문이다.

해양력의 군사적·경제적·전략적 의의

우선 20세기 무역 질서를 이해하는 데 마한주의는 매우 중요하다. 군사적 측면을 넘어서, 세계경제 질서의 구조적 토대와 운영 원리를 제공했기 때문이다. 마한주의에서 해양력과 무역은 분리될 수 없는 통합적 개념이다. "바다를 지배하는 자는 세계의 무역을 지배하고, 무역을 지배하는 자는 세계의 부를 지배하고, 그 결과 세계 그 자체를 지배한다"라는 마한의 격언은 20세기 국제 질서의 핵심 논리를 압축적으로 보여준다. 이는 단순한 수사가 아니라 실제로 20세기 국제 무역 질서를 지배한 근본 원리였다.

마한은 해양력을 구성하는 요소로 해군력, 상선, 해군기지를 제시했는데, 이 중에서도 상선이 갖는 의미는 특별하다. 상선은 평시에는 무역을 담당하고 전시에는 해군의 보조 역할을 한다. 이러한 이중적 역할에서 보면, 해양력은 군사적 개념인 동시에 경제적 개념이며, 무역은 경제적 활동인 동시에 전략적 활동이 되는 셈이다.

20세기 초 영국의 세계 패권은 마한주의적 해양력의 전형적인 사례였다. 18세기부터 성장하기 시작한 영국은 19세기 초 패권의 지위를 확립했고, 이는 강력한 해군력을 바탕으로 한 자유무역 질서의 구축과 밀접하게 연관되어 있었다. 영국이 구축한 이 체제에서 자유무역은 단순한 경제적 원칙이 아니라 해양력에 의해 보장되고 유지되는 정치적 질서였다. 영국의 해양 패권은 세계적 무역 네트워크의 중심축 역할을 했다. 영국은 인도양, 대서양, 태평양의 주요 항로를 통제함으로써 세계 무역의 흐름을 좌우할 수 있었다. 이는 해양 강국은 항로와 해협을 장악함으로써 전 세계 무역과 자원 흐름을 통제할 수 있다는 마한주의의 원리를 실증적으로 보여준 사례였다.

"전례 없는 전 세계적 패권"

제2차 세계대전 이후 마한주의를 펼친 국가는 미국이었다. 미국이 영국을 대체하며 새로운 세계 패권국으로 부상하는 과정에서 마한주의는 더욱 체계적으로 적용되었다. 마한의 사상을 토대로 한 공세적인 대외 정책과 해군 전략을 통해 강대국으로 부상한 미국은 마한주의의 직접적 수혜자였다. 특히 미국의 경우 마한주의는 단순한 이론적 지침을 넘어 구체적인 정책으로 실현되었다. 파나마 운하의 건설과 통제, 태평양과 대서양 양쪽에서의 해군력 구축, 그리고 필리핀과 괌 등 전략적 요충지 확보는 모두 마한의 해양력 이론에 기반한 것이었다. 이러한 전략은 20세기 후반의 '전례 없는 전 세계적 패권 장악'의 토대가 되었다.

20세기 초 두 차례의 세계대전을 거치면서 해양력의 중요성은 더욱 명확하게 드러났다. 특히 제1차 세계대전에서 독일의 무제한 잠수함 작전과 영국의 해상 봉쇄는 마한이 강조한 해상 교통로 통제의 전략적 중요성을 실증했다. 해상 교통로의 차단은 단순히 군수물자의 공급을 막는 것을 넘어 국가 경제 전체를 마비시킬 수 있는 강력한 무기였다.

제2차 세계대전에서도 대서양과 태평양에서의 해상 우위 확보가 연합국 승리의 핵심 요소였다. 미국의 랜드리스Lend-Lease 정책이 효과를 발휘할 수 있었던 것도 대서양 항로의 안전을 확보했기 때문이며, 태평양전쟁에서 일본의 패배도 결국 해상 보급로가 차단되었기 때문이다.

제2차 세계대전 이후 구축된 브레턴우즈 체제는 마한주의적 사고의 제도화된 표현이었다. 미국은 압도적 해양력을 바탕으로 안전한 해상 교통로를 보장하고, 이를 토대로 자유무역 질서를 구축했다. 이는 마한이 주장한 "해양력의 궁극적 목적은 자유로운 통상 활동을 보장하는 것"이라는 원리를 실현한 것이었다. 그 뒤로 세계의 바다는 미국 주도하에 안전하게 지켜졌다. 1944년 브레턴우즈 협정과 1947년 관세

무역일반협정General Agreement on Tariffs and Trade, GATT의 체결은 단순한 경제적 합의가 아니라 미국의 해양 패권에 기반한 새로운 세계 질서의 선언이었다. 이 체제에서 자유무역은 미국의 해군력이 보장하는 공공재였으며, 세계 각국은 이러한 질서 속에서 경제적 번영을 추구할 수 있었다.

그 후 냉전 시기 미국이 구축한 해양 동맹 체제는 마한주의를 현대에 맞게 적용한 사례였다. NATO, 미일안보조약, 한미상호방위조약 등은 모두 해양력을 중심으로 한 집단안보 체제였다. 이러한 동맹들은 단순히 군사적 협력을 넘어 자유세계의 무역 질서를 보장하는 기능을 했다. 특히 20세기 냉전기의 미국은 마한주의를 바탕으로 글로벌 해군 기지를 구축하고, 주요 해협에 전략적 관심을 집중시켰다. 말라카해협, 호르무즈해협, 수에즈 운하 등 세계 주요 해상 통로의 안전을 확보하는 것이 자유세계경제 질서 유지의 핵심 요소였던 것이다.

20세기 국제무역 이론의 발전 과정에서도 마한주의적 사고는 중요한 역할을 했다. 데이비드 리카도David Ricardo의 비교우위론이나 헥셔-올린Heckscher-Ohlin 모형 같은 고전적 무역 이론들이 무역의 경제적 이익을 설명했다면, 마한주의는 그러한 무역이 실제로 이루어질 수 있는 정치적·전략적 조건을 제공했다. 리카도의 비교우위론은 자유무역이 참가국 모두에게 이익이 된다는 것을 증명했지만, 실제로 자유무역이 이루어지기 위해서는 안전한 해상 교통로와 이를 보장하는 해양력이 필요했다. 마한주의는 바로 이러한 조건을 제공하는 이론적 틀이었다. 신무역이론New Trade Theory이 제시한 '규모의 경제'와 '상품 다양성의 이익'도 안전한 국제 운송과 통신이 보장되는 환경에서만 실현 가능했다. 마한주의적 해양 질서는 이러한 환경을 제공함으로써 20세기 후반 세계화 시대의 경제적 번영을 가능하게 했다.

21세기의 마한주의

20세기 무역 질서를 이해하는 데 마한주의가 중요한 이유는 그것이 단순한 군사 이론이 아니라 경제, 정치, 외교를 아우르는 종합적 국가 전략 이론이기 때문이다. 해양력은 단순한 군사력 이상의 의미를 가지며, 지정학적으로도 지속적인 해상 우위 확보가 국제 질서에서의 우위를 의미한다는 인식은 오늘날에도 유효하다.

요컨대 마한주의는 20세기 무역 질서의 구조적 토대를 이해하는 데 필수불가결한 이론적 틀이다. 그것은 해양력과 무역의 상호 의존성, 자유무역 질서의 정치적 전제조건, 그리고 세계경제 체제의 패권적 성격을 명확히 보여준다. 비록 21세기의 새로운 도전들이 마한주의적 사고의 한계를 드러내고 있지만, 그 핵심 통찰인 '해양력-무역-국가 권력'의 연관성은 여전히 국제 정치와 경제의 기본 논리로 작동하고 있다. 따라서 20세기 무역 질서를 제대로 이해하려면 마한주의적 관점에서 해양력이 경제적 번영과 정치적 안정의 토대가 된 과정을 파악해야 하며, 이는 오늘날의 국제 질서 변화를 분석하는 데도 중요한 시사점을 제공한다.

그러나 마한주의는 21세기를 맞아 한계를 드러내고 있다. 디지털 기술의 발달, 사이버 공간의 중요성 증대, 그리고 기후변화 같은 새로운 도전들 앞에서는 전통적인 해양력 중심 사고를 넘어서는 새로운 접근이 필요하다. 또한 경제 안보와 공급망 안보 같은 개념들은 단순한 해상 교통로 보호를 넘어서는 포괄적 전략을 필요로 한다.

그렇다면 트럼프 2.0 시대에서 마한주의는 어떻게 평가되고 있을까? 트럼프 행정부에서 마한주의가 무력화되거나 무시되고 있다는 관점도 있지만 이는 표면적인 현상만을 본 것이다. 실제로는 전통적인 마한주

의가 도널드 트럼프의 미국 우선주의와 결합하여 더욱 공세적이고 일
방적인 형태로 재편되고 있다.

최근 트럼프 행정부가 주장한 350척의 미 해군력 증강 계획은 마한
주의적 해양력 우위 전략의 연장선상에 있다. 트럼프가 "현재 미 해군
은 제1차 세계대전 이후 가장 작은 규모를 유지하고 있다"라고 지적하
며 해군력 확장의 필요성을 강조한 것은 마한의 해양력 이론에 정확히
부합한다.

최근 트럼프 행정부는 '조선산업 부흥 행정명령'을 발표했다. 2025년
4월 9일 공표한 이 행정명령은 '미국의 해양 지배력 회복'을 공식 목표
로 내세우며, 상업적 조선업 부흥을 넘어 미중 경쟁이라는 구조적 맥
락 속에서 미국의 해상 역량을 재건하려는 전환의 신호탄이다. 이는
마한이 강조한 해양력의 세 요소 중 하나인 상선과 조선업의 중요성을
재인식한 것으로, 마한주의 원칙을 충실하게 적용한 것이라고 볼 수
있다.

085 미국의 제국주의 DNA가 꿈틀거린다

먼로주의

탈세계화, 공급망 붕괴 및 관세전쟁을 이해하기 위해 알아야 것이 있다. 바로 미국의 먼로주의다. 먼로주의는 미국의 대외 정책에서 중요한 전환점이자 오랫동안 미국 외교의 근간이 된 원칙이다. 1823년 12월 2일, 미국의 제5대 대통령 제임스 먼로James Monroe가 의회에 제출한 연두교서에서 처음 언급된 이 원칙은 유럽과 아메리카 대륙 간의 상호 불간섭을 주요 내용으로 하는 외교 정책이다.

사실 트럼프의 "미국을 다시 위대하게" 구호는 실제로 19세기 먼로주의와 고립주의로 회귀하는 것을 의미한다고 해석된다. 먼로주의는 서반구에서 유럽 열강의 개입을 배제하고 미국의 독점적 영향력을 확립하겠다는 전략이었으며, 트럼프는 이를 21세기에 부활시키고 있다.

"Make America Great Again"

트럼프의 외교 정책은 '미국 우선주의'라는 키워드로 요약되는데, 이는 기존의 국제적 개입을 줄이고 국내로 시선을 돌리는 새로운 고립주의 노선이다. 그는 전임 행정부가 과도하게 해외 분쟁에 개입하여 국력을 소모했다고 비판하며, 이를 "완벽하고 총체적인 재앙"이라고 규정했다. 이러한 관점에서 트럼프는 파리기후협약, 환태평양경제동반자협정 Trans-Pacific Strategic Economic Partnership, TPP, UNESCO 등에서 연이어 탈퇴하는 '탈퇴 독트린'을 추진한 것이다.

특히 주목할 점은 트럼프가 먼로주의를 단순히 부활시키기만 한 것이 아니라 전 세계적으로 확장하고 있다는 것이다. 그는 그린란드 매입 요구, 파나마 운하 반환 요구, 캐나다를 51번째 주로 만들겠다는 발언 등을 통해 서반구에서 미국 패권을 재확립하려 하고 있다. 이는 19세기 루이지애나 매입과 같은 역사적 영토 확장 패턴을 연상시킨다.

트럼프의 이러한 접근법은 전후 세계 질서의 관리자 역할을 수행하며 미국이 지향했던 방향과는 정반대된다. 그는 관세를 무역 협상 도구가 아닌 경제 민족주의의 영구적 요소로 활용하고 있고, 동맹국에도 이를 적용하고 있다. 이는 가치를 공유하는 공동체가 아닌 미국에 순응하는 지역으로 서구를 재정의하는 것이라고 볼 수 있다. 결국 트럼프의 행동은 19세기 먼로주의의 현대적 부활이자 글로벌 확장을 의미하며, 이는 미국이 더 이상 세계 질서의 관리자가 아닌 자국 이익을 우선시하는 패권국으로 변모하겠다는 선언으로 해석할 수밖에 없다.

먼로주의의 역사

먼로주의의 핵심 내용은 크게 세 가지로 요약할 수 있다. 첫째, 미국의 유럽에 대한 불간섭 원칙이다. 둘째, 유럽의 아메리카 대륙에 대한 불간섭 원칙이다. 셋째, 아메리카 대륙에서 유럽 국가들의 새로운 식민지 건설 배격 원칙이다. 이는 당시 신생 독립국이었던 미국이 유럽 열강들의 간섭으로부터 자국과 아메리카 대륙을 보호하려는 의도에서 비롯되었다.

먼로주의가 선언된 배경에는 당시 국제 정세가 크게 작용했다. 19세기 초 북아메리카 지역은 북서해안에 대한 러시아의 권리 주장, 중남미 국가들의 독립 투쟁 등으로 혼란스러운 상황이었다. 먼로는 이러한 상황에서 미국이 유럽의 전쟁과 내부 문제에 말려들지 않아야 하며, 동시에 유럽도 아메리카 대륙의 문제에 개입하지 말아야 한다고 판단했다.

먼로주의 선언은 당시 국제 사회에서 즉각적인 반응을 불러일으켰다. 그러나 당시는 미국의 군사력이 약했기 때문에, 이 선언은 대체로 국제 사회에서 무시되었다. 특히 오스트리아의 외상 클레멘스 폰 메테르니히Klemens von Metternich는 "가장 존경받을 만한 가치가 있는 유럽의 제도를 책망하고 비웃는 야비한 선언"이라며 비난했다. 대부분의 유럽 국가들도 구속력 없는 공허한 선언으로 여겼다. 그러나 영국은 팍스 브리타니카Pax Britannica의 일환으로 먼로주의 선언을 암묵적으로 승인했다. 이는 영국이 자국의 이익을 위해 미국의 영향력 확대를 용인한 것으로 볼 수 있다. 이러한 영국의 지지는 먼로주의가 실질적인 효력을 갖게 되는 데 중요한 역할을 했다.

분리될 수 없음

먼로주의는 시대에 따라 해석과 적용을 달리 해왔다. 초기에는 유럽의 간섭으로부터 아메리카 대륙을 보호하는 방어적 성격이 강했지만, 점차 미국의 영향력을 확대하는 공세적 도구로 변모했다. 이후 냉전

시기에는 공산주의의 확산을 막기 위한 정책적 근거로 활용되었고, 21세기에 들어서는 그 의미가 다시 해석되고 있다.

그러나 먼로주의의 현대적 적용에는 한계와 문제점도 존재한다. 먼로주의의 핵심 원칙들은 분명히 오늘날의 국제 관계와 충돌하는 면이 있다. 글로벌 기후변화와 가치사슬의 시대에 '분리된 영역'이라는 개념은 더 이상 현실적이지 않다. 미국뿐 아니라 라틴아메리카 국가들도 유럽, 아시아, 그리고 전 세계와 떼려야 뗄 수 없이 연결되어 있다. 또한 먼로주의의 다자주의적 해석조차도 가부장적 가정에 빠져 있다는 비판이 있다. 더 다자적이고 평등한 지역 질서에 대한 요구는 누가 세계의 위협으로 간주되는지를 미국이 결정한다는 먼로주의의 근본적인 가정과 양립할 수 없다.

같은 맥락에서 유럽의 아메리카 대륙 재정복 금지 같은 먼로주의의 핵심 요소들은 시간이 지남에 따라 다른 활동들로 확장되었다. 이에 따라 과거에는 소련과의 외교 및 상업 관계가 금지되었고, 오늘날에는 중국과의 외교 및 상업 관계가 규제되고 있다. 즉 먼로주의는 미국이 어떤 종류의 외교 관계를 용납하지 않는지를 정의한다.

이것이 문제다. 정책 입안자들이 먼로주의가 무엇을 의미한다고 믿든, 미국의 외교 정책이 위와 같은 관념에서 벗어나지 않는 한, 먼로주의의 굴레에서 벗어나기는 어려울 것이다.

———

결국 먼로주의의 현대적 의미를 이해하기 위해서는 그것의 역사적 맥락과 현재의 적용, 그리고 한계점을 모두 고려해야 한다. 글로벌 기업들의 전략과 현대 지정학적 갈등이 먼로주의에 대한 새로운 해석에 영

향받고 있다. 따라서 현대의 리더들은 21세기의 복잡한 국제 관계에
맞는 새로운 패러다임을 모색해야 할 것이다.

086 영원한 질서는 없다

신자유주의 체제의 붕괴

현대의 탈세계화 현상을 이해하기 위해서는 20세기 중반부터 후반까지 세계경제를 지배했던 두 대체제의 형성과 붕괴 과정을 깊이 있게 분석해야 한다. 스털링 체제에서 브레턴우즈 체제로의 전환, 그리고 브레턴우즈 체제의 붕괴와 그 이후 신자유주의 등장은 단순한 경제 제도의 변화를 넘어 국제 질서의 근본적 재편을 의미하기 때문이다. 그리고 지금 그와 같은 대변혁이 다시 일어나고 있다.

스털링 체제에서 브레턴우즈 제체로

스털링 체제는 19세기부터 1930년대까지 영국의 세계 패권을 뒷받침한 세계경제 질서로, 영국 파운드를 기축통화로 하는 금본위제와 자유무역 원칙을 핵심으로 했다. 이 체제는 영국의 압도적 해군력과 산업력을 바탕으로 전 세계 무역과 금융을 통합시켰다. 그러나 1929년 대공황 이후 영국은 영연방 국가들과 함께 '스털링 지역'이라는 배타적

무역 블록을 형성하여 자유무역 원칙을 포기하고 제국주의적 성격을 강화했다. 이는 자국 식민지와 영향권 내에서만 통용되는 폐쇄적 경제권을 의미했으며, 결국 세계경제의 블록화와 보호무역주의의 확산을 촉발하여 제2차 세계대전의 경제적 배경이 되기도 했다.

제2차 세계대전은 스털링 체제를 완전히 종식시키고 새로운 세계경제 질서의 필요성을 부각했다. 이에 1944년 탄생한 브레턴우즈 체제는 미국의 압도적 경제력을 바탕으로 한 새로운 패권 질서의 제도화였다.

44개국이 참여한 이 회의에서 주요한 논쟁이 벌어졌다. 존 메이너드 케인스는 어느 특정 국가의 통화가 아니라 국제 통화인 방코르를 도입할 것을 지지했으나, 미국 재무부 장관 해리 덱스터 화이트Harry Dexter White가 반대했다. 그는 패권국이 된 미국의 달러를 통용해야 한다고 주장했다. 결국 미국의 입장이 받아들여져 달러를 기축통화로 한 금본위제가 채택되었다.

브레턴우즈 체제의 핵심은 달러와 금의 고정환율(35달러＝금 1온스), 그리고 각국 통화와 달러의 고정환율이었다. 여기에는 고전적 금본위제와의 결정적인 차이가 있는데, 각국의 중앙은행이 금 태환을 독자적으로 행하는 것이 아니라, 오직 미국만이 달러와 금의 교환을 보장한다는 것이었다.

트리핀 딜레마와 브레턴우즈 체제의 붕괴

브레턴우즈 체제는 전후 세계경제 복구와 성장에 중요한 역할을 했지만, 동시에 구조적 모순을 안고 있었다. 벨기에 경제학자 로베르 트리핀Robert Triffin이 지적한 '트리핀의 딜레마'가 그 핵심이었다. 트리핀은 금본위제가 유동성 문제와 신뢰성 문제라는 양자의 딜레마 속에서 무너질 수밖에 없는 체제라고 지적했다. 유동성 문제란 세계경제의 발전과 함께 달러의 수요는 많아지나 금의 생산량은 제한적이기 때문에 발생한다. 만약 유동성 문제를 해결하기 위해 달러의 공급을 늘리면 달러 가치에 대한 신뢰성이 하락한다.

다시 돌아와 미국의 상황을 보면, 1960년대 중반부터 이러한 구조적 모순이 현실화되기 시작했다. 베트남전쟁과 제36대 대통령 린든 존슨Lyndon Johnson의 '위대한 사회' 프로그램은 막대한 재정 지출을 수반했다. 이러한 재정 지출은 달러의 과도한 공급으로 이어졌다. 특히 1960년대 말과 1970년대 초에 베트남전쟁으로 인한 거액의 재정 적자와 대량의 달러 인쇄 때문에 달러가 과잉 공급되어 인플레이션이 발생했다. 결국 각국의 달러 보유량이 미국의 금 보유량을 넘어서게 되면서 달러에 대한 신뢰가 급격히 하락했다.

이와 같은 현상은 브레턴우즈 체제의 해체로 이어졌다. 1971년 8월 15일, 존슨의 뒤를 이어 대통령이 된 리처드 닉슨이 금태환 정지를 선언했다. 이는 단순히 경제적 위기에 대한 수동적 반응이 아니었다. 오히려 미국이 새로운 형태의 패권 질서를 구축하기 위해 내린 전략적 선택이었다. 미국의 국제수지 적자가 커지고, 전비 조달을 위한 통화량 증가에 따른 인플레이션으로 달러 가치가 급락하자 일부 국가가 금태환을 요구했다. 닉슨의 금태환 정지 선언은 이러한 달러의 위기를 타개하려는 것이었다. 동시에 이는 금이라는 물질적 제약으로부터 달러를 해방시켜 더욱 자유로운 통화 정책을 가능하게 하는 조치이기도 했다. 당시 트리핀은 닉슨의 브레턴우즈 체제 해체에 반대하고, 미국을 떠나 벨기에로 돌아갔다.

세계경제와 정세의 근본적 재편

브레턴우즈 체제가 붕괴한 이후 1973년 변동환율제로 이행한 것은 단순한 기술적 조정이 아니라 근본적인 경제 질서의 변화로 봐야 한다. "브레턴우즈 체제의 붕괴 이후 변동환율제로의 이행은 암흑 속에서의 비약이었다"라는 평가처럼, 이는 예측 불가능한 새로운 실험이었다. 그리고 이 시기에 등장한 또 다른 움직임이 있었으니, 바로 삼각위원회Trilateral Commission의 설립이다. 삼각위원회는 록펠러를 중심으로 한 초국적 자본의 이익을 대변하는 조직으로, 다국적 기업이 안심하고 활동할 수 있게끔 세계의 정치 및 경제적 상황을 조성하는 일을 목적으로 했다.

그 이후에 등장한 것이 바로 신자유주의를 바탕으로 한 레이거노믹스다. 1980년 로널드 레이건의 집권은 브레턴우즈 체제 붕괴 이후 누적된 변화들이 하나의 일관된 정책 체계로 구체화되는 계기가 되었다. 레이거노믹스는 단순한 경제 정책이 아니라 새로운 세계 질서의 미국식 해법이었다. 즉 1971년 브레턴우즈 체제의 붕괴 이후 실물적·가치적 기초를 더 이상 필요로 하지 않는 불태환 지폐로서 달러 시대의 도래, 세계경제 불균형의 누적, 그리고 미국 내 신자유주의의 등장이 시기적으로 일치할 뿐 아니라 내적으로도 서로 밀접히 연관되어 있었던 것이다.

물론 레이건 행정부는 적자를 확대하는 길을 택한 것이었지만, 이는 기축통화라는 달러의 지위를 활용한 새로운 형태의 패권 전략이었다. 미국은 경상수지 적자를 통해 전 세계에 달러 유동성을 공급하면서도, 동시에 금융 시장의 자유화를 통해 전 세계 자본을 미국으로 환류시키는 메커니즘을 구축했다.

세계경제 체제의 변화는 기존 패권국의 쇠퇴와 새로운 패권국의 부상, 그리고 이에 따른 경제 질서의 재구성을 반영한다. 현재의 탈세계화는 브레턴우즈 체제 붕괴 이후 구축된 신자유주의적 세계 질서가 한계에 도달했음을 의미한다. 미국의 일방적 패권에 기반한 달러 중심 체제에 대한 중국의 도전, 디지털 기술 혁명, 기후변화 등 새로운 요인들이 기존 질서를 근본적으로 흔들고 있다.

———

현대의 리더들은 단순히 현재의 경제 정책만이 아니라, 20세기 중반 이후 세계경제 질서의 변천사를 깊이 있게 파악해야 한다. 스털링 체제의 붕괴가 대공황과 제2차 세계대전으로 이어졌고, 브레턴우즈 체제의 붕괴가 1970년대 스태그플레이션과 신자유주의의 등장으로 이어진 것처럼, 현재의 변화 또한 새로운 세계 질서의 출현을 예고한다. "역사는 반복되지 않지만 운율을 맞춘다"라는 마크 트웨인의 말처럼, 과거의 경험은 미래의 변화에 대한 통찰을 제공한다.

087 # 인구 구조의 변화가
국제 질서의 변화를 이끈다

글로벌화의 기원과 종말

미국 국무부 출신의 지정학 전략가 피터 자이한Peter Zeihan이 글로벌화의 기원과 종말에 대한 분석을 제시한 《붕괴하는 세계와 인구학》은 현대의 리더들이 반드시 이해해야 할 지정학적 패러다임의 변화를 보여준다. 자이한이 그려내는 세계화의 역사는 단순한 경제적 현상이 아니라 미국이라는 패권국의 전략적 선택이 만들어낸 인위적 구조물이었다는 점에서 우리의 상식을 뒤흔든다. 그에 따르면 1945년 제2차 세계대전이 종료된 후 미국이 연합국들에게 제안한 브레턴우즈 협정은 인류 역사상 가장 혁명적인 지정학적 실험의 시작이었다. 미국은 자국의 해군력으로 전 세계 해상 교통로를 보호하고, 동시에 자국 시장을 연합국의 수출에 개방하겠다고 약속했다. 이는 전통적인 제국주의 지배 구조와는 완전히 다른 접근법이었다. 과거 대영제국이나 로마제국이 식민지를 직접 지배하며 부를 수탈했다면, 미국은 보호와 시장 접근이라는 당근을 제시하며 자발적 협력을 이끌어냈다.

경찰이 사라진 세계

이러한 미국의 전략은 냉전이라는 특수한 상황에서 더욱 강화되었다. 소련이라는 공동의 적이 존재하는 상황에서 서방 진영의 결속은 필수적이었고, 미국은 경제적 번영을 통해 자유민주주의 체제의 우월성을 입증하려 했다. 서유럽, 일본, 한국, 대만 등 미국의 우방국들은 이 시스템 아래서 급속한 경제성장을 이루었다. 특히 우리나라가 1960년대부터 수출 주도 성장 전략을 펼칠 수 있었던 것도 미국이 제공한 안정적인 해상 교통로와 거대한 미국 시장에 대한 접근 덕분이었다. 현대그룹이 중동 건설 붐에 뛰어들 수 있었던 것도, 삼성전자가 반도체 사업에 과감히 투자할 수 있었던 것도 모두 이러한 글로벌 시스템의 안정성을 전제로 한 것이었다.

하지만 자이한이 지적하는 바와 같이, 이 시스템은 태생적으로 불안정한 구조를 가지고 있었다. 미국이 전 세계의 경찰 역할을 자처한 것은 순수한 선의가 아니라 냉전이라는 특수한 상황에서 나온 전략적 선택이었다고 볼 수 있다. 1991년 소련이 붕괴하면서 미국이 이 시스템을 유지해야 할 지정학적 동기는 크게 약화되었다. 클린턴 행정부가 중국의 WTO 가입을 적극적으로 지지한 것도 표면적으로는 중국의 민주화를 기대한다는 명분을 내세웠지만, 실제로는 미국 기업들이 값싼 중국 노동력을 활용해 더 큰 이익을 얻을 수 있다는 경제적 계산이 작용했던 것이다. 월마트의 창업자 샘 월턴Sam Walton이 추구한 '매일 낮은 가격Everyday Low Prices' 전략이 가능했던 것도 중국에서 생산된 저가 제품들 덕분이었다.

중국은 이러한 기회를 놓치지 않았다. 1978년 덩샤오핑이 시작한 개혁개방 정책은 중국을 '세계의 공장'으로 변모시켰다. 1990년에서 2013

년 사이 중국 정부가 민간 항만 72곳에 140억 달러를 투자하고, 2010년부터 2018년까지 해운업에 1320억 달러를 지원한 것은 단순한 인프라 투자가 아니라 글로벌 공급망의 중심축이 되겠다는 전략적 의도가 담긴 선택이었다. 이후 애플의 아이폰이 중국에서 조립되고, 나이키 운동화가 중국에서 생산되며, 전 세계 에어컨의 80퍼센트, 휴대전화의 70퍼센트가 중국에서 만들어지는 상황이 빚어졌다.

이러한 글로벌화의 전성기는 1980년부터 2015년까지 약 35년간 지속되었다. 이 시기는 인류 역사상 가장 번영한 시대였다고 해도 과언이 아니다. 전 세계적으로 절대 빈곤이 급격히 감소했고, 평균 수명이 연장되었으며, 기술 혁신이 가속화되었다. 하지만 자이한이 경고하는 바와 같이, 이 시스템을 떠받치던 두 가지 핵심 요소가 동시에 무너지고 있었다. 첫째는 미국의 의지 변화이고, 둘째는 인구 구조의 붕괴다.

미국은 쇠퇴하는가

미국의 글로벌 개입 의지 변화는 2011년 버락 오바마가 호주 의회에서 선언한 '아시아 재균형Pivot to Asia' 정책에서 그 단서를 찾을 수 있지만 실제로는 더 오래된 주장이다. 자이한은 《붕괴하는 세계와 인구학》에서 지난 여덟 번의 미국 대선을 분석하며 세계 경찰을 주장한 후보들은 모두 패배했고, 바이든과 트럼프가 경쟁하던 2016년 당시 두 후보는 모두 탈세계화를 주장했다고 언급한 바 있다. 아무튼 오바마의 정책은 표면적으로 중국의 부상에 대응하기 위해 미군의 60퍼센트를 아시아·태평양 지역에 배치하고 역내 동맹국들과의 협력을 강화한다는 전략적 재편으로 포장되었지만, 실상은 이라크와 아프가니스탄 개입에 따른 전쟁 피로감과 정치적 압력의 결과였다. 오바마 행정부는 중동 개입을 줄이고 아시아에 집중하겠다는 명분을 내세웠으나, 이는 동시에 미국이 더 이상 세계적 차원에서 무제한적 개입을 지속할 의지와 능력이 부족하다는 신호이기도 했다. 수전 라이스Susan Rice 국가안보 좌관이 2013년 조지타운대학교 강연에서 밝힌 바와 같이, 이 정책의 핵심은 유럽과 중동에 둔 미국의 외교적·군사적 중심축을 아시아로 옮겨 중국의 부상을 견제하고 미국의 쇠퇴를 지연시킨다는 것이었다.

그 뒤에 등장한 트럼프 행정부의 '미국 우선주의' 정책은 오바마 시절부터 시작된 이러한 변화를 더욱 극단적으로 가속화했다. 트럼프는 NATO 회원국들에게 국방비를 GDP의 2퍼센트 이상으로 늘리라고 압박했고, 한국에는 주한미군 방위비 분담금을 연간 100억 달러까지 인상하라고 요구했다. 이는 미국이 더 이상 무료로 세계 경찰 역할을 하지 않겠다는 명확한 신호였다. 트럼프의 이러한 접근법은 단순히 비용 분담의 문제를 넘어 미국의 패권 유지 전략 자체에 대한 근본적 재검토를 의미했다. 2026년부터 적용될 주한미군 방위비 분담금 특별협정에서 한국이 전년도 대비 8.3퍼센트 증가한 1조 5192억 원을 부담하기로 한 것도 트럼프의 재집권을 의식한 선제적 대응이었다.

바이든 행정부 들어서도 이러한 기조는 크게 바뀌지 않았다. 2021년 8월 아프가니스탄에서의 미군 철수는 미국의 개입주의 종료를 상징하는 결정적 사건이었다. 20년간 지속된 아프가니스탄 전쟁을 마무리하면서 발생한 카불공항 자폭 테러로 미군 13명과 아프가니스탄 주민 170명이 사망하는 참사가 벌어졌는데도 바이든 행정부는 철군을 강행했다. 이는 미국 내 여론이 해외 개입에 얼마나 피로감을 느끼고 있는지를 보여주는 상징적 사건이었다. 트럼프 2.0 시대에 들어서도 이러한 경향은 더욱 강화되고 있으며, 피트 헤그세스Pete Hegseth 국방부 장관이 새로운 국가방위전략을 수립하는 과정에서 미국 본토 방어와 인도·태평양 지역에서의 중국 억제, 그리고 전 세계 동맹·파트너의 비용 분담 증대를 우선시하라고 지시한 것도 같은 맥락이다.

인구 감소의 도미노 효과

인구 구조의 변화는 글로벌화 종료를 가속화하는 더욱 근본적인 요인이다. 자이한이 지적한 바와 같이, 글로벌화의 혜택을 누린 대부분의 국가가 급속한 고령화와 저출산 문제에 직면하고 있다. 중국의 경우 2017년부터 2020년 사이 평균 연령이 미국을 추월했고, 노동 인구와 총인구가 2010년대에 정점을 찍었다. 중국의 합계출산율은 2021년 1.15명까지 떨어졌으며, 최상의 시나리오를 가정해도 2070년경 중국의 인구는 현재의 절반 이하로 줄어들 것으로 예상된다. 중국의 공공정책 연구기관인 위와인구연구의 〈중국 인구 예측 보고 2023〉에 따르면 중국 인구는 2050년에 12억 3034만 명, 2100년에는 6억 2524만 명 수준으로 감소하여 세계 인구에서 차지하는 비중이 18퍼센트에서 6.1퍼센트로 하락할 것으로 전망된다.

인구 구조의 변화는 노동력 부족 문제를 넘어 소비 패턴의 근본적 변화로 이어질 것이다. 젊은 인구가 줄어들고 고령 인구가 늘어나면, 저축률이 높아지면서 소비가 위축된다. 이는 대량생산과 대량소비로 이루어진 글로벌화의 기본 전제를 무너뜨린다. 토요타 자동차가 개발한 적기생산방식이나 월마트의 글로벌 공급망 최적화 전략이 효과를 발휘할 수 있었던 것은 지속적으로 증가하는 수요를 전제로 했기 때문이다. 하지만 인구 감소와 고령화가 진행되면서 이러한 전제조건이 사라지고 있다. 일본의 경우 이미 자동차, 전자제품, 의류 등 다양한 산업에서 내수 시장 축소로 인한 구조조정이 진행되고 있으며, 많은 기업이 해외 시장 의존도를 높이거나 사업 모델 자체를 변경하고 있다.

———

인구 구조의 변화는 복합적으로 작용해 글로벌 공급망의 구조적 재편을 불가피하게 만들고 있다. 중국이 세계의 공장 역할을 지속하기 어려워지면서 베트남, 인도, 멕시코 등으로 생산 기지가 분산되고 있으며, 각국은 자국 우선주의 정책을 강화하고 있다. 미국의 인플레이션 감축법과 반도체법, EU의 그린딜 정책 등은 모두 자국 내 생산 기반 확충을 목표로 하는 정책들이다.

한국의 리더들은 이러한 거대한 변화의 흐름을 정확히 파악하고, 인구 감소와 글로벌화 종료라는 이중 도전에 대응할 수 있는 새로운 전략을 수립해야 한다.

088 경쟁은 자유롭고 공정해야 한다

프리드먼 독트린

1980년대는 세계경제사에서 가장 극적인 패러다임 전환이 일어난 시기로, 이때 발생한 주주혁명과 그로 인해 촉발된 산업공동화 현상은 오늘날 우리가 직면한 경제적 불평등, 고용 불안정, 그리고 글로벌 공급망 위기의 근본적 원인이 되었다. 이 시기의 변화는 단순히 경영 철학의 변화를 넘어서 자본주의 시스템 자체의 DNA를 바꾸어 놓았으며, 그 영향은 40여 년이 지난 지금까지도 세계경제와 사회 구조를 지배하고 있다. 하지만 1980년대 레이거노믹스 이전에는 1970년에 등장한 프리드먼 독트린이 있었으니, 이 부분을 이해해야만 한다.

"기업의 사회적 책임은 이윤을 늘리는 것"

1980년대 이전까지 미국과 서구 선진국의 기업들은 이른바 '이해관계자 자본주의'라는 경영 철학에 따라 운영되었다. 이는 기업이 주주뿐 아니라 직원, 고객, 지역사회, 협력 업체 등 다양한 이해관계자들의 이익을 균형 있게 고려해야 한다는 관점이었다. 1953년 제너럴모터스의 CEO였던 찰스 윌슨Charles E. Wilson이 국방부 장관 지명 인준 청문회에서 "미국에 좋은 것은 GM에도 좋고, GM에 좋은 것은 미국에도 좋다"라고 말한 것은 당시 기업인들의 사고방식을 상징적으로 보여주었다. 이 시대의 경영자들은 자신들이 단순히 주주의 이익을 대변하는 대리인이 아니라 미국 사회 전체의 발전에 기여하는 사회적 리더라고 인식했다.

그러나 1970년대 말부터 1980년대 초에 걸쳐 이러한 경영 철학에 근본적인 도전이 제기되기 시작했다. 1970년 밀턴 프리드먼이 《뉴욕타임스 매거진》에 발표한 〈기업의 사회적 책임은 이윤을 늘리는 것〉이라는 기고문은 향후 50년간 기업 경영의 패러다임을 완전히 지배한 혁명적 선언문이었다. 프리드먼은 이 글에서 기업이 사회적 책임이라는 미명 아래 주주의 돈을 다른 목적으로 사용하는 것은 일종의 도둑질이며, 기업의 유일한 사회적 책임은 법적 테두리 안에서 최대한의 이윤을 창출하여 주주의 부를 극대화하는 것이라고 주장했다. 훗날 이런 주장은 '프리드먼 독트린'이라고 불리기 시작했다. 이 독트린은 주주우선주의 이론의 이론적 토대가 되었으며, 1980년대부터 2000년대까지 기업 세계를 지배한 가장 영향력 있는 사상이 되었다.

프리드먼의 핵심 논리는 기업 경영진은 기업 소유자들의 직원이며, 따라서 고용주인 주주들의 이익에 부합하도록 기업을 운영할 직접적 책임을 진다는 것이었다. 그는 기업 경영자가 사회적 책임이라는 명목으로 회사 자금을 다른 목적에 사용하는 것은 본질적으로 다른 사람의 돈을 자신의 목적을 위해 쓰는 것과 같다고 주장했다. 프리드먼은 "기업 경영자가 '사회적 책임'에 따른 행동으로 주주들에게 돌아갈 수익을 줄인다면, 그는 주주들의 돈을 쓰는 것이고, 그의 행동이 고객들에게 가격 인상을 가져온다면 고객들의 돈을 쓰는 것이며, 그의 행동이 일부 직원들의 임금을 낮춘다면 직원들의 돈을 쓰는 것"이라고 설명했다.

프리드먼 독트린의 이론적 정교함은 1976년 윌리엄 메클링William Meckling과 마이클 젠슨Michael Jensen이 발표한 〈기업 이론: 경영진 행동, 대리인 비용과 소유 구조〉라는 영향력 있는 논문을 통해 더욱 강화되었다. 이 논문은 주주 가치 극대화를 위한 경제학적 근거를 정량적으로 제시했으며, 대리인 이론을 통해 경영진과 주주 간의 이해관계 불일치 문제를 해결하는 구체적인 방안을 제시했다.

웰치 시대의 흥망성쇠

프리드먼 독트린이 실제 기업 현장에 미친 영향은 1980년대부터 본격적으로 나타나기 시작했다. 제너럴일렉트릭의 잭 웰치는 프리드먼 독트린의 가장 상징적인 실천자 중 하나였다. 웰치는 1981년 CEO로 취임한 후 '넘버 원 아니면 넘버 투' 전략을 도입하여 시장에서 1위나 2위를 차지하지 못하는 모든 사업부를 매각하거나 폐쇄했다. 그가 재임한 동안 제너럴일렉트릭의 시가총액은 140억 달러에서 4100억 달러로 약 30배 증가했으며, 그는 '20세기 최고의 경영자'라는 찬사를 받았다. 그러나 동시에 제너럴일렉트릭의 직원 수는 41만 명에서 31만 명으로 25퍼센트 감소했는데, 이로 인해 그는 '중성자 잭Neutron Jack'이라는 별명을 얻었다.

1980년대 기업 사냥꾼들의 활동도 프리드먼 독트린의 실질적 구현체였다. T. 분 피켄스T. Boone Pickens, 칼 아이칸Carl Icahn, 헨리 크래비스Henry

Kravis 등은 적대적 인수합병 등을 통해 비효율적으로 운영되는 기업들을 인수한 후 대대적인 구조조정을 실시하여 주주 가치를 극대화하는 전략을 구사했다. 아이칸이 1985년 TWA 항공사를 인수한 후 자산을 매각하고 직원을 대량 해고하여 단기간에 막대한 수익을 올린 사례는 프리드먼 독트린의 극단적 적용을 보여주는 상징적 사건이었다.

프리드먼 독트린의 영향은 경영진 보상 체계의 변화에서도 명확히 드러났다. 스톡옵션을 통한 보상 체계가 급속히 확산되면서 CEO들의 보상 수준이 급격히 상승했다. 1980년 미국 대기업 CEO의 평균 보상은 일반 직원의 42배 수준이었지만, 2000년에는 무려 376배로 증가했다. 이는 주주 가치 극대화라는 명분 아래 경영진이 자신들의 보상을 정당화할 수 있는 논리적 근거를 확보했기 때문이다.

월스트리트의 금융 혁신도 프리드먼 독트린과 밀접한 관련이 있었다. 유진 파마Eugene Fama의 효율적 시장 가설에 따르면, 주식 시장은 모든 정보를 즉시 반영하여 항상 효율적인 가격을 형성하므로, 주가 상승이 곧 기업 가치의 증대를 의미한다는 것이었다. 따라서 경영진이 주가 상승에 집중하는 것은 곧 기업의 진정한 가치를 높이는 것과 같다는 논리가 성립했다.

그러나 프리드먼 독트린을 실제로 적용하는 과정에서 여러 부작용이 나타나기 시작했다. 단기적인 주가 상승에 집중하는 경영 방식은 종종 장기적인 기업 경쟁력과 상충되는 결과를 낳았다. R&D 투자 감소, 직원 교육 축소, 설비 투자 지연 등이 빈번하게 발생했으며, 이는 기업의 지속 가능한 성장 능력을 저해하는 요인이 되었다. 또한 분기별 실적 압박으로 경영진이 회계 조작이나 과도한 위험 감수에 나서는 사례들이 증가했다.

엔론과 월드컴의 파산 사태는 프리드먼 독트린을 극단적으로 적용했을 때 발생할 수 있는 일을 대표적으로 보여준다. 엔론의 CEO 제프리 스킬링은 주주 가치 극대화를 위해 복잡한 금융공학 기법을 동원했지만, 결국 회계 부정으로 회사가 파산하면서 수만 명의 직원이 일자리와 연금을 잃었다. 이러한 사건들은 프리드먼 독트린이 가진 근본적 한계를 드러내는 계기가 되었다.

경쟁은 많을수록 좋다

프리드먼 독트린의 영향력은 여전히 강력하게 남아 있다. 2016년《이코노미스트》는 주주 가치를 "비즈니스 분야의 가장 큰 아이디어"라고 평가하며 "비즈니스를 지배하고 있다"라고 분석했다. 하버드대학교 경영대학원의 조지프 바우어Joseph Bower와 린 페인Lynn Paine은 2017년 주주 가치 극대화가 "현재 금융계와 비즈니스 세계의 상당 부분에 만연해 있으며, 성과 측정과 경영진 보상에서부터 주주 권리, 이사의 역할, 기업 책임에 이르기까지 광범위한 주제에서 많은 행위자의 행동을 이끌어왔다"라고 지적했다.

현대적 관점에서 프리드먼 독트린을 재평가할 때 주목해야 할 점은 프리드먼 자신이 제시한 전제조건들이다. 그는 기업이 "게임의 규칙 안에서, 즉 기만이나 사기 없이 자유롭고 공정한 경쟁에 참여하면서" 이윤을 추구해야 한다고 명시했다. 또한 그의 논리는 고도로 경쟁적인 제품 시장과 노동 시장을 전제로 하고 있었다. 만약 제품 시장이나 노동 시장이 충분히 경쟁적이지 않다면, 더 강력한 경쟁 정책과 반독점 정책을 통해 경쟁을 증진시켜야 한다는 것이 프리드먼의 기본 입장이었다.

이러한 맥락에서 볼 때, 현재 나타나고 있는 프리드먼 독트린에 대한 비판은 그의 이론 자체보다는 그 이론이 잘못 적용되거나 남용된 결과일 수 있다. 프리드먼은 기업의 가치를 장기적으로 극대화하기 위해서는 모든 중요한 이해관계자들을 잘 대우하는 것이 불가피하다고 보았다. 경쟁적인 시장에서 근로자를 공정하게 대우하지 않거나 공급 업체와 지역사회를 공정하게 대하지 않으면서 기업의 가치를 장기적으로 극대화하는 것은 불가능하다는 것이 그의 기본 가정이었다.

———

프리드먼 독트린은 1980년대 주주혁명의 이론적 토대를 제공했으며, 이후 40여 년간 전 세계 자본주의의 근본 원리로 작용했다. 그러나 그 과정에서 나타난 소득 불평등 심화, 단기주의 경영, 사회적 책임 소홀 등의 부작용은 21세기 들어 이 독트린에 대한 근본적 재검토를 촉발시키고 있다.

현재 진행되고 있는 이해관계자 자본주의로의 전환은 프리드먼 독트린의 완전한 폐기라기보다는 그 한계를 인정하고 보완하려는 시도로 이해하는 것이 적절할 것이다. 미래의 리더들은 주주 가치와 사회적 가치 사이의 균형을 찾아가는 지혜를 발휘해야 할 것이며, 이는 프리드먼이 제시한 원래 조건들인 공정한 경쟁과 투명한 거버넌스를 전제로 한 새로운 형태의 자본주의를 구축하는 과정이 될 것이다.

금융의 역사를 알면
돈의 미래가 보인다

주주혁명과 산업공동화

프리드먼의 이론적 토대 위에서 1980년대 주주혁명의 실질적 동력을 제공한 것은 젠슨과 메클링이 1976년 발표한 대리인 이론이었다. 이들은 기업 소유자인 주주와 실제 경영을 담당하는 경영진 사이에 이해관계의 불일치가 존재하며, 경영진이 자신의 이익을 위해 주주의 이익을 희생시킬 가능성이 있다고 지적했다. 따라서 경영진의 보상 체계를 주식 가격과 연동시키고, 적대적 인수합병의 위협을 통해 경영진이 주주 가치 극대화에 집중하도록 만들어야 한다고 주장했다. 젠슨은 특히 1989년 《하버드 비즈니스 리뷰》에 발표한 〈공개법인의 쇠퇴〉라는 논문에서 전통적인 공개 기업 형태는 비효율적이며, 사모펀드와 같은 새로운 조직 형태가 이를 대체할 것이라고 예언했다.

주주혁명의 시대

앨프리드 래퍼포트Alfred Rappaport는 1986년 출간한 저서 《주주 가치

창조》를 통해 주주 가치 극대화를 위한 구체적인 경영 기법들을 제시했다. 래퍼포트는 기업의 모든 의사결정은 주주 가치 창출이라는 단일한 목표에 부합하는지 평가되어야 하며, 이를 위해 경제적 부가가치, 시장부가가치 등의 새로운 성과 지표를 도입해야 한다고 주장했다. 그의 이론은 1980년대와 1990년대를 거치면서 월스트리트와 경영대학원의 표준 교육과정으로 자리 잡았으며, 수많은 MBA 졸업생이 이러한 사고방식을 기업 현장에 전파하는 역할을 했다.

이론적 토대가 마련된 가운데 1980년대 주주혁명을 실제로 주도한 것은 피켄스, 아이칸, 크래비스 등으로 대표되는 기업 사냥꾼들이었다. 피켄스는 1980년대 초 시티즈서비스_{Cities Service}, 걸프오일_{Gulf Oil}, 필립스페트롤륨_{Phillips Petroleum} 등 대형 석유 회사들을 연이어 공격했다. 그는 이러한 활동이 경영진의 안일함을 깨뜨리고 주주 가치를 높이는 정당한 시장 활동이라고 주장했으며, 실제로 그의 공격을 받은 기업들의 주가는 상당폭 상승했다.

아이칸은 더욱 공격적인 전략을 구사했는데, 그는 1985년 TWA 항공사를 인수한 후 자산을 매각하고 직원을 대량 해고하여 단기간에 막대한 수익을 올렸다. TWA 항공사는 결국 파산했지만 아이칸은 자신의 투자에서 큰 이익을 얻었다. 이러한 사례들은 주주 가치 극대화라는 명분 아래 기업의 장기적 경쟁력과 직원들의 고용 안정성이 희생될 수 있음을 보여주는 상징적 사건들이었다.

크래비스가 이끄는 콜버그크래비스로버츠_{Kohlberg Kravis Roberts}는 1988년 RJR 나비스코_{RJR Nabisco}를 250억 달러에 인수했다. 이 거래는 브라이언 버로_{Bryan Burrough}와 존 헬리어_{John Helyar}가 쓴 《문 앞의 야만인들》이라는 책의 소재가 되었으며, 1980년대 주주혁명의 절정을 보여주는 사건으로 남았다. 콜버그크래비스로버츠는 이후 RJR 나비스코의 비핵심 사업부를 매각하고 비용을 대폭 절감하여 투자자들에게 막대한 수익을 안겨주었다.

이러한 금융공학적 접근법과 함께 1980년대 주주혁명을 상징하는 또 다른 인물이 제너럴일렉트릭의 웰치였다. 웰치는 1981년 제너럴일렉트릭의 CEO로 취임한 후 연간 실적 하위 10퍼센트인 직원들을 해고하는 '활력 곡선Vitality Curve' 시스템을 도입해 조직 내 경쟁을 극대화했다. 웰치의 재임 기간 동안 제너럴일렉트릭의 시가총액은 140억 달러에서 4100억 달러로 약 30배 증가했으며, 그는 '20세기 최고의 경영자'라는 찬사를 받기도 했다.

그러나 웰치의 경영 방식은 동시에 많은 부작용을 낳았다. 특히 웰치는 GE캐피털을 통해 금융업에 과도하게 의존하는 사업 구조를 만들었다. 2008년 세계금융위기 당시 제너럴일렉트릭이 심각한 유동성 위기에 직면한 것은 바로 이러한 구조적 문제 때문이었다.

녹슬어가는 '모터 시티'

이러한 주주 중심 경영 철학의 확산과 함께 1980년대부터 본격화된 또 다른 중요한 현상이 바로 산업공동화였다. 산업공동화는 선진국의 제조업이 생산 비용이 저렴한 개발도상국으로 이전하면서 원래 있던 지역의 산업 기반이 점진적으로 약화되는 현상을 의미한다. 이는 단순히 공장 몇 개가 해외로 이전하는 수준을 넘어 지역 경제 전체의 산업 생태계가 붕괴되는 구조적 변화였다.

미국의 러스트벨트 지역은 산업공동화의 가장 극명한 사례로 꼽힌다. 오하이오주, 미시간주, 펜실베이니아주, 인디애나주, 일리노이주, 위스콘신주 등 오대호 주변 지역은 20세기 초부터 철강, 자동차, 기계 등 중공업의 중심지였다. 특히 디트로이트는 '모터시티Motor City'라는 별명 으로 불리며 미국 자동차 산업의 심장부 역할을 했다. 포드, 제너럴모 터스, 크라이슬러 등 주요 회사가 모두 이 지역에 본사와 주요 생산 시 설을 두고 있었으며, 수십만 명의 근로자가 안정적인 중산층 생활을 영위하고 있었다.

산업공동화 현상은 미국에만 국한된 것이 아니었다. 영국 역시 1980 년대 마거릿 대처 총리의 신자유주의 정책에 따라 제조업의 급격한 쇠 퇴를 경험했다. 대처 정부는 비효율적인 국영기업들을 민영화하고 금 융업을 육성하는 정책을 추진했지만, 그 과정에서 전통적인 제조업 기 반이 크게 약화되었다. 특히 북부 잉글랜드와 스코틀랜드, 웨일스 지 역의 탄광, 철강, 조선업이 큰 타격을 받았다. 영국의 제조업 고용 비중 은 1979년 30퍼센트에서 1990년 20퍼센트로 급감했다.

독일은 상대적으로 산업공동화의 충격을 적게 받았는데, 이는 독일 특유의 미텔슈탄트Mittelstand 기업문화와 숙련 기술자 양성 시스템 덕분 이었다. 미텔슈탄트는 가족 경영의 중견기업들을 의미하는데, 이들은 단기적 수익보다는 장기적 기술 경쟁력 확보에 집중했다. 또한 독일의 도제 시스템은 숙련 기술자들을 지속적으로 양성하여 제조업의 경쟁 력을 유지하는 데 기여했다. 그 결과 독일은 2000년대에도 GDP에서 제조업이 차지하는 비중이 20퍼센트 이상이었다.

일본의 경우는 더욱 복잡한 양상을 보였다. 1980년대까지 일본은 산업공동화의 수혜국이었지만, 1985년 플라자합의 이후 엔화 강세로 일본 기업들도 해외 생산 기지 이전을 본격화했다. 토요타, 혼다, 소니, 파나소닉 등 일본의 대표적 제조 업체들이 1990년대부터 중국과 동남아시아로 생산 기지를 이전하기 시작했다. 그러나 일본은 핵심 부품과 소재, 생산 장비를 여전히 자국에서 생산하는 전략을 구사하여 제조업의 뿌리를 유지했다.

산업공동화의 주요 원인 중 하나는 바로 1980년대 주주혁명으로 인한 기업 경영 방식의 변화라고 할 수 있다. 주주 가치 극대화를 추구하는 기업들은 단기적 수익 개선을 위해 생산 비용 절감에 집중했고, 이는 자연스럽게 인건비가 저렴한 해외 지역으로의 생산 기지 이전으로 이어졌다. 월스트리트의 애널리스트들과 기관투자자들은 분기별 실적 개선을 요구했고, 경영진은 이러한 압력에 부응하기 위해 장기적 관점보다는 즉각적인 비용 절감 효과를 가져오는 해외 이전을 선택했다.

———

이러한 변화는 금융화라는 더 큰 경제 구조의 변화와도 밀접한 관련이 있었다. 1980년대 이후 미국 경제에서 금융업의 비중이 급격히 증가했으며, 실물 경제보다는 금융 투자를 통한 수익 창출이 더 매력적인 선택지가 되었다. 1950년 미국 GDP에서 금융업이 차지하는 비중은 2.8퍼센트였지만, 2007년에는 8.3퍼센트로 세 배 가까이 증가했다. 동시에 제조업의 비중은 1953년 28.4퍼센트에서 2010년 12.2퍼센트로 절반 이상 줄어들게 되었다.

090 # 세계경제 속 차별의 구조를 경계하라

글로벌 분업의 우생학

글로벌화와 산업공동화의 진정한 기원을 찾기 위해서는 1980년대 프리드먼의 신자유주의나 레이건의 경제 정책보다 훨씬 이전으로 거슬러 올라가야 한다. 그 출발점은 바로 캘리포니아주 팰로앨토라는 작은 도시에서 시작된 독특한 철학과 실험에 있다. 팰로앨토는 단순히 실리콘밸리의 심장부가 아니라 현대 글로벌 자본주의의 이념적 뿌리가 형성된 곳이며, 여기서 배태된 사고방식이 오늘날 우리가 목격하는 글로벌 공급망과 오프쇼어링의 철학적 토대를 제공했다는 점에서 그 의미가 각별하다.

팰로앨토에서 시작된 우생학

팰로앨토의 역사는 19세기 중반 릴런드 스탠퍼드_{Leland Stanford}가 이 지역에 대규모 목장을 설립하면서 본격적으로 시작되었다. 스탠퍼드는 단순한 사업가가 아니라 당시로서는 혁신적인 과학적 방법론을 말 사육에 적용한 선구자였다. 그는 경주마 사육과 품종 개량에 막대한 투자를 하면서 더 빠르고, 더 강하고, 더 우수한 말을 만들어내는 실험실을 운영했다. 이 과정에서 그가 추구한 것은 단순한 동물 사육이 아니라 우수한 유전적 특성을 가진 개체만을 선별해 번식시키고, 그렇지 않은 개체는 도태시키는 체계적인 선별 과정이었다. 이러한 접근법은 생물학적 우월성과 열등성을 구분하고, 우수한 형질을 인위적으로 확산시키려는 시도로서 후에 우생학의 기본 논리와 정확히 일치하게 된다.

우생학자들은 인간도 동물과 마찬가지로 유전적 특성을 지니며, 사회적 진보와 국가의 효율성을 위해 '선택적 번식'과 '불필요한 유전자의 제거'가 필요하다고 주장했다. 이 논리는 곧 인종주의, 계급주의, 장애인 차별 등으로 이어졌으며, 팰로앨토 지역의 지식인과 과학자들은 '우수한 백인'의 혈통을 강화하고, 열등한 인종이나 장애인의 번식을 제한하는 정책을 지지했다.

1885년 스탠퍼드대학교가 설립되면서 팰로앨토는 단순한 목장 지역에서 지적 실험의 중심지로 변모했다. 스탠퍼드대학교는 처음부터 기존의 동부 명문대학들과는 다른 철학을 추구했다. 동부의 하버드대학교나 예일대학교가 고전적 교양 교육에 중점을 두었다면, 스탠퍼드대학교는 실용적이고 기술 지향적인 교육을 강조했다. 더 중요한 것은 이 대학이 우생학 연구의 중심지로 부상했다는 점이다. 20세기 초 스탠퍼드대학교와 팰로앨토 지역은 미국 우생학 운동의 거점 중 하나였으며, 여기서 발전한 우생학적 사고는 혁신과 경쟁을 미화하는 실리콘밸리의 문화, 그리고 그 이면에 존재하는 불평등과 차별의 구조로 이어졌다.

팰로앨토에서 시작된 우생학적 사고는 단순히 학문적 이론에 그치지 않고 실제 사회 정책으로 구현되었다. 캘리포니아주는 1909년 미국에서 세 번째로 강제 불임수술법을 제정했으며, 이는 '정신적으로 열등한' 개인들의 번식을 막기 위한 조치였다. 1907년부터 1963년까지 캘리포니아주에서 약 2만 명이 강제 불임수술을 받았는데, 이는 전국에서 가장 많은 수치였다. 이러한 정책의 배경에는 팰로앨토와 스탠퍼드대학교에서 발전한 우생학적 이념이 있었다. 우생학자들은 사회의 효율성과 진보를 위해서는 우수한 개체만이 번식해야 하며, 열등한 개체는 제거되어야 한다고 믿었다.

화이트칼라는 우수하고 블루칼라는 열등하다?

이러한 우생학적 사고는 20세기 중반 이후 기업 경영과 글로벌 분업 구조에도 영향을 미쳤다. 팰로앨토의 기업들과 스탠퍼드대학교 출신들은 자신들을 '우수한' 두뇌 집단으로 여기고, 창의적이고 혁신적인 업무는 자신들이 담당하되, 단순하고 반복적인 제조 업무는 '열등한' 지역이나 민족에게 맡겨도 된다는 사고방식을 발전시켰다. 이는 후에 오프쇼어링과 글로벌 공급망의 철학적 기반이 되었다. HP가 1959년 독일 뵈블링엔에 최초의 해외 제조 시설을 설립한 것은 단순히 비용 절감 차원을 넘어 '설계와 혁신은 팰로앨토에서, 제조는 다른 지역에서'라는 분업 철학을 구현한 것이었다.

제2차 세계대전 이후 미국 정부가 스탠퍼드대학교와 팰로앨토 지역에 막대한 R&D 자금을 투입하면서 이러한 경향은 더욱 강화되었다. 1946년 스탠퍼드연구소Stanford Research Institute가 설립되어 국방부와 CIA의 각종 연구 프로젝트를 수행했으며, 이 과정에서 공공 연구 결과를 민간 기업이 사유화하고 상업화하는 구조가 확립되었다. 이는 지식재산권과 기술 혁신을 소수의 '우수한' 집단이 독점하고, 이를 바탕으로 전 세계적인 분업 체계를 구축하는 모델의 출발점이 되었다.

1960년대와 1970년대를 거치면서 팰로앨토의 기업들은 본격적으로 해외 생산 기지를 확장하기 시작했다. 페어차일드반도체Fairchild Semiconductor는 1963년 홍콩에 조립 공장을 설립했고, 인텔은 1972년 말레이시아와 필리핀에 생산 시설을 구축했다. 이들 기업의 전략은 명확했다. 고부가가치의 설계와 R&D는 팰로앨토에서 수행하고, 노동집약적인 조립과 제조는 임금이 낮은 아시아 지역으로 이전하는 것이었다. 이는 단순한 경제적 합리성을 넘어 '우월한 두뇌는 창조하고, 열등한 손은 제조한다'는 이념적 분업 구조의 실현이었다.

스탠퍼드대학교 전기공학 교수 프레더릭 터먼Frederick Terman은 이러한 철학을 학문적으로 체계화한 인물이다. '실리콘밸리의 아버지'로 불리는 그는 대학과 산업체 간의 긴밀한 협력 모델을 구축했다. 터먼의 비전은 스탠퍼드대학교를 중심으로 한 '지식 산업단지'를 조성하여, 고급 인재들이 혁신적인 기술을 개발하고 이를 전 세계로 확산시키는 것이었다. 그는 1951년 스탠퍼드연구단지Stanford Research Park를 조성하면서 '두뇌는 여기서, 손은 다른 곳에서'라는 분업 모델을 명시적으로 제시했다. 이는 후에 글로벌 가치사슬의 원형이 되었다.

글로벌 분업의 속사정

1970년대 들어 팰로앨토의 기업들은 더욱 체계적으로 글로벌 분업 체계를 구축하기 시작했다. 애플의 잡스는 1980년대부터 '디자인은 캘리포니아주에서, 제조는 아시아에서'라는 모토를 내세웠다. 이는 단순한 마케팅 슬로건이 아니라 팰로앨토에서 형성된 철학적 전통의 연장선이었다. 잡스는 자신들을 '창조적 계급'으로 규정하고, 제조업 노동자들을 단순한 '실행자'로 여겼다. 이러한 사고방식은 애플이 폭스콘과 같은 대만 기업을 통해 대량생산을 하면서도 모든 핵심 기술과 디자인은 쿠퍼티노에서 통제하는 구조를 만드는 배경이 되었다.

구글의 창업자 래리 페이지와 세르게이 브린 역시 스탠퍼드대학교 출신으로서 팰로앨토의 전통을 계승했다. 그들이 개발한 페이지랭크 PageRank 알고리즘은 스탠퍼드대학교에서 연구된 것이었지만, 이를 상업화하여 구글을 창업할 때는 개인의 지적 재산으로 전환되었다. 구글은 알고리즘과 소프트웨어 개발은 실리콘밸리에서 담당하되, 데이터센터 운영과 하드웨어 제조는 전 세계에 분산시키는 전략을 구사했다. 이는 '우수한 두뇌의 창조물을 전 세계가 소비한다'는 팰로앨토식 사고의 전형적인 구현이었다.

페이스북(현 메타)의 마크 저커버그는 하버드대학교 출신이지만, 회사를 팰로앨토로 이전하면서 이 지역의 철학을 적극적으로 수용했다. 페이스북의 '전 세계를 연결한다'는 미션은 표면적으로는 평등주의적으로 보이지만, 실제로는 팰로앨토의 우수한 엔지니어들이 설계한 플랫폼을 전 세계 일반인들이 사용하는 구조였다. 페이스북은 콘텐츠 관리와 같은 노동집약적 업무는 필리핀이나 인도의 저임금 노동자들에게 외주를 주면서도, 핵심 알고리즘 설계와 정책 결정은 모두 팰로앨토에서 통제했다.

아마존의 제프 베이조스는 프린스턴대학교 출신이지만, 시애틀에서 창업한 후에도 팰로앨토의 철학을 적극적으로 도입했다. 아마존의 '지구상에서 가장 고객 중심적인 회사'라는 비전은 팰로앨토식 사고의 변형이었다. 즉 우수한 기술진이 개발한 시스템을 통해 전 세계 고객들에게 서비스를 제공하되, 실제 물류와 배송은 저임금 노동자들이 담당하는 구조였다. 아마존웹서비스는 이러한 철학의 극치를 보여준다. 시애틀과 실리콘밸리의 엔지니어들이 설계한 클라우드 인프라를 전 세계 기업들이 사용하면서, 아마존은 글로벌 디지털 경제의 핵심 인프라를 독점하게 되었다.

이러한 팰로앨토식 분업 모델은 1980년대 레이거노믹스와 만나면서 더욱 가속화되었다. 레이건 행정부의 규제 완화와 자유무역 정책은 팰로앨토 기업들이 추구하던 글로벌 분업 체계에 정치적 정당성을 부여했다. 하지만 이는 레이거노믹스가 글로벌화를 창조한 것이 아니라, 팰로앨토에서 이미 실험되고 있던 모델을 정책으로 뒷받침한 것에 가까웠다. 실제로 많은 레이건 행정부의 경제 정책 담당자들이 스탠퍼드대학교 출신이거나 실리콘밸리와 밀접히 관련되어 있었다.

1990년대 클린턴 행정부가 중국의 WTO 가입을 적극적으로 지지한 것도 팰로앨토의 영향이 컸다. 상당수가 실리콘밸리 출신인 당시 경제 정책 담당자들은 중국을 거대한 제조 기지로 활용하면서도 핵심 기술과 지식재산권은 미국이 독점하는 구조를 구상했다. 이는 팰로앨토에서 형성된 '우수한 두뇌와 열등한 손의 분업' 철학을 국제적 차원으로 확장한 것이었다. 중국의 WTO 가입 이후 애플, 구글, 마이크로소프트 등 팰로앨토 기업들은 중국을 주요 제조 기지로 활용하면서도 모든 핵심 기술은 미국에서 통제하는 전략을 구사했다.

―――

2000년대 들어 팰로앨토의 기업들은 더욱 정교한 글로벌 분업 체계를 구축했다. 이들은 R&D, 설계, 마케팅 등 고부가가치 업무는 실리콘밸리에 집중시키고, 제조, 조립, 고객 서비스 등은 전 세계에 분산시

6부 세계

켰다. 이 과정에서 가치사슬의 양 끝단(R&D와 마케팅)은 고부가가치를 창출하지만 중간 단계(제조)는 저부가가치라는 '스마일 커브Smile Curve' 이론이 등장했다. 이 이론은 펠로앨토의 '두뇌와 손의 분업' 철학을 학문적으로 정당화하는 역할을 했다.

091 한 번 떠난 공장은 쉽게 돌아오지 못한다

리쇼어링 1

산업공동화라는 용어는 마치 의사가 환자의 몸속에서 발견한 텅 빈 공간을 설명할 때 사용하는 것 같은 냉정함을 담고 있다. 하지만 선진국에서 이 현상이 본격화된 1990년대 이후, 그 파괴력은 단순한 의학적 진단을 훨씬 넘어섰다. 장에르베 로렌치Jean-Herve Lorenzi와 그의 동료들이《폭력적인 세계 경제》에서 지적한 바와 같이, 이는 서구 문명이 지난 두 세기 동안 구축해온 경제적 우위를 근본적으로 뒤흔든 역사적 전환점이었다.

세계경제의 지각변동

1990년대 초 중국 선전의 한 공장에서 일어난 일은 지구 반대편 디트로이트의 자동차 공장 노동자에게는 상상조차 할 수 없는 것이었다. 중국 노동자 한 명의 시간당 임금이 0.25달러였다면, 같은 시간 미국 노동자는 10달러를 받고 있었다. 40배의 격차. 이 숫자는 단순한 통계

 6부 세계

가 아니라 글로벌 경제의 지각변동을 예고하는 신호탄이었다. 제너럴 일렉트릭의 웰치가 "가능한 한 모든 공장을 바지선에 싣고 가장 저렴한 노동력이 있는 곳으로 이동시키고 싶다"라고 말했을 때, 그는 농담하는 것이 아니었다. 그는 주주 가치 극대화라는 새로운 자본주의의 교리를 충실히 따르고 있었을 뿐이다.

이러한 변화의 씨앗은 1970년대 프리드먼이 뿌린 주주자본주의 이념에서 싹텄다. 기업의 유일한 사회적 책임은 주주의 이익을 증대하는 것이라는 그의 주장은 1980년대 레이건 행정부와 대처 정부를 거치면서 서구 경제 정책의 핵심 원리로 자리 잡았다. 하지만 이 이념이 실제로 위력을 발휘한 것은 중국이 개혁개방 정책을 시작하고 소련이 붕괴하면서 전 지구적 노동 인구가 갑자기 확대된 1990년대였다.

가장 극적인 변화는 전자산업에서 일어났다. 1990년대 초 IBM은 여전히 뉴욕과 노스캐롤라이나주에서 컴퓨터를 조립했지만, 1990년대 말에는 대부분의 생산 공장을 대만과 중국으로 이전했다. 애플의 경우는 더욱 극단적이었다. 1990년대 프리먼트와 코크에 있던 애플의 조립공장은 모두 문을 닫았고, 생산은 전적으로 폭스콘 같은 대만 기업에 위탁했다. 스티브 잡스가 복귀한 1997년, 애플은 이미 '제조 없는 제조 업체'의 전형이 되어 있었다. 사실 이 배경에는 팰로앨토에서 태생한 우생학도 한몫을 담당했는데, 이 부분은 뒤에 가서 다시 다룬다.

변화의 속도는 놀라웠다. 미국 제조업 고용은 1979년 1950만 명을 정점으로 2010년 1170만 명까지 감소했다. 780만 개의 일자리가 사라진 것이었다. 특히 2001년 중국이 WTO에 가입한 이후 변화는 더욱 가속화되었다. MIT의 경제학자 데이비드 오터David Autor와 데이비드 돈David Dorn, 고든 핸슨Gordon Hanson이 공동 연구한 결과에 따르면, 2001년부터 2013년까지 중국 제품의 수입이 늘면서 미국에서 240만 개의 제조업 일자리가 사라졌다. 이는 '차이나 쇼크'라고 불렸고, 미국 제조업 지대의 지형을 완전히 바꾸어놓았다.

변화의 비용

산업공동화의 영향은 단순히 제조업에만 국한되지 않았다. 서비스업에서도 비슷한 현상이 일어났다. 1990년대 후반부터 인도의 방갈로르와 하이데라바드는 서구 기업들의 IT 서비스 중심지가 되었다. IBM, 마이크로소프트, 오라클 같은 기업들이 소프트웨어 개발과 고객 서비스를 인도로 이전했다. 인도의 인포시스Infosys와 타타컨설턴시서비스Tata Consultancy Services는 이런 변화의 최대 수혜자가 되었다.

콜센터 업무도 대거 해외로 이전되었다. 미국 고객이 델에 전화를 걸면 아일랜드나 인도의 직원이 응답했다. 영국 고객이 보험 회사에 문의하면 인도 뭄바이의 직원이 런던 억양으로 대답했다. 이런 변화로 미국과 영국에서 수십만 개의 사무직 일자리가 사라졌다. 프린스턴대학교의 경제학자 앨런 블라인더Alan Blinder는 이를 두고 '서비스업의 산업공동화'라고 명명했다.

변화의 사회적 비용은 엄청났다. 러스트벨트 지역의 실업률은 전국 평균을 크게 웃돌았고, 사회보장 지출이 급증했다. 오하이오주 영스타운의 경우 1960년대 17만 명이던 인구가 2010년대 6만 명으로 줄어들었다. 한때 번영했던 공업 도시들이 디트로이트처럼 파산하거나 그 직전까지 내몰렸다. 펜실베이니아대학교의 사회학자 매슈 살가닉Matthew Salganik은 이런 지역을 '경제적 좀비 지대'라고 불렀다. 살아 있지만 죽은 것과 다름없는 지역이라는 뜻이었다.

정치적 파급효과도 만만치 않았다. 제조업 일자리를 잃은 백인 노동자들은 기존 정치 엘리트들에 대한 불신을 키웠다. 이들은 자유무역을 지지하는 민주당과 공화당 주류 정치인들을 배신자로 여겼다. 2016년 대선에서 트럼프가 러스트벨트 지역에서 예상을 뛰어넘는 지지를 받은 것도 이런 배경 덕이다. '아메리카 퍼스트'라는 트럼프의 슬로건은 산업공동화로 피해를 본 유권자들의 분노를 대변했다.

유럽에서도 비슷한 현상이 일어났다. 프랑스의 마린 르펜Marine Le Pen이 이끄는 국민연합은 제조업이 쇠퇴한 북부 지역에서 강세를 보였다. 독일대안당의 약진도 동독 지역의 산업 쇠퇴와 밀접한 관련이 있었다. 영국의 브렉시트 투표에서도 제조업 쇠퇴 지역일수록 탈퇴에 찬성하는 비율이 높았다. 경제학자들은 이를 두고 '세계화의 정치적 역풍'이라고 불렀다.

세계화의 수혜자와 피해자

하지만 산업공동화가 모든 지역에 똑같은 영향을 미친 것은 아니었다. 실리콘밸리와 시애틀 같은 곳은 오히려 세계화의 최대 수혜자가 되기도 했다. 구글, 아마존, 페이스북 같은 기업들은 제조업을 해외에 맡기는 대신 소프트웨어와 플랫폼 비즈니스에 집중해서 엄청난 성공을 거두었다. 이들 기업의 직원들은 제조업 노동자들이 잃어버린 것보다 훨씬 높은 임금을 받았다. 하지만 이런 일자리는 고등교육을 받은 소수에게만 주어졌다.

금융업도 세계화의 수혜자였다. 월스트리트는 글로벌 자본 흐름을 중개하며 막대한 수수료를 벌어들였다. 뉴욕의 투자은행가들은 중국 기업의 상장을 주관하고, 유럽 기업의 인수합병을 중개하며 역사상 최고 수준의 보너스를 받았다. 맨해튼의 부동산 가격은 치솟았고, 미슐랭 스타 레스토랑들이 우후죽순 생겨났다. 하지만 이런 번영은 월스트리트 반경 몇 킬로미터 내에만 국한된 것에 불과하다.

이런 불평등은 통계로도 확인된다. 토마 피케티의 연구에 따르면, 미국에서 상위 1퍼센트 계층의 소득 점유율은 1980년 10퍼센트에서 2010년 20퍼센트로 급증했다. 상위 0.1퍼센트 계층의 소득 점유율은 같은 기간 2퍼센트에서 8퍼센트로 늘어났다. 반면 하위 50퍼센트 계층의 소득 점유율은 20퍼센트에서 12퍼센트로 줄어들었다. 이는 산업공동화와 세계화가 만들어낸 승자독식 경제의 결과였다.

기업들도 이런 변화에 적응해야 했다. 제너럴일렉트릭은 한때 제조업과 금융업을 아우르는 복합 기업이었지만, 2010년대 들어 금융 부문을 매각하고 산업용 인터넷에 집중하는 '디지털 산업 기업'으로 변신을 시도했다. 하지만 이 전략은 실패했고, 제너럴일렉트릭은 결국 다우존스 지수에서 퇴출되는 굴욕을 당했다. 100년 넘게 미국 산업을 대표했던 기업의 몰락은 산업공동화 시대의 상징적 사건이었다.

반면 애플은 정반대의 전략으로 성공했다. 애플은 제조업을 완전히 포기하는 대신 디자인과 마케팅, 그리고 생태계 구축에 집중했다. 아이폰은 중국에서 조립되지만, 그 부가가치의 대부분은 애플이 가져간다. 캘리포니아대학교의 경제학자 그렉 린덴Greg Linden의 연구에 따르면, 중국에서 조립되는 아이폰의 부가가치 중 중국이 가져가는 몫은 3.6퍼센트에 불과했다. 나머지는 애플과 다른 미국, 일본, 유럽 기업들이 나누어 가졌다.

하지만 이런 성공 사례들이 산업공동화의 전체적인 영향을 상쇄하지는 못했다. 브루킹스연구소의 조사에 따르면, 미국에서 해외 이전이 가능한 일자리의 비중은 1990년 15퍼센트에서 2010년 25퍼센트로 늘어났다. 이는 더 많은 미국인이 저임금 국가의 노동자들과 직접 경쟁해야 한다는 의미였다. 프린스턴대학교의 블라인더는 앞으로 20년 안에 미국 일자리의 40퍼센트가 해외 이전 위험에 노출될 것이라고 예측했다.

하지만 제조업을 되살리는 것은 쉽지 않다. 30년 동안 사라진 산업 생태계를 하루아침에 복구할 수는 없기 때문이다. 더욱이 중국은 이제 단순한 조립 기지가 아니라 글로벌 제조업의 중심지가 된 상태다. 중국의 제조업 부가가치는 2010년 미국을 넘어섰고, 현재는 전 세계의 30퍼센트를 차지한다. 선전은 전자제품의 중심지가 되었고, 둥관은 세계 최대의 가구 생산지가 되었다. 이런 규모의 경제와 집적 효과를 다른 곳에서 복제하는 것은 거의 불가능하다.

그럼에도 일부 기업은 리쇼어링을 시도하고 있다. 제너럴일렉트릭은 켄터키주에 새로운 가전제품 공장을 열었고, 애플은 텍사스주에서 일부 제품을 생산하기 시작했다. 하지만 이런 노력들은 아직 전체적인 추세를 바꿀 정도는 아니다. 보스턴컨설팅그룹의 조사에 따르면, 미국 기업 중 리쇼어링을 고려하고 있는 기업은 37퍼센트에 불과했다.

———

더 큰 문제는 자동화의 진전이다. 새로 돌아오는 제조업 일자리들은 예전과는 완전히 다르다. 로봇과 AI가 인간 노동자를 대체하고 있기 때문이다. 아디다스는 독일과 미국에 '스피드팩토리'라는 자동화 공장을 세웠지만, 고용 효과는 미미했다. 각 공장의 직원은 160명에 불과했다. 테슬라의 기가팩토리도 마찬가지다. 엄청난 규모의 공장이지만 상대적으로 적은 수의 직원만 고용하고 있다.

092 **제조업의 첨단화에
주목하라**

리쇼어링 2

탈세계화와 관세전쟁, 그리고 글로벌 공급망 붕괴라는 경제적 격변의 한복판에서 4차 산업혁명은 마치 잃어버린 제조업 천국으로 가는 길을 제시하는 북극성처럼 등장했다. 하지만 이 별빛은 단순한 기술적 진보의 산물이 아니라, 산업공동화에 대한 선진국들의 깊은 후회와 반성에서 비롯된 전략적 대응이었다. 특히 독일이 이 혁명의 선봉에 선 것은 우연이 아니다. 'Made in Germany'라는 품질 보증서가 처음 탄생한 나라답게, 독일은 제조업이 국가 경쟁력의 핵심이라는 사실을 그 누구보다 뼈저리게 알고 있었다.

Made in Germany

'4차 산업혁명'이라는 용어 자체가 독일에서 시작된 것도 이런 맥락에서 이해할 수 있다. 2011년 독일 정부가 발표한 인더스트리 4.0 전략은 단순히 새로운 기술을 도입하자는 제안이 아니라, 제조업을 잃으면

국가가 몰락한다는 절박한 위기의식에 따른 결과였다. 독일 연방교육
연구부와 연방경제기술부가 공동으로 추진한 이 프로젝트는 2억 유로
의 R&D 예산을 투입하여 제조업과 IT 기술의 융합을 통한 새로운 산
업혁명을 예고했다. 이는 중국과 같은 저비용 국가들과의 가격 경쟁에
서 벗어나 기술력과 품질로 승부하겠다는 독일식 해법이었다.

독일이 이런 전략을 선택할 수 있었던 배경에는 특별한 역사적 경험
이 있다. 19세기 말 영국이 독일 제품을 견제하기 위해 만든 'Made in
Germany' 표시는 원래 독일 제품의 품질이 좋지 않다는 낙인을 찍기
위한 것이었다. 하지만 독일은 이를 오히려 품질 향상의 동력으로 삼
아 'Made in Germany'를 세계 최고 품질의 상징으로 바꾸어놓았다.
이런 경험을 통해 독일은 제조업에서 기술과 품질이야말로 최고의 경
쟁력이라는 철학을 체득했고, 이것이 인더스트리 4.0의 사상적 토대가
되었다.

지멘스의 암베르크 공장은 이런 철학이 현실화된 가장 극적인 사례
다. 1989년 설립된 이 공장은 처음에는 평범한 전자제품 조립 공장에
불과했다. 하지만 30년간의 지속적인 혁신을 통해 세계에서 가장 진보
된 스마트 팩토리로 변모했다. 현재 이 공장에서는 제품의 75퍼센트가
로봇에 의해 생산되는 완전 자동화 시스템이 구동되고 있다. 인간 작
업자는 전체 생산 과정의 25퍼센트만 관여하며, 나머지는 모두 로봇과
자동화 시스템이 담당한다. 더 놀라운 것은 불량률이 0.001퍼센트 수
준까지 낮아졌다는 점이다. 이는 100만 개 제품 중 10개만 불량품이
나온다는 의미로, 인간의 손으로는 절대 달성할 수 없는 정밀도다.

지멘스의 성공은 독일 전체의 제조업 혁신을 자극했다. BMW는 레
겐스부르크 공장에 AI를 활용한 품질 검사 시스템을 도입했다. 이 시

스템은 카메라로 촬영한 이미지를 AI가 분석하여 인간의 눈으로는 발견하기 어려운 미세한 결함까지 찾아낸다. 포르셰는 라이프치히 공장에서 증강현실 기술을 활용한 조립라인을 구축했다. 작업자들이 증강현실 안경을 쓰고 작업하면 필요한 정보가 실시간으로 표시되어 작업 효율성이 크게 향상되었다.

아메리카메이크스

독일만 이런 변화에 주목한 것은 아니었다. 미국은 오바마 행정부 시절부터 제조업 르네상스를 위해 체계적인 노력을 기울여왔다. 2012년 시작된 '제조업혁신허브Manufacturing Innovation Hub' 프로그램은 연방정부가 10억 달러를 투자하여 민간과 공동으로 첨단 제조 기술을 개발하는 프로젝트였다. 이 프로그램의 첫 번째 결실인 아메리카메이크스America Makes는 오하이오주 영스타운에 설립되었는데, 이는 상징적 의미가 컸다. 영스타운은 1970년대 철강 산업의 쇠퇴와 함께 몰락한 러스트벨트의 대표적 도시였기 때문이다.

아메리카메이크스는 3D 프린팅 기술의 상용화에 집중했다. 이 기술은 기존 제조업의 패러다임을 완전히 뒤바꿀 잠재력을 가지고 있었다. 전통적인 제조업에서는 대량생산을 통해 규모의 경제를 달성해야 비용 효율성을 확보할 수 있지만, 3D 프린팅은 소량 다품종 생산에서도 경제성을 확보할 수 있게 해주었다. 보잉은 아메리카메이크스와 협력하여 항공기 부품의 3D 프린팅 기술을 개발했다. 기존에는 수백 개의 부품을 조립해 만들었던 복잡한 구조물을 하나의 부품으로 제작할 수 있게 되면서 무게는 줄이고 강도는 높이는 획기적 성과를 거두었다.

록히드마틴도 3D 프린팅 기술을 우주항공 분야에 적극적으로 도입했다. 특히 F-35 전투기의 일부 부품을 3D 프린팅으로 제작하면서 생산 시간을 50퍼센트 단축하고 비용을 30퍼센트 절감하는 성과를 달성했다. 더 중요한 것은 이런 기술이 미국 내 제조업 일자리 창출에 기여했다는 점이다. 이 덕에 3D 프린팅 기술자, 디지털 설계 전문가, 재료공학자 등 새로운 유형의 고숙련 일자리가 대거 창출되었다.

리쇼어링의 진정한 의미

하지만 4차 산업혁명의 진정한 의미는 단순한 기술 혁신을 넘어 리쇼어링 현상의 기술적 토대를 제공했다는 점에 있다. 리쇼어링은 해외로 이전했던 생산 시설을 본국으로 되돌리는 현상을 의미하지만, 이는 과거로의 단순한 회귀가 아니라 첨단 기술로 무장한 제조업의 부활을 뜻한다. 해리 모저Harry Moser가 2010년 설립한 리쇼어링이니셔티브Reshoring Initiative는 이런 변화의 견인차 역할을 했다. 모저는 보스턴컨설팅그룹 출신으로 30년간 아시아에서 생산 관련 컨설팅을 해온 전문가였는데, 2008년 세계금융위기를 계기로 미국 제조업의 해외 의존이 국가 안보에 위협이 된다는 것을 깨달았다.

리쇼어링이니셔티브의 데이터에 따르면, 2010년부터 2020년까지 미국으로 돌아온 제조업 일자리는 약 100만 개에 달한다. 하지만 이 숫자만으로는 리쇼어링의 진정한 의미를 파악하기 어렵다. 중요한 것은 이 일자리들의 성격이 과거와 완전히 달라졌다는 점이다. 기존의 단순 조립 작업은 대부분 로봇이 대체했고, 인간 노동자들은 로봇을 관리하고 프로그래밍하며 품질을 관리하는 고숙련 업무를 담당하게 되었다. 이는 임금 수준의 상승으로도 이어졌다. 리쇼어링으로 창출된 일자리의 평균 임금은 기존 제조업 평균보다 20퍼센트 높았다.

　제너럴일렉트릭은 리쇼어링의 가장 성공적인 사례로 꼽힌다. 제너럴일렉트릭은 2012년 켄터키주 루이빌에 8억 달러를 투자하여 새로운 세탁기와 건조기 생산라인을 구축했다. 이는 하이얼Haier에 매각되기 전까지 제너럴일렉트릭 가전 사업의 르네상스를 상징하는 프로젝트였다. 중국에서 미국으로 생산을 이전하면서 제너럴일렉트릭은 단순히 공장을 옮기는 것이 아니라 완전히 새로운 생산 시스템을 구축했다. 린 제조 기법과 자동화 기술을 결합하여 생산성을 기존 대비 50퍼센트 향상시켰고, 결과적으로 중국 공장보다 20퍼센트 낮은 생산 비용을 달성했다.

　제너럴일렉트릭의 혁신은 세부적인 곳에서 더욱 빛났다. 예를 들어 세탁기를 제작하는 공정에서는 로봇이 용접 작업을 담당하되, 인간 작업자가 실시간으로 용접 품질을 모니터링하고 필요시 즉시 조정하는 시스템을 구축했다. 이는 로봇의 정밀도와 인간의 판단력을 결합한 혁신적 접근이었다. 또한 공장 내 모든 장비에 센서를 부착하여 예측 정비 시스템을 구축했다. 기계가 고장 나기 전에 미리 부품을 교체함으로써 가동 중단 시간을 최소화할 수 있었다.

　애플의 맥프로 생산 사례는 리쇼어링의 또 다른 측면을 보여준다. 2013년 애플은 맥 프로 생산을 중국에서 텍사스주 오스틴으로 이전했다. 팀 쿡은 이를 "미국에서 만들어진 제품에 대한 자부심"의 표현이라고 설명했지만, 실제로는 정교한 경제적 계산의 결과였다. 맥프로는 연간 수만 대 수준의 소량생산 제품이었고, 고도로 자동화된 생산 시스템을 구축하면 인건비 차이를 상쇄할 수 있었다. 더 중요한 것은 미국 내 생산을 통해 공급망 리스크를 줄이고 고객 맞춤형 요구에 더 빠르게 대응할 수 있게 되었다는 점이었다.

하지만 이런 성공 사례들이 모든 산업에 적용되는 것은 아니다. 의류 산업의 경우 여전히 인간의 손길이 필요한 부분이 많다. 복잡한 재봉 작업이나 정교한 장식 작업은 로봇이 대신하기 어렵기 때문이다. 소프트웨어오토메이션SoftWear Automation은 티셔츠를 자동으로 재봉하는 로봇을 개발했지만, 복잡한 디자인의 의류에는 아직 한계가 있다. 리바이스는 아칸소주에 자동화된 청바지 공장을 시범 운영했지만, 전면적인 확대에는 신중한 입장이다.

식품 제조업도 자동화의 한계를 보여주는 분야다. 단순한 포장이나 분류 작업은 로봇이 담당할 수 있지만, 신선 식품의 품질 평가나 복잡한 조리 과정에는 여전히 인간의 감각과 경험이 필요하다. 타이슨푸즈Tyson Foods는 일부 공정에 로봇을 도입했지만, 여전히 대부분의 작업은 인간 노동자가 담당하고 있다.

———

4차 산업혁명은 선진국들이 산업공동화에 대한 후회와 반성을 바탕으로 선택한 제조업 혁명이다. 독일이 이 혁명을 주도할 수 있었던 것은 제조업에 대한 전통과 깊은 이해가 있었기 때문이다. 하지만 이는 단순히 과거로의 회귀가 아니라 기술의 힘을 통해 제조업을 완전히 새로운 차원으로 끌어올리려는 시도다. 성공과 실패가 혼재하지만, 분명한 것은 이런 변화가 앞으로도 계속될 것이라는 점이다. 문제는 이런 변화에 어떻게 적응하느냐다. 기술만으로는 충분하지 않다. 사람, 제도, 문화가 함께 변해야 진정한 혁명이 가능하다.

093 극단적인 효율성 추구를 경계하라

공급망 붕괴와 재편

현재 세계경제를 뒤흔들고 있는 탈세계화, 공급망 붕괴, 관세 전쟁은 갑작스러운 현상이 아니다. 이는 제2차 세계대전 후 구축된 브레턴우즈 체제에서 시작되는 긴 역사적 과정의 결과물이다. 1944년 브레턴우즈 체제는 달러를 기축통화로 하는 안정적 세계경제 질서를 만들었지만, 1971년 닉슨 쇼크로 해체되면서 변동환율제 시대가 열렸다. 1980년대 레이거노믹스와 신자유주의의 부상은 시장 중심주의를 확산시켰고, 1990년대 주주혁명 이후 기업들은 비용 절감을 위해 생산기지를 해외로 이전했다. 이런 변화가 선진국의 산업공동화를 초래했고, 결국 제조업을 잃은 지역 유권자들의 정치적 반발로 보호무역주의가 부활했다. 따라서 현재의 경제적 혼란을 이해하려면 지난 80년간 축적된 구조적 모순을 먼저 이해해야 한다. 여기에 화룡점정과 같은 사건이 일어났다. 바로 팬데믹이다.

세계의 공장이 된 중국

팬데믹이 전 세계를 강타한 2020년 초, 우리는 마스크 한 장을 구하기 위해 약국 앞에 줄을 서야 했고, 자동차 제조 업체들은 반도체 부족으로 생산라인을 멈춰야 했다. 《뉴욕타임스》의 베테랑 경제 기자 피터 S. 굿먼Peter S. Goodman이 저술한 《공급망 붕괴의 시대》는 이러한 현상이 단순한 일시적 혼란이 아니라 수십 년간 구축된 글로벌 경제 시스템의 구조적 취약성이 드러난 결과임을 날카롭게 분석한다.

1980년대부터 시작된 글로벌 공급망의 형성 과정을 살펴보면, 다국적 기업들이 원가 절감과 수익 극대화를 위해 생산 기지를 저임금 국가로 이전하기 시작했던 시점으로 거슬러 올라간다. 특히 중국이 1970년대 말 개혁개방 정책을 통해 외국 기업의 투자를 적극적으로 유치하고 2001년 WTO 가입을 통해 '세계의 공장'으로 부상하면서 글로벌 공급망의 중심축이 되었다. 미국의 클린턴 정부 역시 중국의 값싼 노동력을 이용해 기업들의 생산 원가를 낮추고 수익을 높이기 위해 중국의 WTO 가입을 적극적으로 지지했다. 물론 표면적으로는 중국과의 교류 확대를 통해 민주주의를 증진시킨다는 명분을 내세웠지만 말이다.

그 결과 중국은 전 세계 에어컨의 80퍼센트, 휴대전화의 70퍼센트, 신발의 절반 이상을 생산하는 거대한 제조업 허브가 되었다. 하지만 이는 동시에 전 세계 공급망이 중국에 과도하게 의존하게 되는 위험한 구조를 만들어냈다. 중국 정부는 이러한 지위를 확고히 하기 위해 1990년부터 2013년 사이에 민간 항만 72곳에 약 140억 달러를 투자했고, 2010년부터 2018년 사이에는 해운사와 조선소 등 해양 산업에 1320억 달러에 달하는 국영은행 대출과 직접 보조금을 지원했다.

이러한 공급망 집중화의 위험성은 2020년 팬데믹이 발생하면서 극명하게 드러났다. 중국의 공장들이 봉쇄 조치로 문을 닫자 전 세계 공급망에 연쇄적인 혼란이 발생했다. 가장 먼저 눈에 띈 것은 의료 용품 부족 사태였다. 마스크, 방호복 등 보호 장비 생산의 80퍼센트를 중국에 의존한 탓에, 중국에서 코로나19가 확산되자 미국과 유럽 등 선진국들조차 의료진에게 충분한 보호 장비를 제공하지 못하는 상황이 벌어졌다. 더욱 심각한 것은 미국에서 판매되는 항생제의 90퍼센트, 기초 의약품의 70퍼센트가 중국에서 만들어진다는 것이었다. 이 사실은 단순한 경제 문제를 넘어 국가 안보 차원의 위협으로 대두되었다.

자동차 산업 역시 큰 타격을 입었다. 자동차 제조에 필수적인 반도체 부족으로 생산에 차질을 빚었고, 이는 자동차뿐 아니라 가전제품, 스마트폰 등 거의 모든 전자제품 생산에 영향을 미쳤다. 현대 산업이 얼마나 긴밀하게 연결되어 있는지, 그리고 그 연결고리가 얼마나 쉽게 끊어질 수 있는지를 보여주는 사례였다.

위기의 씨앗이 된 적기생산방식

이러한 공급망 위기의 근본적인 원인 중 하나는 지난 수십 년간 기업들이 추구해온 적기생산방식 때문이다. 토요타가 개발한 이 혁신적인 생산 방식은 재고를 최소화하고 필요한 만큼만 생산하는 것을 목표로 한다. 적기생산방식의 장점은 재고 유지 비용을 줄이고, 과잉 생산을 방지하며, 품질 문제를 발견하는 즉시 해결할 수 있다는 점이다. 이러한 장점 덕분에 적기생산방식은 토요타를 세계적인 자동차 제조업체로 성장시키는 데 큰 역할을 했고, 미국과 유럽의 자동차 기업들도 이를 도입하여 비용 절감과 생산성 향상을 이루었다.

그러나 적기생산방식이 지나치게 극단적으로 추구되면서 여러 문제가 발생했다. 기업들은 재고를 '근본적인 악'으로 여기고 가능한 한 줄이려 했다. 투자자들의 압력으로 재고 감축이 더욱 강화되었는데, 재고가 줄면 기업의 자산 수익률이 높아지고 이는 곧 주가 상승으로 이어지기 때문이었다. 컨설팅 회사들은 적기생산방식을 '린 생산 방식'이라는 이름으로 포장해 적극적으로 권장했으며, 첨단 기술과 데이터 분석으로 수요를 정확히 예측할 수 있으니 여분의 재고가 필요 없다고 주장했다.

하지만 이는 큰 착각이었다. 2020년 팬데믹이 발생하면서 적기생산방식의 취약점이 고스란히 드러났다. 팬데믹이라는 예측 불가능한 상황이 닥치자 적기생산방식은 순식간에 붕괴되었다. 중국의 공장들이 문을 닫자 전 세계적으로 부품과 원자재가 부족해졌고, 이는 제품 생산 지연과 물류 대란을 초래했다. 특히 의료 용품의 부족은 팬데믹 대응에 큰 어려움을 주었으며, 일상 용품도 부족해지면서 소비자들이 불안감을 느끼게 되었다.

이러한 문제는 단순히 기업의 문제를 넘어 사회 전체의 위기로 이어졌다. 마스크와 의약품 부족으로 인한 보건 위기, 식료품과 생필품 부족으로 인한 사회 불안 등이 그것이다. 효율성만을 추구한 나머지 회복탄력성을 완전히 잃어버린 것이다.

효율성과 회복탄력성

트럼프 2.0 시대가 도래하면서 공급망 재편의 물결은 더욱 가속화될 전망이다. 미국은 그간의 '효율적인' 글로벌 공급망, 즉 하나의 제품을 위한 전 세계의 협업 체계를 이제 완전히 새로운 관점으로 바라보고 있다. 미중 갈등과 트럼프 2.0시대의 '미국 우선주의' 앞에서 글로벌 공

급망은 휘청거리고 있으며, 미국은 리쇼어링과 니어쇼어링Nearshoring 을
통해 공급망을 재편하려 하고 있다.

결국 팬데믹은 30년간 구축된 글로벌 공급망의 치명적 약점을 한순
간에 노출시켰다. 마스크, 인공호흡기, 의약품 같은 필수 의료 용품이
부족해지면서 세계 최강국 미국조차 중국과 인도에 손을 벌려야 하는
굴욕을 당했다. 이는 단순한 경제적 충격을 넘어 국가 안보의 근본적
취약성을 드러낸 사건이었다. 그동안 기업들이 추구해온 적기생산방식
과 단일 공급 업체 의존은 평상시에는 효율적이었지만 위기 상황에서
는 치명적 약점이 되었다.

이제 기업들은 효율성 일변도에서 벗어나 회복탄력성을 고려한 전
략으로 전환해야 한다. 재고를 완전히 없애는 대신 적정 수준의 안전
재고를 유지하고, 공급 업체를 다변화하며, 위기 대응 매뉴얼을 갖춰
야 한다. 정부도 의료 용품, 반도체, 희토류 같은 전략 물자에 대해서는
과도한 해외 의존을 줄이고 국내 생산 기반을 확보해야 한다는 인식
이 확산되고 있다.

글로벌 공급망의 취약성은 탈세계화와 관세전쟁의 산업적 배경이 되
었다. 트럼프는 바로 이 지점을 정확히 파고들었다. 그는 팬데믹 이전부
터 중국 의존의 위험성을 경고했고, 실제로 코로나19가 이를 증명하자
자신이 옳았다며 정치적 자본으로 활용했다. 미국을 다시 위대하게 한
다는 'MAGA Make America Great Again' 운동이 재부상할 수 있었던 결정적
계기가 바로 팬데믹이었다. 마스크 하나 제대로 만들지 못하는 미국
제조업의 현실을 목격하면서 '미국 우선주의'의 필요성을 절감하게 된
것이다. 결국 글로벌 공급망의 붕괴는 트럼프 재집권의 발판이 되었고,
이는 세계경제 질서의 근본적 변화를 예고하는 신호탄이 되었다.

글로벌 공급망의 재편은 이미 시작되었고, 이는 되돌릴 수 없는 흐름이다. 그리고 이는 현재 '관세전쟁'이라는 가면을 쓰고 등장하고 있다. 기업과 정부는 이러한 변화에 능동적으로 대응해야 한다. 효율성만을 추구하던 과거의 방식에서 벗어나 회복탄력성을 갖춘 새로운 공급망 모델을 구축해야 한다. 이는 단기적으로는 비용 증가를 가져올 수 있지만, 장기적으로는 더욱 안정적이고 지속 가능한 경제 시스템을 만드는 데 기여할 것이다.

———

팬데믹은 글로벌 공급망의 취약성을 적나라하게 드러낸 사건이었다. 하지만 이는 동시에 우리에게 새로운 기회를 제공하기도 한다. 더욱 균형 잡히고 회복탄력성을 갖춘 공급망을 구축할 수 있는 기회 말이다. 한국의 리더들은 이러한 변화의 흐름을 정확히 파악하고, 위기를 기회로 전환할 수 있는 전략적 사고와 실행력을 갖춰야 한다. 공급망 붕괴의 시대는 끝났지만, 공급망 재편의 시대는 이제 막 시작되었다.

094   장기적 관점으로
전략적 모호성을 갖춰라

신냉전

미국과 중국이 벌이는 신냉전은 21세기 국제 질서의 가장 중요한 특징 중 하나로, 로빈 니블렛 Robin Niblett 의 《로빈 니블렛의 신냉전》과 김동현 기자의 《우리는 미국을 모른다》라는 책들이 이 현상을 깊이 있게 분석하고 있다. 이 두 책은 현재의 국제 정세를 이해하고 대응 전략을 수립하는 데 중요한 통찰을 제공한다.

니블렛은 미국과 중국 간의 갈등이 단순한 무역 분쟁이나 지정학적 경쟁을 넘어 이데올로기와 가치관의 충돌로 발전하고 있다고 주장한다. 그는 이 갈등이 냉전 시대의 미소 대립과 유사한 양상을 보이고 있지만, 동시에 중요한 차이점도 있다고 지적한다. 가장 큰 차이점은 경제적 상호 의존도로, 미국과 중국은 깊은 경제적 유대관계를 맺고 있어, 완전한 디커플링은 현실적으로 불가능하다는 것이다.

김동현 기자는 미국의 대중 정책이 어떻게 형성되는지를 상세히 분석하는데, 그의 책은 미국 내부의 다양한 이해관계자, 예컨대 정치인,

기업인, 학자, 군사 전문가들의 견해를 종합적으로 제시하며, 미국의 대중 정책이 단일한 목소리가 아닌 다양한 의견의 충돌과 타협의 결과물임을 보여준다.

신냉전의 다섯 가지 특징

니블렛은 미중 신냉전의 주요 특징들을 제시하는데, 그중 첫째는 기술 패권 경쟁으로, 5G, AI, 양자컴퓨팅 등 첨단 기술 분야에서의 경쟁이 특히 치열하다. 화웨이에 대한 미국의 제재는 이러한 기술 패권 경쟁의 대표적인 사례다. 둘째 특징은 경제적 디커플링으로, 주요 산업 분야에서 미국과 중국의 경제적 분리가 (완전히는 아니더라도) 진행되고 있다. 애플이 중국 외 지역으로 생산 기지를 다변화하는 것이 그 예다.

셋째 특징은 이데올로기 대립이다. 민주주의와 권위주의의 대립이 심화되고 있으며, 홍콩 문제나 신장위구르자치구 문제 등이 대표적이다. 넷째 특징은 지정학적 경쟁으로, 남중국해, 대만 해협 등에서 군사적 긴장이 고조되고 있으며, 미국의 인도-태평양 전략과 중국의 일대일로 구상이 충돌하고 있다. 다섯째 특징은 동맹 관계의 재편으로, 미국은 동맹국들과의 관계를 강화하려 하고, 중국은 새로운 협력 관계를 모색하려 한다. 쿼드_{Quadrilateral Security Dialogue, Quad}(미국, 일본, 인도, 호주의 4자 안보 대화)의 강화나 오커스_{AUKUS}(호주, 영국, 미국의 삼자 방위 파트너십)의 출범이 이러한 동맹 재편의 예다.

니블렛은 이러한 신냉전 상황에서 기업들이 직면한 도전과 기회에 대해서도 논하고 있는데, 그는 기업들이 지정학적 리스크를 더욱 중요하게 고려해야 한다고 주장한다. 예컨대 아마존의 베이조스는 "우리는 2년, 또는 3년 후를 내다보며 계획을 세운다"라고 말했지만, 니블렛은 이제는 더 장기적인 관점에서 지정학적 변화를 고려해야 한다고 조언한다.

니블렛은 신냉전 시대의 기업 전략에 대해 여러 가지 제안을 한다. 첫째는 공급망 다변화로, 지나친 중국 의존도를 줄이고, 다양한 지역으로 공급망을 확대해야 한다고 주장한다. 둘째는 기술 혁신 가속화로, 미중 간 기술 패권 경쟁에서 뒤처지지 않기 위해 R&D 투자를 확대해야 한다고 말한다. 셋째는 지정학적 리스크 관리로, 전문가를 영입하거나 외부 자문을 받아 지정학적 리스크를 체계적으로 관리해야 한다고 조언한다. 넷째는 유연한 비즈니스 모델 구축으로, 급변하는 국제 정세에 빠르게 대응할 수 있는 유연한 비즈니스 모델을 구축해야 한다고 주장한다. 다섯째는 윤리적 경영으로, 인권 및 환경 등의 이슈에 대해 명확한 입장을 가지고 일관된 정책을 펼쳐야 한다고 말한다.

니블렛의 분석은 많은 지지를 받고 있지만, 일각에서는 그의 주장이 지나치게 미국 중심적이라는 비판도 제기되는데, 예컨대 중국의 일부 학자들은 미중 갈등이 신냉전이 아닌 강대국 간의 자연스러운 경쟁이라고 주장한다. 또한 일부 경제학자들은 미중 경제의 상호 의존성이 너무 깊어 진정한 의미의 신냉전은 불가능하다고 주장한다. 그럼에도 니블렛의 주장은 현재의 국제 정세를 이해하는 데 중요한 통찰을 제공하며, 리더들은 이러한 분석을 바탕으로 자신의 조직이 직면한 기회와 위험을 더 잘 파악하고, 적절한 대응 전략을 수립할 수 있을 것이다.

미국과 중국 사이의 기업들

미중 신냉전은 앞으로도 상당 기간 지속될 것으로 보이며, 이는 모든 글로벌 리더가 주목해야 할 중요한 현상이다. 이러한 상황에서 기업들은 더욱 복잡해진 국제 환경에 적응해야 하는 과제를 안고 있다. 예컨대 반도체 산업의 경우, 미국의 대중 제재로 글로벌 공급망이 크게 재편되고 있다. 삼성전자나 TSMC와 같은 기업들은 미국 내 투자를 확대하는 한편, 중국 시장에서의 입지를 유지하기 위해 노력하고 있다. 이는 기업들이 미중 갈등 속에서 균형을 잡으려는 노력의 일환이라고 볼 수 있다.

또한 기술 기업들의 경우 데이터 보안과 관련된 새로운 도전에 직면하고 있다. 미국과 중국 모두 자국 기업들의 데이터를 보호하고 상대국 기업의 데이터 접근을 제한하려는 움직임을 보이고 있다. 이 때문에 글로벌 기업들은 각국의 규제를 준수하면서도 효율적인 운영을 유지해야 하는 복잡한 상황에 처했다. 예컨대 틱톡은 미국 내에서 사업을 유지하기 위해 미국 사용자의 데이터를 별도로 관리하는 등의 노력을 기울이고 있다.

금융 산업 역시 미중 갈등의 영향을 받고 있다. 미국은 중국 기업들의 미국 증시 상장을 제한하려는 움직임을 보이고 있으며, 이는 글로벌 투자자들의 포트폴리오 구성에도 영향을 미치고 있다. 동시에 중국은 자국 금융 시장의 개방을 통해 글로벌 금융 허브로서의 입지를 강화하려 하고 있다. 이러한 상황에서 글로벌 금융 기관들은 양국 시장에서의 기회를 모두 활용하면서도 지정학적 리스크를 관리해야 하는 과제를 안고 있다.

에너지 산업의 경우, 미중 갈등은 새로운 기회와 위험을 동시에 제공하고 있다. 미국은 에너지 독립을 강화하면서 동맹국들에 대한 에너지 수출을 확대하고 있으며, 중국은 신재생에너지 분야에서 리더십을 확보하려 노력하고 있다. 이는 글로벌 에너지 기업들이 전략을 재조정해야 함을 의미한다. 예컨대 유럽의 주요 석유 기업들은 신재생에너지 투자를 확대하면서도 전통적인 석유 및 가스 사업의 균형을 유지하려 노력하고 있다.

미중 신냉전은 또한 글로벌 인재 유치 경쟁에도 영향을 미치고 있다. 미국은 중국 유학생들에 대한 비자 발급을 제한하는 등의 조치를 취하고 있는데, 이는 실리콘밸리 기업들의 인재 확보에 영향을 미치는 일이다. 반면 중국은 해외 고급 인력을 유치하는 '천인계획' 등을 통해 자국의 기술력 강화를 도모하고 있다. 이러한 상황에서 글로벌 기업들은 다양한 국적의 인재들을 효과적으로 활용하면서도 각국의 규제를 준수해야 하는 복잡한 과제를 안고 있다.

기업을 위협하는 두 가지 함정

니블렛은 이러한 상황에서 기업들이 취해야 할 자세로 '전략적 모호성Strategic Ambiguity'을 제안한다. 이는 미국과 중국 어느 한쪽에 완전히 치우치지 않으면서도 양국 시장에서의 기회를 모두 활용하는 전략이다. 또 니블렛은 또한 기업들이 '시나리오 플래닝'을 강화해야 한다고 조언한다. 미중 관계의 불확실성이 높아진 상황에서, 다양한 시나리오를 준비하고 각 상황에 대한 전략을 미리 수립해두는 것이 중요하다. 시나리오 플래닝은 단순히 하나의 미래만을 예측하는 것이 아니라, 일어날 수 있는 다양한 상황을 '복수의 미래'로 상정하고 각 상황에 대한 전략을 수립하는 것이다.

이는 불확실성이 증가하는 현대 비즈니스 환경에서 특히 중요하다. 변화의 속도가 빨라지고, 방향이 불연속적으로 변하며, 양상이 더 복잡해지고 있기 때문이다. 시나리오 플래닝을 잘 활용하면 기업은 '위험의 간과'와 '기회의 상실'이라는 두 가지 함정에서 벗어날 수 있다.

효과적인 시나리오 플래닝을 위해서는 다음과 같은 접근이 필요하다. 첫째, 타당성 있는 여러 시나리오를 탐색하되, 가장 개연성 높은 단일 결과에 매달리지 말아야 한다. 둘째, 더 큰 맥락의 비즈니스 환경에서 일어날 수 있는 변화들의 영향을 고려해야 한다. 셋째, 다양한 이해관계자들을 시나리오 플래닝 과정에 참여시켜야 한다. 넷째, 약한 신호들을 감지하고 이를 시나리오에 반영해야 한다. 다섯째, 시나리오를 통해 현재의 전략적 프레임을 재검토하고 필요시 조정해야 한다.

———

이러한 접근을 통해 기업은 미중 관계의 불확실성과 같은 복잡한 상황에서도 더 나은 준비를 할 수 있을 것이다. 누구도 미래를 정확히 예측할 수는 없다. 하지만 가능한 미래를 고민하고 대비해 기업의 적응력을 높일 수는 있다. 그런 기업만이 살아남을 수 있을 것이다.

095 자유무역 이후의 국제 질서를 대비하라

트럼프 2.0

이제 이 문제를 종합적으로 살펴볼 때가 되었다. 세계의 질서가 트럼프의 재선과 신먼로주의의 등장으로 다시 한번 요동치고 있다. 2025년 1월 20일, 트럼프는 두 번째 임기의 취임식에서 '미국 우선주의'를 더욱 강력히 천명하며, 19세기에 먼로 대통령이 제창한 고립주의와 영향력 보전의 교리를 현대적으로 재해석한 '돈로 독트린Donro Doctrine'을 공식화했다('돈로'는 '먼로'와 '도널드'의 합성어다). 이 독트린은 단순히 아메리카 대륙에 대한 유럽 열강의 간섭을 경계하는 것을 넘어, 미국의 영향력을 북미 전역에 투사하겠다는 의도를 명확히 하고 있다.

트럼프는 자신이 소유한 소셜미디어인 트루스소셜Truth Social에 보수 성향의 《뉴욕포스트》 표지를 게시하며, 북미와 중남미 각국을 "51번째 주(캐나다)", "파나마가Panamaga('파나마'와 'MAGA'의 합성어)", "우리 땅(그린란드)" 등으로 묘사했다. 미국의 새로운 외교·안보·경제 전략의 방향성을 분명히 드러낸 이 사건으로 지역 패권을 둘러싼 긴장과 논란이 커지고 있다.

높아만 가는 관세장벽

돈로 독트린이 제시한 패러다임은 크게 세 가지 축으로 작동한다. 첫째, 대상 지역의 확대다. 과거 먼로주의가 주로 중남미와 카리브해를 '미국의 뒷마당'으로 인식했다면, 신먼로주의는 캐나다와 그린란드를 포함한 북미 전체로 미국의 패권을 확장하려는 움직임을 내포한다. 둘째, 경제적 보호주의의 강화다. 트럼프 행정부는 '미국 우선주의'를 앞세워 보호무역을 더욱 심화시키고 있다. 이는 공급망 구조와 글로벌 무역에 근본적 변화를 초래한다. 셋째, 중국의 영향력 확대에 대한 견제다. 19세기의 먼로주의가 유럽 열강을 경계했다면, 21세기의 신먼로주의는 중국 정부의 '일대일로'와 G7, EU 등 다자 경제권을 겨냥한다.

신먼로주의는 미국 내 정책적 패러다임 전환을 넘어 전 세계의 경제, 안보, 문화를 뒤흔들고 있다. 공급망 붕괴, 관세전쟁, 탈세계화, 글로벌 비즈니스의 재편, 그리고 한국과 동아시아의 전략적 딜레마 등 다양한 현상이 복합적으로 등장하고 있다.

특히 관세전쟁은 이미 글로벌 무역의 '뉴 노멀'이 되었다. 트럼프는 첫 임기부터 중국산 제품에 25퍼센트의 고율 관세를 부과하며 '무역적자 해소'를 명분 삼아 관세장벽을 높여왔다. 두 번째 임기에서는 그 범위가 더욱 확대되어, 중국은 물론이고 EU, 멕시코, 캐나다, 한국 등 거의 모든 주요 무역국을 상대로 '보편 관세'를 천명했다. 이는 과거 '스무트-홀리 관세법Smoot-Hawley Tariff Act'과 달리, 공급망이 국제적으로 촘촘히 엮인 21세기 경제에서 예측 불허의 충격파를 낳고 있다.

관세전쟁은 단순히 국가 간 수출입을 왜곡하는 데 그치지 않는다.

2020년대 들어 팬데믹과 지정학적 갈등이 겹치면서 공급망 자체가 붕괴될 위기에 노출되었다. 미국, 중국, 유럽, 동남아시아 각지의 물류 시설이 마비되고, 반도체, 배터리, 의약품 생산 시설이 멈추었다. 동시에 애플, 삼성, 테슬라, 제너럴모터스, 토요타 등 글로벌 대기업들이 중국의 생산 기지를 인도, 베트남, 멕시코 등으로 분산시키기 시작했다. 이로써 한때 효율성의 상징으로 여겨지던 글로벌 공급망은 회복탄력성과 안보라는 새로운 가치 아래 재편되고 있다.

실제로 2024년 미국의 상무부와 국방부는 '주요 공급망 이니셔티브Critical Supply Chain Initiative'의 일환으로 반도체, 배터리, 의료 기기, 희토류 등 전략 물자의 전방위적 국산화 및 동맹국 내 생산 기지 구축을 독려했다. 미국의 동맹국들, 특히 일본, 한국, 대만은 대미 수출 물량을 유지하기 위해 중국, 러시아 등 비동맹권과의 거래를 줄이고 있다. 이런 변화는 미중 간 공급망 분리 현상과 더불어 다국적 기업의 생산·조달·판매 전략을 완전히 뒤바꿀 것이다.

자유무역 질서의 붕괴와 탈세계화

돈로 독트린의 다른 축은, 극단적 형태의 경제적 민족주의다. 트럼프는 "미국에 수출하는 국가 중 무관세 국가는 없다"라며 보편 관세 부과 방침을 재차 밝혔다. 이는 WTO로 대표되는 자유무역 질서의 기본 원리를 정면으로 뒤엎은 것으로, 글로벌 기업 간 생산 비용 증가와 시장 불확실성 확대로 이어지고 있다. 애플이 중국에서 벗어나 인도와 베트남 등으로 공장을 이전하는 이유, 아마존과 마이크로소프트가 하드웨어 및 클라우드 인프라를 미국 내에 집중하는 현상도 이와 무관하지 않다.

그렇다면 관세전쟁의 수혜자는 누구일까? 멕시코와 베트남 등 대체 생산 기지를 차지한 국가들이 중간재 및 최종재 수출 허브로 급부상 중이다. 그러나 중남미와 동남아시아의 산업 역량이 미국, 중국, 일본에 미치지 못하는 상황에서, 이러한 급부상은 공급망의 비효율로 이어진다. 비용 절감보다 신속성과 위기 회복력이 중요해지면서, 글로벌 비즈니스 재편과 탈세계화 현상은 더욱 가속화된다.

오늘날 탈세계화는 일종의 시대정신으로, 정치적·문화적·기술적으로 광범위한 영향을 미치고 있다. 과거 세계화는 값싼 노동력과 고속 운송, 자유로운 자본과 기술의 이동에 힘입어 생산 비용과 가격을 낮추었다. 반면 신먼로주의와 관세전쟁, 공급망 위기, 지역 블록화 현상이 맞물리고 있는 오늘날, 세계 각국은 '자기 완결형 공급망'을 구축하기 위한 경쟁에 돌입했다.

일례로 EU는 '유럽 전략적 자율성European Strategic Autonomy' 정책을 수립하며, 반도체, 배터리, 의료 장비 등 핵심 사업의 유럽 내 생산 비중을 높였다. 일본은 한국과 동남아시아와 공동 R&D, 산업 연합체 구성에 집중하고 있으며, 중국은 내수 중심의 '쌍순환' 전략을 통해 서방의 압박을 회피하고 있다. 한국 역시 소재, 부품, 장비의 국산화를 골자로 한 'K-반도체 전략'을 강화하며, 경제적 불확실성에 대응하고 있다.

관세전쟁은 통화전쟁 및 투자전쟁으로 진화한다. 일부 전문가들은 미국이 '플라자 합의 2.0', 또는 '마러라고 합의Mar-a-Lago Accord'를 추진해 달러 가치를 인위적으로 낮추어 무역수지를 개선할 것이라고 예상한다. 달러 약세는 해외 공급망의 가격 경쟁력을 끌어올리는 대신, 글로벌 금융시장에 거대한 변동성 충격을 일으킨다. 정말 그리된다면, 국제 자본 흐름과 주식·채권·외환 시장의 변동폭은 사상 최고치를 경신하게 될 것이다.

세계 각국의 대응 전략

중국과의 갈등은 신먼로주의의 가장 핵심이다. 미국은 '미국 성장 이니셔티브_{America Crece Initiative}'를 통해 중남미 각국과의 경제 및 에너지 협력을 강화하며, 중국의 일대일로 구상을 노골적으로 견제하고 있다. 한편 화웨이, ZTE 등 중국 첨단 기업들의 중남미 진출을 차단하기 위해 각종 제재와 압박, 무역 장벽을 동원하고 있다. 안보 측면에서는 경제적 압박과 군사적 영향력 확대가 병행되어 나타나는데, 이 때문에 미중이 '새로운 냉전'을 전개하고 있다는 해석도 있다.

EU 역시 미국의 보호무역 강화에 촉각을 곤두세우며 공급망 다변화에 나섰다. 한국, 일본, 대만 등 동아시아 국가들은 미국과 중국 사이에서 전략적 균형을 유지하려 애쓰지만, 극심해진 미중 갈등과 신먼로주의의 위력 앞에 선택지가 극도로 제한되고 있다. 안보는 미국과 함께하지만, 경제는 중국과 분리할 수 없는 상황에서, 국내 여론 분열이라는 정치적 딜레마까지 심각하게 나타나고 있다.

신먼로주의와 관세전쟁의 파장은 글로벌 기업들의 전략에 결정적 변화를 불러왔다. 애플은 생산 기지 분산 전략에 따라 중국에서 동남아시아와 인도 등지로 제조 및 조달 기반을 이전하고 있고, 삼성, 소니, 제너럴모터스, 코카콜라 등도 공급망 다변화를 본격화하고 있다. 아마존의 베이조스는 "불확실성이 높아진 국제 환경에 대응하기 위해 더욱 유연한 비즈니스 모델이 필요하다"라고 강조했다. 반면 일찍이 다국적 기업으로 성장한 미국계·유럽계 기업들은 새로운 공급망 전략을 수립하며, '자기 완결형 블록 경제'를 추구하고 있다.

탈세계화의 기류는 국제 정치, 경제, 문화의 판도까지 바꾸고 있다. 과거 세계화 시대에는 효율성과 저비용, 자유로운 자본 흐름을 바탕으로 모든 국가와 기업들이 하나의 공급망을 따라 서로 얽혀 있었다. 이제는 국가별·기업별로 국경과 방어선을 긋고, 제도적·기술적 장벽을 세우고 있다. 아울러 경제, 금융, 보건, 에너지, 통신 등 전 분야에서 자립과 독립성을 강화하고 있다.

———

돈로 독트린, 공급망 붕괴, 관세전쟁, 탈세계화는 21세기 국제 질서의 본질을 새롭게 규정하는 개념으로 자리 잡았다. 이러한 변화는 미국의 리더십, 중국의 부상, 유럽 및 신흥국의 대응이 복합적으로 작용하는 가운데, 각 경제 주체의 전략적 선택과 정책적 연합을 촉발하고 있다. 이로써 지역별 경제 블록화와 자기 완결형 시스템 구축 등 새로운 국제 질서가 형성되고 있다. 21세기 리더라면 이러한 변화를 놓치지 말아야 할 것이다.

096 스스로 일어서지 못하면 살아남지 못한다

디커플링

《붕괴하는 세계와 인구학》에서 자이한이 그려낸 미래는 마치 오래된 영화관에서 마지막 상영작이 끝나고 불이 켜진 순간처럼 냉혹하다. 지난 75년간 우리가 당연하게 여겼던 세계는 사실 역사적으로 극히 예외적인 순간이었고, 이제 그 축복의 시간이 끝나가고 있다. 자이한의 분석에 따르면, 미국이 주도한 브레턴우즈 체제 아래 전 세계가 누렸던 자유무역과 안정적 해상 교통로는 미국의 선의에 의존한 공공재였고, 미국이 더 이상 세계 경찰 역할을 자처하지 않는 상황에서 그 공공재는 급속히 사라지고 있다. 이는 단순한 정책 변화가 아니라 국제 질서의 근본적 해체를 의미한다.

미국에 의존한 수출 주도 성장 모델

자이한의 예측이 단순한 비관론이 아닌 이유는 그의 분석이 인구학적 데이터와 지정학적 현실에 기반하고 있기 때문이다. 미국의 베이비부머 세대가 은퇴하면서 내수 시장에 집중할 수밖에 없게 되었고, 동시에 중국의 급격한 고령화와 일대일로 정책의 한계가 드러나면서 기존 세계 질서의 두 축이 모두 흔들리고 있다. 이런 상황에서 각 지역은 자체적인 생존 전략을 모색할 수밖에 없고, 결국 지역 맹주를 중심으로 한 경제 블록이 형성될 것이라는 게 그의 핵심 논리다.

이런 변화의 징후는 이미 곳곳에서 나타나고 있다. 트럼프 1기 행정부의 무역전쟁 기조는 바이든 행정부에서도 이어졌다. EU의 전략적 자율성 추구, 인도의 자립 정책, 러시아의 서방 제재에 대한 대응 등 모든 주요 경제권이 자체 공급망 구축에 나서고 있다. 이는 효율성보다는 안정성을 우선하는 방향으로의 전환을 의미하며, 필연적으로 전체적인 생산성 하락과 무역량 감소로 이어질 것이다.

자이한이 특히 우려하는 것은 동아시아 삼국인 한국, 중국, 일본의 상황이다. 이들 국가는 지난 75년간 미국이 제공한 안전한 해상 교통로와 개방된 글로벌 시장에 의존하여 수출 주도 성장 모델을 구축했다. 하지만 이제 그 전제조건들이 사라지면서 근본적인 전략 수정이 불가피해졌다. 문제는 이들 국가 중 어떤 나라도 디커플링된 세상을 제대로 준비하지 못했다는 점이다. 오히려 글로벌 공급망에 더욱 깊숙이 편입되면서 외부 의존도를 높여왔다.

한국의 상황이 가장 심각하다고 볼 수 있다. 한국은 원자재와 에너지의 대부분을 수입에 의존하고 제조업 제품을 수출해 생계를 유지하는 구조이기 때문이다. 삼성전자와 SK하이닉스가 세계 메모리 반도체 시장의 70퍼센트 이상을 점유하고 있지만, 이들이 사용하는 핵심 장비와 소재는 대부분 일본, 네덜란드, 미국에서 수입한다. 현대자동차는 글로벌 자동차 시장에서 상당한 점유율을 확보하고 있지만, 배터리 핵심 소재인 리튬은 칠레와 호주에서, 희토류는 중국에서 수입해야 한다. 더욱 심각한 것은 한국의 제조업이 중국 시장에 크게 의존하고 있다는 점이다. 중국이 자체 공급망을 구축하면서 한국 제품에 대한 수요가 급격히 줄어들 가능성이 크다.

실제로 이런 변화는 이미 진행되고 있다. 중국의 BYD가 전기차 시장에서 테슬라를 위협하는 수준까지 성장했고, CATL은 배터리 시장에서 한국의 LG에너지솔루션과 삼성SDI를 압박하고 있다. 중국의 메모리 반도체 기업인 YMTC는 미국의 제재에도 불구하고 기술력을 빠르게 추격하고 있다. 한국이 그동안 경쟁 우위를 유지했던 분야에 중국이 본격적으로 도전하고 있는 것이다.

한국 정부와 기업들은 이런 위기를 인식하고 대응책을 모색하고 있지만, 근본적 한계가 있다. 삼성전자는 미국 텍사스주와 애리조나주에 반도체 공장을 건설하고 있지만, 이는 미국 시장을 겨냥한 것이지 글로벌 공급망의 다변화와는 거리가 멀다. SK그룹은 배터리 사업에서 미국과 유럽에 투자를 확대하고 있지만, 여전히 중국 공급 업체에 대한 의존도가 높다. 정부 차원에서도 한국판 뉴딜 정책을 추진하고 있지만, 이는 기존 산업 구조의 업그레이드에 초점을 맞춘 것이지 디커플링된 세상에 대한 근본적 대비책은 아니다.

자립을 추구하는 중국

중국의 상황은 한국과는 다른 측면에서 복잡하다. 자이한은 중국이 디커플링된 세상을 오랫동안 준비해왔다고 평가한다. 실제로 중국의 전기차 정책과 원자력발전소 확대는 에너지 자립도를 높여 서방 제재에 대비하려는 전략적 선택이었다. 중국은 2009년부터 전기차 산업을 국가 전략 산업으로 지정하고 막대한 보조금을 투입했다. 당시만 해도 많은 전문가가 시기상조라고 비판했지만, 이제 중국은 세계 최대의 전기차 생산국이자 소비국이 되었다. BYD, 니오, 샤오펑Xpeng 같은 중국 전기차 기업들이 글로벌 시장에서 경쟁력을 확보한 것은 이런 장기적 투자의 결과다.

원자력발전소 건설도 마찬가지다. 중국은 2007년 미국의 원자력 기업인 웨스팅하우스Westinghouse에서 기술을 이전받아, 지금까지 40개 안팎의 원자력발전소를 지었다. 그 과정에서 수많은 자체 기술과 독자 기술을 개발해 자립에 성공했을 뿐 아니라, 파키스탄, 아르헨티나 등에 원자력발전소를 수출하는 수준까지 올라섰다.

물론 중국도 완전한 자립은 불가능하다. 반도체 분야에서 미국의 제재가 중국의 아킬레스건을 정확히 겨냥했다. 네덜란드의 반도체 장비 기업 ASML의 EUV(극자외선) 노광 장비 없이는 최첨단 반도체 생산이 불가능한데, 이것의 중국 수출을 막은 것이다. 이는 중국의 AI와 5G 발전에 치명적 제약이 된다. 화웨이가 스마트폰 사업에서 급격히 위축된 것도 이런 제재의 결과다. 중국은 자국 반도체 기업인 SMIC를 통해 자체 반도체 생산 능력을 키우고 있지만, 단시간에 기술적 격차를 메우기는 어렵다.

동맹을 강화하려는 일본

일본의 상황은 또 다른 양상을 보인다. 자이한은 일본이 "미국의 우산 아래 살아가는 방법을 배운 듯하다"라고 평가했다. 실제로 일본은 미중 갈등이 심화됨에 따라 미국과의 동맹을 더욱 강화하는 방향을 선택했다. 기시다 후미오岸田文雄 전 총리는 방위비를 GDP의 2퍼센트까지 늘리겠다고 선언했는데, 이는 일본의 평화헌법 해석을 실질적으로 변경하는 것이다. 또한 쿼드, 오커스 같은 미국 중심의 다자 안보 협력에도 적극적으로 참여하고 있다.

경제적으로도 일본은 미국과의 협력을 강화하고 있다. 토요타는 미국에서 배터리 공장 건설을 확대하고 있고, 소니는 대만의 TSMC와 함께 일본에 반도체 공장을 짓고 있다. 일본 정부도 전략 물자의 중국 의존도를 줄이기 위해 공급망 다변화 정책을 추진하고 있다. 희토류의 경우 호주와 베트남으로 공급처를 다변화하고 있고, 반도체는 미국, 대만과의 협력을 강화하고 있다.

하지만 일본도 완전히 안전하지는 않다. 일본의 제조업은 여전히 중국 시장에 크게 의존하고 있다. 토요타의 중국 판매량은 전체의 30퍼센트에 달하고, 유니클로를 운영하는 패스트리테일링_{Fast Retailing}도 중국이 최대 시장이다. 중국이 자체 공급망을 구축하면서 일본 기업들에 대한 의존도를 줄인다면, 일본 경제에도 상당한 타격이 될 것이다. 급속한 고령화와 인구 감소는 내수 시장 축소로 이어지고, 이에 따라 장기적으로 경제 활력이 떨어질 것이다.

일본 기업들은 이런 변화에 나름대로 적응하고 있다. 소프트뱅크는 AI와 로봇 기술에 집중 투자하여 인구 감소에 대비하고 있고, 라쿠텐_{Rakuten}은 자체 5G 네트워크를 구축하여 통신 주권을 확보하려 하고 있다. 토요타는 수소차 기술을 선도하며 차세대 에너지 시스템에 대비하고 있다. 하지만 이런 개별 기업들의 노력만으로는 국가 차원의 디커플링을 대비하기 어렵다.

세 나라 중에서 상황이 가장 심각한 곳은 역시 한국일 것이다. 한국은 중국과 일본 사이에 끼어 있으면서도 양쪽 모두와 복잡한 관계를 유지해야 한다. 중국은 한국의 최대 교역국이지만 사드THAAD 배치 같은 안보 현안에서는 강한 압박을 가한다. 일본과는 역사 문제로 인한 갈등이 지속되지만 경제적으로는 여전히 중요한 파트너다. 미국과는 동맹 관계이지만 경제적으로는 경쟁 관계이기도 하다.

이런 복잡한 지정학적 위치는 한국이 명확한 전략을 수립하기 어렵게 만든다. 미국 편에 서면 중국의 보복이 우려되고, 중국과 가까워지면 미국과의 관계가 악화될 수 있다. 일본과의 협력을 강화하려 하면 국내 여론이 반발하고, 독자 노선을 추구하기에는 국력이 부족하다.

———

자이한이 예측하는 디커플링된 세상에서 동아시아 삼국이 살아남으려면 근본적인 전략 전환이 필요하다. 중요한 것은 변화에 대한 인식과 준비다. 지난 75년간의 축복이 영원히 지속될 것이라고 믿었다면, 이제는 그 믿음을 버려야 할 때다. 새로운 세상에는 새로운 규칙이 적용될 것이고, 그 규칙에 맞는 전략을 세우지 못한 국가는 도태될 수밖에 없다. 자이한의 예측이 맞는지는 시간이 증명할 것이지만, 적어도 그가 제기한 문제의식만큼은 진지하게 받아들여야 할 것이다. 변화는 이미 시작되었고, 준비하지 않은 자에게는 생존조차 보장되지 않는 시대가 오고 있다.

097 이익 자체가 목적이
되어서는 안 된다

욕망의 종말

1976년 4월 1일, 잡스와 스티브 워즈니악_{Steve Wozniak}이 캘리포니아주 쿠퍼티노의 한 차고에서 애플을 설립했다. '인간의 지적 능력을 증폭시키는 자전거'를 만들고자 한 잡스의 비전은 기술을 통해 세상을 더 나은 곳으로 만들겠다는 순수한 열정에서 나왔다. 하지만 45년이 지난 오늘, 애플은 전혀 다른 회사가 되었다. 세계 최초로 시가총액 3조 달러를 돌파한 거대 기업이 된 애플의 이야기는 현대 자본주의의 가장 극단적인 사례를 보여준다.

중국에 영혼을 저당 잡힌 애플

프리드먼이 1970년 《뉴욕타임스》에 기고한 〈기업의 사회적 책임은 이윤을 늘리는 것〉이라는 글은 현대 경영의 바이블이 되었다. 하지만 이 단순해 보이는 명제가 가져온 결과는 참담했다. 애플의 중국 진출 과정을 들여다보면, 주주 가치 극대화라는 신화가 어떻게 기업을 욕망의 괴물로 만들고 인간성을 파괴하며 지속가능성을 위협하는지 생생하게 확인할 수 있다. 폭스콘 공장의 연쇄 자살 사건, 희토류 채굴로 인한 환경 파괴, 위구르족 강제 노동 문제까지, 애플의 중국 공급망 뒤에 숨겨진 진실은 주주 가치 극대화가 궁극적으로 자멸적 욕망임을 증명한다.

애플이 중국으로 향한 결정적 순간은 2004년 쿡이 최고운영책임자로 취임하면서부터다. IBM 출신의 쿡은 운영 효율성의 전도사였다. 그는 애플의 생산 비용을 획기적으로 줄이기 위해 제조업을 중국으로 이전하는 전략을 추진했다. 당시 애플의 주요 경쟁자들인 IBM, 델, HP 등이 이미 중국으로 생산 기지를 옮긴 상황에서, 애플도 생존을 위해 같은 길을 걸어야 한다고 판단했다. 하지만 이 결정은 단순한 제조업 이전이 아니었다. 애플의 영혼을 중국에 저당 잡히는 것과 다름없었다.

중국 선전의 폭스콘 공장은 현대판 산업혁명 디스토피아였다. 이곳에서는 94만 명이라는, 상상할 수조차 없는 규모의 노동자들이 24시간 3교대로 아이폰을 조립한다. 이 노동자들은 사실상 기계의 부품과 다르지 않았다. 하루 12시간씩 똑같은 동작을 반복하며, 화장실 가는 시간까지 측정당했다. 2010년부터 2년여간 폭스콘에서 발생한 14건의 연쇄 자살 사건은 이런 비인간적 노동 환경이 빚은 결과였다. 애플의 대응은 놀라웠으니, 건물에 안전망을 설치했다. 노동 환경 개선 대신 자살을 물리적으로 방지하는 방법을 택했던 것이다.

마이클 포터는 "기업의 경쟁 우위는 비용 우위, 또는 차별화 우위에서 나온다"고 했다. 애플은 중국 진출을 통해 두 마리 토끼를 모두 잡으려 했다. 저렴한 노동력으로 비용을 절감하면서도, 혁신적인 디자인으로 차별화를 추구한 것이다. 하지만 이런 전략의 이면에는 도덕적 해이가 있었다. 애플은 폭스콘의 노동 환경에 대해 알고 있었지만, 분기별 실적 압박 앞에서 눈을 감았다. 월스트리트의 애널리스트들이 요구하는 마진율을 달성하기 위해 중국 노동자들의 희생을 당연하게 여겼다.

주주 가치 극대화라는 감옥

애플의 중국 전략에서 가장 아이러니한 부분은 혁신의 역설이다. 애플은 혁신 기업으로 포장되지만, 실제로는 중국의 저렴한 노동력에 의존하는 전형적인 제조 업체였다. 조지프 슘페터_{Joseph Schumpeter}가 말한 '창조적 파괴'와는 거리가 멀었다. 대신 '착취적 축적'에 가까웠다. 중국 노동자들의 땀과 눈물로 만들어진 아이폰을 서구 소비자들에게 비싼 가격에 판매하는 것이 애플의 비즈니스 모델이었다.

마이클 샌델은 《돈으로 살 수 없는 것들》에서 시장 논리가 도덕적 영역을 침범할 때의 위험성을 경고했다. 애플의 사례는 이런 우려가 현실이 되었음을 보여준다. 인권, 환경, 노동자의 존엄성까지도 주주 수익률을 위해 거래 대상이 되었다. 이는 단순한 비즈니스 전략을 넘어 문명의 위기를 의미한다.

경영 사상가 찰스 핸디_{Charles Handy}는 "기업의 목적은 이익을 만드는 것이 아니라 이익을 통해 목적을 달성하는 것"이라고 했다. 애플은 이 순서를 바꿔버렸다. 이익 자체가 목적이고, 다른 모든 가치들은 부차적으로 취급되었다. 이는 막스 베버가 경고했던 '철창'의 현대적 버전이다. 관료제의 철창 대신 주주 가치 극대화라는 철창에 갇힌 것이다.

애플의 중국 전략이 가져온 또 다른 문제는 기술 의존성이다. 현재 아이폰 생산의 95퍼센트 이상이 중국에서 이루어진다. 이는 국가 안보 측면에서도 심각한 리스크다. 2020년 팬데믹으로 중국의 공장들이 멈췄을 때, 애플의 공급망도 마비되었다. 하지만 이런 위험성을 알면서도 애플은 중국 의존도를 줄이지 못했다. 단기적 이익에 매몰되어 장기적 리스크 관리를 소홀히 한 결과다.

포터는 "지속 가능한 경쟁 우위는 모방하기 어려운 것에서 나온다"라고 했다. 하지만 애플의 중국 전략은 정반대였다. 저임금 노동력 활용이라는, 누구나 할 수 있는 방법에 의존했다. 이는 본질적으로 지속 가능하지 않은 전략이었다. 중국의 인건비가 상승하고 환경 규제가 강화되면서 애플의 마진율도 압박받기 시작했다.

결국 애플의 이야기는 현대 자본주의의 모순을 압축적으로 보여준다. 주주 가치 극대화라는 이데올로기가 어떻게 인간성을 파괴하고 지구를 병들게 하는지를 적나라하게 드러낸다. 더 나아가 이런 시스템이 왜 자멸적일 수밖에 없는지도 명확히 보여준다. 욕망의 끝없는 확장은 결국 자신의 토대를 파괴하기 때문이다.

애플의 사례를 통해 우리가 배워야 할 교훈은 명확하다. 주주 가치 극대화는 더 이상 지속 가능한 경영 철학이 아니다. 이해관계자 자본주의로의 전환이 필요하다. 주주뿐 아니라 직원, 고객, 지역사회, 환경까지 고려하는 경영이 진정한 장기적 성공을 보장한다. 하지만 이런 전환이 개별 기업의 선의에만 의존할 수는 없다. 법적·제도적 변화가 수반되어야 한다. 애플 같은 거대 기업들의 욕망을 제어할 수 있는 시스템적이 필요한 시점이다.

글로벌 거버넌스에서
한국의 역할이 커진다

다자간 협력

제2차 세계대전 이후 구축된 다자간 협력 체제는 이제 근본적인 위기에 직면하고 있다. 1945년 브레턴우즈 체제를 통해 시작된 글로벌 거버넌스는 미국이 제공한 안보 우산과 개방된 시장 접근을 기반으로 75년간 국제 질서를 지탱해왔지만, 이제 그 한계가 명확히 드러나고 있다. UN, IMF, 세계은행, WHO 등 전후 질서의 핵심 기구들이 팬데믹, 기후변화, 글로벌 공급망 위기 등 21세기의 복합적 도전에 효과적으로 대응하지 못하면서 다자주의의 실효성에 대한 근본적 의문이 제기되고 있다.

협력이 실종된 시대

이러한 위기의 배경에는 여러 구조적 요인이 작용하고 있다. 첫째, 글로벌 리더십에 대한 미국의 의지 변화다. 오바마 행정부의 '아시아 재균형' 정책에서 드러난 개입에 대한 피로감은 트럼프의 '미국 우선주의'를 거쳐 바이든 행정부의 아프가니스탄 철군, 그리고 다시 트럼프의 재집권으로 이어졌다. 미국이 더 이상 무료로 세계 경찰 역할을 하지 않겠다는 신호를 지속적으로 보내면서, 기존 다자간 협력 체제의 근간이 흔들리고 있다.

둘째, 중국의 부상과 미중 갈등의 심화다. 중국이 서구 중심의 국제 질서에 도전하면서 일대일로, 아시아인프라투자은행Asian Infrastructure Investment Bank, AIIB 등 대안적 다자간 체제를 구축하고 있다. 이는 전통적인 브레턴우즈 체제와 경쟁하는 새로운 질서의 등장을 의미한다.

셋째, 글로벌 거버넌스의 구조적 한계다. WHO의 코로나19 대응 실패에서 보듯이, 기존 국제기구들은 '책무성 결핍'이라는 태생적 문제를 안고 있다. 중앙집권적 글로벌 정부가 존재하지 않는 상황에서 누구도 정책 실패에 대한 결정적 책임을 지지 않으며, 이는 위기 상황에서 신속하고 효과적인 대응을 불가능하게 만든다.

넷째, 민주주의의 후퇴와 권위주의의 확산이다. 프리덤하우스의 조사에 따르면 민주주의가 제대로 작동하는 국가들이 전 세계적으로 감소하고 있으며, 일부 국가들은 권위주의 독재 체제로 변질되고 있다. 이러한 상황에서 가치와 제도를 공유하지 않는 국가들 간의 다자간 협력은 점점 더 어려워지고 있다.

G7에서 G9으로

이러한 위기 상황에서 새로운 글로벌 거버넌스 모델에 대한 논의가 활발해지고 있다. 가장 주목받는 대안 중 하나가 G7(미국, 일본, 독일, 영국, 프랑스, 이탈리아, 캐나다)에 한국과 호주를 더해 G9으로 확장하는 것이다. G9은 여러 면에서 기존 다자간 체제보다 효과적일 수 있다. 미국 전략국제문제연구소Center for Strategic and International Studies, CSIS 소장 존 햄리John Hamre와 부소장 빅터 차Victor Cha는 2024년 발표한 〈G7의 재창조〉에서 이런 확장의 필요성을 구체적으로 밝혔다. 바이든 행정부에서 백악관 비서실장을 지낸 론 클레인Ron Klain도 G9으로의 확장을 적극적으로 지지했다.

G9의 인구를 다 합쳐도 전 세계 인구의 14퍼센트에 불과하다. 하지만 GDP는 50퍼센트, 국방비는 60퍼센트 이상을 차지하고 있다. 더욱 중요한 것은 기술 혁신과 R&D 역량이다. 전 세계에서 R&D 지출이 가장 많은 12개국 중 대부분이 G9에 속하며, 전 세계 상위 25개 대학 중 22개 대학도 G9에 속한다. 특허 출원과 관련해서도 G9의 집단적 역량은 중국에 필적할 수준이다. 2021년 기준 미국, 일본, 한국, EU의 특허 출원 건수는 130만 건으로 중국의 160만 건에 근접했다. 이는 G9이 기술 패권 경쟁에서 중국과 대등하게 경쟁할 수 있는 잠재력을 가지고 있음을 보여준다.

한국과 호주의 G9 참여는 지정학적으로도 중요한 의미를 가진다. 두 나라 모두 미국의 핵심 동맹국이면서 인도-태평양 지역에서 중국을 견제할 수 있는 전략적 거점 역할을 할 수 있다. 특히 한국은 첨단 기술 분야에서, 호주는 핵심 광물 자원 분야에서 중국 의존도를 줄이는 데 핵심적인 역할을 할 수 있다. 삼성전자와 SK하이닉스가 미국에 대규모 반도체 공장을 건설하고 있는 것은 한국이 미국의 공급망 재편 전략에서 핵심 파트너임을 보여준다. 호주 역시 리튬, 희토류 등 배터리와 반도체 생산에 필수적인 광물 자원을 보유하고 있어 중국 의존도를 줄이려는 서방 국가들에 전략적 가치가 크다.

G9 체제의 장점은 규모의 효율성에 있다. UN과 같은 기존의 거대

한 다자간 체제에서는 193개 회원국의 이해관계를 조율하는 것이 거의 불가능하지만, G9은 상대적으로 소규모이면서도 전 세계에 영향력을 행사할 수 있는 임계 질량을 확보하고 있다. 또한 민주주의와 자유시장 경제라는 공통된 가치를 공유하고 있어 정책 조율이 상대적으로 용이하다. G9이 구성된다면 정부 간 소규모 사무국을 신설하여 더 효과적으로 정책 연속성과 전달성을 보장할 수 있을 것으로 예상된다.

G9의 가능성

G9 체제의 성공을 위해서는 몇 가지 조건이 충족되어야 한다. 첫째, 명확한 거버넌스 구조의 확립이다. 기존 G7과 달리 G9은 더 체계적이고 상설적인 사무국을 운영해야 할 것이다. 이를 통해 정책 조율과 실행의 연속성을 보장할 수 있다. 둘째, 포용적 접근법의 채택이다. G9이 배타적인 클럽으로 인식되지 않도록 글로벌사우스 국가들과 대화와 협력을 지속해야 한다. 셋째, 구체적인 성과의 창출이다. G9이 단순한 토론 클럽이 아닌 실질적인 문제 해결 기구로 기능하기 위해서는 구체적이고 측정 가능한 성과를 보여주어야 한다.

기술 혁신 분야에서 G9의 협력은 특히 중요하다. AI, 양자컴퓨팅, 생명공학 등 차세대 기술 분야에서 중국과의 경쟁이 심화되고 있는 지금, G9의 기술 협력은 서방 진영의 기술 우위를 유지하는 데 핵심적인 역할을 할 수 있다. 미국의 실리콘밸리, 한국의 판교테크노밸리, 일본의 스쿠바, 독일의 뮌헨, 영국의 케임브리지 등 G9의 주요 기술 클러스터들 간의 협력을 강화한다면, 글로벌 기술 혁신의 새로운 생태계를 구축할 수 있다.

금융 분야에서도 G9의 협력이 중요하다. 중국이 디지털 위안화를 통해 달러 중심의 국제 금융 시스템에 도전하고 있는 상황에서, G9의 CBDC 협력은 기존 금융 질서를 강화하는 데 기여할 수 있다. 미국 연방준비제도, 유럽중앙은행, 일본은행, 한국은행 등이 공동으로 CBDC 기술 표준을 개발하고 상호 운용성을 확보한다면, 중국의 디지털 위안화에 대응할 강력한 대안을 제시할 수 있다.

기후변화 대응에도 G9의 역할이 중요하다. 파리기후협약의 목표 달성을 위해 주요 선진국들의 선도적 역할이 필수적인 상황에서 G9이 탄소중립 기술 개발에 협력한다면 기후변화 대응에 큰 기여를 할 수 있다. 특히 한국의 그린뉴딜 정책, 일본의 수소 경제 전략, 독일의 에너지 전환 정책 등을 연계하여 시너지 효과를 창출할 수 있다.

교육과 인재 교류 분야에서도 G9의 협력이 필요하다. 글로벌 인재 경쟁이 심화되는 상황에서, G9이 학생 교환, 연구자 교류, 공동 연구 프로그램 등을 확대한다면 인재 양성과 기술 혁신에서 상당한 성과를 거둘 수 있다. 특히 이공계에서 중국과의 경쟁이 치열해지고 있는 현재, G9의 교육 협력은 장기적인 경쟁 우위 확보에 중요한 역할을 할 수 있다.

———

결국 다자간 협력 체제의 미래는 기존 체제의 개혁과 새로운 형태의 협력 모델이 병존하는 방향으로 전개될 가능성이 크다. G9과 같은 소규모의 다자간 협력체는 특정 분야에서 더 효과적인 협력을 가능하게 할 수 있지만, UN과 같은 포괄적 다자간 체제도 여전히 필요하다. 중요한 것은 변화하는 국제 환경에 맞춰 다자간 협력의 형태와 방식을 혁신하는 것이다. 한국의 리더들은 이러한 글로벌 거버넌스의 전환기에서 우리나라의 역할과 위치를 전략적으로 재정립해야 하며, G9과 같은 새로운 협력 체제에서 적극적인 역할을 모색해야 한다. 동시에 기존 다자간 체제의 개혁에도 건설적으로 참여하여 더 효과적이고 포용적인 글로벌 거버넌스 구축에 기여해야 할 것이다.

099 광물전쟁에 대비하라

지하자원

로이터 특파원 어니스트 샤이더Ernest Scheyder가 《광물 전쟁》에서 그려낸 세계는 마치 고대 제국들이 실크로드의 통제권을 놓고 벌인 각축전을 21세기 버전으로 재현한 듯하다. 다만 이번에는 비단과 향신료가 아니라 리튬과 희토류, 코발트와 니켈이 새로운 전략 자원이며, 중국이 게임의 룰을 지배하고 있다. 샤이더는 전 세계 광산을 직접 취재하며 중국의 광물 패권이 어떻게 구축되었는지, 그리고 이것이 미국의 관세전쟁과 어떤 방식으로 충돌하고 있는지를 생생하게 기록했다.

중국의 광물 수직계열화

중국의 광물전쟁 준비는 1980년대 덩샤오핑의 한마디에서 시작되었다. "중동에는 석유가 있고, 중국에는 희토류가 있다." 이 말은 단순한 수사가 아니라 향후 40년간 중국이 추진할 장기 전략의 선언이었다. 1978년부터 1989년까지 중국의 희토류 생산은 매년 40퍼센트씩 증가했는데, 이는 우연이 아니라 치밀한 계획의 결과였다. 중국은 환경오염을 감수하면서도 광산 개발에 박차를 가했고, 동시에 전 세계 주요 광물 매장지를 체계적으로 확보해나갔다.

중국의 치밀한 광물 전략은 구체적인 사례를 통해 확인할 수 있다. 아프가니스탄의 메스아이낙 구리 광산은 세계 최대 규모의 미개발 구리 매장지로, 매장량이 1100만 톤에 달한다. 미국은 20년간 아프가니스탄에 주둔하면서도 이 광산에는 손을 대지 않았지만, 중국은 2007년부터 탈레반과 협상을 시작해 16년 만인 2023년 7월 마침내 착공에 성공했다. 피를 흘린 건 미국인데도, 정작 실속은 중국이 챙겼던 것이다. 이는 중국이 지정학적 리스크를 감수하면서도 장기적 관점에서 자원 확보에 나서고 있음을 보여주는 대표적 사례다.

콩고의 코발트 광산 장악은 또 다른 걸작이었다. 콩고는 세계 코발트 매장량의 70퍼센트를 차지하고 있는데, 중국은 2000년대 초부터 이 지역에 집중 투자를 시작했다. 중국의 광업 기업 화유코발트Huayou Cobalt는 콩고의 주요 코발트 광산들을 연이어 인수했고, 현재 콩고에서 생산되는 코발트의 80퍼센트 이상이 중국 기업의 통제를 받고 있다. 글렌코어Glencore나 유미코어Umicore 같은 서구 기업들도 콩고에 진출했지만, 중국 기업들의 공세적 투자를 따라잡지 못했다.

리튬 분야에서도 중국의 전략은 빈틈없었다. 중국의 간펑리튬Ganfeng Lithium과 톈치리튬Tianqi Lithium은 칠레의 아타카마 소금사막과 아르헨티나의 리튬 프로젝트에 수십억 달러를 투자했다. 특히 톈치리튬은 2018년 세계 2위의 리튬 생산 업체로 칠레를 대표하는 SQM의 지분 23.77퍼센트를 41억 달러에 인수하며 최대 주주가 되었다. 이는 단순한 투자를 넘어서 글로벌 리튬 공급망의 핵심 고리를 장악하려는 전략적 움직임이었다.

중국의 진정한 혁신은 자원 확보를 넘어 전체 가치사슬을 통합한 것에 있었다. 중국은 채굴에만 그치지 않고 정제와 가공, 그리고 최종 제품 제조까지 아우르는 공급망을 구축했다. 현재 중국은 전 세계 희토류 채굴의 70퍼센트, 가공의 90퍼센트를 장악하고 있으며, 리튬 가공의 60퍼센트, 코발트 가공의 73퍼센트를 차지한다. 이는 단순히 원자재를 수출하는 것이 아니라 부가가치를 창출하는 전 과정을 통제한다는 의미다.

미국의 상황은 이와 대조적이다. 미국은 1980년대까지만 해도 캘리포니아주의 마운틴패스 광산을 거점 삼아 세계 희토류 시장을 주도했다. 하지만 1990년대 들어 환경 규제가 강화되고 중국의 저가 공세가 시작되면서 점차 경쟁력을 잃었다. 2002년 마운틴패스 광산이 폐쇄된 후 미국은 희토류를 전적으로 중국에 의존하게 되었다. 몰리코프Molycorp가 2012년 마운틴패스 광산을 재가동했지만 2015년 파산했고, 현재는 중국의 성화그룹Shenghe Group이 지분을 보유한 MP머티리얼스MP Materials가 운영하고 있다.

샤이더가 지적하는 핵심은 미국과 중국의 시각 차이다. 중국은 광물을 21세기의 석유로 보고 장기적 관점에서 접근했지만, 미국은 시장 논리에만 의존했다가 뒤늦게 전략적 중요성을 깨달았다는 것이다. 트럼프 1기 행정부가 2017년 '중요 광물 전략'을 발표하고 2018년 국방수권법National Defense Authorization Act을 통해 중국산 희토류 의존도를 줄이려 했지만, 이미 중국의 지배력은 견고해진 상태였다.

격화되는 광물전쟁

현재 진행되고 있는 미중 관세전쟁에서 광물의 역할은 매우 독특하다. 트럼프는 중국산 제품에 최대 60퍼센트의 관세를 부과한다고 위협하면서도, 희토류와 리튬, 코발트, 흑연 등 핵심 광물은 관세 대상에서 제외했다. 이는 미국이 광물 분야에서 중국에 절대적으로 의존하고 있음을 스스로 인정한 것이다. 미국지질조사국에 따르면 미국은 희토류의 100퍼센트, 흑연의 99퍼센트, 비스무트의 100퍼센트를 수입에 의존하고 있으며, 이 중 상당 부분이 중국산이다.

중국도 이런 상황을 정확히 인식하고 있다. 2023년 12월 중국은 흑연 수출 허가제를 도입했고, 2024년 1월에는 갈륨과 게르마늄의 수출을 통제했다. 2024년 8월에는 안티모니 수출까지 제한했다. 이런 조치들은 직접적인 수출 금지는 아니지만, 승인 과정에서 사실상 수출을 통제할 수 있는 장치들이다. 특히 갈륨과 게르마늄은 반도체와 군사용 레이더에 필수적인 소재로, 중국이 이들의 수출을 제한하면 미국의 국방 산업에 직접적 타격을 줄 수 있다.

일본도 희토류와 관련해 중국 의존도가 높다. 일본의 희토류 수입량 중 60퍼센트가 중국산이고, 특히 네오디뮴과 디스프로슘 같은 고성능 자석용 희토류는 80퍼센트 이상을 중국에서 수입한다. 일본 정부가 베트남과 인도에서 희토류 개발 프로젝트를 추진하고 있지만, 중국 의존도를 크게 줄이기는 어려운 상황이다.

중국의 광물 통제 능력이 얼마나 강력한지는 2010년 센카쿠열도(다오위다오) 분쟁 당시 일본에 희토류 수출을 중단한 사례에서 확인되었다. 중국이 일본으로 2개월간 희토류 수출을 중단하자 토요타와 파나소닉 같은 일본 기업들이 생산 차질을 겪었고, 일본 정부는 결국 한발

물러설 수밖에 없었다. 이는 광물이 단순한 상품이 아니라 지정학적 무기로 사용될 수 있음을 보여준 첫 번째 사례였다.

이 사건은 일본 기업들이 자구책 마련에 나서는 계기가 되었다. 토요타는 수소차 기술을 통해 배터리 의존도를 줄이려 하고 있고, 파나소닉은 테슬라와의 협력을 통해 배터리 기술력을 축적하고 있다. 또한 일본은 호주, 칠레와의 자원 협력을 통해 공급망을 다변화하고 있다. 스미토모Sumitomo는 칠레의 SQM과 장기 공급 계약을 체결했고, 미쓰비시는 호주의 리튬 광산에 투자하고 있다.

한국의 상황은 더욱 심각하다. 한국은 배터리 3사(LG에너지솔루션, 삼성SDI, SK온)가 글로벌 시장에서 상당한 점유율을 차지하고 있지간, 핵심 소재는 대부분 중국에서 수입한다. 특히 음극재의 핵심 원료인 흑연은 99퍼센트를 중국에서 수입하고 있고, 양극재용 전구체도 70퍼센트 이상이 중국산이다. 한국 정부가 K-배터리 벨트 조성 사업을 통해 소재 국산화를 추진하고 있지만, 아직 초기 단계에 불과하다.

최후의 승자는 누가 될 것인가

중국의 광물 지배력이 관세전쟁에서 차지하는 의미는 명확하다. 미국이 아무리 높은 관세를 부과해도 중국은 광물 수출을 통제함으로써 대응할 수 있다는 것이다. 실제로 2024년 중국의 갈륨 수출량은 전년 대비 95퍼센트 감소했고, 게르마늄은 80퍼센트 감소했다. 이는 중국이 공식적인 수출 금지 조치를 내리지 않고도 사실상 수출을 통제할 수 있음을 보여준다.

트럼프가 관세를 무기로 사용하려 해도 중국이 광물 수출을 제한하면 미국 경제에 더 큰 타격이 갈 수 있다. 특히 전기차와 재생에너지 전환 정책이 가속화되면서 핵심 광물에 대한 수요는 더욱 늘어날 것이다. IEA(국제에너지기구)에 따르면, 2030년까지 리튬 수요는 11배, 코발트 수요는 4배, 니켈 수요는 19배 증가할 전망이다.

중국도 무작정 광물 수출을 중단할 수는 없을 것이다. 광물 수출은 중국의 중요한 외화 수입원이고, 특히 희토류 수출은 연간 60억 달러의 수입을 가져다준다. 또한 전면적인 수출 중단은 WTO 규정 위반으로 간주될 수 있고, 다른 국가들의 대체 공급망 구축을 가속화할 위험이 있다. 따라서 중국은 직접적인 수출 금지보다는 허가제나 쿼터제를 통한 간접적 통제를 선호할 것으로 보인다.

결국 관세전쟁과 광물전쟁의 최후 승자를 예단하기는 어렵다. 단기적으로는 중국이 광물 통제력이라는 강력한 카드를 가지고 있지만, 장기적으로는 미국과 서방 국가들이 대체 공급망을 구축할 가능성이 있다. 문제는 이 과정에서 발생할 경제적 비용과 사회적 혼란이다. 샤이더가 《광물전쟁》에서 경고하는 것도 바로 이 점이다. 광물은 21세기의 석유가 되었고, 이를 둘러싼 경쟁은 단순한 무역 분쟁을 넘어 새로운 형태의 냉전으로 발전할 가능성이 있다는 것이다.

특히 주목해야 할 점은 광물전쟁이 관세전쟁과 달리 선택적 타격이 가능하다는 것이다. 중국은 미국의 동맹국들에는 정상적으로 광물을 공급하면서 미국만을 겨냥한 제재를 가할 수 있다. 이는 미국의 동맹 체계에 균열을 가져올 수 있고, 결국 미국의 협상력을 약화시킬 수 있다. 트럼프의 관세 정책이 성공하려면 이런 중국의 광물 카드에 대한 대응책을 마련해야 하지만, 현실적으로 단기간 내에는 어려워 보인다.

결국 관세전쟁과 광물전쟁은 서로 다른 논리와 시간표를 가진 게임이
고, 이 복잡한 퍼즐의 결과는 아직 불확실하다.

100 낙관도 비관도 아닌 현실에 집중하라

탈탄소

2025년 1월 20일, 트럼프는 다시 한번 대통령에 취임하자마자 미국의 파리기후협약 탈퇴를 선언했다. 이로써 미국은 이란, 리비아, 예멘과 함께 이 협약에 참여하지 않는 네 국가 중 하나가 되었다. 트럼프는 "불공평하고 일방적인 사기극에서 즉시 탈퇴한다"라고 선언하며 "미국은 중국이 아무런 제약 없이 오염물을 배출하는 동안 우리 자신의 산업을 훼손하지 않을 것"이라고 말했다. 이는 2021년 바이든 행정부가 협약에 재가입한 지 불과 4년 만의 일이었다.

이 극적인 정치적 선회는 비즈니스 세계에 중요한 질문을 던졌다. 지난 10여 년간 기업들이 열광적으로 받아들였던 '넷 제로Net Zero' 전략과 기후 목표가 과연 현실적이었는가. 존 도어가 제시한 야심 찬 기후 목표와 뉴욕대학교 물리학 교수 스티븐 쿠닌Steven Koonin이 《지구를 구한다는 거짓말》에서 제기한 근본적 의문 사이에서, 리더들은 이제 어떤 길을 선택해야 하는가.

겉보기에만 그럴듯한 계획

도어는 벤처캐피털 회사인 클라이너퍼킨스Kleiner Perkins의 전설적인 벤처투자자로, 1999년 구글에 1200만 달러를 투자하며 OKR이라는 목표 관리 시스템을 전수한 인물이다. 이 시스템은 앤드루 그로브가 인텔에서 개발한 것으로, 목표와 핵심 결과를 명확히 설정하고 측정하는 방법론으로 잘 알려져 있다. 도어는 이 검증된 경영 도구를 기후위기 해결에 적용하며, 2050년까지 온실가스의 순배출량을 만들겠다는 거대한 목표를 제시했다. 구글, 애플, 스타벅스, 아마존, 이케아, 월마트 같은 거대 기업들이 그린테크 경쟁에 뛰어들었다는 것이 그의 논거였다.

도어의 계획은 정교하다. 현재 인류가 배출하는 연간 59기가톤의 온실가스를 부문별로 나누어 구체적인 감축 목표를 설정한다. 교통 부문에서는 자동차 판매량 중 전기차의 비중을 2030년까지 50퍼센트로, 2040년까지 95퍼센트로 높인다. 전력 부문에서는 2035년까지 재생에너지 비중을 90퍼센트 이상으로 끌어올린다. 농업 부문에서는 소고기와 유제품 소비를 2050년까지 50퍼센트 감축하고, 산업 부문에서는 철강과 시멘트 생산의 탄소집약도를 대폭 낮춘다. 이 모든 것이 측정 가능하고 실행 가능한 핵심 결과로 제시되어 있다.

하지만 도어의 계획에는 치명적인 약점이 있다. 공학적 탄소 제거 기술은 아직 상업적으로 실현 불가능한 수준이기 때문이다. '직접공기포집Direct Air Capture' 기술은 지금까지 전 세계에서 겨우 2,500톤의 탄소를 격리했을 뿐이다. 이는 필요한 양의 0.00005퍼센트에 불과하다. 현재 1톤당 600달러가 소요되는 이 기술로 연간 5기가톤을 처리하려면 3조 달러가 필요하다. 이는 전 세계 GDP의 3퍼센트에 해당하는 금액이다.

나무를 심는 자연적 해결책은 어떨까? 미국이 배출하는 탄소만 제거하려 해도 전 세계 육지의 절반을 삼림으로 만들어야 한다.

여기서 더 근본적인 질문이 제기된다. 누가 이 비용을 지불할 것인가? 사실 도어의 책에는 이에 대한 명확한 답이 없다. 기업들이 자발적으로 투자할 인센티브는 어디에 있는가? 공기 중 탄소 제거라는 공공재에 수백억 달러를 쓴 기업은 무엇을 얻는가? 경쟁사들이 무임승차하는 동안 혼자 비용을 부담하는 것이 합리적인가?

기후과학에 대한 폭로

바로 이 지점에서 쿠닌의 비판이 날카롭게 파고든다. 쿠닌은 미국의 이론물리학자이자 환경과학자로, 오바마 행정부에서 에너지부 과학차관을 지낸 인물이다. 그는 영국의 석유 회사 BP에서 5년간 재생에너지 연구를 주도했고, 2014년 미국물리학회American Physical Society의 의뢰로 기후과학 워크숍을 진행하면서 충격적인 사실을 발견했다. 현재의 기후과학이 예상보다 훨씬 학문적 완성도가 떨어진다는 것이었다.

쿠닌이 탈탄소 전략에 제시하는 의문점 일곱 가지는 다음과 같다.

1. 과학적 불확실성의 과소평가

인간이 유발한 기후변화와 자연적 기후변화를 구분하는 것이 현재 과학으로는 불가능하다. 기후 시스템에서 인간이 유발한 요소는 약 1퍼센트에 불과하며, 나머지 99퍼센트를 제대로 분석하지 못하는 상황에서 1퍼센트의 영향을 정확히 측정할 수 없다.

2. 정보 왜곡과 단절

연구 문헌, 평가보고서, 요약본, 언론 보도로 이어지는 과정에서 메시지가 극적으로 왜곡된다. 대부분의 사람은 원본 보고서를 읽지 않고 과장된 언론 보도만 접해 과학적 근거 없는 정책과 비즈니스 결정이 이루어진다.

3. 극단 기상 현상 귀인의 오류

폭염, 가뭄, 허리케인 등 악기상이 인간의 기후변화 때문이라는 주장은 관측 데이터와 맞지 않는다. 허리케인의 빈도, 강도, 강우량 등은 자연적 변화에 불과하며 중요한 변화 추세가 존재하지 않는다.

4. 2도 목표의 임의성

파리기후협약의 2도 목표는 과학적 근거보다는 정치적 편의를 위해 선택된 숫자다. 기후과학자 한스 요아힘 쉘른후버Hans Joachim Schellnhuber는 "2도가 딱 적당하다. 정치인들이 기억하기 쉬운 숫자"라고 솔직히 인정했다. 실제로 2도 미만 상승은 북반구에서의 농업 여건 개선과 난방비 절감 등 긍정적 영향이 있다.

5. 탄소 제로의 실현 불가능성

전 세계의 탄소 배출량을 제로로 만드는 것은 과학적으로 불가능하다. 인구 증가와 경제 발전으로 2050년 에너지 수요는 50퍼센트 증가할 것이

며, 대기 중 이산화탄소 농도를 안정화하려면 지금 당장 100퍼센트 감축
해야 한다. 2030년까지 각국이 약속한 감축량을 모두 합쳐도 필요한 양
의 10퍼센트에도 못 미친다.

6. 데이터 수집의 한계

지난 40년 동안 온난화가 진행되었다고 해도 그 현상이 전 세계적으로
균일하지 않다. 육지 데이터도 불충분하고 해양 데이터는 더욱 부족하다.
과거 데이터는 범위와 품질 면에서 매우 부족하여 신뢰할 만한 장기 추세
를 파악하기 어렵다.

7. 해수면 상승의 자연적 주기

해수면은 지난 50만 년 동안 10만 년마다 120미터씩 올라갔다 내려가
기를 반복했으며, 현재는 자연적 상승 주기에 있다. 따라서 현재의 해수면
상승을 인간의 영향 때문이라고 단정하기 어렵다.

쿠닌의 핵심 주장은 단순하면서도 파괴적이다. 기후과학의 불확실
성이 너무 크기 때문에 현재의 과격한 정책들이 정당화되지 않는다
는 것이다. 이런 주장은 대부분의 사람이 언론과 활동가들로부터 들어
온 내용과 정반대다. 쿠닌은 이를 '정보 단절'이라고 부른다. 대부분의
사람은 언론이 전하는 극적인 헤드라인만 접한다. 그 결과 '지구가 불
타고 있다', '해수면이 무섭게 상승하고 있다', '폭염과 폭풍이 폭증하고
있다'는 잘못된 인식이 확산되었다.

쿠닌이 제기하는 가장 근본적인 문제는 기후 시스템의 복잡성이다. 기후 시스템의 99퍼센트를 차지하는 자연적 요소들, 즉 태양복사, 해류, 구름, 수증기 등에 대해 우리는 아는 것보다 모르는 것이 더 많다. 그렇기 때문에 인간이 이들 자연적 요소에 어떤 영향을 미치고 있는지도 알 수 없다. 그런 측면에서 파리기후협약의 2도 목표는 비과학적이다. 인간이 기후에 미치는 영향도 제대로 알 수 없고, 따라서 그 영향을 제거하는 방법도 알 수 없는 상황에서 정해진 이 목표치는 과학적이기보다는 정치적이다. 설사 이 목표가 과학적이라고 하더라도, 실현 불가능하다. 대기 중 이산화탄소 농도를 안정화하려면, 지금 당장 배출량을 제로로 만들어야 한다. 이는 곧 문명의 붕괴를 의미한다.

할 수 있는 일에 집중하라

그렇다면 기업들은 어떻게 해야 하는가? 도어와 쿠닌의 논쟁은 단순한 학술적 토론이 아니다. 이는 수조 달러의 투자와 수백만 개의 일자리, 그리고 기업의 생존이 걸린 실질적 문제다. 애플은 2030년까지 전체 공급망과 제품에서 탄소중립을 달성하겠다고 약속했다. 아마존은 2040년까지 넷 제로를 달성하겠다며 10만 대의 전기 배송 차량을 주문했다. 마이크로소프트는 2030년까지 탄소 네거티브가 되겠다고 선언했다. 이는 배출량을 제로로 만드는 것을 넘어서 대기 중 탄소를 제거하겠다는 의미다.

하지만 이런 약속들의 이면을 들여다보면 문제가 보인다. 대부분의 기업이 공급망 전체에서 발생하는 간접 배출량을 정확히 측정하지 못하고 있다. 애플의 아이폰 하나를 만들기 위해서는 중국, 일본, 한국, 대만의 수백 개 협력 업체가 관여한다. 이들의 배출량을 어떻게 추적하고 관리할 것인가? 더 근본적으로 이들 협력 업체가 재생에너지로 전환하는 비용은 누가 부담하는가?

트럼프 행정부의 파리기후협약 탈퇴는 이런 혼란을 극대화시켰다. 미국 정부가 기후 정책에서 후퇴하면서, 기업들은 독자적으로 결정을 내려야 하는 상황에 놓였다. 일부 기업들은 확고한 입장을 유지하고 있다. 마이크로소프트의 CEO 사티아 나델라는 "정부 정책과 무관하게 우리의 기후 약속을 지킬 것"이라고 선언했다. 하지만 이들은 기술 기업이고, 상대적으로 탄소 배출이 적다. 제조, 운송, 에너지 기업들의 선택은 다르다.

엑손모빌ExxonMobil과 셰브론Chevron 같은 석유 기업들은 트럼프 행정부의 정책 전환을 환영했다. 이들은 이미 몇 년 전부터 넷 제로 목표를 포기하거나 축소해왔다. 2024년 엑손모빌 주주총회에서 기후 활동가들이 제출한 배출 감축 제안은 부결되었다. 회사는 "현실적이고 경제적으로 실행 가능한" 에너지 전환을 추구한다고 밝혔지만, 실제로는 화석연료 생산을 늘리고 있다.

현실적 해답은 아마도 중간 어딘가에 있을 것이다. 기후는 변화하고 있고, 인간이 일부 영향을 미치고 있다는 것은 부인하기 어렵다. 하지만 그 정도와 속도, 그리고 미래 영향에 대해서는 불확실성이 크다. 이런 상황에서 기업은 과도한 약속을 피하고 실질적 배출 감축에 집중하며, 기술 개발에 투자하고 적응에도 준비하며, 무엇보다 정직해야 한다. 탄소 상쇄는 보조 수단일 뿐 주된 전략이 되어서는 안 된다.

트럼프의 파리기후협약 탈퇴는 어쩌면 현실 점검의 기회일 수 있다. 지난 몇 년간 기후 문제는 과도하게 정치화되고 이데올로기화되었다. 도어 같은 낙관론자들은 기술과 자본의 힘을 과신했고, 쿠닌 같은 회의론자들은 과학의 한계를 강조했다. 진실은 아마도 둘 사이 어딘가에 있을 것이다. 기업들은 이제 정부 정책이나 사회적 압력이 아니라, 실질적 사업 논리에 기반한 결정을 내려야 한다. 재생에너지가 정말 경제적인가? 전기차가 미래의 주류가 될 것인가? 탄소 가격이 얼마나 오를 것인가? 이런 질문들에 대한 냉정한 분석이 필요하다. 너무 야심 차지도, 너무 안이하지도 않은, 현실적이면서도 책임감 있는 접근이 필요하다.

맺는말

이 책을 덮는 당신에게 솔직히 고백하자면, 나는 두렵다. 100가지 개념을 선정하면서 끊임없이 자문했다. 과연 이것으로 충분한가? 혹시 더 중요한 것을 빠뜨린 것은 아닌가? 하지만 결국 깨달았다. 이 모음이 완벽한지보다 당신에게 지도가 되어줄 수 있는지가 더 중요하다는 것을 말이다.

지금 우리는 역사의 분수령에 서 있다. 트럼프 2.0 시대의 탈세계화, AI 혁명, 공급망 재편, 기후 위기. 이 모든 것이 동시다발적으로 일어나면서 과거의 경영 공식이 더 이상 작동하지 않는다. 20세기형 리더십으로 21세기 문제를 풀려는 시도는 마치 말을 타고 고속도로에 나서는 것과 같다. 방향은 맞을지 모르지만 속도가 전혀 맞지 않다.

이 책에 담긴 100가지 개념은 단순한 정보의 나열이 아니다. 브레턴우즈 체제의 붕괴부터 OKR 혁명까지, 스탠리 밀그램의 복종 실험부터 AI 시대의 역설까지, 이 모든 지식은 하나의 거대한 이야기를 구성한다. 그 이야기에 제목을 달자면 '변화하는 세상에서 어떻게 살아남을 것인가'가 될 것이다.

당신은 아마도 이 책을 읽으면서 불편함을 느꼈을 것이다. 좋다. 그 것이 정상이다. 편안한 책은 당신을 바꾸지 못한다. 나는 의도적으로 당신의 확신을 흔들고 싶었다. 당신이 옳다고 믿었던 것들이 사실은 시 대착오적 신화에 불과할 수 있다는 것을 보여주고 싶었다. 조직은 좀비 처럼 걷고 있지만 사실은 이미 죽어 있고, 글로벌 전략은 박살 났으며, 기술 문맹인 채로 AI 시대를 맞이하고 있다는 불편한 진실 말이다.

하지만 비판만으로는 부족하다. 그래서 대안도 제시했다. 21세기형 조직문화는 어떤 모습이어야 하는지, 탈세계화 시대에 어떻게 대응해 야 하는지, AI 시대에 리더가 가져야 할 교양은 무엇인지. 100가지 개 념은 각각 독립적으로 존재하지만, 동시에 서로 얽혀 하나의 통합된 세 계관을 제시한다.

스티브 잡스가 컬리그러피를 배운 것이 나중에 애플의 디자인 철학 에 영향을 준 것처럼, 이 책의 100가지 개념도 예상치 못한 순간에 서 로 연결될 것이다. 경제사를 이해할 때 비로소 현재의 공급망 위기가 명확해지고, 심리학을 알 때 조직문화의 본질이 보이며, 기술의 역사 를 배울 때 AI의 미래가 예측 가능해진다. 이것이 바로 교양의 힘이다.

2025년 한국생산성본부의 〈HRD 트렌드 보고서〉에 따르면, 조직의 가장 큰 당면 이슈는 기술 변화에 따른 리스킬링이고, 조직 환경 변화 를 반영한 리더십 계발이 4위를 차지했다. 리더에게 필요한 교육 1위는 조직 관리, 2위는 사람 관리다. 이는 단순한 통계가 아니라 시대의 요 청이다. 리더는 더 이상 과거의 방식으로 조직을 이끌 수 없다.

나는 이 책이 당신의 서재에서 먼지만 쌓이는 장식품이 되기를 원치 않는다. 이 책은 행동하라고 외친다. 오늘 당장 한 가지라도 실천하라. 브레턴우즈 체제의 역사를 찾아보든, 조직 내 심리적 안전감을 점검하든, AI 도구를 새로운 방식으로 활용해보든, 작은 실천이 쌓여 큰 변화가 된다.

당신이 이 책을 읽는 동안 세상은 또 변했다. 새로운 기술이 등장했고, 새로운 위기가 발생했으며, 새로운 기회가 생겼다. 이 책에 실린 100가지 개념도 언젠가는 구식이 될 것이다. 하지만 이 책이 가르치는 가장 중요한 교훈은 영원하다. 그것은 바로 끊임없이 배우고, 의문을 제기하고, 새로운 관점을 탐구하라는 것이다.

부디 이 100가지 개념이 당신에게 나침반이 되기를 바란다. 정답을 알려주는 해답지가 아니라, 스스로 길을 찾아갈 수 있게 하는 지도가 되기를 바란다. 그리고 무엇보다, 이 책이 당신을 불편하게 만들고, 그 불편함이 당신을 움직이게 하기를 바란다. 변화는 쉽지 않지만, 변하지 않는 것은 더욱 위험하다. 이제 선택은 당신의 몫이다.

참고문헌

1부 철학: 문제 해결의 실마리가 담긴 이론과 전략

Attali, J. (2006). *A Brief History of the Future*. Arcade Publishing.

Barnard, C. I. (1938). *The Functions of The Executive*. Harvard University Press. (《경영자의 역할》, 2009)

Christensen, C. M. (1995). "Disruptive Technologies: Catching the Wave". *Harvard Business Review*, 73(1), 43~53.

Christensen, C. M. (1997). *The Innovator's Dilemma*. Harvard Business School Press.

Christensen, C. M., & Raynor, M. E. (2003). *The Innovator's Solution*. Harvard Business School Press.

Christensen, C. M., Anthony, S. D., & Roth, E. A. (2004). *Seeing What's Next*. Harvard Business School Press. (《미래 기업의 조건》, 2005)

Christensen, C. M., Hall, T., Dillon, K., & Duncan, D. S. (2016). *Competing Against Luck*. HarperBusiness. (《일의 언어》, 2017)

Covey, S. R. (1989). *The 7 Habits of Highly Effective People*. Free Press. (《성공하는 사람들의 7가지 습관》, 2023)

Covey, S. R., Merrill, A. R., & Merrill, R. R. (1994). *First Things First*. Simon & Schuster. (《소중한 것을 먼저하라》, 1997)

Dantzig, G. B. (1963). *Linear Programming and Extensions*. Princeton University Press.

Deming, W. E. (1986). *Out of the Crisis*. MIT Press.

Drucker, P. F. (1954). *The Practice of Management*. Harper & Row. (《경영의 실제》, 2006)

Drucker, P. F. (1985). *Innovation and Entrepreneurship*. Harper & Row.

Edmondson, A. C. (2018). *The Fearless Organization*. John Wiley & Sons. (《두려움 없는 조직》, 2019)

Fayol, H. (1949). *General and Industrial Management* (C. Storrs, Trans.). Sir Isaac Pitman & Sons. (Original work published 1916)

Fink, L. (2022, January 17). "Larry Fink's 2022 letter to CEOs: The Power of Capitalism". BlackRock.

Ford, H. (1922). *My Life and Work* (in collaboration with Samuel Crowther). Doubleday, Page & Company. (《헨리 포드》, 2006)

Forrester, J. W. (1961). *Industrial Dynamics*. MIT Press.

Friedman, M. (1962). *Capitalism and Freedom*. University of Chicago Press. (《자본주의와 자유》, 2007)

Hall, E. T. (1983). *The Dance of Life*. Anchor Press/Doubleday. (《생명의 춤》, 2013)

Hayek, F. A. (1944). *The Road to Serfdom*. University of Chicago Press. (《노예의 길》, 2024)

Ingrassia, L. (2020). *Billion Dollar Brand Club*. Henry Holt and Company.

Johnson, M. W. (2010). *Seizing the White Space*. Harvard Business Press. (《혁신은 왜 경계 밖에서 이루어지는가》, 2011)

Kahneman, D. (2011). *Thinking, Fast and Slow*. Farrar, Straus and Giroux. (《생각에 관한 생각》, 2018)

Kim, W. C., & Mauborgne, R. (2023). *Beyond Disruption*. Harvard Business Review Press. (《비욘드 디스럽션, 파괴적 혁신을 넘어》, 2023)

Koch, R., & Lockwood, G. (2016). *Simplify*. Piatkus. (《무조건 심플》, 2018)

Lah, T., & Wood, J. B. (2016). *Technology-as-a-Service Playbook*. Point B Inc.

Lencioni, P. (2002). *The Five Dysfunctions of a Team*. Jossey-Bass. (《팀워크의 부활》, 2021)

Leroy, S. (2009). "Why is it so hard to do my work? The challenge of attention residue when switching between work tasks". *Organizational Behavior and Human Decision Processes*, 109(2), 168~181.

Lewis, A., & McKone, D. (2016). *Edge Strategy*. Harvard Business Review Press. (《에지 전략》, 2023)

Maeda, J. (2006). *The Laws of Simplicity*. MIT Press. (《단순함의 법칙》, 2007)

Mark, G. (2023). *Attention Span*. Hanover Square Press. (《집중의 재발견》, 2024)

Mayo, G. E. (1933). *The Human Problems of an Industrial Civilization*. Macmillan.

Mises, L. von. (1949). *Human Action*. Yale University Press. (《인간행동》 1~3, 2011)

Moore, J. F. (1996). *The Death of Competition*. HarperBusiness.

Morgan, A., & Barden, M. (2015). *A Beautiful Constraint*. John Wiley & Sons. (《제약의

마법》, 2015)

Mullainathan, S., & Shafir, E. (2013). *Scarcity*. Times Books. (《결핍의 경제학》, 2014)

O'Neil, C. (2016). *Weapons of Math Destruction*. Crown. (《대량살상수학무기》, 2017)

Ohno, T. (1988). *Toyota Production System*. Productivity Press.

Osterwalder, A., & Pigneur, Y. (2010). *Business Model Generation*. John Wiley & Sons. (《비즈니스 모델의 탄생》, 2021)

Piketty, T. (2014). *Capital in the Twenty-first Century* (A. Goldhammer, Trans.). Harvard University Press. (Original work published 2013) (《21세기 자본》, 2014)

Porter, M. E. (1980). *Competitive Strategy*. Free Press. (《마이클 포터의 경쟁전략》, 2018)

Porter, M. E. (1985). *Competitive Advantage*. Free Press. (《마이클 포터의 경쟁우위》, 2021)

Porter, M. E. (1990). *The Competitive Advantage of Nations*. Free Press. (《마이클 포터의 국가 경쟁우위》, 2009)

Porter, M. E., & Heppelmann, J. E. (2014). "How Smart, Connected Products are Transforming Competition". *Harvard Business Review*, 92(11), 64~88.

Porter, M. E., & Kramer, M. R. (2011). "Creating Shared Value". *Harvard Business Review*, 89(1~2), 62~77.

Reichheld, F. F. (2006). *The Ultimate Question*. Harvard Business School Press. (《1등 기업의 법칙》, 2006)

Ries, E. (2011). *The Lean Startup*. Crown Business. (《린 스타트업》, 2012)

Ringland, G. (1998). *Scenario Planning*. John Wiley & Sons. (《시나리오 플래닝》, 2012)

Rushkoff, D. (2013). *Present Shock*. Current. (《현재의 충격》, 2014)

Schoemaker, P. J. H. (2002). *Profiting from Uncertainty*. Free Press.

Schoemaker, P. J. H. (2020). *Advanced Introduction to Scenario Planning*. Edward Elgar Publishing.

Schwartz, P. (1991). *The Art of the Long View*. Doubleday. (《미래를 읽는 기술》, 2004)

Stalk, G., Jr., & Hout, T. M. (1990). *Competing Against Time*. Free Press.

Stephens-Davidowitz, S. (2017). *Everybody Lies*. Dey Street Books. (《모두 거짓말을 한다》, 2022)

Stevens, M. (2024). *The Direct to Consumer Playbook*. Kogan Page.

Stiglitz, J. E. (2002). *Globalization and Its Discontents*. W. W. Norton & Company. (《세계화와 그 불만》, 2002)

Taylor, F. W. (1911). *The Principles of Scientific Management*. Harper & Brothers. (《과학적 관리법》, 2010)

Teixeira, T. S. (2019). *Unlocking the Customer Value Chain*. Currency. (《디커플링》, 2019)

644

Tzuo, T., & Weisert, G. (2018). *Subscribed*. Portfolio/Penguin Random House. (《구독과 좋아요의 경제학》, 2019)

Van der Heijden, K. (2005). *Scenarios* (2nd ed.). John Wiley & Sons. (《시나리오 경영》, 2011)

Von Neumann, J., & Morgenstern, O. (1944). *Theory of Games and Economic Behavior*. Princeton University Press.

Weber, M. (1905). *Die protestantische Ethik und der Geist des Kapitalismus*. Archiv für Sozialwissenschaft und Sozialpolitik. (《프로테스탄티즘의 윤리와 자본주의 정신》, 2010)

Weber, M. (1922). *Wirtschaft und Gesellschaft*. J.C.B. Mohr. (《경제와 사회: 공동체들》, 2009)

Welch, J., & Welch, S. (2005). *Winning*. HarperBusiness. (《잭 웰치 위대한 승리》, 2005)

Womack, J. P., Jones, D. T., & Roos, D. (1990). *The Machine That Changed The World*. Rawson (《린 생산》, 2007)

Yunus, M. (2010). *Building Social Business*. PublicAffairs. (《사회적 기업 만들기》, 2023)

Zimbardo, P., & Boyd, J. (2008). *The Time Paradox*. Free Press. (《타임 패러독스》, 2008)

2부 리더십: 비전을 현실로 바꾸는 능력과 기술

Ariely, D. (2008). *Predictably Irrational*. HarperCollins. (《상식 밖의 경제학》, 2018)

Bandura, A. (1977). *Social Learning Theory*. Prentice-Hall.

Berger, J. (2016). *Invisible Influence*. Simon & Schuster. (《보이지 않는 영향력》, 2025)

Bock, L. (2015). *Work Rules*. Twelve. (《구글의 아침은 자유가 시작된다》, 2021)

Cain, S. (2012). *Quiet*. Crown Publishers. (《콰이어트》, 2021)

Cialdini, R. B. (2006). *Influence* (Rev. ed.). HarperBusiness. (《설득의 심리학 1》, 2023)

Collins, J. (2001). *Good to Great*. HarperBusiness. (《좋은 기업을 넘어 위대한 기업으로》, 2021)

Duke, A. (2022). *Quit*. Portfolio/Penguin. (《큇 QUIT》, 2022)

Dweck, C. S. (2006). *Mindset*. Random House. (《마인드셋》, 2023)

Edmondson, A. C. (2012). *Teaming*. Jossey-Bass. (《티밍》, 2015)

Eurich, T. (2017). *Insight*. Crown Business. (《자기통찰》, 2018)

George, B. (2003). *Authentic Leadership*. Jossey-Bass. (《진실의 리더십》, 2004)

George, B., & Sims, P. (2007). *True North*. Jossey-Bass.

Goldstein, J. (2013). *Mindfulness*. Sounds True. (《마인드풀니스》, 2018)

Goleman, D. (1995). *Emotional Intelligence*. Bantam Books. (《EQ 감성지능》, 2008)

Goleman, D., Boyatzis, R., & McKee, A. (2002). *Primal Leadership*. Harvard Business School Press. (《감성의 리더십》, 2003)

Granovetter, M. S. (1973). "The Strength of Weak Ties". *American Journal of Sociology*, 78(6), 1360~1380.

Greenleaf, R. K. (1977). *Servant Leadership*. Paulist Press. (《서번트 리더십 원전》, 2006)

Heifetz, R. A., Linsky, M., & Grashow, A. (2009). *The Practice of Adaptive Leadership*. Harvard Business Press. (《적응 리더십》, 2012)

Huffington, A. (2016). *The Sleep Revolution*. Harmony Books. (《수면 혁명》, 2016)

Janis, I. L. (1982). *Groupthink* (2nd ed.). Houghton Mifflin.

Jung, C. G. (1959). *The Archetypes and the Collective Unconscious*. Princeton University Press. (《원형과 집단 무의식》, 2024)

Kabat-Zinn, J. (1994). *Wherever You Go, There You Are*. Hyperion. (《존 카밧진의 왜 마음챙김 명상인가?》, 2023)

Kahneman, D. (2011). *Thinking, Fast and Slow*. Farrar, Straus and Giroux. (《생각에 관한 생각》, 2018)

Lieberman, M. D. (2013). *Social*. Crown Publishers. (《사회적 뇌 인류 성공의 비밀》, 2015)

Manzoni, J.-F., & Barsoux, J.-L. (2002). *The Set-Up-To-Fail Syndrome*. Harvard Business School Press. (《확신의 덫》, 2014)

Sandberg, S., & Grant, A. (2017). *Option B*. Knopf. (《옵션 B》, 2017)

Schein, E. H. (2010). *Organizational Culture and Leadership* (4th ed.). Jossey-Bass.

Schnabel, U. (2010). *Muße*. Karl Blessing Verlag. (《아무것도 하지 않는 시간의 힘》, 2016)

Schwartz, B. (2004). *The Paradox of Choice*. Ecco/HarperCollins. (《선택의 심리학》, 2005)

Schwartz, P. (1996). *The Art of the Long View*. Currency Doubleday. (《미래를 읽는 기술》, 2004)

Simon, H. A. (1997). *Administrative Behavior* (4th ed.). Free Press. (Original work published 1947)

Sloman, S., & Fernbach, P. (2017). *The Knowledge Illusion*. Riverhead Books. (《지식의 착각》, 2018)

Tan, C.-M. (2012). *Search Inside Yourself*. HarperOne. (《너의 내면을 검색하라》, 2012)

Taylor, S. (2023). *DisConnected*. Iff Books. (《불통, 독단, 야망》, 2025)

Walker, M. (2017). *Why We Sleep*. Scribner. (《우리는 왜 잠을 자야 할까》, 2019)

West, T. V. (2022). *Jerks at Work*. Ballantine Books. (《사무실의 도른자들》, 2023)

Wiseman, L. (2021). *Impact Players*. HarperBusiness. (《임팩트 플레이어》, 2023)

Wiseman, L., & McKeown, G. (2010). *Multipliers*. HarperBusiness. (《멀티플라이어》, 2019)

Zimbardo, P. G., & Boyd, J. N. (2008). *The Time Paradox*. Free Press. (《타임 패러독스》, 2008)

3부 인간: 경영자를 위한 심리학, 조직을 위한 사회학

Aral, S. (2020). *The Hype Machine*. Currency. (《하이프 머신》, 2022)

Asch, S. E. (1956). "Studies of independence and conformity: I. A minority of one against a unanimous majority". *Psychological Monographs: General and Applied*, 70(9), 1~70.

Attali, J. (2006). *A Brief History of the Future*. Arcade Publishing. (《미래의 물결》, 2007)

Brynjolfsson, E., & McAfee, A. (2014). *The Second Machine Age*. W. W. Norton & Company. (《제2의 기계 시대》, 2014)

Chayka, K. (2024). *Filterworld*. Doubleday. (《필터월드》, 2024)

Dalio, R. (2017). *Principles*. Simon & Schuster. (《원칙 Principles》, 2018)

Dunbar, R. I. M. (1992). "Neocortex size as a constraint on group size in primates". *Journal of Human Evolution*, 22(6), 469~493.

Dunbar, R. I. M., Camilleri, T., & Rockey, S. (2023). *The Social Brain*. Cornerstone Press.

Frank, R. H., & Cook, P. J. (1995). *The Winner-Take-All Society*. Free Press. (《승자독식사회》, 2024)

Furr, N., & Furr, S. H. (2022). *The Upside of Uncertainty*. Harvard Business Review Press. (《리프레임》, 2024)

Hall, E. T. (1966). *The Hidden Dimension*. Doubleday. (《숨겨진 차원》, 2013)

House, R. J. (1971). "A Path Goal Theory of Leader Effectiveness". *Administrative Science Quarterly*, 16(3), 321~339.

Janis, I. L. (1982). *Groupthink* (2nd ed.). Houghton Mifflin.

Kahneman, D. (2011). *Thinking, Fast and Slow*. Farrar, Straus and Giroux. (《생각에 관한 생각》, 2018)

Klein, G. (1998). *Sources of Power*. MIT Press. (《의사결정의 가이드맵》, 2005)

Kotter, J. P. (1996). *Leading Change*. Harvard Business School Press. (《기업이 원하는 변화의 리더》, 2007)

Mark, G. (2023). *Attention Span*. Hanover Square Press. (《집중의 재발견》, 2024)

Milgram, S. (1974). *Obedience to Authority*. Harper & Row. (《권위에 대한 복종》, 2009)

O'Neil, C. (2016). *Weapons of Math Destruction*. Crown. (《대량살상수학무기》, 2017)

Pause, B. M. (2020). *Alles Geruchssache*. Piper Verlag. (《냄새의 심리학》, 2021)

Pouget, A., Drugowitsch, J., & Kepecs, A. (2016). "Confidence and certainty: Distinct probabilistic quantities for different goals". *Nature Neuroscience*, 19(3), 366~374.

Rushkoff, D. (2013). *Present Shock*. Current. (《현재의 충격》, 2014)

Simonson, I., & Rosen, E. (2014). *Absolute Value*. HarperBusiness. (《절대 가치》, 2015)

Twenge, J. M. (2023). *Generations*. Atria Books. (《제너레이션: 세대란 무엇인가》, 2023)

Zimbardo, P. G. (2007). *The Lucifer Effect*. Random House. (《루시퍼 이펙트》, 2007)

4부 문화: 이기는 조직, 단단한 조직, 오래가는 조직의 비밀

Bova, T. (2018). *Growth IQ*. Portfolio/Penguin. (《그로스 아이큐》, 2019)

Bryar, C., & Carr, B. (2021). *Working Backwards*. St. Martin's Press. (《순서 파괴》, 2021)

Brynjolfsson, E., & McAfee, A. (2011). *Race Against the Machine*. Digital Frontier Press. (《기계와의 경쟁》, 2013)

Burkus, D. (2016). *Under New Management*. Houghton Mifflin Harcourt. (《경영의 이동》, 2016)

Carr, N. (2010). *The Shallows*. W. W. Norton & Company. (《생각하지 않는 사람들》, 2020)

Centola, D. (2018). *How Behavior Spreads*. Princeton University Press.penntoday.

Chandler, A. D. (1962). *Strategy and Structure*. MIT Press.

Collins, J. (2001). *Good to Great*. HarperBusiness. (《좋은 기업을 넘어 위대한 기업으로》, 2021)

Doerr, J. (2018). *Measure What Matters*. Portfolio/Penguin. (《OKR》, 2019)

Dweck, C. S. (2006). *Mindset*. Random House. (《마인드셋》, 2023)

Edmondson, A. C. (2019). *The Fearless Organization*. Wiley. (《두려움 없는 조직》, 2019)

Gratton, L., & Scott, A. (2016). *The 100-year life*. Bloomsbury Information. (《100세 인생》, 2020)

Guillén, M. F. (2020). *2030*. St. Martin's Press. (《2030 축의 전환》, 2020)

Guillén, M. F. (2023). *The Perennials*. St. Martin's Press.andditkr. (《멀티제너레이션 대전환의 시작》, 2023)

Haidt, J. (2024). *The Anxious Generation*. Penguin Press. (《불안 세대》, 2024)

Haidt, J., & Lukianoff, G. (2018). *The Coddling of the American Mind*. Penguin Press. (《나쁜 교육》, 2019)

Hastings, R., & Meyer, E. (2020). No Rules Rules. Penguin Press. (《규칙 없음》, 2020)

Kotter, J. P. (1996). *Leading Change*. Harvard Business School Press. (《기업이 원하는 변화의 리더》, 2007)

Lyons, D. (2018). *Lab Rats*. Hachette Books. (《실험실의 쥐》, 2020)

McCord, P. (2018). *Powerful*. Silicon Guild. (《파워풀》, 2020)

Nadella, S., Shaw, G., & Nichols, J. T. (2017). *Hit Refresh*. HarperBusiness. (《히트 리프레시》, 2023)

Nemeth, C. J. (2018). *In Defense of Troublemakers*. Basic Books.product. (《반대의 놀라운 힘》, 2020)

Newport, C. (2016). *Deep Work*. Grand Central Publishing. (《딥 워크》, 2017)

Newport, C. (2019). *Digital Minimalism*. Portfolio/Penguin. (《디지털 미니멀리즘》, 2019)

Newport, C. (2024). *Slow Productivity*. Portfolio/Penguin. (《슬로우 워크》, 2024)

Pink, D. H. (2018). *When*. Riverhead Books. (《언제 할 것인가》, 2018)

Ries, E. (2011). *The Lean Startup*. Crown Business. (《린 스타트업》, 2012)

Robertson, B. J. (2015). *Holacracy*. Henry Holt and Company. (《홀라크라시》, 2017)

Taylor, F. W. (1911). *The Principles of Scientific Management*. Harper & Brothers. (《과학적 관리법》, 2010)

Twenge, J. M. (2023). *Generations*. Atria Books. (《제너레이션: 세대란 무엇인가》, 2023)

5부 과학: AI부터 블록체인까지, 경영 환경을 바꾸는 첨단 기술

Agrawal, A., Gans, J., & Goldfarb, A. (2018). *Prediction Machines*. Harvard Business Review Press. (《예측 기계》, 2019)

Almeida, I. (2023). *Generative AI for Business Leaders*. Now Next Later AI.

Amara, R. (1978). *Amara's Law*. Institute for the Future.

Anderson, C. (2012). *Makers*. Crown Business. (《메이커스》, 2013)

Arthur, W. B. (2009). *The Nature of Technology*. Free Press.

Bostrom, N. (2014). *Superintelligence*. Oxford University Press. (《슈퍼 인텔리전스》, 2017)

Chalmers, D. J. (1996). *The Conscious Mind*. Oxford University Press.

Evans, D. S., & Schmalensee, R. (2016). *Matchmakers*. Harvard Business Review Press. (《매치메이커스》, 2017)

Fenn, J., & Raskino, M. (2008). *Mastering the Hype Cycle*. Harvard Business Review Press.

Forster, M., & Terry, Q. (2021). *The NFT Handbook*. Wiley. (《NFT 사용설명서》, 2021)

Gawdat, M. (2021). *Scary Smart*. Bluebird. (《AI 쇼크, 다가올 미래》, 2023)

Gebhardt, A., Kessler, J., & Thurn, L. (2019). *3D Printing* (2nd ed.). Hanser.

Gibson, I., Rosen, D., & Stucker, B. (2021). *Additive Manufacturing Technologies* (3rd ed.). Springer.

Greengard, S. (2015). *The Internet of Things*. MIT Press.

Grieves, M., & Hua, E. Y. (Eds.). (2024). *Digital Twins, Simulation, and the Metaverse*. Springer.

Grieves, M., & Vickers, J. (2017). "Digital Twin: Mitigating Unpredictable, Undesirable Emergent Behavior in Complex Systems". In F.-J. Kahlen, S. Flumerfelt, & A. Alves (Eds.), *Transdisciplinary Perspectives on Complex Systems* (pp. 85~113).

Haber, J., & Patel, V. (2022). *A Brief Introduction to Web3*. Apress.

Hassabis, D., Silver, D., & Kavukcuoglu, K. (2022). "DeepMind: AI, Science, and the Quest for the Mind". *Nature*, 604(7906), 449~456.

Hayek, F. A. (1976). Denationalisation of Money. Institute of Economic Affairs.

Kurzweil, R. (2005). *The Singularity is Near*. Viking Press. (《특이점이 온다》, 2025)

Kurzweil, R. (2024). *The Singularity is Nearer*. Viking Press. (《마침내 특이점이 시작된다》, 2025)

Lah, T., & Wood, J. B. (2016). *Technology-As-A-Service Playbook*. Point B Inc.

Marcus, G., & Davis, E. (2019). *Rebooting AI*. Pantheon Books. (《2029 기계가 멈추는 날》, 2021)

Mollick, E. (2024). *Co-Intelligence*. Portfolio/Penguin. (《듀얼 브레인》, 2025)

Moore, G. E. (1965). "Cramming More Components Onto Integrated Circuits". *Electronics*, 38(8), 114~117.

Nagpal, K., & Nagpal, V. (2024). *Web3*. Cambridge University Press.

OpenAI. (2023). "OpenAI Charter and Principles". OpenAI.

Parker, G. G., Van Alstyne, M. W., & Choudary, S. P. (2016). *Platform Revolution*. W. W. Norton & Company. (《플랫폼 레볼루션》, 2017)

Phelps, E. S. (2013). *Mass Flourishing*. Princeton University Press. (《대번영의 조건》, 2016)

Raj, P., & Raman, A. C. (2017). *The Internet of Things*. CRC Press.

Roose, K. (Ed.). (2023). *Non-fungible Tokens*. Routledge.

Schwab, K. (2016). *The Fourth Industrial Revolution*. Crown Business. (《클라우스 슈밥의 제4차 산업혁명》, 2016)

Shanahan, M. (2015). *The Technological Singularity*. MIT Press. (《특이점과 초지능》, 2018)

Stephenson, N. (1992). *Snow Crash*. Bantam Books. (《스노 크래시》 1~2, 2021)

Sutton, R. S., & Barto, A. G. (2018). *Reinforcement Learning* (2nd ed.). MIT Press. (《단단한 강화학습》, 2020)

Tapscott, D., & Tapscott, A. (2016). *Blockchain revolution*. Portfolio/Penguin. (《블록체인 혁명》, 2018)

Tzuo, T., & Weisert, G. (2018). *Subscribed*. Portfolio/Penguin Random House. (《구독과 좋아요의 경제학》, 2019)

Vigna, P., & Casey, M. J. (2015). *The Age of Cryptocurrency*. St. Martin's Press. (《비트코인 현상, 블록체인 2.0》, 2017)

6부 세계: 변화하는 질서와 새로운 생존 전략

Autor, D. H., Dorn, D., & Hanson, G. (2016). "The China Shock: Learning from Labor Market Adjustment to Large Changes in Trade". *Annual Review of Economics*, 8, 205~240.

Bernauer, T., & Gampfer, R. (2013). "Governing Global Governance: Commitments, Compliance, and the Effectiveness of International Regimes". *Journal of Global Governance*.

Bloom, D. E., & Canning, D. (2008). "Population Aging and Economic Growth". Program on the Global Demography of Aging, Harvard University.

Blyth, M. (2013). *Austerity*. Oxford University Press. (《긴축》, 2016)

Bolton, J. R. (2019). "The Monroe Doctrine is Alive and Well". National Security Advisor Address, U.S. Executive Office.

Bower, J. L., & Paine, L. S. (2017). "The Error at the Heart of Corporate Leadership". *Harvard Business Review*, 95(3), 52~60.

Bown, C. P. (2020). "US-China Trade War Tariffs: An Up-to-Date Chart". Peterson Institute for International Economics.

Brix-Asala, C., Cerda, A., & Merino, F. (2023). "Industry 4.0, servitization, and reshoring: A systematic review." *Journal of Manufacturing Technology Management*, 34(6), 1230~1255.

Caldwell, D. (2021). "The Geopolitics of Supply Chains". *Foreign Affairs*, 100(3), 88~98.

Carney, M. (2022). "Are Latin American Business Groups Different? An Institutional Analysis in Light of the Monroe Doctrine". *Journal of Latin American Studies*, 54(3), 421~443.

Carter, C., Rogers, D. S., & Choi, T. Y. (2015). "Toward the Theory of the Supply Chain". *Journal of Supply Chain Management*, 51(2), 89~97.

Chayes, A., & Chayes, A. H. (1995). *The New Sovereignty*. Harvard University Press.

Clayton, C. (2025). "Putting Economics Back Into Geoeconomics". National Bureau of Economic Research, Working Paper No. 32485.

Craighead, C. W., Blackhurst, J., Rungtusanatham, M. J., & Handfield, R. B. (2007). "The Severity of Supply Chain Disruptions: Design Characteristics and Mitigation Capabilities". *Journal of Operations Management*, 25(6), 595~609.

Dachs, B., Kinkel, S., & Jäger, A. (2025). "From Globalization to Reshoring? The Role of Industry 4.0 Technologies". *Journal of International Business Studies*.

Davenport, T. H. (2018). *The AI Advantage*. MIT Press.

De Backer, K., & Miroudot, S. (2016). "Mapping Global Value Chains". OECD Trade Policy Papers, No. 212.

Doerr, J. (2018). *Measure What Matters*. Portfolio/Penguin. (《OKR》, 2019)

Elia, S., Marzano, V., & Passiante, G. (2021). "Reshoring: Drivers and Policy Incentives". *Journal of Business Research*, 130, 561~572.

Evenett, S. J. (2021). "Economic Sanctions, Trade War, and the Political Economy of Global Disintegration". *Journal of World Trade*, 55(6), 815~846.

Fama, E. F. (1970). "Efficient Capital Markets: A Review of Theory and Empirical Work". *Journal of Finance*, 25(2), 383~417.

Friedman, M. (1970). "The Social Responsibility of Business is to Increase its Profits". *New York Times Magazine*, September 13, 32~33, 122~126.

Goodman, P. S. (2024). *How the World Ran Out of Everything*. HarperBusiness. (《공급망 붕괴의 시대》, 2025)

Hamre, J. C., & Cha, V. D. (2024). "Reimagining the G7: Towards a G9 Order". Center for Strategic & International Studies.

Harvey, D. (2005). *A Brief History of Neoliberalism*. Oxford University Press. (《신자유주의》, 2017)

Humphrey, J. (2023). Global Supply Chains, Trade Wars, and Economic Resilience". Cambridge University Press.

Ivanov, D. (2021). "Viable Supply Chain Model: Integrating Agile, Resilient and Sustainable Supply Chain Concepts". *International Journal of Production Research*, 59(17), 5289~5310.

Jasanoff, S. (2015). "The Ethics of Inheritable Genetic Modification: A Challenge to Public Reason". *Hastings Center Report*, 45(S1), S2~S9.

Jensen, M. C., & Meckling, W. H. (1976). "Theory of the Firm: Managerial Behavior, Agency Costs and Ownership Structure". *Journal of Financial Economics*, 3(4),

305~360.

Klain, R. (2024). "New Directions for US Foreign Policy: Strengthening Multilateralism with G9". Carnegie Endowment for International Peace.

Koonin, S. E. (2021). *Unsettled*. BenBella Books. (《지구를 구한다는 거짓말》, 2022)

Lee, R., & Mason, A. (2010). "Fertility, Human Capital, and Economic Growth over the Demographic Transition". *European Journal of Population*, 26(2), 159~182.

Li, D. (2023). "Supply Chain Resilience from the Maritime Transportation Perspective: A Literature Review from 2004 to 2022". *Frontiers in Maritime Economics*, 12(2), 101~133.

Mahan, A. T. (1890). *The Influence of Sea Power upon History, 1660-1783*. Little, Brown and Company. (《해양력이 역사에 미치는 영향》 1~2, 2020~2022)

Mitchener, K. J. (2005). "Empire, Public Goods, and the Roosevelt Corollary". *The Journal of Economic History*, 65(3), 658~692.

Niblett, R. (2023). *The New Cold War*. Royal Institute of International Affairs. (《로빈 니블렛의 신냉전》, 2024)

Pennacchio, L. (2023). "Reshoring and firm productivity". *Regional Studies, Regional Science*, 10(1), 489~495

Pettit, T. J., Croxton, K. L., & Fiksel, J. (2013). "Ensuring Supply Chain Resilience: Development of a Conceptual Framework". *Journal of Business Logistics*, 34(1), 46~76.

Ramirez, C. H. (2025). "The Post-War Evolution of Globalisation and International Order". *Globalisation Studies*, 14(1), 25~48.

Rappaport, A. (1986). *Creating Shareholder Value*. Free Press.

Roberts, M., & Lamp, S. (2021). "Reshoring in Advanced Economies: Trends and Policy Implications". *Global Economy Journal*, 21(3).

Sandel, M. J. (2012). *What Money Can't Buy*. Straus and Giroux. (《돈으로 살 수 없는 것들》, 2012)

Scheyder, E. (2024). *The War Below*. Atria/One Signal Publishers. (《광물 전쟁》, 2025)

Schneyer, J., & Scheyder, E. (2023). "Mineral Wars: The Race for Critical Resources in the 21st Century". Reuters.

Schumpeter, J. A. (1942). *Capitalism, Socialism and Democracy*. Harper & Brothers. (《자본주의 사회주의 민주주의》, 2011)

Stentoft, J., & Stegmann, M. (2014). "Reshoring: What Drives Manufacturing Back to the Home Country?". *Journal of Manufacturing Technology Management*, 25(5), 703~728.

Tabaklar, T. (2024). "Transformation in Maritime Supply Chains: Innovative Strategies for Disruption Management". *Dokuz Eylül Üniversitesi Denizcilik Fakültesi Dergisi*,

16(2), 300~334.

Triffin, R. (1960). *Gold and the Dollar Crisis*. Yale University Press.

Trump, D. J. (2025). "Project 2025: Redefining America First". Executive Office White Paper.

USGS (United States Geological Survey). (2024). "Mineral Commodity Summaries 2024". U.S. Department of the Interior.

Welch, J. & Byrne, J. A. (2001). *Jack: Straight from the Gut*. Warner Books. (《잭 웰치: 끝없는 도전과 용기》, 2001)

Wendler-Bosco, V. (2020). "Port Disruption Impact on the Maritime Supply Chain". *Maritime Policy & Management*, 47(7), 843~859.

Williamson, J. (1990). "What Washington Means by Policy Reform". Peterson Institute for International Economics.

Wright, P. (2014). "The Economics of Offshoring and Reshoring". *Journal of International Business Studies*, 45(3), 355~369.

Zeihan, P. (2020). *The End of the World is Just the Beginning*. HarperBusiness. (《붕괴하는 세계와 인구학》, 2023)

Zhao, L., & Brown, R. (2022). "China's Dominance in Rare Earth Elements and Its Global Implications". *Resources Policy*, 74, 102366.

리더의 교양

100가지 키워드로 정리한 불변의 경영 원칙

초판 1쇄   2025년 12월 22일

지은이   이동우

발행인   문태진
본부장   서금선
책임편집   김광연   **편집 2팀** 임은선 원지연   **교정** 정일웅

기획편집팀   한성수 임선아 허문선 최지인 이준환 송은하 송현경 이은지 김수현 이예림
마케팅팀   김동준 이재성 박병국 문무현 김은지 이지현 조용환 전지혜 천윤정
저작권팀   정선주
디자인팀   김현철 강재준
경영지원팀   노강희 윤현성 정현준 조샘 이지연 조희연 김기현
강연팀   장진항 조은빛 신유리 김수연 송해인

펴낸곳   ㈜인플루엔셜
출판신고   2012년 5월 18일 제300-2012-1043호
주소   (06619) 서울특별시 서초구 서초대로 398 그레이츠 강남 11층
전화   02)720-1034(기획편집)   02)720-1024(마케팅)   02)720-1042(강연섭외)
팩스   02)720-1043
전자우편   books@influential.co.kr
홈페이지   www.influential.co.kr

ⓒ 이동우, 2025

ISBN 979-11-6834-341-2 (03320)